KB164267

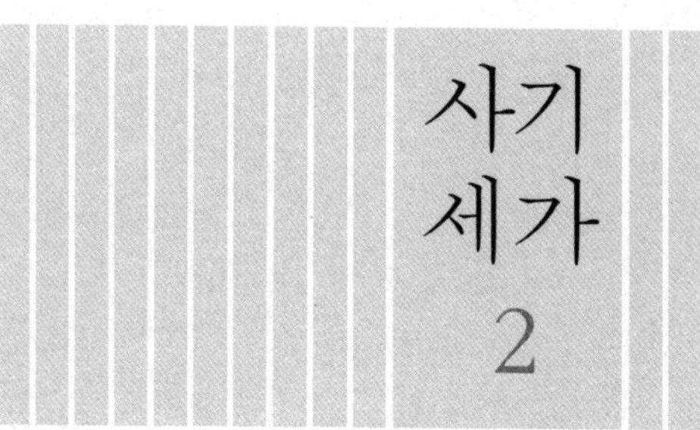
사기
세가
2

사기 세가 2

司馬遷 · 史記世家 · 원문 대역

사마천 지음 | 장세후 옮김

연암서가

차례 — **사기세가 2**

사기세가 1

일러두기

1. 이 책은 사마천의 『사기』 중 「세가」 부분을 번역한 것이다.

2. 대본(臺本) 및 표점(標點)은 북경 중화서국의 1959년 판(1987년 10차 인쇄)의 것을 따랐다.

3. 남조 송나라 배인(裴駰)의 『사기집해(史記集解)』 및 당나라 사마정(司馬貞)의 『사기색은(史記索隱)』, 장수절(張守節)의 『사기정의(史記正義)』의 3가주(三家註: 『사기』에 대한 대표적인 주석서)도 모두 번역하였다.

4. 번역은 원문을 나란히 배열한 대역(對譯)의 형식을 취하였으며 가능한 한 원문의 의미를 살리기 위한 축자역(逐字譯)에 의한 직역을 원칙으로 하였다.

5. 설명을 돕기 위해 꼭 필요하다고 생각될 경우 ( )로 보충역(補充譯)을 하였다.

6. 3가주의 주석 중 음가(音價)에 관한 부분은 현재의 음가와 같아 굳이 밝히지 않아도 될 경우는 삭제한 것도 있으며, 현재와 다르게 읽히는 부분은 모두 수록하였다.

7. 3가주를 위시하여 인용 서목이나 고유명사는 처음 나오는 것만 한자를 병기하였다. 앞에 나온 것이라도 편이 바뀌거나 헷갈릴 수가 있다고 판단되는 경우에는 다시 병기하였다.

13 — 조 세가 趙世家

趙氏之先,	조 씨의 선조는
與秦共祖.	진과 조상을 함께 한다.
至中衍,[1]	중연에 이르러
爲帝大戊御.	제대무의 어자가 되었다.
其後世蜚廉有子二人,	그 후세인 비렴에게는 두 아들이 있었는데
而命其一子曰惡來,	한 아들의 이름을 악래라 하였다.
事紂,	주를 섬기다
爲周所殺,	주에 살해되었는데
其後爲秦.	그 후대가 진(의 선조)이 되었다.
惡來弟曰季勝,	악래의 아우는 계승인데
其後爲趙.	그 후대가 조(의 선조)가 되었다.

季勝生孟增.	계승은 맹증을 낳았다.
孟增幸於周成王,	맹증은 주성왕의 총애를 받았는데
是爲宅皐狼.[2]	바로 택고랑이다.

---

1 정의正義 '中'의 음은 중(仲)이다.

2 집해集解 서광(徐廣)은 말하였다. "혹자는 고랑(皐狼)은 지명으로 서하(西河)에 있다고 하였다." 색은索隱 이 설대로라면 이름은 맹증(孟增)이고 호가 택고랑(宅皐狼)이다. 그런데 서광은 "혹자는 고랑은 지명으로 서하에 있다고 하였다."라 히였다. 「지리지(地理志)」에 의하면

皋狼生衡父,	고랑은 형보를 낳았고
衡父生造父.	형보는 조보를 낳았다.
造父幸於周繆王.	조보는 주목왕의 총애를 받았다.
造父取驥之乘匹,[3]	조보는 천리마 가운데 승필과
與桃林[4]盜驪·驊騮·綠耳,	도림의 도려와 화류, 녹이를 찾아
獻之繆王.	목왕에게 바쳤다.
繆王使造父御,	목왕은 조보에게 수레를 몰게 하여
西巡狩,	서쪽을 순수하면서
見西王母,[5]	서왕모를 만나
樂之忘歸.	즐기다가 돌아가는 것을 잊었다.
而徐偃王反,[6]	그런데 서언왕이 반란을 일으키자
繆王日馳千里馬,	목왕은 날마다 천리마를 달려

고랑(皋狼)은 서하군(西河郡)의 현 이름이며, 아마 맹증이 주성왕(周成王)의 총애를 받아 성왕이 그를 고랑에 살게 하였기 때문에 고랑이라고 하였을 것이다.

3 **색은** 조보(造父)가 팔준(八駿)을 취하여 품평하여 그 힘을 나란히 하여 균형이 잡히도록 훈련시킨 것이다. (말) 네 마리가 함께 끄는 것을 승(乘)이라 하며, 두 마리가 함께 끄는 것을 필(匹)이라고 한다. **정의** '乘'의 음은 승(食證反)이다. 네 마리가 함께 끄는 것을 승(乘)이라 하고, 두 마리가 함께 끄는 것을 필(匹)이라고 한다. 팔준(八駿)을 취하여 그 힘을 잘 헤아려 고르게 되도록 훈련시켰다는 것을 말한다.

4 **정의** 『괄지지(括地志)』에서는 말하였다. "도림(桃林)은 섬주(陝州) 도림현(桃林縣)에 있는데 서쪽으로 동관(潼關)에 이르며, 모두 도림새(桃林塞)의 땅이다. 『산해경(山海經)』에서는 말하였다. "과보(夸父)의 산 북쪽에 숲이 있는데 도림(桃林)이라고 하며, 넓이가 3백 리이며 그곳에는 말이 많아 조보가 이곳에서 화류(驊騮)와 녹이(騄耳) 같은 말을 얻어 주목왕(周穆王)에게 바쳤다."

5 **색은** 『목천자전(穆天子傳)』에서는 "목왕(穆王)은 서왕모(西王母)와 요지(瑤池) 가에서 술잔을 나누며 노래를 지었다."라 하였는데, 이것이 즐기며 돌아갈 것을 잊은 것이다. 초주(譙周)는 이 일을 믿지 않고 "내가 늘 듣건대 대(代)의 풍속에 동서와 음양을 가지고 드나듦이 있으며, 그 신을 종주로 삼는데 이를 일러 왕부모(王父母)라 하였다. 혹자는 말하기를 지명이며 서역(西域)에 있다 하는데 무엇이 보이겠는가?"라 하였다.

攻徐偃王,[7]	서언왕을 공격하여
大破之.	크게 깨뜨렸다.
乃賜造父以趙城,[8]	이에 조보에게 조성을 내려
由此爲趙氏.	이로 말미암아 조 씨가 되었다.

自造父已下六世至奄父,	조보의 아래로 6세인 엄보에 이르러
曰公仲,	공중이라 하였으며
周宣王時伐戎,	주선왕 때 융을 정벌하였는데
爲御.	어자가 되었다.
及千畝戰,[9]	천무에서 싸울 때
奄父脫宣王.	엄보는 선왕을 벗어나게 하였다.
奄父生叔帶.	엄보는 숙대를 낳았다.
叔帶之時,	숙대 때
周幽王無道,	주유왕이 무도하여
去周如晉,	주를 떠나 진으로 가서

---

6 **정의** 『괄지지』에서는 말하였다. "대서성(大徐城)은 사주(泗州) 서성현(徐城縣) 북쪽 30리 지점에 있으며, 옛 서(徐)이다. 『박물지(博物志)』에서는 말하였다. '서 임금의 궁녀가 잉태하여 알을 낳았는데 상서롭지 못하다 생각하여 물가에 버렸다. 외로이 홀로 사는 한 어미에게 곡창(鵠倉)이라는 개가 있었는데 버린 알을 머금고 돌아와 덮어서 따뜻하게 품어 마침내 어린 아이가 되었는데 언왕(偃王)을 낳았다. 그래서 궁녀가 듣고 다시 거두어 길렀다. 자라서 서군(徐君)의 자리를 이어받았다. 나중에 곡창은 죽을 무렵 뿔이 나고 꼬리가 아홉 개가 되었는데 실은 황룡(黃龍)이었다. 곡창은 혹 후창(后倉)이라고도 한다.'"

7 **색은** 초주는 말하였다. "서언왕(徐偃王)은 초문왕(楚文王)과 동시대인으로 주목왕(周穆王)을 떠나 멀리 갔다. 또한 왕은 길을 떠남에 호위병이 있는데 어찌 난이 일어났다는 말을 듣고 홀로 말을 몰아 하루에 천리를 간단 말인가?" 모두 이 일이 사실이 아님을 말하였다.

8 **정의** 진주(晉州) 조성현(趙城縣)은 곧 조보(造父)의 읍이다.

9 **정의** 『괄지지』에서는 말하였다. "천무원(千畝原)은 진주(晉州) 악양현(岳陽縣) 북쪽 90리 지점에 있다."

事晉文侯, 진문후를 섬겨
始建趙氏于晉國. 진에서 처음으로 조 씨(의 基業)를 세웠다.

自叔帶以下, 숙대 이하로
趙宗益興, 조 씨의 종족은 더욱 흥성하여
五世而(生)[至]趙夙. 5대를 거쳐 조숙에 이르렀다.

趙夙, 조숙은
晉獻公之十六年伐霍·魏·耿, 진헌공이 16년에 곽과 위, 경을 치자
而趙夙爲將伐霍. 조숙은 장수가 되어 곽을 쳤다.
霍公求犇齊.[10] 곽공 구는 제로 달아났다.
晉大旱, 진에 큰 가뭄이 들어
卜之, 점을 쳐보았더니
曰"霍太山爲祟". "곽의 태산이 빌미이다."라 하였다.
使趙夙召霍君於齊, 조숙에게 제에서 곽의 임금을 부르게 하여
復之, (나라를) 회복시켜
以奉霍太山之祀, 곽 태산의 제사를 받들게 하니
晉復穰. 진은 다시 풍년이 들었다.
晉獻公賜趙夙耿.[11] 진헌공은 조숙에게 경을 내렸다.

夙生共孟, 조숙은 공맹을 낳았는데
當魯閔公之元年也. 노민공 원년 때이다.

---

10 집해 서광은 말하였다. "구(求)는 '래(來)'로 된 곳도 있다."

11 색은 두예(杜預)는 말하였다. "경(耿)은 지금의 하동(河東) 피지현(皮氏縣) 경향(耿鄉)이다."

共孟生趙衰,　공맹은 조최를 낳았는데

字子餘.[12]　자가 자여이다.

趙衰卜事晉獻公及諸公子,　조최가 진헌공 및 공자들을 섬기는 것을 점쳐보았더니

莫吉;　길하지 않았고,

卜事公子重耳,　공자 중이를 섬기는 것을 점쳤더니

吉,　길하여

即事重耳.　곧 중이를 섬겼다.

重耳以驪姬之亂亡奔翟,　중이는 여희의 난으로 적으로 도망쳐 달아났으며

趙衰從.　조최는 따랐다.

翟伐廧咎如,　적이 장구여를 쳐서

得二女,　두 여인을 얻었는데

翟以其少女妻重耳,　적이 작은 딸을 중이에게 시집보냈고

長女妻趙衰而生盾.　맏이는 조최에게 시집보내어 조돈을 낳았다.

初,　처음에

重耳在晉時,　중이가 진에 있을 때

趙衰妻亦生趙同·趙括·趙嬰齊.　조최의 아내는 또한 조동과 조괄, 조영제를 낳았다.

趙衰從重耳出亡,　조최는 중이를 따라 도망 나갔다가

---

12 색은 『계본(系本)』에서는 공명(公明)은 공맹(共孟)과 조숙(趙夙)을 낳았고, 숙은 성계최(成季衰)를 낳았으며, 최는 선맹순(宣孟盾)을 낳았다고 하였다. 『좌전(左傳)』에서는 최는 조숙의 아우라고 하였다. 그러나 이 「계가(系家)」에서는 공맹이 최를 낳았다고 하였고, 초주 또한 이것이 잘못되었다고 하였다.

凡十九年,	19년 만에
得反國.	나라로 돌아오게 되었다.
重耳爲晉文公,	중이는 진문공이 되었고
趙衰爲原大夫,	조최는 원대부가 되어
居原,	원에 거처하며
任國政.[13]	국정을 맡았다.
文公所以反國及霸,	문공이 나라로 돌아온 것 및 패권을 잡은 것은
多趙衰計策,	조최의 계책이 많았으며
語在晉事中.	이 말은 「진세가」의 일에 있다.

趙衰既反晉,	조최가 진으로 돌아오자
晉之妻固要迎翟妻,	진의 아내는 적의 아내를 맞아들일 것을 거듭 청하여
而以其子盾爲適嗣,	그 아들 돈을 적실의 후사로 삼고
晉妻三子皆下事之.	진 아내의 세 아들은 모두 아래에서 섬겼다.
晉襄公之六年,	진양공 6년에
而趙衰卒,	조최가 죽었다.
謚爲成季.	시호는 성계이다.

13 **색은** 『계본』에서는 말하였다. "성계(成季)는 원(原)으로 옮겼다. 송충(宋忠)은 말하였다. "지금의 안문원(鴈門原) 평현(平縣)이다." **정의** 『괄지지』에서는 말하였다. "원평(原平)의 옛 성은 한(漢)의 원평현(原平縣)이며, 대주(代州) 곽현(崞縣) 남쪽 35리 지점에 있다." '崞'의 음은 곽(郭)이다. 생각건대 송충의 설은 틀렸다. 『괄지지』에서는 말하였다. "옛 원성(原城)은 회주(懷州) 제원현(濟原縣) 서북쪽 2리 지점에 있다. 『좌전』에서는 양왕(襄王)이 원(原)을 진문공(晉文公)에게 내렸는데, 원에서 복종하지 않아 문공이 원을 쳐서 믿음을 보여주었으며 원이 항복하자 조최를 원대부로 삼았다고 하였는데 바로 이 일이다. 원은 본래 주(周) 기내(畿內)의 읍이다."

趙盾代成季任國政二年而晉襄公卒,

조돈이 성계를 대신하여 국정을 맡았는데 2년 만에 진양공이 죽고

太子夷皋年少.

태자 이고는 나이가 어렸다.

盾爲國多難,

조돈은 나라에 어려움이 많아

欲立襄公弟雍.

양공의 아우 옹을 옹립하려 했다.

雍時在秦,

옹은 당시 진에 있었는데

使使迎之.

사신을 보내어 맞아오게 하였다.

太子母[14]日夜啼泣,

태자의 어머니가 밤낮으로 울고 눈물을 흘리며

頓首謂趙盾曰:

머리를 조아리고 조돈에게 말하였다.

"先君何罪,

"선군이 무슨 죄를 지어

釋其適子而更求君?"

적자를 버려두고 다시 임금을 구하오?"

趙盾患之,

조돈은 이를 근심하였으며

恐其宗與大夫襲誅之,

그 종족과 대부가 그를 습격하여 죽일까 두려워하여

迺遂立太子,

이에 마침내 태자로 세웠는데

是爲靈公,

바로 영공으로

發兵距所迎襄公弟於秦者.

군사를 일으켜 진에서 양공의 아우를 맞는 것을 막았다.

靈公既立,

영공이 즉위하자

趙盾益專國政.

조돈은 국정을 더욱 오로지했다.

靈公立十四年,

영공은 즉위 14년에

益驕.

더욱 교만해졌다.

---

14 **색은** 목영(穆嬴)이다.

趙盾驟諫,	조돈이 자주 간하여도
靈公弗聽.	영공은 듣지 않았다.
及食熊蹯,	곰발바닥을 먹는데
胹不熟,	푹 익히지 못했다하여
殺宰人,	요리사를 죽여
持其尸出,	시신을 들고 나오는 것을
趙盾見之.	조돈이 보았다.
靈公由此懼,	영공은 이로 말미암아 두려워하여
欲殺盾.	조돈을 죽이려 하였다.
盾素仁愛人,	조돈은 평소에 사람들을 어질게 대하고 사랑하여
嘗所食桑下餓人反扞救盾,	뽕나무 아래서 주려서 음식을 먹여주었던 사람이 도리어 막아 조돈을 구원하여
盾以得亡.	조돈은 도망치게 되었다.
未出境,	국경을 채 넘지 않았는데
而趙穿弒靈公而立襄公弟黑臀,	조천이 영공을 죽이고 양공의 아우 흑둔을 옹립하니,
是爲成公.	바로 성공이다.
趙盾復反,	조돈은 되돌아와
任國政.	국정을 맡았다.
君子譏盾"爲正卿,	군자가 조돈을 비판하여 "정경이면서
亡不出境,	망명하여 국경을 넘지 않았고
反不討賊",	도리어 적을 토벌하지 않았다"라 하였으므로
故太史書曰"趙盾弒其君".	태사가 "조돈이 임금을 죽였다."라 기록하였다.
晉景公[15]時而趙盾卒,	진경공 때 조돈이 죽었는데

謚爲宣孟,	시호가 선맹이며
子朔嗣.	아들 삭이 이었다.

趙朔,	조삭은
晉景公之三年,	진경공 3년에
朔爲晉將下軍救鄭,	삭이 진의 하군장이 되어 정을 구원하여
與楚莊王戰河上.	초장왕과 하상에서 싸웠다.
朔娶晉成公姊爲夫人.	삭은 진성공의 손위누이를 맞아 부인으로 삼았다.

晉景公之三年,	진경공 3년에
大夫屠岸賈欲誅趙氏.[16]	대부 도안가가 조씨를 멸족시키려 하였다.
初,	처음에
趙盾在時,	조돈이 살아 있을 때
夢見叔帶持要而哭,	꿈에 숙대가 허리를 잡고 우는 것을 보았는데
甚悲;	매우 슬펐으며,
已而笑,	조금 있다가 웃으며
拊手且歌.	손을 치며 노래를 하였다.
盾卜之,	조돈이 점을 쳐보았더니
兆絶而後好.	점괘가 (대가) 끊어진 후에 좋아지는 것이었다.
趙史援占之,	조의 사원이 점을 쳐보고
曰:	말하였다.
“此夢甚惡,	“이 꿈은 매우 나쁜데

15 **색은** 성공(成公)의 아들은 이름이 거(據)이다.

16 **집해** 서광은 말하였다. “「연표」에 의하면 정을 구원한 것 및 주멸(誅滅)한 것은 모두 경공(景公) 3년이다.”

非君之身,	그대의 몸(에 있는 것)이 아니라
乃君之子,	그대의 아들이지만
然亦君之咎.	또한 그대의 허물(때문)입니다.
至孫,	손자에 이르러
趙將世益衰."	조 씨는 대가 더욱 쇠하여질 것입니다."
屠岸賈者,	도안가는
始有寵於靈公,	처음에 영공의 총애를 받았는데
及至於景公而賈爲司寇,	경공에 이르러 도안가는 사구가 되었으며
將作難,	난을 일으키려 하여
乃治靈公之賊以致趙盾,	이에 영공을 해친 자를 다스려 조돈에까지 이르러
徧告諸將曰:	장수들에게 두루 알렸다.
"盾雖不知,	"조돈은 비록 알지 못하였지만
猶爲賊首.	그래도 적도의 우두머리이다.
以臣弑君,	신하가 임금을 죽였는데
子孫在朝,	자손이 조정에 있으니
何以懲辠?	어떻게 죄를 징계하겠는가?
請誅之."	죽여 버립시다."
韓厥曰:	한궐이 말하였다.
"靈公遇賊,	"영공이 해를 당하였을 때
趙盾在外,	조돈은 밖에 있어서
吾先君以爲無罪,	우리 선군께서 죄가 없다고 생각하시어
故不誅.	죽이지 않았습니다.
今諸君將誅其後,	지금 군장들이 그 후대를 죽이는 것은
是非先君之意而今妄誅.	선군의 뜻이 아니라 이제 함부로 죽이는 것이오.
妄誅謂之亂.	함부로 죽이는 것을 난이라 하오.

臣有大事而君不聞,	신하에게 큰 일이 있는데 임금에게 알리지 않는 것은
是無君也."	임금을 무시하는 것이오."
屠岸賈不聽.	도안가는 따르지 않았다.
韓厥告趙朔趣亡.	한궐은 조삭에게 빨리 도망가라고 알렸다.
朔不肯,	조삭은 따르려하지 않으며
曰:	말하였다.
"子必不絕趙祀,	"그대가 반드시 조의 제사를 끊어지지 않게 한다면
朔死不恨."	저는 죽어도 유감이 없을 것이오."
韓厥許諾,	한궐은 허락하고
稱疾不出.	병을 핑계로 나가지 않았다.
賈不請而擅與諸將攻趙氏於下宮,	도안가는 (임금에게) 청하지도 않고 제멋대로 장수들과 함께 하궁에서 조 씨를 공격하여
殺趙朔·趙同·趙括·趙嬰齊,	조삭과 조동, 조괄, 조영제를 죽여
皆滅其族.	그 일족을 모두 멸족시켰다.

趙朔妻成公姊,	조삭의 아내 성공의 손위누이는
有遺腹,	유복자를 가졌는데
走公宮匿.	공궁으로 달아나 숨었다.
趙朔客曰公孫杵臼,	조삭의 식객에 공손저구가 있었는데
杵臼謂朔友人程嬰曰:	저구는 삭의 벗인 정영에게 말하였다.
"胡不死?"	"어찌하여 죽지 않는가?"
程嬰曰:	정영이 말하였다.
"朔之婦有遺腹,	"삭의 아내가 유복자를 가졌는데

若幸而男,	다행히 사내를 낳으면
吾奉之;	내 받들고,
即女也,	딸이면
吾徐死耳."	내 천천히 죽을 따름이다."
居無何,	얼마 있지 않아
而朔婦免身,	조삭의 부인은 분만을 하여
生男.	사내아이를 낳았다.
屠岸賈聞之,	도안가는 그 말을 듣고
索於宮中.	궁중에서 수색하였다.
夫人置兒絝中,	부인은 아이를 바지에 숨기고
祝曰:	기원하였다.
"趙宗滅乎,	"조 씨의 종족이 멸할 것 같으면
若號;	네가 울 것이고,
即不滅,	멸하지 않으려면
若無聲."	네가 소리를 내지 않을 것이다."
及索,	수색을 했을 때
兒竟無聲.	아이는 끝내 소리를 내지 않았다.
已脫,	벗어나자
程嬰謂公孫杵臼曰:	정영이 공손저구에게 말하였다.
"今一索不得,	"이제 한 번의 수색으로 찾지 못하였으나
後必且復索之,	나중에 반드시 다시 수색을 할 것이니
柰何?"	어쩌지?"
公孫杵臼曰:	공손저구가 말하였다.
"立孤與死孰難?"	"고아를 기르는 것과 죽는 것 중 어느 것이 어렵겠는가?"

程嬰曰:	정영이 말하였다.
“死易,	“죽는 것은 쉽고
立孤難耳.”	고아를 기르는 것은 어려울 따름이다.”
公孫杵臼曰:	공손저구가 말하였다.
“趙氏先君遇子厚,	“조씨의 선군은 그대를 후대해줬으니
子彊爲其難者,	그대는 어려운 일 하는 것을 힘쓰고
吾爲其易者,	나는 쉬운 것을 할 것이니
請先死.”	먼저 죽기를 청하오.”
乃二人謀取他人嬰兒負之,	이에 두 사람은 모의하여 다른 사람의 아이를 데려다 업고
衣以文葆,[17]	수놓은 강보로 싸서
匿山中.	산속으로 숨었다.
程嬰出,	정영은 나가면서
謬謂諸將軍曰:	장군들을 속여서 말하였다.
“嬰不肖,	“나는 못나서
不能立趙孤.	조 씨의 고아를 기를 수 없소.
誰能與我千金,	누구든지 내게 천금만 줄 수 있다면
吾告趙氏孤處.”	내 조 씨의 고아가 있는 곳을 알려주겠소.”
諸將皆喜,	장수들이 모두 기뻐하며
許之,	허락하고
發師隨程嬰攻公孫杵臼.	군사를 일으켜 정영을 따라 공손저구를 공격하였다.
杵臼謬曰:	저구는 속여서 말하였다.

17 **집해** 서광은 말하였다. “작은 아이를 업는 것을 보(葆)라고 한다.” **역주** 문보(文葆)는 곧 문보(文褓)로 꽃을 수놓은 강보(襁褓)이다.

"小人哉程嬰!	"소인이로다, 정영은!
昔下宮之難不能死,	지난날 하궁의 난에서 죽을 수 없어서
與我謀匿趙氏孤兒,	나와 조 씨의 고아를 숨기기로 모의하였더니
今又賣我.	지금 또 나를 팔아먹는구나.
縱不能立,	길러줄 수는 없을지언정
而忍賣之乎!"	차마 팔아먹느냐!"
抱兒呼曰:	아이를 안고 소리를 질렀다.
"天乎天乎!	"하늘이여! 하늘이여!
趙氏孤兒何罪?	조 씨의 고아가 무슨 죄인가?
請活之,	청컨대 살려주고
獨殺杵臼可也."	이 저구만 죽여도 될 것이다."
諸將不許,	장수들이 허락하지 않고
遂殺杵臼與孤兒.	마침내 저구와 고아를 죽였다.
諸將以爲趙氏孤兒良已死,	장수들은 조 씨의 고아가 확실히 이미 죽었다고 생각하고
皆喜.	모두 기뻐하였다.
然趙氏真孤乃反在,	그러나 조 씨의 진짜 고아는 도리어 살아 있었고
程嬰卒與俱匿山中.	정영은 마침내 함께 산 속으로 숨었다.
居十五年,	15년 만에
晉景公疾,	진경공이 병이 들어
卜之,	점을 쳐보았더니
大業之後不遂者爲祟.	대업의 후손 중에 이루지 못한 사람이 빌미가 되었다.
景公問韓厥,	경공이 한궐에게 물었는데

厥知趙孤在,	한궐은 조 씨의 고아가 살아 있음을 알고
乃曰:	이에 말하였다.
"大業之後在晉絕祀者,	"대업의 후손으로 진에서 제사가 끊긴 것은
其趙氏乎?	조 씨 아니겠습니까?
夫自中衍者皆嬴姓也.	중연 이래로 모두 영 씨였습니다.
中衍人面鳥噣,	중연은 사람의 얼굴에 새의 부리를 하였으며
降佐殷帝大戊,	내려와 은제 대무를 보좌하였으며
及周天子,	주천자에 이르러
皆有明德.	모두 밝은 덕이 있었습니다.
下及幽厲無道,	아래로 유와 여왕에 이르러 무도하여
而叔帶去周適晉,	숙대가 주를 떠나 진으로 갔으며
事先君文侯,	선군인 문후를 섬겨
至于成公,	성공에 이르기까지
世有立功,	대대로 공을 세웠으며
未嘗絕祀.	제사가 끊긴 적이 없습니다.
今吾君獨滅趙宗,	지금 우리 임금께서 유독 조 씨의 종족을 멸하여
國人哀之,	백성이 슬퍼하였으므로
故見龜策.	귀책(의 점)에 나타난 것입니다.
唯君圖之."	임금께선 고려해보십시오."
景公問:	경공이 물었다.
"趙尚有後子孫乎?"	"조 씨에게 아직도 남은 자손이 있소?"
韓厥具以實告.	한궐은 모두 사실대로 아뢰었다.
於是景公乃與韓厥謀立趙孤兒,	이에 경공은 곧 한궐과 함께 조 씨의 고아를 세울 모의를 하고

召而匿之宮中.
불러서 궁중에 숨겼다.

諸將入問疾,
장수들이 들어와 문병하자

景公因韓厥之衆以脅諸將而見趙孤.
경공은 한궐의 무리를 이용하여 장수들을 협박하여 조 씨의 고아를 만났다.

趙孤名曰武.
조 씨의 고아 이름은 무였다.

諸將不得已,
장수들은 어쩔 수가 없어

乃曰:
이에 말하였다.

“昔下宮之難,
“지난날 하궁의 난은

屠岸賈爲之,
도안가가 저지른 것으로

矯以君命,
임금의 명으로 속여

并命羣臣.
신들에게 함께 명하였습니다.

非然,
그렇지 않았다면

孰敢作難!
누가 감히 난을 일으켰겠습니까!

微君之疾,
임금의 병환이 아니어도

羣臣固且請立趙後.
신하들은 실로 조 씨의 후손을 세우기를 청하려 했습니다.

今君有命,
지금 임금께서 명령하신 것이

羣臣之願也.”
신하들의 바람입니다.”

於是召趙武·程嬰徧拜諸將,
이에 조무와 정영을 불러 장수들에게 두루 인사시키고

遂反與程嬰·趙武攻屠岸賈,
마침내 역으로 정영, 조무와 함께 도안가를 공격하여

滅其族.
멸족시켰다.

復與趙武田邑如故.[18]
다시 조무에게 예전처럼 영지(領地)와 채읍을 주었다.

及趙武冠,	조무가 관례를 하고
爲成人,	성인이 되자
程嬰乃辭諸大夫,	정영은 곧 대부들에게 작별을 고하고
謂趙武曰:	조무에게 말하였다.
“昔下宮之難,	“지난날 하궁의 난에서
皆能死.	모두 잘 죽을 수 있었습니다.
我非不能死,	나는 죽을 수 없었던 것이 아니라
我思立趙氏之後.	내 조 씨의 후손을 세울 생각을 하였습니다.
今趙武既立,	지금 조무가 이미 서고
爲成人,	성인이 되어
復故位,	옛 지위를 회복하였으니
我將下報趙宣孟與公孫杵臼.”	내 (지하로) 내려가 조선맹과 공손저구에게 알리려 합니다.”
趙武啼泣頓首固請,	조무는 울부짖으며 머리를 조아리고 간곡히 청하여
曰:	말하였다.
“武願苦筋骨以報子至死,“	저는 뼈와 근육을 수고롭히며 죽을 때까지 그대에게 보답을 하고자 하는데
而子忍去我死乎!”	그대는 차마 나를 떠나 죽으려는 것인가요!”
程嬰曰:	정영이 말하였다.
“不可.	“안 됩니다.
彼以我爲能成事,	저들은 내가 일을 이룰 수 있다고 생각하였으므로

18 **집해** 서광은 말하였다. “차례로 진(晉)이 조무(趙武)의 영지와 채읍을 돌려준 것은 경공(景公) 17년 때이다. 곧 바로 『춘추』「성공(成公) 8년」『경(經)』에서 ‘진(晉)이 그 대부인 조동(趙同)과 조괄(趙括)을 죽였다’라 하였는데 『좌전』에서는 이 말에 조무의 일을 세우고 주에서 말하기를 ‘끝을 말한 것일 뿐 이 해가 아닙니다.’라 하였다.”

故先我死; 나보다 먼저 죽었으니,
今我不報, 지금 내가 알리지 않으면
是以我事爲不成." 이는 나의 일이 이루어지지 않은 것입니다."
遂自殺. 마침내 스스로 목숨을 끊었다.
趙武服齊衰三年, 조무는 (정영을 위하여) 3년간 자최의 상복을 입었고
爲之祭邑, 제읍을 마련하여주어
春秋祠之, 봄가을로 제사를 지내어
世世勿絕.[19] 대대로 끊어지지 않게 하였다.

趙氏復位十一年, 조 씨 복위 11년에
而晉厲公殺其大夫三郤. 진여공이 대부 삼극을 죽였다.
欒書畏及, 난서는 (죽임이) 미칠까 두려워하여
乃遂弒其君厲公, 이에 마침내 임금인 여공을 죽이고
更立襄公曾孫周,[20] 양공의 증손인 주로 바꾸어 옹립하였는데
是爲悼公. 바로 도공이다.
晉由此大夫稍彊. 진은 이로 말미암아 대부들이 조금씩 강해졌다.

趙武續趙宗二十七年, 조무는 조씨의 종족을 27년간 이었으며
晉平公立. 진평공이 즉위하였다.

---

19 **집해** 『신서(新序)』에서는 말하였다. "정영(程嬰)과 공손저구(公孫杵臼)는 신실한 벗과 돈후한 사(士)라 할 것이다. 정영이 스스로 목숨을 끊어 보답한 것 또한 지나치다 할 것이다." **정의** 지금 하동(河東) 조 씨는 선조를 제사지내는데 여전히 제단을 따로 설치하여 두 사(士)를 제사지낸다.

20 **집해** 서광은 말하였다. "「연표」에서는 양공(襄公)의 손자라고 하였다." **색은** 「진계가(晉系家)」에서는 양공(襄公)의 작은 아들로 이름이 주(周)라 하였다.

平公十二年,　　평공 12년에

而趙武爲正卿.　　조무는 정경이 되었다.

十三年,　　13년에

吳延陵季子使於晉,　　오의 연릉 계자가 진에 사행하여

曰:　　말하였다.

"晉國之政卒歸於趙武子·韓宣子·魏獻子之後矣."

"진의 정치는 끝내 조무자와 한선자, 위헌자의 후손에게 돌아갈 것이다."

趙武死,　　조무는 죽어

謚爲文子.　　시호를 문자라 하였다.

文子生景叔.[21]　　문자는 경숙을 낳았다.

景叔之時,　　경숙 때

齊景公使晏嬰於晉,[22]　　제경공은 안영을 진에 사행하게 하였으며

晏嬰與晉叔向語.　　안영은 진의 숙상과 대화하였다.

嬰曰:　　안영이 말하였다.

"齊之政後卒歸田氏."　　"제의 정치는 나중에 결국 전 씨에게 돌아갈 것이다."

叔向亦曰:　　숙상 또한 말하였다.

"晉國之政將歸六卿.　　"진국의 정치는 육경에게 돌아갈 것이다.

六卿侈矣,　　육경이 사치해졌는데

而吾君不能恤也."　　우리 임금은 근심하지 않는다."

趙景叔卒,　　조경숙이 죽고

---

21 **색은** 『계본』에서는 말하였다. "경숙(景叔)의 이름은 성(成)이다."

22 **집해** 서광은 말하였다. "평공(平公) 19년이다."

生趙鞅, 조앙을 낳았는데
是爲簡子. 바로 간자이다.

趙簡子在位, 조간자가 지위에 있던
晉頃公之九年, 진경공 9년에
簡子將合諸侯戍于周. 간자는 제후를 모아 주를 지키려했다.
其明年, 그 이듬해에
入周敬王于周, 주경왕을 주에 들여보냈는데
辟弟子朝之故也. 아우인 자조를 피해 있었기 때문이다.

晉頃公之十二年, 진경공 12년에
六卿以法誅公族祁氏·羊舌氏, 육경은 법대로 공족인 기 씨와 양설 씨를 죽이고
分其邑爲十縣, 그들의 봉읍을 10개 현으로 나누었으며
六卿各令其族爲之大夫. 육경은 각자 그 종족을 대부로 명하였다.
晉公室由此益弱. 진의 공실은 이 때문에 더욱 약하여졌다.

後十三年, 13년 후에
魯賊臣陽虎來奔, 노의 적신 양호가 도망쳐왔는데
趙簡子受賂, 조간자는 재물을 받고
厚遇之. 후대해주었다.

趙簡子疾, 조간자는 병들어
五日不知人, 닷새 동안 사람을 알아보지 못하여
大夫皆懼. 대부들이 모두 두려워하였다.
醫扁鵲視之, 의원 편작이 (병세를) 보고

出,	나오자
董安于問.[23]	동안우가 물었다.
扁鵲曰:	편작이 말하였다.
"血脈治也,	"혈맥이 정상인데
而何怪!	어찌 괴이하게 여깁니까!
在昔秦繆公嘗如此,	지난날 진목공이 이와 같았던 적이 있는데
七日而寤.	이레 만에 깨어났습니다.
寤之日,	깨어나는 날
告公孫支與子輿[24]曰:	공손지와 자여에게 일렀습니다.
'我之帝所甚樂.	'내 상제가 있는 곳으로 가서 매우 즐거웠다.
吾所以久者,	내가 오래 걸린 것은
適有學也.	마침 배울 것이 있어서였다.
帝告我:	상제가 내게 말하였다.
"晉國將大亂,	"진이 크게 어지러워져
五世不安;	5대가 되도록 안정되지 못할 것이며,
其後將霸,	그 후 패권을 잡을 것인데
未老而死;	채 늙지 못하여 죽을 것이다.
霸者之子且令而國男女無別.	패자의 아들이 또한 네 나라로 하여금 남녀의 구별이 없게 할 것이다."'
公孫支書而藏之,	공손지가 기록하여 간직해두었는데
秦讖於是出矣.	진의 참언은 여기서 나왔습니다.
獻公之亂,	헌공의 어지러움과
文公之霸,	문공의 칭패,

23 **집해** 위소(韋昭)는 말하였다. "안우(安于)는 간자(簡子)의 가신이다."

24 **색은** 이지(二子)는 진(秦)의 대부 공손지(公孫支)와 자상(子桑)이다.

而襄公敗秦師於殽而歸縱淫,	양공이 효에서 진의 군사를 무찌르고 돌아가 방종음란해진 것은
此子之所聞.	그대가 들은 대로요.
今主君之疾與之同,	지금 주군의 병이 그와 같아
不出三日疾必閒,	사흘을 넘기지 않아 차도가 있을 것이며
閒必有言也."	차도가 있으면 반드시 무슨 말을 할 것이오."

居二日半,	이틀 반 만에
簡子寤.	간자는 깨어났다.
語大夫曰:	대부들에게 말하였다.
"我之帝所甚樂,	"내 상제가 계신 곳에 가서 매우 즐거웠으며
與百神游於鈞天,	온갖 신들과 균천에서 노닐었는데,
廣樂九奏萬舞,	광악 구주와 만무가
不類三代之樂,	삼대의 음악과는 달라
其聲動人心.	그 소리가 사람의 마음을 감동시켰다.
有一熊欲來援我,	어떤 곰 한 마리가 나를 잡으려 하자
帝命我射之,	상제가 나보고 쏘라고 하여
中熊,	곰을 맞혔는데
熊死.	곰이 죽었다.
又有一羆來,	또 어떤 말곰 한 마리가 와서
我又射之,	내 또 쏘아서
中羆,	말곰을 맞혔는데
羆死.	말곰이 죽었다.
帝甚喜,	상제가 매우 기뻐하며
賜我二笥,	내게 상자 2개를 내렸는데

皆有副.	모두 딸린 것이 있었다.
吾見兒在帝側,	내 아이가 상제 곁에 있는 것을 보았는데
帝屬我一翟犬,	상제가 내게 적의 개 한 마리를 붙여주며
曰:	말하였다.
'及而子之壯也,	'네 아들이 장성하면
以賜之.'	주거라.'
帝告我:	상제가 나에게 일렀다.
'晉國且世衰,	'진은 곧 쇠락하여져
七世而亡,[25]	7대면 망할 것이며
嬴姓將大敗周人於范魁之西,[26]	영성이 범괴의 서쪽에서 주 사람을 크게 무찌를 것이나
而亦不能有也.	또한 가질 수는 없다.
今余思虞舜之勳,	지금 내 우순의 공훈을 생각하고 있는데
適余將以其冑女孟姚配而七世之孫.'"[27]	마침 내 그 후손의 딸인 맹요를 네 7세손의 배필로 삼을 것이다.'"
董安于受言而書藏之.	동안우는 그 말을 받아 적어서 간직해두었다.
以扁鵲言告簡子,	편작의 말을 간자에게 아뢰었더니

25 **정의** 진(晉) 정공(定公)과 출공(出公), 애공(哀公), 유공(幽公), 열공(烈公), 효공(孝公), 정공(靜公)의 7대를 말한다. 정공 2년 삼진(三晉)에게 멸망당하였다. 이곳 및 「연표」에 따르면 간자(簡子)가 병이 난 것은 정공(定公) 11년이다.

26 **색은** 범괴(范魁)는 지명인데, 소재지를 알지 못하며 아마 조의 땅일 것이다. **정의** 영(嬴)은 조(趙)의 성이다. 주인(周人)은 위(衞)를 이른다. 진(晉)이 망한 후 조성후(趙成侯) 3년에 위를 쳐서 국도와 변읍(邊邑) 37개를 빼앗았다. 가규는 "작은 언덕을 괴(魁)라고 한다."라 하였다.

27 **색은** 곧 왜영(娃嬴)으로, 오광(吳廣)의 딸이다. 요(姚)는 성이고, 맹(孟)은 자이다. 7대손은 무령왕(武靈王)이다.

簡子賜扁鵲田四萬畝.	간자는 편작에게 전지 4만 무를 내렸다.
他日,	훗날
簡子出,	간자가 외출하였는데
有人當道,	어떤 사람이 길을 막고
辟之不去,	물리쳐도 떠나질 않아
從者怒,	종자가 성이 나서
將刃之.	찔러 죽이려 했다.
當道者曰:	길을 막은 자가 말하였다.
"吾欲有謁於主君."	"내 주군께 아뢰고 싶은 것이 있소."
從者以聞.	종자가 알렸다.
簡子召之,	간자가 불러서
曰:	말하였다.
"譆,	"아,
吾有所見子晣也."[28]	내 (병중의 꿈에서) 본 자석이구나."
當道者曰:	길을 막은 자가 말하였다.
"屏左右,	"좌우를 물리쳐주시면
願有謁."	아뢰기를 청합니다."
簡子屏人.	간자는 사람들을 물리쳤다.
當道者曰:	길을 막은 자가 말하였다.
"主君之疾,	"주군이 병들었을 때
臣在帝側."	신은 상제의 곁에 있었습니다."

28 **색은** 간자(簡子)는 길을 막은 자를 보고 곧 잠에서 깨어 말하였다. "아, 내가 전의 꿈에서 본 사람의 이름을 아는데 자석(子晣)이라고 한다."

簡子曰:	간자가 말하였다.
"然,	"그렇다,
有之.	그런 일이 있었지.
子之見我,	그대가 나를 찾아 왔으니
我何爲?"	내 어째야 하겠는가?"
當道者曰:	길을 막은 자가 말하였다.
"帝令主君射熊與羆,	"상제께서 주군에게 곰과 말곰을 쏘라고 하여
皆死."	모두 죽었습니다."
簡子曰:	간자가 말하였다.
"是,	"그렇다,
且何也?"	또한 어째서인가?"
當道者曰:	길을 막은 자가 말하였다.
"晉國且有大難,	"진에 큰 환난이 일어날 것인데
主君首之.	주군께서 주도하십니다.
帝令主君滅二卿,	상제께서 주군에게 두 경을 멸하게 하는데
夫熊與羆皆其祖也."[29]	저 곰과 말곰이 그 조상입니다."
簡子曰:	간자가 말하였다.
"帝賜我二笥皆有副,	"상제가 내게 내린 상자에 모두 딸린 것이 있는데
何也?"[30]	어째서인가?"
當道者曰:	길을 막은 자가 말하였다.
"主君之子將克二國於翟,"	주군의 아들이 적에서 두 나라를 이길 것인데
皆子姓也."[31]	모두 자성입니다."

29 정의 범씨(范氏)와 중항씨(中行氏)의 조상이다.

30 정의 부(副)는 모두 아들의 성을 이른다.

31 정의 대(代) 및 지 씨(智氏)를 이른다.

簡子曰:	간자가 말하였다.
“吾見兒在帝側,	“내 아이가 상제 곁에 있는 것을 보았는데
帝屬我一翟犬,	상제가 내게 적의 개를 붙여주면서
曰‘及而子之長以賜之’.	‘네 아들이 자라면 주거라.’라 하였다.
夫兒何謂以賜翟犬?”	저 아이에게 어째서 적의 개를 주라고 하였을까?”
當道者曰:	길을 막은 자가 말하였다.
“兒,	“아이는
主君之子也.	주군의 아들입니다.
翟犬者,	적의 개는
代之先也.	대의 선조입니다.
主君之子且必有代.	주군의 아들은 반드시 대를 가질 것입니다.
及主君之後嗣,	또한 주군의 후사 중에
且有革政而胡服,[32]	정치를 개혁하고 호복을 입어
并二國於翟.”[33]	적에서 두 나라를 합병하는 사람이 있을 것입니다.”
簡子問其姓而延之以官.	간자는 성을 묻고 관직을 내려 잡아두려고 했다.
當道者曰:	길을 막은 자가 말하였다.
“臣野人,	“신은 촌사람으로
致帝命耳.”	상제의 명을 아뢰었을 뿐입니다.”
遂不見.	마침내 보이지 않았다.
簡子書藏之府.	간자는 기록하여 부고에 간직하였다.
異日,	훗날

32 정의 지금의 복장이며 구상(裘裳)을 폐하여 없애는 것이다.

33 정의 바로 무령왕(武靈王)이 중산(中山)의 땅을 침략하여 영가(寧葭)에 이르렀으며, 서쪽으로 호(胡)의 땅을 침략하여 누번(樓煩)과 유중(楡中)까지 이른 것이다.

姑布子卿[34]見簡子,	고포자경이 간자를 뵈었는데
簡子徧召諸子相之.	간자는 아이들을 모두 불러 관상을 보게 했다.
子卿曰:	자경이 말하였다.
“無爲將軍者.”	“장군이 될 사람이 없습니다.”
簡子曰:	간자가 말하였다.
“趙氏其滅乎?”	“조씨가 멸절될 것인가?”
子卿曰:	자경이 말하였다.
“吾嘗見一子於路,	“내가 길에서 한 아이를 본 적이 있는데
殆君之子也.”	아마 그대의 아들일 것입니다.”
簡子召子毋卹.	간자는 아들 무휼을 불렀다.
毋卹至,	무휼이 이르니
則子卿起曰:	자경이 일어나 말하였다.
“此真將軍矣!”	“이 아이가 실로 장군이 될 것입니다.”
簡子曰:	간자가 말하였다.
“此其母賤,	“이 애는 그 어미가 천하여
翟婢也,	적의 종인데
奚道貴哉?”	어찌 귀해진다고 말하는가?”
子卿曰:	자경이 말하였다.
“天所授,	“하늘이 주었으니
雖賤必貴.”	천해도 반드시 귀하게 될 것입니다.”
自是之後,	이 후로부터
簡子盡召諸子與語,	간자가 여러 아들을 모두 불러 이야기를 나누어 보았는데
毋卹最賢.	무휼이 가장 현명하였다.

34 집해 시마표(司馬彪)는 말하였다. “고포(姑布)는 성이고, 자경(子卿)은 자이다.”

簡子乃告諸子曰:	간자는 이에 여러 아들에게 말하였다.
“吾藏寶符於常山上,	“내가 상산에 조정의 부절을 숨겨놓았는데
先得者賞.”	먼저 찾는 자에게는 상을 내리겠다.”
諸子馳之常山上,	여러 아들이 상산으로 달려가
求,	찾았으나
無所得.	얻은 것이 없었다.
毋卹還,	무휼이 돌아와
曰:	말하였다.
“已得符矣.”	“이미 부절을 찾았습니다.”
簡子曰:	간자가 말하였다.
“奏之.”	“바쳐 보거라.”
毋卹曰:	무휼이 말하였다.
“從常山上臨代,	“상산에서 대를 내려 보았더니
代可取也.”[35]	대를 빼앗을 만합니다.”
簡子於是知毋卹果賢,	간자는 이에 무휼이 과연 현명하다는 것을 알고
乃廢太子伯魯,	이에 태자 백로를 폐하고
而以毋卹爲太子.	무휼을 태자로 삼았다.

後二年,	2년 뒤인
晉定公之十四年,	진정공 14년에
范·中行作亂.	범 씨와 중항 씨가 난을 일으켰다.
明年春,	이듬해 봄에

35 정의 『지도기(地道記)』에서는 말하였다. “항산(恆山)은 상곡양현(上曲陽縣) 서북쪽 140리 지점에 있다. 북쪽으로 450리를 가면 항산(恆山)의 봉우리를 만나게 되는데 비호구(飛狐口)라 하며 북쪽이 대군(代郡)이다.”

簡子謂邯鄲大夫午曰:	간자가 한단의 대부 오에게 말하였다.
“歸我衞士五百家,	“우리 위의 군사 5백가를 돌려준다면
吾將置之晉陽.”[36]	진양에 두도록 하겠소.”
午許諾,	오가 허락하고
歸而其父兄不聽,[37]	돌아갔으나 그 부형이 따르지를 않아
倍言.	언약을 저버렸다.
趙鞅捕午,	조앙은 오를 잡아
囚之晉陽.	진양에 가두었다.
乃告邯鄲人曰:	이에 한단 사람에게 알렸다.
“我私有誅午也,	“내 몰래 오를 죽이려 하는데
諸君欲誰立?”[38]	그대들은 누구를 세우려 하오?”
遂殺午.	마침내 오를 죽였다.
趙稷·涉賓以邯鄲反.[39]	조직과 섭빈이 한단을 가지고 반기를 들었다.
晉君使籍秦[40]圍邯鄲.	진의 임금은 적진에게 한단을 에워싸게 하였다.
荀寅·范吉射[41]與午善,[42]	순인과 범길사는 오와 친하게 지내어

---

36 **집해** 복건(服虔)은 말하였다. “지난해에 조앙(趙鞅)이 위(衛)를 에워쌌는데 위의 사람들이 두려워하였으므로 5백가를 바쳐 앙이 한단에 두었고 또 진양(晉陽)으로 다시 옮기려는 것이다.”

37 **집해** 복건은 말하였다. “오(午)의 부형들 및 한단의 장로들이다.”

38 **집해** 두예는 말하였다. “오(午)는 조앙의 동족으로 한단에 따로 봉하여졌으므로 한단의 사람들에게 오의 종친을 다시 세우게 한 것이다.”

39 **집해** 복건은 말하였다. “직(稷)은 오의 아들이다.”

40 **집해** 『좌전』에서는 적진(籍秦)은 이때 상군사마(上軍司馬)였다고 하였다. **색은** 『계본』에 따르면 진(晉) 대부 적유(籍游)의 손자이며, 적담(籍談)의 아들이다.

41 **색은** 범 씨(范氏)는 진(晉)의 대부 습숙(隰叔)의 아들로 사위(士蔿)의 후손이다. 위는 성백결(成伯缺)을 낳았고, 결은 무자회(武子會)를 낳았으며, 회는 문숙섭(文叔燮)을 낳았고, 섭은 선숙개(宣叔匄)를 낳았으며, 개는 헌자앙(獻子鞅)을 낳았고, 앙은 길사(吉射)를 낳았다.

42 **집해** 『좌전』에서는 말하였다. “오(午)은 순인(荀寅)의 생질이다. 순인은 범길사(范吉射)의 상인이나.”

不肯助秦而謀作亂,	진을 도우려하지 않고 모반을 획책하였는데
董安于知之.	동안우가 알아챘다.
十月,	10월에
范·中行氏[43]伐趙鞅,	범 씨와 중항 씨가 조앙을 치자
鞅奔晉陽,	앙은 진양으로 달아났으며
晉人圍之.	진의 사람이 에워쌌다.
范吉射·荀寅仇人魏襄等謀逐荀寅,	범길사와 순인의 원수 위양 등이 순인을 쫓아낼 계책을 세워
以梁嬰父代之;[44]	양영보로 대신하였으며,
逐吉射,	길사를 쫓아내고
以范皋繹代之.[45]	범고역으로 대신하였다.
荀櫟[46]言於晉侯曰:	순력이 진후에게 말하였다.
"君命大臣,	"임금께서 대신을 임명하실 때

43 색은 『계본』에서는 말하였다. "진(晉)의 대부 서오(逝遨)는 항백임보(桓伯林父)를 낳았으며, 임보는 선백경숙(宣伯庚宿)을 낳았고, 경숙은 헌백언(獻伯偃)을 낳았으며, 언은 목백오(穆伯吳)를 낳았고 오는 인(寅)을 낳았다. 본성은 순(荀)이며 순언(荀偃)이 중군장을 맡았었는데 진에서 중군을 중항(中行)으로 고치자 그대로 씨로 삼았다. 원래 지백(智伯)과 서오(逝遨)를 한 조상으로 두었으므로 지씨 또한 순(荀)이라 일컫는다." 정의 회(會)는 범(范)에 식읍을 두었으므로 이로 인하여 범 씨(范氏)가 되었다. 또한 중항인(中行寅)은 본래 성이 순(荀)이었는데, 순언(荀偃)이 중군장이 된 후로 중항(中行)이라 하였으며 이로 인하여 중항씨(中行氏)라 불렀다. 원래 지 씨(智氏)와 함께 서오(逝遨)를 이었으며 성은 순씨(荀氏)이다.

44 집해 가규(賈逵)는 말하였다. "양영보(梁嬰父)는 진(晉)의 대부이다."

45 집해 복건은 말하였다. "범 씨(范氏) 측실의 아들이다."

46 집해 복건은 말하였다. "순력(荀櫟)은 지문자(智文子)이다." 색은 『계본』에서는 말하였다. "서오(逝遨)는 장자 수(莊子首)를 낳았고, 수는 무자 앵(武子罃)을 낳았으며, 앵은 장자 삭(莊子朔)을 낳았고, 삭은 도자 영(悼子盈)을 낳았으며, 영은 문자 력(文子櫟)을 낳았고, 역은 선자 신(宣子申)을 낳았으며, 신은 지백 요(智伯瑤)를 낳았다."

始亂者死.	반란을 일으키기만 하면 죽는다고 하였습니다.
今三臣始亂[47]而獨逐鞅,	지금 세 신하가 난을 일으켰는데 앙만 쫓아내었으니
用刑不均,	형벌을 씀이 공평하지 않아
請皆逐之."	다 쫓아낼 것을 청합니다."
十一月,	11월에
荀櫟·韓不佞·[48]魏哆[49]奉公命以伐范·中行氏,	순력과 한불녕, 위치가 공의 명을 받들어 범과 중항 씨를 쳤으나
不克.	이기지 못하였다.
范·中行氏反伐公,	범과 중항 씨가 공에게 반격을 가하여
公擊之,	공이 치니
范·中行敗走.	범과 중항은 패하여 달아났다.
丁未,	정미일에
二子[50]奔朝歌.	두 사람은 조가로 달아났다.
韓·魏以趙氏爲請.[51]	한과 위 씨가 조 씨를 (용서하게끔) 청하였다.
十二月辛未,	12월 신미일에
趙鞅入絳,	조앙이 강으로 들어가
盟于公宮.	공궁과 맹약하였다.
其明年,	그 이듬해에

47 집해 가규는 말하였다. "범(范)과 중항(中行), 조(趙) 씨이다."

48 색은 한간자(韓簡子)이다.

49 색은 위간자(魏簡子)이다. 『계본』에서는 이름이 취(取)라고 하였다.

50 색은 범길사(范吉射)와 순인(荀寅)이다.

51 집해 복건은 말하였다. "그 죄가 순, 범 씨보다 가볍기 때문이다." 정의 조앙(趙鞅)은 범, 중항 씨의 정벌을 당하여 이에 진양(晉陽)으로 달아나, 그 죄가 가볍기 때문에 한과 위 씨가 진의 임금에게 청하여 강(絳)으로 들어오게 된 것이다.

知伯文子謂趙鞅曰:	지백 문자가 조앙에게 말하였다.
"范·中行雖信爲亂,	"범과 중항 씨가 비록 확실히 난을 일으키긴 하였으나
安于發之,	안우가 그것을 발각해냈으니
是安于與謀也.	안우도 음모에 참여한 것이오.
晉國有法,	진국의 법에
始亂者死.	난을 일으킨 자는 죽는다 하였소.
夫二子已伏罪而安于獨在."	저 두 사람은 이미 죄를 승복하였소만 안우는 도대체 어디 있소?"
趙鞅患之.	조앙이 근심하였다.
安于曰:	안우가 말하였다.
"臣死,	"신이 죽으면
趙氏定,	조 씨가 안정되고
晉國寧,	진국이 평안해진다니
吾死晚矣."	나의 죽음이 늦은 것 같습니다."
遂自殺.	마침내 스스로 목숨을 끊었다.
趙氏以告知伯,	조씨가 지백에게 이른
然後趙氏寧.	다음에야 조 씨는 평안해졌다.

孔子聞趙簡子不請晉君而執邯鄲午,	공자가 조간자가 진 임금에게 청하지 않고 한단에서 오를 잡고
保晉陽,	진양을 지켰다는 말을 들었으므로
故書春秋曰"趙鞅以晉陽畔".	『춘추』에 "조앙이 진양을 가지고 반란을 일으켰다."라 기록하였다.

趙簡子有臣曰周舍,	조간자에게는 주사라는 신하가 있었는데
好直諫.	직간을 좋아하였다.
周舍死,	주사가 죽자
簡子每聽朝,	간자는 조정에서 청정할 때마다
常不悅,	늘 기뻐하지 않아
大夫請辠.	대부들이 죄를 청하였다.
簡子曰:	간자가 말하였다.
"大夫無罪.	"대부들은 죄가 없소.
吾聞千羊之皮不如一狐之腋.	내 양 천 마리의 가죽이 여우 한 마리의 겨드랑이만 못하다고 들었소.
諸大夫朝,	대부들은 조정에서
徒聞唯唯,	그저 듣고 예예 하기만 하여
不聞周舍之鄂鄂,	주사의 바른 소리를 듣지 못하여
是以憂也."[52]	이 때문에 근심하는 것이오."
簡子由此能附趙邑而懷晉人.	간자는 이로 말미암아 조읍을 가까이하고 진 사람을 품을 수 있었다.

晉定公十八年,	진정공 18년에
趙簡子圍范·中行于朝歌,	조간자가 조가에서 범과 중항 씨를 에워싸자
中行文子[53]奔邯鄲.	중항 문자는 한단으로 달아났다.
明年,	이듬해에

52 **집해** 『한시외전(韓詩外傳)』에서는 말하였다. "주사(周舍)가 문 아래에 사흘 밤낮을 서 있자 간자(簡子)가 묻게 하기를 '그대가 과인을 보고자 하는 것은 무슨 일인가?'라 하였다. 대답하였다. '바른 소리를 하는 신하가 되어, 필묵과 간독을 잡고 임금의 과실을 좇아 날마다 기록하고 달로 이룸이 있고 해마다 효과가 있기를 바랍니다.'"

53 **색은** 순인(荀寅)이다.

衞靈公卒. 위령공이 죽었다.

簡子與陽虎迗衞太子蒯聵于衞, 간자는 양호와 함께 위 태자 괴외를 위로 보냈는데

衞不內, 위에서 들이지 않아

居戚.[54] 척에 머물렀다.

晉定公二十一年, 진정공 21년에

簡子拔邯鄲, 간자가 한단을 함락시키니

中行文子奔柏人. 중항 문자는 백인으로 달아났다.

簡子又圍柏人, 간자가 또 백인을 에워싸니

中行文子·范昭子[55]遂奔齊. 중항 문자와 범 소자는 결국 제로 달아났다.

趙竟有邯鄲·柏人. 조 씨는 마침내 한단과 백인을 차지하게 되었다.

范·中行餘邑入于晉. 범과 중항 씨의 남은 읍은 진으로 편입되었다.

趙名晉卿, 조 씨는 명색은 진의 경이지만

實專晉權, 실상은 진의 권력을 주물러

奉邑侔於諸侯. 봉읍지가 제후에 필적하였다.

晉定公三十年, 진정공 30년에

定公與吳王夫差爭長於黃池, 정공이 오왕 부차와 황지에서 쟁패하였는데

趙簡子從晉定公, 조간자가 진정공을 수행하였으며

---

54 정의 『괄지지』에서는 말하였다. "옛 척성(戚城)은 상주(相州) 전수현(澶水縣) 동쪽 30리 지점에 있다. 두예는 '척(戚)은 위(衛)의 읍으로 돈구현(頓丘縣) 서쪽에 척성(戚城)이 있다.'라 하였다."

55 색은 범길사(范吉射)이다.

卒長吳.	결국 오를 맹주로 삼았다.
定公三十七年卒,	정공은 37년에 죽었으며
而簡子除三年之喪,	간자는 3년상을 없애고
期而已.	기년을 치렀을 뿐이었다.
是歲,	이 해에
越王句踐滅吳.	월왕 구천이 오를 멸하였다.

晉出公十一年,	진출공 11년에
知伯伐鄭.	지백이 정을 쳤다.
趙簡子疾,	조간자는 병이 들어
使太子毋卹將而圍鄭.	태자 무휼에게 군사를 거느리고 정을 에워싸게 하였다.
知伯醉,	지백이 취하여
以酒灌擊毋卹.	무휼에게 술을 퍼 먹이고 때렸다.
毋卹羣臣請死之.	무휼의 신하들이 그를 죽일 것을 청하였다.
毋卹曰:	무휼이 말하였다.
"君所以置毋卹,	"부군이 나를 이 자리에 둔 것은
爲能忍訽."	능욕을 참을 수 있기 때문이다."
然亦慍知伯.	그러나 또한 지백에게 노기를 품었다.
知伯歸,	지백은 돌아와
因謂簡子,	간자에게 이르기를
使廢毋卹,	무휼을 폐하라 하였지만
簡子不聽.	간자는 따르지 않았다.
毋卹由此怨知伯.	무휼은 이로 말미암아 지백에게 원한을 품었다.

晉出公十七年, 진출공 17년에
簡子卒,[56] 간자가 죽고
太子毋卹代立, 태자 무휼이 이어서 즉위하니
是爲襄子. 바로 양자이다.

趙襄子元年, 조양자 원년에
越圍吳.[57] 월이 오를 에워쌌다.
襄子降喪食, 양자는 상중의 음식을 낮추고
使楚隆問吳王.[58] 초륭에게 오왕을 위로하게 하였다.

襄子姊前爲代王夫人. 양자의 손위누이는 전에 대왕의 부인이었다.
簡子既葬, 간자의 장례를 치르고
未除服, 아직 상복을 벗지 않았을 때
北登夏屋,[59] 북으로 하옥산에 올라
請代王. 대왕을 청하였다.

56 집해 장화(張華)는 말하였다. "조간자(趙簡子)의 무덤은 임수(臨水)의 경계에 있으며 두 무덤이 나란한데 위의 기운은 누각을 이루었다."

57 정의 「연표」 및 「월세가(越世家)」, 『좌전』에서는 월이 오를 멸한 것은 간자(簡子) 35년의 일로 이미 양자(襄子) 원년보다 15년 전이라고 하였으니, 어떻게 다시 월이 오를 에워싼 일이 있을 수 있겠는가? 이 이하 "오왕을 위로하였다"까지는 30년의 일인데 이곳에 문장의 탈오(脫誤)가 있을 따름이다.

58 정의 『좌전』에서는 애공(哀公) 20년에 간자(簡子)가 죽고 양자(襄子)가 계위하였다고 하였는데, 월이 위를 에워싸서 부친의 제사 음식을 낮추고 초륭을 보내어 왕을 위문하게 한 일은 애공 13년이다. 간자는 황지(黃池)의 전역에서 오왕에게 "호오(好惡)를 함께 하자"고 하였으므로 제사 음식을 줄이고 오왕을 위로한 것이다. 「조세가」 및 「육국연표(六國年表)」에서는 이 해에 진정공(晉定公)이 죽었으며 간자가 3년상을 폐하고 기년상만 지냈을 뿐이라고 하였다. 간자가 죽은 일 및 오에 사행한 연월은 모두 틀리며 『좌전』의 글과 같지 않다.

使廚人操銅枓[60]以食代王及從者,	요리사에게 구리 구기를 잡고 대왕 및 종자를 대접하게 했는데
行斟,	술이 돌자
陰令宰人各[61]以枓擊殺代王及從官,	몰래 요리사 각에게 구기로 대왕 및 수행원을 죽이게 하고
遂興兵平代地.	마침내 군사를 일으켜 대 땅을 평정하였다.
其姊聞之,	누이는 듣고
泣而呼天,	눈물을 흘리며 하늘을 향하여 울부짖다가
摩笄自殺.	비녀를 갈아서 스스로 목숨을 끊었다.
代人憐之,	대의 사람들이 불쌍히 여겨
所死地名之爲摩笄之山.[62]	죽은 곳의 지명을 마계지산이라 하였다.
遂以代封伯魯子周爲代成君.	마침내 대를 백로의 아들 주에게 봉하여 대성군으로 삼았다.

59 **집해** 서광은 말하였다. "산은 광무(廣武)에 있다." **정의** 『괄지지』에서는 말하였다. "하옥산(夏屋山)은 가옥산(賈屋山)이라고도 하며, 지금은 가모산(賈母山)이라 하고, 대주(代州) 안문현(鴈門縣) 동북쪽 35리 지점에 있다. 하옥은 구주산(句注山)과 닿아 있으며 아마 북방의 험지이이고 또한 천하의 험로이기 때문에 내외로 분별된다."

60 **정의** 음은 두(斗)이다. 방형으로 자루가 있으며, 물을 뜨는 기구이다. 『설문(說文)』에서는 작(勺)이라 하였다..

61 **집해** 서광은 말하였다. "'낙(雒)'으로 된 판본도 있다."

62 **정의** 계(笄)는 지금의 비녀(簪)이다. 『괄지지』에서는 말하였다. "마계산(摩笄山)은 마계산(磨笄山)이라고도 하고 또한 명계산(鳴雞山)이라고도 하며, 울주(蔚州) 비호현(飛狐縣) 동북쪽 150리 지점에 있다. 『위토지기(魏土地記)』에서는 말하였다. '대군(代郡) 동남쪽 25리 지점에 마두산(馬頭山)이 있다. 조양자(趙襄子)가 대왕(代王)을 죽이고 사람을 보내어 부인을 맞아들이게 하였다. 대왕의 부인이 말하였다. "동생이 (내) 남편을 기만한 것인 인(仁)한 일이 아니며, 남편 때문에 동생을 원망하는 것은 의(義)가 아니다." 비녀를 갈아서 스스로 찔러 죽었다. 사자도 마침내 또한 스스로 목숨을 끊었다.'"

伯魯者,	백로는
襄子兄,	양자의 형으로
故太子.	옛 태자이다.
太子蚤死,	태자가 일찍 죽었으므로
故封其子.	그 아들을 봉한 것이다.

襄子立四年,	양자 즉위 4년에
知伯與趙·韓·魏盡分其范·中行故地.	지백은 조, 한, 위 씨와 함께 범과 중항 씨의 옛 땅을 다 나누었다.
晉出公怒,	진출공은 노하여
告齊·魯,	제와 노에 알리어
欲以伐四卿.	4경을 치려 하였다.
四卿恐,	4경은 두려워하여
遂共攻出公.	마침내 함께 출공을 공격하였다.
出公奔齊,	출공은 제로 달아났는데
道死.	도중에 죽었다.
知伯乃立昭公曾孫驕,	지백이 이에 소공의 증손자 교를 옹립하니
是爲晉懿公.[63]	바로 진의공이다.
知伯益驕.	지백은 더욱 교만해졌다.
請地韓·魏,	한과 위 씨에게 땅을 요구하자
韓·魏與之.	한과 위 씨는 (땅을) 주었다.
請地趙,	조 씨에게 땅을 요구하자

63 색은 혹자는 "애공(哀公)"이라고도 한다. 조부의 이름은 옹(雍)으로 곧 소공(昭公)의 작은 아들이며 대자(戴子)로 불렸다.

趙不與,	조 씨는 주지 않았는데
以其圍鄭之辱.	정을 에워쌀 때 욕을 보았기 때문이다.
知伯怒,	지백은 노하여
遂率韓·魏攻趙.	마침내 한과 위 씨를 이끌고 조 씨를 공격하였다.
趙襄子懼,	조양자는 두려워하여
乃奔保晉陽.	이에 진양으로 달아나 지켰다.

原過從,	원과가 수행하다가
後,	처졌으며
至於王澤,[64]	왕택에 이르러
見三人,	세 사람을 만났는데
自帶以上可見,	띠의 위쪽만 볼 수 있었고
自帶以下不可見.	띠 아래로는 볼 수가 없었다.
與原過竹二節,	원과에게 대나무 두 마디를 주었는데
莫通.	통하지 않았다.
曰:	말하였다.
"爲我以是遺趙毋卹."	"나를 위하여 이것을 조무휼에게 주십시오."
原過既至,	원과는 이르러
以告襄子.	양자에게 알렸다.
襄子齊三日,	양자는 사흘간 재계하고
親自剖竹,	친히 대나무를 갈랐는데
有朱書曰:	붉은 글씨가 있었다.
"趙毋卹,	"조무휼이여,

64 정의 『괄지지』에서는 말하였다. "왕택(王澤)은 강주(絳州) 정평현(正平縣) 남쪽 7리 지점에 있다."

余霍泰山[65]山陽侯天使也.	우리는 곽태산 산양후의 천사이다.
三月丙戌,	3월 병술일에
余將使女反滅知氏.	우리는 네가 도리어 지 씨를 멸하게 하겠다.
女亦立我百邑,	너 또한 우리를 백 호의 읍에 세울지니
余將賜女林胡之地.	우리는 너에게 임호의 땅을 내릴 것이다.
至于後世,	후대에 이르러
且有伉王,	굳센 왕이 있을 것인데
赤黑,	(얼굴빛이) 검붉고
龍面而鳥噣,	용의 얼굴에 새의 부리를 하였으며
鬢麋髭髯,	구레나룻과 눈썹, 수염이 짙고
大膺大胸,	가슴이 크고 넓으며
脩下而馮,	하체는 길고 상체는 당당하며
左衽界乘,[66]	옷깃을 왼쪽으로 여미고 갑옷에 수레를 타고
奄有河宗,[67]	문득 하종을 차지하고
至于休溷諸貉,[68]	휴돈의 여러 맥에 이를 것이며,
南伐晉別,[69]	남으로 진의 별읍을 치고
北滅黑姑."[70]	북으로 흑고를 멸하리라."
襄子再拜,	양자는 두 번 절하고
受三神之令.	세 신의 명을 받았다.

65 **집해** 서광은 말하였다. "하동(河東) 영안현(永安縣)에 있다."

66 **집해** 서광은 말하였다. "수(脩)는 '수(隨)'라고도 한다. 계(界)는 '개(介)'로 된 곳도 있다."

67 **정의** 『목천자전(穆天子傳)』에서는 말하였다. "하종(河宗)의 자손 배백서(鄘栢絮)이다." 용문하(龍門河)의 상류에 있을 것이며, 남(嵐), 승(勝) 두 주의 땅이다.

68 **정의** 음은 맥(陌)이다. 하종(河宗), 휴혼(休溷)의 여러 맥(貉)으로부터 곧 융적(戎狄)의 땅이다.

69 **정의** 조(趙) 씨가 남쪽 진(晉)의 별읍을 치는 것으로, 한(韓)과 위(魏)의 읍을 이른다.

70 **정의** 또한 융족의 나라이다.

三國攻晉陽,
세 나라가 진양을 공격하였는데

歲餘,
한 해 남짓에

引汾水灌其城,
분수를 끌어다 성에 대어

城不浸者三版.[71]
잠기지 않은 것이 3판이었다.

城中懸釜而炊,
성안에서는 솥을 (높이) 걸고 불을 때었으며

易子而食.
자식을 바꾸어 잡아먹었다.

羣臣皆有外心,
신하들은 모두 딴 마음을 품었고

禮益慢,
(양자를 대하는) 예가 더욱 교만해졌는데

唯高共[72]不敢失禮.
고공 만은 감히 예를 잃지 않았다.

襄子懼,
양자는 두려워하여

乃夜使相張孟同[73]私於韓·魏.
이에 밤에 상인 장맹동을 몰래 한과 위 씨에게 보냈다.

韓·魏與合謀,
한과 위씨는 함께 모의하여

以三月丙戌,
3월 병술일에

三國反滅知氏,
세 나라가 도리어 지 씨를 멸하고

共分其地.
그 땅을 함께 나누어가졌다.

於是襄子行賞,
이에 양자는 포상을 하였는데

高共爲上.
고공이 으뜸이었다.

張孟同曰:
장맹동이 말하였다.

"晉陽之難,
"진양의 난 때

---

71 정의 하휴(何休)는 말하였다. "8척(尺)을 판(版)이라고 한다."

72 집해 서광은 말하였다. "'혁(赫)'으로 된 곳도 있다."

73 색은 『전국책(戰國策)』에는 "장맹담(張孟談)"으로 되어 있다. 담(談)은 사천(史遷: 司馬遷) 부친의 이름으로, 사마천은 으레 "동(同)"으로 고쳤다.

唯共無功."	공만 공이 없었습니다."
襄子曰:	양자가 말하였다.
"方晉陽急,	"바야흐로 진양이 위급할 때
羣臣皆懈,	신하들이 모두 게을러졌는데
惟共不敢失人臣禮,	공만이 감히 신하의 예를 잃지 않았으므로
是以先之."	이에 으뜸으로 삼은 것이오."
於是趙北有代,	이에 조 씨는 북으로는 대를 가졌고
南并知氏,	남으로는 지 씨를 합병하여
彊於韓·魏.	한·위 씨보다 강하여졌다.
遂祠三神於百邑,	마침내 세 신을 백읍에서 제사지내어
使原過主霍泰山祠祀.[74]	원과에게 곽태산의 제사를 주관하게 하였다.

其後娶空同氏,[75]	그 후취인 공동 씨는
生五子.	다섯 아들을 낳았다.
襄子爲伯魯之不立也,	양자는 백로가 (태자로) 서지 못하였기 때문에
不肯立子,	아들을 세우려 하지 않았고
且必欲傳位與伯魯子代成君.	또한 반드시 백로의 아들 대성군에게 자리를 전해주려 하였다.
成君先死,	성군이 먼저 죽자

74 정의 『괄지지』에서는 말하였다. "삼신사(三神祠)의 지금 이름은 원과사(原過祠)이며, 지금 곽산(霍山) 곁에 있다."

75 정의 『괄지지』에서는 말하였다. "공동산(崆峒山)은 숙주(肅州) 복록현(福祿縣) 동남쪽 60리로 옛 서융(西戎) 땅이다. 또한 원주(原州) 평고현(平高縣) 서쪽 백 리 지점에도 공동산이 있는데 곧 황제(黃帝)가 광성자(廣成子)에게 도를 물은 곳이다." 모두 서융의 땅인데, 어느 것이 옳은 지 알지 못하겠다.

乃取代成君子浣立爲太子.[76]	곧 대성군의 아들 완을 취하여 태자로 세웠다.
襄子立三十三年卒,	양자는 즉위 33년에 죽고
浣立,	완이 즉위하니
是爲獻侯.	바로 헌후이다.

獻侯少即位,	헌후는 어려서 즉위하였으며
治中牟.[77]	중모를 도읍으로 삼았다.

襄子弟桓子[78]逐獻侯,	양자의 아우 환자가 헌후를 쫓아내고
自立於代,	스스로 대에서 즉위하였는데
一年卒.	1년 만에 죽었다.
國人曰桓子立非襄子意,	백성들은 환자의 즉위는 양자의 뜻이 아니라 하고
乃共殺其子而復迎立獻侯.	곧 함께 그 아들을 죽이고 다시 헌후를 맞아와 세웠다.

---

76 **색은** 대성군(代成君)의 이름은 주(周)이며 백로(伯魯)의 아들이다. 『계본』에서는 대성군의 아들 기(起)는 바로 양자(襄子)의 아들이며 백로라고 하지 않았는데, 이는 틀렸다.

77 **집해** 「지리지」에서는 하남(河南) 중모현(中牟縣)인데 조헌후(趙獻侯)가 경(耿)에서 이곳으로 옮겼다고 하였다. 찬(瓚)은 말하였다. "중모는 춘추시대에는 정(鄭)의 강역 안이며, 삼경(三卿)이 진을 분할하였을 때는 위(魏)의 방토(邦土)였다. 조(趙)의 경계는 장수(漳水) 이북으로 여기에는 미치지 못한다. 『춘추전(春秋傳)』에서는 '위후(衞侯)가 진으로 가면서 중모를 지났다'라 하였으니 생각건대 중모는 위에서 진으로 가는 차서가 아니다. 『급군고문(汲郡古文)』에서는 말하기를 '제(齊)의 군사가 조의 동쪽 변방을 쳐서 중모를 에워쌌다'라 하였는데, 이 중모는 조의 동쪽에 있지 않다. 중모는 탑수(漯水)의 북쪽에 있을 것이다." **색은** 이 조의 중모는 하북(河北)에 있으며 정의 중모가 아니다. **정의** 오록(五鹿)은 위주(魏州) 원성현(元城縣) 동쪽 12리 지점에 있으며, 업(鄴)은 상주(相州) 탕음현(蕩陰縣) 서쪽 58리 지점으로, 모산(牟山)이 있는데 아마 중모읍은 이 산의 곁에 있을 것이다.

78 **색은** 『계본』에서는 양자(襄子)의 아들이 환자(桓子)라 하여 이곳과 같지 않다.

十年,	10년에
中山武公初立.[79]	중산무공이 막 즉위하였다.
十三年,	13년에
城平邑.[80]	평읍에 성을 쌓았다.
十五年,	15년에
獻侯卒,	헌후가 죽고
子烈侯籍立.	아들인 열후 적이 즉위하였다.

烈侯元年,	열후 원년에
魏文侯伐中山,	위문후가 중산을 치고
使太子擊守之.	태자 격에게 지키게 하였다.
六年,	6년에
魏·韓·趙皆相立爲諸侯,	위, 한, 조가 모두 서로 제후로 서서
追尊獻子爲獻侯.	헌자를 헌후로 추존하였다.

烈侯好音,	열후는 음악을 좋아하였는데
謂相國公仲連曰:	상국 공중련에게 말하였다.
"寡人有愛,	"과인에게 좋아하는 사람이 있는데
可以貴之乎?"	귀하게 해줄 수 있겠소?"
公仲曰:	공중이 말하였다.

79 **집해** 서광은 말하였다. "서주(西周) 환공(桓公)의 아들이다. 환공은 효왕(孝王)의 아우이면서 정왕(定王)의 아들이다." **색은** 중산(中山)은 옛 선우국(鮮虞國)으로 희성(姬姓)이다. 『계본』에서는 말하기를 중산무공(中山武公)은 고(顧)에 거처하였으며, 환공(桓公)은 영수(靈壽)로 옮겼는데 조무령왕(趙武靈王)에게 멸망당하였으며 누구의 자손인지는 말하지 않았다. 서광은 서주 환공의 아들이라 하였는데 또한 근거가 없으며 아마 그 실제를 파악할 수 없었을 따름일 것이다.

80 **집해** 「지리지」에서는 말하기를 대군(代郡)에 평읍현(平邑縣)이 있다고 하였다.

“富之可,	“부유하게 해주는 것은 괜찮습니다만
貴之則否.”	귀하게 해주는 것은 안 됩니다.”
烈侯曰:	열후가 말하였다.
“然.	“알았소.
夫鄭歌者槍·石二人,[81]	정의 노래하는 사람 창과 석 두 사람에게
吾賜之田,	내 전지를 내리니
人萬畝.”	1인당 만 무씩이오.”
公仲曰:	공중이 말하였다.
“諾.”	“좋습니다.”
不與.	주지 않았다.
居一月,	한 달 있다가
烈侯從代來,	열후가 대에서 와
問歌者田.	노래하는 사람의 전지를 물었다.
公仲曰:	공중이 말하였다.
“求,	“알아보았습니다만
未有可者.”	괜찮은 것이 없었습니다.”
有頃,	얼마 후
烈侯復問.	열후가 다시 물었다.
公仲終不與,	공중은 끝내 주지 않고
乃稱疾不朝.	곧 병을 핑계로 조회하지 않았다.
番吾君[82]自代來,	반오군이 대에서 와

81 **색은** ‘槍’의 음은 창(七羊反)이다. 창(槍)과 석(石)은 두 사람 이름이다.

82 **집해** 서광은 말하였다. “‘番’의 음은 반(盤)이다. 상산(常山)에 반오현(番吾縣)이 있다.” **정의** 『괄지지』에서는 말하였다. “반오의 옛 성은 항주(恆州) 방산현(房山縣) 동쪽 25리 지점에 있다.” 반포(番蒲)의 고금의 음이 다를 뿐이다.

謂公仲曰:	공중에게 말하였다.
"君實好善,	"그대는 실로 일처리를 잘하기를 좋아하오만
而未知所持.	처리하는 법을 아직 모르오.
今公仲相趙,	지금 그대는 조의 상으로
於今四年,	지금 4년째인데
亦有進士乎?"	또한 사를 천거한 적이 있소?"
公仲曰:	공중이 말하였다.
"未也."	"아직 없습니다."
番吾君曰:	반오군이 말하였다.
"牛畜·荀欣·徐越皆可."	"우축, 순흔, 서월이 모두 괜찮소."
公仲乃進三人.	공중은 이에 세 사람을 천거하였다.
及朝,	조회 때가 되어
烈侯復問:	열후가 다시 물었다.
"歌者田何如?"	"노래하는 사람들의 전지는 어떻게 되었소?"
公仲曰:	공중이 말하였다.
"方使擇其善者."	"바야흐로 좋은 것을 고르게 하고 있습니다."
牛畜侍烈侯以仁義,	우축이 인의로 열후를 모시면서
約以王道,	왕도로 요약하니
烈侯逌然.[83]	열후는 누그러졌다.
明日,	다음날은
荀欣侍,	순흔이 모셨는데
以選練擧賢,	현자를 천거하여 선발하고 훈련시키며

83 **정의** '逌'의 음은 유(由)로, 고자가 "유(攸)"와 같다. 우축(牛畜)이 인의(仁義)로 왕도(王道)를 요약해주었으므로 노래하는 자의 전지(에 대한 논의)를 그만둔 것이다. 유유(攸攸)는 기(氣)가 행해지는 모양으로, 느긋하고 느린 것이다.

任官使能.	관직에 임명하여 능숙하게 하는 것으로 하였다.
明日,	그 다음날은
徐越侍,	서월이 모셨는데
以節財儉用,	재물을 절약하고 쓰는 것을 검소하게 하고
察度功德.	공덕을 잘 헤아리는 것으로 하였다.
所與無不充,	(그들이) 한 말이 (임금을) 충족시키지 않음이 없어
君說.	임금은 기뻐하였다.
烈侯使使謂相國曰:	열후는 시자를 보내 상국에게 말하였다.
"歌者之田且止."	"노래하는 사람들의 밭 문제는 잠시 그만두라."
官牛畜爲師,	우축은 사에
荀欣爲中尉,	순흔은 중위에
徐越爲內史,[84]	서월은 내사에 임명하고
賜相國衣二襲.[85]	상국에게는 옷 두 벌을 내렸다.

九年,	9년에
烈侯卒,	열후가 죽고
弟武公立.[86]	아우인 무공이 즉위하였다.
武公十三年卒,	무공이 13년에 죽어
趙復立烈侯太子章,	조는 다시 열후의 태자 장을 옹립하니
是爲敬侯.	바로 경후이다.

84 **정의** 『한서(漢書)』「백관공경표(百官公卿表)」에서는 말하였다. "(少府) 내사(內史)는 주의 관직인데 진(秦)이 그대로 따랐으며 경사(京師)를 관장하고 다스린다."

85 **집해** 홑옷과 겹옷을 갖춘 것을 1습(襲)이라 한다.

86 **색은** 초주는 말하였다. "『계본』 및 조에 대하여 말한 사람은 모두 그 일이 없다고 하였는데, 아마 다른 근거가 있을 것이다."

是歲,	이 해에
魏文侯卒.	위문후가 죽었다.
敬侯元年,	경후 원년에
武公子朝作亂,	무공의 아들 조가 난을 일으켰는데
不克,	이기지 못하여
出奔魏.	위로 달아났다.
趙始都邯鄲.	조가 비로소 한단에 도읍을 정하였다.
二年,	2년에
敗齊于靈丘.[87]	영구에서 제를 무찔렀다.
三年,	3년에
救魏于廩丘,	늠구에서 위를 구원하여
大敗齊人.	제 사람을 크게 무찔렀다.
四年,	4년에
魏敗我兔臺.	위가 토대에서 우리를 무찔렀다.
築剛平[88]以侵衞.	강평에 성을 쌓아 위를 침공했다.
五年,	5년에
齊·魏爲衞攻趙,	제와 위가 위를 위하여 조를 공격하여
取我剛平.	우리 강평을 빼앗았다.
六年,	6년에
借兵於楚伐魏,	초에서 군사를 빌려 위를 쳐서

87 집해 「지리지」에서는 대군(代郡)에 영구현(靈丘縣)이 있다고 하였다.

88 정의 토대(兔臺)와 강평(剛平)은 모두 하북(河北)에 있다.

取棘蒲.[89] 극포를 빼앗았다.

八年, 8년에

拔魏黃城.[90] 위의 황성을 함락시켰다.

九年, 9년에

伐齊. 제를 쳤다.

齊伐燕, 제가 연을 치자

趙救燕. 조는 연을 구원하였다.

十年, 10년에

與中山戰于房子.[91] 방자에서 중산과 싸웠다.

十一年, 11년에

魏·韓·趙共滅晉, 위, 한, 조가 함께 진을 멸하고

分其地. 그 땅을 분할하였다.

伐中山, 중산을 치고

又戰於中人.[92] 또 중인에서 싸웠다.

十二年, 12년에

敬侯卒, 경후가 죽고

子成侯種立. 아들 성후 종이 즉위하였다.

---

89 **정의** 지금의 조주(趙州) 평극현(平棘縣)이며, 옛 극포읍(棘蒲邑)이다.

90 **집해** 두예는 말하였다. "진류(陳留) 외황현(外黃縣) 동쪽에 황성(黃城)이 있다." **정의** 『괄지지』에서는 말하였다. "옛 황성은 위주(魏州) 관지현(冠氏縣) 남쪽 10리 지점에 있는데, 이 때문에 황구(黃溝)라 하였다." 진류 외황성은 수(隨)가 나눈 것이 아니다.

91 **정의** 조주(趙州) 장자현(房子縣)이다.

92 **집해** 서광은 말하였다. "중산(中山) 당현(唐縣)에 중인정(中人亭)이 있다." **정의** 『괄지지』에서는 말하였다. "중산의 옛 성은 일명 중인정이라고도 하며, 정주(定州) 당현(唐縣) 동북쪽 41리 지점에 있으며, 춘추시대 선우국(鮮虞國)의 중인읍(中人邑)이다."

成侯元年,	성후 원년
公子勝與成侯爭立,	공자 승이 성후와 즉위를 다투어
爲亂.	난을 일으켰다.
二年六月,	2년 6월에
雨雪.	눈이 내렸다.
三年,	3년에
太戊午[93]爲相.	태무오가 상이 되었다.
伐衞,	위를 쳐서
取鄕邑七十三.	향읍 73개를 빼앗았다.
魏敗我藺.[94]	위가 인에서 우리를 무찔렀다.
四年,	4년에
與秦戰高安,[95]	진과 고안에서 싸워
敗之.	패배시켰다.
五年,	5년에
伐齊于鄄.[96]	견에서 제를 쳤다.
魏敗我懷.	위가 회에서 우리를 무찔렀다.
攻鄭,	정을 공격하여
敗之,	무찔러
以與韓,	한에 주었는데
韓與我長子.[97]	한은 우리에게 장자현을 주었다.

93 집해 서광은 말하였다. "무(戊)는 '성(成)'으로 된 곳도 있다."

94 정의 「지리지」에서는 서하군(西河郡)에 속한다고 하였다.

95 정의 하동(河東)에 있을 것이다.

96 정의 바로 복주(濮州) 견성현(鄄城縣)이다.

97 집해 「지리지」에서는 상당(上黨)에 장자현(長子縣)이 있다고 하였다.

六年,	6년에
中山築長城.	중산이 장성을 쌓았다.
伐魏,	위를 쳐서
敗湪澤,[98]	탁택에서 무찌르고
圍魏惠王.	위혜왕을 에워쌌다.
七年,	7년에
侵齊,	제를 쳐서
至長城.[99]	장성까지 이르렀다.
與韓攻周.	한과 함께 주를 쳤다.
八年,	8년에
與韓分周以爲兩.[100]	한과 주를 둘로 나누었다.
九年,	9년에
與齊戰阿下.[101]	제와 아 아래서 싸웠다.

---

98 **정의** '湪'의 음은 탁(濁)이다. 서광은 장두(長杜)에 탁택(濁澤)이 있다고 하였는데, 틀렸다. 『괄지지』에서는 말하였다. "탁수(濁水)는 포주(蒲州) 해현(解縣) 동북쪽 평지에서 발원한다." 그때 위(魏)는 안읍(安邑)에 도읍을 두었는데, 한과 조가 위를 쳤다면 어찌 하남(河南)에서 장두(長杜)까지 이르겠는가? 해현 탁수는 위의 도읍에 가까이 있다는 것이 옳을 것이다.

99 **정의** 제(齊)의 장성 서쪽 어귀는 제주(濟州) 평음현(平陰縣)에 있다. 『태산기(太山記)』에서는 말하였다. "태산 서북쪽에 장성이 있는데, 황하를 따라 태산을 천여 리 거쳐 낭야(瑯邪)에서 바다로 들어간다." 『괄지지』에서는 말하였다. "침공한 땅은 밀주(密州) 남쪽 30리 지점에 있다."

100 **집해** 서광은 말하였다. "현왕(顯王) 2년에다. 「주기(周紀)」에는 이 말이 없다." **정의** 『괄지지』에서는 말하였다. "『사기(史記)』 주현왕(周顯王) 2년에 서주 혜공(惠公)이 작은 아들 자반(子班)을 공(鞏)에 봉하였는데 동주(東周)이다. 그 아들 무공(武公)은 진(秦)에 멸망당하였다. 곽연생(郭緣生)의 『술정기(述征記)』에서는 공현(鞏縣)은 본래 주 공백(鞏伯)의 읍이라고 하였다."

101 **집해** 서광은 말하였다. "전(戰)은 '회(會)'로 된 곳도 있다." **정의** 아(阿)는 동아(東阿)이며, 지금의 제주(濟州) 동아현(東阿縣)이다.

十年,	10년에
攻衞,	위를 쳐서
取甄.	견을 빼앗았다.
十一年,	11년에
秦攻魏,	진이 위를 공격하자
趙救之石阿.[102]	조가 석아에서 구원하였다.
十二年,	12년에
秦攻魏少梁,[103]	진이 위 소량을 공격하자
趙救之.	조가 구원하였다.
十三年,	13년에
秦獻公使庶長國伐魏少梁,	진헌공이 서장 국을 보내어 위 소량을 치게 하여
虜其太子·痤.	그 태자와 좌를 사로잡아갔다.
魏敗我澮,	위가 우리를 회에서 무찔러
取皮牢.[104]	피뢰를 빼앗았다.
成侯與韓昭侯遇上黨.	성후와 한소후가 상당에서 마주쳤다.
十四年,	14년에
與韓攻秦.	한과 함께 진을 쳤다.
十五年,	15년에
助魏攻齊.	위를 도와 제를 쳤다.

102 **정의** 석(石)과 습(隰) 등 주의 경계에 있을 것이다.

103 **정의** 소량(少梁)의 옛 성은 동주(同州) 한성현(韓城縣) 남쪽 22리 지점에 있으며, 옛 소량국(少梁國)이다.

104 **집해** 서광은 말하였다. "「위연표(魏年表)」에서는 조(趙)의 피뢰(皮牢)를 빼앗았다고 하였다." **정의** 『괄지지』에서는 말하였다. "회수현(澮水縣)은 강주(絳州) 익성현(翼城縣) 동남쪽 25리 지점에 있다." 피뢰는 회(澮)의 곁에 있을 것이다.

十六年,	16년에
與韓·魏分晉,	한, 위와 진을 분할하고
封晉君以端氏.[105]	진 임금을 단지에 봉하였다.

十七年,	17년에
成侯與魏惠王遇葛孼.[106]	성후와 위혜왕이 갈얼에서 마주쳤다.
十九年,	19년에
與齊·宋會平陸,[107]	제, 송과 평륙에서 회합하고
與燕會阿.[108]	연과 아에서 회합하였다.
二十年,	20년에
魏獻榮椽,	위에서 좋은 서까래 재목을 바쳐
因以爲檀臺.[109]	단대를 지었다.

105 **집해** 서광은 말하였다. "평양(平陽)에 있다." **정의** 단지(端氏)는 택주현(澤州縣)이다.

106 **집해** 서광은 말하였다. "마구(馬丘)에 있다. 「연표」에서는 18년에 조맹(趙孟)이 제로 갔다고 하였다."

107 **정의** 연주현(兗州縣)이다. 평륙성(平陸城)은 곧 옛 궐(厥)이다.

108 **정의** 『괄지지』에서는 말하였다. "옛 갈성(葛城)은 일명 의성(依城)이라고도 하며, 또한 서아성(西阿城)이라고도 하며, 영주(瀛州) 고양현(高陽縣) 서북쪽 50리 지점에 있다. 서(徐)와 구(滱) 두 하천은 모두 그 서쪽을 지나며, 또한 그 북쪽을 거쳐 간다. 굽은 것을 아(阿)라 하는데, 제에 동아(東阿)가 있기 때문에 서아성(西阿城)이라고 하였다. 「지리지」에서는 말하기를 영주(瀛州)는 하간(河閒)에 속하는데 조가 나누었다." 연(燕)과 조가 만난 곳이 바로 이곳이다.

109 **집해** 서광은 말하였다. "양국현(襄國縣)에 단대(檀臺)가 있다." **색은** 유 씨(劉氏)는 "영연(榮椽)은 지명일 것이며, 그 가운데 높은 곳이 한 군데 있어 대(臺)를 지을 수 있었다."라 하였는데, 틀렸다. 영연(榮椽)은 양재(良材)로 서까래로 삼을 수 있으며, 깎아서 장식을 하면 빛이 나 위에서 바쳤으며 조가 그것을 가지고 단대를 지은 것이다. **정의** 정현(鄭玄)은 말하였다. "영(榮)은 옥익(屋翼)이다." 『설문(說文)』에서는 말하였다. "연(椽)은 서까래이다. 집의 평고대 양쪽이 솟은 것이 영(榮)이다." 『괄지지』에서는 말하였다. "단대는 낙주(洺州) 임명현(臨洺縣) 북쪽 2리 지점에 있다."

二十一年,	21년에
魏圍我邯鄲.	위가 우리 한단을 에워쌌다.
二十二年,	22년에
魏惠王拔我邯鄲,	위혜왕이 우리 한단을 함락시키자
齊亦敗魏於桂陵.[110]	제 역시 계릉에서 위를 무찔렀다.
二十四年,	24년에
魏歸我邯鄲,	위가 우리에게 한단을 돌려주어
與魏盟漳水上.	위와 장수 가에서 맹약하였다.
秦攻我藺.	진이 우리 인을 공격하였다.
二十五年,	25년에
成侯卒.	성후가 죽었다.
公子緤與太子肅侯[111]爭立,	공자 설이 태자 숙후와 즉위를 다투었는데
緤敗,	설이 패하여
亡奔韓.	한으로 도망쳐 달아났다.
肅侯元年,	숙후 원년에
奪晉君端氏,	진 임금의 단지를 빼앗고
徙處屯留.[112]	둔류로 옮겨 처하게 하였다.
二年,	2년에
與魏惠王遇於陰晉.[113]	위혜왕과 음진에서 마주쳤다.

---

110 **정의** 『괄지지』에서는 말하였다. "옛 계성(桂城)은 조주(曹州) 승지현(乘氏縣) 동북쪽 21리 지점에 있으므로 늘 말하기를 이곳이 곧 계릉(桂陵)이라고 하였다."

111 **색은** 『계본』에서는 이름이 어(語)라고 하였다.

112 **정의** 『괄지지』에서는 말하였다. "둔류(屯留)의 옛 성은 노주(潞州) 장자현(長子縣) 동북쪽 30리 지점에 있으며, 본래 한(漢) 둔류현(屯留縣)의 성이다."

三年,	3년에
公子范襲邯鄲,	공자 범이 한단을 습격하였는데
不勝而死.	이기지 못하고 죽었다.
四年,	4년에
朝天子.	천자를 조현하였다.
六年,	6년에
攻齊,	제를 공격하여
拔高唐.	고당을 함락시켰다.
七年,	7년에
公子刻攻魏首垣.[114]	공자 각이 위의 수원을 공격하였다.
十一年,	11년에
秦孝公使商君伐魏,	진효공이 상군에게 위를 치게 하여
虜其將公子卬.	그 장수 공자 앙을 사로잡았다.
趙伐魏.	조가 위를 쳤다.
十二年,	12년에
秦孝公卒,	진효공이 죽었다.
商君死.	상군이 죽었다.
十五年,	15년에
起壽陵.[115]	수릉을 세웠다.
魏惠王卒.	위혜왕이 죽었다.

113 정의 「지리지」에서는 화음현(華陰縣)은 위(魏)의 음진(陰晉)이며 진(秦) 혜문왕(惠文王)이 이름을 영진(寧秦)으로 바꾸었고 고제(高帝)가 화음으로 이름을 바꾸었다고 하였다. 지금은 화주(華州)에 속한다.

114 정의 황하 북쪽에 있을 것이다.

115 정의 서광은 말하였다. "상산(常山)에 있다."

十六年,	16년에
肅侯游大陵,[116]	숙후는 대릉에서 놀고자
出於鹿門,[117]	녹문을 나서는데
大戊午扣馬[118]曰:	대무오가 말을 끌면서 말하였다.
"耕事方急,	"경작하는 일이 바야흐로 급하니
一日不作,	하루를 경작하지 않으면
百日不食."	백일을 먹지 못합니다."
肅侯下車謝.	숙후는 수레에서 내려 잘못을 인정했다.
十七年,	17년에
圍魏黃,	위의 황을 에워쌌으나
不克.[119]	이기지 못하였다.
築長城.[120]	장성을 쌓았다.
十八年,	18년에
齊·魏伐我,	제와 위가 우리를 쳤는데
我決河水灌之,	우리가 황하의 물을 터뜨려 대자

116 **집해** 서광은 말하였다. "태원(太原)에 대릉현(大陵縣)이 있는데 또한 육(陸)이라고도 한다." **정의** 『괄지지』에서는 말하였다. "대릉성(大陵城)은 병주(并州) 문수현(文水縣) 북쪽 13리 지점에 있는데 한의의 대릉현 성이다."

117 **정의** 병주(并州) 우현(盂縣) 서쪽에 백록홍(白鹿泓)이 있는데, 백록산(白鹿山) 남쪽 물가에서 발원하며 아마 녹문(鹿門)은 북쪽 산수의 곁에 있을 것이다.

118 **집해** 여침(呂忱)은 말하였다. "구(扣)는 말을 끄는 것이다."

119 **집해** 「지리지」에서는 산양(山陽)에 황현(黃縣)이 있다고 하였다. **정의** 황성(黃城)은 위주(魏州)에 있는데 전에 함락시켜 오히려 위(의 소유)가 되었는데 지금 조가 에워싼 것이다.

120 **정의** 유백장(劉伯莊)은 말하기를 "아마 운중(雲中) 이북에서 대(代)에 이를 것이다." 조(趙)의 장성은 울주(蔚州) 북서쪽에서 남주(嵐州) 북쪽에 이르러 진의 경계를 다하였다. 또한 아마 이 장성은 장수(漳水) 북쪽에 있을 것인데 조의 남쪽 경계이다.

兵去.	군사가 떠났다.
二十二年,	22년에
張儀相秦.	장의가 진의 승상이 되었다.
趙疵與秦戰,	조자가 진과 싸웠는데
敗,	패하여
秦殺疵河西,	진이 하서에서 조자를 죽이고
取我藺·離石.	우리의 인과 이석을 빼앗았다.
二十三年,	23년에
韓擧[121]與齊·魏戰,	한거가 제, 위와 싸우다가
死于桑丘.[122]	상구에서 죽었다.

二十四年,	24년에
肅侯卒.	숙후가 죽었다.
秦·楚·燕·齊·魏出銳師各萬人來會葬.	진과 초, 연, 제, 위가 정예병 각 만 명을 내어 장례식에 와서 회합하였다.
子武靈王立.[123]	아들인 무령왕이 즉위하였다.

武靈王元年,[124]	무령왕 원년에
陽文君趙豹相.	양문군 조표가 국상이 되었다.

---

121 **집해** 서광은 말하였다. "한(韓)의 장수이다."

122 **집해** 「지리지」에서는 태산(泰山)에 상구현(桑丘縣)이 있다라 하였다. **정의** 『괄지지』에서는 말하였다. "상구성(桑丘城)은 역주(易州) 수성현(遂城縣) 경계에 있다." 혹자는 태산에 있다고 하였는데 틀렸다. 이때 제가 연(燕)의 상구(桑丘)를 쳤는데 삼진(三晉)이 모두 와서 구원하여 태산의 상구현에 있지 못하게 되었다 하였는데, 이 설은 매우 잘못되었다.

123 **색은** 이름은 옹(雍)이다.

124 **집해** 서광은 말하였다. "「연표」에서는 위(魏)가 우리 조호(趙護)를 무찔렀다라 하였다."

梁襄王與太子嗣, 양양왕과 태자 사,

韓宣王與太子倉來朝信宮.[125] 한선왕과 태자 창이 신궁으로 와서 조현하였다.

武靈王少, 무령왕은 어려서

未能聽政, 정사를 처리할 수 없어서

博聞師三人, 식견이 넓은 세 사람과

左右司過三人.[126] 좌우 사과 세 사람을 두었다.

及聽政, 정사를 처리하게 되자

先問先王貴臣肥義, 먼저 선왕의 현귀한 대신 비의에게 물어서

加其秩; 품계를 더해주었고,

國三老年八十, 나라의 삼로로 나이가 여든이면

月致其禮. 매월 예를 행하였다.

三年, 3년에

城鄗. 호에 성을 쌓았다.

四年, 4년에

與韓會于區鼠.[127] 한과 구서에서 회합하였다.

五年, 5년에

娶韓女爲夫人. 한의 여인을 맞아 부인으로 삼았다.

八年, 8년에

韓擊秦, 한이 진을 쳤는데

---

125 **정의** 명주(洺州) 임명현(臨洺縣)에 있다.

126 **역주** 사과(司過)는 관직 이름으로 곧 내사(內史)이다. 신하들의 과실을 규찰(糾察)하는 일을 관장하였다.

127 **정의** 하북(河北)에 있을 것이다.

不勝而去.	이기지 못하고 떠났다.
五國相王,	다섯 나라가 서로 왕을 일컬었는데
趙獨否,	조만은 그렇게 하지 않고
曰:	말하였다.
“無其實,	“실질이 없는데
敢處其名乎!”	감히 그 이름에 처하겠는가!”
令國人謂己曰“君”.	백성들에게 자기를 “군”이라 부르게 하였다.

九年,	9년에
與韓·魏共擊秦,	한·위와 함께 진을 쳤는데
秦敗我,	진이 우리를 무찌르고
斬首八萬級.	8만 명을 참수하였다.
齊敗我觀澤.[128]	제가 우리를 관택에서 무찔렀다.
十年,	10년에
秦取我中都及西陽.[129]	진이 우리 중도 및 서양을 빼앗았다.
齊破燕.	제가 연을 깨뜨렸다.
燕相子之爲君,	연의 재상 자지가 임금이 되고
君反爲臣.	임금은 도리어 신하가 되었다.
十一年,	11년에
王召公子職於韓,	왕이 한에서 공자 직을 불러

128 정의 『괄지지』에서는 말하였다. “관택(觀澤)의 옛 성은 위주(魏州) 돈구현(頓丘縣) 동쪽 18리 지점에 있다.”

129 집해 서광은 말하였다. “「연표」에서는 ‘진(秦)이 중도(中都)와 서양(西陽), 안읍(安邑)을 빼앗았다. 11년에 진이 우리 장군 영(英)을 잡아갔다.’라 하였다. 태원(太原)에 중도현(中都縣)이 있으며, 서하(西河)에 중양현(中陽縣)이 있다.”

立以爲燕王,[130]	연왕으로 세우면서
使樂池送之.[131]	악지에게 호송하게 하였다.
十三年,	13년에
秦拔我藺,	진이 우리 인을 함락시키고
虜將軍趙莊.[132]	장군 조장을 사로잡았다.
楚·魏王來,	초와 위의 왕이 와서
過邯鄲.	한단에 들렀다.
十四年,	13년에
趙何攻魏.	조하가 위를 공격하였다.

十六年,	16년에
秦惠王卒.	진혜왕이 죽었다.
王遊大陵.	왕이 대릉을 유람했다.
他日,	하루는
王夢見處女鼓琴而歌詩曰:	왕이 꿈에서 처녀가 금을 타면서 시를 노래하는 것을 보았다.
"美人熒熒兮,	"미인 반짝반짝함이여,
顏若苕之榮.[133]	얼굴이 능초 꽃 같도다.

130 **집해** 서광은 말하였다. "『기년(紀年)』에서도 그렇게 말했다."

131 **집해** 「연세가(燕世家)」에 의하면 자지(子之)가 죽은 후 연의 사람들이 함께 태자 평(平)을 옹립하였는데 바로 연소왕(燕昭王)이며 조에서 공자 직(職)을 연왕으로 보낸 일은 없으며, 조에서 연의 난을 듣고 멀리서 직을 연왕으로 세운 것일 것이며, 악지에게 호송하게 하였다 하더라도 결국 이룰 수 없었을 것이다. **색은** 「연계가(燕系家)」에는 그런 사실이 없는데, 소략하기 때문일 것이다. 지금 여기서 "악지에게 호송하게 하였다"는 것은 반드시 옛 역사 사실에 의거했을 것이다. 또한 『기년』의 책은 그 설이 또 같으니 배인(裴駰)의 해석이 그 뜻을 얻었을 것이다.

132 **정의** "莊"로 된 판본도 있는데, 음은 비(疋婢反)이다.

命乎命乎,	이름이여 이름이여,
曾無我嬴!"[134]	우리 영씨 같은 이름 없었다네."
異日,	훗날
王飮酒樂,	왕이 술을 마시면서 즐기다가
數言所夢,	꿈꾼 것을 여러 번이나 말하며
想見其狀.	그 모습을 보고 싶어하였다.
吳廣聞之,	오광이 듣고
因夫人而內其女娃嬴.[135]	부인을 통하여 그 딸 왜영을 들여보내니
孟姚也.[136]	맹요이다.
孟姚甚有寵於王,	맹요는 매우 왕의 총애를 받았는데

---

133 **집해** 기무수(綦毋邃)는 말하였다. "능초(陵苕)는 꽃의 색이 보랏빛이다." **정의** '苕'의 음은 초(條)이다.「모시소(毛詩疏)」에서는 말하였다. "초(苕)는 요(饒)이다. 유주(幽州)에서는 교요(翹饒)라고 한다. 덩굴은 녹두 같으면서 가늘고, 잎은 질려(蒺藜) 같으면서 푸르며, 꽃은 가늘고 녹색이며 생식(生食)을 할 수 있으며, 맛은 팥의 잎과 같다." 또한『본초경(本草經)』에서는 말했다. "능초(陵苕)는 습한 수중에서 살며 7~8월에 나는데 꽃은 보랏빛이고 풀은 비단을 물들일 수 있으며 삶은 물로 머리를 감으면 머리카락이 검게 된다."

134 **집해** 기무수는 말하였다. "말에 명과 녹이 있으면 살아서 그 때를 만나는데 사람들은 아무도 자기가 아주 귀하여질 줄 알지 못하였다." **정의** 명(命)은 이름이다. 영(嬴)은 성이 영이라는 것이다. 세상에 많은 이름이 아름답지만 우리 영 씨만큼 좋았던 것은 없다는 말이다. 거듭 "명호(名乎)"라고 한 것은 담설이 많기 때문이다.

135 **집해** 『방언(方言)』에서는 말하였다. "왜(娃)는 아름답다는 뜻이다. 오(吳)에 관왜지궁(館娃之宮)이 있다."

136 **집해** 서광은 말하였다. "『고사고(古史考)』에서는 그 여인을 들였는데 왜(娃)라고 하였다라 하였다." **색은** 맹요(孟姚)는 오광(吳廣)의 딸이다. 광(廣)은 순(舜)의 후손이기 때문에 위에서 "내 우순의 공을 생각하였으므로 그 후손의 딸인 맹요를 네 7세손의 배필로 삼을 것이다.(余思虞舜之勳, 故命其胄女孟姚以配而七代之孫)"라 하였다. 그러나 순의 후손을 우(虞)에 봉한 것은 하동(河東) 대양산(大陽山) 서쪽에 있는 상우성(上虞城)이며, 오성(吳城)이라고도 한다. 우(虞yú)와 오(吳wú)는 음이 서로 가까우므로 순(舜)의 후손 또한 성이 오(吳)이며, 다만 태백(太伯)과 우중(虞仲)의 후예가 아니다.

是爲惠后.	바로 혜후이다.
十七年,	17년에
王出九門,[137]	왕이 구문을 나서
爲野臺,[138]	야대를 지었는데
以望齊·中山之境.	제와 중산국의 경계를 바라보고자 해서였다.
十八年,	18년에
秦武王與孟說擧龍文赤鼎,	진무왕이 맹열과 용무늬가 있는 붉은 정을 들다가
絕臏[139]而死.	정강이뼈가 잘려서 죽었다.
趙王使代相趙固迎公子稷於燕,	조왕이 대의 상 조고에게 연에서 공자 직을 맞아
送歸,	돌려보내
立爲秦王,	진왕으로 옹립하게 하니
是爲昭王.	바로 소왕이다.
十九年春正月,	19년 봄 정월에
大朝信宮.	신궁에서 큰 조회를 가졌다.
召肥義與議天下,	비의를 불러서 함께 천하를 논의했는데

---

137 집해 서광은 말하였다. "상산(常山)에 있다." 정의 본래 전국시대 조(趙)의 읍이다. 『전국책』에서는 말하였다. "본래 궁실이 있어서 거처하였는데, 조무령왕(趙武靈王)이 구문(九門)으로 고쳤다."

138 집해 서광은 말하였다. "야(野)는 '망(望)'으로 된 곳도 있다." 정의 『괄지지』에서는 말하였다. "야대(野臺)는 의대(義臺)라고도 하며, 정주(定州) 신락현(新樂縣) 서남쪽 63리 지점에 있다."

139 집해 서광은 말하였다. "어떤 판본에는 '(목숨이) 끊겨 눈을 감았다(絕瞑)'로 되어 있다. 음은 명(亡丁反)이다."

五日而畢.	닷새 만에 끝이 났다.
王北略中山之地,	왕은 북으로 중산의 땅을 공략하여
至於房子,[140]	방자까지 이르렀으며
遂之代,	마침내 대까지 갔고,
北至無窮,	북으로 무궁에 이르렀으며
西至河,	서쪽으로는 황하에 이르러
登黃華之上.[141]	황화산 꼭대기에 올랐다.
召樓緩謀曰:	누완을 불러서 모의하였다.
"我先王因世之變,	"우리 선왕은 세상의 변화에 따라
以長南藩之地,	남쪽 변방의 땅을 길게 늘여
屬阻漳·滏之險,	장과 부의 험요한 곳에 예속시키고
立長城,	장성을 세웠으며,
又取藺·郭狼,	또한 인과 곽랑을 빼앗았고
敗林人[142]於荏,	임에서 임 사람을 무찔렀는데도
而功未遂.	공을 아직 이루지 못했소.
今中山在我腹心,	지금 중산은 우리 뱃속 한가운데 있고
北有燕,[143]	북에는 연이 있고
東有胡,[144]	동에는 호가 있으며

140 **정의** 조주(趙州)의 현이다.

141 **정의** 황화(黃華)는 아마 서하(西河) 곁의 산 이름이다.

142 **정의** 곧 임호(林胡)이다.

143 **정의** 「지리지」에서는 조(趙)가 진(晉)을 분할하면서 북으로 신도(信都)와 중산(中山)을 차지하였고, 또한 탁군(涿郡)의 고양(高陽)과 막주향(鄚州鄕)을 가졌고, 동으로는 청하(清河)와 하간(河間)을 가졌으며, 또한 발해군(渤海郡) 동평서(東平舒) 등 일곱 현을 얻었다. 황하 이북에 있으므로 "북에는 연이 있다"라 하였다.

144 **정의** 조(趙) 동쪽에 영주(瀛州)의 동북쪽이 있다. 영주(營州)의 경계는 곧 동호(東胡)와 오환(烏丸)의 땅이다. 복건(服虔)은 말하였다. "동호는 오환의 선조로 나중의 선비(鮮卑)이다."

西有林胡·樓煩·秦·韓之邊,[145]	서에는 임호와 누번, 진, 한의 변경이 있어서
而無彊兵之救,	강한 군사의 구원이 없으면
是亡社稷,	사직이 망할 것이니
柰何?	어찌해야 하겠는가?
夫有高世之名,	세상에 높은 명성이 있으려면
必有遺俗之累.	반드시 세속의 누가 되는 것을 뛰어넘어야 하오.
吾欲胡服."	나는 호복을 하고자 하오."
樓緩曰:	누완이 말하였다.
"善."	"훌륭합니다."
羣臣皆不欲.	신하들은 모두 원하지 않았다.

於是肥義侍,	이때 비의가 모셨는데
王曰:	왕이 말하였다.
"簡·襄主之烈,	"간자와 양자의 공은
計胡·翟之利.	호와 적의 이로움을 꾀한 것이오.
爲人臣者,	신하된 자는
寵有孝弟長幼順明之節,	총애 받으면 효성과 우애, 장유와 순명의 절개를 가지고
通有補民益主之業,[146]	현달하면 백성을 돕고 주군을 더해주는 공업을 가지는 것

145 정의 임호(林胡)와 누번(樓煩)은 곧 남(嵐)과 승(勝)의 북쪽이다. 남과 승 이남은 석주(石州)와 이석(離石), 인(藺) 등으로 칠국(七國: 전국시대) 때 조 변경의 읍이다. 진과는 황하를 사이에 두고 있다. 진(晉)과 명(洺), 노(潞), 택(澤) 등의 주는 모두 칠국 때 한의 땅인데 모두 조 서쪽 경계이다.

146 정의 총(寵)은 귀총(貴寵)이다. 통(通)은 이치에 통달한 것이다. 신하된 자는 효제(孝弟)와 장유(長幼), 순명(順明)의 절제를 가진 자는 고귀해지고 총애를 받으며, 백성을 돕고 임금을 더해주는 공업을 세운 자는 이치에 통달하게 된다는 것이다.

此兩者臣之分也.	이 두 가지가 신하의 직분입니다.
今吾欲繼襄主之跡,	지금 저는 양자의 자취를 이어서
開於胡·翟之鄉,	호와 적의 방향을 열고자 하나
而卒世不見也.[147]	온 세상을 다 하도록 보지 못할 것 같소.
爲敵弱,[148]	적을 약하게 하여
用力少而功多,	쓰는 힘은 적고 공이 많게 하면
可以毋盡百姓之勞,	백성의 노고를 고갈 시키지 않게 할 수 있으니
而序往古之勳.[149]	지난 옛 공훈을 이을 것이오.
夫有高世之功者,	세속을 초월하는 공을 세우려면
負遺俗之累;[150]	전해온 풍속에 누를 남길 것입니다.
有獨智之慮者,	홀로 지혜로운 사고를 가진 자는
任驁民之怨.[151]	우매한 백성의 원망을 떠안을 것이오.
今吾將胡服騎射以教百姓,	지금 내 호복에 말을 타고 활을 쏘아 백성을 교도하려는데
而世必議寡人,	세상에서는 반드시 과인을 비방할 것이니
柰何?”	어떻소?”
肥義曰:	비의가 말하였다.
“臣聞疑事無功,	“신이 듣건대 일을 의심하면 공을 이루지 못하고

147 정의 '卒'의 음은 졸(子律反)인데, 다한다는 뜻이다. 온 세상을 다하여도 백성을 돕고 임금을 더해주는 충신을 보지 못할 것이라는 말이다.

148 정의 내가 호복(胡服)을 하면 적은 반드시 곤궁해지고 약해지게 될 것이라는 것이다.

149 정의 후(厚)는 무거운 것이다. 왕고(往古)는 조간자(趙簡子)와 양자(襄子)이다.

150 정의 부(負)는 남기는 것이다. 옛 주공(周公)과 공자(孔子)가 의관과 예의의 풍속을 남겼는데 지금 호복으로 바꾸어 입는 것은 남긴 풍속을 저버리는 것을 견책한다는 말이다.

151 정의 세상에 홀로 지혜로운 계책과 사려가 있는 자는 반드시 숨어 있으면서 오만한 백성의 원망을 길 것이라는 말이다.

疑行無名.	실행을 의심하면 명성을 이루지 못한다고 하였습니다.
王既定負遺俗之慮,	왕께서 이미 남긴 풍속을 저버릴 생각을 정하셨으니
殆無顧天下之議矣.	천하의 비방은 돌아보지 않으셔야 할 것입니다.
夫論至德者不和於俗,	지극한 덕을 논하는 자는 세속에 동화되지 않고
成大功者不謀於衆.	큰 공을 이루는 자는 대중과 모의하지 않습니다.
昔者舜舞有苗,	옛날 순은 유묘(의 난) 때 춤을 추었고
禹袒裸國,	우는 나국에서 웃통을 벗었는데
非以養欲而樂志也,	욕망을 길러서 뜻을 즐기고자 한 것이 아니며
務以論德而約功也.	덕을 논하여 공을 요약하기를 힘쓴 것입니다.
愚者闇成事,	우둔한 자는 일을 이루는데 어둡고
智者覩未形,	지혜로운 자는 형체를 드러내기 전에 보니
則王何疑焉."	왕께서는 무엇을 의심하십니까?"
王曰:	왕이 말하였다.
"吾不疑胡服也,	"나는 호복을 의심하는 것이 아니라
吾恐天下笑我也.	천하가 나를 비웃을까봐 내 걱정되오.
狂夫之樂,	미치광이가 즐기는 것을
智者哀焉;	지자는 슬퍼하고,
愚者所笑,	어리석은 자가 비웃는 것을
賢者察焉.	현자는 살피오.
世有順我者,	세상에 나를 따르는 자가 있다면
胡服之功未可知也.	호복의 공은 (얼마나 될지) 알 수가 없을 것이오.
雖驅世以笑我,	비록 세상에서 나를 비웃는다 하더라도
胡地中山吾必有之."	호의 땅 중산을 내 반드시 차지할 것이오."

於是遂胡服矣.
이에 마침내 호복을 입었다.

使王緤告公子成曰:
왕설로 하여금 공자 성에게 이르게 하였다.

“寡人胡服,
“과인은 호복으로

將以朝也,
조회를 열려고 하니

亦欲叔服之.
숙부께서도 입으셨으면 합니다.

家聽於親而國聽於君,
집에서는 어버이를 따르고 나라에서는 임금을 따르는 것은

古今之公行也.
예나 지금이나 공적으로 행하여지는 것입니다.

子不反親,
자식이 어버이에 반대하지 않고

臣不逆君,
신하가 임금을 거스르지 않는 것은

兄弟之通義也.[152]
형제간에 통하는 의입니다.

今寡人作教易服而叔不服,
지금 과인이 복장을 갈아입게 하는데 숙부께서 따르지 않으시면

吾恐天下議之也.
내 천하에서 비방할까 걱정됩니다.

制國有常,
나라를 다스리는 데는 원칙이 있으니

利民爲本;
백성을 이롭게 하는 것을 근본으로 삼아야 하고

從政有經,
정치를 좇는 데는 정도가 있으니

令行爲上.
영을 행함이 최상입니다.

明德先論於賤,
덕을 밝힘에는 천한 자를 논의함이 우선이고

而行政先信於貴.
정령을 행함은 귀인의 신임이 우선입니다.

今胡服之意,
지금 호복을 입는 뜻은

非以養欲而樂志也;
욕망을 만족시켜 뜻을 즐기고자 해서가 아니며,

---

152 **집해** 서광은 말하였다. “형제(兄弟)는 ‘원이(元夷)’로 된 곳도 있다. 원(元)은 비로소라는 뜻이고, 이(夷)는 평평하다는 뜻이다.”

事有所止而功有所出,[153]	일에 멈출 곳이 있고 공은 이룸이 있으니
事成功立,	일이 이루어지고 공을 세운
然后善也.	다음에야 훌륭해지기 때문입니다.
今寡人恐叔之逆從政之經,	지금 과인은 숙부께서 정치를 좇는 상도를 거슬러
以輔叔之議.	숙부의 의논을 도울까 하는 것입니다.
且寡人聞之,	또한 과인이 듣자하니
事利國者行無邪,	나라에 이로운 것을 일삼으면 행함에 잘못이 없고
因貴戚者名不累,	귀척을 따르면 명예에 누가 되지 않는다 하였으므로
故願慕公叔之義,	원컨대 공숙의 의를 앙망하여
以成胡服之功.	호복의 공을 이루려 합니다.
使緤謁之叔,[154]	설을 시켜 숙부께 알려드리오니
請服焉."	따랐으면 합니다."
公子成再拜稽首曰:	공자 성이 두 번 절하고 머리를 조아리면서 말하였다.
"臣固聞王之胡服也.	"신은 실로 왕께서 호복을 입는다는 말을 들었습니다.
臣不佞,	신은 재주가 없고
寢疾,	병져 누워
未能趨走以滋進也.	달려가 더 진언을 드릴 수가 없었습니다.
王命之,	왕께서 명하시면
臣敢對,	신이 감히 대답하여

153 **정의** 정현은 말하였다. "지(止)는 이르는 것이다. 임금은 인(仁)에 머물고, 신하는 경(敬)에 머물며 자식은 효(孝)에 머물고 아비는 자(慈)에 머물며 나라의 사람과 사귈 때는 신(信)에 머무는 것이다." 출(出)은 성(成)과 같다.

154 **색은** 구문이다.

因竭其愚忠.	이에 어리석은 충성을 다하겠습니다.
曰:	(대답하여) 말합니다.
臣聞中國者,	신이 듣건대 중원의 국가는
蓋聰明徇智之所居也,[155]	총명하고 지혜로운 사람이 살고
萬物財用之所聚也,	만물과 재용이 모이는 곳,
賢聖之所教也,	현자와 성인이 교화하는 곳,
仁義之所施也,	인의가 시행되는 곳,
詩書禮樂之所用也,	『시』와 『서』, 예악이 쓰는 곳,
異敏技能之所試也,	기이하고 명민한 재주를 시험하는 곳,
遠方之所觀赴也,	먼 곳에서 달려서 보는 곳,
蠻夷之所義行也.[156]	만이가 본받는 곳이라고 하였습니다.
今王舍此而襲遠方之服,	지금 왕께서 이것을 버려두고 먼 곳의 복색을 따라
變古之教,	옛 가르침을 고치고
易古人道,	옛 사람의 도를 바꾸며
逆人之心,	사람의 마음을 거스르고
而怫學者,	학자들을 울적하게 하는 것은
離中國,	중원의 국가를 떠나는 것이므로
故臣願王圖之也."	신은 원컨대 왕께서는 고려해보셨으면 합니다."
使者以報.	사자가 그대로 보고했다.
王曰:	왕이 말하였다.
"吾固聞叔之疾也,	"내 실로 숙부의 병을 들었으니
我將自往請之."	내 친히 가서 청하도록 하겠습니다."

155 **집해** 서광은 말하였다. "「오제본기(五帝本紀)」에서는 어린데 빠르다고 하였다."

156 **역주** 의행(義行)은 의형(儀形)과 같은 뜻으로 쓰였다. 본받는다는 뜻이다.

王遂往之公子成家,	왕은 마침내 공자 성의 집으로 가서
因自請之,	이에 친히 청하여
曰:	말하였다.
“夫服者,	“옷이라는 것은
所以便用也;	입기에 편하게 하려는 것이고,
禮者,	예라는 것은
所以便事也.	일을 편하게 하려는 것입니다.
聖人觀鄉而順宜,	성인이 지방을 관찰하고 타당한 것에 맞춰
因事而制禮,	일에 따라 예를 제정한 것은
所以利其民而厚其國也.	백성을 이롭게 하고 나라를 부강하게 하기 위함입니다.
夫翦髮文身,	머리카락을 깎고 문신을 하여
錯臂左衽,[157]	팔에 이리저리 새기고 옷깃을 왼쪽으로 여미는 것은
甌越之民也.[158]	구월의 백성입니다.
黑齒雕題,[159]	이를 검게 물들이고 얼굴을 아로새기며
卻冠秫絀,[160]	어피 관을 쓰고 거친 옷을 입는 것은

157 **색은** 착비(錯臂) 또한 문신이며, 단청(丹青)으로 팔에 엇갈리게 금을 긋는 것이다. 공연(孔衍)의 판본에는 “우비좌임(右臂左衽)”으로 되어 있는데, 그 팔의 오른쪽을 드러내는 것을 말한다.

158 **색은** 유 씨(劉氏)는 말하였다. “지금의 주애(珠崖)와 첨이(儋耳)를 구(甌) 사람이라고 하는데, 구월(甌越)이 있다.” **정의** 남월(南越)에 속하므로 구월(甌越)이라고 한다. 『여지지(輿地志)』에서는 말하였다. “교지(交阯)는 주 때는 낙월(駱越)이었고, 진(秦) 때는 서구(西甌)였는데, 문신을 하고 머리를 짧게 깎았으며 용을 피하였다.” 곧 서구락(西甌駱)은 또한 반오(番吾)의 서쪽에 있다. 남월 및 구락은 모두 미성(芈姓)이다. 『세본(世本)』에서는 “월은 미성(芈姓)으로 초와 조상을 함께 한다.”라 하였다.

159 **집해** 유규(劉逵)는 말하였다. “풀로 이를 물들여 흰 것을 검게 한다.” 정현은 말하였다. “조문(雕文)은 살갗을 새기어 파란색과 붉은색으로 물들이는 것이다.”

大吳之國也.	대오의 나라입니다.
故禮服莫同,	그러므로 예와 복식은 절대 같지 않지만
其便一也.	편하기는 마찬가지입니다.
鄕異而用變,	고을이 다르면 쓰임이 변하고
事異而禮易.	일이 다르면 예가 바뀝니다.
是以聖人果可以利其國,	그러므로 성인은 당연히 그 나라를 이롭게 할 수만 있으면
不一其用;	그 쓰임을 한결같이 하지 않고,
果可以便其事,	마땅히 그 일을 편하게 할 수만 있으면
不同其禮.	그 예를 같이 하지 않습니다.
儒者一師而俗異,	유자는 같은 스승을 모시지만 습속이 다르고
中國同禮而教離,	중원의 나라는 예는 같지만 가르침이 다른데
況於山谷之便乎?	하물며 산골짜기를 편하게 함이겠습니까?
故去就之變,	따라서 거취의 변화를
智者不能一;	지자라도 하나로 할 수 없고,
遠近之服,	원근의 복식을
賢聖不能同.	현자와 성인도 같게 할 수 없습니다.
窮鄕多異,	궁벽한 고을에는 다름이 많고
曲學多辯.	왜곡된 학문에는 말이 많습니다.
不知而不疑,	알지 못하기에 의심하지 않고
異於己而不非者,	자기와 다르기에 비난을 하지 않는 것은

160 **집해** 서광은 말하였다. "『전국책』에는 '출봉(秫縫)'으로 되어 있는데 출(絀) 또한 꿰매어 기운다는 것의 다른 이름이다. 출(秫)이라는 것은 청흑색 침이다. 고자(古字)는 가차자가 많으므로 '출출(秫絀)'이라고 했을 따름이다. 여기서는 아마 그 여자들의 바느질 솜씨가 거친 것을 말할 것이다. 또 어떤 판본에는 '복어 관을 하고 검은 띠를 맸다(鮭冠黎緤)'로 되어 있다."

公焉而衆求盡善也.	공정하면서도 선을 다함을 많이 추구하는 것입니다.
今叔之所言者俗也,	지금 숙부께서 말씀하시는 것은 습속이고
吾所言者所以制俗也.	제가 말씀드리는 것은 습속을 만드는 것입니다.
吾國東有河·薄洛之水,[161]	우리나라 동쪽에 황하와 박락의 하천이 있는데
與齊·中山同之,[162]	제·중산과 함께 하며
無舟楫之用.	배와 노를 쓰지 않아도 됩니다.
自常山以至代·上黨,[163]	상산에서 대와 상당까지는
東有燕·東胡之境,	동으로는 연과 동호의 경계가 있고,
而西有樓煩·秦·韓之邊,	서로는 누번과 진, 한의 변경이 있는데
今無騎射之備.	지금 말을 타고 활을 쏘는 대비를 하지 않습니다.
故寡人無舟楫之用,	과인은 배와 노를 씀이 없이
夾水居之民,	물을 끼고 사는 백성들이
將何以守河·薄洛之水;	어떻게 황하와 박락의 물을 지킬 것이며,
變服騎射,	복식을 바꾸고 말을 타고 활을 쏠까 하는 것은
以備燕·三胡[164]·秦·韓之邊.	연과 삼호, 진, 한의 변경을 대비하려는 것입니다.
且昔者簡主不塞晉陽以及上黨,	또한 옛날에 간자가 진양 및 상당을 막지 않고
而襄主并戎取代以攘諸胡,	양자가 융을 합병하고 대를 취하여 여러 호를 물리쳤는데

161 집해 서광은 말하였다. "안평(安平)은 현을 거쳐 서쪽에 장수(漳水)가 있는데 진(津)의 이름은 박락진(薄洛津)이다." 정의 안평현(安平縣)은 정주(定州)에 속한다.

162 정의 당시 제는 중산(中山)과 친하였으며, 중산과 조는 박락수(薄洛水)를 함께 하고 있으므로 "제가 중산과 함께 한다"라 하였으며, 모름지기 배와 노를 준비하여야 한다.

163 집해 서광은 말하였다. "어떤 판본에는 '상산 이하에서 대와 상당 이동(自常山以下, 代, 上黨以東)'으로 되어 있다."

164 색은 임호(林胡)와 누번(樓煩), 동호(東胡)가 삼호(三胡)이다.

此愚智所明也.	이는 어리석은 자나 지혜로운 자가 환히 아는 것입니다.
先時中山負齊之彊兵,	앞선 때에 중산은 제의 강한 군사를 등에 업고
侵暴吾地,	우리나라 땅을 침략하여
係累[165]吾民,	우리 백성을 사로잡아갔고
引水圍鄗,	물을 끌어 호를 에워싸
微社稷之神靈,	사직의 신령이 없었더라면
則鄗幾於不守也.	호는 거의 지키지 못하였을 것입니다.
先王醜之,	선왕이 부끄럽게 여겨
而怨未能報也.	원수를 갚을 수 없었음을 원망스러워 하였습니다.
今騎射之備,	이제 말을 타고 활을 쏘는 것을 대비하는 것은
近可以便上黨之形,	가까이는 상당의 형세를 유리하게 할 수 있고
而遠可以報中山之怨.	멀리는 중산의 원한을 갚을 수 있습니다.
而叔順中國之俗以逆簡·襄之意,	숙부께서 중원 국가의 습속을 따라 간자와 양자의 뜻을 거스르고
惡變服之名以忘鄗事之醜,	복식의 명분을 바꾸는 것을 미워해서 호의 부끄러운 일을 잊는 것은
非寡人之所望也.”	과인의 바람이 아닙니다.”
公子成再拜稽首曰:	공자 성은 두 번 절하고 머리를 조아리며 말하였다.
“臣愚,	“신은 어리석어
不達於王之義,	왕의 뜻에 이르지 못하여
敢道世俗之聞,	감히 세속에서 들은 것을 말하였으니

165 **정의** 앞의 글자는 음이 계(計)이고, 다음 글자는 음이 루(力追反)이다.

臣之辠也. 신의 죄입니다.

今王將繼簡·襄之意以順先王之志, 지금 왕께서 간자와 양자의 생각을 이어 선왕의 뜻을 따르려는데

臣敢不聽命乎!" 신이 감히 명을 따르지 않겠습니까!"

再拜稽首. 두 번 절하고 머리를 조아렸다

乃賜胡服. 이에 호복을 내렸다.

明日, 다음날

服而朝. (호복을) 입고 조회를 하였다.

於是始出胡服令也. 이에 비로소 호복(착용)령을 내었다.

趙文·趙造·周袑[166]·趙俊皆諫止王毋胡服, 조문과 조조, 주소, 조준은 모두 왕에게 호복을 해서는 안 된다고 간언하여 말리며

如故法便. 옛 법대로 하는 것이 편하다고 하였다.

王曰: 왕이 말하였다.

"先王不同俗, "선왕들은 풍속을 달리했는데

何古之法? 옛 법은 무엇인가?

帝王不相襲, 제왕이 서로 따르지 않았는데

何禮之循? 무슨 예를 따르는가?

虙戲·神農教而不誅, 복희와 신농은 교화를 하면서 죽이지 않았고

黃帝·堯·舜誅而不怒. 황제와 요·순은 죽이면서 (일족에게는) 노하지 않았소.

及至三王, 삼왕에 이르러서는

隨時制法, 때에 따라 법을 제정했고

166 집해 서광은 말하였다. "『전국책』에는 '袑'로 되어 있다. '袑'의 음은 소(紹)이다."

因事制禮.	일에 따라 예를 제정했소.
法度制令各順其宜,	법도와 제도 법령은 각기 타당한 것을 따르게 마련이며
衣服器械各便其用.	의복과 기계는 각기 그 쓰임을 편하게 하기 마련이오.
故禮也不必一道,	그러므로 예 또한 한 가지일 필요는 없으며
而便國不必古.	나라를 편하게 하는 것은 옛것일 필요가 없소.
聖人之興也不相襲而王,	성인이 일어난 것은 서로 이어서 왕이 되지 않아서이고
夏·殷之衰也不易禮而滅.	하와 은이 쇠한 것은 예를 바꾸지 않아 멸망당했소.
然則反古未可非,	그렇다면 옛 도를 위반하는 것이 그르다 할 수 없으며
而循禮未足多也.	예를 따르는 것이 충분히 훌륭한 것이 아니오.
且服奇者志淫,	또한 기이한 것을 입은 자가 음란한데 뜻을 둔다면
則是鄒·魯無奇行也;[167]	추와 노에서는 기이한 행실이 없을 것이며,
俗辟者民易,	풍속이 편벽된 것이 백성을 바꾸게 한다면
則是吳·越無秀士也.[168]	오와 월에는 빼어난 사가 없을 것이오.
且聖人利身謂之服,	또한 성인이 몸을 편하게 하는 것을 옷이라고 하였고

167 **색은** 추(鄒)와 노(魯)는 갓끈을 길게 드리우는 것을 좋아하였는데 기이한 복장이지만 그 뜻이 모두 음란하고 사벽한 것이 아니며, 공자의 문하에는 안(顏), 염(冉)의 무리가 있는데 어찌 기행이 없는 것이겠는가!

168 **색은** 지방의 풍속이 구석져 산골짜기에 처하여 사람들이 모두 고치고 바꿈이 큰 변화에 통하지 않는다면 오(吳)와 월(越)에는 빼어난 사가 없을 것이니 어찌 연주래(延州來) 및 대부 종(大夫種)같은 무리가 있을 수 있겠는가!

便事謂之禮.	일에 편하게 하는 것을 예라고 하오.
夫進退之節,	대체로 나아가고 물러나는 예절과
衣服之制者,	의복을 제정한 것은
所以齊常民也,	평민을 다스리기 위함이지
非所以論賢者也.	현자를 논하기 위함이 아닙니다.
故齊民與俗流,	따라서 평민은 풍속과 함께 흘러가고
賢者與變俱.	현자는 변화와 함께 합니다.
故諺曰'以書御者不盡馬之情,	그래서 속담에서는 '책(의 이론)으로 말을 모는 자는 말의 성정을 다하지 못하고
以古制今者不達事之變'.	옛 것으로 지금 것을 통제하는 자는 일의 변화에 통달하지 못한다.' 하였소.
循法之功,	법도의 공효를 따르면
不足以高世;	세상에 높아지기에 충분치 못하고,
法古之學,	옛 학문을 본받는다면
不足以制今.	지금을 통제하기에 충분치 않소.
子不及也."	그대들이 미치지 못하는 것이오."
遂胡服招騎射.	마침내 호복을 하고 말 타고 활 쏘는 자들을 모집하였다.

二十年,	20년에
王略中山地,	왕은 중산의 땅을 공략하여
至寧葭;[169]	영하까지 이르렀으며,
西略胡地,	서로 호 땅을 공략하여
至榆中.[170]	유중에 이르렀다.

169 **색은** "만하(蔓葭)"로 된 곳도 있으며, 현 이름으로 중산(中山)에 있다.

170 **정의** 승주(勝州) 북쪽 황하의 북쪽 기슭이다.

林胡王獻馬.	임호왕이 말을 바쳤다.
歸,	돌아와서
使樓緩之秦,	누완을 진에 보내고
仇液之韓,	구액을 한으로 보내었으며
王賁之楚,	왕분을 초로 보내고
富丁之魏,	부정을 위로 보내었으며
趙爵之齊.	조작을 제로 보냈다.
代相趙固主胡,	대의 승상 조고에게 호를 주관하게 하여
致其兵.	그 군사를 징집하였다.

二十一年,	21년에
攻中山.	중산을 공격하였다.
趙袑爲右軍,	조소는 우군장이 되었으며
許鈞爲左軍,	허균은 좌군장이 되었고
公子章爲中軍,	공자장은 중군장이 되었으며
王并將之.	왕은 아울러 거느렸다.
牛翦將車騎,	오전은 거기병을 거느렸고
趙希并將胡·代.	조희는 호와 대(의 군사)를 아울러 거느렸다.
趙與之陘,[171]	조는 그들에게 형산을 주었으며

---

171 **집해** 서광은 말하였다. "'육(陸)'으로 된 곳도 있고, 또한 '형(陘)'으로 된 곳도 있다. 아마 '조여지형(趙與之陘)'이라 해야 할 것이다. 형(陘)은 산이 끊긴 것을 이른다. 상산(常山)에는 정형(井陘)이 있고, 중산(中山)에는 고형(苦陘)이 있으며, 상당(上黨)에는 연여(閼與)가 있다." **정의** '與'의 음은 여(與)이다. '陘'의 음은 형(莿)이다. 형(陘)은 형산(陘山)이며, 병주(并州) 형현(陘縣) 동남쪽 18리 지점에 있다. 그러나 조희(趙希)가 대(代)와 주의 군사를 합쳐서 거느리고 여러 군사와 함께 정형(井陘)의 측면을 공격하여 함께 정주(定州)의 상곡양현(上曲陽縣)으로 나아 군사를 합쳐 단구(丹丘)와 화양(華陽), 치상지관(鴟上之關)을 공격하여 빼앗았다.

合軍曲陽,[172]	곡양에서 군사를 합쳐
攻取丹丘[173]·華陽[174]·鴟之塞.[175]	단구와 화양, 치의 변경을 공격하여 빼앗았다.
王軍取鄗·石邑[176]·封龍[177]·東垣.	왕의 군사는 호와 석읍, 봉룡, 동원을 빼앗았다.
中山獻四邑和,	중산은 네 읍을 바치며 강화를 청하였는데
王許之,	왕이 허락하고
罷兵.	철군하였다.
二十三年,	23년에
攻中山.	중산을 공격하였다.
二十五年,	25년에
惠后卒.[178]	혜후가 죽었다.

---

172 **집해** 서광은 말하였다. "상곡양(上曲陽)은 상산(常山)에 있고, 하곡양(下曲陽)은 거록(鉅鹿)에 있다." **정의** 『괄지지』에서는 말하였다. "상곡양의 옛 성은 정주(定州) 곡양현(曲陽縣) 서쪽 5리 지점에 있다." 군사가 곡양(曲陽)에서 합쳤다는 것은 곧 상곡양(上曲陽)인데 상산군(常山郡)에 있기 때문이다.

173 **정의** 아마 형주(邢州) 단구현(丹丘縣)일 것이다.

174 **집해** 서광은 말하였다. "화(華)는 '상(爽)'으로 된 곳도 있다." **정의** 『괄지지』에서는 말하였다. "북악(北岳)은 다섯 개의 별명이 있는데, 첫째 난대부(蘭臺府), 둘째 열녀궁(列女宮), 셋째 화양대(華陽臺), 넷째 자대(紫臺), 다섯째 태일궁(太一宮)이다." 북악 항산(恆山)은 정주(定州) 항양현(恆陽縣) 북쪽 140리 지점에 있다.

175 **집해** 서광은 말하였다. "치(鴟)는 '홍(鴻)'으로 된 곳도 있다." **정의** 앞 자는 음이 치(昌之反)이고 뒷 자는 음이 새(先代反)이다. 서광은 "치(鴟)는 '홍(鴻)'으로 된 곳도 있다"라 하였으며, 홍상(鴻上)의 옛 관(關)은 지금은 여성(汝城)이라고 하며 정주(定州) 당현(唐縣) 동북쪽 60리 지점에 있는데 본래 진(晉)의 홍상관(鴻上關) 성이다. 또한 홍상수(鴻上水)가 있는데 당현(唐縣) 북쪽 갈홍산(葛洪山)에서 발원하며 북악 항산(恆山)과 닿아 있고 홍상대(鴻上塞)와 함께 모두 정주(定州)이에 있다. 그러나 어떤 판본에는 "명(鳴)" 자로 되어 있는데 잘못되었다.

176 **집해** 서광은 말하였다. "상산(常山)에 있다." **정의** 『괄지지』에서는 말하였다. "석읍(石邑)의 옛 성은 항주(恆州) 녹천현(鹿泉縣) 남쪽 35리 지점에 있으며, 육국(六國: 전국) 때의 옛 읍이다."

177 **정의** 『괄지지』에서는 말하였다. "봉룡산(封龍山)은 일명 비룡산(飛龍山)이라고도 하며, 항주(恆州) 녹천현(鹿泉縣) 남쪽 45리 지점에 있다. 읍은 산의 이름에서 따왔다."

使周袑胡服傅王子何.	주소에게 호복을 하고 왕자 하의 스승이 되게 하였다.
二十六年,	26년에
復攻中山,	다시 중산을 공격하였다.
攘地北至燕·代,	땅을 넓혀 북으로는 연과 대까지 이르렀고
西至雲中·九原.	서로는 운중과 구원까지 이르렀다.

二十七年五月戊申,	27년 5월 무신일에
大朝於東宮,	동궁에서 크게 조회를 열어
傳國,	나라를 전하여
立王子何以爲王.	왕자 하를 왕으로 세웠다.
王廟見禮畢,	왕은 태묘에서 (선조들을) 뵙는 예를 마치고
出臨朝.	나와 조정에 임했다.
大夫悉爲臣,	대부들은 모두 신하였고
肥義爲相國,	비의는 상국이 되었고
并傅王.	아울러 왕을 보좌하였다.
是爲惠文王.	바로 혜문왕이다.
惠文王,	혜문왕은
惠后吳娃子也.	혜후 오왜의 아들이다.
武靈王自號爲主父.	무령왕은 주부라 자칭하였다.

主父欲令子主治國,	주부는 아들에게 나라 다스리는 것을 맡기고

178 **색은** 무령왕(武靈王)의 전후를 이르는데 태자 장(章)의 어머니이며, 혜문왕(惠文王)의 적모(嫡母)이다. 혜후(惠后)가 죽은 후에 오왜(吳娃)가 비로소 정실(正室)이 되었으며, 효성(孝成) 2년에 이르러 "혜문후(惠文后)가 죽었다"라 하였다. 아래에서는 또한 "맹요(孟姚)가 죽은 후에 하(何)의 총애가 식어 함께 세우려 하였다"라 하였는데, 또한 잘못되었다.

而身胡服將士大夫西北略胡地, 자신은 호복을 하고 사대부를 거느리고 서북쪽으로 호 땅을 치려 하였으며

而欲從雲中·九原直南襲秦, 운중과 구원에서 곧장 남으로 진을 치려고 하여

於是詐自爲使者入秦. 이에 스스로 사자인 것처럼 꾸며 진으로 들어갔다.

秦昭王不知, 진소왕은 알지 못하였다가

已而怪其狀甚偉, 얼마 후 그 모양이 매우 비범하여

非人臣之度, 신하의 풍도가 아님을 이상하게 여겨

使人逐之, 사람을 시켜 쫓게 하였으나

而主父馳已脫關矣. 주부는 말을 달려 이미 관을 벗어났다.

審問之, 자세히 물어보니

乃主父也. 곧 주부였다.

秦人大驚. 진 사람은 크게 놀랐다.

主父所以入秦者, 주부가 진으로 들어온 까닭은

欲自略地形, 직접 땅의 형세를 관찰하고

因觀秦王之爲人也. 내친김에 진왕의 사람됨을 살피고자 해서였다.

惠文王[179]二年, 혜문왕 2년에

主父行新地, 주부는 새(로 개척한) 땅에 갔는데

遂出代, 마침내 대를 나와

西遇樓煩王於西河而致其兵. 서쪽 서하에서 누번을 만나 그 군사를 받았다.

三年, 3년에

滅中山, 중산을 멸하고

179 집해 서광은 말하였다. "원년에 공자 승(勝)을 상으로 삼고 평원(平原)에 봉하였다."

遷其王於膚施.[180]	그 왕을 부시로 옮겼다.
起靈壽,[181]	영수를 짓기 시작하였으며
北地方從,	북쪽 땅은 바야흐로 복종하였고
代道大通.	대의 길은 크게 통하였다.
還歸,	돌아와
行賞,	상을 행하고
大赦,	대대적인 사면령을 내렸으며
置酒酺五日,	닷새 동안 술과 포를 차려내고
封長子章爲代安陽君.[182]	장자 장을 대의 안양군에 봉하였다.
章素侈,	장은 평소에 방종하여
心不服其弟所立.	내심 그 아우의 즉위에 복종하지 않았다.
主父又使田不禮相章也.	주부가 또한 전불례로 하여금 장을 돕게 했다.

李兌謂肥義曰:	이태가 비의에게 말하였다.
"公子章彊壯而志驕,	"공자 장은 강성하고 뜻이 교만하며
黨衆而欲大,	무리가 많고 욕망이 크니
殆有私乎?	사심을 품고 있을 것입니다.
田不禮之爲人也,	전불례의 사람됨은
忍殺而驕.	잔인하고 교만합니다.
二人相得,	두 사람이 투합하면
必有謀陰賊起,	반드시 음모를 꾸며 난을 일으킬 것이고

---

180 **집해** 서광은 말하였다. "상군(上郡)에 있다." **정의** 지금의 연주(延州) 부시현(膚施縣)이다.

181 **집해** 서광은 말하였다. "상산(常山)에 있다."

182 **정의** 『괄지지』에서는 말하였다. "동안현(東安陽)의 옛 성은 삭주(朔州) 정양현(定襄縣)의 경계에 있다. 「지지(地志)」에서는 동안양현(東安陽縣)은 대군(代郡)에 속한다고 하였다."

一出身徼幸.	한번 몸을 내어 요행을 바랄 것입니다.
夫小人有欲,	대체로 소인이 욕망을 가지면
輕慮淺謀,	생각은 가볍고 계책은 얕아
徒見其利而不顧其害,	그 이익만 보고 해는 돌아보지 않아
同類相推,	동류의 사람들이 서로 밀치며
俱入禍門.	함께 화의 문으로 들어갑니다.
以吾觀之,	제가 살펴보건대
必不久矣.	반드시 오래가지 못할 것입니다.
子任重而勢大,	그대는 맡은 일은 중하고 세력이 크니
亂之所始,	난이 비롯되는 곳이며
禍之所集也,	화가 모이는 곳이니
子必先患.	그대가 반드시 먼저 환난을 겪을 것입니다.
仁者愛萬物而智者備禍於未形,	인자는 만물을 사랑하고 지자는 화가 갖추어지기 전에 대비하니
不仁不智,	인하지 않고 지혜롭지 않으면
何以爲國?	어떻게 나라를 다스리겠습니까?
子奚不稱疾毋出,	그대는 어찌 병을 칭탁하지 않고 나가지 않으며
傳政於公子成?	정치를 공자 성에게 전하지 않습니까?
毋爲怨府,	원망의 곳집을 짓지 말고
毋爲禍梯."	화의 사다리를 만들지 마십시오."
肥義曰:	비의가 말하였다.
"不可.	"안 될 말이오.
昔者主父以王屬義也,	지난날 주부가 왕위를 내게 부탁하면서
曰:	말하였소.

‘毋變而度,	‘네 태도를 바꾸지 말고
毋異而慮,	네 생각을 달리 하지 않아
堅守一心,	한 마음을 굳게 지켜
以歿而世.’	네가 죽을 때까지 그렇게 하라.’
義再拜受命而籍之.[183]	저는 두 번 절하고 명을 받아 적어두었습니다.
今畏不禮之難而忘吾籍,	지금 불례의 난을 두려워하여 나의 (답한) 기록을 잊는다면
變孰大焉.	이보다 큰 변절이 있겠소?
進受嚴命,	나아가 엄명을 받고
退而不全,	물러나 온전히 하지 못하면
負孰甚焉.	이보다 심한 저버림이 있겠소?
變負之臣,	변절하고 저버린 신하는
不容於刑.	형벌을 면치 못하오.
諺曰‘死者復生,	속담에 말하기를 ‘죽은 사람이 다시 살아나도
生者不愧’.[184]	산 사람이 부끄러워하지 않는다.’라 하였소.
吾言已在前矣,	내가 이미 전에 말하였으니
吾欲全吾言,	내 말을 온전히 하려고 해야지
安得全吾身!	어찌 내 몸을 온전히 할 수 있겠소!
且夫貞臣也難至而節見,	또한 곧은 신하는 난이 이르러야 절개가 드러나고
忠臣也累至而行明.	충신은 우환이 닥쳐야 행실이 밝아지는 법이오.
子則有賜而忠我矣,	그대는 (충고해) 주어 나에게 충성하였는데

183 **색은** 적(籍)은 적는 것이다. 당시에 즉시 기록하여 문서에 수록한 것을 말한다.

184 **정의** 비의(肥義)가 이태(李兌)에게 답하였다. 반드시 힘껏 하(何)가 왕이 되도록 도왔으며 장(章) 및 전불례(田不禮)에게 딴 마음이 생기는 것을 두려워하지 않는다. 죽은 사람이 다시 살아나게 하는 것 같아 아울러 산 사람에게 왕의 스승이 변치 않음을 보여 나로 하여금 부끄럽지 않게 하는 것은 순식(荀息)과 같다.

雖然,	비록 그러하나
吾有語在前者也,	내 전에 한 말이 있으니
終不敢失."	끝내 감히 저버리지 않을 것이오."
李兌曰:	이태가 말하였다.
"諾,	"좋습니다.
子勉之矣!	그대는 힘쓰십시오!
吾見子已今年耳."	제가 그대를 보는 것은 금년으로 끝일 따름입니다."
涕泣而出.	눈물을 흘리며 나갔다.
李兌數見公子成,	이태는 자주 공자성을 찾아보고
以備田不禮之事.	전불례의 일에 대비하였다.

異日肥義謂信期[185]曰:	훗날 비의가 신기에게 말하였다.
"公子與田不禮甚可憂也.	"공자와 전불례는 매우 근심스럽소.
其於義也聲善而實惡,	그들은 내게 목소리는 선하게 하나 실제로는 악하여
此爲人也不子不臣.	그 사람됨이 자식 같지 않고 신하 같지 않소.
吾聞之也,	내가 듣건대
姦臣在朝,	간신이 조정이 있으면
國之殘也;	나라를 해치고,
讒臣在中,	참소하는 신하가 안에 있으면
主之蠹也.	임금을 좀먹게 되오.
此人貪而欲大,	이 사람은 탐욕스럽고 욕망이 크며
內得主而外爲暴.	안에서는 임금(의 신임)을 얻고 밖에서는 포악하오.

185 색은 곧 아래의 고신(高信)이다. 정의 앞의 글자의 음은 신(申)이다.

矯令爲慢,	(임금의) 명령을 속이며 오만하게 굴어
以擅一旦之命,	갑작스레 하루아침에 명을 내리는 것이
不難爲也,	어렵지 않아
禍且逮國.	화가 나라에 미칠 것이오.
今吾憂之,	지금 내 그것이 걱정되어
夜而忘寐,	밤에 잠자는 것을 잊고
飢而忘食.	배가 고파도 먹는 것을 잊었소.
盜賊出入不可不備.	도적이 드나들면 대비를 하지 않을 수 없소.
自今以來,	지금부터는
若有召王者必見吾面,	(주부가) 왕을 부르시면 반드시 내게 얼굴을 보여주어
我將先以身當之,	내가 먼저 직접 당해보고
無故而王乃入."	일이 없으면 왕이 들어가게 하겠소."
信期曰:	신기가 말하였다.
"善哉,	"좋습니다,
吾得聞此也!"	내가 이 말을 듣게 됨이."

四年,	4년에
朝羣臣,	신하들을 조현하게 했는데
安陽君亦來朝.	안양군도 와서 조현하였다.
主父令王聽朝,	주부는 왕에게 조정에서 청정하게 하고
而自從旁觀窺羣臣宗室之禮.	자신은 곁에서 신하들과 종실의 예를 살펴보았다.
見其長子章傫然也,	장자인 장이 풀이 죽어
反北面爲臣,	도리어 북면을 하여 신하가 되어
詘於其弟,	아우에게 굽히는 것을 보고

心憐之,	마음속으로 불쌍히 여겨
於是乃欲分趙而王章於代,	이에 조를 나누어 장을 대의 왕으로 삼으려 했으나
計未決而輟.	계획을 결단에 옮기지 못하고 마쳤다.

主父及王游沙丘,	주부 및 왕이 사구에서 놀면서
異宮,[186]	궁을 달리 했고
公子章即以其徒與田不禮作亂,	공자 장은 그 무리를 데리고 전불례와 난을 획책하여
詐以主父令召王.	주부의 영을 사칭하여 소왕을 불렀다.
肥義先入,	비의가 먼저 들어가자
殺之.	죽여버렸다.
高信即與王戰.	고신은 곧 왕과 싸웠다.
公子成與李兌自國至,	공자 성과 이태가 국도에서 이르러
乃起四邑之兵入距難,	이에 네 고을의 군사를 일으켜 들어가 난을 막아
殺公子章及田不禮,	공자 장 및 전불례를 죽이고
滅其黨賊而定王室.	그 적당들을 멸족시키고 왕실을 안정시켰다.
公子成爲相,	공자 성은 상이 되어
號安平君,	안평군이라 불렸으며
李兌爲司寇.	이태는 사구가 되었다.
公子章之敗,	공자 장은 패하자
往走主父,	주부에게 달려갔는데
主父開之,[187]	주부는 문을 열어주었고

186 **정의** 형주(邢州) 평양현(平鄕縣) 동북쪽 20리 지점이다.

成·兌因圍主父宮.	성과 태는 주부의 궁을 에워쌌다.
公子章死,	공자 장이 죽자
公子成·李兌謀曰:	공자 성과 이태가 모의하여 말하였다.
“以章故圍主父,	“장 때문에 주부를 에워쌌는데
即解兵,	군대를 해산시키면
吾屬夷矣.”	우리는 멸족될 것이다.”
乃遂圍主父.	이에 마침내 주부를 에워쌌다.
令宮中人“後出者夷”,	궁중의 사람들에게 “늦게 나오는 자는 멸족당한다”라 명하니
宮中人悉出.	궁중의 사람이 모두 나왔다.
主父欲出不得,	주부는 나가고 싶었지만 못하였고
又不得食,	또 먹지도 못하게 되어
探爵鷇而食之,[188]	참새 새끼를 찾아서 잡아먹다가
三月餘而餓死沙丘宮.[189]	석 달여 만에 사구궁에서 굶어죽었다.
主父定死,	주부의 죽음이 정하여지자
乃發喪赴諸侯.	이에 발상하고 제후국에 부고를 냈다.
是時王少,	이때 왕은 어려서

---

187 **색은** 개(開)는 문을 열어 들인 것을 말한다. 속본(俗本)에는 또한 “문(聞)” 자로 된 것도 있는데 틀렸다. 초주(譙周) 및 공연(孔衍)의 판본에는 모두 “폐지(閉之)”로 되어 있는데, 폐(閉)는 숨겨주는 것을 이른다. **정의** 반란을 일으킨 죄를 꾸짖지 않고 궁으로 들어와 숨는 것을 용인한 것이다.

188 **집해** 기무수는 말하였다. “구(鷇)는 참새 새끼이다.” **색은** 조대가(曹大家)는 “구는 참새 새끼이다. 나서 먹이를 받아먹는 것을 구(鷇)라고 한다.”

189 **집해** 응소(應劭)는 말하였다. “무령왕(武靈王)은 대군(代郡) 영구현(靈丘縣)에 장사지냈다.” **정의** 『괄지지』에서는 말하였다. “조무령왕의 무덤은 울주(蔚州) 연구현(靈丘縣) 동쪽 30리 지점에 있다.” 응소의 설이 옳다.

成·兌專政,	성과 태가 정치를 주물렀는데
畏誅,	죽을까봐 두려워하여
故圍主父.	주부를 에워싼 것이다.
主父初以長子章爲太子,	주부는 처음에 장자 장을 태자로 삼았는데
後得吳娃,	나중에 오왜를 얻어
愛之,	사랑하여
爲不出者數歲,	밖으로 나오지 않은 것이 여러 해였고
生子何,	아들 하를 낳자
乃廢太子章而立何爲王.	곧 태자 장을 폐하고 하를 왕으로 세웠다.
吳娃死,	오왜가 죽자
愛弛,	사랑이 식어
憐故太子,	옛 태자를 불쌍히 여겨
欲兩王之,	둘(중 하나)을 왕으로 세우려 하여
猶豫未決,	우물쭈물 결단을 내리지 못하여
故亂起,	난이 일어나
以至父子俱死,	부자가 모두 죽기에 이르러
爲天下笑,	천하의 웃음꺼리가 되었으니
豈不痛乎![190]	어찌 통탄스럽지 않겠는가!
(主父死惠文王立立)五年,	(주부가 죽고 혜문왕이 즉위한 지) 5년에
與燕鄚·易.[191]	막과 역을 연에 주었다.
八年,	8년에
城南行唐.[192]	남행당에 성을 쌓았다.

190 집해 서광은 말하였다. "혹은 이 14자가 없다."

191 집해 서광은 말하였다. "모두 탁군(涿郡)에 속한다. '鄚'의 음은 막(莫)이다."

九年,	9년에
趙梁將,	조량이 장수가 되어
與齊合軍攻韓,	제와 연합하여 한을 쳐
至魯關下.[193]	노관의 아래에까지 이르렀다.
及十年,	10년에
秦自置爲西帝.	진이 서제로 자처하였다.
十一年,	11년에
董叔與魏氏伐宋,	동숙이 위와 함께 송을 쳐서
得河陽於魏.	위에서 하양을 얻었다.
秦取梗陽.[194]	진이 경양을 빼앗았다.
十二年,	12년에
趙梁將攻齊.	조량이 장수가 되어 제를 쳤다.
十三年,	13년에
韓徐爲將,	한서가 장수가 되어
攻齊.	제를 쳤다.
公主死.[195]	공주가 죽었다.

---

192 **집해** 서광은 말하였다. "상산(常山)에 있다." **정의** '行'의 음은 행(寒庚反)이다. 『괄지지』에서는 말하였다. "행당현(行唐縣)은 기주(冀州)에 속한다." 남행당(南行唐)에 성을 쌓아 준 것이다.

193 **정의** 유백장(劉伯莊)은 말하였다. "아마 남양(南陽) 노양관(魯陽關)에 있을 것이다." 여주(汝州) 노산현(魯山縣)은 옛 곡양현(穀陽縣)이다.

194 **집해** 두예는 말하였다. "태원(太原) 진양현(晉陽縣) 남쪽의 경양성(梗陽城)이다."
색은 「지리지」에서는 태원 유차(楡次)에 경양향(梗陽鄕)이 있다고 하였다. 두예가 근거한 것과 조금 다르다. **정의** 『괄지지』에서는 말하였다. "경양의 옛 성은 병주(并州) 청원현(清源縣) 남쪽 120보 지점에 있는데 진양현을 나누어 설치하였으며, 본래 한 유차현(楡次縣)의 땅으로 춘추시대 진(晉) 대부 기 씨(祁氏)의 읍이다."

195 **색은** 아마 오왜(吳娃)의 딸이며, 혜문왕(惠文王)의 손위누이일 것이다.

十四年,
14년에

相國樂毅將趙·秦·韓·魏·燕攻齊,[196]
상국 악의가 조와 진, 한, 위, 연(의 군사)을 거느리고 제를 공격하여

取靈丘.[197]
영구를 빼앗았다.

與秦會中陽.[198]
진과 중양에서 회합하였다.

十五年,
15년에

燕昭王來見.
연소왕이 와서 조현하였다.

趙與韓·魏·秦共擊齊,
조가 한·위·진과 함께 제를 치니

齊王敗走,
제왕이 패하여 달아나

燕獨深入,
연이 단독으로 깊이 들어가서

取臨菑.
임치를 빼앗았다.

十六年,
16년에

秦復與趙數擊齊,
진이 다시 조와 함께 제를 치니

齊人患之.
제 사람이 근심하였다.

蘇厲爲齊遺趙王書曰:
소려가 제를 위해 조왕에게 편지를 보내어 말하였다.

臣聞古之賢君,
신이 듣건대 옛 현군은

其德行非布於海內也,
덕행을 해내에만 베푼 것이 아니고

196 「연표」 및 한(韓)·위(魏) 등의 「계가(系家)」에 의하면 다섯 나라가 제를 공격한 것은 이듬해이지만 아래의 15년에 다시 제를 쳤다고 하였는데, 이곳의 말이 맞으며 아마 이 해에 함께 제를 쳤을 따름이다.

197 정의 울주현(蔚州縣)이다.

198 정의 『괄지지』에서는 말하였다. "중양(中陽)의 옛 현은 분주(汾州) 습성현(隰城縣) 남쪽 10리 지점에 있으며 한(漢) 중양현이다."

教順非治於民人也,	교훈을 백성에게만 베푼 것이 아니었으며
祭祀時享非數常於鬼神也.	제사와 시향도 귀신에게만 항상 지내지 않았습니다.
甘露降,	감로가 내리고
時雨至,	때맞춰 비가 내려
年穀豐孰,	풍년이 들어 곡식이 풍성하게 익어
民不疾疫,	백성은 병들지 않고
衆人善之,	백성들이 훌륭하게 여겼지만
然而賢主圖之.	현주는 그것을 도모합니다.

今足下之賢行功力,	지금 족하의 현행과 공력이
非數加於秦也;	진에 자주 베풀어진 것이 아니며,
怨毒積怒,	원한과 독, 쌓인 분노를
非素深於齊也.	평소 제에 깊이 심어 준 것이 아닙니다.
秦趙與國,	진이 조와 동맹을 맺어
以彊徵兵於韓,	강함으로 한에서 군사를 징발하였으니
秦誠愛趙乎?	진이 실로 조를 아껴서 이겠습니까?
其實憎齊乎?	사실 제를 미워해서 이겠습니까?
物之甚者,	사물 가운데 심한 것은
賢主察之.	현주가 살펴야 합니다.
秦非愛趙而憎齊也,	진은 조를 아끼고 제를 미워해서가 아니라
欲亡韓而呑二周,	한을 망하게 하고 두 주를 삼키려 하였으므로
故以齊餤天下.	제를 천하의 미끼로 삼은 것입니다.
恐事之不合,	일이 이루어지지 않을까 두려워하여
故出兵以劫魏·趙.	군사를 내어 위와 조를 겁박한 것입니다.
恐天下畏己也,	천하가 자신을 두려워할까 걱정하여

故出質以爲信.	인질을 내어 신의로 삼은 것입니다.
恐天下亟反也,	천하가 자주 반기를 들까 걱정하여
故徵兵於韓以威之.	한에서 군사를 징발하여 위협하였습니다.
聲以德與國,[199]	동맹국에 덕을 베푼다고 소리를 치면서
實而伐空韓,	실은 빈 한을 치려는 것인데
臣以秦計爲必出於此.	신은 진의 계책은 필시 여기서 나왔을 것이라 생각합니다.
夫物固有勢異而患同者,	대체로 사물은 실로 형세는 다르나 근심은 같은 것이 있으니
楚久伐而中山亡,	초가 오래 정벌하여 중산이 망하였는데
今齊久伐而韓必亡.	지금은 제가 오래 정벌하여 한은 반드시 망할 것입니다.
破齊,	제를 깨뜨리면
王與六國分其利也.	왕과 육국이 그 이익을 나눕니다.
亡韓,	한을 멸망시키면
秦獨擅之.	진이 그것을 독차지합니다.
收二周,	두 주를 거두면
西取祭器,	서쪽에서 제기를 차지하여
秦獨私之.	진이 사사로이 독차지합니다.
賦田計功,	전부를 가지고 공을 따지면
王之獲利孰與秦多?	왕께서 이익을 얻는 것이 진에 비해 누가 많겠습니까?

199 **색은** 동맹국은 조(趙)이다. 진(秦)과 조가 지금 동맹국이 되어 진은 한에서 군사를 징발하여 거느리고 조와 함께 제를 쳐서 위엄과 명성으로 조와 화친하였는데 이것이 동맹국에게 덕을 베푼 것이다.

說士之計曰:	세객의 계책에서는 말합니다.
"韓亡三川,[200]	"한이 삼천을 잃고,
魏亡晉國,[201]	위가 진을 잃으면
市朝未變而禍已及矣."	시조가 변하기도 전에 화가 이미 미칠 것이다."
燕盡齊之北地,	연이 제 북쪽 땅을 모두 차지하면
去沙丘·鉅鹿斂三百里,[202]	사구에서 거록의 거리는 3백 리로 줄 것이며
韓之上黨去邯鄲百里,	한 상당과 한단의 거리는 백 리이니
燕·秦謀王之河山,	연과 진이 왕의 산하를 도모한다면
閒三百里而通矣.	그 사이의 거리는 3백 리면 통할 것입니다.
秦之上郡[203]近挺關,	진의 상군은 정관에 가까워
至於榆中者千五百里,	유중에 이르기까지는 천오백 리로
秦以三郡攻王之上黨,[204]	진이 세 군을 가지고 왕의 상당을 공격하면
羊腸之西,[205]	양장의 서쪽과

200 정의 하남(河南)의 땅으로 두 하천 사이이다.

201 정의 하북(河北)의 땅으로, 안읍(安邑)과 하내(河內)이다.

202 정의 사구(沙丘)는 형주(邢州)이다. 거록(鉅鹿)은 기주(冀州)이다. 제(齊) 북쪽 경계는 패주(貝州)이다. 염(斂)은 줄어드는 것이다. 제를 깨뜨리고 한을 멸한 후에는 연(燕)의 남쪽 경계와 진(秦)의 동쪽 경계는 서로간의 거리가 3백 리로 줄어들고 조(趙)는 중간에 있다는 말이다.

203 정의 부(鄜)와 연(延) 등 주(州)이다.

204 정의 진(秦) 상당군(上黨郡)은 지금의 택(澤)과 노(潞), 의(儀), 심(沁) 등 네 주의 땅으로 상주(相州)의 반을 겸하고 있는데 한(韓)이 모두 가지고 있다. 칠국(七國) 때에 이르러 조가 의와 심 두 주의 땅을 얻었고 한은 여전히 노주(潞州) 및 택주(澤州)의 반을 가지고 있었고 반은 조와 위에 속하였다. 심주는 양장파(羊腸坂)의 서쪽에 있고, 의(儀)와 병(并), 대(代) 세 주는 구주산(句注山)의 남쪽에 있다. 진이 세 군(의 군사)을 가지고 조의 택과 노를 공격하면 구주의 남쪽에서 조의 땅은 없어지게 된다. 그러나 진시황(秦始皇)이 상당군(上黨郡)을 설치하였고 여기서 말한 것은 태사공이 오히려 앞의 책을 인용한 것이다. 그는 모두 이를 모방하였다.

205 정의 태항산(太行山)의 비탈길 이름으로 남쪽은 회주(懷州)에 속하고 북쪽은 택주(澤州)에 속한다.

句注之南,[206]	구주의 남쪽은
非王有已.	왕의 소유가 아닐 따름입니다.
踰句注,	구주를 넘어
斬常山而守之,	상산을 베고 지킨다면
三百里而通於燕,	3백 리는 연과 통하고
代馬胡犬不東下,[207]	대의 말과 호의 개는 동쪽으로 내려오지 못하고
昆山之玉不出,	곤산의 옥을 생산해내지 못하니
此三寶者亦非王有已.	이 세 보물 또한 왕의 소유가 아닐 따름입니다.
王久伐齊,	왕께서 오래도록 제를 치고
從彊秦攻韓,	강한 진을 따라 한을 공격하면
其禍必至於此.	그 화가 반드시 이에 이를 것입니다.
願王孰慮之.	왕께서는 숙고해주시기 바랍니다.

且齊之所以伐者,	또한 제가 정벌을 당하는 것은
以事王也;[208]	왕을 섬기기 때문이며,
天下屬行,[209]	천하에서 군대를 결집시키는 것은
以謀王也.	왕을 도모하고자 해서입니다.
燕秦之約成而兵出有日矣.	연과 진이 강화를 맺고 출병한 지가 여러 날이 되었습니다.
五國三分王之地,[210]	다섯 나라가 왕의 영토를 셋으로 나누는 것은

206 정의 구주산(句注山)은 대주(代州)의 서북쪽에 있다.

207 정의 진(秦)이 구주산(句注山)을 넘어 상산(常山)을 함락시키고 지키면 서북쪽 대(代)의 말과 호(胡)의 개가 동으로 조에 들어오지 못할 것이며, 사주(沙州) 곤산(崑山)의 옥 또한 생산되어 조에 이르지 못할 것이다. 곽박(郭璞)은 말하였다. "호(胡) 땅의 들개는 여우와 비슷하며 작다."

208 정의 조왕(趙王)이 섬긴다고 생각하여 진(秦)이 반드시 칠 것이라는 것이다.

209 정의 앞 자는 음이 촉(燭)이고, 뒷 자는 음이 항(胡郎反)이다. 진(秦)이 제에게 칭제(稱帝)하게 하여 맹약한 다섯 나라와 함께 조를 멸하고 조의 영토를 셋으로 나눈다는 말이다.

齊倍五國之約而殉王之患,[211]	제가 5국의 맹약을 저버리고 왕의 근심에 목숨을 바침인데,
西兵以禁彊秦,	서로 군사를 일으켜 강한 진을 막으면
秦廢帝請服,[212]	진은 제(의 칭호)를 버리고 복속할 것을 청하여
反高平·根柔於魏,[213]	고평과 근유를 위에 돌려주고
反巠分[214] · 先俞於趙.[215]	형분과 선수를 조에 돌려줄 것입니다.
齊之事王,	제가 왕을 섬김이
宜爲上佼,[216]	최상이 될 것인데
而今乃抵辠,[217]	지금 곧 죄를 씌우려 하니

臣恐天下後事王者之不敢自必也.

신은 천하에서 훗날 왕을 섬기는 자들이 감히 스스로 반드시 그러지 않을까 걱정됩니다.

---

210 정의 진(秦)과 제(齊), 한(韓), 위(魏), 연(燕)이 조의 땅을 삼분한다는 것이다.

211 정의 제왕(齊王)이 몸소 조왕(趙王)의 환난을 따르는 것이다.

212 정의 진(秦)과 제(齊)가 서로 약속하여 다시 칭제하려 하였으므로 "폐제(廢帝)"라 하였다.

213 집해 서광은 말하였다. "『기년』에서는 위애왕(魏哀王) 4년에 양(陽)을 하옹(河雍)으로 고쳤고, 향(向)을 고평(高平)으로 고쳤다. 근유(根柔)는 '비유(榿柔)'로 된 곳도 있고, '평유(平柔)'로 된 곳도 있다." 정의 반(返)은 돌려주는 것이다. 『괄지지』에서는 말하였다. "고평의 옛 성은 회주(懷州) 하양현(河陽縣) 서쪽 40리 지점에 있다. 『기년』에서는 위애왕이 향을 고평으로 고쳤다고 하였다." 근유는 확실치 않다. 두 읍은 위의 땅이다.

214 집해 서광은 말하였다. "'왕공(王公)'으로 된 판본도 있다. '巠'의 음은 형(胡鼎反)이다." 정의 '巠'의 음은 형(邢)이다. 분(分)은 오자이며 "산(山)" 자가 되어야 할 따름이다. 『괄지지』에서는 말하였다. "구주산(句注山)은 일명 서형산(西陘山)으로, 대주(代州) 안문현(鴈門縣) 서북쪽 40리 지점에 있다."

215 집해 서광은 말하였다. "『이아(爾雅)』에서는 말하기를 서유(西俞)는 바로 안문(鴈門)이라고 하였다." 정의 '俞'의 음은 수(戍)이다. 곽주(郭注: 郭璞의 주)에서는 말하였다. "서수(西隃)는 곧 안문산(鴈門山)이다." 서(西)와 선(先)은 소리가 서로 가까우며, 형산(陘山)과 서수(西隃) 두 산의 땅은 모두 대주(代州) 안문현(鴈門縣)에 있을 것이며, 모두 조 땅이다.

216 색은 교(佼)는 행(行)과 같다.

217 정의 진(秦)과 함께 제를 치는 것을 말한다.

願王孰計之也.	원컨대 왕께서는 숙고해주십시오.
今王毋與天下攻齊,	지금 왕께서 천하가 제를 치는데 참여하지 않으신다면
天下必以王爲義.	천하에서는 반드시 왕을 의롭다고 할 것입니다.
齊抱社稷而厚事王,	제가 사직을 안고 왕을 두터이 섬기면
天下必盡重王義.	천하는 반드시 왕의 의를 지극히 중히 여길 것입니다.
王以天下善秦,	왕께서 천하를 가지고 진과 친선하려는데
秦暴,	진이 포악하게 굴어
王以天下禁之,	왕께서 천하를 가지고 그것을 금하면
是一世之名寵制於王也.	이는 일세의 명성과 총애를 왕이 좌우하는 것입니다.
於是趙乃輟,	이에 조는 곧 그만두고
謝秦不擊齊.	진을 거절하여 제를 치지 않았다.
王與燕王遇.	왕이 연왕과 마주쳤다.
廉頗將,	염파가 군사를 거느리고
攻齊昔陽,[218]	제의 석양을 쳐서
取之.[219]	빼앗았다.

218 **정의** 『괄지지』에서는 말하였다. "석양(昔陽)의 옛 성은 일명 양성(陽城)이라고 하며, 병주(并州) 악평현(樂平縣) 동쪽에 있다. 『춘추석지명(春秋釋地名)』에서는 '석양(昔陽)은 비국(肥國)이 도읍으로 삼은 곳이다. 악평성(樂平城) 첨현(沾縣) 동쪽에 석양성이 있다. 비국(肥國)은 백적(白狄)의 별종이다. 악평현성은 한의 첨현성(沾縣城)이다.'라 하였다"

219 **집해** 두예는 말하였다. "악평(樂平) 첨현(沾縣)에 석양성(昔陽城)이 있다."

十七年,	17년에
樂毅將趙師攻魏伯陽.[220]	악의가 조의 군사를 거느리고 위의 백양을 공격하였다.
而秦怨趙不與己擊齊,	진은 조가 자기네와 제를 치는데 참여하지 않은 것을 원망하여
伐趙,	조를 쳐서
拔我兩城.	우리 두 성을 함락시켰다.
十八年,	18년에
秦拔我石城.[221]	진이 우리 석성을 함락시켰다.
王再之衞東陽,	왕은 두 번 위의 동양으로 가서
決河水,[222]	하수를 터뜨려
伐魏氏.	위 씨를 쳤다.
大潦,	큰 비가 내려
漳水出.	장수가 넘쳤다.
魏冄來相趙.	위염이 와서 조의 재상이 되었다.
十九年,	19년에
秦(敗)[取]我二城.	진이 우리 두 성을 빼앗았다.

220 **정의** 『괄지지』에서는 말하였다. "백양(伯陽)의 옛 성은 일명 한회성(邯會城)이라고 하는데, 상주(相州) 업현(鄴縣) 서쪽 55리 지점에 있으며, 칠국 때는 위의 읍이었고 한(漢)의 한회성(邯會城)이다."

221 **집해** 「지리지」에서는 우북평(右北平)에 석성현(石城縣)이 있다고 하였다. **정의** 『괄지지』에서는 말하였다. "석성은 상주(相州) 임려현(林慮縣) 서남쪽 90리 지점에 있다." 상주가 곧 석성일 것이다.

222 **정의** 『괄지지』에서는 말하였다. "동양(東陽)의 옛 성은 패주(貝州) 역정현(歷亭縣) 경계에 있다." 동양은 앞서는 위(衞)에 속하였다가 지금은 조(趙)에 속하였다. 황하는 패주 남쪽을 거쳐 동북쪽으로 흘러 황하의 남쪽 기슭을 지나는데 곧 위(魏)의 영토이다. 그러므로 왕이 두 번 위(衞)의 동양에 가서 위 씨를 쳤다고 하였다.

趙與魏伯陽.	조가 위에 백양을 주었다.
趙奢將,	조사가 군사를 거느리고
攻齊麥丘,	제의 맥구를 공격하여
取之.	빼앗았다.
二十年,	20년에
廉頗將,	염파가 군사를 거느리고
攻齊.	제를 공격하였다.
王與秦昭王遇西河外.[223]	왕이 진소왕과 서하의 밖에서 마주쳤다.
二十一年,	21년에
趙徙漳水武平西.[224]	조가 장수를 무평의 서쪽으로 옮겼다.
二十二年,	22년에
大疫.	큰 역병이 돌았다.
置公子丹爲太子.	공자 단을 태자로 두었다.
二十三年,	23년에
樓昌將,	누창이 군사를 거느리고
攻魏幾,[225]	위의 기를 공격하였는데

223 **집해** 서광은 말하였다. "「연표」에서는 진(秦)과 민지(澠池)에서 회합하였다고 하였다."

224 **정의** 『괄지지』에서는 말하였다. "무평정(武平亭)의 지금 이름은 위성(渭城)으로, 영주(瀛州) 문안현(文安縣) 북쪽 72리 지점에 있다." 27년에 또 장수(漳水)를 무평(武平)의 남쪽으로 옮겼다.

225 **정의** 음은 기(祁)이다. 「전(傳)」에서는 제(齊)의 기(幾)를 쳐서 거의 함락시킬 뻔했다고 하였다. 또 『전국책』에서는 진(秦)이 연여(閼與)를 무찌르고 위(魏)의 기(幾)까지 공격하였다고 하였다. 기읍(幾邑)은 제(齊)에 속하기도 하였고 위(魏)에 속하기도 하였는데, 상(相)과 노(潞) 사이에 있을 것이다.

不能取.	빼앗을 수 없었다.
十二月,	12월에
廉頗將,	염파가 군사를 거느리고
攻幾,	기를 공격하여
取之.	빼앗았다.
二十四年,	24년에
廉頗將,	염파가 군사를 거느리고
攻魏房子,[226]	위의 방자를 공격하여
拔之,	함락시키고
因城而還.	이어 성을 쌓고 돌아왔다.
又攻安陽,	또한 안양을 공격하여
取之.	빼앗았다.
二十五年,	25년에
燕周[227]將,	연주가 군사를 거느리고
攻昌城[228]·高唐,	창성과 고당을 공격하여
取之.	빼앗았다.
與魏共擊秦.	위와 함께 진을 공격하였다.
秦將白起破我華陽,[229]	진의 장수 백기가 우리 화양을 깨뜨려

226 **집해** 서광은 말하였다. "상산(常山)에 속한다."

227 **색은** 조(趙) 사람으로, 조의 장수이다.

228 **집해** 서광은 말하였다. "제군(齊郡)에 속한다." **정의** 『괄지지』에서는 말하였다. "옛 창성(昌城)은 치주(淄州) 치천현(淄川縣) 동북쪽 45리 지점에 있다."

229 **정의** 『괄지지』에서는 말하였다. "옛 화양성(華陽城)은 정주(鄭州) 관성현(管城縣) 남쪽 45리 지점에 있다. 사마표(司馬彪)는 말하기를 화양정(華陽亭)은 지금의 낙주(洛州) 밀현(密縣)에 있다고 하였다." 이때 위(魏), 한(韓), 조(趙)는 화양에서 군사를 모아 서쪽 진(秦)을 공격하였다.

得一將軍.	한 장군을 잡아갔다.
二十六年,	26년에
取東胡歐代地.[230]	동호를 빼앗고 대의 영토를 쳤다.
二十七年,	27년에
徙漳水武平南.	장수를 무평 남쪽으로 옮겼다.
封趙豹爲平陽君.[231]	조표를 평양군에 봉하였다.
河水出,	하수가 넘쳐
大潦.	큰 물난리가 났다.
二十八年,	28년에
藺相如伐齊,	인상여가 제를 쳐서
至平邑.[232]	평읍에 이르렀다.
罷城北九門大城.[233]	멈추어 북쪽 구문에 큰 성을 쌓았다.
燕將成安君公孫操弑其王.[234]	연의 장수 성안군 공손조가 왕을 죽였다.
二十九年,	29년에
秦·韓相攻,	진과 한이 서로 공격하여
而圍閼與.[235]	연여를 에워쌌다.

---

230 **정의** 지금의 영주(營州)이다. **색은** 동호(東胡)가 조(趙)에 반란을 일으켜 대(代) 사람을 몰아서 침략하게 하여 반란을 일으켰으므로 빼앗은 것이다.

231 **집해** 『전국책』에서는 조표(趙豹)는 평양군(平陽君)이며 혜문왕(惠文王)의 동복아우(母弟)라고 하였다.

232 **정의** 『괄지지』에서는 말하였다. "평읍(平邑)의 옛 성은 위주(魏州) 창락현(昌樂縣) 동북쪽 45리 지점에 있다."

233 **정의** 항주(恆州) 구문현(九門縣) 성이다.

234 **집해** 서광은 말하였다. "「연표」에서는 연(燕) 무성왕(武成王) 원년이라고 하였다." **색은** 악자(樂資)는 왕은 곧 혜왕(惠王)이라고 하였다.

趙使趙奢將,	조가 조사를 장수로 삼아
擊秦,	진을 공격하여
大破秦軍閼與下,	진군을 연여의 아래에서 대파하여
賜號爲馬服君.[236]	마복군이라는 호칭을 내렸다.

三十三年,	33년에
惠文王卒,	혜문왕이 죽고
太子丹立,	태자 단이 즉위하니
是爲孝成王.	바로 효성왕이다.

孝成王元年,[237]	효성왕 원년에
秦伐我,	진이 우리를 쳐서
拔三城.	세 성을 함락시켰다.
趙王新立,	조왕이 막 즉위하여
太后用事,	태후가 권력을 쥐자
秦急攻之.	진이 급히 공격한 것이다.
趙氏求救於齊,	조 씨가 제에 구원을 청하자
齊曰:	제에서 말하였다.

235 **정의** 앞의 글자는 음이 언(於連反)이고, 뒤의 글자는 음이 예(預)이다. 『괄지지』에서는 말하였다. "연여(閼與)는 취락(聚落)으로, 지금의 이름은 오소성(烏蘇城)이며 노주(潞州) 동제현(銅鞮縣) 서북쪽 20리 지점에 있다. 또한 의주(儀州) 화순현성(和順縣城) 또한 한(韓) 연여읍(閼與邑)이라고 한다. 두 곳은 미상이다. 또한 연여산(閼與山)이 명주(洺州) 무안현(武安縣) 서쪽 50리 지점에 있는데 옳을 것이다." **역주** 『정의』에서는 '與'의 음이 예(預)라고 하였는데 중국어 발음은 다 같이 yù이므로 여기서는 '여'로 표기하였다.

236 **정의** 마복산(馬服山)을 따라 호로 삼은 것이며, 『우희지림(虞喜志林)』에서는 말하기를 "말은 군사에서 가장 중요한 것이다. 호를 마복(馬服)이라 한 것은 말을 복종시킬 수 있다는 말이다." 『괄지지』에서는 말하였다. "마복산은 한단현(邯鄲縣) 서북쪽 10리 지점에 있다."

237 **집해** 서광은 말하였다. "평원군(平原君)의 상(相)이다."

"必以長安君[238]爲質,	"반드시 장안군을 인질로 보내야
兵乃出."	군사를 낼 것이오."
太后不肯,	태후가 기꺼워하지 않자
大臣彊諫.	대신들이 강하게 간하였다.
太后明謂左右曰:	태후가 좌우에 분명히 일렀다.
"復言長安君爲質者,	"다시 장안군을 인질로 하자고 하는 자는
老婦必唾其面."	노부가 반드시 그 낯짝에 침을 뱉을 것이오."
左師觸龍言願見太后,	좌사 촉룡이 태후를 뵙길 바란다고 하자
太后盛氣而胥之.	태후는 매우 성을 내며 기다렸다.
入,[239]	들어가서
徐趨而坐,	천천히 종종걸음으로 가서 앉으며
自謝曰:	스스로 사죄하여 말하였다.
"老臣病足,	"노신은 다리에 병이 있어
曾不能疾走,	빨리 걸을 수가 없어서
不得見久矣.	뵙지 못한 지가 오래되었습니다.
竊自恕,	가만히 스스로 생각건대
而恐太后體之有所苦也,	태후의 체후에 불편한 일이 있을까하여
故願望見太后."	태후를 뵙기를 바랐습니다."
太后曰:	태후가 말하였다.
"老婦恃輦而行耳."[240]	"노부는 연에 의지하여 다닐 따름이오."
曰:	말하였다.

238 색은 공연(孔衍)은 말하였다. "혜문후(惠文后)의 작은 아들이다. 조(趙)에도 장안(長安)이 있었는데 지금은 그 땅이 없어졌다." 정의 장안군(長安君)은 오래 평안함을 훌륭하게 여겨 이름붙인 것이다.

239 집해 서(胥)는 서(須)와 같다. 『곡량전(穀梁傳)』에서는 말하였다. "그가 나오기를 기다리는 것이다."

“食得毋衰乎?”	“드시는 것은 쇠하지 않으셨는지요?”
曰:	말하였다.
“恃粥耳.”	“죽에 의지할 따름이오.”
曰:	말하였다.
“老臣閒者殊不欲食,	“노신은 요즘 유달리 식욕이 없어
乃彊步,	억지로 걷는데
日三四里,	하루에 3~4리를 걸으면
少益嗜食,	조금 식욕이 나아져
和於身也.”	몸이 좀 편해집니다.”
太后曰:	태후가 말하였다.
“老婦不能.”	“노부는 할 수 없소.”
太后不和之色少解.	태후의 기쁘지 않던 기색이 조금 누그러졌다.
左師公曰:	좌사공이 말하였다.
“老臣賤息舒祺最少,	“노신에게는 보잘것없는 자식 서기가 가장 어린데
不肖,	못났지만,
而臣衰,	신이 노쇠하여
竊憐愛之,	가만히 애련히 여겨
願得補黑衣之缺以衞王宮,	원컨대 검은 옷을 입혀 빠진 수나 채워 왕궁을 호위하게 해주셨으면 합니다.

240 **색은** 속석(束皙)은 말하기를 “조혜문왕(趙惠文王) 자하(子何)는 오광(吳廣)의 생질이며, 왜영(娃嬴)의 아들이다.”라 하였다. 『계가(系家)』에서 헤아린 대로라면 무령왕(武靈王) 16년에 꿈에서 오왜(吳娃)를 보자 바쳤고, 27년에 왕이 죽고 혜문왕(惠文王)은 32년에 죽었으며, 효성왕(孝成王) 원년 장안군(長安君)을 제에 인질로 보냈는데 왜(娃)가 20세에 왕궁에 입궁했다면 이때에 이르러서는 또한 나이가 예순 남짓 되었을 것이니 또한 늙었다 할 수 있겠다. 그러나 속광미(束廣微)는 태후가 겨우 서른 남짓이라고 하였는데 잘못되었다

昧死以聞.”	죽음을 무릅쓰고 아룁니다.”
太后曰:	태후가 말하였다.
“敬諾.	“삼가 허락하오.
年幾何矣?”	나이는 얼마나 됐소?”
對曰:	대답하였다.
“十五歲矣.	“15세입니다.
雖少,	비록 어리나
願及未塡溝壑而託之.”	(죽어서) 도랑에나 골짜기에 메워지기 전에 당부드립니다.”
太后曰:	태후가 말하였다.
“丈夫亦愛憐少子乎?”	“남자도 어린 아들을 애련히 여기오?”
對曰:	대답하였다.
“甚於婦人.”	“여인보다 심합니다.”
太后笑曰:	태후가 웃으면서 말하였다.
“婦人異甚.”	“여인이 특히 심할 것이오.”
對曰:	대답하였다.
“老臣竊以爲媼之愛燕后賢於長安君.”	“노신은 가만히 태후께서 연후를 장안군보다 더 사랑한다고 생각합니다.”
太后曰:	태후가 말하였다.
“君過矣,	“그대가 틀렸소.
不若長安君之甚.”	장안군보다 더하지는 않소.”
左師公曰:	좌사공이 말하였다.
“父母愛子則爲之計深遠.“	부모가 자식을 사랑하면 그를 위한 계획이 깊고 멉니다.

媼之送燕后也,	태후께서 연후를 시집보낼 때는
持其踵,	발을 잡고
爲之泣,	눈물을 흘리며
念其遠也,	멀리 가는 것을 생각하여
亦哀之矣.	또한 슬퍼했을 것입니다.
已行,	가자
非不思也,	그리워하지 않은 것은 아니나
祭祀則祝之曰'必勿使反',	제사를 지낼 때는 '부디 돌아오지 말거라'라 기원하니
豈非計長久,	어찌 계책이 오래도록 이어져
爲子孫相繼爲王也哉?"	자손이 서로 이어 왕이 되도록 한 것이 아니겠습니까?"
太后曰:	태후가 말하였다.
"然."	"그렇소."
左師公曰:	좌사공이 말하였다.
"今三世以前,	"지금 삼대 이전부터
至於趙主之子孫爲侯者,	조 임금의 자손으로 후가 되어
其繼有在者乎?"	이어서 재위한 자가 있습니까?"
曰:	말하였다.
"無有."	"없소."
曰:	말하였다.
"微獨趙,	"꼭 조가 아니라도
諸侯有在者乎?"	제후 중에 재위한 자가 있습니까?"
曰:	말하였다.
"老婦不聞也."	"노부는 듣지 못하였소."

曰:	말하였다.
"此其近者禍及其身,	"이는 가까이는 화가 본인에게 미치고
遠者及其子孫.	멀리는 자손에게까지 미치기 때문입니다.
豈人主之子侯則不善哉?	어찌 임금의 자손이라 하여 선하지 않아서 그렇겠습니까?
位尊而無功,	지위만 높고 공훈이 없거나
奉厚而無勞,	봉록만 후하고 노력함이라곤 없이
而挾重器多也.	귀중한 보물을 끼고 있음이 많아서입니다.
今媼尊長安君之位,	지금 태후께서는 장안군의 지위를 높여
而封之以膏腴之地,	기름진 땅을 봉하여 주고
多與之重器,	많은 보물을 주면서도
而不及今令有功於國,	지금까지 나라에 공을 세우게 하지 않으니
一旦山陵崩,	하루아침에 태후께서 돌아가시면
長安君何以自託於趙?	장안군이 어찌 스스로 조에 의탁하겠습니까?
老臣以媼爲長安君之計短也,	노신은 태후께서 장안군을 위한 계책이 짧다고 여깁니다.
故以爲愛之不若燕后."	그래서 사랑함이 연후보다 못하다고 생각하였습니다."
太后曰:	태후가 말하였다.
"諾,	"좋소.
恣君之所使之."	그대가 시키는 대로 하겠소."
於是爲長安君約車百乘,	이에 장안군에게 수레 1백 승을 약속하여
質於齊,	제에 인질로 보내니
齊兵乃出.	제는 곧 군사를 내었다.

子義聞之,[241]	자의가 듣고
曰:	말하였다.
"人主之子,	"임금의 아들이며
骨肉之親也,	골육의 친함이라도
猶不能持無功之尊,	오히려 공이 없는 존귀함과
無勞之奉,	노력이 없는 봉록으로는
而守金玉之重也,	금옥의 보배를 지킬 수 없는데
而況於予乎?"	하물며 나이겠는가?"

齊安平君[242]田單將趙師而攻燕中陽,[243]

	제 안평군 전단이 조의 군사를 거느리고 연의 중양을 공격하여
拔之.	함락시켰다.
又攻韓注人,[244]	또 한의 주인을 공격하여
拔之.	함락시켰다.
二年,	2년에
惠文后卒.	혜문후가 죽었다.
田單爲相.	전단이 상이 되었다.

---

241 **색은** 자의(子義)는 조(趙)의 현인(賢人)이다.

242 **정의** 『괄지지』에서는 말하였다. "안평성(安平城)은 청주(青州) 임치현(臨淄縣) 동쪽 19리에 있는데 옛 기(紀)의 휴읍(酅邑)이다."

243 **집해** 서광은 말하였다. "'인(人)'으로 된 곳도 있다." **정의** 연(燕)에는 중양(中陽)이 없다. 『괄지지』에서는 말하였다. "중산(中山)의 옛 성은 일명 중인정(中人亭)이라고도 하며, 정주(定州) 당현(唐縣) 동북쪽 41리 지점에 있는데, 당시 연국(燕國)에 속하였다."

244 **정의** 읍(邑) 이름이다. 『괄지지』에서는 "주성(注城)은 여주(汝州) 양현(梁縣) 서쪽 15리 지점에 있다."라 했는데, 아마 그곳일 것이다.

四年,	4년에
王夢衣偏裻之衣,[245]	왕이 꿈에서 솔기의 양쪽이 다른 옷을 입은 사람을 보았는데
乘飛龍上天,	비룡을 타고 하늘로 오르다가
不至而墜,	이르지 못하고 떨어졌으며
見金玉之積如山.	금옥이 산처럼 쌓인 것이 보였다.
明日,	이튿날
王召筮史敢占之,	왕이 서사 감을 불러 점을 보게 하였더니
曰:	말하였다.
"夢衣偏裻之衣者,	"꿈에서 솔기의 양쪽이 다른 옷을 입은 것은
殘也.	깨어지는 것입니다.
乘飛龍上天不至而墜者,	비룡을 타고 하늘을 오르다가 이르지 못하고 떨어진 것은
有氣而無實也.	기만 있고 실질은 없는 것입니다.
見金玉之積如山者,	금옥이 산처럼 쌓인 것이 보인 것은
憂也."	우환입니다."
後三日,	사흘 뒤
韓氏上黨守馮亭使者至,	한 씨의 상당 군수 풍정의 사자가 이르러
曰:	말하였다.
"韓不能守上黨,	"한은 상당을 지킬 수 없어
入之於秦.	진에 들이려 합니다.
其吏民皆安爲趙,	그 관리와 백성들은 모두 조가 되는 것을 편안히 여기고

245 **정의** 두예는 말하였다. "편(偏)은 좌우가 색이 다른 것이다. 독재중(裻在中)은 좌우가 다르기 때문에 편(偏)이라고 하였다." 독(裻)은 옷 등 쪽의 꿰맨 솔기이다.

不欲爲秦.	진이 되고자 하지 않습니다.
有城市邑十七,	성시가 있는 읍이 17개로
願再拜入之趙,	원컨대 두 번 절하고 조로 들였으면 하는데
財王所以賜吏民.”	왕께서는 관리와 백성을 내리는 것을 헤아려주십시오.”
王大喜,	왕은 크게 기뻐하며
召平陽君豹告之曰:	평양군 표를 불러 일렀다.
“馮亭入城市邑十七,	“풍정이 성시가 있는 읍 17개를 들이려는데
受之何如?”	받음이 어떠한가?”
對曰:	대답하였다.
“聖人甚禍無故之利.”	“성인은 까닭 없는 이득을 심한 화로 여깁니다.”
王曰:	왕이 말하였다.
“人懷吾德,	“사람들이 나의 덕을 그리워하는데
何謂無故乎?”	어찌 까닭이 없다고 이르오.”
對曰:	대답하였다.
“夫秦蠶食韓氏地,	“진은 한의 땅을 잠식하면서
中絕不令相通,	중간에서 끊어 서로 통하지 못하게 하였으니
固自以爲坐而受上黨之地也.	실로 스스로 앉아서 상당의 땅을 받으리라고 여기고 있습니다.
韓氏所以不入於秦者,	한 씨가 진에 상당을 들이지 않으려는 것은
欲嫁其禍於趙也.	그 화를 조에게 전가시키려는 것입니다.
秦服其勞而趙受其利,	진이 그 수고로움을 당하는데 조가 그 이익을 얻는다면
雖彊大不能得之於小弱,	비록 강대하여도 작고 약한 나라에서 얻을 수 없거늘

小弱顧能得之於彊大乎?	작고 약한 나라가 강하고 큰 나라를 넘볼 수 있겠습니까?
豈可謂非無故之利哉!	어찌 까닭이 없는 이익이 아니라고 하겠습니까!
且夫秦以牛田之[246]水通糧[247]蠶食,	또 진은 소로 밭을 갈고 수로로 군량을 유통하고 잠식하여
上乘倍戰者,[248]	상등의 전차와 전의가 배인 자가
裂上國之地,[249]	상국의 영토를 찢어놓았고
其政行,	그 정령이 행하여져서
不可與爲難,	함께 어려운 일을 할 수 없으니
必勿受也."	반드시 받지 마십시오."
王曰:	왕이 말하였다.
"今發百萬之軍而攻,	"지금 백만의 군사를 징발하여 공격하였으나
踰年歷歲未得一城也.	해가 지나고 1년이 지나도 성 하나를 얻지 못하였소.
今以城市邑十七幣吾國,[250]	지금 성시의 읍 17개를 우리나라에 바치니

246 **집해** 서광은 말하였다. "어떤 곳에는 이 자가 없다." **정의** 진(秦)이 한 씨(韓氏)를 잠식하여 나라가 중간이 끊기어 통하지 않는 것이다. 대체로 소로 밭을 갈아 곡식을 심어 가을이 되면 가두는데 성숙한다는 뜻이다. 진이 한의 상당(上黨)을 쳐서 이긴 지 며칠이 되어 소로 밭을 간 것 같아 반드시 수확하기를 바란다는 것이다.

247 **정의** 진(秦)은 위수(渭水)를 따라 배로 군량을 날라 하(河)와 낙(洛)으로 들어가 군대가 한의 상당을 치는 것이다.

248 **정의** '乘'의 음은 승(承證反)이다. 누에가 뽕나무를 먹듯 차츰차츰 나아가 반드시 다먹어 치우는 것이다. 『사마법(司馬法)』에서는 말하였다. "백 무(畝)는 부(夫)이고, 부는 옥(屋)이며, 옥이 셋이면 정(井)이고, 정이 열이면 통(通)이며, 통이 열이면 성(成)이다. 성에서 병거[革車] 1승을 내는데 72인이다." 상승(上乘)은 천하에서 제일이다. 배전(倍戰)은 힘껏 공격하는 것이다. 한(韓)은 4전(戰)의 나라로 군사가 익숙하여 나머지 나라의 배가 된다.

249 **정의** 상국(上國)은 진(秦)의 땅이다. 한 상당의 땅을 진의 땅으로 편입시키는 것으로, 그 정치가 이미 행하여져 조(趙)가 진(秦)과 난을 일으킬 수 없으니 반드시 풍정의 17고을을 받지 말라는 것이다.

此大利也."
이는 큰 이득이오."

趙豹出,
조표가 나가자

王召平原君與趙禹而告之.
왕이 평원군과 조우를 불러 이를 알렸다.

對曰:
대답하였다.

"發百萬之軍而攻,
"백만의 군사를 징발하여 공격하여도

踰歲未得一城,
한 해가 넘도록 성 하나를 얻지 못하는데

今坐受城市邑十七,
지금 앉아서 성시의 읍 17개를 받으니

此大利,
이는 큰 이득으로

不可失也."
놓칠 수 없습니다."

王曰:
왕이 말하였다.

"善."
"좋소."

乃令趙勝受地,
이에 조승에게 땅을 받게 하고

告馮亭曰:
풍정에게 일러 말하였다.

"敝國使者臣勝,
"우리나라의 사자 승은

敝國君使勝致命,
우리나라 임금이 저로 하여금 명을 전하게 하여

以萬戶都三封太守,[251]
만호는 성읍 셋을 태수에 봉하고

千戶都三封縣令,
천호는 성읍 셋을 현령에 봉하여

皆世世爲侯,
모두 대대로 후가 되고

吏民皆益爵三級,
관리와 백성은 모두 관작 3급을 더해주며

吏民能相安,
관리와 백성들이 편안할 수 있도록

---

250 **정의** 풍정(馮亭)이 17읍을 조(趙)에 편입시키려 하는데 폐백(幣帛)이 버려진 것과 같으니 큰 이득이라는 말이다.

251 **정의** 이때는 태수라 하는 것이 부합하지 않으며 한경제(漢景帝)에 이르러서야 비로소 태수가 더하여졌으며, 여기서 말한 "태(太)"는 연자(衍字)이다.

皆賜之六金." 모두 황금 6일(鎰)을 내리게 하였소."

馮亭垂涕不見使者, 풍정은 눈물을 흘리며 사자를 만나지 않고

曰: 말하였다.

"吾不處三不義也: "나는 세 가지 불의에 처하지 않습니다.

爲主守地, 임금을 위하여 땅을 지킴에

不能死固, 죽음으로 굳게 지키지 못함이

不義一矣; 불의한 첫 번째이며,

入之秦, 진에 편입하라는

不聽主令, 임금의 영을 듣지 않음이

不義二矣; 불의한 두 번째이며,

賣主地而食之, 임금의 땅을 팔아 식읍으로 삼는 것이

不義三矣." 불의한 세 번째입니다."

趙遂發兵取上黨.[252] 조는 마침내 군사를 보내어 상당을 차지하였다.

廉頗將軍軍長平.[253] 염파가 군사를 거느리고 장평에 주둔하였다.

七(年)[月], 7년에

廉頗免而趙括代將. 염파가 면직되고 조괄이 대신 장수가 되었다.

秦人圍趙括, 진 사람이 조괄을 에워싸자

---

252 **집해** 『한서(漢書)』「풍봉세전(馮奉世傳)」에서는 말하였다. "조(趙)는 정(亭)을 화릉군(華陵君)에 봉하여 조의 장수 괄(括)과 함께 진(秦)에 맞서게 하였는데 장평(長平)에서 전사하였다. 종족은 이로 말미암아 분산되어 일부는 조에 있게 되었다. 조에 있는 자는 관사장(官師將)이 되었으며, 관사장의 아들이 대(代)의 상(相)이 되었다. 진(秦)이 육국을 멸하자 풍정(馮亭)의 후손 풍무택(馮無擇)과 풍거질(馮去疾), 풍겁(馮劫)은 모두 진의 장상(將相)이 되었다. 한이 흥기하였을 때 풍당(馮唐)은 곧 대 상의 아들이다." 『상당기(上黨記)』에서는 말하였다. "풍정의 무덤은 호관성(壺關城) 서쪽 5리 지점에 있다."

253 **정의** 『괄지지』에서는 말하였다. "장평(長平)의 옛 성은 택주(澤州) 고평현(高平縣) 서쪽 21리 지점에 있으며, 곧 백기(白起)가 장평에서 조괄을 무찌른 곳이다."

趙括以軍降, 조괄은 군사를 거느리고 항복하였는데

卒四十餘萬皆阬之. 마침내 40여 만을 모두 갱살(坑殺)했다.

王悔不聽趙豹之計, 왕은 조표의 계책을 듣지 않아

故有長平之禍焉. 장평의 참화를 당한 것을 뉘우쳤다.

王還, 왕이 (한단으로) 돌아와서

不聽秦, 진의 (청을) 따르지 않자

秦圍邯鄲.[254] 진은 한단을 에워쌌다.

武垣令[255]傅豹·王容·蘇射率燕眾反燕地.[256]

무원령 부표와 왕용, 소사가 연의 민중을 이끌고 연의 땅으로 돌아갔다.

趙以靈丘[257]封楚相春申君. 조는 영구를 초의 재상 춘신군에게 봉해 주었다.

八年, 8년에

平原君如楚請救. 평원군이 초로 가서 구원을 청하였다.

還, 돌아오자

楚來救, 초는 구원을 하러 왔으며

及魏公子無忌亦來救,[258] 위공자 무기 또한 구원을 하러 와서

---

254 집해 서광은 말하였다. "9년의 일이다."

255 집해 서광은 말하였다. "하간(河間)에 무원현(武垣縣)이 있는데, 본래 탁군(涿郡)에 속하였다." 정의 『괄지지』에서는 말하였다. "무원(武垣)의 옛 성은 바로 지금의 영주성(瀛州城)이다."

256 정의 무원(武垣)은 이때 조(趙)에 속하였으며 연(燕)과 국경이 맞닿았으므로 연의 민중을 데리고 연 땅으로 돌아갔다고 한 것이다.

257 정의 『괄지지』에서는 말하였다. "영구(靈丘)는 울주(蔚州) 이현(理縣)이다."

258 정의 「위공자전(魏公子傳)」에서는 "조왕(趙王)은 호(鄗)를 공자의 탕목읍(湯沐邑)으로 삼았다."라 하였다. 「연표」에서는 "9년에 공자 무기(無忌)가 한단(邯鄲)을 구원하였다."라 하였다. 표위는 9년의 일이며 문장에 착오가 있다

秦圍邯鄲乃解.	진이 한단을 에워쌌다가 곧 풀었다.
十年,	10년에
燕攻昌壯,[259]	연이 창장을 공격하여
五月拔之.	5개월 만에 함락시켰다.
趙將樂乘·慶舍攻秦信梁軍,	조의 장수 악승과 경사가 진 신량의 군사를 공격하여
破之.[260]	깨뜨렸다.
太子死.[261]	태자가 죽었다.
而秦攻西周,	진은 서주를 공격하여
拔之.	함락시켰다.
徒父祺[262]出.[263]	도부기가 출병하였다.
十一年,	11년에
城元氏,[264]	원지에 성을 쌓고

259 **집해** 서광은 말하였다. "'사(社)'로 된 판본도 있다." **정의** 장(壯)은 오자로 "성(城)"이 되어야 한다. 『괄지지』에서는 말하였다. "창성(昌城)의 옛 성은 기주(冀州) 신도현(信都縣) 서북쪽 5리 지점에 있다." 이 때는 조에 속하였으므로 공격한 것이다.

260 **집해** 서광은 말하였다. "「연표」에서는 신중군(新中軍)이라고 하였다." **색은** 신량(信梁)은 진(秦)의 장수이다. **정의** 신량은 아마 왕흘(王齕)의 호일 것이다. 「진본기(秦本紀)」에서는 "소양왕(昭襄王) 50년에 왕흘이 당(唐)에서 영신중(寧新中)을 함락시켰는데, 영신중을 안양(安陽)으로 고쳤다"라 하였는데, 지금의 상주(相州) 이현(理縣)이다. 「연표」에서는 "한(韓)과 위(魏), 초(楚)가 조(趙)의 신중군을 구원하자 진이 군사를 거두었다."라 하였다.

261 **집해** 서광은 말하였다. "이 해에 주난왕(周赧王)이 죽었는데, 혹 '태자(太子)'는 '천자(天子)'를 말하는 것이 아닐까?" **색은** 조(趙)의 태자로, 사관이 이름을 잊었다.

262 **색은** 조(趙)의 대부로 이름이 기(祺)이다.

263 **정의** 조(趙)가 진(秦)이 서주(西周)를 함락시키는 것을 보았으므로 도부기(徒父祺)에게 군사를 거느리고 국경을 나서게 한 것이다.

264 **집해** 「지리지」에 상산(常山)에 원지현(元氏縣)이 있다고 하였다. **정의** 원지(元氏)는 조(趙)의 주현(州縣)이다.

縣上原.	상원에 현을 설치하였다.
武陽君鄭安平死,[265]	무양군 정안평이 죽자
收其地.	그 땅을 거두었다.
十二年,	12년에
邯鄲廥燒.[266]	한단의 곳간이 불탔다.
十四年,	14년에
平原君趙勝死.[267]	평원군 조승이 죽었다.

十五年,	15년에
以尉文封相國廉頗爲信平君.[268]	
	울문으로 상국 염파를 봉하여 신평군으로 삼았다.
燕王令丞相栗腹約驩,	연왕이 승상 율복에게 우호조약을 맺게 하고
以五百金爲趙王酒,	황금 5백 일을 조왕에게 예물로 주자
還歸,	돌아가
報燕王曰:	연왕에게 보고하였다.
"趙氏壯者皆死長平,	"조 씨의 건장한 자는 모두 장평에서 죽고
其孤未壯,	고아들은 아직 장성하지 않아
可伐也."	칠 만합니다."
王召昌國君樂閒而問之.	왕이 창국군 악간을 불러 물어보았다.

265 **집해** 서광은 말하였다. "옛 진(秦)의 장수로 조(趙)에 항복하였다."

266 **집해** 서광은 말하였다. "괴(廥)는 마구간 이름으로 음은 회(膾)이다." **색은** 괴(廥)는 꼴과 건초를 쌓아두는 곳인데 불탄 것이다.

267 **색은** 「연표」에 의하면 15년의 일이다.

268 **색은** 울문(尉文)은 지명일 것이다. 혹자는 말하기를 울(尉)은 관직이고, 문(文)은 이름이라고 한다. 울문의 식읍지를 가지고 염파(廉頗)에게 봉한 것이다. 고문(古文)은 바탕이 간략하여 문장이 생략된 것일 따름이다. **정의** 울문은 아마 울주(蔚州)의 땅일 것이다. 신평(信平)은 염파의 호인데, 민음이 도탑고 화평하다는 말이다.

對曰:	대답하였다.
“趙,	“조는
四戰之國也,	사방으로 싸우는 나라라
其民習兵,	백성들이 싸움에 익숙하여
伐之不可.”	치는 것이 옳지 않습니다.”
王曰:	왕이 말하였다.
“吾以衆伐寡,	“내 많은 군사로 적은 군사를 치는데
二而伐一,	둘로 하나를 치면
可乎?”	되겠는가?”
對曰:	대답하였다.
“不可.”	“아니 되옵니다.”
王曰:	왕이 말하였다.
“吾即以五而伐一,	“내 곧 다섯으로 하나를 치면
可乎?”	되겠는가?”
對曰:	대답하였다.
“不可.”	“아니 되옵니다.”
燕王大怒.	연왕은 대로하였다.
羣臣皆以爲可.	신하들은 모두 된다고 하였다.
燕卒起二軍,	연은 마침내 2군과
車二千乘,	병거 2천 승을 일으켜
栗腹將而攻鄗,	율복에게는 거느리고 호를 공격하게 하였고
卿秦將而攻代.[269]	진경에게는 거느리고 대를 공격하게 하였다.
廉頗爲趙將,	염파가 조의 장수가 되어

269 **색은** 두 사람 모두 연(燕)의 장수 이름이다.

破殺栗腹,	율복을 깨뜨리고 죽였으며
虜卿秦·樂閒.[270]	진경과 악간을 사로잡았다.

十六年,	16년에
廉頗圍燕.	염파가 연을 에워쌌다.
以樂乘爲武襄君.[271]	악승을 무양군으로 삼았다.
十七年,	17년에
假相大將武襄君攻燕,	임시 승상인 대장군 무양군이 연을 공격하여
圍其國.	그 나라를 에워쌌다.
十八年,	18년에

延陵鈞[272]率師從相國信平君助魏攻燕.

연릉균이 군사를 거느리고 상국 신평군을 좇아 위가 연을 공격하는 것을 도왔다.

秦拔我楡次三十七城.[273]	진이 우리 유차의 성 37개를 함락시켰다.
十九年,	19년에
趙與燕易土:[274]	조와 연이 영토를 바꾸었다.
以龍兌[275]·汾門[276]·臨樂[277]與燕;	용태와 분문, 임락을 연에 주고

---

270 **정의** 세 사람 모두 연(燕)의 장수(의 성)이다.

271 **정의** 양(襄)은 든다는 뜻이며, 오른다는 뜻이다. 악승(樂乘)의 공이 가장 높다는 말이다.

272 **집해** 서광은 말하였다. "대군(代郡)에 연릉현(延陵縣)이 있다."

273 **집해** 서광은 말하였다. "태원(太原)에 있다."

274 **색은** 음은 역(亦)이다. 연(燕)과 현(縣)을 바꾼 것이다.

275 **정의** 『괄지지』에서는 말하였다. "북신성(北新城)의 옛 성은 역주(易州) 수성현(遂城縣) 서남쪽 20리 지점에 있다. 수성현 서남쪽 25리 지점에 용산(龍山)이 있는데, 형자려(邢子勵)의 『조기(趙記)』에서는 말하기를 '용산에는 네 개의 기슭이 있는데 각기 구멍이 하나씩 있으며 크기는 수레바퀴만하고 봄바람은 동으로 나가고 가을바람은 서로 나가며 여름바람은 남으로 나가고 겨울바람은 북으로 나가 서로 차서를 빼앗지 않는다.'라 하였다. 아마 용태(龍兌)를 이를 것이다."

燕以葛·武陽[278]·平舒[279]與趙. 연은 갈과 무양, 평서를 조에 주었다.

二十年,	20년에
秦王政初立.	진왕 정이 막 즉위하였다.
秦拔我晉陽.	진이 우리 진양을 함락시켰다.

二十一年,	21년에
孝成王卒.	효성왕이 죽었다.
廉頗將,	염파가 군사를 거느리고
攻繁陽,[280]	번양을 공격하여
取之.	빼앗았다.
使樂乘代之,	악승에게 대신하게 하였는데
廉頗攻樂乘,	염파가 악승을 공격하자

---

276 집해 서광은 말하였다. "북신성(北新城)에 있다." 정의 『괄지지』에서는 말하였다. "역주(易州) 영락현(永樂縣)에 서수(徐水)가 있는데, 광창령(廣昌嶺)에서 발원하며 세 근원이 기이하게 발원하여 하나의 우물로 물을 내뿜다가 북평현(北平縣) 동남쪽에 이르러 석문(石門)의 가운데를 거치는데 속칭 용문(龍門)이라 하고, 물이 그 사이를 거쳐 격하게 남쪽으로 흘러나와 돌에 부딪쳐 우물을 이룬다." 분(汾)은 오자일 것이며 수성(遂城) 및 영락(永樂), 고안(固安), 신성현(新城縣)의 땅이다.

277 집해 서광은 말하였다. "방성(方城)에 임향(臨鄉)이 있다." 정의 『괄지지』에서는 말하였다. "임향(臨鄉)의 옛 성은 유주(幽州) 고안(固安) 남쪽 17리 지점에 있다."

278 집해 서광은 말하였다. "갈성(葛城)은 고양(高陽)에 있다." 정의 『괄지지』에서는 말하였다. "옛 갈성은 서하성(西河城)이라고도 하며, 영주(瀛州) 고양현(高陽縣) 서북쪽 50리 지점에 있다."

279 집해 서광은 말하였다. "평서(平舒)는 대군(代郡)에 있다." 정의 『괄지지』에서는 말하였다. "평서의 옛 성은 울주(蔚州) 영구현(靈丘縣) 북쪽 93리 지점에 있다."

280 집해 서광은 말하였다. "돈구(頓丘)에 있다." 정의 『괄지지』에서는 말하였다. "번양(繁陽)의 옛 성은 상주(相州) 내황현(內黃縣) 동북쪽 27리 지점에 있다. 응소는 '번수(繁水)의 북쪽이므로 번양(繁陽)이라고 한다.'라 하였다."

樂乘走,	악승은 달아나고
廉頗亡入魏.	염파는 도망쳐 위로 들어갔다.
子偃立,	아들인 언이 즉위하니
是爲悼襄王.	바로 도양왕이다.

悼襄王元年,	도양왕 원년에
大備[281]魏.	위를 크게 방비하였다.
欲通平邑·中牟之道,	평읍과 중모의 길을 통하게 하려 했는데
不成.[282]	이루어지지 않았다.

二年,	2년에
李牧將,	이목이 군사를 거느리고
攻燕,	연을 공격하여
拔武遂·方城.[283]	무수와 방성을 함락시켰다.
秦召春平君,	진은 춘평군을 불러
因而留之.	그대로 붙들어두었다.
泄鈞[284]爲之謂文信侯曰:	설균이 그를 위해 문신후에게 말하였다.

281 **집해** 서광은 말하였다. "'수(脩)'로 된 곳도 있다." **정의** 크게 방비하는 예를 행한 것이다.

282 **정의** 평읍(平邑)은 위주(魏州) 창락현(昌樂縣) 동북쪽 30리 지점에 있다. 상주(相州) 탕음현(湯陰縣) 서쪽 58리 지점에 모산(牟山)이 있다. 중모산(中牟山)의 곁에는 당시 두 읍이 모두 위(魏)에 속하여 황하(黃河)를 건너 길을 만들어 서로 통하게 하려했는데 결국 이루어지지 않았다.

283 **집해** 서광은 말하였다. "무수(武遂)는 안평(安平)에 속한다." **정의** 『괄지지』에서는 말하였다. "역주(易州) 수성(遂城)은 전국시대 때의 무수성(武遂城)이다. 방성(方城)은 원래 유주(幽州) 고안현(固安縣) 남쪽 17리 지점에 있다." 당시 두 읍은 연(燕)에 속하였고, 조(趙)가 이목(李牧)에게 함락시키게 하였다.

284 **정의** 사람의 성명(姓名)이다.

“春平君者,	“춘평군은
趙王甚愛之而郎中妬之,	조왕이 매우 총애하고 낭중이 질투하므로
故相與謀曰‘春平君入秦,	서로 모의하여 말하기를 ‘춘평군이 진에 들어가면,
秦必留之’,	진은 반드시 붙들어둘 것이다.’라 하고
故相與謀而內之秦也.	서로 모의하여 진에 들여보냈습니다.
今君留之,	지금 그대가 그를 붙들어두는 것은
是絕趙而郎中之計中也.	조를 끊고 낭중의 계책에 걸려드는 것입니다.
君不如遣春平君而留平都.[285]	그대는 춘평군을 보내고 평도후를 머물러둠만 못합니다.
春平君者言行信於王,	춘평군은 언행이 왕의 신임을 얻고 있으니
王必厚割趙而贖平都.”	왕은 반드시 조의 영토를 크게 떼어 평도후를 속바칠 것입니다.”
文信侯曰:	문신후가 말하였다.
“善.”	“좋소.”
因遣之.[286]	이에 보내주었다.
城韓皋.	한고에 성을 쌓았다.

三年,	3년에
龐煖將,	방난이 군사를 거느리고
攻燕,	연을 공격하여
禽其將劇辛.	장수인 극신을 사로잡았다.

---

285 정의 『괄지지』에서는 말하였다. “평도현(平都縣)은 지금의 신흥군(新興郡)에 있으며 양주현(陽周縣)과 서로 가깝다.”

286 집해 서광은 말하였다. “「연표」에서는 태자가 진의 인질에서 돌아왔다고 하였다.” 정의 태자는 곧 춘평군(春平君)이다.

四年,	4년에
龐煖將趙·楚·魏·燕之銳師,	방난이 조와 초, 위, 연의 정예병을 거느리고
攻秦蕞,[287]	진의 최를 공격하였으나
不拔;	함락시키지 못하였으며,
移攻齊,	제로 옮기어 공격하여
取饒安.[288]	요안을 빼앗았다.
五年,	5년에
傅抵[289]將,	부저가 군사를 거느리고
居平邑;	평읍에 머물고
慶舍將東陽[290]河外師,	경사가 동양 하외의 군사를 거느리고
守河梁.[291]	하량을 지켰다.
六年,	6년에
封長安君以饒.[292]	장안군을 요로 봉하였다.
魏與趙鄴.	위가 조에 업을 주었다.
九年,	9년에
趙攻燕,	조가 연을 공격하여

287 집해 서광은 말하였다. "신풍(新豐)에 있다."

288 집해 서광은 말하였다. "발해(渤海)에 있다. 또한 요(饒)는 북해(北海)에 속하고 안(安)은 평원(平原)에 속한다고 하였다." 정의 요안(饒安)은 창주현(滄州縣)이며, 칠국(七國) 때 제(齊)에 속하였으며, 전국 때는 조(趙)에 속하였다.

289 정의 앞 자의 음은 부(付)이고, 뒷 자의 음은 저(邸)이다. 조(趙)의 장수 성명이다.

290 정의 패주(貝州)에 속하며 황하의 북쪽 기슭에 있다.

291 정의 하외(河外)는 황하 남안 (南岸) 위주(魏州)의 땅이다. 하량(河梁)은 다리이다.

292 정의 곧 요양(饒陽)이다. 영주(瀛州) 요양현 동쪽 20리 지점에 있는 요양의 옛 성인데 한(漢)의 현이며, 장안군(長安君)이 호읍을 받힌 것이다.

取貍陽城.[293]	이양성을 빼앗았다.
兵未罷,	군사가 아직 물러나지 않았는데
秦攻鄴,	진이 업을 공격하여
拔之.[294]	함락시켰다.
悼襄王卒,	도양왕이 죽고
子幽繆王遷立.	아들인 유목왕 천이 즉위하였다.

幽繆王遷元年,[295]	유목왕 천 원년에
城柏人.	백인에 성을 쌓았다.
二年,	2년에
秦攻武城,[296]	진이 무성을 공격하여
扈輒率師救之,	호첩이 군사를 이끌고 구원하였는데
軍敗,	군사는 패하고
死焉.	죽었다.

293 **정의** 연(燕)에는 이양(貍陽)이 없으며, "이(貍)"는 오자로 "어양(漁陽)"이 되어야 하며, 옛 성은 단주(檀州) 밀운현(密雲縣) 남쪽 18리 지점에 있으며, 연(燕) 어양군(漁陽郡) 성이다. 조(趙)의 동쪽 경계는 영주(瀛州)까지 이르고 단주(檀州)는 북쪽에 있으며 조(趙)가 연(燕)을 공격하여 어양성(漁陽城)을 빼앗았다.

294 **집해** 서광은 말하였다. "지금 요양(饒陽)은 하간(河間)에 있다. 또한 「연표」에서는 연여와 업의 성 9개를 빼앗았다고 하였다."

295 **집해** 서광은 말하였다. "또한 '민왕(湣王)'이라 한 곳도 있다. 『세본』에서는 효성왕(孝成王) 단(丹)은 도양왕(悼襄王) 언(偃)을 낳았으며, 언은 지금 왕 천(遷)을 낳았다고 하였다. 「연표」 및 『사고(史考)』에서 조천(趙遷)은 모두 시호가 없다." **색은** 서광은 왕 천(遷)은 시호가 없다고 하였는데, 지금 여기서만 유목왕(幽繆王)이라고 한 것은 진(秦)이 조(趙)를 멸한 후에 신하들이 몰래 추후에 시호를 정한 것일 것이며, 태사공은 혹 따로 본 것이 있어 그렇게 기록하였을 것이다.

296 **집해** 서광은 말하였다. "「연표」에서는 진(秦)이 우리 평양(平陽)을 함락시켰다고 하였다."

三年,	3년에
秦攻赤麗·宜安,[297]	진이 적려와 의안을 공격하니
李牧率師與戰肥下,[298]	이목이 군사를 이끌고 비의 아래에서 싸워
卻之.	물리쳤다.
封牧爲武安君.	목을 무안군에 봉하였다.
四年,	4년에
秦攻番吾,[299]	진이 파오를 공격하니
李牧與之戰,	이목이 교전하여
卻之.	물리쳤다.

五年,	5년에
代地大動,	대의 땅에 큰 지진이 발생하여
自樂徐以西,[300]	악서 이서에서
北至平陰,[301]	북으로 평음까지
臺屋牆垣太半壞,	집과 담장의 태반이 무너졌고
地坼東西百三十步.[302]	땅이 동서로 130보나 갈라졌다.
六年,	6년에
大饑,	큰 기근이 들자

297 **정의** 『괄지지』에서는 말하였다. "의안(宜安)의 옛 성은 항주(恆州) 고성현(槀城縣) 서남쪽 20리 지점에 있다."

298 **정의** 『괄지지』에서는 말하였다. "비류(肥纍)의 옛 성은 항주(恆州) 고성현(槀城縣) 서쪽 7리 지점에 있으며, 춘추 때의 비자국(肥子國)으로 백적(白狄)의 별종이다."

299 **정의** 앞 자의 음은 파(婆)이며, 또한 반(盤), 또한 "포(蒲)"라고도 한다. 『괄지지』에서는 말하였다. "포오성(蒲吾城)은 항주(恆州) 방산현(房山縣) 동쪽 20리 지점에 있다."

300 **집해** 서광은 말하였다. "서(徐)는 '제(除)'로 된 곳도 있다."

301 **정의** 악서(樂徐)는 진주(晉州)에 있고, 평음(平陰)은 분(汾)에 있다.

302 **정의** 그 갈라진 도랑이 남아 있으며 또한 진(晉)과 분(汾) 두 주의 경계에 있다.

民譌言曰:	백성들은 헛소문을 흘렸다.
"趙爲號,	"조는 울부짖고
秦爲笑.	진은 웃는다.
以爲不信,	믿지 못하겠거든
視地之生毛."	땅에 풀이 나는지 보라."
七年,	7년에
秦人攻趙,	진 사람이 조를 공격하니
趙大將李牧·將軍司馬尚將,	조의 대장 이목과 장군 사마상이 군사를 거느리고
擊之.	쳤다.
李牧誅,	이목은 죽임을 당하고
司馬尚免,	사마상은 면직되어
趙忽及齊將顏聚代之.	조총 및 제의 장수 안취가 그들을 대신하였다.
趙忽軍破,	조총의 군사는 깨지고
顏聚亡去.	안취는 도망쳤다.
以王遷降.[303]	왕 천은 항복하였다.
八年十月,	8년 10월에
邯鄲爲秦.	한단은 진의 것이 되었다.
太史公曰:	태사공은 말한다.
吾聞馮王孫曰:	내 풍왕손이 말하는 것을 들었다.

303 집해 『회남자(淮南子)』에서는 말하였다. "조왕(趙王) 천(遷)은 방릉(房陵)을 유리하며 고향을 그리워하여 산수(山水)의 노래를 지어 불렀는데 듣고 눈물을 흘리지 않는 자가 없었다." 정의 『괄지지』에서는 말하였다. "조왕 천의 무덤은 방주(房州) 방릉현(房陵縣) 서쪽 9리 지점에 있다."

"趙王遷,	"조왕 천은
其母倡也,[304]	어머니가 가수인데
嬖於悼襄王.	도양왕의 총애를 받았다.
悼襄王廢適子嘉而立遷.	도양왕은 적자 가를 폐하고 천을 세웠다.
遷素無行,	천은 평소에 품행이 바르지 않았고
信讒,	참언을 믿어
故誅其良將李牧,	양장인 이목을 죽이고
用郭開."	곽개를 등용하였다."
豈不繆哉!	어찌 잘못이 아니겠는가!
秦既虜遷,	진이 천을 사로잡자
趙之亡大夫共立嘉爲王,	조의 망한 대부들이 함께 가를 왕으로 옹립하였는데
王代六歲,	대의 왕이 된 지 6년 만에
秦進兵破嘉,	진이 군사를 진격시켜 가를 치고
遂滅趙以爲郡.	마침내 조를 멸하여 군으로 삼았다.

색은술찬索隱述贊 조 씨의 세계는, 진과 조상을 함께 한다. 주목왕이 서를 평정하고, 이에 조보를 봉했다. 대가 비로소 진을 섬겨, 숙이 처음으로 땅을 가졌다. 도안가가 속여 죽였는데, 한궐이 무를 세웠다. 보물 부절로 대에 임하여, 마침내 백로에 거처하였다. 간자가 적의 개를 꿈꾸었고, 무령왕은 처녀를 노래했다. 호복은 비록 강하지만, 세움이 있을 곳이 아니었다. 염파와 이목이 등용되지 않아, 왕 천은 포로로 갇혔다.

趙氏之系, 與秦同祖. 周穆平徐, 乃封造父. 帶始事晉, 夙初有土. 岸賈矯誅, 韓厥立武. 寶符臨代, 卒居伯魯. 簡夢翟犬, 靈歌處女. 胡服雖強, 建立非所. 頗, 牧不用, 王遷囚虜.

---

304 **집해** 서광은 말하였다. "『열녀전(列女傳)』에서는 한단(邯鄲)의 가수(倡)라 하였다."

14 위 세가 魏世家

魏之先,	위의 선조는
畢公高之後也.	필공 고의 후손이다.
畢公高與周同姓.[1]	필공 고는 주와 동성이다.
武王之伐紂,	무왕이 주를 정벌할 때
而高封於畢,[2]	고는 필에 봉하여져
於是爲畢姓.	이에 필성이 되었다.
其後絕封,	그 후 봉작이 끊겨
爲庶人,	서인이 되어
或在中國,	혹자는 중원의 국가에 있고
或在夷狄.	혹자는 이적에 있게 되었다.
其苗裔曰畢萬,	그 아득한 후예 필만이
事晉獻公.	진헌공을 섬겼다.

獻公之十六年,	헌공 16년에

1 색은索隱 『좌전(左傳)』과 부진(富辰)은 문왕(文王)의 아들은 16개국에 봉하여졌는데 필(畢)과 원(原), 풍(豐), 순(郇)이 있다고 하여, 필공(畢公)은 문왕의 아들이라고 하였다. 여기서는 주(周)와 동성이라고 하여 『좌씨(左氏)』의 설은 쓰지 않은 것 같다. 마융(馬融) 또한 필(畢)과 모(毛)는 문왕의 서자라고 하였다.

2 집해集解 두예(杜預)는 말하였다. "필(畢)은 장안현(長安縣) 서북쪽에 있다." 정의正義 『괄지지(括地志)』에서는 말하였다. "필원(畢原)은 옹주(雍州) 만년현(萬年縣) 서남쪽 28리 지점에 있다."

趙夙爲御,	조숙이 어자가 되고
畢萬爲右,[3]	필만이 거우가 되어
以伐霍·耿·魏,	곽과 경, 위를 정벌하여
滅之.	멸하였다.
以耿封趙夙,	경을 조숙에게 봉하고
以魏封畢萬,[4]	위를 필만에게 봉하여
爲大夫.	대부가 되었다.
卜偃曰:[5]	복언이 말하였다.
"畢萬之後必大矣,	"필만의 후대는 반드시 강대해질 것이니
萬,	만은
滿數也;	꽉 찬 수이며,
魏,	위는
大名也.	큰 것을 이르기 때문입니다.
以是始賞,	이렇게 비로소 상을 내렸으니
天開之矣.	하늘이 열어준 것입니다.
天子曰兆民,	천자(의 백성)를 조민이라 하고
諸侯曰萬民.	제후(의 백성)를 만민이라고 합니다.
今命之大,	지금 큰 것으로 명하고

3 **역주** 고대의 전차는 3명이 동승을 하였다. 어자(御者)는 중간에서 전차를 조종하고, 오른쪽에는 무기를 다루는 무사가 동승하는데 이를 거우(車右)라고 한다. 좌측에는 지휘관인 주장(主將)이 탄다. 이 글에 의하면 조숙이 끄는 전차에 진헌공과 필만이 좌우에 동승하였다는 것을 알 수 있다.

4 **정의** 위성(魏城)은 섬주(陝州) 예성현(芮城縣) 북쪽 5리 지점에 있다. 정현(鄭玄)의 『시보(詩譜)』에서는 말하였다. "위(魏)는 희성(姬姓)의 나라로 무왕(武王)이 주(紂)를 정벌하고 그곳에 봉하였다."

5 **색은** 진(晉)의 장복대부(掌卜大夫: 占卜을 관장하는 대부) 곽언(郭偃)이다.

以從滿數,	꽉 찬 수가 따르니
其必有眾."	반드시 무리가 많게 될 것입니다."
初,	처음에
畢萬卜事晉,	필만이 진을 섬기는 것을 점쳤는데
遇屯之比.	둔괘가 비괘로 변하는 괘를 얻었다.
辛廖占之,	신료가 점을 쳐보고는
曰:	말하였다.
"吉.	"길합니다.
屯固比入,	둔괘는 견고한 것이고 비괘는 들어가는 것이니
吉孰大焉,	길함이 이보다 클 수 있겠습니까?
其必蕃昌."	반드시 번창할 것입니다."

畢萬封十一年,	필만이 봉하여진지 11년 되던 해에
晉獻公卒,	진헌공이 죽으니
四子爭更立,	네 아들이 다투어 번갈아 즉위하여
晉亂.	진이 혼란해졌다.
而畢萬之世彌大,	필만의 후대는 더욱 강대해졌고
從其國名爲魏氏.	그 나라 이름을 따라 위 씨가 되었다.
生武子.[6]	무자를 낳았다.
魏武子以魏諸子事晉公子重耳.	위무자는 위의 제자로 진 공자 중이를 섬겼다.
晉獻公之二十一年,	진헌공 21년에

6 **색은** 『좌전』에서 무자(武子)는 이름이 주(犨)라 하였다. 『계본(系本)』에서는 "필만(畢萬)은 망계(芒季)를 낳았고, 망계는 무중주(武仲州)를 낳았다."라 하였다. 주(州)는 주(犨)와 소리가 서로 가깝고 글자가 다를 따름이며, 대(代) 또한 같지 않다.

武子從重耳出亡.	무자는 중이를 따라 도망쳤다.
十九年反,	19년 만에 돌아와
重耳立爲晉文公,	중이는 진문공으로 즉위하였고
而令魏武子襲魏氏之後封,	위무자를 위 씨의 후손으로 이어서 봉하게 하여
列爲大夫,	대부의 반열에 올라
治於魏.	위를 다스렸다.
生悼子.	도자를 낳았다.

魏悼子徙治霍.[7]	위도자는 곽으로 옮겨 다스렸다.
生魏絳.[8]	위강을 낳았다.

魏絳事晉悼公.	위강은 진도공을 섬겼다.
悼公三年,	도공 3년에
會諸侯.	제후와 회합하였다.
悼公弟楊干亂行,	도공의 아우 양간이 항오를 어지럽히자
魏絳僇辱楊干.[9]	위강이 양간을 육시하였다.
悼公怒曰:	도공이 노하여 말하였다.

---

7 **색은** 『계본』에서는 "무중(武仲)은 장자 강(莊子絳)을 낳았다"라 하여 도자(悼子)가 없다. 또한 『계본』과 『거편(居篇)』에서는 말하기를 "위무자(魏武子)는 위(魏)에 거처하였고, 도자는 곽(霍)으로 옮겼다."라 하였다. 송충(宋忠)은 "곽은 지금의 하동(河東) 체현(彘縣)이다."라 하였다. 여기에는 도자가 있는데, 『계본』에는 경대부로 대신 스스로 벗어났을 따름이다. 그러나 위(魏)는 바로 지금의 하북(河北) 위현(魏縣)이다. **정의** 진주(晉州) 곽읍현(霍邑縣)은 한(漢)의 체현(彘縣)이며, 후한(後漢)에 영안(永安)으로 고쳤고, 수(隋)는 곽읍(霍邑)으로 고쳤으며 본래 춘추 때의 곽백국(霍伯國)이다.

8 **색은** 시호는 소자(昭子)이다. 『계본』에서는 "장자(莊子)"라 하였는데 문장의 착오이다. 『거편』에서는 또한 "소자는 안읍(安邑)으로 옮겼다"라 하여 또한 이곳과 같다.

9 **색은** 『좌전』에서는 양간(楊干)이 종을 육시하였다고 하였다.

“合諸侯以爲榮,	“제후와 회합하여 영예로 삼았는데
今辱吾弟!”	지금 나의 아우를 욕보였도다!”
將誅魏絳.	위강을 죽이려 하였다.
或說悼公,	어떤 사람이 도공에게 말하여
悼公止.	도공은 그만두었다.
卒任魏絳政,	종내에는 위강에게 정치를 맡겨
使和戎·翟,	융·적과 강화하게 하여
戎·翟親附.	융·적이 가까이 하였다.
悼公之十一年,	도공은 11년에
曰:	말하였다.
“自吾用魏絳,	“내 위강을 기용한 이래
八年之中,	8년 간
九合諸侯,	제후를 여러 번 회합시켰고
戎·翟和,	융·적과 화친하였는데
子之力也.”	그대의 힘이오.”
賜之樂,	악을 내렸는데
三讓,	세 번을 양보한
然後受之.	다음에 받았다.
徙治安邑.[10]	안읍으로 옮겨 다스렸다.
魏絳卒,	위강이 죽자
謚爲昭子.[11]	시호를 소자라 하였다.
生魏嬴.	위영을 낳았다.

10 정의 안읍(安邑)은 바로 강주(絳州) 하현(夏縣) 안읍의 옛 성이다.

11 집해 서광(徐廣)은 말하였다. “『세본(世本)』에서는 장자(莊子)라 하였다.”

嬴生魏獻子.[12]	위영은 위헌자를 낳았다.

獻子事晉昭公.	위헌자는 진소공을 섬겼다.
昭公卒而六卿彊,	소공이 죽자 육경이 강하여지고
公室卑.	공실은 낮아졌다.

晉頃公之十二年,	진경공 12년에
韓宣子老,	한선자가 늙어
魏獻子爲國政.	위헌자가 국정을 맡았다.
晉宗室祁氏·羊舌氏相惡,	진 종실의 기 씨와 양설 씨가 서로 미워하니
六卿誅之,	육경이 죽이고
盡取其邑爲十縣,	그 읍을 모두 빼앗아 10개의 현으로 만들고
六卿各令其子爲之大夫.	육경은 각자 그 아들을 그곳의 대부로 삼았다.

獻子與趙簡子[13]·中行文子[14]·范獻子[15]並爲晉卿.

헌자와 조간자, 중항문자, 범헌자가 모두 진의 경이 되었다.

其後十四歲而孔子相魯.	14년 후에 공자가 노의 상이 되었다.
後四歲,	4년 후에
趙簡子以晉陽之亂也,	조간자가 진양의 변란으로
而與韓·魏共攻范·中行氏.	한, 위와 함께 범과 중항 씨를 공격하였다.

12 색은 『계본』에서는 "헌자(獻子)의 이름은 도(荼)이다. 도는 장자(莊子)의 아들이다."라 하였다. 위영(魏嬴)은 없다.

13 색은 조앙(趙鞅)이다.

14 색은 순인(荀寅)이다.

15 색은 범길사(范吉射)이다.

魏獻子生魏侈.[16] 위헌자가 위치를 낳았다.

魏侈與趙鞅共攻范·中行氏. 위치는 조앙과 함께 범과 중항 씨를 공격하였다.

魏侈之孫曰魏桓子,[17] 위치의 손자는 위환자라 하였는데

與韓康子[18]·趙襄子[19]共伐滅知伯,[20]

한강자, 조양자와 함께 지백을 쳐서 멸하고

分其地. 그 땅을 나누어가졌다.

桓子之孫曰文侯都.[21] 환자의 손자는 문후도라고 하였다.

魏文侯元年, 위문후 원년은

秦靈公之元年也. 진영공 원년이다.

與韓武子[22]·趙桓子·周威王同時.

한무자, 조환자, 주위왕와 동시대이다.

---

16 색은 치(侈)는 다른 판본에는 또한 "치(哆)"로 되어 있는데, "치(哆)"는 오자일 것이며, 대대로 여러 번 착오가 있었다. 『계본』에서는 "헌자(獻子)는 간자(簡子) 취(取)를 낳았고 취는 양자(襄子) 다(多)"를 낳았다고 하였는데 『좌전』에서는 "위만다(魏曼多)"라고 하였다. 곧 치(侈)는 양자(襄子)이며 중한에 간자(簡子) 1대가 적다.

17 색은 『계본』에서는 말하였다. "양자(襄子)는 환자(桓子) 구(駒)를 낳았다."

18 색은 이름은 건(虔)이다.

19 색은 이름은 무휼(無恤)이다.

20 색은 지백(智伯)은 지요(智瑤)이며, 본성이 순(荀)이어서 또한 순요(荀瑤)라고도 한다. 정의 '知'는 지(智)의 뜻으로 읽는다. 『괄지지』에서는 말하였다. "옛 지성(智城)은 포주(蒲州) 우향현(虞鄉縣) 서북쪽 40리 지점에 있다. 『고금지명(古今地名)』에서는 해현(解縣)에 지성(智城)이 있다고 하였는데 아마 이를 이를 것이다."

21 집해 서광은 말하였다. "『세본』에서는 사(斯)라고 하였다." 색은 『계본』에서는 "환자(桓子)는 문후사(文侯斯)를 낳았다."라 하였고, 「전(傳)」에서는 "강자(孺子) 기(㾓)는 위구(魏駒)의 아들이다"라 하여 이 세계(世系)와 또 같지 않다.

22 색은 『계본』에서는 "무자(武子)의 이름은 계장(啟章)으로 강자(康子)의 아들이다."라 하였다.

六年,	6년에
城少梁.	소량에 성을 쌓았다.
十三年,	13년에
使子擊圍繁·龐,	자격에게 번과 방을 에워싸게 하고
出其民.	그 백성을 내보냈다.
十六年,	16년에
伐秦,	진을 치고
築臨晉元里.	임진 원리에 성을 쌓았다.

十七年,	17년에
伐中山,	중산을 치고
使子擊守之,	자격에게 지키게 하였으며
趙倉唐傅之.	조창당에게 돕게 하였다.
子擊逢文侯之師田子方於朝歌,	자격은 조가에서 문후의 스승 전자방을 만났는데
引車避,	수레를 끌고 피하였으며
下謁.	(수레에서) 내려서 뵈었다.
田子方不爲禮.	전자방은 예를 표하지 않았다.
子擊因問曰:	자격이 이에 물어보았다.
"富貴者驕人乎?	"부귀한 자가 남에게 교만하게 구는가?
且貧賤者驕人乎?"	또한 빈천한 자가 남에게 교만하게 구는가?"
子方曰:	자방이 말하였다.
"亦貧賤者驕人耳.	"또한 빈천한 자가 남에게 교만하게 굴 따름입니다.
夫諸侯而驕人則失其國,	대체로 제후가 남에게 교만하게 굴면 나라를 잃고

大夫而驕人則失其家.	대부가 남에게 교만하게 굴면 가문을 잃습니다.
貧賤者,	빈천한 자는
行不合,	행실이 맞지 않고
言不用,	말이 쓰이지 않으면
則去之楚·越,	떠나 초와 월로 가는 것을
若脫躧然,	신발 벗어던지듯이 하니
柰何其同之哉!"	어찌 같겠습니까!"
子擊不懌而去.	자격은 즐겁지 않은 기색으로 떠났다.
西攻秦,	서로 진을 공격하여
至鄭而還,	정에 이르렀다가 돌아왔으며
築雒陰·合陽.[23]	낙음과 합양에 성을 쌓았다.

二十二年,	22년에
魏·趙·韓列爲諸侯.	위, 조, 한이 제후의 반열에 올랐다.

二十四年,	24년에
秦伐我,	진이 우리를 쳐서
至陽狐.[24]	양호에 이르렀다.

二十五年,	25년에
子擊生子罃.[25]	자격이 자앵을 낳았다.

---

23 **정의** 낙(雒)은 칠저수(漆沮水)이며, 성은 물의 남쪽에 있다. 합양(郃陽)은 합수(郃水)의 북쪽이다. 『괄지지』에서는 말하였다. "합양의 옛 성은 동주(同州) 하서현(河西縣) 남쪽 3리 지점에 있다. 낙음(雒陰)은 동주 서쪽에 있다."

24 **정의** 『괄지지』에서는 말하였다. "양호곽(陽狐郭)은 위주(魏州) 원성현(元城縣) 동북쪽 30리 지점에 있다."

文侯受子夏經藝,	문후는 자하에게 경전을 배웠으며
客段干木,	단간목을 귀빈으로 예우해
過其閭,	그(가 사는) 마을을 지날 때
未嘗不軾也.[26]	수레에서 예를 표하지 않은 적이 없었다.
秦嘗欲伐魏,	진이 위를 치려고 한 적이 있는데
或曰:	혹자가 말하였다.
"魏君賢人是禮,	"위군은 현인을 예우하여
國人稱仁,	백성들이 인하다 일컬으며
上下和合,	상하가 화목하게 화합하여
未可圖也."	도모할 수 없습니다."
文侯由此得譽於諸侯.	문후는 이로 말미암아 제후들 사이에서 명예를 얻었다.

25 **색은** 음은 앵(乙耕反)이다. 격(擊)은 무후(武侯)이다. 앵(罃)은 혜왕(惠王)이다.

26 **정의** '過'의 음은 과(光臥反)이다. 문후(文侯)가 단간목이 사는 마을을 지나면서 수레에서 예를 표한 것이다. 황보밀(皇甫謐)의 『고사전(高士傳)』에서는 말하였다. "목(木)은 진(晉) 사람으로 도를 지키며 벼슬을 하지 않았다. 위문후(魏文侯)가 만나보려 하여 그의 집으로 갔으나 간목은 담을 넘어 피하였다. 문후가 손님의 예로 그를 대하여 그(가 사는) 마을을 지날 때 수레에서 예를 표하였다. 그의 종이 말하였다. '임금께선 어째서 에를 표하십니까?' 말하였다. '단간목은 현자로 권세와 이익으로 달려가지 않고 군자의 도를 품었으며 궁벽한 골목에 숨어살면서도 명성이 천리를 달리니 내 어찌 예를 표하지 않겠는가! 간목은 덕을 우선시하고 과인은 권세를 우선하며, 간목은 의가 풍부하고 과인은 재물이 풍부하다. 권세는 덕만큼 귀하지 않고 재물은 의만큼 높지 않다.' 또한 상(相)이 되어줄 것을 청하였는데 하려 하지 않았다. 나중에 자신을 낮추고 굳이 만나보기를 청하여 말을 나누었는데 문후는 서서 피곤한데도 감히 쉬지를 않았다." 『회남자(淮南子)』에서는 말하였다. "단간목은 진(晉)의 거간꾼으로 문후의 스승이 되었다." 『여씨춘추(呂氏春秋)』에서는 말하였다. "위문후는 단간목을 만나보고 서서 피곤한데도 감히 쉬지를 못했다. 적황(翟璜)을 만나보았을 때는 대청에 쪼그리고 앉아 말을 나누었다. 적황은 기뻐하지 않았다. 문후가 말하였다. '단간목은 벼슬을 권해도 하려하지 않았고 녹봉을 제안하여도 받지 않았다. 지금 너는 벼슬을 하고자 하여 상에 이르렀고 녹봉을 원하여 경상에 이르렀는데 나의 상을 받고도 또 나의 예를 책망하니 또한 어렵지 않겠는가?'"

任西門豹守鄴,	서문표를 업의 군수에 임명하였는데
而河內[27]稱治.	하내가 잘 다스려진다고 일컬어졌다.
魏文侯謂李克曰:	위문후가 이극에게 말하였다.
"先生嘗教寡人曰'家貧則思良妻,	"선생은 일찍이 과인에게 '집이 가난하면 훌륭한 아내를 생각하고,
國亂則思良相'.	나라가 어지러우면 훌륭한 상을 생각한다.'라 가르친 적이 있소.
今所置非成則璜,[28]	지금 (상으로) 둘 사람은 성 아니면 황일 텐데
二子何如?"	두 사람은 어떻소?"
李克對曰:	이극이 대답하였다.
"臣聞之,	"신이 듣건대
卑不謀尊,	낮은 사람은 높은 사람의 일을 도모하지 않고,
疏不謀戚.	소원한 사람은 친척의 일을 도모하지 않는다고 합니다.
臣在闕門之外,	신은 대궐 바깥에 있어
不敢當命."	감히 명을 감당할 수 없습니다."
文侯曰:	문후가 말하였다.
"先生臨事勿讓."	"선생은 (나라의) 일에 사양치 마시오."
李克曰:	이극이 말하였다.
"君不察故也.	"임금께서 살피지 않은 까닭입니다.

27 **색은** 대하(大河)가 업(鄴)의 동쪽에 있기 때문에 업(鄴)을 하내(河內)라 한다. **정의** 옛 제왕의 도읍은 하동(河東)과 하북(河北)에 많이 있기 때문에 하북(河北)을 하내(河內)라 부르고, 하남(河南)을 하외(河外)라 하였다. 또 말하기를 황하[河]는 용문(龍門)에서 남으로 화음(華陰)까지, 동으로 위주(衞州)까지 이르러 동북쪽에서 꺾여 바다로 들어가는데 기주(冀州)를 굽어 돌기 때문에 하내(河內)라 한 것이다.

28 **집해** 서광은 말하였다. "문후(文侯) 아우의 이름이 성(成)이다."

居視其所親,	거처할 때는 그 친함을 살펴보며
富視其所與,	부유할 때는 그 주는 것을 살펴보고,
達視其所擧,	영달하였을 때는 그 천거하는 것을 살펴보며
窮視其所不爲,	궁핍할 때는 그 하지 않음을 살펴보고,
貧視其所不取,	가난할 때는 그 취하지 않음을 보아야 하니,
五者足以定之矣,	이 다섯 가지로 충분히 결정할 수 있습니다.
何待克哉!"	어찌 저(의 대답)를 기다리십니까!"
文侯曰:	문후가 말하였다.
"先生就舍,	"선생은 관사로 가십시오.
寡人之相定矣."	과인은 상을 결정하게 될 것입니다."
李克趨而出,	이극은 종종걸음으로 나와
過翟璜之家.	적황의 집에 들렀다.
翟璜曰:	적황이 말하였다.
"今者聞君召先生而卜相,	"이제 임금이 선생을 불러 상을 정하게 했다 들었는데
果誰爲之?"	과연 누가 되겠소."
李克曰:	이극이 말하였다.
"魏成子爲相矣."	"위성자가 상이 될 것이오."
翟璜忿然作色曰:	적황은 발끈 노기를 띠며 말하였다.
"以耳目之所覩記,	"귀와 눈으로 보고 들은 것에 의하건대
臣何負於魏成子?	신이 어찌 위성자보다 못하단 말이오?
西河之守,	서하의 태수는
臣之所進也.	신이 천거한 사람이오.
君內以鄴爲憂,	임금이 안으로 업을 근심하기에
臣進西門豹.	신이 서문표를 천거하였습니다.

君謀欲伐中山,	임금이 중산을 치려는 모의를 하기에
臣進樂羊.	신은 악양을 천거했습니다.
中山以拔,	중산이 함락되고
無使守之,	지키지 못하게 되자
臣進先生.	신은 선생을 천거했소.
君之子無傅,	임금의 아들이 스승이 없어
臣進屈侯鮒.	신은 굴후부를 천거하였소.
臣何以負於魏成子!”	신이 어찌 위성자보다 못하단 말이오?”
李克曰:	이극이 말하였다.
“且子之言克於子之君者,	“또한 그대가 그대의 임금에게 저를 말한 것이
豈將比周以求大官哉?	어찌 당파를 이루어 고관을 구하려는 것이리오?
君問而置相‘非成則璜,	임금이 묻기를 ‘(상으로) 둘 사람은 성 아니면 황일 텐데
二子何如?’	두 사람은 어떻소?’라 하였소.
克對曰:	저는 대답하였습니다.
‘君不察故也.	‘임금께서 살피지 않은 까닭입니다.
居視其所親,	거처할 때는 그 친함을 살펴보며
富視其所與,	부유할 때는 그 주는 것을 살펴보고,
達視其所擧,	영달하였을 때는 그 천거하는 것을 살펴보며
窮視其所不爲,	궁핍할 때는 그 하지 않음을 살펴보고,
貧視其所不取,	가난할 때는 그 취하지 않음을 보아야 하니,
五者足以定之矣,	이 다섯 가지로 충분히 결정할 수 있습니다.
何待克哉!’	어찌 저(의 대답)를 기다리십니까!’
是以知魏成子之爲相也.	이 때문에 위성자가 상이 되리라는 것을 알았습니다.

且子安得與魏成子比乎? 또한 그대를 어찌 위성자에 견주겠소.

魏成子以食祿千鍾, 위성자는 식록이 천 종인데

什九在外, 9할은 밖에 (쓰고) 있고

什一在內, 1할은 안에 있어

是以東得卜子夏·田子方·段干木. 이 때문에 동에서 복자하와 전자방, 단간목을 얻었소.

此三人者, 이 세 사람은

君皆師之. 임금이 모두 스승으로 삼았소.

子之所進五人者, 그대가 천거한 다섯 사람은

君皆臣之. 임금이 모두 신하로 삼았소.

子惡得與魏成子比也?" 그대를 어찌 위성자와 견주겠소?"

翟璜逡巡再拜曰: 적황은 우물쭈물 두 번 절하며 말하였다.

"璜, "저는

鄙人也, 비루한 사람으로

失對, 잘못 대답을 하였으니

願卒爲弟子." 원컨대 제자가 되었으면 합니다."

二十六年, 26년에

虢山崩, 괵산이 무너지고

壅河.[29] 황하가 막혔다.

---

29 집해 서광은 섬(陝)에 있다고 하였다. 내[駰]가 생각건대 「지리지(地理志)」에서는 홍농(弘農) 섬현(陝縣)의 옛 괵국(虢國)이라 하였다. 북괵(北虢)은 대양(大陽)에 있고, 동괵(東虢)은 형양(滎陽)에 있다. 정의 『괄지지』에서는 말하였다. "괵산(虢山)은 섬주(陝州) 섬현(陝縣) 서쪽 2리 지점에 있으며, 황하(黃河)를 굽어보고 있다. 지금 황하를 굽어보는 언덕이 있는데, 산이 무너지고 남은 부분인 것 같다."

三十二年,	32년에
伐鄭.	정을 쳤다.
城酸棗.	산조에 성을 쌓았다.
敗秦于注.[30]	주에서 진을 무찔렀다.
三十五年,	35년에
齊伐取我襄陵.[31]	제가 우리 양릉을 쳐서 빼앗았다.
三十六年,	36년에
秦侵我陰晉.[32]	진이 우리 음진을 침략했다.

三十八年,	38년에
伐秦,	진을 쳤는데
敗我武下,	무하에서 우리를 무찌르고
得其將識.[33]	장수 식을 잡아갔다.
是歲,	이 해에
文侯卒,[34]	문후가 죽고
子擊立,	자격이 즉위하니

---

30 **집해** 사마표(司馬彪)는 말하였다. "하남(河南) 양현(梁縣)에 주성(注城)이 있다." **정의** 『괄지지』에서는 말하였다. "주성은 여주(汝州) 양현(梁縣) 서쪽 15리 지점에 있다. 주(注)는 '주(鑄)'로 된 곳도 있다."

31 **집해** 서광은 말하였다. "지금 남평(南平) 양현(陽縣)에 있다."

32 **집해** 서광은 말하였다. "지금의 화음(華陰)이다." **색은** 「연표」에는 "제(齊)가 음진(陰晉)을 침략했다"고 하였다. 「진본기(秦本紀)」에서는 "혜왕(惠王) 6년 위(魏)가 음진(陰晉)을 바쳤는데 영진(寧秦)으로 이름을 바꾸었다." 서 씨(徐氏)는 "지금의 화음이다."라 하였다.

33 **색은** 식(識)은 장수 이름이다. 무하(武下)는 위(魏)의 영토이다. **정의** 『괄지지』에서는 말하였다. "옛 무성(武城)은 일명 무평성(武平城)이라고 하며, 화주(華州) 정현(鄭縣) 동쪽 13리 지점에 있다."

34 **색은** 38년에 죽었다. 『기년(紀年)』에서는 50년에 죽었다고 하였다.

是爲武侯. 바로 무후이다.

魏武侯元年, 위무후 원년에
趙敬侯初立,[35] 조경후가 막 즉위하여
公子朔爲亂, 공자 삭이 난을 일으켰는데
不勝, 이기지 못하여
奔魏, 위로 달아나
與魏襲邯鄲, 위와 함께 한단을 습격하였는데
魏敗而去. 위가 패하여 떠났다.

二年, 2년에
城安邑·王垣.[36] 안읍과 왕원에 성을 쌓았다.

七年, 7년에
伐齊, 제를 쳐서
至桑丘.[37] 상구에 이르렀다.
九年, 9년에

---

35 색은 『기년』에서는 위무후(魏武侯) 원년은 조열후(趙烈侯) 14년에 해당한다고 하여 같지 않다. 또한 『계본』에서 경후(敬侯)의 이름은 장(章)이라 하였다.

36 집해 서광은 말하였다. "원현(垣縣)에는 왕옥산(王屋山)이 있다." 색은 『기년』에서는 14년에 낙양(洛陽) 및 안읍(安邑), 왕원(王垣)에 성을 쌓았다고 하였다. 서광은 말하였다. "원현에는 왕옥산이 있으므로 왕원(王垣)이라고 한다." 정의 『괄지지』에서는 말하였다. "옛 성은 한(漢) 원현(垣縣)이며, 본래 위(魏)의 왕원(王垣)으로, 강주(絳州) 원현(垣縣) 서북쪽 25리 지점에 있다."

37 정의 「연표」에서는 "제(齊)가 연(燕)을 쳐서 상구(桑丘)를 빼앗았다"라 하였으므로 위(魏)가 연(燕)을 구원하여 제(齊)를 쳐서 상구(桑丘)에 이른 것이다. 『괄지지』에서는 말하였다. "상구의 옛 성은 속칭 경성(敬城)이라고 하며, 역주(易州) 수성현(遂城縣) 경계에 있다."

翟敗我于澮.[38]	적이 쾌에서 우리를 무찔렀다.
使吳起伐齊,	오기에게 제를 치게 하여
至靈丘.[39]	영구에 이르렀다.
齊威王初立.[40]	제위왕이 막 즉위하였다.

十一年,	11년에
與韓·趙三分晉地,	한·조와 진의 영토를 셋으로 나누어
滅其後.	그 후손을 멸하였다.

十三年,	13년에
秦獻公縣櫟陽.	진헌공이 역양을 현으로 삼았다.
十五年,	15년에
敗趙北藺.[41]	북린에서 조를 무찔렀다.

十六年,	16년에
伐楚,	초를 쳐서
取魯陽.[42]	노양을 빼앗았다.
武侯卒,[43]	무후가 죽고

---

38 **색은** 음은 쾌(古外反)이다. 우쾌(于澮)는 쾌수(澮水)의 곁에서라는 뜻이다. **정의** 『괄지지』에서는 말하였다. "쾌고산(澮高山)은 또한 쾌산(澮山)이라고도 하는데, 강주(絳州) 익성현(翼城縣) 동북쪽 25리 지점에 있으며, 쾌수(澮水)는 이 산에서 발원한다."

39 **정의** 영구(靈丘)는 울주현(蔚州縣)이다. 이때 제(齊)에 속하였으므로 삼진(三晉)이 친 것이다.

40 **색은** 『기년』에 의하면 제유공(齊幽公) 18년에 위왕(威王)이 즉위했다.

41 **정의** 석주(石州)에 있으며, 조(趙)의 서북쪽이다. 조(趙)에 속하였으므로 조(趙)의 북린(北藺)이라고 하였다.

42 **정의** 지금의 여주(汝州) 노산현(魯山縣)이다.

43 **색은** 『기년』에 의하면 무후(武侯) 26년에 죽었다.

子罃立,	자앵이 즉위하였는데
是爲惠王.	바로 혜왕이다.
惠王元年,	혜왕 원년
初,	처음에
武侯卒也,	무후가 죽었을 때
子罃與公中緩[44]爭爲太子.	자앵과 공중완이 태자가 되기를 다투었다.
公孫頎[45]自宋入趙,	공손기가 송에서 조로 들어왔고
自趙入韓,	조에서 한으로 들어와
謂韓懿侯[46]曰:	한의후에게 말하였다.
"魏罃與公中緩爭爲太子,[47]	"위앵과 공중완이 태자 되기를 다투는데
君亦聞之乎?	임금께서도 들으셨겠지요?
今魏罃得王錯,[48]	지금 위앵은 왕조를 얻어
挾上黨,	상당을 끼고
固半國也.	실로 나라의 반을 차지하고 있습니다.
因而除之,[49]	이참에 (자앵을) 없애버리면
破魏必矣,	위를 깨뜨리는 것은 틀림없을 것이며

44 **정의** '中'은 중(仲)의 뜻으로 읽는다.

45 **색은** 음은 기(祈)이다.

46 **색은** 애후(哀侯)의 아들이다.

47 **색은** 『기년』에서는 "무후(武侯) 원년 공자(公子) 완(緩)을 봉하였다. 조후(趙侯) 종(種)과 한의후(韓懿侯)가 우리를 쳐서 채(蔡)를 빼앗았고, 혜왕(惠王)이 조(趙)를 쳐서 탁양(濁陽)을 에워쌌다. 7년에 공자 완이 한단(邯鄲)으로 가서 난을 일으켰다."라 하였는데 이 일을 말할 것이다.

48 **집해** 서광은 말하였다. "『급총기년(汲冢紀年)』에서는 혜왕(惠王) 2년에 위(魏)의 대부 왕조(王錯)가 한(韓)으로 달아났다고 하였다."

49 **집해** 서광은 말하였다. "제(除)는 '배(倍)'로 된 곳도 있다." **정의** 제(除)는 위앵(魏罃) 및 왕조(王錯)를 제거하는 것이다.

不可失也.”	(이 기회를) 놓칠 수 없습니다.”
懿侯說,	의후는 (듣고) 기뻐하며
乃與趙成侯[50]合軍并兵以伐魏,	이에 조성후와 함께 연합군을 결성하여 위를 쳐서
戰于濁澤,[51]	탁택에서 싸웠는데
魏氏大敗,	위 씨는 대패하였고
魏君圍.	위군은 포위되었다.
趙謂韓曰:	조가 한에게 말하였다.
“除魏君,	“위군을 없애고
立公中緩,	공중완을 세워
割地而退,	땅을 할양받고 물러난다면
我且利.”	우리에게 유리할 것이오.”
韓曰:	한이 말하였다.
“不可.	“안 될 말이오.
殺魏君,	위군을 죽이면
人必曰暴;	사람들은 반드시 포학하다 할 것이고,
割地而退,	땅을 할양받고 물러나면
人必曰貪.	사람들은 반드시 탐욕스럽다 할 것이오.
不如兩分之.	둘로 나눔만 못하오.
魏分爲兩,	위를 둘로 나누면
不彊於宋·衞,	송·위보다 강하지 못할 것이니
則我終無魏之患矣.”	우리는 마침내 위의 근심을 없애게 될 것이오.”
趙不聽.	조는 따르지 않았다.

50 색은 『계본』에서는 말하였다. “성후(成侯)의 이름은 종(種)이다.”

51 집해 서광은 말하였다. “장사(長社)에 탁택(濁澤)이 있다.”

韓不說,	한은 기뻐하지 않아
以其少卒夜去.	적은 군사를 거느리고 밤에 떠났다.
惠王之所以身不死,	혜왕이 몸이 죽지 않고
國不分者,	나라가 분할되지 않은 것은
二家謀不和也.	(조·한) 두 나라의 계책이 화합하지 않아서였다.
若從一家之謀,	한 나라의 계책을 따랐더라면
則魏必分矣.	위는 반드시 분할되었을 것이다.
故曰"君終無適子,	그러므로 말하기를 "임금이 죽었는데 적자가 없으면
其國可破也".[52]	그 나라는 깨질 수 있다."라 하는 것이다.

二年,	2년에
魏敗韓于馬陵,	위는 마릉에서 한을 무찔렀고
敗趙于懷.	회에서 조를 무찔렀다.
三年,	3년에
齊敗我觀.[53]	제가 우리를 관에서 무찔렀다.
五年,	5년에
與韓會宅陽.[54]	한과 택양에서 회합하였다.

---

52 **색은** 이는 아마 옛 사람이 속설을 언급한 것일 것이므로 "고왈(故曰)"이라 하였을 것이다.

53 **집해** 서광은 말하였다. "「제세가(齊世家)」에서는 관(觀)을 바쳐 제(齊)와 화친하였다고 하였다. 「연표」에서는 위(魏)를 쳐서 관을 빼앗았다고 하였다. 지금의 위현(衞縣)이다." **색은** 「전완계가(田完系家)」에서는 말하였다. "탁진(濁津)에서 위(魏)를 무찌르고 혜왕(惠王)을 에워싸자 혜왕이 관을 바쳐서 화해할 것을 청하였다." **정의** '觀'의 음은 관(館)이다. 위주(魏州)의 관성현(觀城縣)은 옛 관국(觀國)이다. 『국어(國語)』의 주에서는 말하였다. "관국은 하계(夏啟)의 아들 태강(太康)의 다섯째 아우가 봉해진 곳인데 하가 쇠퇴해지자 멸하였다."

54 **정의** 『괄지지』에서는 말하였다. "택양(宅陽)의 옛 성은 일명 북택(北宅)이라고도 하며, 정주(鄭州) 형양현(滎陽縣) 동남쪽 17리 지점에 있다."

城武堵.	무도에 성을 쌓았다.
爲秦所敗.[55]	진에 패하였다.
六年,	6년에
伐取宋儀臺.[56]	송의 의대를 쳐서 빼앗았다.
九年,	9년에
伐敗韓于澮.	쾌에서 한을 쳐서 무찔렀다.
與秦戰少梁,	진과 소량에서 싸웠는데
虜我將公孫痤,[57]	우리 장수 공손좌를 사로잡고
取龐.	방을 빼앗았다.
秦獻公卒,	진헌공이 죽고
子孝公立.	아들 효공이 즉위하였다.
十年,	10년에
伐取趙皮牢.	조의 피뢰를 쳐서 빼앗았다.
彗星見.	혜성이 보였다.
十二年,	12년에
星晝墜,	별이 낮에 떨어지고
有聲.	소리를 내었다.
十四年,	14년에

55 **집해** 서광은 말하였다. "「진연표(秦年表)」에서는 한(韓)과 위(魏)의 낙음(洛陰)을 무찔렀다고 하였다."

56 **집해** 서광은 말하였다. "'의대(義臺)'로 된 곳도 있다." **색은** 「연표」에는 "의대(義臺)"로 되어 있는데 의대는 『장자(莊子)』에 보이며 사마표(司馬彪) 또한 대(臺)의 이름이라고 하였으며, 곽상(郭象)은 의대는 영대(靈臺)라 하였다.

57 **집해** 서광은 말하였다. "「연표」에서는 우리 태자를 사로잡았다고 하였다."

與趙會鄗.	조와 호에서 회합하였다.
十五年,	15년에
魯·衞·宋·鄭君來朝.[58]	노와 위, 송, 정군이 내조하였다.
十六年,	16년에
與秦孝公會(社)[杜]平.	진효공과 두평에서 회합하였다.
侵宋黃池,	송의 황지를 침략하였는데
宋復取之.	송이 다시 빼앗아갔다.
十七年,	17년에
與秦戰元里,	진과 원리에서 싸웠는데
秦取我少梁.	진이 우리 소량을 빼앗았다.
圍趙邯鄲.	조의 한단을 에워쌌다.
十八年,	18년에
拔邯鄲.	한단을 함락시켰다.
趙請救于齊,	조가 제에 구원을 청하니
齊使田忌·孫臏救趙,	제는 전기와 손빈으로 하여금 조를 구원하게 하여
敗魏桂陵.	계릉에서 위를 무찔렀다.
十九年,	19년에
諸侯圍我襄陵.	제후가 우리 양릉을 에워쌌다.
築長城,	장성을 쌓고

58 색은 『기년』에서 노공후(魯恭侯)와 송환후(宋桓侯), 위성후(衞成侯), 정희후(鄭釐侯)가 내조하였는데 모두 14년의 일이었다는 것이다. 정희후는 한소후(韓昭侯)이다. 한애후(韓哀侯)가 정을 멸하고 그곳으로 천도를 하여 정(鄭)으로 고쳐 불렀다.

塞固陽.[59]	고양에 보루를 쌓았다.
二十年,	20년에
歸趙邯鄲,	조에 한단을 돌려주고
與盟漳水上.[60]	장수 가에서 맹약했다.
二十一年,	21년에
與秦會彤.	진과 동에서 회합하였다.
趙成侯卒.[61]	조성후가 죽었다.
二十八年,	28년에는
齊威王卒.	제위왕이 죽었다.
中山君相魏.[62]	중산군이 위의 상이 되었다.
三十年,	30년에
魏伐趙,[63]	위가 조를 쳐서

59 **정의** '塞'의 음은 새(先代反)이다. 『괄지지』에서는 말하였다. "고양현(楇陽縣)은 한(漢)의 옛 현으로 은주(銀州) 은성현(銀城縣)의 경계에 있다." 위(魏)는 장성을 쌓아 정(鄭)의 낙수[洛] 가에서 북으로는 은주까지 이르렀고, 승주(勝州) 고양현(固陽縣)까지 보루를 쌓았다. 고양에는 산이 이어져 있고, 동으로는 황하(黃河), 서남쪽으로는 하(夏)와 회(會) 등의 주까지 이른다. '楇'의 음은 고(固)이다.

60 **정의** 한단(邯鄲)은 낙주(洺州)의 현이다. 장(漳)은 하천 이름이다. 장수(漳水)는 낙주(洺州) 무안현(武安縣) 삼문산(三門山)에서 발원한다.

61 **집해** 서광은 말하였다. "「연표」에서는 27년에 단(丹)의 봉지에서 회합하였다고 하였다. 단(丹)은 위(魏)의 대신이다."

62 **색은** 위문후(魏文侯)가 중산(中山)을 멸하고 그 아우가 지켰는데 나중에 얼마 되지 않아 나라를 회복시켜주었으며, 이때에 비로소 위의 상이 되게 하였다. 중산은 나중에 또 조(趙)에게 멸망당하였다.

63 **정의** 「손빈전(孫臏傳)」에서는 "위(魏)와 조(趙)가 한(韓)을 공격하자 한은 제에 위급함을 알렸다"라 하였으며, 이곳은 잘못되었다. 위가 조를 치자 조는 제에 구원을 청하였고 제는 손빈으로 하여금 계릉(桂陵)에서 위를 치게 하였는데 곧 18년의 일이었다.

趙告急齊.	조가 제에 위급을 알렸다.
齊宣王用孫子計,	제선왕은 손자의 계책을 써서
救趙擊魏.	조를 구원하고 위를 쳤다.
魏遂大興師,	위는 마침내 크게 군사를 일으켜
使龐涓將,	방연을 장수로 삼고
而令太子申爲上將軍.	태자 신을 상장군으로 삼았다.
過外黃,	외황을 지나는데
外黃徐子[64]謂太子曰:	외황의 서자가 태자에게 말하였다.
"臣有百戰百勝之術."	"신에게는 백전백승의 전술이 있습니다."
太子曰:	태자가 말하였다.
"可得聞乎?"	"들어볼 수 있겠는가?"
客曰:	객이 말하였다.
"固願效之."	"실로 들려드리길 바랐습니다."
曰:	말하였다.
"太子自將攻齊,	"태자께서는 친히 군사를 거느리고 제를 공격하여
大勝并莒,[65]	대승을 거두어 거를 병합한다하더라도
則富不過有魏,	부유함은 위를 가지는데 지나지 않고
貴不益爲王.	존귀함은 왕이 되는 것보다 낫지 못합니다.
若戰不勝齊,	싸워서 제에 이기지 못하면

64 **집해** 유향(劉向)의 『별록(別錄)』에서는 말하였다. "서자(徐子)는 외황(外黃) 사람이다." 외황은 당시 송(宋)에 속하였다. **정의** 『괄지지』에서는 말하였다. "옛 어성(圉城)에는 남북 두 성이 있는데 변주(汴州) 옹구현(雍丘縣) 경계에 있으며 본래 외황에 속하였으니 곧 태자 신(申)이 서자를 만난 땅이다."

65 **정의** 거(莒)는 밀주현(密州縣)으로 제(齊)의 동남쪽에 있다. 서로부터 제(齊)를 격파하고 아울러 거의 땅까지 이르렀으니 제의 영토를 다 빼앗았을 것이다.

則萬世無魏矣.	영원히 위는 없어질 것입니다.
此臣之百戰百勝之術也."	이것이 신의 백전백승의 전술입니다."
太子曰:	태자가 말하였다.
"諾,	"좋소.
請必從公之言而還矣."	반드시 공의 말을 좇아 돌아가기를 청하겠소."
客曰:	객이 말하였다.
"太子雖欲還,	"태자께서는 돌아가시려 해도
不得矣.	되지 않을 것입니다.
彼勸太子戰攻,	저들은 태자에게 전쟁에서 공격할 것을 권하여
欲啜汁者眾.[66]	즙을 마시고자 하는 자들이 많습니다.
太子雖欲還,	태자께서는 돌아가시려 해도
恐不得矣."	아마 되지 않을 것입니다."
太子因欲還,	태자가 이에 돌아가려고 하였으나
其御曰:	어자가 말하였다.
"將出而還,	"출정하려다가 돌아가는 것은
與北同."	진 것과 마찬가지입니다."
太子果與齊人戰,	태자는 결국 제 사람들과 싸워
敗於馬陵.[67]	마릉에서 패하였다.
齊虜魏太子申,	제는 위 태자 신을 사로잡았고
殺將軍涓,	장수 연을 죽였으며
軍遂大破.	군대는 대패하였다.
三十一年,	31년에

66 정의 '啜'의 음은 철(穿悅反)이다. '汁'의 음은 즙(之入反)이다. 공훈을 바라는 자가 많다는 것이다.

秦·趙·齊共伐我,[68] 진과 조, 제가 함께 우리를 공격하여

秦將商君詐我將軍公子卬而襲奪其軍, 진의 장수 상군이 우리 장군과 공자앙을 속여 그 군사를 습격하여 빼앗아

破之. 격파하였다.

秦用商君, 진은 상군을 기용하여

東地至河, 동으로는 영토가 황하에까지 이르게 하였고

而齊·趙數破我, 제와 조는 수 차례 우리를 격파하여

---

67 **집해** 서광은 말하였다. "원성(元城)에 있다." **색은** 서광은 말하였다. "원성에 있다." 『기년』에 의하면 28년에 제(齊)의 전반(田肦)과 마릉(馬陵)에서 싸웠다. 앞 2년간은 위(魏)가 마릉에서 한(韓)을 무찔렀다. 18년에는 조(趙)가 또 위(魏)를 계릉(桂陵)에서 무찔렀다. 계릉은 마릉과는 다른 곳이다. **정의** 우희(虞喜)의 『지림(志林)』에서는 말하였다. "마릉은 복주(濮州) 견성현(鄄城縣) 동북쪽 60리 지점에 있는데, 언덕이 있고 시내의 골짜기가 깊고 험준하여 복병을 배치할 수 있다." 방연(龐涓)이 패한 곳이 바로 이곳이다. 서 씨는 마릉이 위주(魏州) 원성현 동남쪽 1리 지점에 있으며 방연이 패한 곳은 이곳이 아니라고 하였다. 「전완세가(田完世家)」에서는 "선왕(宣王) 2년 위(魏)가 조(趙)를 쳤는데, 조는 한과 친하여 함께 위를 쳤는데 조가 불리하였으며, 남량(南梁)에서 싸웠다. 한 씨가 제에 청하여 제는 전기(田忌)와 전영(田嬰)을 장수로 삼고 손자(孫子)를 군사(軍師)로 삼아 한과 조를 구하여 위를 쳐서 마릉에서 대파하였다."라 하였다. 남량은 여주(汝州)에 있다. 또한 이 전에서는 "태자가 상장군이 되어 외황을 지났다."라 하였다. 또한 「손빈전(孫臏傳)」에서는 "위와 조가 한을 공격하자 한은 제에 위급을 고하였으며 제는 전기를 장수로 삼아 가게 하여 곧장 대량으로 달렸다. 위의 장수 방연이 듣고 한을 떠나 제로 돌아갔는데 군대가 이미 지나 서로 향했다." 손자는 아궁이를 줄이며 퇴각하여 사흘 만에 행군하여 마릉에 이르러 마침내 방연을 죽이고 위의 태자 신을 사로잡고 위의 군사를 대파하였는데, 당연히 우희가 말한 것과 같으며 변주(汴州) 외황(外黃)에서 복주(濮州)까지 동북쪽에서 60리를 물러났다. 그러나 조와 한이 함께 위를 공격하여 남량의 전투에서 곤경에 처하자 한은 급하여져 제에 구원을 청하였으며, 제의 군사가 대량으로 달려가 마릉에서 위를 무찔렀으니 어찌 다시 하북(河北)을 건너 위주 원성에 이르는 것에 부합하겠는가? 서 씨의 설은 확실히 틀렸다.

68 **색은** 『기년』에 의하면 "29년 5월에 제(齊)의 전반(田肦)이 우리 동쪽 변읍을 쳤다. 9월에 진(秦)의 위앙(衛鞅)이 우리의 서쪽 변읍을 쳤다. 10월에 한단(邯鄲)이 우리 북쪽 변읍을 쳤다. 왕이 위앙을 공격하였는데 우리 군사가 대패했다."라 하였다. 그러나 29년이라 하여 같지 않다.

安邑近秦,	안읍이 진에 가까워
於是徙治大梁.[69]	이에 대량으로 천도하였다.
以公子赫爲太子.	공자 혁을 태자로 삼았다.

三十三年,	33년에
秦孝公卒,	진효공이 죽고
商君亡秦歸魏,	상군이 진에서 도망쳐 위로 돌아왔는데
魏怒,	위는 노하여
不入.	들이지 않았다.
三十五年,	35년에
與齊宣王會平阿南.[70]	제선왕과 평아 남쪽에서 만났다.

惠王數被於軍旅,	혜왕은 전쟁에서 여러 차례 패배를 당하여
卑禮厚幣以招賢者.	예를 낮추고 폐백을 두터이 하여 현자를 초치했다.
鄒衍·淳于髡·孟軻皆至梁.	추연과 순우곤, 맹가가 모두 양에 이르렀다.
梁惠王曰:	양혜왕이 말했다.
“寡人不佞,	“과인이 재주가 없어
兵三折於外,	밖에서 군사가 세 번이나 꺾이고
太子虜,	태자는 사로잡혔으며
上將死,	상장군이 죽고

69 **집해** 서광은 말하였다. “지금의 준의(浚儀)이다.” 나[駰]는 이렇게 생각한다. 『급총기년』에서는 “양혜성왕(梁惠成王) 9년 4월 갑인일에 대량(大梁)으로 천도했다.”라 하였다. **색은** 『기년』에서는 혜왕(惠王) 9년이라고 하였는데 틀렸을 것이다. **정의** 『진류풍속전(陳留風俗傳)』에서는 “위(魏)의 도읍으로, 필만(畢萬)의 10세가 대량으로 옮겼다.”라 하였다. 지금의 변주(汴州) 준의이다.

70 **집해** 「지리지」 패군(沛郡)에 평아현(平阿縣)이 있다.

國以空虛,	나라는 텅 비어
以羞先君宗廟社稷,	선군의 종묘사직에 수치를 안겨
寡人甚醜之,	과인은 그것을 매우 부끄러워하고 있습니다.
叟不遠千里,[71]	선생께선 천리를 멀다 않고
辱幸至獘邑之廷,	외람되이 저희 조정에 이르셨으니
將何利吾國?"	무엇으로 우리나라를 이롭게 하겠습니까?"
孟軻曰:	맹가가 말하였다.
"君不可以言利若是.	"임금께선 이와 같이 이를 말씀하셔서는 안 됩니다.
夫君欲利則大夫欲利,	대체로 임금이 이롭게 하고자하면 대부들이 이롭게 하려하고
大夫欲利則庶人欲利,	대부가 이롭게 하고자하면 백성들이 이롭게 하려하여
上下爭利,	상하가 이로움을 다투면
國則危矣.	나라가 위태롭게 될 것입니다.
爲人君,	임금은
仁義而已矣,	인의(를 행할) 뿐이니
何以利爲!"	어째서 이로움을 말씀하십니까?"
三十六年,	36년에
復與齊王會甄.	다시 제왕과 견에서 회합하였다.
是歲,	이 해에
惠王卒,[72]	혜왕이 죽고

71 **집해** 유희(劉熙)는 말하였다. "수(叟)는 장로(長老)를 일컫는데 흰 머리에 의하여 말한다."

72 **색은** 『기년』에 의하면 혜성왕(惠成王) 36년 개원하여 1년이라 하였으며 아직 죽지 않았다.

子襄王立.[73] 아들 양왕이 즉위하였다.

襄王元年, 양왕 원년

與諸侯會徐州,[74] 제후들과 서주에서 회합하고

相王也. 서로 왕이라 하였다.

追尊父惠王爲王.[75] 부친인 혜왕을 왕으로 추존하였다.

五年, 5년에

秦敗我龍賈軍四萬五千于雕陰,[76]

진이 우리 용가의 군사 4만 5천을 조음에서 무찌르고

圍我焦·曲沃.[77] 우리 초와 곡옥을 에워쌌다.

予秦河西之地.[78] 진에 하서의 땅을 주었다.

六年, 6년에

與秦會應.[79] 진과 응에서 회합하였다.

---

73 **색은** 『계본』에서 양왕(襄王)의 이름은 사(嗣)라 하였다.

74 **집해** 서광은 말하였다. "지금의 설현(薛縣)이다."

75 **집해** 서광은 말하였다. "2년에 조(趙)를 쳤다."

76 **집해** 서광은 말하였다. "상군(上郡)에 있다." **정의** 『괄지지』에서는 말하였다. "조음(彫陰)의 옛 현은 부주(鄜州) 낙교현(洛交縣) 북쪽 30리 지점에 있는데 바로 조음의 옛 성이다."

77 **정의** 『괄지지』에서는 말하였다. "옛 초성(焦城)은 섬현(陝縣) 동북쪽 백보 지점에 있는 옛 괵성(虢城) 안의 동북쪽 모서리에 있으며 주(周)와 동성이다. 곡옥(曲沃)에 성이 있는데 섬현(陝縣) 서남쪽 33리 지점에 있다. 지금 곡옥점(曲沃店)이 있다."

78 **정의** 화주(華州)에서 북으로 동주(同州)까지 위(魏) 하북(河北)의 땅까지 모두 진(秦)에 편입되었다.

79 **집해** 서광은 말하였다. "영천(潁川) 부성(父城)에 응향(應鄕)이 있다." **정의** '應'은 음이 응(乙陵反)이다. 『괄지지』에서는 말하였다. "옛 응성(應城)은 옛 응향으로, 여주(汝州) 노산현(魯山縣) 동쪽 30리 지점에 있다."

秦取我汾陰·皮氏·焦.[80]	진이 우리 분음과 피지, 초를 빼앗았다.
魏伐楚,	위가 초를 쳐서
敗之陘山.[81]	형산에서 무찔렀다.
七年,	7년에
魏盡入上郡于秦.[82]	위가 상군을 모두 진에 주었다.
秦降我蒲陽.[83]	진이 우리 포양을 함락시켰다.
八年,	8년에
秦歸我焦·曲沃.	진이 우리에게 초와 곡옥을 돌려주었다.

十二年,	12년에
楚敗我襄陵.	초가 우리를 양릉에서 무찔렀다.
諸侯執政與秦相張儀會齧桑.[84]	제후의 집정대신들이 설상에서 진의 상 장의와 회합하였다.
十三年,	13년에
張儀相魏.	장의가 위의 상이 되었다.
魏有女子化爲丈夫.	위의 여자가 남자가 되는 일이 있었다.

---

80 **정의** 『괄지지』에서는 말하였다. "분음(汾陰)의 옛 성은 포주(蒲州) 분음현(汾陰縣) 북쪽 9리 지점에 있다. 피지(皮氏)의 옛 성은 강주(絳州) 용문현(龍門縣) 서쪽 180보 지점에 있다."

81 **집해** 서광은 말하였다. "밀현(密縣)에 있다." **정의** 『괄지지』에서는 말하였다. "형산(陘山)은 정주(鄭州) 신정현(新鄭縣) 서남쪽 30리 지점에 있다."

82 **정의** 『괄지지』에서는 말하였다. "상군(上郡)의 옛 성은 수주(綏州) 상현(上縣) 동남쪽 50리 지점에 있으며, 진(秦) 위(魏)의 상군(上郡) 땅이다." 단(丹)과 부(鄜), 연(延), 수(綏) 등의 주는 북으로 고양(固陽)까지 모두 상군의 땅이다. 위는 진의 경계에 성을 쌓았는데 화주(華州) 정현(鄭縣) 이북 낙수 가에서 경주(慶州) 낙원현(洛源縣) 백어산(白於山) 곧 동북으로 승주(勝州) 고양현(固陽縣)까지, 동으로 하서(河西) 상군(上郡)의 땅이 모두 진에 편입되었다.

83 **정의** 습주(隰州)에 있으며 바로 습천현(隰川縣) 포읍(蒲邑)의 옛 성이다.

84 **집해** 서광은 말하였다 "양(梁)과 팽성(彭城) 사이에 있다."

秦取我曲沃·平周.[85]	진이 우리 곡옥과 평주를 빼앗았다.
十六年,	16년에
襄王卒,	양왕이 죽고
子哀王立.[86]	아들 애왕이 즉위하였다.
張儀復歸秦.	장의가 진으로 복귀하였다.
哀王元年,	애왕 원년
五國共攻秦,[87]	다섯 나라가 함께 진을 공격하였으나
不勝而去.	이기지 못하고 떠났다.
二年,	2년에

85 **정의** 강주(絳州) 동양현(桐鄕縣), 진(晉) 곡옥읍(曲沃邑)이다. 『십삼주지(十三州志)』에서는 말하였다. "옛 평주현(平周縣)은 분주(汾州) 개휴현(介休縣) 서쪽 50리 지점에 있다."

86 **집해** 순욱(荀勗)이 말하였다. "화교(和嶠)는 말하기를 '『기년』에서는 황제(黃帝)에서 시작하여 위(魏)의 지금 왕에게서 끝이 난다.'라 하였다. 지금 왕은 위혜성왕(魏惠成王)의 아들이다. 태사공은 혜성왕(惠成王)을 기록하면서 다만 혜왕(惠王)이라고 하였고, 혜왕의 아들을 양왕(襄王)이라고 하였으며 양왕의 아들은 애왕(哀王)이라고 하였다. 혜왕은 36년에 죽었고, 양왕은 즉위 16년에 죽어 혜왕과 양왕을 합하면 52년이다. 지금 고문에 의하면 혜성왕은 즉위 36년에 개원하여 1년이라 칭하여 개원 후 17년에 죽었다. 태사공의 기록은 혜왕과 성왕의 시대를 잘못 나누어 두 왕의 연수를 삼았다. 『세본』에서는 혜왕이 양왕을 낳았다 하였고 애왕은 없는데 그렇다면 지금의 왕은 위양왕(魏襄王)이다." **색은** 『계본』에서는 양왕은 소왕(昭王)을 낳고 애왕은 없는데 아마 1대(代)를 빠뜨린 것일 따름이다. 『기년』에서는 혜성왕 36년이라 하였고 또한 후원(後元) 17년에 죽었다고 하였다. 지금 여기서는 혜왕의 경력을 나누어 두 왕의 해로 삼았으며 또한 애왕이 있어서 무릇 23년이니 기사(紀事)가 매우 밝아 아마 의심할 만한 것이 없을 것이다. 그리고 공연(孔衍)이 서술한 『위어(魏語)』에도 애왕이 있다. 『기년』의 저작은 애왕의 대를 빠뜨렸으므로 양왕의 해를 혜왕 후원으로 나누었으니 양왕의 해는 애왕의 대를 포함하는 것일 따름이다.

87 **정의** 한(韓), 위(魏), 초(楚), 조(趙), 연(燕)이다.

齊敗我觀津.[88]	제가 관진에서 우리를 무찔렀다.
五年,	5년에
秦使樗里子[89]伐取我曲沃,	진이 저리자에게 우리 곡옥을 쳐서 빼앗고
走犀首[90]岸門.[91]	(위의 장수) 서수를 안문으로 달아나게 하였다.
六年,	6년에
秦(求)[來]立公子政[92]爲太子.	진이 공자 정을 오게 하여 태자로 세웠다.
與秦會臨晉.	진과 임진에서 회합하였다.
七年,	7년에
攻齊.[93]	제를 공격하였다.
與秦伐燕.	진과 연을 쳤다.

八年,	8년에
伐衞,	위를 쳐서
拔列城二.[94]	두 성을 함락시켰다.
衞君患之.	위군이 이를 근심하였다.

---

88 정의 『괄지지』에서는 말하였다. "관진성(觀津城)은 기주(冀州) 조양현(棗陽縣) 동남쪽 25리 지점에 있다." 본래는 조(趙)의 읍이며, 지금은 위(魏)에 속한다.

89 색은 진소왕(秦昭王)의 아우 질(疾)이 저리(樗里)에 살았기 때문에 그렇게 불렀다.

90 색은 서수(犀首)는 관직 이름으로, 곧 공손연(公孫衍)이다.

91 집해 서광은 말하였다. "영음(潁陰)에 안정(岸亭)이 있다." 색은 서광은 "영음에 안정이 있다."라 하였다. 유 씨(劉氏)는 "하동(河東) 피지현(皮氏縣)에 안두정(岸頭亭)이 있다."라 하였다. 정의 『괄지지』에서는 말하였다. "안문은 허주(許州) 장사현(長社縣) 서북쪽 18리 지점에 있으며 지금은 서무정(西武亭)이라고 한다."

92 색은 위(魏)의 공자이다.

93 집해 서광은 말하였다. "「연표」에서는 제(齊)를 치고 복(濮)에서 췌자(贅子)를 사로잡았다고 하였다."

94 색은 『기년』에서는 말하였다. "8년에 적장(翟章)이 위(衞)를 쳤다."

如耳[95]見衞君曰:	여이가 위군을 뵙고 말하였다.
"請罷魏兵,	"청컨대 위의 군사를 물리치고
免成陵君可乎?"	성릉군을 면직시키려는데 되겠습니까?"
衞君曰:	위군이 말하였다.
"先生果能,	"선생은 실로 재능이 있으니
孤請世世以衞事先生."	과인은 대대로 위를 가지고 선생을 섬기기를 청합니다."
如耳見成陵君曰:	여이는 성릉군을 만나서 말하였다.
"昔者魏伐趙,	"지난 날 위가 조를 쳐서
斷羊腸,	양장을 끊고
拔閼與,[96]	연여를 함락시켰으며
約斬趙,	조를 자르기로 약속하여
趙分而爲二,	조는 나뉘어져 둘이 되었는데도
所以不亡者,	망하지 않은 것은
魏爲從主也.	위가 합종의 종주이기 때문입니다.
今衞已迫亡,	지금 위는 이미 멸망이 임박했고
將西請事於秦.	서로 진을 섬기기를 청할 것입니다.
與其以秦醳衞,	진으로 위를 구하느니
不如以魏醳衞,[97]	위로 위를 구함만 못하며

95 정의 위(魏)의 대부 성명이다.

96 집해 서광은 말하였다. "상당(上黨)에 있다." 정의 '閼'의 음은 연(於連反)이다. '與'의 음은 여(預)이다. 양장판(羊腸阪)의 길은 태항산(太行山)에 있으며, 남으로는 회주(懷州)의 어귀가 되고, 북으로는 노주(潞州)의 어귀이다. 연여(閼與)의 옛 성은 노주(潞州) 및 의주(儀州)에 있다. 양장을 끊고 연여를 함락시키면 북으로는 항주(恆州)와 이어지니 조는 나라가 동서로 단절되어 둘이 된다.

97 정의 역(醳)은 석(釋)의 뜻으로 읽는다.

衞之德魏必終無窮."	위가 위에 덕을 베풂은 반드시 마침내 끝이 없을 것입니다."
成陵君曰:	성릉군이 말하였다.
"諾."	"좋소."
如耳見魏王曰:	여이는 위왕을 뵙고 말하였다.
"臣有謁於衞.	"신은 위를 방문하였습니다.
衞故周室之別也,	위는 옛 주 왕실의 별종으로
其稱小國,	작은 나라로 일컬어지지만
多寶器.	보기가 많습니다.
今國迫於難而寶器不出者,	지금 나라에 어려움이 닥쳤는데도 보기가 유출되지 않은 것은
其心以爲攻衞醳衞不以王爲主,	그 마음이 위를 공격하고 위를 풀어주는 것을 왕이 주관한다고 여기지 않기 때문에
故寶器雖出必不入於王也.	보기가 비록 나가도 반드시 왕에게 들어가지 않은 것입니다.
臣竊料之,	신이 가만히 헤아려보니
先言醳衞者必受衞者也."	먼저 위를 풀어주자고 말하는 자는 반드시 위를 받는 자일 것입니다."
如耳出,	여이가 나가자
成陵君入,	성릉군이 들어가
以其言見魏王.	그 말을 가지고 위왕을 뵈었다.
魏王聽其說,	위왕은 그 말을 듣고
罷其兵,	군사를 거두었으며
免成陵君,	성릉군을 면직시키고
終身不見.	죽을 때까지 보지 않았다.

九年,	9년에
與秦王會臨晉.	진왕과 임진에서 회합하였다.
張儀·魏章[98]皆歸于魏.	장의와 위장이 모두 위로 돌아왔다.
魏相田需死,	위의 상 전수가 죽었는데
楚害張儀·犀首·薛公.[99]	초에서는 장의와 서수, 설공을 해롭게 여겼다.
楚相昭魚[100]謂蘇代曰:	초의 상 소어가 소대에게 말하였다.
"田需死,	"전수가 죽었는데
吾恐張儀·犀首·薛公有一人相魏者也."	내 장의와 서수, 설공 중 한 사람이 위의 상이 될까 두렵소."
代曰:	소대가 말하였다.
"然相者欲誰而君便之?"	"그렇다면 상을 누구로 하면 그대가 편하겠습니까?"
昭魚曰:	소어가 말하였다.
"吾欲太子之自相也."	"저는 태자가 스스로 상이 되었으면 합니다."
代曰:	소대가 말하였다.
"請爲君北,	"청컨대 그대를 위하여 북으로 가
必相之."	반드시 상으로 앉히겠소."
昭魚曰:	소어가 말하였다.
"柰何?"	"어떻게요?"
對曰:	대답하였다.
"君其爲梁王,	"그대가 양왕이라고 한다면

98 색은 장(章)은 위(魏)의 장수이며, 나중에 또 진(秦)의 상이 된다.

99 색은 전문(田文)이다.

100 색은 소해휼(昭奚恤)이다.

代請說君.” 제가 그대에게 말해보겠소.”

昭魚曰: 소어가 말하였다.

“奈何?” “어떻게요?”

對曰: 대답하였다.

“代也從楚來, “저는 초에서 왔는데

昭魚甚憂, 소어가 매우 근심하여

曰: 말하였습니다.

‘田需死, ‘전수가 죽으면

吾恐張儀·犀首·薛公有一人相魏者也.’[101] 내 장의와 서수, 설공 중 한 사람이 위의 상이 될까 두렵다.’

代曰: 저는 말합니다.

‘梁王, ‘양왕은

長主也, 훌륭한 임금으로

必不相張儀. 반드시 장의를 상으로 삼지 않을 것입니다.

張儀相, 장의가 상이 되면

必右秦而左魏. 반드시 진을 우대하고 위를 얕볼 것입니다.

犀首相, 서수가 상이 되면

必右韓而左魏. 반드시 한을 우대하고 위를 얕볼 것입니다.

薛公相, 설공이 상이 되면

必右齊而左魏. 반드시 제를 우대하고 위를 얕볼 것입니다.

梁王, 양왕은

長主也, 훌륭한 임금으로

必不便也.’ 반드시 편하게 여기지 않을 것입니다.’

---

101 색은 태자는 곧 양왕(襄王)이다.

王曰: 왕이 말하였다.

'然則寡人孰相?' '그렇다면 과인은 누구를 상으로 삼아야 하겠소?'

代曰: 저는 말합니다.

'莫若太子之自相. '태자가 스스로 상이 됨만 못합니다.

太子之自相, 태자가 스스로 상이 되면

是三人者皆以太子爲非常相也, 이 세 사람은 모두 태자가 오래 상으로 있을 수 없다고 생각하여

皆將務以其國事魏, 모두 그 나라를 가지고 위를 섬기는 것에 힘써

欲得丞相璽也. 승상의 인장을 얻으려 할 것입니다.

以魏之彊, 위의 강함으로

而三萬乘之國輔之, 만 승 나라 셋의 도움을 받게 되면

魏必安矣. 위는 반드시 안전할 것입니다.

故曰莫若太子之自相也.'" 그러므로 태자가 스스로 상이 됨만 못하다고 하는 것입니다.'"

遂北見梁王, 드디어 북으로 가서 양왕을 만나 뵙고

以此告之. 이 말을 가지고 아뢰었다.

太子果相魏. 태자가 과연 위의 상이 되었다.

十年, 10년에

張儀死. 장의가 죽었다.

十一年, 11년에

與秦武王會應. 진무왕과 응에서 회합했다.

十二年, 12년에

太子朝於秦. 태자가 진에 조현했다.

秦來伐我皮氏, 진이 우리 피지로 와서 쳤는데

未拔而解.	함락시키지 못하고 풀었다.
十四年,	14년에
秦來歸武王后.	진이 무왕의 왕후를 돌려보냈다.
十六年,	16년에
秦拔我蒲反·陽晉·封陵.[102]	진이 우리 포반과 양진, 봉릉을 함락시켰다.
十七年,	17년에
與秦會臨晉.	진과 임진에서 회합했다.
秦予我蒲反.	진이 우리에게 포반을 주었다.
十八年,	18년에
與秦伐楚.[103]	진과 초를 쳤다.
二十一年,	21년에
與齊·韓共敗秦軍函谷.[104]	제, 한과 함께 함곡에서 진의 군사를 무찔렀다.
二十三年,	23년에
秦復予我河外及封陵爲和.	진이 우리에게 하외 및 봉릉을 되돌려주고 강화하였다.
哀王卒,[105]	애왕이 죽고

102 **색은** 『기년』에는 "진양(晉陽)과 봉곡(封谷)으로 되어 있다." **정의** 양진(陽晉)은 "진양(晉陽)"이 되어야 하며, 사서의 기록이 잘못되었다. 『괄지지』에서는 말하였다. "진양의 옛 성은 지금은 진성(晉城)이라 하며, 포주(蒲州) 우향현(虞鄕縣) 서쪽 35리 지점에 있다." 표(表)에서는 "위애왕(魏哀王) 16년에 진(秦)이 우리 두양(杜陽)과 진양을 함락시켰다."라 하였는데 바로 이 성이다. 봉릉(封陵) 또한 포주(蒲州)이다. 양진의 옛 성은 조주(曹州)에 있으며, 해설은 「소진전(蘇秦傳)」에 있다.

103 **집해** 서광은 말하였다. "20년에 제왕(齊王)과 한(韓)에서 회합하였다."

104 **집해** 서광은 말하였다. "하(河)와 위(渭)를 하루 만에 건넜다."

105 **색은** 『급총기년』에 의하면 애왕(哀王) 20년에 죽었으며 소왕(昭王) 3년에 상을 끝내고 비로소 원년을 칭하였을 따름이다.

子昭王立.[106]　아들 소왕이 즉위했다.

昭王元年,　소왕 원년에
秦拔我襄城.　진이 우리 양성을 함락시켰다.
二年,　2년에
與秦戰,　진과 싸웠는데
我不利.　우리가 불리하였다.
三年,　3년에
佐韓攻秦,　한을 도와 진을 쳤는데
秦將白起敗我軍伊闕二十四萬.
진의 장수 백기가 이궐에서 우리 군사 24만을 무찔렀다.
六年,　6년에
予秦河東地方四百里.　진에 하동 땅 4백 평방 리를 주었다.
芒卯以詐重.[107]　망묘가 사술로 중용되었다.
七年,　7년에
秦拔我城大小六十一.　진이 크고 작은 우리 성 61개를 함락시켰다.
八年,　8년에
秦昭王爲西帝,　진소왕은 서제가 되고
齊湣王爲東帝,　제민왕은 동제가 되었다가
月餘,　달포 만에
皆復稱王歸帝.　모두 왕의 칭호를 회복하고 제를 돌려주었다.
九年,　9년에

---

106 색은 『계본』에서 소왕(昭王)의 이름은 속(遫)이라 하였다.

107 색은 묘(卯)가 교묘한 사술로 위에서 중용된 것을 말한다.

秦拔我新垣·曲陽之城.[108]　　진이 우리 신원과 곡양의 성을 함락시켰다.

十年,　　10년에
齊滅宋,　　제가 송을 멸하여
宋王死我溫.　　송왕이 우리 온에서 죽었다.
十二年,　　12년에
與秦·趙·韓·燕共伐齊,　　진, 조, 한, 연과 함께 제를 쳐서
敗之濟西,　　제수의 서쪽에서 무찔렀으며
湣王出亡.　　민왕은 도망쳤다.
燕獨入臨菑.　　연만 홀로 임치로 들어갔다.
與秦王會西周.[109]　　진왕과 서주에서 회합하였다.

十三年,　　13년에
秦拔我安城.[110]　　진이 우리 안성을 함락시켰다.
兵到大梁,　　군사가 대량에까지 이르렀다가
去.[111]　　떠났다.
十八年,　　18년에
秦拔郢,　　진이 영을 함락하니
楚王徙陳.　　초왕이 진으로 천도했다.

---

108 **정의** (「年表」 및) 『괄지지』에서는 말하였다. "곡양(曲陽)의 옛 성은 회주(懷州) 제원현(濟源縣) 서쪽 10리 지점에 있다." 신원(新垣)은 곡양(曲陽)과 가까우며, 정확한 소재지는 확실치 않다.

109 **정의** 곧 왕성(王城)으로, 지금의 하남군(河南郡) 성이다.

110 **정의** 『괄지지』에서는 말하였다. "안성(安城)의 옛 성으로, 예주(豫州) 여음현(汝陵縣) 동남쪽 71리 지점이다."

111 **집해** 서광은 말하였다. "14년에 홍수가 있었다."

十九年,	19년에
昭王卒,	소왕이 죽고
子安釐王立.[112]	아들인 안희왕이 즉위하였다.
安釐王元年,	안희왕 원년에
秦拔我兩城.	진이 우리 성 두 개를 함락시켰다.
二年,	2년에
又拔我二城,	또 우리 성 두 개를 함락시켰다.
軍大梁下,	대량의 아래서 주둔하였는데
韓來救,	한이 와서 구원하였으며
予秦溫以和.	진에 온을 주고 강화하였다.
三年,	3년에
秦拔我四城,	진이 우리 성 네 개를 함락시키고
斬首四萬.	4만을 참수했다.
四年,	4년에
秦破我及韓·趙,	진이 우리 및 한과 조를 깨뜨리고
殺十五萬人,	15만 명을 죽여서
走我將芒卯.	우리 장수 망묘를 달아나게 했다.
魏將段干子請予秦南陽[113]以和.	
	위의 장수 단간자가 진에 남양을 주고 화친할 것을 청하였다.
蘇代謂魏王曰:	소대가 위왕에게 말하였다.
"欲璽者段干子也,	"(진의) 관인을 얻고자 하는 사람은 단간자이고

112 **색은** 『계본』에서는 안희왕(安僖王)의 이름은 어(圉)라고 하였다.

113 **집해** 서광은 말하였다. "수무(脩武)에 있다."

欲地者秦也.	땅을 원하는 것은 진입니다.
今王使欲地者制璽,	지금 왕은 땅을 원하는 자에게 관인을 제어하게 하고
使欲璽者制地,	관인을 얻으려 하는 자에게 땅을 제어하게 하니
魏氏地不盡則不知已.	위 씨의 땅이 다하지 않으면 끝을 알지 못합니다.
且夫以地事秦,	또한 저 영토를 가지고 진을 섬기는 것은
譬猶抱薪救火,	비유컨대 섶을 안고 불을 끄는데
薪不盡,	섶이 다 타지 않으면
火不滅."	불이 꺼지지 않는 것과 같습니다."
王曰:	왕이 말하였다.
"是則然也.	"그건 그렇소.
雖然,	비록 그러하나
事始已行,	일이 막 이미 행하여졌으니
不可更矣."	바꿀 수 없소."
對曰:	대답하였다.
"王獨不見夫博之所以貴梟者,	"왕께서는 도박에서 효를 귀하게 여기는 것도 보지 못하셨습니까?
便則食,	이로우면 먹고
不便則止矣.	이롭지 않으면 그만둡니다.
今王曰'事始已行,	지금 왕께서는 '일이 막 이미 행하여졌으니
不可更',	바꿀 수 없소.'라 하였습니다.
是何王之用智不如用梟也?"[114]	이 어찌 왕께서 지혜를 쓰심이 효를 씀만 못함이 아니겠습니까?"

114 **정의** 도박 패에 효조(梟鳥: 올빼미)의 형상을 새긴 것이 있는데, 효를 던지는 자가 새끼를 다 먹으며 불리하면 나머지를 행한다.

九年,	9년에
秦拔我懷.	진이 우리 회를 함락시켰다.
十年,	10년에
秦太子外質於魏死.	진 태자가 밖으로 위에서 인질로 있다가 죽었다.
十一年,	11년에
秦拔我郪丘.[115]	진이 우리 처구를 함락시켰다.

秦昭王謂左右曰:	진소왕이 좌우에 말하였다.
"今時韓·魏與始孰彊?"	"지금의 한·위가 처음과 비교하면 언제가 강할까?"
對曰:	대답하였다.
"不如始彊."	"처음만큼 강하지 않습니다."
王曰:	왕이 말하였다.
"今時如耳·魏齊與孟嘗·芒卯孰賢?"	"지금 여이와 위제가 맹상, 망묘에 비해 누가 현명할까?"
對曰:	대답하였다.
"不如."	"(여이와 위제가) 못합니다."
王曰:	왕이 말하였다.
"以孟嘗·芒卯之賢,	"맹상과 망묘의 현명함으로

115 **집해** 서광은 말하였다. "처구(郪丘)는 '늠구(廩丘)'로 되어 있는 곳도 있고, '형구(邢丘)'로 되어 있는 곳도 있다. 처구는 지금의 송공현(宋公縣)이다." **색은** '郪'의 음은 차(七絲反)이고, 또 처(妻)라고도 한다. **정의** '郪'의 음은 차(七絲反)이고, 또 처(妻)라고도 한다. 「지리지」에서는 여남군(汝南郡) 신처현(新郪縣)이라 하였다. 응소(應劭)는 말하였다. "진(秦)이 위(魏)를 쳐서 처구(郪丘)를 빼앗았는데, 한(漢)이 흥하자 신처(新郪)가 되었으며 장제(章帝)가 은(殷)의 후손을 봉하고 이름을 송(宋)으로 고쳤다."

率彊韓·魏以攻秦,	강한 한과 위를 이끌고 진을 공격하였는데도
猶無柰寡人何也.	오히려 과인을 어찌하지 못하였소.
今以無能之如耳·魏齊而率弱韓·魏以伐秦,	지금 무능한 여이와 위제가 약한 한과 위를 이끌고 진을 쳐도
其無柰寡人何亦明矣."	과인을 어찌하지 못할 것임 또한 분명할 것이오."
左右皆曰:	좌우에서 모두 말하였다.
"甚然."	"지당하십니다."
中旗馮琴[116]而對曰:	중기가 금을 끼고 대답하였다.
"王之料天下過矣.	"왕께서 천하(의 정세)를 헤아리심이 잘못되었습니다.
當晉六卿之時,	진의 육경 때는
知氏最彊,	지 씨가 가장 강하여
滅范·中行,	범과 중항 씨를 멸하고
又率韓·魏之兵以圍趙襄子於晉陽,	또 한과 위의 군사를 거느리고 진양에서 조양자를 에워싸
決晉水以灌晉陽之城,[117]	진수를 터뜨려 진양성에 물을 대어

116 색은 『전국책』에는 "추금(推琴)"으로 되어 있고, 『춘추후어(春秋後語)』는 "복금(伏琴)"으로 되어 있고, 『한자(韓子)』에서는 "추슬(推瑟)"로 되어 있으며, 『설원(說苑)』에서는 "복슬(伏瑟)"로 되어 있어 각기 다르다.

117 정의 『괄지지』에서는 말하였다. "진수(晉水)는 병주(并州) 진양현(晉陽縣) 서쪽 현옹산(懸甕山)에서 발원한다. 『산해경(山海經)』에서는 말하기를 현옹지산(懸甕之山)에서 진수가 나오는데 동남쪽으로 분수(汾水)로 흘러간다. 지난날 조양자(趙襄子)가 진양을 지켰는데 지씨(智氏)가 산을 막아 물을 대었는데 잠기지 않은 것이 3판(版)이었다. 그 도랑이 서쪽이 높은 것을 이용하여 진양성(晉陽城)으로 흘려 넣어 두루 물을 갖다 대니 동남쪽으로 성을 나서 분양(汾陽)으로 대었다."

不湛者三版.[118]	잠기지 않은 것이 3판이었습니다.
知伯行水,	지백이 물바다를 순행하는데
魏桓子御,	위환자가 수레를 몰았고
韓康子爲參乘.	한강자가 (거우로) 배승하였습니다.
知伯曰:	지백이 말하였습니다.
'吾始不知水之可以亡人之國也,	'내 처음에는 물이 남의 나라를 망하게 할 수 있음을 몰랐는데
乃今知之.'	지금에야 알게 되었소.'
汾水可以灌安邑,[119]	분수는 안읍에 댈 수 있고
絳水可以灌平陽.[120]	강수는 평양에 댈 수 있습니다.
魏桓子肘韓康子,	위환자가 한강자의 팔꿈치를 치(면서 신호를 보내)자
韓康子履魏桓子,	한강자는 (알았다는 뜻으로) 위환자의 발을 밟아
肘足接於車上,	수레에서 팔꿈치와 다리가 닿아
而知氏地分,	지 씨의 땅은 분할되어
身死國亡,	몸은 죽고 나라는 망하여
爲天下笑.	천하의 웃음거리가 되었습니다.
今秦兵雖彊,	지금 진이 군사가 비록 강하긴 하나
不能過知氏;	지 씨를 능가할 수 없고,

118 **역주** 『조세가』의 『정의』에 의하면 하휴(何休)는 "8척(尺)을 1판(版)이라고 한다."라 하였다.

119 **정의** 안읍(安邑)은 강주(絳州) 하현(夏縣)에 있으며 본래 위(魏)의 도읍이었다. 분수(汾水)는 동북쪽으로 안읍의 서남쪽을 거쳐 황하로 유입된다.

120 **정의** 평양(平陽)은 진주(晉州)로 본래 한(韓)의 도읍이었다. 『괄지지』에서는 말하였다. "강수(絳水)는 일명 백수(白水)라고도 하며, 지금은 불천(弗泉)이라 하는데 강산(絳山)에서 발원한다. 나는 듯한 샘이 용솟음쳐 물결을 일으키며 북으로 흐르는데 물결이 걸려 골짜기에 쌓이는데 20여 길이나 되며 바라보면 매우 기이한 경관이 된다." 이 물을 끌어서 평양성(平陽城)에 대는 것이다.

韓·魏雖弱,	한과 위가 비록 약하긴 하나
尚賢其在晉陽之下也.	아직도 진양의 아래에 있을 때보다는 현명합니다.
此方其用肘足之時也,	이는 바야흐로 팔꿈치와 발을 (신호로) 쓸 때이니
願王之勿易也!"[121]	왕께서는 쉽게 여기지 마시기를 바랍니다."
於是秦王恐.	이에 진왕은 두려워하였다.

齊·楚相約而攻魏,	제와 초가 서로 조약을 맺고 위를 공격하니
魏使人求救於秦,	위는 진에 사람을 보내어 구원을 청하여
冠蓋相望也,	관모와 수레덮개가 서로 보일 정도였으나
而秦救不至.	진의 구원군은 이르지 않았다.
魏人有唐雎[122]者,	위에 당저라는 사람이 있었는데
年九十餘矣,	연세가 90여 세였으며
謂魏王曰:	위왕에게 말하였다.
"老臣請西說秦王,	"노신이 서쪽 진왕에게 유세하여
令兵先臣出."	(진의) 군사가 신보다 먼저 나서게 하겠습니다."
魏王再拜,	위왕이 두 번 절하고
遂約車而遣之.	마침내 수레를 마련하여 보냈다.
唐雎到,	당저가 이르러
入見秦王.	들어가 진왕을 뵈었다.
秦王曰:	진왕이 말하였다.
"丈人芒然乃遠至此,[123]	"어르신께서 바삐 여기까지 오시느라

121 색은 '易'의 음은 이(以豉反)이다.

122 색은 음은 저(七餘反)이다.

123 색은 망연(芒然)은 망연(茫然)이라고도 하며, 여러 가지 뜻이 있는데 여기서는 급히, 바쁘게라는 뜻으로 쓰였다. 망(茫) 자는 '바쁠 망(忙)'자와도 통하여 쓴다.

甚苦矣!	매우 고생하셨습니다!
夫魏之來求救數矣,	위에서 와 구원을 청한 것이 여러 번이나 되어
寡人知魏之急已."	과인도 위가 급하다는 것을 알고 있습니다."
唐雎對曰:	당저가 대답하였다.
"大王已知魏之急而救不發者,	"대왕께서 이미 위가 급하다는 것을 아시면서도 구원병을 보내지 않으신 것은
臣竊以爲用策之臣無任矣.	신이 가만히 생각건대 책신이 소임을 다하지 않아서입니다.
夫魏,	저 위는
一萬乘之國也,	1만 승의 나라이지만
然所以西面而事秦,	서쪽을 향하여 진을 섬기어
稱東藩,	동쪽 울타리라 일컬으며,
受冠帶,	관대를 받고
祠春秋者,	봄가을로 제사를 지내는 것은
以秦之彊足以爲與也.[124]	진이 강해서 동맹국으로 삼을 만하다고 생각해서입니다.
今齊·楚之兵已合於魏郊矣,	지금 제·초의 군사가 이미 위의 교외에서 집결하였는데
而秦救不發,	진이 구원병을 보내지 않으니
亦將賴其未急也.	또한 아직 급하지 않다고 생각해서입니다.
使之大急,	아주 급하게 되어
彼且割地而約從,	또한 땅을 떼어서 합종을 맹약하면
王尚何救焉?	왕께서는 오히려 어떻게 구원하겠습니까?
必待其急而救之,	반드시 급하게 되어서야 구원하게 된다면

124 **색은** 여(與)는 화친을 허락하여 화친을 맺는 것을 이른다.

是失一東藩之魏而彊二敵之齊·楚,
이는 한 동쪽 울타리 위를 잃고 두 적인 제와 초를 강하게 하는 것이니

則王何利焉?”
왕께 무슨 이익이 되겠습니까?”

於是秦昭王遽爲發兵救魏.
이에 진소왕이 급히 군사를 내어 위를 구원하였다.

魏氏復定.
위 씨는 다시 안정되었다.

趙使人謂魏王曰:
조가 사람을 보내어 위왕에게 말하였다.

“爲我殺范痤,
“나를 위해 범좌를 죽여주시면

吾請獻七十里之地.”
내 70리의 땅을 바치도록 하겠소.”

魏王曰:
위왕이 말하였다.

“諾.”
“좋소.”

使吏捕之,
관리를 보내어 잡게 하였는데

圍而未殺.
에워쌌으나 죽이지는 못했다.

痤因上屋騎危,[125]
범좌는 이에 지붕으로 올라가 용마루에 걸터앉아

謂使者曰:
사자에게 말하였다.

“與其以死痤市,
“죽은 나를 파는 것이

不如以生痤市.
산 나를 파는 것만 못하다.

有如痤死,
만일 내가 죽어

趙不予王地,
조가 왕에게 땅을 주지 않는다면

則王將柰何?
왕은 어찌하시겠습니까?

---

125 **집해** 위(危)는 용마루 위이다. **색은** 앞자의 음은 기(奇)이다. 위(危)는 용마루 위이다. 『예(禮)』에서 말하기를 “집 가운데서 용마루를 밟는다.”라 하였다. 지붕에 올라가 군사를 피한 것일 것이다.

故不若與先定割地, 그러므로 먼저 땅을 분할해주는 것을 정하고 난
然後殺痤." 다음에 나를 죽임만 못할 것입니다."
魏王曰: 위왕이 말하였다.
"善." "좋다."
痤因上書信陵君曰: 범좌는 이에 신릉군에게 편지를 올려 말했다.
"痤, "저는
故魏之免相也, 옛 위의 면직된 상입니다.
趙以地殺痤而魏王聽之, 조가 땅 때문에 나를 죽이려 하는데 위왕이 따르니
有如彊秦亦將襲趙之欲, 강한 진이 또한 조가 하려는 것을 이으려하면
則君且柰何?" 그대는 장차 어찌하려하오?"
信陵君言於王而出之. 신릉군이 왕에게 말하여 꺼내주었다.

魏王以秦救之故, 위왕이 진이 구원해준 것 때문에
欲親秦而伐韓, 진과 가까이하여 한을 쳐서
以求故地. (한이 빼앗아간) 옛 땅을 구하고자 하였다.
无忌謂魏王曰: 무기가 위왕에게 말하였다.

秦與戎翟同俗, 진은 융·적과 풍속이 같고
有虎狼之心, 범과 이리의 마음을 품고 있으며
貪戾好利無信, 탐욕스럽고 포악하며 이익을 좋아하고 신의가 없으며
不識禮義德行. 예의와 덕행을 모릅니다.
苟有利焉, 실로 이익만 되면
不顧親戚兄弟, 친척과 형제도 돌아보지 않아

若禽獸耳,	금수와 같을 따름입니다.
此天下之所識也,	이는 천하가 아는 것이니
非有所施厚積德也.	은혜를 베풀거나 덕행을 쌓아 줄 것이 아닙니다.
故太后母也,	그래서 태후는 모친인데도
而以憂死;	근심으로 죽었고,
穰侯舅也,	양후는 외숙으로
功莫大焉,	공이 막대한데도
而竟逐之;	마침내 쫓겨났으며,
兩弟無罪,	두 아우는 죄가 없는데도
而再奪之國.	두 번이나 나라를 빼앗았습니다.
此於親戚若此,	이는 친척에게도 이러한데
而況於仇讎之國乎?	하물며 원수의 나라에서이겠습니까?
今王與秦共伐韓而益近秦患,	지금 왕께서 진과 함께 한을 쳐서 진이라는 근심에 더욱 가까이하려하시니
臣甚惑之.	신은 매우 의심스럽습니다.
而王不識則不明,	왕이 모르고 계셨다면 이는 밝지 못한 것이고
羣臣莫以聞則不忠.	신하들이 알려주지 않았다면 충성스럽지 않은 것입니다.

今韓氏以一女子奉一弱主,	지금 한 씨는 한 여자가 한 어린 임금을 받들다가
內有大亂,	안에서 대란이 일어났는데
外交彊秦魏之兵,	밖으로 강한 진과 위의 군사와 교전하니
王以爲不亡乎?	왕께서는 망하지 않으리라고 생각하십니까?
韓亡,	한이 망하면
秦有鄭地,	진은 정의 땅과

與大梁鄴,[126]	대량 이웃까지 다 차지할 텐데
王以爲安乎?	왕께서는 평안하리라 생각하십니까?
王欲得故地,	왕께서 옛 땅을 찾으려다가
今負彊秦之親,	지금 강한 진의 화친을 등지게 되는데
王以爲利乎?	왕께서는 이로울 것이라 여기십니까?
秦非無事之國也,	진은 아무 일이 없는 나라가 아니니
韓亡之後必將更事,	한이 망한 후에는 반드시 다시 일을 벌일 것이며
更事必就易與利,	일을 벌이면 반드시 쉽고 유리한 데로 나아갈 것이고
就易與利必不伐楚與趙矣.	쉽고 유리한 일로 나아가면 반드시 초와 조는 치지 않을 것입니다.
是何也?	어째서이겠습니까?
夫越山踰河,	대체로 산을 넘고 황하를 건너
絕韓上黨而攻彊趙,	한의 상당을 질러 강한 조를 치고자 한다면
是復閼與之事,[127]	이는 연여의 일을 되돌리는 것으로
秦必不爲也.	진은 반드시 하지 않을 것입니다.
若道河內,	하내를 건너
倍鄴·朝歌,	업과 조가를 등지고
絕漳滏水,	장수와 부수를 가로질러
與趙兵決於邯鄲之郊,	조의 병사와 한단의 교외에서 승부를 결정짓는 것 같은 것은
是知伯之禍也,	지백의 화였기 때문에

126 색은 『전국책』에는 "업(鄴)"이 "인(鄰)" 자로 되어 있는데 제대로 보았다.

127 색은 '復'의 음은 부(扶富反)이다. 지난해에 진(秦)과 한(韓)이 서로 연여(閼與)를 공격하였는데 조사(趙奢)가 진(秦)의 군사를 격파한 것을 이른다.

秦又不敢.	진은 또한 감히 하지 않을 것입니다.
伐楚,	초를 치려면
道涉谷,[128]	섭곡을 넘고
行三千里.[129]	3천 리를 행군해야 합니다.
而攻冥阨之塞,[130]	맹액의 요새를 치는 것은
所行甚遠,	행군이 매우 멀고
所攻甚難,[131]	공격하기가 매우 어려우니
秦又不爲也.	진이 또한 하지 않을 것입니다.
若道河外,	하외를 지나
倍大梁,[132]	대량을 등지고,
右(蔡左)[上蔡]·召陵,[133]	오른쪽으로 상채와 소릉을 끼고,

128 색은 도(道)는 행(行)과 같다. 섭곡(涉谷)은 초(楚)로 가는 험로이다. 진(秦)에서 초로 가는 길은 두 갈래가 있는데 섭곡은 서쪽 길이고 하내(河內)는 동쪽 길이다.

129 정의 유백장(劉伯莊)은 말하였다. "진(秦)의 군사가 초(楚)로 향하는 길은 두 갈래 길이 있는데, 섭곡(涉谷)은 서쪽 길이며, 하외(河外)는 동쪽 길이다. 포사(褒斜)에서 양주(梁州)로 들어가서 동남쪽으로 신주(申州)에 이르러 석성산(石城山)을 공격하는데 험하고 막힌 요새이다."

130 집해 손검(孫檢)은 말하였다. "초(楚)의 험한 요새이다." 서광은 말하였다. "혹자는 지금의 강하(江夏) 맹현(鄳縣)이라고 하였다." 정의 '冥'의 음은 맹(盲)이다. 『괄지지』에서는 말하였다. "석성산(石城山)은 신주(申州) 종산현(鍾山縣) 동남쪽 21리 지점에 있다. 위(魏)가 맹액(冥阨)을 공격한 것이 바로 이곳인데, 산 위에 옛 석성(石城)이 있다. 『수경주(水經注)』에서는 말하기를 '혹자는 맹(鄳)에 있다'라 하였는데, 이 산을 가리킨다. 『여씨춘추(呂氏春秋)』에서는 '구새(九塞)'라 하였는데 이곳이 그 중의 하나이다."

131 색은 공(攻)은 또한 "치(致)"라고도 하며, 『전국책』에는 "치군(致軍)"으로 되어 있는데, 군량의 어려움이 이르렀다는 말이다.

132 정의 하외(河外)에서 함곡관(函谷關)으로 나가면 동주(同州)를 거쳐 남으로 정주(鄭州)에 이르고, 동으로는 진주(陳州)를 향하니 대량(大梁)을 등지는 것이다.

133 집해 서광은 말하였다. "어떤 판본에는 '좌(左)' 자가 없다." 정의 상채현(上蔡縣)은 예주(豫州) 북쪽 70리 지점에 있으며, 소릉(邵陵)의 옛 성 또한 예주 언성현(郾城縣) 동쪽 45리 지점에 있어 모두 진주(陳州)의 서쪽에 있다. 변주(汴州)에서 남쪽으로 가서 진주(陳州)의 서쪽 교외로 가면 상채, 소릉이 정남향이고 동쪽을 향하면 모두 몸의 오른쪽이니 확실히 "좌(左)" 자는 없다.

與楚兵決於陳郊,	초의 군사와 진성의 교외에서 결전하는 것도
秦又不敢.	진은 또한 감히 하지 않을 것입니다.
故曰秦必不伐楚與趙矣,	그래서 진은 반드시 초와 조를 치지 않을 것이며,
又不攻衞與齊矣.[134]	또한 위와 제도 공격하지 않을 것이라 한 것입니다.

夫韓亡之後,	대체로 한이 망한 후에
兵出之日,	(진이) 군사를 내는 날은
非魏無攻已.	위가 아니면 공격할 곳이 없을 따름입니다.
秦固有懷 · 茅[135] · 邢丘,[136]	진은 본래 회와 모 · 형구를 가지고 있고
城[137]垝津[138]以臨河內,	궤진에 성을 쌓아 하내에 다다르면
河內共 · 汲[139]必危;	하내의 공과 급은 반드시 위험해질 것이며,
有鄭地,[140]	정의 영토를 차지하고

134 **정의** 위(衞)와 제(齊)는 모두 한(韓), 조(趙), 위(魏)의 동쪽에 있으므로 진(秦)이 치지 못하는 것이다.

135 **집해** 서광은 말하였다. "수무(脩武) 지현(軹縣)에 있으며, 모정(茅亭)이 있다." **정의** '茅'의 음은 모(卯包反)이다. 회주(懷州) 무척현(武陟縣) 서쪽 11리 지점의 옛 회성(懷城)으로, 본래 주(周)의 읍이며 나중에 진(晉)에 귀속되었다. 『좌전』에서는 주(周)와 정(鄭) 사람 소분생(蘇忿生)의 12읍을 말하였는데 첫 번째를 찬모(攢茅)라 하였다. 『괄지지』에서는 "회주(懷州) 획가현(獲嘉縣) 동북쪽 25리 지점에 있다."라 하였다. 획가(獲嘉)는 옛 수무(脩武)이다.

136 **집해** 서광은 말하였다. "평고(平皐)에 있다." **정의** 『괄지지』에서는 말하였다. "평고의 옛 성은 회주(懷州) 무덕현(武德縣) 동남쪽 20리 지점에 있으며, 본래 형구읍(邢丘邑)인데 하(河)의 언덕에 있기 때문이다.

137 **색은** 『전국책』에서는 형구(邢丘), 안성(安城)이라 하였는데, 여기서는 "안(安)" 자가 없을 따름이다.

138 **색은** 하북(河北)에 있다. '垝'의 음은 궤(九毁反)이다. **정의** '垝'의 음은 궤(詭)이다. 오자이며 "연(延)"이 되어야 한다. 『괄지지』에서는 말하였다. "연진(延津)의 옛 속자로 된 이름은 임진(臨津)이며, 옛 성은 위주(衞州) 청기현(清淇縣) 서남쪽 26리 지점에 있다. 두예는 '급군(汲郡)의 성 남쪽에 연진(延津)이 있다.'라 하였다"

139 **집해** 서광은 말하였다. "급현(汲縣)은 하내(河內)에 속한다." **색은** 급(汲)은 또한 "파(波)"로 된 곳도 있다. 파(波) 및 급(汲)은 모두 현(縣) 이름으로 모두 하내(河內)에 속한다.

得垣雍,[141]	원옹을 얻어
決熒澤水灌大梁,	형택의 물을 터뜨려 대량으로 대면
大梁必亡.	대량은 반드시 망할 것입니다.
王之使者出過而惡安陵氏於秦,[142]	왕의 사자들은 잘못을 저질러 진에 가서 안릉 씨를 헐뜯으니
秦之欲誅之久矣.	진이 없애고자 한 지가 오래되었습니다.
秦葉陽·昆陽與舞陽鄰,[143]	진의 섭양·곤양은 무양의 이웃이니
聽使[144]者之惡之,	사자가 헐뜯는 그대로 듣는다면
隨安陵氏而亡之,[145]	안릉 씨는 망할 것이고

140 **집해** 서광은 말하였다. "성고(成皐)와 형양(滎陽) 또한 정(鄭)에 속한다."

141 **집해** 서광은 말하였다. "원옹성(垣雍城)은 권현(卷縣)에 있으며, 권현은 위(魏)에 속한다. 권현에는 또한 장성이 있는데, 양무(陽武)를 거쳐 밀(密)까지 이른다." **정의** '雍'의 음은 옹(於用反)이다. 『괄지지』에서는 말하였다. "옛 성은 정주(鄭州) 원무현(原武縣) 서북쪽 7리 지점에 있다." 『석례(釋例)』에서는 "지명을 권현(卷縣)이라 한 것은 이치상 혹 원성(垣城)일 것이다." 한(韓)이 망한 후에 진(秦)이 정(鄭)의 영토를 차지하고 원옹성(垣雍城)을 얻으면 형택(熒澤)에서 하천을 터뜨려 옹(雍)을 거쳐 대량(大梁)에 댄다는 것을 말한다.

142 **집해** 서광은 말하였다. "소릉(召陵)에 안릉향(安陵鄕)이 있고, 정강(征羌)에 안릉정(安陵亭)이 있다." **정의** 『괄지지』에서는 말하였다. "언릉현(鄢陵縣) 서북쪽 15리 지점이다. 이기(李奇)는 말하기를 육국(六國) 때 안릉이라고 하였다." 위왕(魏王)의 사자가 진(秦)을 향하여 나선 것을 말한다. 함께 한(韓)을 쳐서 과실을 이루고 다시 진(秦)에 안릉 씨(安陵氏)를 헐뜯고 지금 치니 거듭 잘못되었다는 것이다.

143 **정의** 『괄지지』에서는 말하였다. "섭양(葉陽)은 지금의 허주(許州) 섭현(葉縣)이다. 곤양(昆陽)의 옛 성은 허주 섭현 북쪽 25리 지점에 있다. 무양(舞陽)의 옛 성은 섭현 동쪽 10리 지점에 있다." 이때 섭양과 곤양은 진(秦)에 속하였고, 무양은 위(魏)에 속하였다.

144 **색은** 앞 자는 평성(平聲)이고, 뒷 자는 거성(去聲)이다.

145 **정의** 수(隨)는 청(聽)과 같다. 무기(無忌)의 사자가 안릉 씨(安陵氏)를 헐뜯는 것을 말하고, 또한 진(秦)이 안릉 씨를 망하게 한 것을 따랐다. 그러나 무양(舞陽)의 북쪽을 돌아 허(許)에 다가서면 허는 반드시 위태롭게 될 것이다. 진(秦)이 허(許)의 영토를 차지하면 위(魏)에 해가 없을 수 있겠는가 하는 말이다.

繞舞陽之北, 무양의 북쪽을 돌아
以東臨許, 동으로 허에 다가서면
南國必危,[146] 남쪽 나라는 반드시 위험해질 것이니
國無害(已)[乎]? 나라에 해가 없겠습니까?

夫憎韓不愛安陵氏可也, 한을 미워하여 안릉 씨를 아끼지 않는 것은 괜찮습니다만
夫不患秦之不愛南國非也. 진이 남국을 사랑하지 않음을 근심하지 않는 것은 잘못되었습니다.
異日者, 지난날
秦在河西晉, 진은 하서의 진에 있어
國去梁千里,[147] 나라가 양과는 천 리 떨어져 있어
有河山以闌之, 황하와 산이 막고 있으며
有周韓以閒之. 주와 한의 간격이 있습니다.
從林鄉軍[148]以至于今, 임향에 주둔하면서부터 지금까지
秦七攻魏, 진은 일곱 번 위를 공격하였고
五入囿中,[149] 다섯 번 전지를 쳐들어와

146 **정의** 남국(南國)은 바로 지금의 허주(許州) 허창현(許昌縣) 남서쪽 45리 지점의 허창 옛 성이다. 이때는 한(韓)에 속하였고 위(魏)의 남쪽에 있었기 때문에 남국(南國)이라 하였다. 『괄지지』에서는 말하였다. "주(周) 때의 허국(許國)으로, 무왕(武王)이 주(紂)를 벌하고 봉한 곳이다. 「지리지」에서는 영천(潁川) 허현(許縣)은 옛 허국으로 강성(姜姓)으로 사악(四岳)의 후예이며 문숙(文叔)이 봉하여졌고 24임금 만에 초(楚)에게 멸망당하였다." 삼경(三卿)이 진(晉)을 배반하여 그 영토는 한(韓)에 귀속되었다.

147 **집해** 서광은 말하였다. "위국(魏國)의 경계 천 리이다. 또한 말하기를 하남(河南) 양현(梁縣)에 주성(注城)이 있다." **정의** 하서(河西)는 동주(同州)이다. 진국(晉國)의 도읍 강주(絳州)와 위(魏)의 도읍 안읍(安邑)은 모두 하동(河東)에 있으며 대량(大梁)과는 천리 떨어져 있다.

邊城盡拔,	변방의 성이 모두 함락되고
文臺墮,[150]	문대가 무너졌으며
垂都焚,[151]	수도가 불타고
林木伐,	숲의 나무를 벌목하여
麋鹿盡,	미록이 다 사라졌으며
而國繼以圍.	국도가 이어서 포위되었습니다.
又長驅梁北,	또한 멀리 양의 북쪽을 달렸고
東至陶衞之郊,[152]	동으로는 도와 위의 교외에까지 이르렀으며
所亡於秦者,	진에 망한 곳이

148 **집해** 서광은 말하였다. "임향(林鄕)은 완현(宛縣)에 있다." **색은** 유 씨(劉氏)는 "임(林)은 지명으로 춘추 때의 정(鄭)의 땅 비림(棐林)일 것이며 대량(大梁)의 서북쪽에 있다." 서광은 완릉(宛陵)이 있다고 하였다. **정의** 『괄지지』에서는 말하였다. "완릉의 옛 성은 정주(鄭州) 신정현(新鄭縣) 동북쪽 38리 지점에 있으며, 본래 정(鄭)의 옛 현(縣)이다." 유 씨와 서 씨는 모두 그 땅이라고 하였다.

149 **집해** 서광은 말하였다. "'성(城)'으로 된 곳도 있다." **색은** 유(囿)는 곧 포전(圃田)이다. 포전은 정(鄭)의 수택(藪澤)으로 위(魏)에 속한다. 서광은 "성(城)"으로 된 곳도 있다."라 하였다. 『전국책』에는 "국중(國中)"으로 되어 있다. **정의** 『괄지지』에서는 말하였다. "포전택(圃田澤)은 정주(鄭州) 관성현(管城縣) 동쪽 3리 지점에 있다. 『주례(周禮)』에 의하면 예주(豫州)에서는 수(藪)를 포전(圃田)이라 한다고 하였다."

150 **색은** 문대(文臺)는 대의 이름이다. 『열사전(列士傳)』에서는 "은릉군(隱陵君)이 문대에서 주연을 베풀었다."라 하였다. **정의** '墮'의 음은 휴(許規反: 隳)이다. 『괄지지』에서는 말하였다. "문대는 조주(曹州) 원구현(冤句縣) 서북쪽 65리 지점에 있다."

151 **집해** 서광은 말하였다. "어떤 판본에는 '위(魏)의 산도(山都)가 불탔다.'라 하였다. 구양(句陽)에 수정(垂亭)이 있다." **색은** 수(垂)는 지명이다. 묘(廟)가 있는 곳을 도(都)라 한다. 모두 위(魏)의 읍 이름이다.

152 **정의** 도(陶)는 조주(曹州)의 정도(定陶)이다. 위(衞)는 곧 송주(宋州) 초구현(楚丘縣)이며, 위문공(衞文公)이 도읍으로 삼았는데, 진(秦)의 군사가 그 교외를 잇달아 빼앗았다. 북으로는 평감(平監)에 이른다. **집해** 서광은 말하였다. "평현(平縣)은 하남(河南)에 속한다. 평(平)은 혹 '호(乎)' 자로 된 곳도 있다. 『사기』에서 제(齊)의 감지(闞止)는 '감(監)' 자로 되어 있다. 감(闞)은 동평(東平) 수창현(須昌縣)에 있다."

山南山北,[153] 산 남쪽과 산 북쪽,

河外河內,[154] 황하 밖과 황하 안의

大縣數十,[155] 큰 현이 수십 개였고

名都數百.[156] 이름난 도성이 수백 개였습니다.

秦乃在河西晉, 진은 곧 하서의 진에 있었고

去梁千里, 양과는 천 리가 떨어져 있는데도

而禍若是矣, 화가 이와 같았으며

又況於使秦無韓, 또한 하물며 진에 한이 없고

有鄭地, 정의 영토가 있으며

無河山而闌之, 황하와 산이 막아주지 않고

無周韓而閒之, 주와 한이 사이에 있지 않으면

去大梁百里, 대량과의 거리가 백 리로

禍必由此矣. 화가 반드시 여기서 말미암게 될 것입니다.

異日者, 지난날

從之不成也,[157] 합종이 이루어지지 않은 것은

楚·魏疑而韓不可得也. 초와 위가 의심하고 한이 맹약하지 못해서였습니다.

今韓受兵三年, 지금 한은 공격을 받은 지 3년이고

---

153 **정의** 산(山)은 화산(華山)이다. 화산의 동남쪽은 칠국(七國) 때 등주(鄧州)는 한(韓)에 속하였고, 여주(汝州)는 위(魏)에 속하였다. 화산의 북쪽은 동(同)과 화(華), 은(銀), 수(綏)가 모두 위의 영토이다.

154 **정의** 하외(河外)는 화주(華州) 동쪽 괵(虢)과 섬(陝)까지이며, 하내(河內)는 포주(蒲州) 동쪽 회(懷)와 위(衞)까지이다.

155 **집해** 서광은 말하였다. "'백(百)'으로 된 곳도 있다."

156 **집해** 서광은 말하였다. "'십(十)'으로 된 곳도 있다."

157 **색은** '從'의 음은 종(足松反)이다.

秦橈之以講,[158]	진이 흔들어대어 강화를 요구하지만
識亡不聽,[159]	망할 것임을 알면서도 듣지 않고
投質於趙,	조에 인질을 보내어
請爲天下鴈行頓刃,	천하에 기러기처럼 행렬을 이루어 (진나라) 칼날에 맞서기를 청하고
楚·趙必集兵,	초와 조가 반드시 군사를 모아야 하는 것은
皆識秦之欲無窮也,	모두 진의 욕심이 끝이 없어
非盡亡天下之國而臣海內,	천하의 나라를 다 없애고 해내(의 백성)를 신하로 만들지 않고서는
必不休矣.	반드시 그치지 않을 것을 알기 때문입니다.
是故臣願以從事王,[160]	그런 까닭에 신은 합종으로 왕을 섬기기를 원합니다.
王速受楚趙之約,	왕께서는 속히 초와 조와 맹약을 받아들이시고
(趙)[而]挾韓之質[161]以存韓,	한의 인질을 끼고 한을 보존시키고
而求故地,	옛 땅을 요구하면
韓必效之.[162]	한은 반드시 들어줄 것입니다.

158 색은 '橈'의 음은 요(尼孝反)이다. 한(韓)이 진의 군사공격을 받아 소요를 당한 지 이미 3년이라 강화하여 한과 화친하고자 한다는 것이다.

159 색은 식(識)은 지(知)와 같다. 그래서 『전국책』에서는 "한(韓)은 망할 것임을 알고 여전히 따르지 않았다."라 하였다.

160 색은 '從'의 음은 종(足松反)이다. 종사(從事)는 합종으로 왕을 섬기는 것이다. 『전국책』도 그렇다.

161 색은 한(韓)이 인질을 조(趙)에 들여보내면 조는 한의 인질을 끼고 한과 화친할 것이라는 말이다.

162 색은 효(效)는 치(致)와 같으며, 옛 땅을 조(趙)에 바치는 것을 이른다. 정의 무기(無忌)가 위왕(魏王)에게 속히 초(楚)와 조(趙)의 합종을 받아들이게 한 것이다. 조와 초가 한의 인질을 끼고 한을 존속시키어, 위가 땅을 구하면 한은 반드시 바칠 것이어서 진이 한을 치고 또 진과 이웃하는 화앙(禍殃)보다 나을 것이라는 말이다.

此士民不勞而故地得,	이렇게 하면 사민을 수고롭게 하지 않고 옛 땅을 얻게 되어
其功多於與秦共伐韓,	그 공로가 진과 함께 한을 친 것보다 많을 것이며
而又與彊秦鄰之禍也.	또한 강한 진과 이웃하게 되는 화가 없게 될 것입니다.

夫存韓安魏而利天下,	한을 존속시키고 위를 안정시키며 천하를 이롭게 할 것이니
此亦王之天時已.	이 또한 왕에게는 하늘이 준 때입니다.
通韓上黨於共·甯,[163]	한의 상당을 공과 영과 통하게 하고
使道安成,[164]	안성까지 소통되게 하여
出入賦之,	드나들 때 세금을 거두면
是魏重質韓以其上黨也.	이는 위가 상당을 가지고 한을 중한 바탕으로 삼는 것입니다.
今有其賦,	지금 그 부세를 가지면
足以富國.	나라를 부유하게 할 수 있습니다.
韓必德魏愛魏重魏畏魏,	한은 반드시 위를 덕스럽게 여기며 위를 사랑하고 위를 중히 여기고 위를 두려워하여,
韓必不敢反魏,	한은 반드시 감히 위를 배반하지 못할 것이니
是韓則魏之縣也.	이는 한이 위의 현이 되는 것입니다.

163 집해 서광은 말하였다. "조가(朝歌)에 영향(甯鄉)이 있다." 정의 공(共)은 위주(衛州) 공성현(共城縣)이다. 영(甯)은 회주(懷州) 수무현(脩武縣)으로 본래 은(殷)의 영읍(甯邑)이었다. 『한시외전(韓詩外傳)』에서는 "무왕(武王)이 주(紂)를 정벌하여 영(甯)에서 군사를 훈련시켰으므로 수무(脩武)라고 하였다."라 하였다. 지금 위(魏)가 공(共)과 영(甯)의 길을 개통하여 한(韓)의 상당(上黨)이 곧은길을 얻어 행군할 것이라는 말이다.

164 정의 『괄지지』에서는 말하였다. "옛 안성(安城)은 정주(鄭州) 원무현(原武縣) 동남쪽 20리 지점에 있다." 당시에는 위(魏)에 속하였다.

魏得韓以爲縣, 위가 한을 현으로 삼게 되면
衞·大梁·河外必安矣. 위와 대량, 하외는 반드시 안정될 것입니다.
今不存韓, 지금 한이 존속되지 않으면
二周·安陵必危, 두 주와 안릉을 반드시 위태로워지고
楚·趙大破, 초와 조는 크게 격파되고
衞·齊甚畏, 위와 제는 매우 두려워할 것이니
天下西鄕而馳秦入朝而爲臣不久矣.
천하가 서로 향하여 진으로 말을 달려 들어가 조현하여 신하가 됨이 머지 않을 것입니다.

二十年, 20년에
秦圍邯鄲, 진은 한단을 에워싸자
信陵君無忌矯奪將軍晉鄙兵以救趙,[165]
신릉군 무기가 거짓으로 장군 진비의 군사를 빼앗아 조를 구원하여
趙得全. 조는 보전되었다.
無忌因留趙. 무기는 이로 인해 조에 머물렀다.
二十六年, 26년에
秦昭王卒. 진소왕이 죽었다.

三十年, 30년에
無忌歸魏, 무기는 위로 돌아가
率五國兵攻秦, 다섯 나라의 군사를 이끌고 진을 공격하여

---

165 **정의** 『괄지지』에서는 말하였다. "위덕(魏德)의 옛 성은 일명 진비성(晉鄙城)이라고도 하는데 위현(衞縣) 서북쪽 50리 지점에 있으며, 곧 공자 무기(無忌)가 거짓으로 진비(晉鄙)의 군사를 빼앗았기 때문에 위덕성(魏德城)이라고 한다."

敗之河外,	하외에서 무찔러
走蒙驁.	몽경을 달아나게 했다.
魏太子增質於秦,	위 태자 증은 진의 인질로 있었는데
秦怒,	진이 노하여
欲囚魏太子增.	위 태자 증을 가두려 하였다.
或爲增謂秦王[166]曰:	누가 증을 위하여 진왕에게 말하였다.
"公孫喜[167]固謂魏相曰'請以魏疾擊秦,	"공손희가 굳이 위의 상에게 이르기를 '위의 군사로 진을 빨리 치면
秦王怒,	진왕이 노하여
必囚增.	반드시 증을 가둘 것입니다.
魏王又怒,	위왕이 또 노하여
擊秦,	진을 치면
秦必傷'.	진은 반드시 다칠 것입니다.'라 하였습니다.
今王囚增,	지금 (왕께서) 증을 가두는 것은
是喜之計中也.	희의 계책에 들어맞는 것입니다.
故不若貴增而合魏,	그러니 왕께서 증을 귀하게 대하고 위와 연합하여
以疑之於齊·韓."	제와 한이 의심하게 하는 것만 못합니다."
秦乃止增.	진은 이에 증을 (가두려던 것을) 그만두었다.
三十一年,	31년에
秦王政初立.	진왕 정이 막 즉위하였다.

166 색은 『전국책』에는 "소진(蘇秦)이 공자 증(增)을 위하여 진왕(秦王)에게 말하였다."라 하였다.

167 색은 『전국책』에서는 "공손연(公孫衍)"이라 하였다.

三十四年,	34년에
安釐王卒,	안희왕이 죽고
太子增立,	태자 증이 즉위하니
是爲景湣王.[168]	바로 경민왕이다.
信陵君無忌卒.	신릉군 무기가 죽었다.

景湣王元年,	경민왕 원년에
秦拔我二十城,	진이 우리 성 20개를 함락시켜
以爲秦東郡.	진의 동군으로 삼았다.
二年,	2년에
秦拔我朝歌.	진이 우리 조가를 함락시켰다.
衞徙野王.[169]	위가 야왕으로 옮겼다.
三年,	3년에
秦拔我汲.	진이 우리 급을 함락시켰다.
五年,	5년에
秦拔我垣·蒲陽·衍.[170]	진이 우리 원과 포양, 연을 함락시켰다.
十五年,	15년에
景湣王卒,	경민왕이 죽고
子王假立.	아들인 왕가가 즉위하였다.

168 **색은** 『계본』에서는 말하였다. "안희왕(安釐王)은 경민왕(景湣王) 오(午)를 낳았다."

169 **집해** 서광은 말하였다. "위(衞)가 복양(濮陽)에서 야왕(野王)으로 옮겼다."

170 **집해** 서광은 말하였다. "12년에 진(秦)에게 성을 바쳤다." **정의** 『괄지지』에서는 말하였다. "옛 원(垣)의 땅은 본래 위(魏)의 왕원(王垣)이며, 강주(絳州) 원현(垣縣) 서북쪽 20리 지점에 있다. 포읍(蒲邑)의 옛 성은 습주(隰州) 습천현(隰川縣) 남쪽 45리 지점에 있다." 포수(蒲水)의 북쪽에 있기 때문에 포양(蒲陽)이라고 한다. 연(衍)은 지명으로 정주(鄭州)에 있다.

王假元年, 왕가 원년에

燕太子丹使荊軻刺秦王, 연 태자 단이 형가로 하여금 진왕을 저격하게 하였는데

秦王覺之.[171] 진왕에게 발각되었다.

三年, 3년에

秦灌大梁, 진이 대량에 수공을 가하여

虜王假,[172] 왕가를 사로잡고

遂滅魏以爲郡縣. 마침내 위를 멸하여 군현으로 삼았다.

太史公曰: 태사공은 말한다.

吾適故大梁之墟, 내 옛 대량의 터에 가보았는데

墟中人曰: 그곳의 사람이 말하였다.

“秦之破梁, “진이 대량을 깨뜨릴 때

引河溝而灌大梁, 하구를 끌어다 대량에 물을 대었는데

三月城壞, 석 달 만에 성이 무너져

王請降, 왕이 항복을 청하여

遂滅魏.” 마침내 위를 멸하였습니다.”

說者皆曰魏以不用信陵君故, 논자들은 모두 말하기를 위가 신릉군을 쓰지 않았기 때문에

國削弱至於亡, 나라가 깎이고 약해져 멸망에 이르렀다고 하는데

余以爲不然. 나는 그렇지 않다고 생각한다.

天方令秦平海內, 하늘이 바야흐로 진에게 천하를 평정하게 하였으니

---

171 집해 서광은 말하였다. “2년에 신정(新鄭)이 반란을 일으켰다.”

172 집해 『열녀전(列女傳)』에서는 말하였다. “진(秦)이 가(假)를 죽였다.”

其業未成,	그 위업이 아직 이루어지지 않았을 때
魏雖得阿衡之佐,[173]	위가 비록 아형의 도움을 얻었다 한들
曷益乎?[174]	무슨 도움이 되겠는가?

색은술찬索隱述贊 필공의 후예가, 나라 이름을 따라 성으로 삼았다. 큰 이름이 비로소 찬양받자, 수를 채워 스스로 바르게 하였다. 후손들이 번창하여, 이어서 충정이 실렸다. 양간은 죽임을 당했고, 지 씨는 목숨이 달아났다. 문이 비로소 후를 세웠으며, 무후 때는 실로 강성하였다. 대량을 동으로 옮기고, 장안에서 북을 염탐하였다. 망묘는 공이 없었고, 공자 앙 또한 밖으로 갔다. 왕가는 깎이고 쇠약해져, 진의 영정에게 사로잡혔다.

畢公之苗, 因國爲姓. 大名始賞, 盈數自正. 胤裔繁昌, 系載忠正. 楊干就戮, 智氏奔命. 文始建侯, 武實彊盛. 大梁東徙, 長安北偵. 卯既無功, 卬亦外聘. 王假削弱, 虜於秦政.

173 **역주** 아형(阿衡)은 상(商)의 관직 이름이다. 사보(師保)의 관직이다. 이윤(伊尹)이 이 관직을 맡은 적이 있다. 이로 인하여 국정을 맡아 보필하는 재상(宰相)을 가리키는 말로 인신되었다.

174 **색은** 초주(譙周)는 말하였다. "내가 들은 바에 의하면 이른바 하늘이 망하게 하는 것은 현자가 있어도 쓰지 않는 것이니 만약에 쓴다면 어찌 망할 일이 있겠는가? 주(紂)가 삼인(三仁: 殷末의 微子와 箕子, 比干)을 등용했다면 주(周)가 왕이 될 수 없었을 것이니 하물며 진(秦)의 호랑(虎狼) 같은 나라이겠는가?"

15 한 세가韓世家

韓之先與周同姓,[1] 한의 선조는 주와 동성으로
姓姬氏. 희성이다.
其後苗裔事晉, 그 후 아득한 후예가 진을 섬겨
得封於韓原,[2] 한원에 봉하여졌으므로
曰韓武子. 한무자라 하였다.
武子後三世[3]有韓厥, 무자의 3세 후에 한궐이 있었는데
從封姓爲韓氏. 봉읍을 따라 성을 한 씨로 하였다.

---

1 색은索隱 『좌씨전(左氏傳)』에서는 "한(邗)과 진(晉), 응(應), 한(韓)은 무(武)의 목(穆)이다."라 하였는데, 무왕(武王)의 아들이기 때문에 『시(詩)』에서 "한후가 나가 노제(路祭)를 지냈다(韓侯出祖)"라 하였는데, 이는 한이 먼저 멸한 것이다. 지금 이 문장에 의하면 "그 후 아득한 후예가 진을 섬겨 한원에 봉하여져 한무자라 하였다."라 하였으니 무자는 본래 한후의 후손으로 진이 또한 한원에 봉하였으니 곧 지금의 풍익(馮翊) 한성(韓城)이다. 그런 다음에 『계본(系本)』 및 『좌전(左傳)』의 구설에 따르면 모두 한만(韓萬)은 곡옥(曲沃) 환숙(桓叔)의 아들이었으니 곧 진(晉)의 지서(支庶)이다. 또한 『국어(國語)』에서 숙상(叔向)은 한선자(韓宣子)가 무자(武子)의 덕을 닦을 수 있어서 일어나 재배하고 감사를 표하며 말하기를 "환숙(桓叔) 이하로 그대가 내린 것을 아름답게 여겼소."라 하였는데 또한 환숙이 한의 조상이라는 말이다. 지금 한후의 후세로 따로 환숙이 있는데 곡옥의 환숙과는 상관이 없으며 이와 같다면 태사공의 뜻에 어긋남이 있다.

2 정의正義 『괄지지(括地志)』에서는 말하였다. "한원(韓原)은 동주(同州) 한성현(韓城縣) 서남쪽 8리 지점에 있다. 또한 한성이 현 남쪽 18리 지점에 있기 때문에 옛 한국(韓國)이다. 『고금지명(古今地名)』에서는 한무자가 한원의 옛 성을 식읍으로 하였다."

3 색은 『계본』에서는 말하였다. "만(萬)은 구백(賕伯)을 낳고 구백은 정백(定伯) 간(簡)을 낳았고, 간은 여(輿)를 낳았으며 여는 헌자(獻子) 궐(厥)을 낳았다."

韓厥,	한궐은
晉景公之三年,	진 경공 3년에
晉司寇屠岸賈將作亂,	진 사구 도안가가 난을 일으키고
誅靈公之賊趙盾.	영공의 적신 조돈을 죽이려 하였다.
趙盾已死矣,	조돈이 이미 죽어
欲誅其子趙朔.	그 아들 조삭을 죽이려 하였다.
韓厥止賈,	한궐이 도안가를 말렸으나
賈不聽.	도안가는 따르지 않았다.
厥告趙朔令亡.	한궐이 조삭에게 알리어 도망치게 하였다.
朔曰:	조삭은 말하였다.
"子必能不絕趙祀,	"그대가 반드시 조 씨의 제사가 끊어지지 않게 한다면
死不恨矣."	죽어도 여한이 없겠소."
韓厥許之.	한궐이 허락하였다.
及賈誅趙氏,	도안가가 조 씨를 죽이자
厥稱疾不出.	한궐은 병을 일컫고 나가지 않았다.
程嬰·公孫杵臼之藏趙孤趙武也,	정영과 공손저구가 조 씨의 고아 조무를 숨겼고
厥知之.	한궐은 그것을 알았다.

景公十一年,	경공 11년에
厥與郤克將兵八百乘伐齊,	한궐과 극극이 군사 8백 승을 거느리고 제를 쳐서
敗齊頃公于鞍,[4]	안에서 제경공을 무찌르고

4 정의 음은 안(安)이다. 『괄지지』에서는 말하였다.: "옛 안성(鞍城)은 지금 속칭 마안성(馬鞍城)이라고 하며, 제주(濟州) 평음현(平陰縣) 10리 지점에 있다."

獲逢丑父.	봉축보를 사로잡았다.
於是晉作六卿,	이에 진은 육경이 되었는데
而韓厥在一卿之位,	한궐이 한 경의 자리에 있었고
號爲獻子.	헌자라고 불렀다.
晉景公十七年,	진경공은 17년에
病,	병이 들어
卜,	점을 쳐보았는데
大業之不遂者爲祟.	대업을 이루지 못한 것이 빌미였다고 하였다.
韓厥稱趙成季之功,	한궐은 조성계의 공을 칭찬하면서
今後無祀,	지금 후손이 제사를 지내지 않는다고 하여
以感景公.	경공을 감동시켰다.
景公問曰:	경공이 물었다.
"尚有世乎?"	"아직 후세가 있는가?"
厥於是言趙武,	한궐이 이에 조무를 말하자
而復與故趙氏田邑,	옛 조 씨의 영지를 회복시켜주어
續趙氏祀.	조 씨의 제사를 잇게 하였다.
晉悼公之(十)[七]年,	진도공 7년에
韓獻子老.	한헌자는 은퇴하였다.
獻子卒,	헌자가 죽고
子宣子代.	아들인 선자가 대를 이었다.
宣字徙居州.[5]	선자는 주로 옮겨서 거처하였다.
晉平公十四年,	진평공 14년에
吳季札使晉,	오의 계찰이 진으로 사행하여

曰:	말하였다.
"晉國之政卒歸於韓·魏·趙矣."	"진국의 정치는 끝내 한, 위, 조 씨에게 돌아갈 것이다."
晉頃公十二年,	진경공 12년에
韓宣子與趙·魏共分祁氏·羊舌氏十縣.	한선자가 조·위 씨와 함께 기 씨, 양설 씨의 열 현을 나누었다.
晉定公十五年,	진정공 15년에
宣子與趙簡子侵伐范·中行氏.	선자와 조간자가 범과 중항 씨를 침공하여 정벌하였다.
宣子卒,	선자가 죽자
子貞子代立.	아들인 정자가 대를 이어 즉위하였다.
貞子徙居平陽.[6]	정자는 평양으로 옮겨 거처하였다.
貞子卒,	장자가 죽자
子簡子代.[7]	아들인 간자가 대를 이었다.
簡子卒,	간자가 죽자
子莊子代.	아들인 장자가 대를 이었다.

5 **색은** 선자(宣子)의 이름은 기(起)이다. 주(州)는 바로 지금의 하내(河內)에 있다. **정의** 『괄지지』에서는 말하였다. "회주(懷州) 무덕현(武德縣)은 본래 주(周)의 사구(司寇) 소분생(蘇忿生)의 주읍(州邑)이다."

6 **색은** 『계본』에는 "평자(平子)"로 되어 있으며 이름은 수(須)로, 선자(宣子)의 아들이다. 또한 "경자(景子)가 평양(平陽)에 거처하였다."라 하였다. 평양은 산서(山西)에 있다. 송충(宋忠)은 "지금의 하동(河東) 평양현(平陽縣)이다."라 하였다. **정의** 평양은 진주성(晉州城)이다.

7 **집해集解** 서광(徐廣)은 말하였다. "『사기(史記)』에는 거의 간자(簡子)와 장자(莊子)가 없으며, 정자(貞子)가 강자(康子)를 낳았다고 하였다. 반 씨(班氏)도 마찬가지이다." **색은** 서광은 말하였다. "『사기』에는 거의 간자와 장자가 없으며, 정자가 강자를 낳았다고 하였다. 반 씨도 마찬가지이다." 『계본』에는 간자(簡子)가 있으며 이름은 불신(不信)이라 하였으며, 장자(莊子)의 이름은 경(庚)이라고 하였다. 「조계가(趙系家)」에도 간자가 있는데 이름은 불녕(不佞)이다.

莊子卒,	장자가 죽자
子康子[8]代.	아들인 강자가 대를 이었다.
康子與趙襄子·魏桓子共敗知伯,	강자가 조양자, 위환자와 함께 지백을 무찌르고
分其地,	그 땅을 나누어
地益大,	땅이 더욱 커져
大於諸侯.	제후보다 컸다.
康子卒,	강자가 죽고
子武子[9]代.	아들 무자가 대를 이었다.
武子二年,	무자 2년에
伐鄭,	정을 쳐서
殺其君幽公.	임금인 유공을 죽였다.
十六年,	16년에
武子卒,	무자가 죽고
子景侯立.[10]	아들인 경후가 즉위하였다.
景侯虔元年,	경후 건 원년에
伐鄭,	정을 쳐서
取雍丘.	옹구를 빼앗았다.
二年,	2년에
鄭敗我負黍.	정이 우리를 부서에서 무찔렀다.

8 색은 이름은 호(虎)이다.

9 색은 이름은 계장(啟章)이다.

10 색은 『기년(紀年)』 및 『계본』에는 모두 "경자(景子)"로 되어 있으며, 이름은 처(處)이다.

六年,	6년에
與趙·魏俱得列爲諸侯.	조, 위와 함께 모두 제후의 반열에 올랐다.
九年,	9년에
鄭圍我陽翟.	정이 우리를 양적에서 에워쌌다.
景侯卒,	경후가 죽고
子列侯取立.[11]	아들인 열후 취가 즉위하였다.
列侯三年,	열후 3년에
聶政殺韓相俠累.[12]	섭정이 한의 상 겹루를 죽였다.
九年,	9년에
秦伐我宜陽,	진이 우리 의양을 쳐서
取六邑.	여섯 읍을 빼앗았다.
十三年,	13년에
列侯卒,	열후가 죽고
子文侯立.[13]	아들 문후가 즉위하였다.
是歲魏文侯卒.	이 해에 위문후가 죽었다.
文侯二年,	문후 2년에
伐鄭,	정을 쳐서
取陽城.	양성을 빼앗았다.
伐宋,	송을 쳐서

11 **색은** 『계본』에는 "무후(武侯)"로 되어 있다.

12 **집해** 서광은 말하였다. "6년에 노(魯)를 구원하였다." **색은** 『전국책(戰國策)』에는 "한괴(韓傀)를 죽였다"라 하였으며, 고유(高誘)는 "한괴는 겹후(俠侯) 누(累)이다."라 하였다.

13 **색은** 『기년』에는 문후(文侯)가 없고, 『계본』에는 열후(列侯)가 없다.

到彭城,	팽성에까지 이르러
執宋君.	송군을 잡았다.
七年,	7년에
伐齊,	제를 쳐서
至桑丘.	상구에 이르렀다.
鄭反晉.	정이 진에 반기를 들었다.
九年,	9년에
伐齊,	제를 쳐서
至靈丘.[14]	영구에 이르렀다.
十年,	10년에
文侯卒,	문후가 죽고
子哀侯立.	아들 애후가 즉위하였다.

哀侯元年,	애후 원년에
與趙·魏分晉國.	조·위와 함께 진국을 나누었다.
二年,	2년에
滅鄭,	정을 멸하고
因徙都鄭.[15]	내친김에 도읍을 정으로 옮겼다.

六年,	6년에
韓嚴弒其君哀侯,	한엄이 임금 애후를 죽였으며

---

14 **정의** 영구(靈丘)는 울주현(蔚州縣)이며, 이때 연(燕)에 속하였다.

15 **색은** 『기년』에서는 위무후(魏武侯) 21년에 한(韓)이 정(鄭)을 멸하고 애후(哀侯)가 정으로 들어갔다고 하였다. 22년에 진환공(晉桓公)이 정을 애후의 봉읍으로 삼았다. 한이 이미 천도하여 이에 정으로 고쳐 불렀으므로 『전국책』에서는 한혜왕(韓惠王)을 정혜왕(鄭惠王)이라 하였는데 위(魏)가 대량(大梁)으로 천도하여 양왕(梁王)이라 부른 것과 같다.

而子懿侯立.[16]	아들인 의후가 즉위하였다.
懿侯二年,	의후 2년에
魏敗我馬陵.[17]	위가 마릉에서 우리를 무찔렀다.
五年,	5년에
與魏惠王會宅陽.[18]	위혜왕과 택양에서 회합했다.
九年,	9년에
魏敗我澮.[19]	위가 쾌에서 우리를 무찔렀다.
十二年,	12년에
懿侯卒,	의후가 죽고
子昭侯立.	아들 소후가 즉위했다.
昭侯元年,	소후 원년에
秦敗我西山.	진이 서산에서 우리를 무찔렀다.
二年,	2년에
宋取我黃池.[20]	송이 우리 황지를 빼앗았다.
魏取朱.	위가 주를 빼앗았다.
六年,	6년에

16 **색은** 「연표(年表)」에는 의후(懿侯)가 "장후(莊侯)"로 되어 있다. 또한 『기년』에서는 "진환공(晉桓公)이 정(鄭)을 애후(哀侯)의 봉읍으로 삼았으며, 한산견(韓山堅)이 그 임금인 애후를 해치고 한약산(韓若山)을 세웠다."라 하였다. 약산이 곧 의후이니 한엄(韓嚴)이 한산견이다. 그런데 『전국책』에는 또 한중자(韓仲子)가 있는데 이름이 수(遂)이며, 또한 아마 한엄(韓嚴)일 것이다.

17 **정의** 위주(魏州) 원성현(元城縣) 동남쪽 1리 지점에 있다.

18 **정의** 정주(鄭州)에 있다.

19 **집해** 서광은 말하였다. "큰 비가 석 달 내렸다." **정의** '澮'의 음은 쾌(古外反)이며, 능주(陵州) 쾌수(澮水)의 가이다.

20 **집해** 서광은 말하였다. "평구(平丘)에 있다."

伐東周,[21] 동주를 쳐서
取陵觀·邢丘. 능관과 형구를 빼앗았다.

八年, 8년에
申不害相韓, 신불해가 한의 상이 되어
脩術行道, 법술(法術)을 실시하고 도를 행하니
國內以治, 나라가 잘 다스려져
諸侯不來侵伐. 제후들이 (우리를) 침공하러 오지 않았다.

十年, 10년에
韓姬弒其君悼公.[22] 한희가 임금인 도공을 죽였다.
十一年, 11년에
昭侯如秦. 소후가 진으로 갔다.
二十二年, 22년에
申不害死. 신불해가 죽었다.
二十四年, 24년에
秦來拔我宜陽. 진이 (쳐들어)와서 우리 의양을 빼앗았다.

二十五年, 25년에
旱, 한발이 들었는데도
作高門. 고문을 지었다.
屈宜臼[23]曰: 굴의구가 말하였다.

21 **정의** 하남(河南) 공현(鞏縣)이다.

22 **색은** 『기년』에는 "희(姬)"가 또한 "기(玘)"로 되어 있으며, 모두 음은 이(羊之反)이다. 희(姬)는 한(韓)의 대부인데, 왕소(王劭) 또한 도공(悼公)이 어느 임금인지 모른다고 하였다.

23 **집해** 허신(許愼)은 말하였다. "굴의구(屈宜臼)는 초(楚)의 대부로 위(魏)에 있었다."

“昭侯不出此門.	“소후는 이 문을 나서지 못할 것이다.
何也?	어째서인가?
不時.	시의적절하지 않기 때문이다.
吾所謂時者,	내가 이른바 시의라는 것은
非時日也,	시일이 아니며
人固有利不利時.	사람에게는 실로 유리하고 유리하지 않을 때가 있기 마련이다.
昭侯嘗利矣,	소후는 유리했을 적에는
不作高門.	고문을 짓지 않았다.
往年秦拔宜陽,	지난해에 진이 의양을 함락시켰고
今年旱,	올해는 한발이 들었는데
昭侯不以此時卹民之急,	소후는 이때 백성의 위급함을 어루만지지 않고
而顧益奢,	더 사치한 것을 돌아보았으니
此謂‘時絀擧贏’.”[24]	이를 일러 ‘때가 쇠약하여졌는데 사치를 부린다’는 것이다.”
二十六年,	26년에
高門成,	고문이 낙성되었지만
昭侯卒,[25]	소후는 죽어
果不出此門.	과연 이 문을 나서지 못하였다.

24 **집해** 서광은 말하였다. “당시 쇠약하고 곤궁하였는데 사치를 부린 것이다.”

25 **색은** 『기년』에서는 “정소후(鄭昭侯) 무(武)가 죽자 다음인 위후(威侯)가 즉위하였다. 위후 7년에 한단(邯鄲)과 함께 양릉(襄陵)을 에워쌌다. 5월에 양혜왕(梁惠王)이 무사(巫沙)에서 위후와 회합하였다. 10월에 정선왕(鄭宣王)이 양(梁)에 조현하였다.”라 하여 위후의 죽음은 보이지 않는다. 아래의 한거(韓擧)를 무찌른 일은 위후 8년에 있으며, 이 「계가(系家)」에서는 곧 선혜왕(宣惠王)의 해라고 생각하였다. 또한 위에는 도공(悼公)을 죽인 일이 있는데, 도공 또한 누구의 시호인지 알지 못하겠다. 한(韓)이 약소하고 국사(國史)에세 대계(代系)를 잃었기 때문에 이 곳 및 『계본』이 같지 않으며, 또한 회복시킬 수 없을 것이다.

子宣惠王立. 아들인 선혜왕이 즉위하였다.

宣惠王五年, 선혜왕 5년에
張儀相秦. 장의가 진의 상이 되었다.
八年, 8년에
魏敗我將韓擧.[26] 위가 우리 장수 한거를 무찔렀다.
十一年, 11년에
君號爲王. 군을 왕으로 (바꾸어) 불렀다.
與趙會區鼠. 조와 구서에서 회합하였다.
十四, 14년에
秦伐敗我鄢.[27] 진이 언에서 우리를 쳐서 무찔렀다.

十六年, 16년에
秦敗我脩魚,[28] 진이 수어에서 우리를 무찌르고
虜得韓將鯁·申差於濁澤.[29] 탁택에서 한의 장수 수와 신차를 사로잡았다.
韓氏急, 한이 다급해지자
公仲[30]謂韓王曰: 공중이 한왕에게 말하였다.
"與國非可恃也. "동맹국은 믿을 수 없습니다.
今秦之欲伐楚久矣, 지금 진이 초를 치려 한 것이 오래되었으니
王不如因張儀爲和於秦, 왕께서는 장의를 통하여 진과 강화하고

---

26 색은 한거(韓擧)는 의심의 여지없이 한의 장수인데 『기년』에서는 한거를 조(趙)의 장수라 하였으니 아마 거(擧)는 먼저 조의 장수였다가 나중에 한으로 들어갔을 것이다. 또한 『기년』에서는 그가 패한 것은 한위왕(韓威王) 8년일 것이라 하여 같지 않다.

27 집해 서광은 말하였다. "영천(潁川) 언릉현(鄢陵縣)이다. 음은 언(於乾反)이다." 정의 지금의 허주(許州) 언릉현 서북쪽 15리 지점에 언릉의 옛 성이 있다.

28 색은 지명이다.

賂以一名都, 이름난 도읍 하나를 주어

具甲, 무장병을 갖추고

與之南伐楚, 함께 남으로 초를 치는 것만 못하니

此以一易二之計也."[31] 이는 하나를 둘로 바꾸는 계책입니다."

韓王曰: 한왕이 말하였다.

"善." "좋소."

乃警公仲之行,[32] 곧 공중이 가도록 타이르고

將西購於秦.[33] 서로 가서 진과 강화하려 했다.

楚王聞之大恐, 초왕은 듣고 크게 두려워하여

召陳軫告之. 진진을 불러 알렸다.

陳軫曰: 진진이 말하였다.

"秦之欲伐楚久矣, "진이 초를 치려 한 지가 오래되었으며

---

29 **집해** 서광은 말하였다. "어떤 곳에는 경(鯁)과 신차(申差)로 되어 있다. 장사(長社)에 탁택(濁澤)이 있다." **색은** 수(鯼)와 신차는 두 장수이다. '鯼'의 음은 수(瘦)이고 또한 "경(鯁)"으로 된 곳도 있다. **정의** 탁택(濁澤)은 오자일 것이며 "관택(觀澤)"이 되어야 한다. 「연표」에서는 "진혜문왕(秦惠文王) 경원(更元) 8년 한(韓)과 싸워서 8만을 참수하였다고 하였다. 한선혜왕(韓宣惠王) 16년에 진이 수어(脩魚)에서 우리를 무찌르고 장군 신차(申差)를 잡아갔다. 위애왕(魏哀王) 2년에 제(齊)가 관택(觀澤)에서 우리를 무찔렀다. 조무령왕(趙武靈王) 9년에 한(韓)과 위(魏)가 진(秦)을 쳤다. 제민왕(齊湣王) 7년에 관택에서 위와 조(趙)를 무찔렀다 하였으니, 탁택(濁澤)은 확실히 오자일 것이다. 서광은 또 말하기를 "탁택은 장사(長社)에 있다"라 하였으니 착오를 깨닫지 못함이 심하다. 『괄지지』에서는 말하였다. "관택은 위주(魏州) 돈구현(頓丘縣) 동쪽 18리 지점에 있다".

30 **색은** 한(韓)의 상국(相國)으로, 이름은 치(侈)이다.

31 **색은** 하나는 이름난 도읍을 이른다. 둘은 한(韓)을 치지 않고 또한 함께 초(楚)를 치게 하는 것이다.

32 **색은** 경(警)은 계(戒)이다. 『전국책』에는 "위(衛)"로 되어 있다.

33 **색은** 『전국책』에는 "강(講)"으로 되어 있다." 강(講) 또한 모의(謀議)하는 것으로 구구(購求)와 뜻이 통한다.

今又得韓之名都一而具甲,	지금 또한 한의 이름난 도읍 하나를 얻고 무장 병력을 갖추고
秦韓并兵而伐楚,	진과 한이 군대를 합해 초를 치려 하는데
此秦所禱祀而求也.	이는 진이 기구하던 것입니다.
今已得之矣,	지금 이미 그것을 얻었으니
楚國必伐矣.	초국을 반드시 칠 것입니다.
王聽臣爲之警四境之內,	왕께서는 신이 하는 대로 따라 사방의 경내에 알리어
起師言救韓,	군사를 일으켜 한을 구원한다고 하십시오.
命戰車滿道路,	전차를 도로에 가득 채우게 하고
發信臣,	믿음직한 신하를 보내어
多其車,	수레를 많이 주고
重其幣,	예물을 중하게 하여
使信王之救己也.	왕께서 자신을 구원한다는 것을 믿게 하십시오.
縱韓不能聽我,	한이 우리를 따를 수 없다 하더라도
韓必德王也,[34]	한은 반드시 왕을 은혜롭게 여겨
必不爲鴈行以來,[35]	반드시 기러기가 열을 짓듯 오지는 않을 것이며
是秦韓不和也,	진과 한이 화친하지 않게 되어
兵雖至,	군사가 이르더라도
楚不大病也.	초는 크게 근심하지 않아도 됩니다.
爲能聽我絕和於秦,	우리를 따라 진과 화친을 끊을 수 있다면

34 **색은** 한왕(韓王)이 초(楚)가 구원한다는 것을 믿고 비록 초의 구원병이 이름을 따를 수는 없지만 진(秦)으로 들어가려는 뜻을 꺾고 오히려 초를 은혜롭게 여길 것이라는 말이다.

35 **색은** 한(韓)이 초(楚)가 반드시 자기를 구원해준다면 자기가 비록 진(秦)을 따라와서 전쟁을 하더라도 오히려 왕을 은혜롭게 여길 것이기 때문에 기러기처럼 항렬을 이루어 오지 않을 것이며, 군사가 나아가는데 동의하지 않을 것이라는 말이다.

秦必大怒,	진은 반드시 크게 노하여
以厚怨韓.	한을 매우 원망할 것입니다.
韓之南交楚,	한이 남으로 초와 국교를 맺는다면
必輕秦;	반드시 진을 깔볼 것이며.
輕秦,	진을 깔보면
其應秦必不敬:	진을 대함이 반드시 불경해질 것입니다.
是因秦·韓之兵而免楚國之患也."	이는 진·한의 군사에 의지하여 초국의 근심을 면하는 것입니다."
楚王曰:	초왕이 말하였다.
"善."	"좋소."
乃警四境之內,	이에 사방의 경내에 알리어
興師言救韓.	군사를 일으키어 한을 구원한다고 하였다.
命戰車滿道路,	전차를 도로에 가득 채우게 하고
發信臣,	믿음직한 신하를 보내어
多其車,	수레를 많이 주고
重其幣.	예물을 중하게 하였다.
謂韓王曰:	한왕에게 말하였다.
"不穀國雖小,	"과인의 나라가 비록 작으나
已悉發之矣.	이미 군사를 있는 대로 일으켰습니다.
願大國遂肆志於秦,	원컨대 대국에서 진에 뜻하신 대로 해 주신다면
不穀將以楚殉韓."[36]	과인은 초를 가지고 죽음으로 한을 위해 죽겠습니다."
韓王聞之大說,	한왕은 그 말을 듣고 매우 기뻐하며

36 **색은** 순(殉)은 따라 죽는 것이다. 죽음으로 한(韓)을 돕겠다는 말이다..

乃止公仲之行.[37]	곧 공중이 가는 것을 그만두게 하였다.
公仲曰:	공중이 말하였다.
"不可.	"안 됩니다.
夫以實伐我者秦也,	실제로 우리를 치는 것은 진이고
以虛名救我者楚也.	허명으로 우리를 구원하는 것은 초입니다.
王恃楚之虛名,	왕께서 초의 허명을 믿고
而輕絶彊秦之敵,	강한 진의 적과 가벼이 국교를 끊는다면
王必爲天下大笑.	왕께서는 반드시 천하의 큰 웃음거리가 될 것입니다.
且楚韓非兄弟之國也,	또한 초와 한은 형제의 나라가 아니며
又非素約而謀伐秦也.	또한 평소에 맹약하고 진을 치려고 모의하지도 않았습니다.
已有伐形,	치는 형세가 이미 이루어지자
因發兵言救韓,	군사를 일으켜 한을 구원한다고 하는데
此必陳軫之謀也.	이는 반드시 진진의 모의일 것입니다.
且王已使人報於秦矣,	또 왕께서 이미 사람을 보내어 진에게 알리고
今不行,	지금 행하지 않는 것은
是欺秦也.	진을 속이는 것입니다.
夫輕欺彊秦而信楚之謀臣,	강한 진을 가벼이 여겨 속이고 초의 모신의 말을 믿다가는
恐王必悔之."	왕께서는 반드시 뉘우칠 것입니다."
韓王不聽,	한왕은 듣지 않고
遂絶於秦.	마침내 진과 단교하였다.
秦因大怒,	진은 이로 매우 노하여

37 **색은** 서쪽으로 진에 가지 않게 하는 것이다.

益甲伐韓,	군사를 증원하여 한을 쳐
大戰,	크게 싸웠는데
楚救不至韓.	초의 구원병은 한에 이르지 않았다.
十九年,	19년에
大破我岸門.[38]	우리의 안문을 크게 깨뜨렸다.
太子倉質於秦以和.	태자 창을 진에 인질로 보내어 강화(講和)하였다.

二十一年,[39]	21년에
與秦共攻楚,[40]	진과 함께 초를 공격하여
敗楚將屈丐,	초의 장수 굴개를 무찌르고
斬首八萬於丹陽.[41]	단양에서 8만을 참수하였다.
是歲,	이 해에
宣惠王卒,	선혜왕이 죽고
太子倉立,	태자 창이 즉위하니
是爲襄王.[42]	바로 양왕이다.

襄王四年,	양왕 4년에
與秦武王會臨晉.	진무왕과 임진에서 회합하였다.

---

38 **집해** 서광은 말하였다. "영음(潁陰)에 안정(岸亭)이 있다." **정의** 『괄지지』에서는 말하였다. "안문(岸門)은 허주(許州) 장사현(長社縣) 서북쪽 18리 지점에 있는데, 지금의 이름은 서무정(西武亭)이다."

39 **집해** 서광은 말하였다. "주왕(周王) 난(赧) 3년이다."

40 **집해** 서광은 말하였다. "경좌(景痤)를 포위한 것이다."

41 **색은** 옛 초(楚)의 도읍으로 지금의 균주(均州)에 있다. **정의** 『좌전석례(左傳釋例)』에서는 말하였다. "초(楚)는 단양(丹陽)에 거처하였는데 바로 지금의 지강현(枝江縣) 옛 성이다."

42 **집해** 서광은 말하였다. "어떤 사람은 주난왕(周赧王) 6년은 한양애왕(韓襄哀王) 3년이라 하였으며, 장의(張儀)가 죽었다. 난왕 9년은 양애왕(襄哀王) 6년이며, 진소왕(秦昭王)이 즉위하였다."

其秋,	그해 가을에
秦使甘茂攻我宜陽.	진이 감무에게 우리 의양을 공격하게 하였다.
五年,	5년에
秦拔我宜陽,[43]	진이 우리 의양을 함락시키고
斬首六萬.	6만을 참수하였다.
秦武王卒.	진무왕이 죽었다.
六年,	6년에
秦復與我武遂.	진이 우리에게 무수를 되돌려주었다.
九年,	9년에
秦復取我武遂.	진이 다시 우리 무수를 빼앗았다.
十年,	10년에
太子嬰朝秦而歸.[44]	태자 영이 진을 조현하고 돌아왔다.
十一年,	11년에
秦伐我,	진이 우리를 쳐서
取穰.[45]	양을 빼앗았다.
與秦伐楚,	진과 초를 쳐서
敗楚將唐眛.	초의 장수 당매를 무찔렀다.
十二年,	12년에

43 정의 『괄지지』에서는 말하였다. "옛 한성(韓城)은 일명 의양성(宜陽城)이라고도 하며, 낙주(洛州) 복창현(福昌縣) 동쪽 14리 지점에 있는데 한(韓) 의양성(宜陽城)이다."

44 집해 서광은 말하였다. "진(秦)과 임진(臨晉)에서 회합하고 그대로 함양(咸陽)까지 이르렀다 돌아왔다."

45 정의 양(穰)의 음은 양(人羊反)으로 등주현(鄧州縣)이다. 곽중산(郭仲產)의 『남옹중기(南雍州記)』에서는 말하였다. "초(楚)의 별읍이다. 진은 처음에 초를 침략하고 공자 회(悝)를 양후에 봉하였다. 나중에 한(韓)에 속하였는데 진소왕(秦昭王)이 빼앗았다."

太子嬰死.	태자 영이 죽었다.
公子咎·公子蟣蝨爭爲太子.	공자 구와 공자 기슬이 태자를 다투었다.
時蟣蝨質於楚.	당시 기슬은 초에 인질로 있었다.
蘇代謂韓咎曰:	소대가 한구에게 말하였다.
"蟣蝨亡在楚,	"기슬은 도망쳐 초에 있는데
楚王欲內之甚.	초왕이 몹시 들여보내고 싶어 합니다.
今楚兵十餘萬在方城之外,[46]	지금 초의 군사 십여 만이 방성 밖에 있는데
公何不令楚王築萬室之都雍氏之旁,[47]	공은 어찌 초왕에게 옹지의 곁에 1만 호의 도성을 쌓게 하지 않습니까?
韓必起兵以救之,	한은 반드시 군사를 일으켜 구원할 것이며
公必將矣.	공은 반드시 장수가 될 것입니다.
公因以韓楚之兵奉蟣蝨而內之,	공이 한·초의 군사를 가지고 기슬을 삼가 들여보내면
其聽公必矣,	공을 따를 것이 분명할 것이며
必以楚韓封公也."	반드시 초·한을 가지고 공을 봉할 것입니다."
韓咎從其計.	한구는 그 계책을 따랐다.

---

46 **색은** 방성(方城)은 초(楚)의 북쪽 경계이다. 지외(之外)는 북쪽 경계의 북쪽이다. **정의** 『괄지지』에서는 말하였다. "방성산(方城山)은 허주(許州) 섭현(葉縣) 서남쪽 18리 지점에 있다. 『좌전』에서는 초(楚)의 대부 굴완(屈完)이 제후(齊侯)에게 말하기를 '초국(楚國)은 방성(方城)에 성을 쌓았다.'라 하였고, 두예의 주에서는 '방성산은 남양(南陽) 섭현(葉縣) 남쪽에 있다.'라 하였다."

47 **집해** 서광은 말하였다. "양적(陽翟)에 있다." **정의** 『괄지지』에서는 말하였다. "옛 옹지성(雍氏城)은 낙주(洛州) 양적현 25리 지점에 있다. 옛 늙은이가 말하기를 황제(黃帝)의 신하 옹보(雍父)가 절구를 만들었다고 하였다."

楚圍雍氏,[48]	초가 옹지를 에워싸자
韓求救於秦.	한은 진에 구원을 청하였다.
秦未爲發,	진(의 원병)이 아직 출병하지 않아
使公孫昧入韓.	공손매에게 한에 들어가게 하였다.
公仲曰:	공중이 말하였다.
"子以秦爲且救韓乎?"	"그대는 진이 한을 구원하리라 생각하오?"
對曰:	대답하였다.
"秦王之言曰'請道南鄭·藍田,[49]	진왕이 말하기를 '청컨대 남정과 남전으로 길을 내어
出兵於楚以待公',	초에 출병하면서 그대를 기다리겠소.'라 하였는데
殆不合矣."[50]	만나지 못할 것 같소."
公仲曰:	공중이 말하였다.
"子以爲果乎?"	"그대는 과연 그럴 것이라 생각하오?"
對曰:	대답하였다.
"秦王必祖張儀之故智.[51]	"진왕은 반드시 장의의 옛 지혜를 따를 것이오.

---

48 **집해** 서광은 말하였다. "「진본기(秦本紀)」 혜왕(惠王) 후원(後元) 13년은 주난왕(周赧王) 3년, 초회왕(楚懷王) 17년, 제민왕(齊湣王) 12년인데, 모두 '초가 옹지를 에워쌌다.'라 하였다. 『기년』의 이 해에서도 말하기를 '초(楚)의 경취(景翠)가 옹지(雍氏)를 에워쌌다. 한선자(韓宣王)가 죽자 진(秦)이 한(韓)을 도와 함께 초의 굴개(屈丐)를 무찔렀다.'라 하였다. 또 말하기를 '제(齊)와 송(宋)이 자조(煮棗)를 에워쌌다.'라 하였다. 모두 『사기』「연표」 및 「전완세가(田完世家)」와 부합한다. 그렇다면 여기에서 말한 '양왕(襄王) 12년 한구(韓咎)가 그 계책을 따랐다.' 이상은 초가 나중에 옹지를 에워싼 것으로, 난왕(赧王) 15년의 일이다. 또한 말하기를 '초가 옹지를 에워쌌다.' 이하는 초가 전에 옹지를 에워싼 것으로 난왕(赧王) 3년의 일이다."

49 **정의** 남정(南鄭)은 양주현(梁州縣)이다. 남전(藍田)은 옹주현(雍州縣)이다. 진왕(秦王)은 혹 옹주 서남쪽으로 나가 정이 이르기도 하고, 혹은 옹주 동남쪽으로 남천을 거쳐 효관(嶢關)을 나서서 모두 초의 북쪽 경계를 돌아 한의 사자를 기다려 동으로 옹지를 구원한다고 하였다. 이와 같이 늦고 느슨해서는 가까이는 초와 만나지 못할 것이라는 것이다.

50 **색은** 남정(南鄭)에서 만나지 못할 것이라는 것이다.

楚威王攻梁也,	초위왕이 양을 공격함에
張儀謂秦王曰:	장의가 진왕에게 말하였습니다.
'與楚攻魏,	'초와 함께 위를 공격하면
魏折而入於楚,	위는 꺾이어 초로 들어오고
韓固其與國也,	한은 실로 그 동맹국이니
是秦孤也.	진은 고립됩니다.
不如出兵以到之,[52]	군사를 내어 속이어
魏楚大戰,	위와 초가 크게 싸우면
秦取西河之外以歸.'	진은 서하의 밖을 빼앗아 돌아옴만 못합니다.'
今其狀陽言與韓,	지금 상황은 겉으로는 한과 동맹한다 하고
其實陰善楚.	실제로는 몰래 초와 친선을 하는 것입니다.
公待秦而到,	공이 진을 기다린다고 속이면
必輕與楚戰.	반드시 가벼이 초와 싸울 것입니다.
楚陰得秦之不用也,	초가 몰래 진이 쓰지 않는 것을 얻으면
必易與公相支也.[53]	반드시 쉽게 공과 서로 맞설 것입니다.
公戰而勝楚,	공이 싸워서 초를 이기면
遂與公乘楚,	마침내 공과 초를 타고
施三川而歸.[54]	삼천을 설치하고 돌아올 것입니다.

51 **집해** 서광은 말하였다. "조(祖)는 조종으로 삼아 익히는 것을 이른다. 고지(故智)는 지난 계책이라는 말과 같다."

52 **색은** 도(到)는 속이는 것이며, 속칭 "장도(張到)"라 한다. 그러나 『전국책』에는 "경(勁)"으로 되어 있는데, 경(勁)은 강하다는 뜻이다.

53 **색은** 초(楚)가 진(秦)을 몰래 알아 공을 위해 쓰지 않고 또한 반드시 쉽게 공을 위해 서로 지탱하여 맞선다는 말이다.

54 **정의** 시(施)는 설(設)과 같다. 삼천(三川)은 주(周) 천자의 도읍이다. 한(韓)이 초(楚)와 싸워 이기어 진(秦)과 한이 초를 제압하면 곧 천자의 도읍에서 한을 구원하는 공을 베풀어 패왕(霸王)의 자취를 행하여 제후에게 위세를 가하면 곧 함양(咸陽)을 돌려준다는 것이다.

公戰不勝楚,	공이 싸워 초를 이기지 못할 경우
楚塞三川守之,[55]	초가 삼천을 막고 지키면
公不能救也.	공이 구원할 수 없습니다.
竊爲公患之.	적이 그대가 근심스럽습니다.
司馬庚[56]三反於郢,	사마경이 영으로 여러 번 돌아가고
甘茂與昭魚[57]遇於商於,	감무와 소어가 상어에서 만나
其言收璽,[58]	인새를 거두자고 말하였지만
實類有約也."	실은 맹약한 것과 같습니다."
公仲恐,	공중이 두려워하여
曰:	말하였다.
"然則柰何?"	"그러면 어찌해야 합니까?"
曰:	말하였다.
"公必先韓而後秦,	"공이 반드시 한을 우선시하고 진을 뒤로 제쳐두고
先身而後張儀.[59]	(자신의) 몸을 우선시하고 장의를 뒤로 제쳐두십시오.
公不如亟以國合於齊楚,	공은 빨리 나라를 가지고 제·초와 연합함만 못하니
齊楚必委國於公.	제·초는 반드시 공에게 나라를 맡길 것이오.

55 **정의** 초(楚)가 곧 남하(南河)의 네 관문을 지키면 한(韓)은 삼천(三川)을 구원할 수 없다는 것이다.

56 **집해** 서광은 말하였다. "'당(唐)'으로 된 곳도 있다."

57 **집해** 서광은 말하였다. "초(楚)의 상국(相國)이다." **색은** 『전국책』에서는 소어(昭獻)라고 하였다.

58 **색은** 유 씨(劉氏)는 말하기를 "소어가 진(秦)으로 온다고 거짓으로 말하여 진의 관직 인새를 얻으려 하는 것이다."라 하였다. 수(收)는 취한다는 뜻이다.

59 **정의** 먼저 몸으로 한(韓)을 존속시키는 계획을 세우고 나중에 장의(張儀)가 진(秦)을 위하여 위(魏)로 간다는 계책을 세웠는데 급히 나라를 제·초와 합함만 못하다는 것이다.

公之所惡者張儀也,[60] 공이 미워하는 자는 장의로

其實猶不無秦也." 사실은 진을 무시하는 것이 아닙니다."

於是楚解雍氏圍.[61] 이에 초는 옹지의 에움을 풀었다.

蘇代又謂秦太后弟羋戎[62]曰: 소대가 또 진태후의 아우 미융에게 말하였다.

"公叔伯嬰恐秦楚之內蟣蝨也,[63]

"공숙백영이 진·초가 기슬을 들이려는 것을 두려워하는데

---

60 정의 '惡'의 음은 오(烏故反)이다. 공손매(公孫昧)가 공중(公仲)이 미워한 것은 장의(張儀)가 오게하는 계책이며 비록 나라를 제·초와 합쳐도 실은 가볍게 진을 속이지 못한다는 것이다.

61 집해 서광은 말하였다. "「감무전(甘茂傳)」에서는 '초회왕이 군사를 일으켜 한의 옹지(雍氏)를 에워쌌다. 한은 공중(公仲)을 보내어 진에 위급함을 알리게 하였다. 진소왕(秦昭王)은 막 즉위하여 구원하려하지 않았다. 감무가 한을 위하여 말하자 이에 효산(殽山)으로 군사를 내려 보내어 한을 구원하였다.' 또 말하였다. '주난왕(周赧王) 15년, 한양왕(韓襄王) 12년에 진이 초를 치고 2만을 참수하는 등 양성(襄城)에서 초를 무찌르고 경결(景缺)을 죽였다.'라 하였다. 「주본기(周本紀)」 난왕 8년의 뒤에서는 '초가 옹지를 에워쌌다' 하였으니 이때는 한양왕 12년 위애왕(魏哀王) 19년일 것이다. 『기년』의 이 해에서도 '초가 옹지로 들어갔는데 초의 사람이 패하였다.'라 하였다. 그러나 당시 장의(張儀)는 이미 죽은 지 10년째였다." 정의 여기서부터 위로 12년은 모두 초나 나중에 옹지를 에워싼 것으로 난왕 15년의 일이다. 앞의 주에서 서광은 말하기를 "'초가 옹지를 에워쌌다' 한 것 아래에서 초가 앞에 옹지를 에워싼 것으로 난왕 3년의 일이다."라 하였는데 서 씨의 설은 틀렸다. 서 씨의 아래에 보이는 글 "몸을 우선시하고 장의를 뒤로 제쳐두었다" 및 "공이 미워하는 자는 장의이다"에서 장의가 아직 살아 있으며 초가 또한 두 갈래로 옹지를 에워쌌으므로 이 전후로 일어났다고 한 견해는 매우 잘못되었다. 그러나 공손매(公孫昧)는 오히려 장의 때의 일을 말하였고 한의 상 공중을 말한 것일 따름이다.

62 집해 서광은 말하였다. "호는 신성군(新城君)이다." 색은 미(羋)는 성이고, 융(戎)은 이름이다. 진(秦) 선태후(宣太后)의 아우로 호는 신성군이다.

63 색은 『전국책』에 의하면 공숙백영(公叔伯嬰)과 기슬(蟣蝨) 및 공자 구(咎)는 모두 양왕(襄王)의 아들이다. 그러나 백영은 곧 태자 영인데, 영이 먼저 죽었으므로 구와 기슬이 태자의 자리에 오르기를 다툰 것이다. 여기서는 『전국책』의 설을 취하여 백영이 서기 전에 또한 기슬과 태자가 되기를 다투었다고 하였으므로 일이 겹치고 문장이 도치되게 되었다.

公何不爲韓求質子於楚?[64]	공은 어찌하여 한을 위하여 초에 인질을 청하지 않습니까?
楚王聽入質子於韓,[65]	초왕이 이를 따라 인질을 한으로 들여보내면
則公叔伯嬰知秦楚之不以蟣蝨爲事,	공숙백영은 진·초가 기슬을 문제 삼지 않음을 알아
必以韓合於秦楚.	반드시 한으로 진·초와 연합할 것입니다.
秦楚挾韓以窘魏,	진과 초가 한을 끼고 위를 곤궁하게 하면
魏氏不敢合於齊,	위는 감히 제와 연합하지 못하여
是齊孤也.	제는 고립될 것입니다.
公又爲秦求質子於楚,[66]	공은 또 진을 위하여 초에 인질을 구하였는데
楚不聽,	초가 들어주지 않으면
怨結於韓.	한과 원한을 맺을 것입니다.
韓挾齊魏以圍楚,	한이 제와 위를 끼고 초를 에워싸면
楚必重公.[67]	초는 반드시 공을 존중할 것입니다.

64 **색은** 한(韓)에게 초(楚)를 구원하게 하고 다시 다른 사람을 인질로 삼아 기슬(蟣蝨)을 대신하는 것이다. **정의** '爲'의 음은 위(于僞反)이다. 다음도 마찬가지다.

65 **색은** 인질[質子]은 기슬(蟣蝨)이다. **정의** 인질은 기슬이다. 소대(蘇代)가 미융(羋戎)에게 한(韓)을 위하여 기슬을 한에 들여보내게 하였는데 초(楚)는 들어주지 않았다. 공숙백영(公叔伯嬰)은 진과 초가 기슬을 문제 삼지 않는다는 것을 알고 반드시 한을 진·초와 연합하게 하였다. "초왕(楚王)이 한에 일질을 들여보내는 것을 따랐다"는 것은 "초왕이 한에 인질을 들여보내는 것을 따르지 않았다"가 되어야 하며, 앞에서 "불(不)" 자가 탈락되었다 한 것을 이은 것일 따름이다. 다음에서 "진·초가 기슬을 문제 삼지 않음을 알았다"라 하여 거듭 "불(不)" 자가 탈락된 것을 밝혔다.

66 **색은** 미융(羋戎)에게 진(秦)을 가르치게 하여 초(楚)에서 한(韓)이 보낸 인질을 찾아 진으로 들여보내게 한 것이다.

67 **정의** 한(韓)이 제(齊)·위(魏)와 연합하여 초(楚)를 에워싸면 초는 반드시 미융(羋戎)을 존중하여 진(秦)의 구원을 청할 것이라는 것이다.

公挾秦楚之重以積德於韓,	공이 진·초의 중함을 끼고 한에 은덕을 쌓으면
公叔伯嬰必以國待公."	공숙백영은 반드시 나라를 가지고 공을 기다릴 것입니다."
於是蟣蝨竟不得歸韓.[68]	이에 기슬은 마침내 한으로 돌아오지 못하게 되었다.
韓立咎爲太子.	한은 구를 태자로 세웠다.
齊·魏王來.[69]	제·위왕이 왔다.
十四年,	14년에
與齊·魏王共擊秦,	제·위왕과 함께 진을 쳐서
至函谷而軍焉.	함곡에 이르러 주둔하였다.
十六年,	16년에
秦與我河外及武遂.	진이 우리에게 하외 및 무수를 주었다.
襄王卒,	양왕이 죽고
太子咎立,	태자 구가 즉위하니
是爲釐王.	바로 희왕이다.
釐王三年,	희왕 3년에
使公孫喜率周·魏攻秦.	공손희에게 주와 위(의 군사)를 이끌고 진을 공격하게 하였다.
秦敗我二十四萬,	진이 우리 (군사) 24만을 무찌르고
虜喜伊闕.	이궐에서 희를 사로잡았다.
五年,	5년에

68 **정의** 이 이전부터 소대(蘇代)의 여러 계책이 모두 이루어지지 않았으므로 한(韓)이 마침내 구(咎)를 태자로 세웠다.

69 **정의** 소대(蘇代)가 한(韓)을 위하여 계책을 세웠으므로 제(齊)·위왕(魏王)이 오게 된 것이다.

秦拔我宛.[70]	진이 우리 원을 함락시켰다.
六年,	6년에
與秦武遂地二百里.[71]	진에 무수의 땅 2백 리를 주었다.
十年,	10년에
秦敗我師于夏山.	진이 하산에서 우리 군사를 무찔렀다.
十二年,	12년에
與秦昭王會西周而佐秦攻齊.	진소왕과 서주에서 만나 진을 도와 제를 공격하였다.
齊敗,	제는 패하였고
湣王出亡.	민왕은 도망쳤다.
十四年,	14년에
與秦會兩周閒.	진과 양주 사이에서 만났다.
二十一年,	21년에
使暴鳶[72]救魏,	포원에게 위를 구원하게 하였는데
爲秦所敗,	진에게 패하여
鳶走開封.	포원은 개봉으로 달아났다.

二十三年,	23년에
趙·魏攻我華陽.[73]	조와 위가 우리 화양을 공격하였다.
韓告急於秦,	한이 진에 위급을 알렸으나
秦不救.	진은 구원하지 않았다.

---

70 **정의** '宛'의 음은 원(於元反)이다. 원(宛)은 등주현(鄧州縣)으로 당시 한(韓)에 속하였다.

71 **정의** 이곳의 무수(武遂) 및 위의 무수(武遂)는 모두 의양(宜陽) 가까운 곳이다.

72 **정의** 음은 연(捐)이다. 한(韓)의 장수 성명이다.

73 **정의** 사마표(司馬彪)는 말하였다. "화양(華陽)은 산 이름으로 밀현(密縣)에 있다." 정주(鄭州) 관성현(管城縣) 남쪽 40리 지점이다.

韓相國謂陳筮[74]曰:	한의 상국이 진서에게 말하였다.
"事急,	"일이 급박하니
願公雖病,	원컨대 공이 병중이긴 하나
爲一宿之行."	하루만 행보를 해주시오."
陳筮見穰侯.	진서가 양후를 만나보았다.
穰侯曰:	양후가 말하였다.
"事急乎?	"일이 급박하겠죠?
故使公來."	그러니 공을 오게 했을 것입니다."
陳筮曰:	진서가 말하였다.
"未急也."	"아직 급박하진 않습니다."
穰侯怒曰:	양후가 노하여 말하였다.
"是可以爲公之主使乎?	"이래서야 공의 주인을 위해 사행을 할 수 있겠소?
夫冠蓋相望,	(사신의) 관모와 수레 덮개가 서로 바라보이고
告敝邑甚急,	우리나라가 매우 급박하다고 알리는데
公來言未急,	공은 와서 아직 급박하지 않다 하니
何也?"	어째서요?"
陳筮曰:	진서가 말하였다.
"彼韓急則將變而佗從,	"저 한이 급박하다면 바꾸어 다른 나라를 따를 것인데
以未急,	아직 급박하지 않기 때문에
故復來耳."	다시 왔을 따름입니다."
穰侯曰:	양후가 말하였다.
"公無見王,	"공은 왕을 만나지 마시오,

74 **집해** 서광은 말하였다. "'전(筌)'으로 된 곳도 있다." **색은** 서광은 "전(筌)"으로 된 곳도 있다고 하였다. 『전국책』에는 "전도(田荼)"로 되어 있다.

請今發兵救韓.”	이제 군사를 내어 한을 구원하도록 청하겠소.”
八日而至,	여드레 만에 이르러
敗趙·魏於華陽之下.	화양의 아래에서 조와 위를 무찔렀다.
是歲,	이 해에
釐王卒,	희왕이 죽고
子桓惠王立.	아들인 환혜왕이 즉위하였다.
桓惠王元年,	환혜왕 원년에
伐燕.	연을 쳤다.
九年,	9년에
秦拔我陘,	진이 우리 형을 함락시키고
城汾旁.[75]	분방에 성을 쌓았다.
十年,	10년에
秦擊我於太行,[76]	진이 태항에서 우리를 쳤다.
我上黨郡守以上黨郡降趙.	우리 상당 군수가 상당군을 가지고 조에 항복하였다.
十四年,	14년에
秦拔趙上黨,[77]	진이 조의 상당을 함락시켰다.
殺馬服子卒四十餘萬於長平.	마복자의 군사 40만 여를 장평에서 죽였다.
十七年,	17년에
秦拔我陽城·負黍.[78]	진이 우리 양성과 부서를 함락시켰다.

75 정의 '陘'의 음은 형(刑)이다. 진(秦)이 분수(汾水) 곁에서 형성(陘城)을 함락하였다. 형(陘)의 옛 성은 강주(絳州) 곡옥현(曲沃縣) 서북쪽 20리 지점 분수의 곁에 있다.

76 정의 태항산(太行山)은 회주(懷州) 하내현(河內縣) 북쪽 25리 지점에 있다.

77 정의 한(韓)의 상당(上黨)이다. 바로 태항산(太行山)에서 서북쪽 택(澤)과 노(潞) 등의 주이다.

二十二年,	22년에
秦昭王卒.	진소왕이 죽었다.
二十四年,	24년에
秦拔我城皋·滎陽.	진이 우리 성고와 형양을 함락시켰다.
二十六年,	26년에
秦悉拔我上黨.	진이 우리 상당을 완전히 함락시켰다.
二十九年,	29년에
秦拔我十三城.	진이 우리 성 13개를 함락시켰다.
三十四年,	34년에
桓惠王卒,	환혜왕이 죽고
子王安立.	아들인 왕안이 즉위하였다.
王安五年,	왕안 5년에
秦攻韓,	진이 한을 공격하니
韓急,	한은 급박하여
使韓非使秦,	한비를 진에 사행하게 하였는데
秦留非,	진은 비를 억류시켰다가
因殺之.	그대로 죽였다.
九年,	9년에
秦虜王安,	진이 왕안을 사로잡고
盡入其地,	그 영토를 모두 편입시켜

---

78 **집해** 서광은 말하였다. "부서(負黍)는 양성(陽城)에 있다." **정의** 『고금지명(古今地名)』에서는 말하였다. "부서는 낙주(洛州) 양성 서쪽 37리 지점에 있다."

爲潁州郡.	영천군으로 삼으니
韓遂亡.[79]	한은 마침내 망하였다.

太史公曰:	태사공은 말한다.
韓厥之感晉景公,	한궐이 진경공을 감화시켜
紹趙孤之子武,	조 씨의 고아 자무를 잇게 하여
以成程嬰·公孫杵臼之義,	정영과 공손저구의 의를 이루어주었으니
此天下之陰德也.	이는 천하의 음덕이다.
韓氏之功,	한 씨의 공은
於晉未覩其大者也.	진에서 큰 것이 보이지 않는다.
然與趙·魏終爲諸侯十餘世,	그러나 조·위와 함께 끝내 십여 세를 존속한 제후가 되었으니
宜乎哉!	마땅하도다!

색은술찬 索隱述贊 한 씨의 선조는, 실은 주 무왕을 종주로 한다. 사안이 약하고 나라가 작아, 『춘추』에 기록이 없다. 후예가 진을 섬겨, 한원에 거처하였다. 조 씨의 고아가 설 수 있었고, 지백을 취할 수 있었다. 평양으로 옮겼다가, 또 부서를 침략하였다. 경조가 모두 후가 되었고, 혜공은 임금을 참칭하였다. 진이 수어에서 무찌르고, 위와는 구서에서 연합하였다. 한비가 사신으로 갔으나, 이리와 범을 막지 못했다.

韓氏之先, 實宗周武. 事微國小, 春秋無語. 後裔事晉, 韓原是處. 趙孤克立, 智伯可取. 既徙平陽, 又侵負黍. 景趙俱侯, 惠又僭主. 秦敗脩魚, 魏會區鼠. 韓非雖使, 不禁狼虎.

---

79 **정의** 진시황제(秦始皇帝) 17년에 망하였다.

16 — 전경중완 세가 田敬仲完世家

陳完者,	진완은
陳厲公他[1]之子也.	진여공 타의 아들이다.
完生,	완이 태어났을 때
周太史過陳,	주의 태사가 진에 들러
陳厲公使卜完,	진여공이 완(의 앞날)을 점치게 하였는데
卦得觀之否:	「관」이 「비」로 바뀌는 괘를 얻었다.
"是爲觀國之光,	"나라의 광휘를 보는 것이니,
利用賓于王.	왕의 손님이 되는 것이 이로우리라.
此其代陳有國乎?	이 아이가 진을 대신해서 나라를 가질 것 아닐까요?
不在此而在異國乎?	여기에 있지 않으면 다른 나라에 있지 않겠습니까?
非此其身也,	이 아이 본신이 아니라면

1 색은索隱 '他'의 음은 타(徒何反)이다. 이 계가(系家: 곧 世家)에서는 타(他)가 여공(厲公)이라 하였는데, 『좌전(左傳)』에서는 여공의 이름은 약(躍)이라 하였고, 「진계가(陳系家)」에는 또 이공(利公) 약(躍)이 있으니, 이(利)가 곧 여(厲)이며, 여공의 이름은 약(躍)이다. 아마 타는 여공의 형일 것이며 즉위하고 해를 넘기지 못하여 시호가 없었을 것이다. 지금 여기서 "여공 타"라 한 것은 잘못되었다. 타는 일명 오보(五父)라고도 하였기 때문에 바로 『경(經)』에서 말하기를 "채(蔡)의 사람이 진타(陳他)를 죽였다"라 하였는데 「전(傳)」에서는 또한 "채 사람이 오보를 죽였다"라 하였다.

在其子孫.	그 자손에게 있을 것입니다.
若在異國,	다른 나라에 있다면
必姜姓.	반드시 강성(의 나라)일 것입니다.
姜姓,	강성은
四嶽之後.[2]	사악의 후예입니다.
物莫能兩大,	사물은 둘 다 커질 수 없으니
陳衰,	진이 쇠하면
此其昌乎?"[3]	이 아이(의 후예)가 창성할 것입니다."

厲公者,	여공은
陳文公少子也,	진문공의 작은 아들로
其母蔡女.	그 어머니는 채의 여인이다.
文公卒,	문공이 죽자
厲公兄鮑立,	여공의 형 포가 즉위하였는데
是爲桓公.	바로 환공이다.
桓公與他異母.	환공은 타와는 다른 어머니 소생이다.
及桓公病,	환공이 병들자
蔡人爲他殺桓公鮑及太子免而立他,	채의 사람들은 타를 위해 환공 포 및 태자 면을 죽이고 타를 옹립하였는데
爲厲公.	여공이다.
厲公既立,	여공은 즉위하자

2 정의正義 두예(杜預)는 말하였다. "강성(姜姓)의 선조는 요(堯)의 사악(四嶽)이다."

3 정의 진민공(陳湣公)은 주경왕(周敬王) 41년에 초혜왕(楚惠王)에게 멸망당했다. 제간공(齊簡公)은 주경왕 39년 전상(田常)에게 살해되었다.

娶蔡女.	채의 여인을 아내로 맞았다.
蔡女淫於蔡人,	채의 여인은 채 사람과 간음하여
數歸,	여러 차례 (채로) 돌아갔고
厲公亦數如蔡.	여공 또한 여러 차례 채로 갔다.
桓公之少子林怨厲公殺其父與兄,	
	환공의 작은 아들 임이 여공이 부친과 형을 죽인 것을 원망하여
乃令蔡人誘厲公而殺之.	이에 채 사람에게 여공을 꾀어 죽이게 하였다.
林自立,	임이 스스로 즉위하니
是爲莊公.	바로 장공이다.
故陳完不得立,	그래서 진완은 즉위하지 못하게 되었고
爲陳大夫.	진의 대부가 되었다.
厲公之殺,	여공이 살해된 것은
以淫出國,	음란하여 나라를 나섰기 때문이었으므로
故春秋曰"蔡人殺陳他",	『춘추』에서 "채 사람이 진타를 죽였다"라 하여
罪之也.	그에게 죄를 돌렸다.

莊公卒,	장공이 죽고
立弟杵臼,	아우인 저구를 옹립하니
是爲宣公.	바로 선공이다.
宣公[二]十一年,	선공 21년에
殺其太子禦寇.	태자 어구를 죽였다.
禦寇與完相愛,	어구는 완과 서로 좋아하였는데
恐禍及己,	화가 자기에게 미칠까 두려워하여
完故奔齊.	완은 그 때문에 제로 달아났다.

齊桓公欲使爲卿,	제환공이 그를 경으로 삼으려하자
辭曰:	사양하며 말하였다.
"羈旅之臣幸得免負檐,	"떠돌이 신하가 다행히 부담을 면하게 된 것은
君之惠也,	임금님의 은혜이온데
不敢當高位."	높은 지위를 감당하지 못합니다."
桓公使爲工正.[4]	환공은 그를 공정으로 삼았다.
齊懿仲欲妻完,	제의 의중이 완에게 딸을 시집보내고 싶어
卜之,	점을 쳐보니
占曰:	점괘에서는 말하였다.
"是謂鳳皇于蜚,	"이는 봉황이 나는데
和鳴鏘鏘.	화답하여 낭랑하게 우는도다.
有媯之後,	유규의 후손이
將育于姜.	강 씨의 나라에서 자라도다.
五世其昌,	5세에 창성하여,
並于正卿.	정경과 어깨를 나란히 할 것이로다.
八世之後,	8세의 후에는
莫之與京."	그보다 큰 사람이 없으리로다."
卒妻完.	마침내 완에게 딸을 시집보냈다.
完之奔齊,	완이 제로 달아난 것은
齊桓公立十四年矣.	제환공 즉위 14년째였다.
完卒,	완은 죽어서
謚爲敬仲.	시호를 경중이라 하였다.

---

4 **정의** 공교(工巧)의 우두머리고, 대장(大匠)이 되려는 것과 같다.

仲生穉孟夷.[5]	경중은 치 맹이를 낳았다.
敬仲之如齊,	경중은 제로 갈 때
以陳字爲田氏.[6]	진 자를 전 씨로 바꾸었다.
田穉孟夷生湣孟莊,[7]	전치 맹이는 민 맹장을 낳았고
田湣孟莊生文子須無.	전민 맹장은 문자 수무를 낳았다.
田文子事齊莊公.	전문자는 제장공을 섬겼다.
晉之大夫欒逞[8]作亂於晉,	진의 대부 난영이 진에서 난을 일으키고
來奔齊,	제로 달아나 오자
齊莊公厚客之.	제장공이 그를 후대해주었다.
晏嬰與田文子諫,	안영과 전문자가 간언하였으나
莊公弗聽.	장공은 듣지 않았다.
文子卒,	문자가 죽고
生桓子無宇.	환자 무우를 낳았다.

---

5 **색은** 『계본(系本)』에는 "이맹사(夷孟思)"로 되어 있다. 치(穉)는 이름이고 맹이(孟夷)는 자일 것이다.

6 **집해集解** 서광(徐廣)은 말하였다. "응소(應劭)는 말하기를 처음에 전(田)에서 채읍을 받아먹었으므로 이로 말미암아 성을 전 씨(田氏)로 바꾸었다." **색은** 여기서 말한 것에 의하면 경중(敬仲)은 제(齊)로 달아나 진(陳)과 전(田) 두 자가 소리가 서로 가까워서 마침내 전 씨(田氏)가 되었다. 응소는 "전에서 처음으로 식읍을 받았다"라 하였으니, 전(田)은 지명인데 그 장소는 확실치 않다. **정의** 경중은 이미 제로 달아나 본국의 옛 호칭으로 불리고 싶지 않아 진(陳) 자를 전 씨(田氏)로 고쳤다.

7 **집해** 서광은 말하였다. "어떤 곳에는 '지(茝)'로 되어 있다." **색은** 『계본』에는 "민맹극(閔孟克)"으로 되어 있다. '茝'의 음은 채(昌改反)이다.

8 **색은** 음은 영(盈)이다. 『사기』에는 거의 "영(逞)" 자로 되어 있다.

田桓子無宇有力,	전환자 무우는 힘이 세어
事齊莊公,	제장공을 섬겼는데
甚有寵.	매우 총애를 받았다.
無宇卒,	무우가 죽고
生武子開與釐子乞.[9]	무자 개와 희자 걸을 낳았다.
田釐子乞事齊景公爲大夫,	전희자 걸은 제경공을 섬겨 대부가 되었다.
其收賦稅於民以小斗受之,	그는 백성에게 세금을 걷는데 소두로 받고
其(粟)[稟]予民以大斗,	백성에게 빌려줄 때는 대두로 하여
行陰德於民,	백성들에게 음덕을 행하였는데
而景公弗禁.	경공은 이를 금하지 않았다.
由此田氏得齊衆心,	이로 말미암아 전 씨는 제 대중의 마음을 얻어
宗族益彊,	종족이 더욱 강하여졌고
民思田氏.	백성은 전 씨를 사모하였다.
晏子數諫景公,	안자가 수 차례 경공에게 간하였으나
景公弗聽.	경공은 듣지 않았다.
已而使於晉,	얼마 후 진에 사행하여
與叔向私語曰:	숙상에게 사사로이 말하였다.
"齊國之政卒歸於田氏矣."	"제국의 정치는 결국 전 씨에게 돌아갈 것이오."
晏嬰卒後,	안영이 죽은 후
范·中行氏反晉.	범과 중항 씨가 진에서 반기를 들었다.
晉攻之急,	진이 그들을 급히 공격하니

9 정의 '釐'의 음은 희(僖)이다.

范·中行請粟於齊. 범과 중항 씨는 제에 식량을 청하였다.

田乞欲爲亂, 전걸은 반란을 일으키고자 하여

樹黨於諸侯, 제후국에 당파를 세우고

乃說景公曰: 곧 경공에게 말하였다.

"范·中行數有德於齊, "범과 중항 씨는 수 차례 제에 은덕을 베풀었으니

齊不可不救." 제가 구원하지 않을 수 없습니다."

齊使田乞救之而輸之粟. 제는 전걸에게 그들을 구원하여 식량을 보내주게 하였다.

景公太子死, 경공의 태자가 죽고

後有寵姬曰芮子,[10] 나중에 예자라는 총희가 있었는데

生子荼.[11] 아들 도를 낳았다.

景公病, 경공이 병들어

命其相國惠子[12]與高昭子[13]以子荼爲太子. 상국인 혜자와 고소자에게 아들 도를 태자로 하라고 명했다.

景公卒, 경공이 죽자

兩相高·國立荼, 두 상국인 고와 국 씨가 도를 세웠으니

是爲晏孺子. 바로 안유자이다.

而田乞不說, 그러나 전걸은 기뻐하지 않아

欲立景公他子陽生. 경공의 다른 아들 양생을 세우고자 했다.

陽生素與乞歡. 양생은 평소에 걸과 사이좋게 지냈다.

---

10 집해 서광은 말하였다. "'죽자(粥子)'로 된 곳도 있다."

11 색은 음은 서(舒)이다. 또한 원래 자대로도 읽는다.

12 색은 이름은 하(夏)이다.

13 색은 이름은 장(張)이다.

晏孺子之立也, 안유자가 서자

陽生奔魯. 양생은 노로 달아났다.

田乞偽事高昭子·國惠子者, 전걸은 고소자와 국혜자를 섬기는 척하면서

每朝代參乘, 매일 아침 번갈아 수레의 곁에 타고

言曰: 말하였다.

"始諸大夫不欲立孺子. "처음에 대부들은 유자를 세우고 싶어 하지 않았습니다.

孺子既立, 유자가 즉위하여

君相之, 임금이 상으로 삼으니

大夫皆自危, 대부들은 모두 스스로 위태롭게 여겨

謀作亂." 난을 일으키려고 모의하고 있습니다."

又紿大夫曰: 또한 대부들을 속여 말하였다.

"高昭子可畏也, "고소자는 두려워할 만하니

及未發先之." 손을 쓰기 전에 먼저 제압해야 합니다."

諸大夫從之. 대부들이 따랐다.

田乞·鮑牧與大夫以兵入公室, 전걸과 포목이 대부들과 군사를 거느리고 공실로 들어가

攻高昭子. 고소자를 공격하였다.

昭子聞之, 고소자가 듣고

與國惠子救公. 국혜자와 함께 공을 구원하였다.

公師敗. 공의 군사가 패하였다.

田乞之眾追國惠子, 전걸의 무리가 국혜자를 추격하자

惠子奔莒, 국혜자는 거로 달아났다.

遂返殺高昭子. (전걸이) 마침내 돌아와 고소자를 죽였다.

晏(孺子)[圉]奔魯. 안어는 노로 달아났다.

田乞使人之魯,	전걸은 사람을 노로 보내
迎陽生.	양생을 맞았다.
陽生至齊,	양생은 제에 이르러
匿田乞家.	전걸의 집에 숨었다.
請諸大夫曰:	(전걸이) 대부들을 청하여 말하였다.
"常之母有魚菽之祭,	"전상의 모친이 물고기와 콩으로 제사를 지냈는데
幸而來會飮."	와서 모여 술을 마셨으면 합니다."
會飮田氏.	전 씨의 집에서 모여 마셨다.
田乞盛陽生橐中,[14]	전걸은 양생을 자루에 넣어
置坐中央.	자리의 한복판에 두었다가
發橐,	자루를 열어
出陽生,	양생을 나오게 하면서
曰:	말하였다.
"此乃齊君矣."	"이 분이 바로 제의 임금이십니다!"
大夫皆伏謁.	대부들은 모두 엎드려 뵈었다.
將盟立之,	맹세하여 세우려하는데
田乞誣曰:	전걸이 속여 말하였다.
"吾與鮑牧謀共立陽生也."	"나와 포목이 함께 양생을 세울 모의를 하였습니다."
鮑牧怒曰:	포목이 노하여 말하였다.
"大夫忘景公之命乎?"	"대부는 경공의 유명을 잊었는가?"
諸大夫欲悔,	대부들이 뉘우치려는데
陽生乃頓首曰:	양생이 곧 머리를 조아리며 말하였다.

14 **색은** '橐'의 음은 탁이다. 탁중(橐中)은 가죽 전대 안이라는 말이다.

"可則立之,	"세울 만하면 세우고
不可則已."	아니면 그만 두십시오."
鮑牧恐禍及己,	포목은 화가 자기에게 미칠까 두려워하여
乃復曰:	이에 다시 말하였다.
"皆景公之子,	"모두 경공의 아들이니
何爲不可!"	어찌 안 되겠습니까!"
遂立陽生於田乞之家,	마침내 전걸의 집에서 양생을 옹립하니
是爲悼公.	바로 도공이다.
乃使人遷晏孺子於駘,[15]	곧 사람을 시켜 안유자를 태로 옮기게 하고
而殺孺子荼.	유자 도를 죽였다.
悼公既立,	도공이 즉위하자
田乞爲相,	전걸은 상이 되어
專齊政.	제의 정치를 주물렀다.

四年,	4년에
田乞卒,	전걸이 죽고
子常代立,	아들인 상이 대를 이어 서니
是爲田成子.	바로 전성자이다.

鮑牧與齊悼公有郤,	포목과 제도공이 틈이 생겨
弑悼公.	도공을 죽였다.
齊人共立其子壬,	제의 사람들이 함께 그 아들 임을 옹립하니
是爲簡公.	바로 간공이다.

15 **정의** 음은 대(臺), 또는 태(台)이다. 가규(賈逵)는 말하였다. "제(齊)의 땅이다."

田常成子與監止[16]俱爲左右相,	전상 성자가 감지와 함께 좌우 상이 되어
相簡公.	간공을 보좌하였다.
田常心害監止,	전상은 내심 감지를 해롭게 여겼으나
監止幸於簡公,	감지가 간공의 총애를 받아
權弗能去.	권력 때문에 그를 없앨 수가 없었다.
於是田常復脩釐子之政,	이에 전상은 다시 희자의 정치를 닦아
以大斗出貸,	대두로 대출을 하고
以小斗收.	소두로 거두었다.
齊人歌之曰:	제 사람들이 노래하여 말하였다.
"嫗乎采芑,	"할머니 나물 뜯어
歸乎田成子!"[17]	전성자에게 보내리!"
齊大夫朝,	제의 대부들이 조현하였는데
御鞅[18]諫簡公曰:	어앙이 간공에게 간하였다.
"田·監不可並也,	"전 씨와 감 씨는 양립할 수 없으니
君其擇焉."	임금께서는 택일하셔야 합니다."
君弗聽.	임금은 그 말을 듣지 않았다.

子我者,	자아는
監止之宗人也,[19]	감지의 종족으로

16 **집해** 감(監)은 "감(闞)"으로 된 곳도 있다. **색은** 앞 자의 음은 글자 그대로이고, 또 감(苦濫反)이라고도 한다. 감(監)은 성이다. 이름은 지(止)이다.

17 **색은** 노파가 나물을 뜯어 모두 전성자에게 보내준다는 말로 제의 정치가 진(陳) 씨에게 돌아가리라는 것을 풍자하였다.

18 **색은** 어(御)는 관작이고, 앙(鞅)은 이름이다. 역시 전 씨(田氏)의 일족이다.

19 **색은** 「제계가(齊系家)」에서는 "자아(子我)가 저녁에 조회하러 갔다"라 하였으며, 가규는

常與田氏有郤.	늘 전 씨와 틈이 있었다.
田氏疏族田豹事子我有寵.	전 씨의 소원한 일족 전표는 자아를 섬겨 총애를 받았다.
子我曰:	자아가 말하였다.
"吾欲盡滅田氏適,	"내 전 씨의 적계(嫡系)를 모조리 멸족시키고
以豹代田氏宗."	전표를 전 씨의 조종으로 삼겠다."
豹曰:	전표가 말하였다.
"臣於田氏疏矣."	"신은 전 씨에서 소원합니다."
不聽.	듣지 않았다.
已而豹謂田氏曰:	얼마 후 전표가 전 씨에게 말하였다.
"子我將誅田氏,	"자아가 전 씨를 주멸할 것이니
田氏弗先,	전 씨가 선수를 치지 않으면
禍及矣."	화가 미칠 것입니다."
子我舍公宮,	자아는 공궁에 머물렀는데
田常兄弟四人乘如公宮,	전상 형제 네 사람이 수레를 타고 공궁으로 가서
欲殺子我.	자아를 죽이려고 하였다.
子我閉門.	자아는 대문을 닫았다.
簡公與婦人飮檀臺,[20]	간공은 부인과 함께 단대에서 술을 마시다가
將欲擊田常.	전상을 치려고 하였다.
太史子餘曰:	태사 자여가 말하였다.
"田常非敢為亂,	"전상은 감히 난을 일으키지 않고
將除害."	해를 없앨 것입니다."

"곧 감지(監止)이다"라 하였다. 그 문장의 뜻을 살펴보면 감지일 것이다. 여기서 "종인(宗人)"이라 한 것은 태사(太史)의 잘못일 것이다.

20 **정의** 청주(青州) 임치현(臨淄縣) 동북쪽 1리 지점에 있다.

簡公乃止.	간공은 이에 그만두었다.
田常出,	전상은 나와서
聞簡公怒,	간공이 노했다는 말을 듣고
恐誅,	죽임을 당할까 두려워하여
將出亡.	도망가려 하였다.
田子行曰:	전자행이 말하였다.
“需,	“의심은
事之賊也.”[21]	일을 해치는 것이다.”
田常於是擊子我.	전상은 이에 자아를 쳤다.
子我率其徒攻田氏,	자아가 그 무리를 이끌고 전 씨를 공격하였으나
不勝,	이기지 못하고
出亡.	도망쳤다.
田氏之徒追殺子我及監止.	전 씨의 무리는 자아 및 감지를 추격하여 죽였다.

簡公出奔,	간공이 달아나자
田氏之徒追執簡公于徐州.[22]	전 씨의 무리가 서주에서 간공을 추격하여 잡았다.
簡公曰:	간공이 말하였다.
“蚤從御鞅之言,	“일찌감치 어앙의 말을 들었더라면
不及此難.”	이 난에 이르지 않았을 것이다.”
田氏之徒恐簡公復立而誅己,	전 씨의 무리는 간공이 다시 즉위하여 자기들을 죽일까 두려워하여

---

21 **색은** ‘需’의 음은 수(須)이다. 수(需)는 의심하는 것이다. 의심하면 반드시 어려움을 초래하게 되므로 일을 해치는 것이라 하였다.

22 **색은** ‘徐’의 음은 서(舒)이다. 서주(徐州)는 제(齊)의 읍으로 바로 설현(薛縣)이며, 구주(九州)의 서(徐)가 아니다. **정의** 제의 서북쪽 경계선상의 지명으로 발해군(勃海郡) 동평현(東平縣)이다.

遂殺簡公. 마침내 간공을 죽였다.
簡公立四年而殺. 간공은 즉위 4년에 살해되었다.
於是田常立簡公弟驁, 이에 전상이 간공의 아우 오를 세우니
是為平公. 바로 평공이다.
平公即位, 평공이 즉위하자
田常為相. 전상은 상이 되었다.

田常既殺簡公, 전상은 간공을 죽이고 나서
懼諸侯共誅己, 제후들이 함께 자기를 죽일까 두려워하여
乃盡歸魯·衞侵地, 이에 노와 위의 빼앗은 땅을 모두 돌려주고
西約晉·韓·魏·趙氏, 서로는 진의 한·위·조 씨와 맹약하고
南通吳·越之使, 남으로는 오·월과 사신을 교통시켰으며,
脩功行賞, (내적으로) 논공행상을 하여
親於百姓, 백성들과 가까이하였으므로
以故齊復定. 그런 까닭에 제는 다시 안정되었다.

田常言於齊平公曰: 전상이 제평공에게 말하였다.
"德施人之所欲, "은덕과 시혜는 사람들이 바라는 것이니
君其行之; 임금께서 행하시고,
刑罰人之所惡, 형벌은 사람들이 미워하는 것이니
臣請行之." 신이 청컨대 행하겠습니다."
行之五年, 행한 지 5년 만에
齊國之政皆歸田常. 제국의 정치는 모두 전상에게 돌아갔다.
田常於是盡誅鮑·晏·監止及公族之彊者,
전상은 이에 포와 안, 감지 및 공족 중의 강한 자

를 모두 죽이고

而割齊自安平以東[23]至琅邪, 제의 안평 이동에서 낭야까지를 떼어

自為封邑.[24] 스스로 봉지로 삼았다.

封邑大於平公之所食. 봉읍이 평공의 식읍보다 컸다.

田常乃選齊國中女子長七尺以上為後宮,

전상은 곧 제국의 여인 가운데 키가 7척 이상인 자를 뽑아 후궁으로 삼았는데

後宮以百數, 후궁이 백을 헤아렸다.

而使賓客舍人出入後宮者不禁.

빈객과 사인이 후궁에 드나드는 것을 금하지 않게 했다.

及田常卒, 전상이 죽었을 때

有七十餘男.[25] 아들이 70여 명이었다.

田常卒, 전상이 죽고

---

23 **집해** 서광은 말하였다. "안평(安平)은 북해(北海)에 있다." **색은** 사마표(司馬彪)의 『군국지(郡國志)』에서 "북해의 동안평(東安平)은 육국(六國) 때 안평이라 하였다"라 하였으니 서광이 북해에 있다고 한 것이 옳다. **정의** 『괄지지(括地志)』에서는 말하였다. "안평성은 청주(青州) 임치현(臨淄縣) 동쪽 19리 지점에 있으며 옛 기국(紀國)의 휴읍(酅邑)이다." 청주는 곧 북해군이다.

24 **정의** 낭야(琅邪)는 기주(沂州)이다. 안평(安平) 이동으로 내(萊)와 등(登), 기(沂), 밀(密) 등의 주를 모두 스스로 전상(田常)이 봉읍으로 삼은 것이다.

25 **색은** 포욱(鮑昱)은 "진성자(陳成子)는 수십 명의 아내를 두었고 아들 백여 명을 낳았다."라 하여 이곳과 또 다르다. 그러나 초윤남(譙允南)은 『춘추(春秋)』를 고찰하여 진항(陳恆)의 사람됨은 비록 뜻이 컸지만 임금을 죽였다는 오명을 졌으며 일을 행하는데 있어서도 잘 정돈하여 스스로 지킬 수가 있어서 실로 금수 같은 행실을 한 것이 아니었다. 대체로 일을 이룸은 덕에 달려 있으니 비록 간자(姦子) 70명을 두었으면 다만 길이 난이 일어났을 것이니 일이 어찌 그럴 수가 있겠는가? 사실이 아님을 말하였다.

子襄子盤[26]代立, 아들 양자 반이 대를 이어 서서
相齊. 제의 상이 되었다.
常謚為成子. 전상의 시호는 성자이다.

田襄子既相齊宣公, 전양자가 제선공의 상이 되었을 때
三晉殺知伯,[27] 삼진은 지백을 죽이고
分其地. 그 땅을 나누었다.
襄子使其兄弟宗人盡為齊都邑大夫, 전양자는 형제 종인을 모두 제 도읍의 대부가 되게 하여
與三晉通使, 삼진과 사자를 통하여
且以有齊國. 곧 제국을 가지게 되었다.

襄子卒, 전양자가 죽고
子莊子白[28]立. 아들인 장자 백이 섰다.
田莊子相齊宣公. 전장자가 제선공의 상이 되었다.
宣公四十三年, 선공 43년에
伐晉, 진을 쳐서
毀黃城, 황성을 허물고
圍陽狐.[29] 양호를 에워쌌다.

26 집해 서광은 말하였다. "반(盤)은 '기(塈)'로 된 곳도 있다." 색은 서광은 "기(塈)"로 된 곳도 있다고 하였다. 음은 희(許既反)이다. 『계본』에는 "반(班)"으로 되어 있다.

27 집해 서광은 말하였다. "선공(宣公) 3년 때이다."

28 색은 『계본』에서는 이름이 백(伯)이라 하였다.

29 정의 『괄지지』에서는 말하였다. "옛 황성(黃城)은 위주(魏州) 관지현(冠氏縣) 남쪽 10리 지점에 있다. 양호곽(陽狐郭)은 위주(魏州) 원성현(元城縣) 동북쪽 32리 지점이다."

明年,	이듬해에
伐魯·葛及安陵.[30]	노와 갈 및 안릉을 쳤다.
明年,	이듬해에
取魯之一城.	노의 성 하나를 빼앗았다.

莊子卒,	장자가 죽고
子太公和立.[31]	아들인 태공 화가 섰다.
田太公相齊宣公.	전태공이 제선공의 상이 되었다.
宣公四十八年,	선공 48년에
取魯之郕.[32]	노의 성을 빼앗았다.
明年,	이듬해에
宣公與鄭人會西城.	선공이 정 사람과 서성에서 회합하였다.
伐衞,	위를 쳐서

---

30 **정의** 『괄지지』에서는 말하였다. "옛 노성(魯城)은 허창현(許昌縣) 남쪽 40리 지점에 있는데, 본래 노(魯)의 조숙읍(朝宿邑)이다. 장갈(長葛)의 옛 성은 허주(許州) 장갈현(長葛縣) 북쪽 13리 지점에 있으며 정(鄭)의 갈읍(葛邑)이다. 언릉(鄢陵)의 옛 성은 허주(許州) 언릉현 서북쪽 15리 지점에 있다. 이기(李奇)는 육국(六國) 때 안릉(安陵)이었다고 하였다."

31 **색은** 『기년(紀年)』에서는 "제선공(齊宣公) 15년에 전장자(田莊子)가 죽었다. 이듬해에 전도자(田悼子)를 세웠다. 도자(悼子)가 죽자 곧 다음으로 전화(田和)를 세웠다." 장자의 뒤에 도자가 있다. 재위한 해가 얼마 되지 않아 『계본』 및 역사를 기록한 자가 적을 수가 없었다. 장주(莊周) 및 귀곡자(鬼谷子)도 "전성자(田成子)가 제군(齊君)을 죽이고 12대에 제국(齊國)을 차지하였다."라 하였다. 지금 『계본』과 계가에 의하면 성자(成子)에서 왕건(王建)이 멸할 때까지는 10대 뿐이며, 『기년』 대로라면 도자 및 후섬(侯剡)이 곧 12대가 되며, 곧 장자(莊子)과 귀곡(鬼谷)의 설과 같고 『기년』 또한 망령되지 않음이 분명하다.

32 **정의** 음은 성(城)이다. 『괄지지』에서는 말하였다. "옛 성성(郕城)은 연주(兗州) 사수현(泗水縣) 서북쪽 50리 지점에 있다. 『설문(說文)』에서는 말하기를 '성(郕)은 노(魯) 맹씨(孟氏)의 읍이다.'라 하였는데 옳다."

取毌丘.[33]	관구를 빼앗았다.
宣公五十一年卒,	선공은 51년에 죽고
田會自廩丘反.[34]	전회가 늠구에서 반란을 일으켰다.

宣公卒,	선공이 죽고
子康公貸立.[35]	아들 강공 대가 즉위했다.
貸立十四年,	대는 즉위 14년에
淫於酒婦人,	술과 여인에 빠져
不聽政.	정사를 돌보지 않았다.
太公乃遷康公於海上,	태공은 곧 강공을 바닷가로 옮기고
食一城,	성 하나를 식읍지로 내주고
以奉其先祀.	선조의 제사를 받들게 하였다.
明年,	이듬해에
魯敗齊平陸.[36]	노가 평륙에서 제를 무찔렀다.

三年,	3년에
太公與魏文侯會濁澤,[37]	태공이 위문후와 탁택에서 회합하고
求為諸侯.	제후가 되기를 청했다.

33 **색은** '毌'의 음은 관(貫)으로, 옛 나라 이름이며 위(衞)의 읍이다. 지금 "관(毌)"으로 되어 있는 것은 글자가 잔결된 것일 따름이다. **정의** 『괄지지』에서는 말하였다. "예 관성(貫城)은 곧 옛 관국(貫國)으로 지금의 이름은 몽택성(蒙澤城)이며, 조주(曹州) 제음현(濟陰縣) 남쪽 56리 지점에 있다."

34 **색은** 『기년』에서는 "선공(宣公) 51년에 공손회(公孫會)가 늠구(廩丘)를 기반으로 조에서 반기를 들었다. 12월에 선공이 죽었다."라 하였다. 주력(周曆)으로는 이듬해 2월이다.

35 **집해** 서광은 말하였다. "11년에 노(魯)를 쳐서 최(最)를 빼앗았다." **색은** '貸'의 음은 대(土代反)이다. '最'의 음은 최(祖外反)이다.

36 **집해** 서광은 동평(東平) 평륙(平陸)이라고 하였다. **정의** 연주현(兗州縣)이다

魏文侯乃使使言周天子及諸侯, 위문후는 곧 사신을 보내어 주천자 및 제후에게 말하여

請立齊相田和為諸侯. 제의 상 전화를 제후로 세울 것을 청하였다.

周天子許之. 주천자가 허락하였다.

康公之十九年, 강공 19년에

田和立為齊侯, 전화가 제후로 서서

列於周室, 주 왕실에서 (제후의) 반열이 되어

紀元年. 원년이 되었다.

齊侯太公和立二年, 제후 태공 화 즉위 2년에

和卒,[38] 전화가 죽고

子桓公午立.[39] 아들인 환공 오가 즉위하였다.

桓公午五年, 환공 오 5년에

秦·魏攻韓, 진과 위가 한을 공격하니

韓求救於齊. 한은 제에 구원을 청하였다.

齊桓公召大臣而謀[40]曰: 제환공이 대신을 불러 모의하였다.

---

37 **집해** 서광은 말하였다. "강공(康公) 16년이다." **색은** 서광은 "강공 16년이다"라 하였는데, 「연표(年表)」의 설에 의하면 이 글 위의 "대(貸) 즉위 14년"을 살피지 않았고, 또한 "이듬해에 평륙(平陸)"에서 회합하였다 하였고, "또 3년에 탁택(濁澤)"에서 회합하였다 하였으니 18년이며, 「표(表)」 및 이 주는 모두 잘못되었다.

38 **집해** 서광은 말하였다. "노(魯)를 쳐서 깨뜨렸다."

39 **색은** 『기년』에서는 "제강공(齊康公) 5년에 전후(田侯) 오(午)가 났다. 22년에 전후(田侯) 섬(剡)이 즉위하였다. 10년 후에 제의 전오가 그 임금 및 유자(孺子) 희(喜)를 죽이고 공이 되었다."라 하였다. 『춘추후전(春秋後傳)』에서도 "전오가 전후 및 유자 희를 죽이고 제를 겸병하였으니 비로 환후(桓侯)이다."라 하였다. 이 「계가」와는 같지 않다.

40 **색은** 추기(騶忌)와 단간붕(段干朋)을 이른다. 『전국책(戰國策)』 위왕(威王) 26년 한단(邯鄲)의 전역 같은데 이 모신(謀臣)이 있을 따름이다. 또한 남양(南梁)의 난은 선왕(宣王) 2년에 있

“蚤救之孰與晚救之?”	“일찍 구원함과 늦게 구원하는 것 중 어느 쪽이 좋겠소?”
騶忌曰:	추기가 말하였다.
“不若勿救.”	“구원하지 않음만 못합니다.”
段干朋[41]曰:	단간붕이 말하였다.
“不救,	“구원하지 않으면
則韓且折而入於魏,	한은 곧 꺾이어 위로 편입될 것이니
不若救之.”	구원해줌만 못합니다.”
田臣思[42]曰:	전신사가 말하였다.
“過矣君之謀也!	“그대들의 생각이 틀렸소!
秦·魏攻韓·楚,	진과 위가 한과 초를 공격하면
趙必救之,	조가 반드시 구원할 것이니
是天以燕予齊也.”	이는 하늘이 연을 제에게 주는 것입니다.”
桓公曰:	환공이 말하였다.
“善”.	“좋소.”
乃陰告韓使者而遣之.	이에 몰래 한 사자에게 (원병을) 보낼 것이라고 일렀다.
韓自以為得齊之救,	한은 스스로 제가 구원해줄 것이라 생각하여
因與秦·魏戰.	이에 진·위와 싸웠다.
楚·趙聞之,	초와 조가 듣고는

었는데, 추자(騶子)와 전기(田忌), 손빈(孫臏) 등의 모의가 있다. 『전국책』에는 또한 장전(張田)이 있다. 그 말은 앞뒤가 서로 엇갈려 있으니 역사 기술자가 각기 다른 것을 취하여 같지 않을 따름이다.

41 **색은** 단간(段干)은 성이고, 붕(朋)은 이름이다. 『전국책』에는 “단간륜(段干綸)”으로 되어 있다.

42 **색은** 『전국책』에는 “전기사(田期思)”로 되어 있으며, 『기년』에서는 서주(徐州)의 자기(子期)라 하였는데, 아마 곧 전기(田忌)일 것이다.

果起兵而救之.	과연 군사를 일으켜 구원하였다.
齊因起兵襲燕國,	제는 이에 군사를 일으켜 연국을 습격하여
取桑丘.[43]	상구를 빼앗았다.

六年,	6년에
救衞.	위를 구원하였다.
桓公卒,[44]	환공이 죽고
子威王因齊立.	아들인 위왕 인제가 즉위하였다.
是歲,	이 해에
故齊康公卒,	옛 제강공이 죽어
絕無後,	후사가 끊겨 없어져
奉邑皆入田氏.	봉읍이 모두 전씨에게 편입되었다.

齊威王元年,	제위왕 원년에
三晉因齊喪來伐我靈丘.[45]	삼진이 제의 국상을 틈타 우리 영구를 치러 왔다.
三年,	3년에
三晉滅晉後而分其地.	삼진이 진의 후손을 멸하고 그 땅을 나누었다.
六年,	6년에

43 **정의** 『괄지지』에서는 말하였다. "상구(桑丘)의 옛 성은 속칭 경성(敬城)이라고도 하며, 역주(易州) 수성현(遂城縣)에 있다." 이때 제(齊)가 연(燕)의 상구(桑丘)를 치자 위(魏)와 조(趙)가 와서 구원하였다. 「위(魏)」와 「조세가(趙世家)」에서는 모두 "제를 쳐서 상구에 까지 이르렀다"라 하였는데, 모두 역주(易州)이다.

44 **색은** 『기년』에 의하면 양혜왕(梁惠王) 12년은 제환공(齊桓公) 18년에 해당하며, 나중에 위왕(威王)이 비로소 보이니 환공은 19년에 죽은 것이 되어 이와 같지 않다.

45 **정의** 영구(靈丘)는 하동(河東) 울주현(蔚州縣)이다. 영구는 이때 제(齊)에 속하였는데, 삼진(三晉)이 상을 틈타 정벌하였다. 「한(韓)」, 「위(魏)」, 「조세가(趙世家)」에서 "제(齊)를 쳐서 영구(靈丘)에 이르렀다"는 것은 모두 울주(蔚州)이다.

魯伐我,	노가 우리를 쳐서
入陽關.[46]	양관으로 들어왔다.
晉伐我,	진이 우리를 쳐서
至博陵.[47]	박릉에 이르렀다.
七年,	7년에
衞伐我,	위가 우리를 쳐서
取薛陵.	설릉을 빼앗았다.
九年,	9년에
趙伐我,	조가 우리를 쳐서
取甄.[48]	견을 빼앗았다.

威王初即位以來,	위왕이 처음 즉위한 이래
不治,	(직접) 다스리지 않고
委政卿大夫,	정경대부에게 (정치를) 맡기니
九年之閒,	9년 사이에
諸侯並伐,	제후들이 함께 쳐서
國人不治.	백성들이 다스려지지 않았다.
於是威王召即墨大夫而語之曰:	이에 위왕이 즉묵 대부를 불러 말하였다.
"自子之居即墨也,[49]	"그대가 즉묵에 거처한 이래로
毀言日至.	헐뜯는 말이 날로 이르고 있다.

---

46 **집해** 서광은 말하였다. "거평(鉅平)에 있다." **정의** 『괄지지』에서는 말하였다. "노(魯) 양관(陽關)의 옛 성은 연주(兗州) 박성현(博城縣) 남쪽 29리 지점에 있으며, 서로 문수(汶水)를 굽어보고 있다."

47 **정의** 제주(濟州) 서쪽 경계에 있다.

48 **정의** 음은 '견(絹)'이다. 곧 복주(濮州) 견성현(甄城縣)이다.

49 **정의** 내주(萊州) 교수현(膠水縣) 남쪽 60리 지점이 바로 즉묵(即墨)의 옛 성이다.

然吾使人視即墨,	그러나 내가 사람을 보내 즉묵을 살펴보게 하였더니
田野闢,	전야는 개간되었고
民人給,	백성은 넉넉하며
官無留事,	관청에는 계류된 일이 없어
東方以寧.	동방이 평안하였다.
是子不事吾左右以求譽也."	이는 그대가 나의 좌우에 명예를 구하는 것을 일삼지 않아서이다."
封之萬家.	만 호에 봉하였다.
召阿大夫語曰:	아 대부를 불러 말하였다.
"自子之守阿,	"그대가 아현을 맡은 이래로
譽言日聞.	칭찬하는 말이 날로 들렸다.
然使使視阿,	그러나 사자를 보내어 아를 살펴보았더니
田野不闢,	전야는 개간되지 않았고
民貧苦.	백성은 가난하고 어려워했다.
昔日趙攻甄,	지난날 조가 견을 공격하였는데
子弗能救.	그대는 구원할 수 없었다.
衞取薛陵,	위가 설릉을 빼앗았는데
子弗知.	그대는 알지 못하였다.
是子以幣厚吾左右以求譽也."	이는 그대가 내 좌우에 뇌물을 잔뜩 먹여 명예를 구한 것이다."
是日,	이날
烹阿大夫,	아 대부를 팽형에 처하고
及左右嘗譽者皆并烹之.	아울러 좌우에서 칭찬했던 자들도 모두 함께 팽형에 처하였다.

遂起兵西擊趙·衞,	마침내 군사를 일으켜 서쪽 조와 위를 치고
敗魏於濁澤而圍惠王.	탁택에서 위를 무찌르고 혜왕을 에워쌌다.
惠王請獻觀以和解,	혜왕은 관을 바치며 화해를 청하였고
趙人歸我長城.	조 사람은 우리 장성을 돌려주었다.
於是齊國震懼,	이에 제국(의 사람들)은 떨며 두려워하여
人人不敢飾非,	사람들이 감히 잘못을 꾸미지 않고
務盡其誠.	정성을 다할 것을 힘썼다.
齊國大治.	제국은 매우 잘 다스려졌다.
諸侯聞之,	제후들이 듣고
莫敢致兵於齊二十餘年.	감히 제에 군사를 보내지 않은 것이 20여 년이었다.

騶忌子以鼓琴見威王,	추기자가 금을 타면서 위왕을 뵙자
威王說而舍之右室.	위왕은 기뻐하며 오른쪽 방에 살게 해주었다.
須臾,	얼마 후
王鼓琴,	왕이 금을 타는데
騶忌子推戶入曰:	추기자가 방문을 밀고 들어오며 말하였다.
"善哉鼓琴!"	"훌륭하십니다, 금을 탐이!"
王勃然不說,	왕은 불끈 기뻐하지 않으며
去琴按劍曰:	금을 치우고 검을 어루만지며 말하였다.
"夫子見容未察,	"그대는 모습만 보고 살피지도 않았는데
何以知其善也?"	어떻게 훌륭함을 아오?"
騶忌子曰:	추기자가 말하였다.
"夫大弦濁以春溫者,	"저 대현이 저음을 내며 봄처럼 따뜻한 것은
君也;	임금이고,

小弦廉折以清者,	소현이 청렴하게 꺾이어 고음을 내는 것은
相也;[50]	상이며,
攫[51]之深,	잡음이 깊고
醳[52]之愉者,[53]	풂이 편안한 것은
政令也;	정령이고,
鈞諧以鳴,	고르고 화해롭게 울리며
大小相益,	크고 작은 것이 서로 도와주어
回邪而不相害者,	요사스럽고 사악함이 서로 해치지 못하는 것은
四時也:	사철입니다.
吾是以知其善也."	내 이에 그 훌륭함을 알았습니다."
王曰:	왕이 말하였다.
"善語音."	"음을 말함이 훌륭하오."
騶忌子曰:	추기자가 말하였다.
"何獨語音,	"어찌 다만 음을 말하겠습니까?
夫治國家而弭人民皆在其中."	국가를 다스리고 백성을 편안하게 해줌이 모두 거기에 있습니다."
王又勃然不說曰:	왕이 또 불끈 기뻐하지 않으며 말하였다.
"若夫語五音之紀,	"저 오음의 벼리를 말함에는

50 **집해** 『금조(琴操)』에서는 말하였다. "대현(大弦)은 임금인데, 너그럽고 부드러우며 따뜻하다. 소현(小弦)은 신하로, 청렴하면서 어지럽지 않다." **색은** 대현이 낮아서 따뜻한 것은 임금(의 음)이다. 『춘추후어(春秋後語)』에는 "온(溫)" 자가 "춘(春)"으로 되어 있는데, 봄기운은 따뜻하여 뜻이 또한 서로 통한다. 채옹(蔡邕)은 말하였다. "무릇 현이 느리고 촉급한 것을 청탁이라고 한다. 금(琴)은 현이 팽팽하면 청(清: 고음)이 되고, 현이 늘어지면 탁(濁: 저음)이 된다."

51 **집해** 서광은 말하였다. "손톱으로 현을 잡는 것이다. '攫'의 음은 확(己足反)이다."

52 **집해** 서광은 말하였다. "서(舒)로 된 곳도 있다."

53 **색은** '醳'은 석(釋)의 뜻으로 읽는다. 아래의 사(舍) 자도 모두 같다. 유(愉)는 서(舒)의 뜻으로 읽는다.

信未有如夫子者也.	실로 선생 같은 사람이 없을 것이오.
若夫治國家而弭人民,	국가를 다스리고 백성을 편안하게 해주는 것 같은 것이
又何為乎絲桐之閒?”	또한 어찌 현과 오동나무 사이에 있겠소?”
騶忌子曰:	추기자가 말하였다.
“夫大弦濁以春溫者,	“저 대현이 저음을 내며 봄처럼 따뜻한 것은
君也;	임금이고,
小弦廉折以清者,	소현이 청렴하게 꺾이어 고음을 내는 것은
相也;	상이며,
攫之深而舍之愉者,	잡음이 깊고 풂이 편안한 것은
政令也;	정령이고,
鈞諧以鳴,	고르고 화해롭게 울리며
大小相益,	크고 작은 것이 서로 도와주어
回邪而不相害者,	요사스럽고 사악함이 서로 해치지 못하는 것은
四時也.	사철입니다.
夫復而不亂者,	반복되면서도 어지럽지 않은 것은
所以治昌也;	다스림이 창명해서이고
連而徑者,	이어지면서도 곧게 통하는 것은
所以存亡也:	망하는 것을 보존해서입니다.
故曰琴音調而天下治.	그러므로 말하기를 금의 음이 고르면 천하가 다스려지고
夫治國家而弭人民者,	국가가 다스려지고 백성을 편안하게 해줌이
無若乎五音者.”	오음 만한 것이 없습니다.”
王曰:	왕이 말하였다.
“善.”	“훌륭하오.”

騶忌子見三月而受相印.	추기자가 뵌 지 석 달 만에 상의 인장을 받았다.
淳于髡見之曰:	순우곤이 보고 말하였다.
“善說哉!	“말씀을 아주 잘하십니다!
髡有愚志,	제게 어리석은 뜻이 있으니
願陳諸前.”	앞에서 말씀을 드리고 싶습니다.”
騶忌子曰:	추기자가 말하였다.
“謹受教.”	“삼가 가르침을 받겠습니다.”
淳于髡曰:	순우곤이 말하였다.
“得全全昌,[54]	“온전함을 얻으면 온전히 창성하고
失全全亡.”	온전함을 잃으면 온전히 망하는 법입니다.”
騶忌子曰:	추기자가 말하였다.
“謹受令,	“삼가 영을 받아
請謹毋離前.”[55]	청컨대 삼가 앞에서 벗어나지 않겠습니다.”
淳于髡曰:	순우곤이 말하였다.
“狶膏棘軸,	“대추나무 굴대에 기름칠을 하는 것은
所以為滑也,	매끄럽게 하기 위함입니다만
然而不能運方穿.”[56]	모난 굴대를 끼워서 운행을 할 수는 없습니다.”
騶忌子曰:	추기자가 말하였다.

54 **색은** 득전(得全)은 신하가 임금을 섬기는 예가 온전히 갖추어져 빠뜨린 것이 없으므로 온전하게 된다는 말이다. 전창(全昌)은 빠뜨림이 없으면 몸과 명예가 창성해져서 온전히 창성해진다는 것이다.

55 **색은** 이 말을 마음에 잘 새기어 늘 심목의 앞에서 벗어나지 않겠다는 것을 말한다.

56 **색은** 희고(狶膏)는 돼지 기름이다. 극축(棘軸)은 극목(棘木)을 가지고 수레의 축을 만드는 것인데 지극히 매끄럽고 단단하다. 그러나 구멍을 모나게 뚫으면 운전을 할 수 없는데, 순리를 거스르고 법도에 반하는 것을 말한다. 그러므로 아래서 기(忌)가 말하기를 “청컨대 삼가 좌우를 섬기겠습니다”라 하였는데, 매사에 모름지기 순종하겠다는 말이다.

“謹受令,	“삼가 영을 받아
請謹事左右.”	청컨대 삼가 좌우를 섬기겠습니다.”
淳于髡曰:	순우곤이 말하였다.
“弓膠昔幹,[57]	“활의 아교를 오래 말리는 것은
所以為合也,	잘 붙게 하기 위함이지만
然而不能傅合疏罅.”[58]	벌어진 틈은 붙일 수가 없습니다.”
騶忌子曰:	추기자가 말하였다.
“謹受令,	“삼가 영을 받아
請謹自附於萬民.”	청컨대 삼가 만민들과 스스로 가까이하겠습니다.”
淳于髡曰:	순우곤이 말하였다.
“狐裘雖敝,	“여우 갖옷이 해지긴 했어도
不可補以黃狗之皮.”	누런 개가죽을 덧댈 수는 없습니다.”
騶忌子曰:	추기자가 말하였다.
“謹受令,	“삼가 영을 받아
請謹擇君子,	청컨대 삼가 군자를 택하고
毋雜小人其閒.”	소인배들의 사이에 섞이지 않겠습니다.”
淳于髡曰:	순우곤이 말하였다.

57 **집해** 서광은 말하였다. “‘간(乾)’으로 된 곳도 있다.” **색은** 음은 간(孤捍反)이다. 석(昔)은 오래된 것이다. ‘幹’의 음은 간(弓幹也)이다. 서광은 또한 말하기를 “간(乾)”으로 된 곳도 있다고 하였다. 「고공기(考工記)」에는 “석간(腊幹)”으로 되어 있는데, ‘腊’과 ‘昔’은 음이 서로 가깝다. 활을 만드는 법에 아교를 오래 말려 도지개 안에 넣어두면 이 기세가 붙게 만드는 것일 따름이라는 것이다.

58 **색은** ‘傅’의 음은 부(附)이다. ‘罅’의 음은 하(五嫁反)이다. 아교가 마르면 형세가 잠시 붙으며 오래되어도 크게 벌어진 틈을 붙일 수는 없다는 말이다. 신하가 스스로 두루 꿰매어 그 있을 곳을 얻으면 어찌 구차하게 예제와 법식을 기다리겠는가 하는 말이다. 그래서 아래에서 “청컨대 삼가 만민들과 스스로 친해지겠다.”라 하였다.

"大車不較,[59] "큰 수레를 헤아려놓지 않으면

不能載其常任; 정상적인 짐을 실을 수 없으며,

琴瑟不較, 금과 슬을 제때에 조율해놓지 않으면

不能成其五音." 오음의 소리를 이룰 수 없습니다."

騶忌子曰: 추기자가 말하였다.

"謹受令, "삼가 영을 받아

請謹脩法律而督姦吏." 청컨대 삼가 법률을 가다듬고 간사한 관리를 감독하겠습니다."

淳于髡說畢, 순우곤은 말을 끝내고

趨出, 종종걸음으로 나와

至門, 문에 이르러

而面其僕曰: 그 마부를 보고 말하였다.

"是人者, "이 사람은

吾語之微言五, 내가 수수께끼 다섯 개를 말하였는데

其應我若響之應聲, 내게 대답하는 것이 메아리가 소리를 내듯하니

是人必封不久矣."[60] 이 사람은 반드시 오래지 않아 봉하여질 것이다."

---

59 **색은** 교(較)는 비교하여 헤아리는 것이다. 통상적인 제도가 있는 것을 말하는데, 큰 수레를 미리 헤아려놓지 않으면 수레가 정상적인 짐을 실을 수가 없고, 금이 오음의 소리를 내지 못함과 같다는 것이다.

60 **집해** 『신서(新序)』에서는 말하였다. "제(齊)의 직하선생(稷下先生)은 정사를 의논하기를 좋아했다. 추기(騶忌)가 제의 상이 되자 직하선생 순우곤(淳于髡)의 무리 72인이 모두 추기를 깔보고 수수께끼를 내면 추기가 반드시 미치지 못할 것이라 생각하고 이에 서로 함께 가서 추기를 만나보았다. 순우곤의 무리는 예가 거만하였고 추기의 예는 낮았다. 순우곤 등이 말을 하자 추기가 알아듣고 메아리가 울리듯 하니 순우곤 등은 말을 굽히고 떠나 추기의 예가 거만해지고 순우곤의 예가 낮아졌다. 그래서 간장(干將)과 막야(莫邪)를 숭상하는 것은 즉시 자르는 것을 귀하게 여긴다. 기기(騏驥) 같은 천리마를 숭상하는 것은 즉시 이르기 때문이다. 반드시 또한 날이 오래되면 얼룩소도 돌을 끌 수 있고 노둔한 말도 멀리까지 이를 수 있다. 그런 까닭에 총명하고 민첩한 것이 사람의 아름다운 재주이다."

居朞年,	1년 만에
封以下邳,	하비에 봉하였으며
號曰成侯.	성후라고 하였다.
威王二十三年,	위왕 23년에
與趙王會平陸.	조왕과 평륙에서 회합하였다.
二十四年,	24년에
與魏王會田於郊.	위왕과 교외에서 회합하여 사냥하였다.
魏王問曰:	위왕이 물었다.
"王亦有寶乎?"	"왕께서도 보물을 가지고 있습니까?"
威王曰:	위왕이 말하였다.
"無有."[61]	"없습니다."
梁王曰:	양왕이 말하였다.
"若寡人國小也,	"과인과 같이 작은 나라에서도
尚有徑寸之珠照車前後各十二乘者十枚,	앞뒤로 수레 열두 대를 비추는 한 치 짜리 구슬이 10개가 있는데
奈何以萬乘之國而無寶乎?"	어찌하여 만승의 나라에 보물이 없습니까?"
威王曰:	위왕이 말하였다.
"寡人之所以為寶與王異.	"과인이 보물로 여가는 것은 왕과는 다르오.
吾臣有檀子者,[62]	나의 신하 중에 단자가 있는데
使守南城,	남성을 지키게 하면

61 색은 한영(韓嬰)의 『시외전(詩外傳)』에서는 제선왕(齊宣王)이라 하여 그 설이 다르다.

62 색은 단자(檀子)는 제(齊)의 신하이다. 단(檀)은 성이고, 자(子)는 미칭(美稱)으로, 대부를 모두 자라 일컫는다. 반자(肦子)는 전반(田肦)이다. 검부(黔夫) 및 종수(種首)는 모두 신하 이름이다. 이 일은 모두 『전국책』에 갖추어져 있다.

則楚人不敢為寇東取,	초의 사람이 감히 동쪽을 노략질하여 빼앗지 못하고
泗上十二諸侯[63]皆來朝.	사상의 열두 제후가 모두 와서 조현합니다.
吾臣有朌子者,	나의 신하 중에 반자가 있는데
使守高唐,	고당을 지키게 하면
則趙人不敢東漁於河.	조의 사람이 감히 동쪽 황하에서 물고기를 잡지 못합니다.
吾吏有黔夫者,	나의 관리 중에 검부가 있는데
使守徐州,	서주를 지키게 하면
則燕人祭北門,	연의 사람이 북쪽 성문에서 제사를 지내고
趙人祭西門,[64]	조의 사람이 서쪽 성문에서 제사를 지내
徙而從者七千餘家.	옮기어 따르는 자가 7천여 호가 됩니다.
吾臣有種首者,	나의 신하 중에 종수가 있는데
使備盜賊,	도적을 막게 하면
則道不拾遺.	길에서 빠뜨린 것을 줍지 않습니다.
將以照千里,	이들을 가지고 천리를 비추려는데
豈特十二乘哉!"	어찌 다만 수레 열두 대 뿐이겠습니까!"
梁惠王慙,	양혜왕은 부끄러워
不懌而去.	기뻐하지 않으며 떠났다.

二十六年,	26년에
魏惠王圍邯鄲,	위혜왕이 한단을 에워싸자

63 **색은** 주(邾)와 거(莒), 송(宋), 노(魯) 따위이다.

64 **집해** 가규는 말하였다. "제(齊)의 북문(北門)과 서문(西門)이다. 연(燕)과 조(趙)의 사람들이 침벌(侵伐)을 당할까 두려워하므로 제사를 지내며 복을 비는 것이다."

趙求救於齊.	조는 제에 구원을 청하였다.
齊威王召大臣而謀曰:	제위왕이 대신들을 불러 모의하여 말하였다.
"救趙孰與勿救?"	"조를 구원하는 것과 구원하지 않는 것 중 어느 것이 좋을까?"
騶忌子曰:	추기자가 말하였다.
"不如勿救."	"구원하지 않음만 못합니다."
段干朋曰:	단간붕이 말하였다.
"不救則不義,	"구원해 주지 않으면 의롭지 않을 뿐더러
且不利."	또한 이롭지 않습니다."
威王曰:	위왕이 말하였다.
"何也?"	"어째서인가?"
對曰:	대답하였다.
"夫魏氏并邯鄲,	"위 씨가 한단을 겸병하면
其於齊何利哉?	제에게 무엇이 이롭겠습니까?
且夫救趙而軍其郊,	또한 조를 구원하여 그 교외에 주둔하면
是趙不伐而魏全也.	조는 정벌되지 않고 위는 온전해집니다.
故不如南攻襄陵[65]以獘魏,	그러므로 남쪽으로 양릉을 공격하여 위를 거꾸러뜨림만 못하니
邯鄲拔而乘魏之獘."	한단이 함락되면 위가 거꾸러짐을 타면 됩니다."
威王從其計.	위왕은 그 계책을 따랐다.

其後成侯騶忌與田忌不善,	그 후 성후 추기는 전기와 사이가 좋지 않았는데
公孫閱[66]謂成侯忌曰:	공손열이 성후 기에게 말하였다.

65 정의 양릉(襄陵)의 옛 성은 연주(兗州) 추현(鄒縣)에 있다.

66 색은 『전국책』에는 "공손굉(公孫閎)"으로 되어 있다.

“公何不謀伐魏,	“공은 어찌하여 위를 칠 일을 모의하지 않습니까?
田忌必將.	전기가 반드시 장수가 될 것입니다.
戰勝有功,	싸워 이겨 공을 세우면
則公之謀中也;	공의 모의가 적중하는 것이며,
戰不勝,	싸워서 이기지 못하면
非前死則後北,	(전기는) 나아가 죽지 않으면 물러나 패배할 것이니
而命在公矣.”	운명은 그대에게 달려 있게 될 것입니다.”
於是成侯言威王,	이에 성후는 위왕에게 말하여
使田忌南攻襄陵.	전기에게 남쪽으로 양릉을 공격하게 하였다.
十月,	10월에
邯鄲拔,	한단이 함락되었으며
齊因起兵擊魏,	제는 그대로 군사를 몰아 위를 쳐서
大敗之桂陵.[67]	계릉에서 크게 무찔렀다.
於是齊最彊於諸侯,	이에 제는 제후들 가운데서 가장 강하여
自稱為王,	스스로 왕이라 일컫고
以令天下.	천하를 호령하였다.

三十三年,	33년에
殺其大夫牟辛.[68]	대부 모신을 죽였다.

---

67 **색은** 위왕(威王) 26년의 일이다. **정의** 조주(曹州) 승지현(乘氏縣) 동북쪽 21리 지점에 있다.

68 **집해** 서광은 말하였다. “‘부인(夫人)’으로 된 곳도 있다.” **색은** 모신(牟辛)은 대부의 성(姓)과 자(字)이다. 서광은 “부인(夫人)”으로 된 곳도 있다고 하였다. 「연표」에도 “부인(夫人)”으로 되어 있다. 왕소(王劭)는 『기년』에 의거하여 “제환공(齊桓公) 11년에 그 임금의 모친을 죽였다. 선왕(宣王) 8년에 왕후를 죽였다.”라 하였다. 그렇다면 부인(夫人)의 자는 아마 『기년』의 설과 같을 것이다.

三十五年,	35년에
公孫閱又謂成侯忌曰:	공손열이 또 성후 추기에게 말하였다.
“公何不令人操十金卜於市,	“공은 어째서 사람을 시켜 십 금을 가지고 저자에서 점을 쳐
曰‘我田忌之人也.	‘나는 전기의 사람이다.
吾三戰而三勝,	나는 삼전삼승하여
聲威天下.	천하에 위엄을 떨쳤다.
欲為大事,	큰 일을 하고 싶은데
亦吉乎不吉乎’?”	또한 길한가 길하지 않은가?’라 하지 않습니까?”
卜者出,	점쟁이가 나가자
因令人捕為之卜者,	사람을 시켜 점을 봐준 사람을 붙잡아
驗其辭於王之所.	왕이 있는 곳에서 그 말을 심문했다.
田忌聞之,	전기는 듣고
因率其徒襲攻臨淄,	그 무리를 이끌고 임치를 기습 공격하여
求成侯,	성후를 찾았으나
不勝而犇.[69]	이기지 못하고 달아났다.

三十六年,	36년에
威王卒,	위왕이 죽고
子宣王辟彊立.	아들인 선왕 벽강이 즉위하였다.

69 **색은** 『전국책』에서 전기(田忌)는 전에 마릉(馬陵)에서 위(魏)를 무찌르고 이어서 얽히어 제(齊)에 들어가지 못하게 된 것이며 제에 10년을 머물고 나서야 달아난 것이 아니라고 하였다. 이때 제의 도읍은 임치(臨淄)였으며, 또한 「맹상열전(孟嘗列傳)」에서 “전기가 제의 변읍을 습격했다”라 하였는데, 그 말이 제대로 보았으며 계가(系家)와 같지 않다.

宣王元年,	선왕 원년에
秦用商鞅.	진이 상앙을 기용하였다.
周致伯於秦孝公.[70]	주가 진효공에게 패주(의 칭호)를 주었다.
二年,	2년에
魏伐趙.	위가 조를 쳤다.
趙與韓親,	조는 한과 친하여
共擊魏.	함께 위를 쳤다.
趙不利,	조는 불리하여
戰於南梁.[71]	남량에서 싸웠다.
宣王召田忌復故位.	선왕이 전기를 불러 옛 지위를 회복시켰다.
韓氏請救於齊.	한 씨가 제에 구원을 청하였다.
宣王召大臣而謀曰:	선왕은 대신들을 불러 모의하였다.
"蚤救孰與晚救?"	"일찍 구원하는 것과 늦게 구원하는 것 중 어느 것이 낫겠소?"
騶忌子曰:	추기자가 말하였다.
"不如勿救."	"구원하지 않음만 못합니다."
田忌曰:	전기가 말하였다.
"弗救,	"구원하지 않으면
則韓且折而入於魏,	한은 곧 꺾이어 위로 편입될 것이니

70 **역주** '伯'는 여기서 '패'로 읽으며 '霸'와 통하여 쓴다.

71 **색은** 『진태강지기(晉太康地記)』에서는 말하였다. "전국(戰國) 때 양(梁)을 남량(南梁)이라 하는 것은 대량(大梁)·소량(少梁)과 구별하는 것이다." **정의** 『괄지지』에서는 말하였다. "옛 양(梁)은 여주(汝州) 서남쪽 2백 보 지점에 있다. 『진태강지기』에서는 말하였다. '전국 때 남량이라 하는 것은 대량·소량과 구별하는 것이다.'라 하였다. 옛 만자(蠻子)의 읍이다."

不如蚤救之."[72]	일찍 구원함만 못합니다."
孫子[73]曰:	손자가 말하였다.
"夫韓·魏之兵未獘而救之,	"한·위의 군사가 지치지 않았는데 구원한다면
是吾代韓受魏之兵,	이는 우리가 한을 대신하여 위의 군사를 받는 것이며
顧反聽命於韓也.	오히려 한의 명을 듣는 것입니다.
且魏有破國之志,	또한 위는 (한)나라를 깨뜨릴 뜻이 있는데
韓見亡,	한이 망하게 되면
必東面而愬於齊矣.	반드시 동쪽을 향해 제에 하소연할 것입니다.
吾因深結韓之親而晩承魏之獘,	우리는 이에 한과 친선을 깊이 맺고 나중에 위가 피폐함을 타면
則可重利而得尊名也."	이익을 중히 하고 명예를 높이게 될 것입니다."
宣王曰:	선왕이 말하였다.
"善."	"좋소."
乃陰告韓之使者而遣之.	이에 몰래 한의 사자에게 일러 보냈다.
韓因恃齊,	한은 제를 믿고
五戰不勝,	다섯 번을 싸웠으나 이기지 못하여
而東委國於齊.	동으로 나라를 제에 맡겼다.
齊因起兵,	제는 이에 군사를 일으켜

72 색은 『기년』에 의하면 위왕(威王) 14년에 전분(田肦)이 양(梁)을 쳐서 마릉(馬陵)에서 싸웠다. 『전국책』「남량의 어려움(南梁之難)」에서는 장전(張田)이 대답하기를 "일찍 구원하였다."라 하였다. 여기서 추기(鄒忌)라 한 것은, 왕소(王劭)가 "이 때 추기는 죽은 지가 이미 4년이 되었으며 또한 제위(齊威) 때는 아직 왕을 일컫지 않았으므로 『전국책』에서 전후(田侯)라고 하였다. 지금 여기서 전후(田侯)를 선왕(宣王)이라 하고, 또 갑자기 추기(鄒忌)라 한 것은 모두 잘못되었다."라 하였다.

73 색은 손빈(孫臏)이다.

使田忌·田嬰將,[74]	전기와 전영을 장수로 삼고
孫子為(帥)[師],	손자를 군사로 삼아
救韓·趙以擊魏,	한·조를 구원하여 위를 쳐
大敗之馬陵,[75]	마릉에서 크게 무찔러
殺其將龐涓,	장수 방연을 죽이고
虜魏太子申.	위의 태자 신을 포로로 잡았다.
其後三晉之王皆因田嬰朝齊王於博望,[76]	그 후 삼진의 왕은 모두 전영을 통하여 박망에서 제왕을 조현하고
盟而去.[77]	맹약하고 떠났다.

七年,	7년에
與魏王會平阿南.[78]	위왕과 평아의 남쪽에서 회합하였다.
明年,	이듬해에
復會甄.	다시 견에서 회합하였다.
魏惠王卒.[79]	위혜왕이 죽었다.

---

74 **집해** 서광은 말하였다. "영(嬰)은 '반(肦)'으로 된 곳도 있다."

75 **색은** 선왕(宣王) 2년의 일이다.

76 **정의** 『괄지지』에서는 말하였다. "박망(博望)의 옛 성은 등주(鄧州) 향성현(向城縣) 동남쪽 45리 지점에 있다."

77 **집해** 서광은 말하였다. "「표(表)」에서는 3년에 조(趙)와 박망(博望)에서 만나 위(魏)를 쳤다고 하였다."

78 **정의** 패군(沛郡) 평아현(平阿縣)이다.

79 **색은** 이듬해에 양혜왕(梁惠王)이 죽었다. 『기년』에 의하면 양혜왕은 바로 제민왕(齊湣王)이 동제(東帝)가 되고 진소왕(秦昭王)이 서제(西帝)가 되었을 때이다. 이때 양혜왕(梁惠王)은 개원하여 1년이라 하였고 아직 죽지 않았다. 「계가(系家)」에서 그 뒤는 곧 위양왕(魏襄王)의 해라 하였으며. 또 이 글은 제선왕(齊宣王) 때이며, 사실은 상세히 고찰할 수 없다.

明年, 이듬해에

與魏襄王會徐州, 위양왕과 서주에서 회합하였다.

諸侯相王也. 제후들은 서로 왕이 되었다.

十年, 10년에

楚圍我徐州. 초가 우리 서주를 에워쌌다.

十一年, 11년에

與魏伐趙, 위와 조를 쳤는데

趙決河水灌齊·魏, 조가 황하의 물을 터뜨려 제와 위에 대자

兵罷. 군사가 물러났다.

十八年, 18년에

秦惠王稱王. 진혜왕이 왕을 칭하였다.

宣王喜文學游說之士, 선왕은 문학을 하고 유세하는 사를 좋아하여

自如騶衍·淳于髡[80]·田駢[81]·接予[82]·慎到[83]·環淵[84]之徒七十六人,
추연과 순우곤, 전변, 접여, 신도, 환연 같은 무리 76명에게

皆賜列第, 모두 저택을 내리고

為上大夫, 상대부로 삼아

不治而議論. 정치는 하지 않고 의론만 하게 하였다.

---

80 정의 췌서(贅聟)로, 제(齊)의 직하선생(稷下先生)이다.

81 정의 음은 변(白眠反)이다. 「예문지(藝文志)」에서 전변(田駢)은 제(齊)사람으로 직하(稷下)에서 활동하였으며 천구변(天口駢)으로 불렸고 『전자(田子)』 25편을 지었다.

82 정의 제(齊) 사람이다. 「예문지」에서 『접여(接予)』 2편이라 하였으며, 도가류(道家流)에 있다.

83 정의 조(趙) 사람으로, 전국 때의 처사(處士)이다. 「예문지」에서 『신자(慎子)』 42편을 지었다고 하였다.

84 정의 초(楚) 사람이다. 「맹자전(孟子傳)」에서는 환연(環淵)은 책 상하 편을 지었다고 하였다.

是以齊稷下學士復盛, 이 때문에 제 직하의 학사는 더욱 많아져
且數百千人.[85] 거의 수백에서 수천 명을 헤아렸다.

十九年, 19년에
宣王卒, 선왕이 죽고
子湣王地[86]立. 아들인 민왕 지가 즉위하였다.

湣王元年, 민왕 원년
秦使張儀與諸侯執政會于齧桑.
진이 장의에게 설상에서 제후의 집정대신과 회합하게 하였다.
三年, 3년에
封田嬰於薛. 전영을 설에 봉하였다.
四年, 4년에
迎婦于秦. 진에서 부인을 맞았다.
七年, 7년에
與宋攻魏, 송과 위를 공격하여
敗之觀澤. 관택에서 무찔렀다.

---

85 **집해** 유향(劉向)의 『별록(別錄)에서는 "제(齊)에 직문(稷門)이 있는데 제의 성문이다. 담설하는 사(士)들이 그 아래서 모이기를 기약하였다."라 하였다." **색은** 유향의 『별록에서는 "제에 직문이 있는데 제의 성문이다. 담설하는 사들이 그 아래서 모이기를 기약하였다."라 하였다. 『제지기(齊地記)』에서는 "제성(齊城)의 서문 곁에 물에 이어 좌우로 강실(講室)이 있어 인적이 왕왕 그곳에 있었다."라 하였다. 대체로 곁(側)에서 물이 나왔으므로 직문(稷門)이라 하였는데, 옛 측(側)과 직(稷)은 음이 서로 가까웠을 따름이다. 또한 우희(虞喜)는 말하기를 "제(齊)에 직산(稷山)이 있는데 그 아래에 객사를 세우고 유사(游士)를 대하였다."라 하였는데, 또한 이설이다. 『춘추전(春秋傳)』에서는 "거자(莒子)가 제(齊)로 가서 직문(稷門)에서 맹약했다."라 하였다.

86 **색은** 『계본』에서 이름은 수(遂)라고 하였다.

十二年,	12년에
攻魏.	위를 공격하였다.
楚圍雍氏,[87]	초가 옹지를 에워싸고
秦敗屈丐.	진이 굴개를 무찔렀다.
蘇代謂田軫曰:	소대가 진진에게 말하였다.
“臣願有謁於公,	“신이 공을 뵙기를 바라는 것은
其為事甚完,	멋진 일을 해주려는 것으로
使楚利公,	초가 공을 이롭게 하도록 할 것이니
成為福,	이루어지면 복이 되고
不成亦為福.	이루어지지 않아도 복이 될 것입니다.
今者臣立於門,	지금 신이 문에 서 있는데
客有言曰魏王謂韓馮[88]·張儀曰:	객 가운데 어떤 사람이 말하기를 위왕이 한풍과 장의에게 이렇게 말하였다고 합니다.
‘煮棗將拔,[89]	‘자조가 함락될 지경인데
齊兵又進,	제의 군사가 또 진격하니
子來救寡人則可矣;	그대들이 와서 과인을 구하는 것이 좋겠습니다.
不救寡人,	과인을 구원하지 않으면
寡人弗能拔.’[90]	과인은 함락시킬 수 없습니다.’
此特轉辭也.	이는 다만 돌려대는 말일 뿐이오.

87 **집해** 서광은 말하였다. “양적(陽翟)에 있으며 한(韓)에 속하였다.”

88 **집해** 서광은 말하였다. “한(韓)의 공중치(公仲侈)이다.”

89 **집해** 서광은 말하였다. “제음(濟陰) 완구(宛朐)에 있다.”

90 **색은** 능(能)은 승(勝)과 같다. 함락시키는 것을 이기지 못하므로 제가 함락시키는 것을 따를 따름이라는 것이다.

秦·韓之兵毋東,	진과 한의 군사가 동으로 출동하지 않으면
旬餘,	열흘 남짓이면
則魏氏轉韓從秦,	위 씨는 한에서 돌아서 진을 따를 것이고
秦逐張儀,[91]	진은 장의를 쫓아
交臂而事齊楚,	손을 맞잡고 제와 초를 섬길 것이니
此公之事成也."	이렇게 되면 공의 일은 이루어진 것입니다."
田軫曰:	전진이 말하였다.
"柰何使無東?"	"어떻게 하여야 동으로 출동하지 않게 하겠습니까?"
對曰:	대답하였다.
"韓馮之救魏之辭,	"한풍이 위를 구원하는 말은
必不謂韓王曰'馮以為魏',	반드시 한왕에게 '제가 위를 위하기 때문'이라 하지 않고
必曰'馮將以秦韓之兵東卻齊宋,	반드시 '저는 진·한의 군사를 가지고 동으로 제·송을 물리쳐
馮因摶[92]三國之兵,	저는 세 나라의 군사를 합하여
乘屈丐之獘,[93]	굴개가 지친 틈을 타
南割於楚,	남으로 초(의 영토)를 떼어
故地必盡得之矣'.	옛 땅을 반드시 모두 얻게 될 것입니다.'라 할 것입니다.

91 색은 축(逐)은 따르는 것이다.

92 집해 서광은 말하였다. "음은 전(專)이다. 전(專)은 병합하여 다스리는 것을 이른다." 색은 '摶'의 음은 단(團)이며, 단(團)은 쥐고 다스리는 것이다. 서(徐) 씨는 "전(專)"이라 하였는데, 또한 뜻이 통한다.

93 정의 굴개(屈丐)는 초(楚)의 장수로 진(秦)에 패하였는데 지금 다시 그 기세를 타려는 것이다.

張儀救魏之辭,	장의가 위를 구원하는 말은
必不謂秦王曰'儀以為魏',	반드시 진왕에게 '저는 위를 위하기 때문'이라 하지 않고
必曰'儀且以秦韓之兵東距齊宋,	반드시 '저는 진·한의 군사를 가지고 동으로 제·송에 맞서고
儀將摶三國之兵,	저는 세 나라의 군사를 합하여
乘屈丐之獘,	굴개가 지친 틈을 타
南割於楚,	남으로 초(의 영토)를 떼어
名存亡國,	명분은 망한 나라를 존속시키는 것이지만
實伐三川[94]而歸,	실은 삼천을 치고 돌아오는 것으로
此王業也'.	이는 왕자(王者)의 사업입니다.'라 할 것입니다.
公令楚王[95]與韓氏地,	공은 초왕으로 하여금 한 씨에게 땅을 주게 하여
使秦制和,	진이 화친을 제어하게 하여
謂秦王曰'請與韓地,	진왕에게 말하기를 '청컨대 한에게 땅을 주고
而王以施三川,[96]	왕께서 삼천에게 베풀면
韓氏之兵不用而得地於楚'.	한 씨의 군사는 쓰지도 않고 초에서 땅을 얻을 것입니다.'라 하였습니다.
韓馮之東兵之辭且謂秦何?	한풍이 동쪽으로 진격하는 말은 또 진에게 어떻게 말합니까?
曰'秦兵不用而得三川,	'진군을 쓰지 않고 삼천을 얻고
伐楚韓以窘魏,	초·한을 쳐서 위를 곤궁에 처하게 하여
魏氏不敢東,	위 씨는 감히 동으로 진격하지 못할 것이니

94 색은 한(韓)이다.

95 색은 공(公)은 진진(陳軫)을 이른다.

96 정의 시(施)는 확 펼치는 것이다. 진왕(秦王)이 천자에게마저 협박을 펼친다는 말이다.

是孤齊也'.	이는 제를 고립시키는 것입니다.'라 할 것입니다.
張儀之東兵之辭且謂何?	장의가 동쪽으로 진격하는 말은 또 어떻게 말합니까?
曰'秦韓欲地而兵有案,	'진·한이 땅을 욕심내어 군대를 주둔시켜
聲威發於魏,	위에 위명(威名)을 떨치고
魏氏之欲不失齊楚者有資矣'.	위 씨는 제·초를 잃지 않고 의지하려 할 것입니다.'라 할 것입니다.
魏氏轉秦韓爭事齊楚,	위 씨가 진·한으로 돌아서면서 다투어 제를 섬기면
楚王欲而無與地,[97]	초왕은 하고 싶으면서도 땅을 주지 않아
公令秦韓之兵不用而得地,	공이 진·한이 군사를 쓰지 않게 하면서도 땅을 얻으면
有一大德也.[98]	하나의 큰 덕을 베푸는 것입니다.

秦韓之王劫於韓馮·張儀而東兵以徇服魏,

	진·한의 왕이 한풍과 장의에게 겁을 집어먹고 동으로 군사를 보내어 위가 복종하게 한다면
公常執左劵[99]以責於秦韓,	공은 주도권을 잡고 진·한에서 책임을 맡을 것이니

此其善於公而惡張子多資矣."[100]

	이렇게 하면 공에게 잘해주고 장의가 비용을 많이 쓴다고 미워하게 될 것입니다."

---

97 **집해** 서광은 말하였다. "초왕(楚王)이 위(魏)를 얻어 자기를 섬기게 하고자 하여 한(韓)에게 땅을 주니 않으려는 것이다."

98 **정의** 소대(蘇代)가 진진(陳軫)에게 이른 것으로, 지금 진·한(秦·韓)의 군사가 싸워서 정벌하지 않고 땅을 얻으면 진진은 진·한에게 어찌 큰 은덕이 있는 것이 아니겠는가 라는 말이다.

99 **색은** 권(劵)은 중요한 것이다. 좌(左)는 바르지 않은 것이다. 내가 바른 것으로 바르지 않은 것을 잡고 책망한다는 것을 말한다.

100 **정의** 좌권(左劵)은 낮고, 우권(右劵)은 높다. 소대(蘇代)가 진진(陳軫)에게 상권(上劵)을 가

十三年,	13년에
秦惠王卒.	진혜왕이 죽었다.
二十三年,	23년에
與秦擊敗楚於重丘.[101]	진과 중구에서 초를 쳐서 무찔렀다.
二十四年,	24년에
秦使涇陽君質於齊.	진이 제에 경양군을 인질로 보냈다.
二十五年,	25년에
歸涇陽君于秦.	경양군을 진으로 돌려보냈다.
孟嘗君薛文入秦,	맹상군 설문이 진으로 들어가
即相秦.	진의 상이 되었다.
文亡去.	문은 도망쳐 (진을) 떠났다.
二十六年,[102]	26년에
齊與韓魏共攻秦,	제가 한·위와 함께 진을 공격하여
至函谷軍焉.	함곡에 이르러 주둔하였다.
二十八年,	28년에
秦與韓河外以和,	진이 한에게 하외를 주고 화친하여
兵罷.	군사를 철수했다.
二十九年,	29년에
趙殺其主父.	조가 주보를 죽였다.

지고 진·한(秦·韓)을 가지고 군사를 쓰지 않고 땅을 얻어서 권(券)을 가지고 진·한이 한풍(韓馮)과 장의(張儀)를 물리친 것을 책망하여 위(魏)를 복종시켰으므로 진·한이 진진에게는 잘해주고 장의가 많이 빼앗은 것을 미워하게 될 것이라는 것이다.

101 **집해** 서광은 말하였다. "「표」에서는 진(秦)과 함께 초(楚)를 치면서 공자를 장수로 삼아 큰 공을 세웠다고 하였다."

102 **집해** 서광은 말하였다. "맹상군(孟嘗君)이 상(相)이 되었다."

齊佐趙滅中山.[103] 제가 조를 도와 중산을 멸하였다.

三十六年, 36년에

王為東帝, 왕이 동제가 되고

秦昭王為西帝. 진소왕이 서제가 되었다.

蘇代自燕來, 소대가 연에서 와

入齊, 제로 들어와

見於章華東門.[104] 장화의 동문에서 (제왕을) 뵈었다.

齊王曰: 제왕이 말하였다.

"嘻, "아!

善, 좋소.

子來! 그대가 왔구려!

秦使魏冄致帝, 진이 위염으로 하여금 제(의 칭호)를 바치게 하였는데

子以為何如?" 그대는 어떻게 생각하오?"

對曰: 대답하였다.

"王之問臣也卒, "왕께서 신에게 묻는 것이 갑작스럽습니다.

而患之所從來微, 근심은 미약한데서 온다고 하니

願王受之而勿備稱也. 원컨대 왕께서는 받으시고 갖추어 일컫지는 마십시오.

秦稱之, 진이 일컬어

---

103 **집해** 서광은 말하였다. "30년에 전갑(田甲)이 왕을 겁박하여 상(相)인 설문(薛文)이 달아났다."

104 **집해** 좌사(左思) 「제도부(齊都賦)」의 주에서는 말하였다. "제(齊) 소성(小城)의 북문이다." 그런데 여기서는 동문이라 하였으니 이 문이 아닌 것을 알지 못하였는가? **정의** 『괄지지』에서는 말하였다. "제(齊)가 장화(章華)에 성을 쌓은 동쪽에 여문(閭門)과 무록문(武鹿門)이 있다."

天下安之,	천하에서 편안히 여기면
王乃稱之,	왕께서 일컬으셔도
無後也.	늦지 않을 것입니다.
且讓爭帝名,	또한 제의 명의를 다툼을 양보함에
無傷也.	나쁠 것이 없음이겠습니까?
秦稱之,	진이 일컬어
天下惡之,	천하에서 미워하면
王因勿稱,	왕께서는 일컫지 않으시고
以收天下,	천하를 거두시면
此大資也.	이는 큰 밑천입니다.
且天下立兩帝,	또한 천하에 두 제가 서면
王以天下為尊齊乎?	왕께서 생각하시기에 천하에서 제를 높이겠습니까?
尊秦乎?"	진을 높이겠습니까?"
王曰:	왕이 말하였다.
"尊秦."	"진을 높일 것이오."
曰:	말하였다.
"釋帝,	"제(의 칭호)를 내려놓으면
天下愛齊乎?	천하가 제를 좋아하겠습니까?
愛秦乎?"	진을 좋아하겠습니까?"
王曰:	왕이 말하였다.
"愛齊而憎秦."	"제를 좋아하고 진을 미워할 것이오."
曰:	말하였다.
"兩帝立約伐趙,	"두 제가 맹약을 하고 조를 치는 것과
孰與伐桀宋之利?"[105]	걸송을 치는 것 가운데 어느 것이 유리하겠습

니까?"

王曰:

왕이 말하였다.

"伐桀宋利."

"걸송을 침이 유리하오."

對曰:

대답하였다.

"夫約鈞,

"대체로 맹약은 균등하지만

然與秦為帝而天下獨尊秦而輕齊,

진과 함께 제가 되면 천하에서는 진만 높이고 제를 깔보고

釋帝則天下愛齊而憎秦,

제를 내려놓으면 천하가 제를 좋아하고 진을 미워하며

伐趙不如伐桀宋之利,

조를 치는 것이 걸송을 치는 이로움만 못하니

故願王明釋帝以收天下,

원컨대 왕께서는 제를 내려놓고 천하를 거둠을 분명히 하고

倍約賓秦,

맹약을 저버리고 진에 항거하여

無爭重,

거듭 다투지 마시고

而王以其閒舉宋.

왕께서는 그 사이에 송을 점령하십시오.

夫有宋,

송을 차지하면

衞之陽地危;[106]

위의 양지가 위급해지고,

有濟西,

제의 서쪽을 차지하면

趙之阿東國危;[107]

조의 아 동쪽 나라가 위험해지며

有淮北,

회북을 차지하면

105 **집해** 「송세가(宋世家)」에서는 말하였다. "송왕(宋王) 언(偃)은 제후들이 모두 걸송(桀宋)이라 하였다."

106 **집해** 양지(陽地)는 복양(濮陽)의 땅이다. **정의** 위(衞)는 이때 하남(河南)에만 복양(濮陽)이 있다."

107 **정의** 아(阿)는 동아(東阿)이다. 당시는 조(趙)에 속하였으므로 동쪽 나라가 위태로워진다고 하였다.

楚之東國危;[108]	초의 동쪽 나라가 위험해지고
有陶·平陸,	도와 평륙을 차지하면
梁門不開.[109]	양의 성문이 열리지 않습니다.
釋帝而貸之以伐桀宋之事,	제를 내려놓고 베풀어 걸송을 치는 일은
國重而名尊,	나라가 중해지고 명성도 높아져
燕楚所以形服,	연·초가 복종하게 되고
天下莫敢不聽,	천하가 감히 따르지 않음이 없을 것이니
此湯武之擧也.	이는 탕과 무왕의 일입니다.
敬秦以為名,	진을 공경하는 것을 명분으로 한
而後使天下憎之,	다음에 천하가 진을 미워하게 하는 것은
此所謂以卑為尊者也.	이것이 이른바 낮춤으로 높이는 것입니다.
願王孰慮之."	원컨대 왕께서는 숙고해주십시오."
於是齊去帝復為王,	이에 제가 제(의 칭호)를 버리고 다시 왕이 되자
秦亦去帝位.	진 또한 제의 지위를 버렸다.

三十八年,	38년에
伐宋.	송을 쳤다.
秦昭王怒曰:	진소왕이 노하여 말했다.
"吾愛宋與愛新城·陽晉同.[110]"	내가 송을 사랑하는 것은 신성과 양진을 사랑하는 것과 같다.

108 정의 회북(淮北)은 서(徐)와 사(泗)이다. 동쪽 나라는 하상(下相)과 동(僮), 취로(取慮)이다.

109 정의 도(陶)는 정도(定陶)로 지금의 조주(曹州)이다. 평륙(平陸)은 연주현(兗州縣)으로, 현은 대량(大梁) 동쪽 경계에 있다.

110 정의 『괄지지』에서는 말하였다. "신성(新城)의 옛 성은 송주(宋州) 송성현(宋城縣) 경계에 있다. 양진(陽晉)의 옛 성은 조주(曹州) 승지현(乘氏縣) 서북쪽 37리 지점에 있다."

韓聶與吾友也, 한섭은 나와 벗인데

而攻吾所愛, 내가 사랑하는 나라를 친 것은

何也?" 어째서인가?"

蘇代為齊謂秦王曰: 소대가 제를 위하여 진왕에게 말했다.

"韓聶之攻宋, "한섭이 송을 공격한 것은

所以為王也. 왕을 위해서입니다.

齊彊, 제는 강한데

輔之以宋, 송을 가지고 도와준다면

楚魏必恐, 초·위는 반드시 두려워할 것이며

恐必西事秦, 두려워하면 반드시 서쪽 진을 섬길 것이니

是王不煩一兵, 이는 병사 하나 번거롭게 하지 않고

不傷一士, 사 하나 다치지 않고

無事而割安邑也,[111] 아무 일도 하지 않고 안읍을 할양받는 것으로

此韓聶之所禱於王也." "이는 한섭이 왕에게 비는 것입니다."

秦王曰: 진왕이 말하였다.

"吾患齊之難知. "나는 제를 알기 어려운 것을 근심합니다.

一從一衡, 한번은 합종을 하였다가 한번은 연횡을 하였으니

其說何也?" 무엇을 말합니까?"

對曰: 대답하였다.

"天下國令齊可知乎? "천하 나라의 영을 제가 알 수 있겠습니까?

齊以攻宋, 제가 송을 공격한 것은

111 정의 「연표」에서는 진소왕(秦昭王) 21년에 위(魏)가 안읍(安邑) 및 하내(河內)를 바쳤다고 하였다.

其知事秦以萬乘之國自輔,	진을 섬김은 만승의 나라를 가지고 스스로 도와서
不西事秦則宋治不安.[112]	서쪽 진을 섬기지 않으면 송은 다스려져도 불안함을 알기 때문입니다.
中國白頭游敖之士皆積智欲離齊秦之交,	중원의 나라에서 흰 머리가 되도록 유세하는 선비들은 모두 지혜를 쌓아 제와 진의 외교를 떼어놓으려 하였고
伏式結軼[113]西馳者,	수레의 횡목에 기대어 뻰질나게 서로 치달리는 자들은
未有一人言善齊者也,	제를 좋게 말하는 사람이 하나도 없었으며
伏式結軼東馳者,	수레의 횡목에 기대어 뻰질나게 동으로 치달리는 자들은
未有一人言善秦者也.	진을 좋게 말하는 사람이 하나도 없었습니다.
何則?	어째서이겠습니까?
皆不欲齊秦之合也.	모두가 제·진이 연합하는 것을 바라지 않아서입니다.
何晉楚之智而齊秦之愚也!	어찌 진·초가 지혜로운데 제·진이 어리석겠습니까!
晉楚合必議齊秦,	진·초가 연합하면 반드시 제·진을 꾀할 것이며
齊秦合必圖晉楚,	제·진이 연합하면 반드시 진·초를 도모할 것이니
請以此決事."	청컨대 이를 가지고 일을 결정하십시오."
秦王曰:	진왕이 말하였다.
"諾."	"좋소."

112 색은 『전국책』에는 "송의 영토가 불안하다(宋地不安)"로 되어 있다.

113 색은 '軼'의 음은 질(姪)이다. 질(軼)은 수레 바퀴자국으로, 수레 바퀴자국이 왔다가 갔다가 이어진 것 같다는 말이다. 『전국책』에는 "결인(結靷)"이라고 하였다.

於是齊遂伐宋,	이에 제는 마침내 송을 쳤으며
宋王出亡,	송왕은 도망쳐
死於溫.[114]	온에서 죽었다.
齊南割楚之淮北,	제는 남으로 초의 회수 북쪽을 떼어먹었고
西侵三晉,	서로는 삼진을 침략하여
欲以并周室,	주 왕실을 병탄하여
為天子.	천자가 되려고 하였다.
泗上諸侯鄒魯之君皆稱臣,	사상의 제후인 추·노의 임금은 모두 신하를 일컬었고
諸侯恐懼.	제후들은 두려워하였다.

三十九年,	39년에
秦來伐,	진이 쳐들어와서
拔我列城九.	우리의 성 아홉 개를 함락시켰다.

四十年,	40년에
燕·秦·楚·三晉合謀,	연과 진·초·삼진이 함께 모의하여
各出銳師以伐,	각기 정예병을 내어 쳐서
敗我濟西.[115]	우리를 제수의 서쪽에서 무찔렀다.
王解而卻.	왕은 와해되어 물러났다.
燕將樂毅遂入臨淄,	연의 장수 악의가 마침내 임치로 들어가
盡取齊之寶藏器.	제가 보관하고 있는 보기를 모조리 빼앗았다.

114 정의 회주(懷州)에 온성(溫城)이 있다.

115 집해 서광은 말하였다. "나머지 전(傳)들에 의하면 초(楚)가 제(齊)를 친 일이 없다. 「연표」에서는 초가 회(淮) 북쪽을 빼앗았다고 하였다."

湣王出亡, 민왕은 도망쳐

之衞. 위로 갔다.

衞君辟宮舍之, 위의 임금은 궁을 피하여 묵게 해주고

稱臣而共具. 신하를 일컬으며 식기 등을 함께 썼다.

湣王不遜, 민왕이 불손하자

衞人侵之. 위의 사람들이 그를 침공했다.

湣王去, 민왕은 떠나

走鄒·魯, 추·노로 달아났는데

有驕色, 교만한 기색이 있어

鄒·魯君弗內, 추·노의 임금이 들여보내지 않아

遂走莒. 마침내 거로 달아났다.

楚使淖齒[116]將兵救齊, 초는 요치에게 군사를 거느리고 제를 구제하게 하고

因相齊湣王. 그대로 제민왕의 상이 되게 하였다.

淖齒遂殺湣王而與燕共分齊之侵地鹵器.[117]
요치는 마침내 민왕을 죽이고 연과 함께 제에서 빼앗은 당과 노획물을 나누어가졌다.

湣王之遇殺, 민왕이 살해되자

其子法章變名姓為莒太史敫[118]家庸.
그 아들 법장은 성명을 바꾸고 거의 태사 교 집의 삯꾼이 되었다.

太史敫女奇法章狀貌, 태사 교의 딸은 법장의 용모를 기이하게 여겨

116 색은 '淖'의 음은 뇨(女教反)이다.

117 정의 제(齊)의 보기를 노략질한 것이다.

118 집해 서광은 말하였다. "음은 요(躍), 또는 교(皎)라고도 한다."

以為非恆人,	범인(凡人)이 아니라 생각하고
憐而常竊衣食之,	불쌍히 여겨 늘 몰래 먹여주고 입혀주며
而與私通焉.	그와 사사로이 정을 통하였다.
淖齒既以去莒,	요치가 이미 거를 떠나자
莒中人及齊亡臣相聚求湣王子,	거의 사람 및 제의 도망친 신하들이 모여 민왕의 아들을 찾아
欲立之.	세우려 하였다.
法章懼其誅己也,	법장은 그들이 자기를 죽일까 두려워하여
久之,	한참이나 있다가
乃敢自言"我湣王子也".	이에 감히 스스로 "내가 민왕의 아들이다."라 하였다.
於是莒人共立法章,	이에 거의 사람들이 함께 법장을 옹립하니
是為襄王.	바로 양왕이다.
以保莒城而布告齊國中:	거의 성을 지켜내고 제의 국중에 포고하였다.
"王已立在莒矣."	"왕이 이미 거에서 즉위하였다."

襄王既立,	양왕이 즉위하여
立太史氏女為王后,	태사 씨의 딸을 왕후로 세우니
是為君王后,	바로 군왕후이며
生子建.	아들 건을 낳았다.
太史敫曰:	태사 교가 말하였다.
"女不取媒因自嫁,	"딸이 중매를 통하지 않고 스스로 시집을 갔으니
非吾種也,	나의 자식이 아니며
汙吾世."	우리 가세(家世)를 더럽혔다."

終身不覩君王后.	죽을 때까지 군왕후를 보지 않았다.
君王后賢,	군왕후는 현명하여
不以不覩故失人子之禮.	보지 않는다 하여 자식의 예를 잃지 않았다.

襄王在莒五年,	양왕이 거에 있은 지 5년 만에
田單以即墨攻破燕軍,	전단이 즉묵을 기반으로 연의 군사를 공격하여 깨뜨리고
迎襄王於莒,	거에서 양왕을 맞아
入臨菑.	임치로 들였다.
齊故地盡復屬齊.	제의 옛 영토는 모두 다시 제에 귀속되었다.
齊封田單為安平君.[119]	제는 전단을 안평군에 봉하였다.

十四年,	14년에
秦擊我剛壽.	진이 우리 강수를 쳤다.
十九年,	19년에
襄王卒,	양왕이 죽고
子建立.	아들인 건이 즉위하였다.

王建立六年,	왕 건 즉위 6년에
秦攻趙,	진이 조를 공격하자
齊楚救之.	제·초가 구원하였다.
秦計曰:	진이 따져보고 말하였다.
"齊楚救趙,	"제·초가 조를 구원하는데

119 **정의** 안평성(安平城)은 청주(青州) 임치현(臨淄縣) 동쪽 19리 지점에 있는데 옛 기(紀)의 휴읍(酅邑)이다.

親則退兵,	(사이가) 가까우면 퇴각하고
不親遂攻之."	친하지 않으면 아무래도 공격을 하자."
趙無食,	조에서는 먹을 것이 없어
請粟於齊,	제에 식량을 청하였는데
齊不聽.	제에서는 들어주지 않았다.
周子[120]曰:	주자가 말하였다.
"不如聽之以退秦兵,	"들어주어 진의 군사를 퇴각시키는 것만 못하니
不聽則秦兵不卻,	들어주지 않으면 진의 군사는 물러나지 않을 것이니
是秦之計中而齊楚之計過也.	이는 진의 계책이 들어맞고 제·초의 계책은 틀린 것입니다.
且趙之於齊楚,	또한 조는 제·초에 있어서
扞蔽也,[121]	방패막이로
猶齒之有脣也,	이에 입술이 있는 것과 같으니
脣亡則齒寒.	입술이 없어지면 이가 시리게 됩니다.
今日亡趙,	오늘 조가 망하면
明日患及齊楚.	다음날은 근심이 제·초에 미치게 됩니다.
且救趙之務,	또한 조를 구원하는 일은
宜若奉漏甕沃焦釜也.	새는 독을 받들고 단 솥에 물을 붓는 것과 같을 것입니다.
夫救趙,	대체로 조를 구하는 것은

120 **색은** 아마 제(齊)의 모신(謀臣)은 사관이 이름을 실전하였을 것이다. 『전국책』에서는 "주자(周子)"가 "소진(蘇秦)"이라 하였고, "초(楚)" 자는 모두 "연(燕)"으로 되어 있지만 이때 소진은 죽은 지가 이미 오래 되었을 것이다.

121 **정의** 이때 진(秦)이 조(趙)의 상당(上黨)을 쳐서 이기고자 하였고 제(齊)·초(楚)를 칠 뜻이 없었으므로 조가 제·초에게는 방패막이가 된다고 하였다.

高義也;	높은 의기이고,
卻秦兵,	진의 군사를 물리치는 것은
顯名也.	명성을 드러내는 것입니다.
義救亡國,	의기로 망하는 나라를 구원하고
威卻彊秦之兵,	위엄으로 강한 진의 군사를 물리치는데
不務為此而務愛粟,	이를 힘쓰지 않고 식량을 아끼는 것을 힘쓰니
為國計者過矣."	나라를 위하여 도모하는 자의 잘못입니다."
齊王弗聽.	제왕은 듣지 않았다.
秦破趙於長平四十餘萬,	진은 장평에서 조의 40여 만을 격파하고
遂圍邯鄲.	마침내 한단을 에워쌌다.

十六年,	16년에
秦滅周.	진이 주를 멸하였다.
君王后卒.	군왕후가 죽었다.
二十三年,	23년에
秦置東郡.	진이 동군을 설치했다.
二十八年,	28년에
王入朝秦,	왕이 진으로 들어가 조현하였으며
秦王政置酒咸陽.	진왕 정은 함양에서 주연을 베풀었다.
三十五年,	35년에
秦滅韓.	진이 한을 멸하였다.
三十七年,	37년에
秦滅趙.	진이 조를 멸하였다.
三十八年,	38년에
燕使荊軻刺秦王,	연이 형가에게 진왕을 저격하게 하였는데

秦王覺,	진왕에게 발각되어
殺軻.	형가를 죽였다.
明年,	이듬해에
秦破燕,	진이 연을 멸하였으며
燕王亡走遼東.	연왕은 요동으로 달아났다.
明年,	이듬해에
秦滅魏,	진이 위를 멸하고
秦兵次於歷下.	진의 군사는 역하에 주둔하였다.
四十二年,	42년에
秦滅楚.	진이 초를 멸하였다.
明年,	이듬해에
虜代王嘉,	대왕 가를 사로잡고
滅燕王喜.	연왕 희를 멸하였다.

四十四年,	44년에
秦兵擊齊.	진의 군사가 제를 쳤다.
齊王聽相后勝計,	제왕은 상 후승의 계책을 써서
不戰,	싸우지 않고
以兵降秦.	군사를 가지고 진에 투항하였다.
秦虜王建,	진은 왕 건을 사로잡아
遷之共.[122]	공으로 옮겼다.
遂滅齊為郡.	마침내 제를 멸하고 군으로 삼았다.

122 **집해** 「지리지」의 하내(河內)에 공현(共縣)이 있다. **정의** 지금의 위주(衞州) 공성현(共城縣)이다.

天下壹并於秦,	천하는 진에 의해 하나로 병합되고
秦王政立號為皇帝.	진왕 정은 즉위하여 황제로 호칭하였다.
始,	처음에
君王后賢,	군왕후는 현명하여
事秦謹,	진을 섬김에 삼가고
與諸侯信,	제후와도 신의가 있었다.
齊亦東邊海上,	제는 또한 동쪽의 바닷가에 있어
秦日夜攻三晉·燕·楚,	진이 밤낮으로 삼진과 연·초를 쳐서
五國各自救於秦,	다섯 나라는 각기 진에 대한 자구책을 세웠기 때문에
以故王建立四十餘年不受兵.	왕 건은 즉위 40여 년간 군사 침공을 받지 않았다.
君王后死,	군왕후가 죽고
后勝相齊,	후승이 제의 상이 되어
多受秦間金,	진 간첩의 금품을 많이 받아
多使賓客入秦,	빈객들을 많이 진으로 들어가게 하니
秦又多予金,	진이 또 금품을 많이 주어
客皆為反間,	객들이 모두 반간계를 써서
勸王去從朝秦,	왕에게 합종책을 버리고 진에 조현하도록 권하여
不脩攻戰之備,	공격하여 싸울 대비는 하지 않고
不助五國攻秦,	다섯 나라가 진을 공격하는 것을 돕지 않아
秦以故得滅五國.	진은 이 때문에 다섯 나라를 멸하게 되었다.
五國已亡,	다섯 나라가 망하고 나자
秦兵卒入臨淄,	진의 군사는 마침내 임치로 들어갔는데
民莫敢格者.	백성이 아무도 감히 막지를 못했다.
王建遂降,	왕 건은 마침내 항복하였고

遷於共. 공으로 옮겨졌다.

故齊人怨王建不蚤與諸侯合從攻秦,
그래서 제의 사람들은 왕 건이 일찌감치 제후들과 합종하여 진을 공격하지 않고

聽姦臣賓客以亡其國, 간신과 빈객을 따라 나라를 망하게 한 것을 원망하여

歌之曰: 노래하였다.

"松耶柏耶? "소나무인가, 측백나무인가?

住建共者客耶?"[123] 건을 공에 살게 한 것은 객이 사악해서인가?"

疾建用客之不詳也.[124] 건이 객을 씀이 주밀하지 못한 것을 탓하였다.

太史公曰: 태사공은 말한다.

蓋孔子晚而喜易. 대체로 공자는 만년에 「역」을 좋아하였다.

易之為術, 「역」이라는 학술은

幽明遠矣, 깊고도 밝으며 머니

非通人達才孰能注意焉! 통달한 인재가 아니라면 누가 주의를 할 수 있겠는가!

故周太史之卦田敬仲完, 그러므로 주 태사가 전경중완의 점괘로

占至十世之後; 10세의 뒤까지 점을 쳤다.

及完奔齊, 완이 제로 달아남을

懿仲卜之亦云. 의중이 점을 쳐서 또한 말하였다.

---

123 **집해** 서광은 말하였다. "『전국책』에서는 진(秦)이 건(建)을 공(共)의 소나무와 측백나무 사이에 처하게 하였다고 하였다." **색은** '耶'의 음은 사(邪)이다. 건의 객이 사악하여 객이 건에게 유세하여 머물게 한 것을 이르는데, 마침내 실책하여 건(建)을 공(共)으로 옮기게 하였다는 말이다. 공(共)은 지금 하내(河內)에 있다.

124 **색은** 객을 씀을 상세히 살피지 않아 그 선한가의 여부를 알지 못하였다는 말이다.

田乞及常所以比犯二君,[125]	전걸 및 상이 연이어 두 임금을 범하고
專齊國之政,	제국의 정치를 주무른 것은
非必事勢之漸然也,	반드시 일의 형세가 점차 그런 것이 아니라
蓋若遵厭兆祥云.	미리 점친 조짐과 같다고 하겠다.

색은술찬 索隱述贊 전완은 난을 피하여, 태강으로 달아났고, 처음에는 나그네로 사양하였는데, 끝내 봉황이 되었다. 사물은 둘이 동시에 성할 수 없어, 5대 동안 창성하였다. 두 임금을 연이어 범하였는데, 삼진이 강함을 다투었다. 화가 비로소 명을 제멋대로 했고, 위가 마침내 왕을 일컬었다. 제사는 연과 조에 위급했고, 아우가 강공과 장공의 줄을 이었다. 진이 동제를 빌려주었고, 거에서 법장을 옹립했다. 왕 건은 나라를 잃어, 소나무와 측백나무가 울창하였다.

田完避難, 奔于大姜；始辭羈旅, 終然鳳皇. 物莫兩盛, 代五其昌. 二君比犯, 三晉爭強. 和始擅命, 威遂稱王. 祭急燕·趙, 弟列康·莊. 秦假東帝, 莒立法章. 王建失國, 松柏蒼蒼.

125 **색은** 비(比)는 원래 자대로이며, 또한 불(頻律反)로 읽는다. 두 임금은 곧 도공(悼公)과 간공(簡公)이다. 희자(僖子)가 안유자(晏孺子)를 폐하고, 포목(鮑牧)이 걸(乞) 때문에 도공(悼公)을 죽였고, 성자(成子)는 또 간공(簡公)을 죽였기 때문에 전 씨(田氏)가 연달아 두 임금을 범한 것이다.

17 공자세가 孔子世家[1]

孔子生魯昌平鄉陬邑.[2] 공자는 노의 창평향 추읍에서 났다.

其先宋人也, 그 선조는 송 사람인데

曰孔防叔.[3] 공방숙이라 하였다.

1 색은索隱 공자는 제후의 지위를 가지고 있지 않았는데 또한 "계가(系家)"를 일컬은 것은 이 성인을 교화의 임금으로 생각하였고, 또 대대로 현철(賢哲)이 나왔으므로 계가로 일컬은 것이다. 정의正義 공자는 후백(侯伯)의 지위가 없는데도 세가(世家)라 일컬은 것은 태사공이 공자가 포의(布衣)로 10여 세를 전하여오면서 학자들이 종주로 삼아 천자와 왕후로부터 중국에서 육예(六藝)를 말하는 사람은 부자(夫子)를 종주로 삼아 지성(至聖)이라 할 수 있으므로 세가라 하였다.

2 집해集解 서광(徐廣)은 말하였다. "'陬'의 음은 '추(騶)'이다. 공안국(孔安國)은 말하기를 '추(陬)는 공자의 부친 숙량흘(叔梁紇)이 다스리던 읍이다.'라 하였다." 색은 추(陬)는 읍 이름이고, 창평(昌平)은 향(鄉)의 호칭이다. 공자는 노의 추읍 창평향의 궐리(闕里)에 살았다. 정의 『괄지지(括地志)』에서는 말하였다. "옛 추성(鄒城)은 연주(兗州) 사수현(泗水縣) 동남쪽 64리 지점에 있다. 창평산(昌平山)은 사수현 남쪽 60리 지점에 있다. 공자는 창평향에서 나서 아마 향(鄉)의 이름을 취하여 산의 이름으로 삼았을 것이다. 옛 궐리는 사수현 남쪽 50리 지점에 있다. 『여지지(輿地志)』에서는 추성 서쪽 경계 궐리에 이구산(尼丘山)이 있다고 하였다." 지금 이구산은 연주(兗州) 추성에 있는데, 궐리는 곧 이곳이다. 『괄지지』에서는 말하였다. "연주 곡부현 노성 서남쪽 3리 지점에 궐리가 있는데 거기에는 공자의 집이 있고 집 안에는 사당이 있다. 오집지(伍緝之)의 『종정기(從征記)』에서 말하기를 궐리는 주(邾)를 등지고 사(泗)를 바라보고 있는데 곧 여기이다."라 하였다. 부자는 추에서 태어나 자라서 곡부로 옮겼는데 여전히 궐리라고 부른다.

3 색은 『가어(家語)』 "공자는 송미자(宋微子)의 후손이다. 송양공(宋襄公)은 불보하(弗父何)를 낳았는데 아우인 여공(厲公)에게 양위하였다. 불보하는 송보주(宋父周)를 낳았고, 주는 세자승(世子勝)을 낳았으며, 승은 정고보(正考父)를 낳았고, 고보는 공보가(孔父嘉)를 낳았는데 5세에 친족이 다하여 따로 공족(公族)이 되었는데 성을 공씨(孔氏)라 하였다. 공보는 아들 목

防叔生伯夏, 방숙은 백하를 낳고

伯夏生叔梁紇.[4] 백하는 숙양흘을 낳았으며

紇與顔氏女野合而生孔子,[5] 흘은 안씨의 딸과 야합하여 공자를 낳았는데

禱於尼丘得孔子. 이구에서 기도하여 공자를 얻었다.

魯襄公二十二年而孔子生.[6] 노양공 22년에 공자가 났는데

生而首上圩頂,[7] 나면서부터 정수리가 우묵하였으므로

故因名曰丘云. 이에 이름을 구라고 했다 한다.

字仲尼, 자는 중니이고

姓孔氏. 성은 공씨이다.

금보를 낳았으며 금보는 역이(罼夷)를 낳았다. 역이는 방숙(防叔)을 낳았는데, 화씨(華氏)의 핍박을 두려워하여 노로 달아났으므로 공씨는 노의 사람이 되었다."

4 **정의** 『괄지지』에서는 말하였다. "숙양흘(叔梁紇)의 사당은 또한 이구산사(尼丘山祠)라고도 하며, 연주(兗州) 사수현 50리 지점인 이구산 동쪽 기슭에 있다. 『지리지(地理志)』에서는 말하기를 노현(魯縣)에 이구산이 있는데 숙양흘의 사당이 있다고 하였다."

5 **색은** 『가어』에서는 말하였다. "양흘은 노의 시(施)씨를 아내로 취하여 딸 아홉을 낳았다. 그의 첩이 맹피(孟皮)를 낳았는데 맹피는 다리 병을 앓아 이에 안(顔)씨인 징재(徵在)에게 구혼하였고 아비의 명을 따라 혼인하였다." 그 문장이 매우 환하다. 지금 여기서 말하는 "야합(野合)"이란 것은 대체로 양흘은 늙고 징재는 어려서 장실(壯室: 남자의 결혼 적령기인 30세)에 초계(初笄)의 예를 올리는 것이 아니었으므로 야합이라고 하였으며, 예의에 맞지 않았음을 이른다. 그러므로 『논어(論語)』에서는 "거칠도다! 유는.(野哉由也)"이라 하였고, 또 "선배들이 예악에 대하여 한 것을 (지금 사람들이) 촌스러운 사람이라 한다.(先進於禮樂, 野人也)"라 하였는데, 모두 야(野)자가 예에 맞지 않음을 말한 것일 따름이다. **정의** 남자는 (난 지) 8개월 만에 이가 나고 8세에 이를 갈며 2·8 16세에 양도(陽道)가 통하고 8·8 64세가 되면 양도가 끊긴다. 여자는 7개월 만에 이가 나고 7세에 이를 갈며 2·7 14세에 음도(陰道)가 통하고 7·7 49세에 음도가 끊긴다. 혼인이 이를 넘긴 것은 모두 야합이다. 그러므로 『가어』에서 말하기를 "양흘은 시씨의 딸을 맞아 9녀를 낳아 이에 안씨에게 구혼하였는데 안씨는 딸이 셋이었고 가장 어린 딸이 징재였다."라 하였다. 이에 의하면 혼인했을 때 64세가 넘었다.

6 **색은** 『공양전(公羊傳)』 "양공(襄公) 21년 11월 경자일에 공자가 태어났다." 지금 22년이라 한 것은 주정(周正)으로 11월은 명년에 속하므로 잘못 안 것이다. 후서(後序)에서 공자가 죽은 것이 72세라 하였는데 매번 1세가 적다.

丘生而叔梁紇死,[8] 구가 났을 때 숙량흘은 죽어
葬於防山.[9] 방산에 장사지냈다.
防山在魯東, 방산은 노의 동쪽에 있으며
由是孔子疑其父墓處, 이때부터 공자는 부친의 묘소를 의심하였는데
母諱之也.[10] 어머니가 꺼려서였다.
孔子爲兒嬉戲, 공자는 아이로 놀 때
常陳俎豆,[11] 늘 조와 두(같은 제기)를 벌려놓고
設禮容. 예를 행하는 모습을 갖추었다.
孔子母死, 공자의 어머니가 죽자
乃殯五父之衢,[12] 오보지구에 초빈을 하였는데

---

7 **색은** '玗'의 음은 우(烏)이다. '頂'의 음은 정(鼎)이다. 우정(玗頂)은 정수리가 우묵한 것을 말하므로 공자의 정수리가 반우(反宇)와 같았다. 반우(反宇)는 옥우(屋宇)의 반(反)과 같아서 가운데는 낮고 사방이 높은 것이다. **정의** 『괄지지』에서는 말하였다. "여릉산(女陵山)은 곡부현 남쪽 28리 지점에 있다. 간보(干寶)의 『삼일기(三日紀)에서는 말하였다. '징재가 공자를 낳은 공상(空桑)의 땅은 지금은 공두(空竇)라고 하며 노 남산의 빈 구멍에 있었다. 물이 없었는데 제사를 지낼 때 술로 청소하고 아뢰니 문득 맑은 샘이 석문(石門)에서 나와 충분히 쓸 수가 있었으며, 제사를 마치자 샘은 말랐다. 지금은 속칭 여릉산이라고 한다.'"

8 **색은** 『가어』에서는 난 지 3년 만에 양흘이 죽었다고 하였다.

9 **정의** 『괄지지』에서는 말하였다. "방산(防山)은 연주 곡부현 동쪽 25리 지점에 있다. 『예기』에서는 공자의 모친을 방에 합장하였다고 하였다."

10 **색은** 공자가 어려서 고아가 되어 부친의 무덤이 있는 곳을 정확히 몰랐다는 것을 말하며 그 선영을 알지 못했다는 것을 말하는 것이 아니다. 징재는 계년(笄年)에 양흘에게 시집갔는데 얼마 되지 않아 (양흘이) 늙어 죽어 청상이 되었으므로 혐의를 살까하여 송장 때 따르지 않아 무덤이 있는 곳을 알지 못하였으므로 마침내 알려주지 못하였을 따름이지 꺼린 것은 아니다.

11 **정의** 조두(俎豆)는 나무로 만들었으며 네 되[升]를 수용하며, 높이는 두 치이다. 대부 이상은 붉은 구름 기운의 무늬가 있었고, 제후는 상아로 다리를 장식하였으며, 천자는 옥장식을 하였다.

12 **정의** 『괄지지』에서는 말하였다. "오보구(五父衢)는 연주(兗州) 곡부현 서남쪽 2리 지점에 있는데, 노성 안의 큰 길이다."

蓋其慎也.[13]	신중을 기하기 위해서였을 것이다.
郰人輓父之母誨孔子父墓,[14]	추의 사람 만보의 어머니가 공자의 무덤을 가르쳐주어,
然後往合葬於防焉.	그런 다음에야 방에 가서 합장을 하였다.
孔子要絰,[15]	공자가 상중에 있을 때
季氏饗士,	계씨가 사에게 향연을 베풀어
孔子與往.[16]	공자는 참여하러 갔다.
陽虎絀曰:	양호가 물리치며 말하기를
"季氏饗士,	"계씨는 사에게 향연을 베푸는 것이지
非敢饗子也."	감히 그대에게 향연을 베푸는 것이 아니다."
孔子由是退.	공자는 이 때문에 물러났다.
孔子年十七,	공자 나이 17세에
魯大夫孟釐子病且死,[17]	노 대부 맹희자가 병으로 죽게 되어
誡其嗣懿子曰:	그 사자 의자에게 타일러 말하였다.
"孔丘,	"공구는

13 집해 서광은 말하였다. "노현(魯縣)에 궐리가 있는데 공자가 거처하는 곳이다. 또한 오보지구가 있다." 색은 공자가 부친의 무덤을 알지 못하여 이에 또한 오보지구에 그 어머니를 초빈하였는데 이는 삼가는 것이라는 말이다. 정의 신(愼)은 관을 끌고 빈소로 가는 것을 말한다.

14 정의 앞 글자의 음은 추(鄒)이다.

15 색은 『가어』 "공자는 모친상으로 당하여 연(練)을 마치고 뵈었다."라 하였으니 비난한 것이 아니다. 지금 여기서 공자가 상복[要絰]을 입고 향연에 참석하였는데 양호에게 쫓겨났다고 한 것은 무고에 가까울 것이다. 어떤 판본에는 "요경(要經)"으로 되어 있다. 요경은 대경(帶經)과 같기 때문에 유씨(劉氏)는 학문을 좋아하는 뜻이라고 하였는데 옳다.

16 정의 '與'의 음은 여(預)이다. 계씨가 노의 문학지사에게 음식을 대접하여 공자는 초청을 받아 갔는데 양호는 공자가 어리다고 생각하였으므로 꺾은 것이다.

聖人之後,[18]	성인의 후손으로
滅於宋.[19]	송에서 멸절되었다.
其祖弗父何始有宋而嗣讓厲公.[20]	
	그 선조 불보하는 처음에는 송을 가졌는데 계승권을 여공에게 양보하였다.
及正考父佐戴·武·宣公,[21]	정고보에 이르러 대공과 무공 선공을 보좌하여
三命茲益恭,	세 번 명을 받았는데 이때마다 더욱 공손히 하여
故鼎銘云:[22]	정에 명을 새기어 말하였다.
'一命而僂,	'처음에는 머리를 숙이고
再命而傴,	다음에는 등을 굽히며
三命而俯,[23]	세 번째로 허리를 구부려
循牆而走,[24]	길을 가면서 담에 의지하여 가지만
亦莫敢余侮.[25]	또한 나를 업신여길 수는 없다.

---

17 **색은** 소공(昭公) 7년의 『좌전(左傳)』에서는 말하였다. "맹희자가 상례를 행할 수 없었음을 부끄럽게 여겨 이에 예를 배웠는데 그가 죽으려 할 때 대부들을 불렀다. ……(孟僖子病不能相禮, 乃講學之, 及其將死, 召大夫……)"라 하였다. 병들었다고 한 것은 병 때문에 예를 행할 수 없었다는 것이지 병으로 곤핍해졌다는 것을 이르는 것이 아니다. 24년에 희자가 죽었는데, 가규(賈逵)는 말하기를 "중니는 당시 35세였을 것이다."라 하였으니 이는 잘못되었다.

18 **집해** 복건(服虔)은 말하였다. "성인은 상탕(商湯)을 이른다."

19 **집해** 두예(杜預)는 말하였다. "공자의 6세조 공보가(孔父嘉)는 송 화독(華督)에게 살해되어 그 아들이 노로 달아났다."

20 **집해** 두예는 말하였다. "불보하는 공보가의 고조이며, 송민공(宋愍公)의 장자이자 여공(厲公)의 형이다. 하는 적사(嫡嗣)로 즉위하여야 하는데 여공에게 양위하였다."

21 **집해** 복건은 말하였다. "정고보는 불보하의 증손자이다."

22 **집해** 두예는 말하였다. "삼명(三命)은 상경(上卿)이다. 고보 사당의 정(鼎)이다."

23 **집해** 복건은 말하였다. "루(僂)와 구(傴), 부(俯)는 모두 공경하는 모양이다."

24 **집해** 두예는 말하였다. "감히 편안히 가지 않았음을 말한다."

25 **집해** 두예는 말하였다. "그 공손함이 이와 같았고 사람들도 감히 업신여기지 않은 것이다."

饘於是,	여기에 된죽을 쑤고
粥於是,	여기에 죽을 쑤어서
以餬余口.'[26]	애오라지 배를 채울 따름이다.'
其恭如是.	그 공손함이 이와 같았다.
吾聞聖人之後,	내가 듣건대 성인의 후손은
雖不當世,	비록 정권을 잡지는 못한다하여도
必有達者.[27]	반드시 통달한 자가 있을 것이라 하였다.
今孔丘年少好禮,	지금 공구는 나이도 어린데 예를 좋아하니
其達者歟?	통달한 자일 것이다.
吾即沒,	내가 죽거든
若必師之."	너는 반드시 스승으로 삼아야 한다."
及釐子卒,	희자가 죽자
懿子與魯人南宮敬叔往學禮焉.[28]	의자는 노 사람 남궁경숙과 함께 가서 예를 배웠다.
是歲,	이 해에
季武子卒,	계무자가 죽고
平子代立.	평자가 대를 이어 즉위하였다.

26 집해 두예는 말하였다. "이 정에 된죽과 죽을 끓이는 것이다. 전죽(饘粥)과 죽 따위는 지극히 검소하였음을 말한다."

27 집해 왕숙(王肅)은 말하였다. "불보하 같은 사람은 은탕의 후예인데 송 임금의 왕위를 잇지 않은 것을 이른다." 두예는 말하였다. "성인의 후손은 밝은 덕을 가지고도 대위를 잡지 못하였으니 정고보를 이른 것이다."

28 색은 『좌전』 및 『계본』에 의하면 경숙과 의자는 모두 맹희자의 아들이어서 다시 "노 사람"이라고 하지 않았어야 하는데 또한 태사공이 거칠어서일 따름이다.

孔子貧且賤.	공자는 가난하고 미천하였다.
及長,	자라서는
嘗爲季氏史,[29]	계씨의 관리가 된 적이 있는데
料量平;	되질이 공평하였으며,
嘗爲司職吏而畜蕃息.	직리를 맡은 적이 있는데 가축이 번식하였다.
由是爲司空.	이 때문에 사공이 되었다.
已而去魯,	얼마 후 노를 떠났으며
斥乎齊,	제에서 배척되고
逐乎宋·衞,	송과 위에서 쫓겨났으며
困於陳蔡之閒,	진과 채 사이에서 곤경에 처하기도 했으며
於是反魯.	이에 노로 돌아왔다.
孔子長九尺有六寸,	공자는 신장이 9척 6촌이어서
人皆謂之長人而異之.	사람들이 모두 "키다리"라 부르며 기이해하였다.
魯復善待,	노에서 다시 잘 대해주어
由是反魯.	이로 인해 노로 돌아왔다.

魯南宮敬叔言魯君曰:	노의 남궁경숙이 노 임금에게 말하였다.
"請與孔子適周."[30]	"공자와 함께 주에 갈 것을 청합니다."
魯君與之一乘車,	노 임금은 그에게 수레 1승과

29 **색은** 어떤 판본에는 "위리(委吏)"로 되어 있다. 조기(趙岐)는 말하였다. "위리(委吏)는 창고의 적치를 맡은 관리이다."

30 **색은** 『장자(莊子)』에서는 말하였다. "공자의 나이 51세 때 남쪽으로 가서 노담(老聃)을 만났다." 대체로 『계가』 또한 여기에 의거하여 말하고 그 뜻을 궁구하지 않아 마침내 모두 잘못되었다. 어째서인가? 공자가 주로 간 것이 어찌 예를 물으러 간 때인 곧 17세 때이겠는가? 또한 공자가 노담을 만나보고 말하기를 "심하도다! 도를 행하기가 어려움이."라 하였는데 이는 17세 된 사람이 할 말이 아니라 곧 이미 벼슬을 한 뒤의 말일 따름이다.

兩馬,	말 두 필,
一豎子俱,	종 하나를 갖추어주어
適周問禮,	주로 가서 예를 물었는데
蓋見老子云.	노자를 만난 것을 이를 것이다.
辭去,	떠나려고 하는데
而老子送之曰:	노자가 그를 전송하면서 말하였다.
"吾聞富貴者送人以財,[31]	"내 듣건대 부귀한 자는 재물로 사람을 전송하고
仁人者送人以言.	인한 자는 말로 사람을 전송한다고 하였소.
吾不能富貴,	내 부귀한 자는 될 수 없고
竊仁人之號,[32]	인자의 명의를 훔쳤으니
送子以言,	그대를 말로 전송하리라.
曰:	이렇게 말합니다.
'聰明深察而近於死者,	'총명하고 깊이 살피면 죽음에 가까워지는 것은
好議人者也.	남에 대하여 의논하기 좋아하기 때문이다.
博辯廣大危其身者,	말이 뛰어나고 광대하면 그 몸이 위태로워지는 것은
發人之惡者也.	남의 악을 들추어내기 때문이다.
爲人子者毋以有己,[33]	자식 된 자는 자기를 가져서는 안 되고
爲人臣者毋以有己.'"[34]	신하된 자는 자기를 가져서는 안 된다.'"

31 색은 『장주(莊周)』에는 "재(財)"가 "헌(軒)"으로 되어 있다.

32 집해 왕숙은 말하였다. "인자의 명의를 훔쳤다고 겸사(謙辭)한 것이다."

33 집해 왕숙은 말하였다. "몸은 부모가 가진 것이다." 색은 『가어』에는 "자기가 있는 사람은 자식이 되지 못한다(無以有己爲人子者)"로 되어 있다.

34 색은 『가어』에는 "자기를 미워하는 사람은 신하가 되지 못한다(無以惡己爲人臣者)"로 되어 있다. 왕숙은 말하였다. "말을 들으면 벼슬을 하고 쓰이지 않으면 떠나서 몸을 보호하고 행실을 온전히 함이 신하의 절개이다."

孔子自周反于魯,	공자가 주에서 노로 돌아오자
弟子稍益進焉.	제자가 조금씩 더 늘어났다.

是時也,	이때
晉平公淫,	진평공이 음탕하자
六卿擅權,	육경이 권력을 주물러
東伐諸侯;	동으로 제후들을 쳤다.
楚靈王兵彊,	초영왕은 군사가 강하여
陵轢中國;	중원의 나라를 속이고 능멸하였다.
齊大而近於魯.	제는 크고 노와 가까웠다.
魯小弱,	노는 작고 약하여
附於楚則晉怒;	초에 붙으면 진이 노하였고
附於晉則楚來伐;	진에 붙으면 초가 와서 벌하였으며,
不備於齊,	제에 대비하지 않으면
齊師侵魯.	제의 군사가 노를 침략하였다.

魯昭公之二十年,	노소공 20년은
而孔子蓋年三十矣.	공자가 30세일 것이다.
齊景公與晏嬰來適魯,	제경공이 안영과 함께 노에 갔는데
景公問孔子曰:	경공이 공자에게 물었다.
"昔秦穆公國小處辟,	"지난날 진목공은 나라는 작고 처한 곳은 치우쳤는데
其霸何也?"	패권을 잡은 것은 어째서요?"
對曰:	대답하였다.
"秦,	진은

國雖小, 나라는 비록 작지만

其志大; 그 뜻은 크며,

處雖辟, 처한 곳은 비록 치우쳤지만

行中正. 행실이 치우치지 않고 바릅니다.

身擧五羖,[35] 몸소 오고를 천거하여

爵之大夫, 대부의 작위를 내리고

起纍紲之中,[36] 포승줄에서 일으켜

與語三日, 사흘간 얘기를 해보고

授之以政. 정사를 내주었습니다.

以此取之, 이를 가지고 취하였다면

雖王可也, 왕이라도 되었을 텐데

其霸小矣." 패자가 된 것은 작은 것일 것입니다."

景公說. 경공이 기뻐하였다.

孔子年三十五, 공자 나이 35세에

而季平子與郈昭伯以鬬雞[37] 계평자가 후소백과 투계를 하다가

故得罪魯昭公, 노소공에게 죄를 지어

昭公率師擊平子, 소공이 군사를 거느리고 평자를 쳤는데

平子與孟氏·叔孫氏三家共攻昭公, 평자는 맹씨 숙손씨 세 가문과 소공을 공격했다.

---

35 정의 백리해(百里奚)이다.

36 색은 『가어』에는 이 구절이 없다. 맹자는 "그렇지 않은(不然)" 말이라고 생각하였다.

37 정의 '郈'의 음은 후(后)이다. 『괄지지』에서는 말하였다. "투계대(鬬雞臺) 두 곳은 서로 15보 떨어져 있으며, 연주(兗州) 곡부현 동남 3리 지점의 노성(魯城)에 있다. 『좌전』「소공(昭公)」 25년에 계씨와 후소백(郈昭伯)이 투계를 하여 계씨는 그 닭에 갑옷을 입혔고 후씨는 금 발톱을 달아주었다."

昭公師敗, 소공의 군사가 패하여

奔於齊, 제로 달아났는데

齊處昭公乾侯.[38] 제에서는 소공을 간후에 처하게 하였다.

其後頃之, 그 후 얼마 지나지 않아

魯亂. 노에 난리가 났다.

孔子適齊, 공자는 제로 가서

爲高昭子家臣, 고소자의 가신이 되었으며

欲以通乎景公. 경공과 통하고자 하여

與齊太師語樂, 제 태사와 음악 이야기를 하였는데

聞韶音, 「소」의 음악을 듣고

學之, 그것을 배워

三月不知肉味,[39] 석 달 동안 고기 맛을 알지 못하였는데

齊人稱之. 제 사람이 칭찬하였다.

景公問政孔子, 경공이 공자에게 정치를 묻자

孔子曰: 공자가 말하였다.

"君君, "임금은 임금다워야 하고

臣臣, 신하는 신하다워야 하며

---

38 **정의** 상주(相州) 성안현(成安縣) 동남쪽 30리 지점 척구(斥丘)의 옛 성으로, 본래 춘추시대 간후(乾侯)의 읍이었다.

39 **집해** 주씨(周氏)는 말하였다. "공자가 제에서 「소」의 음악의 성하고 아름다움을 들어 익숙해졌으므로 고기 맛을 잊은 것이다." **색은** 『논어』에 의하면 공자가 노 태사에게 음악을 말하였으며 제 태사가 아니다. 또한 "공자가 제에서 「소」의 음악을 들어 석 달 동안 고기 맛을 알지 못했다(子在齊聞韶, 三月不知肉味)"라 하여, "그것을 배웠다(學之)"라는 글이 없다. 지금 여기서는 『논어』와 「제어(齊語)」, 『노어(魯語)」 두 군데의 문장을 합쳐서 이렇게 이야기하였는데 아마 사실을 놓친 것 같다.

父父,	아비는 아비다워야 하고
子子."[40]	자식은 자식다워야 합니다."
景公曰:	경공이 말하였다.
"善哉!	"훌륭하도다!
信如君不君,	실로 임금이 임금답지 못하고
臣不臣,	신하가 신하답지 못하며
父不父,	아비가 아비답지 않고
子不子,	자식이 자식답지 않으면
雖有粟,	비록 곡식이 있다한들
吾豈得而食諸!"[41]	내 어찌 그것을 먹게 되겠는가!"
他日又復問政於孔子,	훗날 다시 공자에게 정치를 물었는데
孔子曰:	공자가 말하였다.
"政在節財."	"정치는 재물을 절약하는데 있습니다."
景公說,	경공이 기뻐하며
將欲以尼谿田封孔子.[42]	이계전을 공자에게 봉하려 했다.
晏嬰進曰:	안영이 나서서 말하였다.
"夫儒者滑稽而不可軌法;"	대체로 유자는 말만 번지르르하므로 법도로 삼을 수 없고
倨傲自順,	거만하고 자신의 의견만 주장하여
不可以爲下;	아랫사람으로 삼을 수도 없습니다.
崇喪遂哀,	상례를 높이고 슬픔을 다하여

40 **집해** 공안국은 말하였다. "이때 진항(陳恆)이 제를 통제하여 임금이 임금답지 않았고 신하가 신하답지 않았으므로 이렇게 대답하였다."

41 **집해** 공안국은 말하였다. "위태로워질 것이라는 말이다. 진씨가 과연 제를 멸하였다."

42 **색은** 이 설은 『안자』 및 『묵자』에게서 나왔는데, 말이 조금 차이가 있다.

破產厚葬,	파산할 정도로 장사를 성대히 치러
不可以爲俗;	풍속으로 삼을 수도 없습니다.
游說乞貸,	유세를 일삼고 대가를 바래
不可以爲國.	나라를 다스리게 할 수 없습니다.
自大賢之息,	훌륭한 현자가 사라진 후에
周室既衰,	주 왕실은 이미 쇠미해져서
禮樂缺有閒.[43]	예악이 이지러진 지가 오래되었습니다.
今孔子盛容飾,	지금 공자는 몸을 성대하게 꾸미며,
繁登降之禮,	번거로운 존비(尊卑)의 예와
趨詳之節,	세세한 예절을 추구합니다.
累世不能殫其學,	몇 세대가 되도록 다 배울 수가 없고
當年不能究其禮.	평생토록 그 예를 다 익힐 수가 없습니다.
君欲用之以移齊俗,	임금께서 그를 등용하여 제의 풍속을 바꾸려는 것은
非所以先細民也."	백성을 우선하는 것이 아닙니다."
後景公敬見孔子,	나중에 경공이 삼가 공자를 만나 보았으나
不問其禮.	그 예는 묻지 않았다.
異日,	훗날
景公止孔子曰:	경공이 공자를 만류하며 말하였다.
"奉子以季氏,[44]	"그대를 계씨만큼 받드는 것은
吾不能."	내 할 수 없소."

43 색은 식(息)은 생긴다는 뜻이다. 상고시대에는 대현이 나면 예악이 있었고 주 왕실은 미약해져 비로소 결함이 있은 지가 오래된 것이다.

44 색은 유씨(劉氏)는 음이 봉[扶用反]이라 하였는데 틀렸다. 이곳의 '奉'은 원래 글자의 뜻대로 읽는다. 삼가 공자를 노의 계씨의 직책으로 대한 것을 이르므로 아래의 문자에서 "삼가 계씨와 맹씨의 중간 등급으로 대우해준 것이다."라 하였다.

以季孟之閒待之.[45]	계씨와 맹손씨의 중간으로 대해줬다.
齊大夫欲害孔子,	제 대부가 공자를 해치려 했고
孔子聞之.	공자가 그것을 들었다.
景公曰:	경공이 말하였다.
"吾老矣,	나는 늙어서
弗能用也."	그대를 쓸 수가 없소."
孔子遂行,	공자는 마침내 떠나
反乎魯.	노로 돌아왔다.

孔子年四十二,	공자 42세에
魯昭公卒於乾侯,	노소공이 간후에서 죽고
定公立.	정공이 즉위하였다.
定公立五年,	정공 즉위 5년
夏,	여름에
季平子卒,	계평자가 죽고
桓子嗣立.	환자에 이어서 섰다.
季桓子穿井得土缶,	계환자가 우물을 뚫다가 돌 장군을 얻었는데
中若羊,[46]	안에 양 같은 것이 있었다.
問仲尼云"得狗".	중니에게 물으면서 "개를 얻었다."라 하였다.
仲尼曰:	중니가 말하였다.

45 **집해** 공안국은 말하였다. "노의 3경 가운데 계씨가 상경으로 가장 귀하며, 맹씨는 하경으로, 권력을 잡지 못하였다. 두 사람의 중간급으로 대해준 것을 말한다."

46 **집해** 위소(韋昭)가 말하였다. "양은 살아 있는 양이므로 요괴라고 하였다." **색은** 『가어』에서는 "환자(桓子)가 비(費)에서 우물을 뚫었는데 돌로 된 장군 같은 것을 얻었으며 그 안에 양이 있었다."라 하였는데 옳다. **집해** 위소는 말하였다. "양을 얻고 개라고 하였는데 공자가 사물이 널리 통하여 헤아린 것이다."

"以丘所聞,	"제가 듣기로는
羊也.	양입니다.
丘聞之,	제가 듣건대
木石之怪夔·罔閬,[47]	목석의 요괴는 기와 망량이고
水之怪龍·罔象,[48]	물의 요괴는 용과 망상이며
土之怪墳羊.	흙의 요괴는 분양이라 했습니다."

吳伐越,	오가 월을 쳐서
隳會稽,[49]	회계를 허물고
得骨節專車.	수레가 가득 찰 정도의 뼈를 얻었다.
吳使使問仲尼:	오에서 사자를 보내 중니에게 물었다.
"骨何者最大?"	"뼈는 어느 것이 가장 크오?"
仲尼曰:	중니가 말하였다.
"禹致羣神於會稽山,	"우가 회계산으로 신들을 초치하였는데

47 **집해** 위소는 말하였다. "목석(木石)은 산을 이른다. 혹자는 말하기를 기(夔)는 발이 하나라는데 월 사람들은 산소(山繅)라 한다고 하였다. 혹자는 말하기를 외발의 망량(魍魎)은 산의 정령이며 사람의 소리를 잘 배워 사람을 미혹시킨다고 하였다." **색은** '夔'의 음은 규(逵)이다. '閬'의 음은 량(兩)이다. 『가어』에는 "망량(魍魎)"으로 되어 있다. '繅'의 음은 소(騷)이다. 그러나 산소(山繅)는 외다리로 산신의 이름이므로 기(夔)라고 하였다. 기는 외다리 짐승으로 사람과 닮았다.

48 **집해** 위소는 말하였다. "용(龍)은 신수(神獸)이며, 늘 보이는 것이 아니므로 괴(怪)라고 하였다. 혹자는 말하기를 '망상(罔象)은 사람을 잡아먹으며, 일명 목종(沐腫)이라고도 한다.'라 하였다." **색은** '沐腫'의 음은 목종(木踵)이다. **집해** 당고(唐固)는 말하였다. "분양(墳羊)은 암수가 이루어지지 않은 것이다."

49 **집해** 왕숙은 말하였다. "휴(隳)는 허무는 것이다." **색은** 회계(會稽)를 무너뜨린 것이다. 회계는 산 이름으로 월이 도읍으로 삼은 곳이다. 휴(隳)는 허무는 것이다. 오가 월을 벌한 것은 노애공 원년의 일이었다. **집해** 위소는 말하였다. "뼈마디 하나의 길이가 수레에 꽉 찬 것이다. 전(專)은 천(擅)의 뜻이다."

防風氏後至,	방풍씨가 늦게 이르자
禹殺而戮之,[50]	우가 죽여서 육시하였는데
其節專車,	그 뼈마디가 수레에 꽉 찼다고 하니
此爲大矣."	이것이 큽니다."
吳客曰:	오의 사자가 말하였다.
"誰爲神?"	"누가 신이오?"
仲尼曰:	중니가 말하였다.
"山川之神足以綱紀天下,	"산천의 신은 충분히 천하의 기강을 잡는데
其守爲神,[51]	그것을 지키는 것이 신이며
社稷爲公侯,[52]	사직(을 지키는 것)은 공후인데
皆屬於王者."	모두 왕자 소속입니다."
客曰:	사신이 말하였다.
"防風何守?"	"방풍씨는 무엇을 지켰습니까?"
仲尼曰:	중니가 말하였다.
"汪罔氏之君守封·禺之山,[53]	"왕망씨의 임금은 봉산과 우산을 지켰는데
爲釐姓.[54]	희성입니다.

50 집해 위소는 말하였다. "군신(羣神)은 산천을 주관하는 신을 군신(羣神)의 임금이라 하므로 신이라 이르는 것이다." 집해 위소는 말하였다. "방풍씨가 명을 어기고 늦게 이르렀으므로 우가 죽여서 시체를 널어놓았다."

51 집해 왕숙은 말하였다. "산천의 제사를 지키는 자가 신인데, 제후라 이른다." 위소는 말하였다. "충분히 천하의 기강을 잡으며, 명산대천에서 구름을 일으키고 비를 불러 천하를 이롭게 하는 것이다."

52 집해 왕숙은 말하였다. "다만 사직만 지키고 산천의 제사는 없는 자로, 다만 공후(公侯)일 따름이다."

53 집해 위소는 말하였다. "봉(封)은 봉산(封山)이고 우(禺)는 우산(禺山)인데, 오군(吳郡)의 영안현(永安縣)에 있다." 내[駰] 생각에 진(晉) 태강(太康) 원년에 영안(永安)을 무강현(武康縣)으로 고쳤는데, 지금은 오흥군(吳興郡)에 속한다.

在虞·夏·商爲汪罔,	우·하·상 때는 왕망이고
於周爲長翟,	주에서는 장적이며
今謂之大人."[55]	지금은 대인이라 합니다.
客曰:	사신이 말하였다.
"人長幾何?"	"사람의 키는 얼마나 됩니까?"
仲尼曰:	중니가 말하였다.
"僬僥氏[56]三尺,	"초요씨는 석 자인데
短之至也.	가장 작습니다.
長者不過十之,	큰 사람도 10배를 넘지 않는데
數之極也.[57]	수의 끝입니다.
於是吳客曰:	이에 오의 사신이 말하였다.
"善哉聖人!"	"훌륭하도다, 성인이로다!"
桓子嬖臣曰仲梁懷,	환자의 총신 중량회가
與陽虎有隙.	양호와 틈이 생겼다.
陽虎欲逐懷,	양호는 중량회를 쫓아내려하였는데
公山不狃止之.[58]	공산불뉴가 말렸다.

54 색은 '螚"의 음은 희(僖)이다. 『가어』에서는 성이 칠(漆)이라 하였는데, 틀렸을 것이다. 『계본(系本)』에는 칠(漆)이라는 성이 없다.

55 집해 왕숙은 말하였다. "주초 및 공자 당시에는 이름이 달랐다."

56 집해 위소는 말하였다. "초요(僬僥)는 서남만(西南蠻)의 별명이다." 정의 『괄지지』에서는 말하였다. "진(秦) 남쪽에 있다."

57 집해 왕숙은 말하였다. "십지(十之)는 3장(丈)을 이른다. 수는 여기서 다한다."

58 집해 공안국은 말하였다. "불뉴는 계씨의 읍재이다." 색은 '狃'의 음은 뉴[女久反]이다. 추씨(鄒氏)는 말하기를 "유(蹂)"로 된 판본도 있다고 하였다. 『논어(論語)』에는 "불요(弗擾)"로 되어 있다.

其秋, 그 해 가을에

懷益驕, 중량회가 더욱 교만해져

陽虎執懷. 양호가 중량회를 구금하였다.

桓子怒, 환자가 노하자

陽虎因囚桓子, 양호는 내친김에 환자를 가두었다가

與盟而醳之.[59] 맹약을 맺고서야 풀어주었다.

陽虎由此益輕季氏. 양호는 이로 말미암아 계씨를 더욱 만만하게 보았다.

季氏亦僭於公室, 계씨 또한 공실에 참람하게 굴어

陪臣執國政, 배신이 국정을 장악하니

是以魯自大夫以下皆僭離於正道. 이 때문에 노는 대부 이하가 모두 멋대로 정도에서 벗어나게 되었다.

故孔子不仕, 그래서 공자는 출사하지 않고

退而脩詩書禮樂, 물러나 시서예악을 정리하였는데

弟子彌衆, 제자가 더욱 많아져서

至自遠方, 먼 곳에서 이르러

莫不受業焉. 학업을 배우지 않음이 없었다.

定公八年, 정공 8년에

公山不狃不得意於季氏, 공산불뉴가 계씨의 뜻을 얻지 못하자

因陽虎爲亂, 양호를 통하여 난을 일으켜

欲廢三桓之適,[60] 삼환의 적자(嫡子)를 폐하고

59 정의 '醳'은 석(釋)의 뜻으로 읽는다.

60 정의 '適'은 적(嫡)의 뜻으로 읽는다.

更立其庶孼陽虎素所善者,	서얼로 양호와 평소에 친하게 지내는 자를 다시 세우려 하였다.
遂執季桓子.	마침내 계환자를 구금시켰다.
桓子詐之,	환자는 속여서
得脫.	벗어나게 되었다.
定公九年,	정공 9년에
陽虎不勝,	양호는 이기지 못하고
奔于齊.	제로 달아났다.
是時孔子年五十.	이때 공자의 나이가 50세였다.

公山不狃以費畔季氏,	공산불뉴가 비읍(邑)을 가지고 계씨에게 반기를 들고
使人召孔子.	사람을 시켜 공자를 불렀다.
孔子循道彌久,	공자는 도를 추구한지 한참 오래되었고
溫溫無所試,	미적지근하게 시험되지 않았으며
莫能己用,	아무도 자기를 등용할 수가 없자
曰:	말하였다.
"蓋周文武起豐鎬而王,	"주의 문·무왕은 풍호에서 일어나 왕이 되었을 것이다.
今費雖小,	지금 비가 비록 작기는 하나
儻庶幾乎!"[61]	거의 비슷할 것이다!"
欲往.	가려고 하였다.
子路不說,	자로가 기뻐하지 않으며
止孔子.	공자를 말렸다.

61 **색은** 『가어』 및 공씨(孔氏)의 글을 찾아보면 이 말이 없기 때문에 환담(桓譚) 또한 거짓이라 생각하였다.

孔子曰:	공자가 말하였다.
"夫召我者豈徒哉?	"나를 부른 자가 어찌 하릴없이 그랬겠느냐?
如用我,	나를 써준다면
其爲東周乎!"[62]	동쪽 주가 될 것이다!"
然亦卒不行.	그러나 또한 끝내 가지 않았다.

其後定公以孔子爲中都宰,	그후 정공은 공자를 중도재로 삼았고
一年,	1년 만에
四方皆則之.[63]	사방에서 모두 법도로 삼았다.
由中都宰爲司空,	중도재에서 사공이 되었고
由司空爲大司寇.	사공에서 대사구가 되었다.

定公十年春,	정공 10년 봄에
及齊平.[64]	제와 강화를 맺었다.
夏,	여름에
齊大夫黎鉏言於景公曰:	제 대부 여서가 경공에게 말하였다.
"魯用孔丘,	"노에서 공구를 쓰면
其勢危齊."	형세가 제에 불리합니다."
乃使使告魯爲好會,	이에 노에 사신을 보내어 강화의 회맹을 갖기로 하고
會於夾谷.[65]	협곡에서 만나기로 하였다.

---

62 **집해** 하안(何晏)은 말하였다. "주의 도를 동방에서 일으키기 때문에 동주라고 하였다."

63 **색은** 『가어』에는 "서방(西方)"으로 되어 있다. 왕숙은 말하였다. "노는 동쪽에 가깝기 때문에 서방의 제후들이 모두 법도로 삼은 것이다."

64 **색은** 급(及)은 여(與)의 뜻이다. 평(平)은 성(成)의 뜻이다. 제와 강화(講和)가 이루어졌기 때문에 평(平)이라 한 것이다.

魯定公且以乘車好往.	노정공은 수레를 그냥 타고 가려고 했다.
孔子攝相事,	공자가 재상의 일을 섭행하고 있었는데
曰:	말하였다.
"臣聞有文事者必有武備,	"신이 듣건대 문의 일이 있는 자는 반드시 무로 대비하고
有武事者必有文備.	무의 일이 있는 자는 반드시 문으로 대비한다고 하였습니다.
古者諸侯出疆,	옛날에 제후가 국경을 나설 때는
必具官以從.	반드시 관원을 갖추어 딸렸습니다.
請具左右司馬."	좌우 사마를 갖추도록 하십시오."
定公曰:	정공이 말하였다.
"諾."	"좋소."
具左右司馬.	좌우 사마를 갖추었다.
會齊侯夾谷,	제후(齊侯)와 협곡에서 만나
爲壇位,	단석(壇席)을 만들고
土階三等,	흙 계단 3칸을 올라가
以會遇之禮相見,[66]	회견할 때의 예로 뵙고
揖讓而登.	읍하고 사양하며 올랐다.
獻酬之禮畢,[67]	술을 주고받는 예가 끝나자
齊有司趨而進曰:	제의 유사가 종종걸음으로 나아가 말하였다.
"請奏四方之樂."	"사방의 음악을 연주하기를 청합니다."

65 **집해** 서광은 말하였다. "사마표(司馬彪)는 지금 축기현(祝其縣)에 있다고 하였다."

66 **집해** 왕숙은 말하였다. "회우(會遇)의 예는 예가 간략한 것이다."

67 **역주** 주인(主人)이 손에게 술을 따라 권함을 헌(獻)이라 하고, 빈(賓)이 주인에게 술을 마시게 함을 작(酢)이라 하며, 주인이 또 스스로 마시고 다시 빈에게 술을 마시게 함을 수(酬)라 한다.

景公曰:	경공이 말하였다.
“諾.”	“좋소.”
於是旍旄羽袯矛戟劍撥鼓噪而至.[68]	
	이에 정모의 기와 우발, 창과 갈래창, 검과 방패의 무리가 떠들썩하게 북을 울리며 이르렀다.
孔子趨而進,	공자가 빠른 걸음으로 나아가
歷階而登,[69]	계단을 지나서 올랐는데
不盡一等,	(마지막) 한 칸을 다 오르지 않고
舉袂而言曰:	소매를 들고 말하였다.
“吾兩君爲好會,	“우리 두 임금이 우호의 회맹을 하는데
夷狄之樂何爲於此!	이적의 음악을 어찌하여 여기서 연주하는가!
請命有司!”	청컨대 유사에게 명하소서!”
有司卻之,	유사가 물리쳤는데
不去,	떠나지 않으니
則左右視晏子與景公.	좌우에서 안자와 경공을 살폈다.
景公心怍,	경공이 내심 부끄러워하여
麾而去之.	손을 저어 물리쳤다.
有頃,	얼마 후
齊有司趨而進曰:	제의 유사가 종종걸음으로 나아가 말하였다.
“請奏宮中之樂.”	“궁중의 음악을 연주하길 청합니다.”
景公曰:	경공이 말하였다.

68 **색은** 『가어』에는 “내(萊)의 사람이 병기와 북으로 떠들썩하게 정공(定公)을 위협했다.”라 되어 있다. ‘袯’의 음은 불(弗)이며, 춤추는 사람이 잡는 것이기 때문에 『주례(周禮)』의 음악에 「불무(袯舞)」가 있다. ‘撥’의 음은 벌(伐)인데, 큰 방패[大楯]를 이른다.

69 **색은** 계단을 오르는 것을 이른다. 그러므로 왕숙이 말하기를 “역계(歷階)는 계단을 오르는데 발을 모으지 않는 것이다.”라 하였다.

"諾."	"좋소."
優倡侏儒爲戲而前.	광대며 난장이가 재주를 부리며 나왔다.
孔子趨而進,	공자가 빠른 걸음으로 나아가
歷階而登,	계단을 지나서 올랐는데
不盡一等,	(마지막) 한 칸을 다 오르지 않고
曰:	말하였다.
"匹夫而營惑諸侯者罪當誅![70]	"필부 주제에 제후를 미혹시키는 자는 죽여야 합니다.
請命有司!"	청컨대 유사에게 명하소서!"
有司加法焉,	유사가 형법을 내리어
手足異處.	손과 발이 따로 놀게 되었다.
景公懼而動,	경공은 두려움에 몸을 떨면서
知義不若,	의를 행함이 (노만) 못하다 하여
歸而大恐,	돌아와 크게 두려워하면서
告其羣臣曰:	신하들에게 일러 말하였다.
"魯以君子之道輔其君,	"노는 군자의 도로 임금을 보좌하는데
而子獨以夷狄之道教寡人,	그대들은 이적의 도로만 과인을 가르쳐
使得罪於魯君,	노 임금에게 죄를 짓게 하였으니
爲之柰何?"	이를 어찌하겠소?"
有司進對曰:	유사가 나서서 대답하였다.
"君子有過則謝以質,	"군자가 잘못을 저지르면 예물로 사과하고
小人有過則謝以文.	소인이 잘못을 저지르면 글로 사과를 합니다.
君若悼之,	임금님께서 그것이 켕긴다면
則謝以質."	예물로 사과하소서."

70 **색은** 경영(經營)해서 혹란(惑亂)하게 하는 것을 이른다. 『가어』에는 "형모(熒侮)"로 되어 있다.

於是齊侯乃歸所侵魯之鄆·汶陽·龜陰之田以謝過.[71]

이에 제후는 곧 침탈했던 노의 운과 문양, 귀음의 전지를 돌려주며 사죄하였다.

定公十三年夏, 정공 13년 여름에

孔子言於定公曰: 공자가 정공에게 말하였다.

"臣無藏甲, "신하는 무기를 비축해서는 안 되고

大夫毋百雉之城."[72] 대부는 성이 백 치가 되어서는 안 됩니다."

使仲由爲季氏宰, 중유를 계씨의 가재로 삼고

將墮三都.[73] 세 도읍을 허물려 하였다.

於是叔孫氏先墮郈.[74] 이에 숙손씨가 먼저 후읍을 허물었다.

季氏將墮費, 계씨가 비읍을 허물려는데

公山不狃叔孫輒率費人襲魯. 공산불뉴와 숙손첩이 비읍 사람들을 이끌고 노를 습격하였다.

公與三子入于季氏之宮,[75] 공은 삼자와 함께 계씨의 궁으로 들어가

---

71 **집해** 복건은 말하였다. "세 전지[三田]는 문양(汶陽)의 전지이다. 귀(龜)는 산 이름이다. 음지전(陰之田)은 그 전지를 얻고 산은 얻지 못한 것이다. 두예는 말하였다. "태산(太山) 박현(博縣) 북쪽에 귀산이 있다. **색은** 『좌전』에서는 "운(鄆), 환(讙) 및 귀음(龜陰)의 전지"라 하였는데, 곧 삼전은 모두 문양에 있다. **정의** 운(鄆)은 지금의 운주(鄆州) 운성현(鄆城縣)이며, 연주(兗州) 공구현(龔丘縣) 동북쪽 54리 지점에 있다. 옛 사성(謝城)이 공구현 동쪽 70리 지점에 있다. 제가 침탈한 노 귀음의 전지를 돌려주면서 노에 사과하여 노는 여기에 성을 쌓아 공자의 공적을 기렸는데 이 때문에 사성(謝城)이라 하였다.

72 **집해** 왕숙은 말하였다. "높이와 길이가 각 1장(丈)인 것을 도(堵)라 하며, 3도(堵)를 치(雉)라 한다."

73 **집해** 복건은 말하였다. "삼도(三都)는 삼가(三家)의 읍이다."

74 **집해** 두예는 말하였다. "동평(東平) 무염현(無鹽縣) 동남쪽의 후향정(郈鄉亭)이다." **정의** 『괄지지』에서는 말하였다. "후정(郈亭)은 운주(鄆州) 숙성현(宿城縣) 동쪽 32리 지점에 있다."

75 **집해** 복건은 말하였다. "삼자(三子)는 계손씨와 맹손씨, 숙손씨이다."

登武子之臺. 무자의 대에 올랐다.
費人攻之, 비읍 사람들이 공격하는데
弗克, 그들을 이기지 못하여
入及公側.[76] 들어와 공의 곁에까지 미쳤다.
孔子命申句須·樂頎下伐之,[77] 공자가 신구수와 악기에게 내려가 치라고 명하여
費人北. 비읍 사람들이 패배하였다.
國人追之, 나라 사람들이 추격하여
敗諸姑蔑.[78] 고멸에서 무찔렀다.
二子奔齊, 두 사람은 제로 달아났고
遂墮費. 마침내 비읍을 허물었다.
將墮成,[79] 성읍을 허물려할 때
公斂處父[80]謂孟孫曰: 공렴처보가 맹손에게 말하였다.
"墮成, "성읍을 허물면
齊人必至于北門. 제 사람이 반드시 북문에 이르게 될 것입니다.
且成, 또한 성읍은
孟氏之保鄣, 맹씨의 보루이니
無成是無孟氏也. 성읍이 없으면 맹씨가 없는 것입니다.
我將弗墮." 우리는 허물지 말아야 할 것입니다."

---

76 **집해** 복건은 말하였다. "사람이 들어와 공의 대 곁에까지 이른 것이다."

77 **집해** 복건은 말하였다. "신구수(申句須)와 악기(樂頎)는 노의 대부이다."

78 **집해** 두예는 말하였다. "노 변현(卞縣)의 남쪽에 고멸성(姑蔑城)이 있다." **정의** 『괄지지』에서 말하였다. "고멸의 옛 성은 연주(兗州) 사수현(泗水縣) 동쪽 45리 지점에 있다." 사수현은 본래 한 변현(卞縣)의 땅이다.

79 **집해** 두예는 말하였다. "태산(泰山) 거평현(鉅平縣) 동남쪽에 옛 성성(成城)이 있다." **정의** 『괄지지』에서는 말하였다. "옛 성성(郕城)은 연주(兗州) 사수현(泗水縣) 서북쪽 50리 지점에 있다."

80 **집해** 복건은 말하였다. "성의 읍재이다."

十二月,	12월에
公圍成,	공은 성을 포위하였으나
弗克.	이기지 못하였다.

定公十四年,	정공 14년에
孔子年五十六,	공자는 56세였으며
由大司寇行攝相事,	대사구로 재상의 일을 대행하였는데
有喜色.	기쁜 기색이 있었다.
門人曰:	문인이 말하였다.
"聞君子禍至不懼,	"군자는 화가 이르러도 두려워하지 않고
福至不喜."	복이 이르러도 기뻐하지 않는다고 들었습니다."
孔子曰:	공자가 말하였다.
"有是言也.	"이런 말이 있지.
不曰'樂其以貴下人'乎?"	'귀함으로 남에게 낮춤을 즐거워한다.'는 말도 있지 않느냐?"
於是誅魯大夫亂政者少正卯.	이에 노 대부로 정치를 어지럽힌 소정묘를 죽였다.
與聞國政三月,	국정을 맡은 지 석 달 만에
粥羔豚者弗飾賈;	양과 돼지를 파는 자들은 값을 속이지 않았고,
男女行者別於塗;	남자와 여자는 길을 갈 때 따로 갔으며
塗不拾遺;	길에서 (남이) 흘린 물건을 줍지 않았다.
四方之客至乎邑者不求有司,[81]	사방의 나그네가 읍에 이르러 유사를 찾지 않았고
皆予之以歸.[82]	모두 접대해주어 돌려보냈다.

81 **집해** 왕숙은 말하였다. "유사가 늘 그 직임을 주어 객이 찾아가 있게 되었다."

82 **색은** 『가어』에는 "모두 집에 돌아간 듯이 하였다(皆如歸)"로 되어 있다.

齊人聞而懼,	제 사람이 듣고 두려워하여
曰:	말하였다.
“孔子爲政必霸,	“공자가 정치를 하면 반드시 패권을 잡을 것이고
霸則吾地近焉,	패권을 잡으면 우리 땅이 가까워
我之爲先并矣.	우리가 먼저 병합될 것이니
盍致地焉?”	어찌 땅을 바치지 않겠는가?”
黎鉏曰:	여서가 말하였다.
“請先嘗沮之;	“청컨대 우선 막아보시고,
沮之而不可則致地,	막아도 안 되면 땅을 바쳐도
庸遲乎!”	어찌 늦겠습니까?”
於是選齊國中女子好者八十人,	이에 제 도성의 미인 80명을 뽑아
皆衣文衣而舞康樂,[83]	모두 무늬 있는 옷을 입히어 「강락무」를 추게 하고
文馬三十駟,[84]	문채 있는 말 30사와 함께
遺魯君.	노 임금에게 주었다.
陳女樂文馬於魯城南高門外,	노 성 남쪽 고문 밖에 여악과 문채 있는 말을 늘어놓으니
季桓子微服往觀再三,	계환자는 미복을 하고 가서 두세 번 구경을 하고
將受,	받아들이려 하여
乃語魯君爲周道游,[85]	이에 노 임금에게 나라를 두루 순시한다 하고는

83 **색은** 『가어』에는 “용기(容璣)”로 되어 있다. 왕숙은 말하였다. “무곡(舞曲)의 이름이다.”

84 **역주** 옛날에는 수레 한 대에 말 네 마리가 몰았으므로 말 네 필을 사(駟)라고 한다. 혹은 네 마리가 끄는 수레를 가리키기도 한다. 이에 따르면 수레 30대와 이를 끄는 말 120필을 말할 것이다.

85 **색은** 노 임금에게 도로를 두루 순시하러 다니겠다고 말하고 이에 나가서 제의 여악을 구경한 것이다.

往觀終日, 종일 가서 구경하며

怠於政事. 정사를 게을리 하였다.

子路曰: 자로가 말하였다.

"夫子可以行矣." "선생님 떠나셔야 할 것 같습니다."

孔子曰: 공자가 말하였다.

"魯今且郊, "노에서 이제 교제를 지낼 것인데

如致膰乎大夫,[86] 대부에게 제육을 갖다 준다면

則吾猶可以止." 내 그래도 머물 만 할 것이다."

桓子卒受齊女樂, 환자가 끝내 제의 여악을 받아들여

三日不聽政; 사흘 동안 정사를 돌보지 않고

郊, 교제를 지내고

又不致膰俎於大夫. 또 대부에게 제육을 나누어주지도 않았다.

孔子遂行, 공자는 마침내 길을 떠나

宿乎屯.[87] 둔에서 묵으셨다.

而師己送, 악사 기가 전송하면서

曰: 말하였다.

"夫子則非罪." "선생님께서는 죄가 없습니다."

孔子曰: 공자가 말하였다.

"吾歌可夫?" "내가 노래를 해도 되겠는가?"

歌曰: 노래하였다.

"彼婦之口, "저 여인의 입

可以出走; 떠나가게 할 수 있고,

86 집해 왕숙은 말하였다. "번(膰)은 제육(祭肉)이다."

87 집해 둔(屯)은 노의 남쪽에 있다. 색은 지명이다.

彼婦之謁,	저 여인의 아뢲
可以死敗.[88]	패망하게 할 수 있다네.
蓋優哉游哉,	유유자적하게 보내면서
維以卒歲!"[89]	이렇게 세월을 마치려네!"
師已反,	악사 기가 돌아가자
桓子曰:	환자가 말하였다.
"孔子亦何言?"	"공자가 또한 무슨 말을 하던가?"
師已以實告.	악사 기가 사실대로 아뢰었다.
桓子喟然歎曰:	환자가 아아! 탄식하며 말하였다.
"夫子罪我以羣婢故也夫!"	"부자가 여자들을 받아들인 것 때문에 나를 책망하는구나!"

孔子遂適衛,	공자는 마침내 위로 가서
主於子路妻兄顏濁鄒家.[90]	자로의 처형인 안탁추의 집에서 머물렀다.
衛靈公問孔子:	위령공이 공자에게 물었다.
"居魯得祿幾何?"	"노에서 받은 녹봉이 얼마인가?"
對曰:	대답하였다.
"奉粟六萬."	"속 6만 두를 수령했습니다."
衛人亦致粟六萬.[91]	위 사람 또한 속 6만 두를 주었다.

88 **집해** 왕숙은 말하였다. "여인의 입으로 간구하면 근심이 사람을 패망하기에 충분하므로 떠나게 할 수가 있다는 말이다."

89 **집해** 왕숙은 말하였다. "벼슬을 하면서 때를 만나지 못하였으므로 유유자적하게 세월을 마치려고 한다고 말한 것이다."

90 **색은** 『맹자』(「萬章 상」)에서는 말하였다. "공자는 위에 계실 때에는 안수유의 집에 묵으셨는데, 미자의 아내는 자로의 아내와 형제간이었다.(孔子於衛主顏讎由, 彌子之妻與子路之妻, 兄弟也)" 지금 여기서는 탁추(濁鄒)는 자로의 처형이라고 하여 말이 같지 않다. **역주** 주(主)는 여기서 우거(寓居)의 뜻으로 쓰였다.

居頃之,	얼마 후
或譖孔子於衛靈公.	누가 위령공에게 공자를 참소하였다.
靈公使公孫余假一出一入.[92]	영공이 공손여가에게 드나들 때마다 감시하게 하였다.
孔子恐獲罪焉,	공자는 죄를 짓지나 않을까 걱정하여
居十月,	10개월을 머물다가
去衛.	위를 떠났다.

將適陳,	진으로 가려 하여
過匡,[93]	광에 들러
顔刻爲僕,	안각을 마부로 삼았는데
以其策指之曰:	채찍으로 가리키며 말하였다.
"昔吾入此,	"옛날 제가 이곳에 들어왔을 때
由彼缺也."[94]	저 틈으로 들어갔었습니다."
匡人聞之,	광 사람들이 듣고
以爲魯之陽虎.	노의 양호로 생각하였다.
陽虎嘗暴匡人,	양호는 광 사람들에게 포악하게 군 적이 있어서

91 색은 6만 석(石)이라면 너무 많은 것 같으니 6만 두(斗)일 것이다. 또한 한의 질록(秩祿)과 같지 않다. 정의 6만 소두(小斗)이며 지금의 2천석(石)에 해당한다. 주의 두(斗)와 승(升), 근(斤), 냥(兩)은 모두 작은 것을 썼다.

92 색은 병장(兵仗)을 대동하고 드나들어 부자를 협박한 것이다.

93 정의 옛 광성(匡城)은 활주(滑州) 광성현(匡城縣) 서남쪽 10리 지점에 있다.

94 색은 옛날에 공격을 받아 허물어진 곳을 이른다. 정의 「금조(琴操)」에서는 말하였다. "공자가 광(匡)의 외성에 이르렀을 때 안연(顔淵)이 채찍을 들어 광의 뚫린 담을 가리키며 말하였다. '지난 날 양화와 함께 바로 이곳으로 들어왔다.' 광 사람들이 이 말을 듣고 임금에게 말하였다. '지난날의 양화가 오늘 다시 왔습니다.' 이에 무리를 거느리고 공자를 며칠이나 포위하여 이에 금의 곡조에 맞추어 노래하였는데 음과 곡이 매우 슬퍼 폭풍이 일어 군사를 쳐 쓰러뜨리니 이에 광 사람들이 공자가 성인임을 알고 스스로 포위를 풀었다."

匡人於是遂止孔子.[95]	광 사람들이 이에 마침내 공자를 막아 세웠다.
孔子狀類陽虎,	공자의 외모가 양호와 비슷하여
拘焉五日,	닷새 동안 구금시켰는데
顔淵後,[96]	안연이 뒤에 이르자
子曰:	공자가 말하였다.
"吾以汝爲死矣."	"내 네가 죽은 줄 알았다."
顔淵曰:	안연이 말하였다.
"子在,	"선생님이 (살아) 계신데
回何敢死!"[97]	제가 어찌 감히 죽겠습니까!"
匡人拘孔子益急,	광 사람들이 공자를 구류함이 더욱 긴박해지자
弟子懼.	제자들은 두려워하였다.
孔子曰:	공자가 말하였다.
"文王既沒,	"문왕이 돌아가셨으니
文不在茲乎?[98]	문이 이 몸에 있지 않겠느냐?
天之將喪斯文也,	하늘이 이 문을 없애려 하였다면
後死者不得與于斯文也.[99]	후사자(인 내)가 이 문에 참여하지 못하게 하였을 것이다.
天之未喪斯文也,	하늘이 아직 이 문을 없애지 않았으니

95 색은 광(匡)은 송의 읍이다. 『가어』에서는 광 사람 간자(簡子)가 갑사(甲士)로 부자를 포위하였다고 하였다.

96 집해 공안국은 말하였다. "공자와 서로 헤어졌으므로 뒤에 남게 된 것이다."

97 집해 포씨(包氏)는 말하였다. "부자께서 살아계시니 자기는 죽음에 이를 수 없다는 말이다."

98 집해 공안국은 말하였다. "자(茲)는 이것이라는 뜻이다. 문왕이 비록 이미 돌아가셨지만 그 문이 여기에 있음을 말한다. 차(此)는 스스로 자기의 몸을 이른 것이다."

99 집해 공안국은 말하였다. "문왕이 이미 돌아가셨으므로 공자가 스스로 후사(後死)라 한 것이다. 하늘이 이 문을 없애려고 했다면 나에게 알게 하지 않았을 것이며, 지금 내가 그것을 알았다 하더라도 없애려 하지 않을 것이다."

匡人其如予何!"[100] 광 사람들이 나를 어찌하겠느냐?

孔子使從者爲甯武子臣於衛, 공자가 종자를 위에서 영무자의 신하가 되게 하였는데

然後得去.[101] 그런 다음에야 떠나게 되었다.

去即過蒲.[102] 떠나서 포에 들렀다.

月餘, 달포 만에

反乎衛, 위로 돌아와

主蘧伯玉家. 거백옥의 집에 머물렀다.

靈公夫人有南子者, 영공의 부인은 남자라고 하였는데

使人謂孔子曰: 사람을 시켜 공자에게 말하였다.

"四方之君子不辱欲與寡君爲兄弟者, 사방의 군자가 우리 과군과 형제 됨을 욕되지 않게 하려면

必見寡小君. 반드시 부인을 만납니다.

寡小君願見." 부인이 뵙기를 바랍니다.

孔子辭謝, 공자는 사양하다가

---

100 **집해** 마융(馬融)은 말하였다. "여여하(如予何)는 '柰我何'와 같다. 하늘이 이 문을 없애지 않았다면 내가 그것을 전하여야 하리니 광 사람들이 나를 어찌 하려 하겠는가! 하늘(의 뜻)을 어기며 나를 해할 수 없다는 말이다."

101 **색은** 『가어』 "자로가 검을 치며 노래하자 공자가 화답하였는데 세 곡이 끝나자 광 사람들이 포위를 풀어 떠났다." 여기서는 『논어』의 "문왕이 이미 돌아가셨다"는 글을 인용하였는데, 종자를 영무자의 신하로 삼은 후에야 떠나게 되었다. 대체로 부자께서는 광 사람에게 거듭 곤액을 당하였는데 어떤 사람은 말로 포위를 풀었다 하고 어떤 사람은 검을 쳐서 (노래를 하여) 어려움에서 풀려났다고 하였다. 지금 여기서는 『논어』와 『가어』의 문장을 하나로 만들었으므로 피차간에 문장이 서로 호환된다.

102 **집해** 서광은 말하였다. "장원현(長垣縣)에 광성(匡城)과 포향(蒲鄕)이 있다." **정의** 『괄지지』에서는 말하였다. "옛 포송(蒲城)은 활주(滑州) 광성현(匡城縣) 북쪽 15리 지점에 있다. 광성은 본래 한의 장원현(長垣縣)이다."

不得已而見之.	어쩔 수 없어서 만나보았다.
夫人在絺帷中.	부인은 고운 갈포 휘장 안에 있었다.
孔子入門,	공자는 문으로 들어가
北面稽首.	북쪽을 향하여 머리를 조아렸다.
夫人自帷中再拜,	부인은 휘장 안에서 두 번 절을 하였는데
環珮玉聲璆然.[103]	허리에 찬 패옥 소리가 짤랑거렸다.
孔子曰:	공자가 말하였다.
"吾鄉爲弗見,	"내 아까 만나려고 하지 않았는데
見之禮答焉."[104]	만나게 되었으니 예로 응답하였다."
子路不說.	자로가 기뻐하지 않았다.
孔子矢之曰:	공자가 맹세하여 말했다.
"予所不者,	"내 맹세코 잘못된 짓을 하였다면
天厭之!	하늘이 나를 버리시리라!
天厭之!"[105]	하늘이 나를 버리시리라!"
居衞月餘,	위에 머무른 지 달포 만에
靈公與夫人同車,	영공이 부인과 같은 수레를 타고
宦者雍渠參乘,	환자인 옹거를 곁에 태우고
出,	나서면서
使孔子爲次乘,	공자는 다음 수레를 타게 하고

103 **정의** '璆'의 음은 구(虯)이다.

104 **색은** 위의 "見"은 본뜻으로 쓰였다. 아래의 "見"은 음이 현으로 거성(去聲)이다. 나는 서로 만나는 예를 드러내어 답하지 않았다는 말이다.

105 **집해** 난조(欒肇)는 말하였다. "남자를 만나본 것은 시기적으로 어쩔 수 없는 것으로, 문왕(文王)이 유리(羑里)에 구금된 것과 같다. 천염지(天厭之)라는 것은 내가 굴복을 당하였다면 곧 천명을 버린 것이라는 말이다." 채모(蔡謨)가 말하였다. "시(矢)는 늘어놓는 것이다. 부자께서 자로 때문에 천명을 늘어놓으신 것이다."

招搖市過之.[106]	거들먹거리면서 저자를 지나갔다.
孔子曰:	공자가 말하였다.
"吾未見好德如好色者也."[107]	"나는 덕을 좋아함을 여색 좋아하듯 하는 자를 보지 못하였다."
於是醜之,	이에 추하게 여겨
去衛,	위를 떠나
過曹.	조에 들렀다.
是歲,	이 해에
魯定公卒.	노정공이 죽었다.

孔子去曹適宋,[108]	공자는 조를 떠나 송으로 갔으며
與弟子習禮大樹下.	제자들과 큰 나무 아래서 예를 익혔다.
宋司馬桓魋欲殺孔子,	송의 사마 환퇴가 공자를 죽이려고 하여
拔其樹.	나무를 뽑았다.
孔子去.	공자는 떠났다.
弟子曰:	제자들이 말하였다.
"可以速矣."	"서두르셔야겠습니다."
孔子曰:	공자는 말하였다.
"天生德於予,	"하늘이 나에게 덕을 주었으니,
桓魋其如予何!"[109]	환퇴가 나를 어찌 하겠는가!"

106 **집해** 서광은 말하였다. "초요(招搖)는 오만한 것이다." **색은** 『가어』에는 "놀면서 저자를 지났다(遊過市)로 되어 있다."

107 **집해** 하안은 말하였다. "당시 덕은 박하고 여색에는 후히 하는 것을 미워하였으므로 이 말을 한 것이다." 이충(李充)은 말하였다. "덕을 좋아하기를 여색을 좋아하듯 하게한다면 사악함을 버리고 바른 데로 돌아갈 것이다."

108 **집해** 서광은 말하였다. "연표에 의하면 정공 13년에 공자는 위에 이르렀으며, 14년에 진(陳)에 이르렀고, 애공 3년에 공자는 송에 들렀다."

孔子適鄭,	공자는 정으로 갔는데
與弟子相失,	제자들과 길이 엇갈려
孔子獨立郭東門.	공자는 홀로 외성의 동문에 서 있었다.
鄭人或謂子貢曰:[110]	정의 사람 중에 누가 자공에게 말하였다.
"東門有人,	"동쪽 문에 사람이 있는데
其顙似堯,[111]	이마는 요임금 같고
其項類皋陶,	목은 고요 같으며
其肩類子產,	어깨는 자산과 같지만
然自要以下不及禹三寸.	허리 아래로는 우임금에 세 치가 못 미칩니다.
纍纍若喪家之狗."[112]	망연자실한 것이 상갓집 개와 같았습니다."
子貢以實告孔子.	자공은 사실대로 공자에게 일렀다.
孔子欣然笑曰:	공자는 기쁘게 웃으면서 말하기를
"形狀,	"형상(에 대한 묘사)은
末也.	아니다.
而謂似喪家之狗,	그러나 상갓집 개 같다고 한 것은
然哉!	그렇도다!
然哉!"	그렇도다!"

---

109 **집해** 포씨가 말하였다. "하늘이 덕을 주었다는 것은 성스러운 성품을 주어 덕이 천지에 부합하여 길하여 이롭지 않음이 없다는 것이므로 말하기를 그가 나를 어찌하겠느냐? 라고 한 것이다."

110 **색은** 『가어』에서는 고포(姑布) 자경(子卿)이 자공에게 말하였다고 하였다.

111 **색은** 『가어』에서는 말하였다. "눈은 하(河)와 같고 이마는 높았는데 그 이마는 요임금과 닮았다."

112 **집해** 왕숙은 말하였다. "상갓집 개는 주인이 비통하여 음식을 (챙겨주지 않아) 볼 수가 없기 때문에 시무룩하여 뜻을 얻지 못한다. 공자는 어지러운 세상에 태어나 도가 행하여지지 못하였으므로 풀이 죽어 뜻을 얻지 못한 모습이었다. 『한시외전(韓詩外傳)』에서는 말하였다. '상갓집 개는 염을 하고 입관을 하며 자리를 마련하여 제사를 지내느라 돌볼 사람이 없다.'"

孔子遂至陳,	공자는 마침내 진에 이르러
主於司城貞子家.	사성 정자의 집에 머물렀다.
歲餘,	한 해 남짓 만에
吳王夫差伐陳,	오왕 부차가 진을 쳐서
取三邑而去.	세 읍을 빼앗고 떠났다.
趙鞅伐朝歌.	조앙은 조가를 쳤다.
楚圍蔡,	초가 채를 포위하자
蔡遷于吳.	채는 오로 옮겼다.
吳敗越王句踐會稽.	오는 월왕 구천을 회계에서 패배시켰다.

有隼集于陳廷而死,	어떤 새매가 진 조정에 떨어져 죽었는데
楛矢貫之,	싸리나무 화살이 (몸을) 관통하였으며
石砮,	돌 화살촉에
矢長尺有咫.[113]	화살의 길이는 한 자 여덟 치였다.
陳湣公使使問仲尼.[114]	진민공이 사신을 보내어 중니에게 물었다,
仲尼曰:	중니가 말하였다.
"隼來遠矣,	"새매가 온 곳은 먼데
此肅慎之矢也.[115]	이는 숙신씨의 화살입니다.
昔武王克商,	옛날 무왕이 상을 이기고

113 **집해** 위소는 말하였다. "준(隼)은 지조(鷙鳥: 猛禽)로 지금의 악(鶚)이다. 호(楛)는 나무 이름이다. 노(砮)는 화살촉인데 돌로 만든다. 여덟 치를 지(咫)라고 한다. 싸리나무 화살이 관통하여 떨어져 죽은 것이다." **정의** '隼'의 음은 준이다. 『모시의소(毛詩義疏)』 "요(鷂)는 제 사람은 격정(擊征)이라 하고, 혹은 제견(題肩)이라 하며, 혹은 성안(省鴈)이라고 하는데, 봄에는 포곡(布穀)으로 변한다. 이런 무리 여러 종이 모두 준(隼)이다."

114 **색은** 『가어』와 『국어(國語)』에서는 모두 "진혜공(陳惠公)"이라 하였는데, 틀렸다. 혜공은 노소공(魯昭公) 원년에 즉위하여, 정공(定公) 4년에 죽었다. 또 『계가(系家)』에 의하면 민공(湣公) (1)6년 공자는 진으로 갔고, 13년에는 또한 진에 있었으니 이 민공이 옳다.

通道九夷百蠻,[116]	온갖 오랑캐들과 길을 트고
使各以其方賄來貢,[117]	각자 그 지방의 물건으로 조공을 바치게 하여
使無忘職業.	직책과 업무를 잊지 않게 하였습니다.
於是肅慎貢楛矢石砮,	이에 숙신이 싸리나무 화살과 돌 화살촉을 바쳤는데
長尺有咫.	길이가 한 자 여덟 치였습니다.
先王欲昭其令德,	선왕이 그 훌륭한 덕을 밝히고자 하여
以肅慎矢分大姬,[118]	숙신의 화살을 태희에게 나누어주고
配虞胡公而封諸陳.	우의 호공과 결혼시키고 진에 봉하였습니다.
分同姓以珍玉,	동성(의 제후)에게는 진귀한 옥을 나누어주어
展親;[119]	친함을 펼쳤고,
分異姓以遠職,	이성에게는 먼 곳의 직책을 나누어주어
使無忘服.[120]	복종을 잊지 못하게 하였습니다.
故分陳以肅慎矢."	그래서 숙신의 화살을 나누어주었습니다."
試求之故府,[121]	옛 부고에서 찾아보았는데
果得之.	과연 찾아냈다.

115 **정의** 『숙신국기(肅慎國記)』에서는 말하였다. "숙신은 땅이 부여국(夫餘國) 동북쪽에 있는데, 60일이면 갈 수 있다. 그 활은 넉 자인데 강한 쇠뇌로 4백 보를 쏠 수 있으며, 지금의 말갈국(靺鞨國)에 바야흐로 이 화살이 있다."

116 **집해** 왕숙은 말하였다. "구이(九夷)는 동방의 오랑캐로 아홉 종족이 있다. 백만(百蠻)은 이적의 모든 종족이다."

117 **집해** 왕숙은 말하였다. "각자 그 방면에서 가지고 있는 재회(財賄)를 공물로 바치는 것이다."

118 **집해** 위소는 말하였다. "태희(大姬)는 무왕(武王)의 적장녀[元女]이다."

119 **집해** 위소는 말하였다. "전(展)은 거듭이라는 뜻이다. 옥은 하후(夏后)씨의 황(璜) 같은 것이다."

120 **집해** 왕숙은 말하였다. "왕에게 복종함을 잊지 못하게 하는 것이다."

121 **집해** 위소는 말하였다. "고부(故府)는 옛 부(府)이다."

孔子居陳三歲,	공자가 진에 머문 지 3년 만에
會晉楚爭彊,	마침 진과 초가 강함을 다투었는데
更伐陳,	다시 진을 쳐서
及吳侵陳,	오와 함께 진을 침략하였고
陳常被寇.	진은 늘 노략질을 당하였다.
孔子曰:	공자가 말하였다.
"歸與歸與!	"돌아가자! 돌아가자!
吾黨之小子狂簡,	오당의 소자들이 뜻은 크나 일에는 소략하며
進取不忘其初."	진취적이어서 처음을 잊지 않고 있다."
於是孔子去陳.	이에 공자는 진을 떠났다.

過蒲,	포에 들렀는데
會公叔氏以蒲畔,	마침 공숙씨가 포를 가지고 반기를 들어
蒲人止孔子.	포의 사람들이 공자를 제지하였다.
弟子有公良孺者,	제자 가운데 공량유라는 사람이 있었는데
以私車五乘從孔子.	개인 소유의 수레 5대를 가지고 공자를 따랐다.
其爲人長賢,	그 사람됨이 매우 현명하였으며
有勇力,	용력이 있어
謂曰:	말하였다.
"吾昔從夫子遇難於匡,	"내 지난날 선생님을 따라 광에서 어려움을 만났는데
今又遇難於此,	지금 또 여기에서 어려움을 만났으니
命也已.	운명일 따름이로다.
吾與夫子再罹難,	내 선생님과 거듭 어려움을 당하였으니
寧鬬而死."	차라리 싸우다 죽겠다."

鬪甚疾. 싸움이 매우 격하였다.

蒲人懼,[122] 포의 사람들은 두려워하여

謂孔子曰: 공자에게 말하였다.

"苟毋適衞, "위로만 가지 않는다면

吾出子." 우리는 그대를 보내겠소."

與之盟, 맹약을 하고

出孔子東門. 공자를 동쪽 문으로 내보냈다.

孔子遂適衞. 공자는 결국 위로 갔다.

子貢曰: 자공이 만하였다.

"盟可負邪?" "맹약을 저버릴 수 있습니까?"

孔子曰: 공자가 말하였다.

"要盟也, "강박한 맹약은

神不聽. 신이 들어주지 않는다."

衞靈公聞孔子來, 위령공은 공자가 온다는 말을 듣고

喜, 기뻐하면서

郊迎. 교외에서 맞았다.

問曰: (영공이) 물었다.

"蒲可伐乎?" "포를 칠 수 있겠습니까?"

對曰: 대답하였다.

"可." "칠 수 있습니다."

靈公曰: 영공이 말하였다.

"吾大夫以爲不可. "우리 대부들은 불가하다고 합니다.

---

122 색은 『가어』에서 말한 "'나는 차라리 싸우다 죽을 것이다.'라 하면서 검을 뽑아 무리를 모아 그들과 싸우려하자 포 사람들이 두려워하였다."라는 것이다.

今蒲,	지금 포는
衞之所以待晉楚也,[123]	위가 진과 초를 대비하는 곳인데
以衞伐之,	위가 치는 것이
無乃不可乎?”	불가하지 않겠습니까?”
孔子曰:	공자가 말하였다.
“其男子有死之志,[124]	“남자는 죽을 뜻이 있고
婦人有保西河之志.[125]	여자는 서하를 지킬 뜻이 있습니다.
吾所伐者不過四五人.”[126]	우리가 칠 자들은 네댓에 지나지 않습니다.”
靈公曰:	영공이 말하였다.
“善.”	“훌륭하오.”
然不伐蒲.	그러나 포를 치지 않았다.
靈公老,	영공은 늙어서
怠於政,	정사에 태만하였고
不用孔子.	공자를 등용하지 않았다.
孔子喟然歎曰:	공자는 아! 하고 탄식하여 말하였다.
“苟有用我者,	“나를 써준다면
朞月而已,	1년만 하더라도 괜찮을 것이며

123 **정의** 위(衞)는 복주(濮州)에 있으며 포(蒲)는 활주(滑州)에 있는데 위의 서쪽에 있다. 한(韓), 위(魏) 및 초(楚)가 서쪽에서 동쪽으로 향하여 정벌하면 먼저 포에 있게 되고 나중에 위(衞)에 미치게 된다.

124 **집해** 왕숙은 말하였다. “공숙씨(公叔氏)가 포(蒲)를 가지고 다른 나라로 가려고 하였는데 남자들은 죽으려 하였고 다른 곳으로 가는 것을 즐거워하지 않았다.”

125 **집해** 왕숙은 말하였다. “여인들은 두려워하여 서하(西河)를 지키려 하였으며 싸울 뜻이 없었다.” **색은** 이 서하는 위(衞)에 있는 땅이며 위(魏) 서쪽의 서하가 아니다.

126 **집해** 왕숙은 말하였다. “본래 공숙(公叔)과 함께 반기를 들었다.”

三年有成."[127]	3년이면 이루어짐이 있을 것이다."
孔子行.	공자는 떠났다.
佛肸爲中牟宰.[128]	필힐이 중모재가 되었다.
趙簡子攻范·中行,	조간자가 범 씨와 중항 씨를 공격하면서
伐中牟.	중모를 쳤다.
佛肸畔,	필힐이 반기를 들고
使人召孔子.	사람을 보내 공자를 불렀다.
孔子欲往.	공자가 가려고 했다.
子路曰:	자로가 말하였다.
"由聞諸夫子,	"제가 선생님께 듣자니
'其身親爲不善者,	'몸이 친히 훌륭하지 못한 일을 하면
君子不入也'.[129]	군자는 들어가지 않는다.'라 하였습니다.
今佛肸親以中牟畔,	지금 필힐이 직접 중모를 가지고 반기를 들었는데
子欲往,	선생님이 가시려 하시니
如之何?"	어찌된 일입니까?"
孔子曰:	공자가 말하였다.
"有是言也.	그런 말을 한 적이 있거니와,
不曰堅乎,	단단하다고 하지 않겠는가.
磨而不磷;	갈아도 얇아지지 않으니,
不曰白乎,	희다고 하지 않겠는가.

127 **집해** 공안국은 말하였다. "실로 정사에 나를 써주는 자가 있다면 1년만 있으면 정교가 행하여지게 할 수 있으며 반드시 3년만 있으면 곧 이루어짐이 있을 것이다."

128 **집해** 공안국은 말하였다. "진(晉) 대부 조간자(趙簡子)의 읍재(邑宰)이다." **색은** 이는 하북(河北)의 중모로 아마 한양(漢陽)의 서쪽에 있을 것이다.

129 **집해** 공안국은 말하였다. "그 나라로 들어가지 않는 것이다."

涅而不淄.[130]	검게 물들여도 검어지지 않으니.
我豈匏瓜也哉,	내가 어찌 호리병박과 같아서
焉能繫而不食?"[131]	한 곳에 매달린 채 먹기를 구하지 않을 수 있겠는가?"

孔子擊磬.	공자가 편경을 쳤다.
有荷蕢而過門者,	삼태기를 메고 (공자의) 문 앞을 지나가는 자가
曰:	말하였다.
"有心哉,	"마음이 (천하에) 있구나.
擊磬乎![132]	경쇠를 두드림이여!
硜硜乎,	단단하구나!
莫己知也夫而已矣!"[133]	나[자신]를 알아주지 못하면 그만두어야 할 것이다!"

孔子學鼓琴師襄子,[134]	공자는 사양자에게서 금 타는 법을 배웠는데
十日不進.	열흘이 되도록 (다음 단계로) 나아가지 않았다.

---

130 **집해** 공안국은 말하였다. "린(磷)은 얇은 것이다. 열(涅)은 검게 물들일 수 있는 것이다. 지극히 단단한 것은 갈아도 얇아지지 않고 지극히 흰 것은 검은 흙에서 물들여도 검어지지 않으며 군자는 비록 탁하고 어지러운데 있어도 더럽힐 수 없다는 말이다."

131 **집해** 하안은 말하였다. "호리병박은 한 군데 매달려 있기만 하여 (스스로) 먹을 수 없기 때문에 이렇게 말한 것이다. 나는 스스로 음식을 먹어 동서남북으로 다니며, 먹지 못하는 사물처럼 한 곳에 오래 머물 수 없다는 것이다."

132 **집해** 하안은 말하였다. "궤(蕢)는 풀로 짠 기물(草器)이다. 유심(有心)은 근심하고 괴로워하는 것이다."

133 **집해** 하안은 말하였다. "이 경경(硜硜)은 자신을 믿을 따름이니 또한 도움이 되지 않는다는 말이다."

134 **색은** 『가어』 사양자가 말하였다. "내가 비록 경쇠를 치는 관원이지만 금에도 능합니다." 대체로 사양자는 노 사람일 것이며, 바로 『논어』에서 "경쇠 치는 양(擊磬襄)"이다.

師襄子曰:	사양자가 말하였다.
"可以益矣."	"더 배워도 되겠습니다."
孔子曰:	공자가 말하였다.
"丘已習其曲矣,	"저는 이미 그 곡은 익혔습니다만
未得其數也."	아직 수를 알지 못하였습니다."
有閒,	조금 있다가
曰:	말하였다.
"已習其數,	"이미 그 수를 익혔으니
可以益矣."	더 배워도 되겠습니다."
孔子曰:	공자가 말하였다.
"丘未得其志也."	"저는 아직 그 뜻을 터득하지 못하였습니다."
有閒,	조금 있다가
曰:	말하였다.
"已習其志,	"이미 그 뜻을 익혔으니
可以益矣."	더 배워도 되겠습니다."
孔子曰:	공자가 말하였다.
"丘未得其爲人也."	"저는 아직 그 사람을 터득하지 못하였습니다."
有閒,	조금 있다가
(曰)有所穆然深思焉,	엄숙하고 깊이 생각함이 있었으며
有所怡然高望而遠志焉.	기쁘게 높이 바라며 원대한 뜻이 있었다.
曰:	말하였다.
"丘得其爲人,	"저는 그 사람됨을 알게 되었는데
黯然而黑,[135]	거뭇하게 검고

135 **집해** 왕숙은 말하였다. "암(黯)은 검은 모양이다."

幾然而長,[136]	훤칠하게 크며
眼如望羊,[137]	눈은 먼 곳을 바라보는 것 같고
如王四國,	사방의 나라를 다스리는 것 같으니
非文王其誰能爲此也!"	문왕이 아니면 누가 이렇게 할 수 있겠는가!"
師襄子辟席再拜,	사양자가 자리를 피하며 두 번 절하고
曰:	말하였다.
"師蓋云文王操也."	"스승님께서 「문왕조」라고 하신 것 같습니다."

孔子既不得用於衞,	공자는 위에서 기용이 되지 못하자
將西見趙簡子.	서쪽으로 가서 조간자를 만나려 하였다.
至於河而聞竇鳴犢·舜華之死也,[138]	
	하수에 이르러 두명독과 순화가 죽었다는 말을 듣고
臨河而歎曰:	하수를 굽어보며 탄식하여 말하였다.
"美哉水,	"아름답도다 물이여
洋洋乎!	넘실넘실 흐르는도다!
丘之不濟此,	내가 이곳을 건너지 못함은

136 집해 서광은 말하였다. "『시(詩)』에서 '키가 훤칠하게 크다(頎而長兮)'라 하였다." 색은 "기(幾)"는 "기(頎)의 뜻으로 해석하며", 모두 음이 기(祈)이다. 『가어』에는 이 넉 자가 없다.

137 집해 왕숙은 말하였다. "망양(望羊)은 멀리 바라보는 것이다." 색은 왕숙은 말하였다. "망양(望羊)은 멀리 바라보는 것이다."

138 집해 서광은 말하였다. "'명탁(鳴鐸) 두주(竇犨)'로 된 곳도 있으며, 또한 '두주(竇犨) 명독(鳴犢), 순화(舜華)이다'로 된 곳도 있다." 색은 『가어』에서는 "조간자(趙簡子)가 두준(竇犨) 명독(鳴犢) 및 순화(舜華)를 죽였다"라 하였다. 『국어(國語)』에서는 "명탁(鳴鐸) 두주(竇犨)"로 되어 있으니, 두주(竇犨)의 자가 명독(鳴犢)인데, 소리가 바뀌고 글자가 달라진 것이며, "명탁(鳴鐸)"이라고도 한다. 경화(慶華)는 "순화(舜華)"가 되어야 하는데, 여러 설이 모두 같다.

命也夫!”	운명이로다!”
子貢趨而進曰:	자공이 종종걸음으로 나아가 물었다.
“敢問何謂也?”	“감히 무엇을 이름인지 여쭙겠습니다.”
孔子曰:	공자가 말하였다.
“竇鳴犢,	두명독과
舜華,	순화는
晉國之賢大夫也.	진국의 현명한 대부이다.
趙簡子未得志之時,	조간자가 아직 뜻을 얻지 못하였을 때
須此兩人而后從政;	이 두 사람에 의지하여 정치를 하더니
及其已得志,	그가 이미 뜻을 얻게 되자
殺之乃從政.	죽여서 정치를 처리하였다.
丘聞之也,	내가 듣건대
刳胎殺夭則麒麟不至郊,	배를 갈라 어린 것을 죽이면 기린이 교외에 이르지 않고
竭澤涸漁則蛟龍不合陰陽,[139]	못을 말려 물고기를 잡으면 교룡이 음양이 조화를 이루지 않으며
覆巢毀卵則鳳皇不翔.	둥지를 엎어 알을 깨면 봉황이 날아오지 않는다고 한다.
何則?	왜 그렇겠는가?
君子諱傷其類也.	군자는 비슷한 것을 다치는 것을 꺼리기 때문이다.
夫鳥獸之於不義也尚知辟之,	조수도 의롭지 못한 것을 오히려 피할 줄 알거늘
而況乎丘哉!”	하물며 구에서이겠는가!”
乃還息乎陬鄉,	곧 추향으로 돌아가 쉬면서

139 **색은** 뿔이 있는 것이 교룡(蛟龍)이다. 용은 구름을 일으키고 비를 이르게 할 수 있으며 음양의 기운을 조화롭게 한다.

作爲陬操以哀之.[140]	「추조」를 지어 그를 애도하였다.
而反乎衛,	위로 돌아가
入主蘧伯玉家.	거백옥의 집으로 들어가 묵었다.

他日,	훗날
靈公問兵陳.[141]	영공이 군진(의 법)에 대하여 물었다.
孔子曰:	공자가 말하였다.
"俎豆之事則嘗聞之,	"조두[祭祀]에 대한 일은 들은 적이 있습니다만
軍旅之事未之學也."[142]	군대를 쓰는 일은 아직 배우지 못하였습니다."
明日,	이튿날
與孔子語,	공자와 대화를 하다가
見蜚鴈,	나는 기러기가 보였는데
仰視之,	그것을 쳐다보며
色不在孔子.	안중에 공자가 있지 않았다.
孔子遂行,[143]	공자는 마침내 길을 나서
復如陳.	다시 진으로 갔다.

夏,	여름에
衛靈公卒,	위령공이 죽자

140 **집해** 왕숙은 말하였다. "「추조(陬操)」는 금곡(琴曲)의 이름이다." **색은** 이 추향(陬鄉)은 노의 추읍(陬邑)이 아니다. 『가어』에서는 "반조(槃操)"라 하였다.

141 **집해** 공안국은 말하였다. "군진(軍陳) 항렬(行列)의 법이다."

142 **집해** 정현(鄭玄)은 말하였다. "12,000명이 군(軍)이고, 500명이 여(旅)이다. 군려는 말엽적인 일로 근본이 채 서지 않아서 말엽적인 것을 가르치지 못하는 것이다."

143 **색은** 이때는 노애공(魯哀公) 2년이다.

立孫輒,	손자인 첩을 옹립하니
是爲衞出公.	곧 위출공이다.
六月,	6월에
趙鞅內太子蒯聵于戚.	조앙이 태자 괴외를 척으로 들였다.
陽虎使太子絻,[144]	양호는 태자에게 문(의 상복)을 입히고
八人衰絰,	여덟 명에게는 최질을 입혀
僞自衞迎者,	위에게 맞이하는 자로 가장하여
哭而入,	곡을 하면서 들어가
遂居焉.	마침내 그곳에 눌러 앉았다.
冬,	겨울에
蔡遷于州來.	채가 (도읍을) 주래로 옮겼다.
是歲魯哀公三年,	이 해는 노애공 3년이었으며
而孔子年六十矣.	공자의 나이 60세였다.
齊助衞圍戚,	제는 위가 척을 포위하는 것을 도왔는데
以衞太子蒯聵在故也.	위 태자 괴외가 있었기 때문이었다.

夏,	여름에
魯桓釐廟燔,	노환공과 희공의 사당에 불이 나서
南宮敬叔救火.	남궁경숙이 불을 껐다.
孔子在陳,	공자는 진에 있으면서
聞之,	듣고
曰:	말하였다.

144 열주 문(絻)은 문(免)과 같다. 문은 상복의 일종으로 상인(喪人)이 갓을 벗고 두 발을 묶고서 베로 머리를 감싸는 것이다.

"災必於桓釐廟乎?"[145]	"재화는 필시 환공과 희공의 사당에서 났을 것이다."
已而果然.	조금 후에 과연 그렇다고 하였다.

秋,	가을에
季桓子病,	계환자가 병이 들었다.
輦而見魯城,	연을 타고 노성을 둘러보며
喟然歎曰:	아아! 탄식하면서 말했다.
"昔此國幾興矣,	"지난날 이 나라는 흥기할 뻔했는데
以吾獲罪於孔子,	내가 공자에게 죄를 지었기 때문에
故不興也."	흥기하지 않은 것이다."
顧謂其嗣康子曰:	후계자인 강자를 돌아보며 말하였다.
"我即死,	"내가 죽거든
若必相魯;	너는 반드시 노의 상이 될 터인데
相魯,	노의 상이 되면
必召仲尼."	반드시 중니를 부르도록 하여라."
後數日,	며칠 뒤
桓子卒,	환자가 죽고
康子代立.	강자가 대를 이어 섰다.
已葬,	장례가 끝나고
欲召仲尼.	중니를 부르려 하였다.
公之魚曰:	공지어가 말하였다.

145 **집해** 복건은 말하였다. "환공과 희공(의 사당)은 허물어야 하는데 노가 예의에 맞지 않은 사당을 섬기므로 공자가 화재가 났다는 말을 듣고 환공과 희공에게서 났다는 것을 알았다는 것이다."

“昔吾先君用之不終, “지난날 우리 선군께서 등용하였으나 결과가 좋지 못하여

終爲諸侯笑. 끝내 제후의 웃음거리가 되었습니다.

今又用之, 지금 또 그를 써서

不能終, 결과가 좋지 못하게 된다면

是再爲諸侯笑.” 다시 제후의 웃음거리가 됩니다.”

康子曰: 강자가 말하였다.

“則誰召而可?” “그러면 누구를 부르는 것이 좋겠는가?”

曰: 말하였다.

“必召冉求.” “반드시 염구를 부르셔야 합니다.”

於是使使召冉求. 이에 사신을 보내어 염구를 불렀다.

冉求將行, 염구가 가려는데

孔子曰: 공자가 말하였다.

“魯人召求, “노 사람이 구를 부르니

非小用之, 작게 쓰려는 것이 아니라

將大用之也.” 크게 쓰려는 것이다.”

是日, 이날

孔子曰: 공자는 말하였다.

“歸乎歸乎![146] 돌아가자! 돌아가자!

吾黨之小子狂簡, 우리 무리의 소자들은 뜻은 크나 일에는 소략하여

斐然成章, 찬란히 문장을 이루었을 뿐.

---

146 **색은** 이는 계가(系家)에는 “귀여(歸與)”라는 말이 두 번 있는데, 앞의 말은 『맹자(孟子)』에서 나왔고, 이 말은 『논어(論語)』에 보이며, 아마 한번 “귀여(歸與)”라 일컬었을 따름일 텐데, 두 책에서 각각 기록하여 여기서 앞뒤로 거듭 인용하였으니 또한 잘못된 것이다.

吾不知所以裁之."[147]	그것을 마를 줄을 모르는구나.
子贛知孔子思歸,	자공은 공자가 돌아갈 생각을 하는 것을 알고
送冉求,	염구를 보내면서
因誡曰"即用,	타일러 말하기를 "등용이 되면
以孔子爲招"云.	공자를 부르도록 하시게."라 하였다.

冉求既去,	염구가 떠나고
明年,	이듬해에
孔子自陳遷于蔡.	공자는 진에서 채로 옮겼다.
蔡昭公將如吳,	채소공이 오로 가려했는데
吳召之也.	오가 그를 불러서였다.
前昭公欺其臣遷州來,	전에 소공이 그 신하를 속여 주래로 도읍을 옮겼는데
後將往,	나중에 가려하자
大夫懼復遷,	대부가 다시 옮기는 것을 두려워하여
公孫翩射殺昭公.[148]	공손편이 소공을 쏘아 죽였다.
楚侵蔡.	초가 채를 침공하였다.
秋,	가을에
齊景公卒.[149]	제경공이 죽었다.

明年,	이듬해에

147 **집해** 공안국은 말하였다. "간(簡)은 크다는 뜻이다. 공자는 진(陳)에서 돌아갈 생각이 있어서 떠나려고 하여 말하기를 '우리 소자들이 뜻이 커서 큰 도로 나아가 함부로 천착하여 문장을 이루었으나 마를 줄을 알지 못하니 돌아가서 마름질할 따름이다.'라 하였다."

148 **집해** 서광은 말하였다. "애공(哀公) 4년이다."

149 **집해** 서광은 말하였다. "애공 5년이다."

孔子自蔡如葉.	공자는 채에서 (초의) 섭으로 갔다.
葉公問政,	섭공이 정치를 묻자
孔子曰:	공자는 말하였다.
"政在來遠附邇."	"정치는 멀리 있는 자를 오게 하고 가까이 있는 자를 붙게 하는데 있습니다."
他日,	훗날
葉公問孔子於子路,	섭공이 자로에게 공자에 대하여 물었는데
子路不對.[150]	자로는 대답하지 못했다.
孔子聞之,	공자가 듣고
曰:	말하였다.
"由,	"유야,
爾何不對曰'其爲人也,	너는 어째서 '그 사람됨이
學道不倦,	도를 배우기를 게을리 하지 않고
誨人不厭,	남 가르치기를 싫증내지 않으며
發憤忘食,	분발하면 먹는 것도 잊고
樂以忘憂,	(이치를 깨달으면) 즐거워 근심을 잊어
不知老之將至'云爾."	늙음이 장차 닥쳐오리라는 것을 모른다'할 따름이라고 대답하지 않았느냐?"

去葉,	섭을 떠나
反于蔡.	채로 돌아왔다.
長沮·桀溺耦而耕,	장저와 걸닉이 나란히 밭을 가는데
孔子以爲隱者,	공자가 은자라고 생각하여

150 **집해** 공안국은 말하였다. "섭공(葉公)의 이름은 제량(諸梁)으로, 초(楚) 대부이며 섭을 채읍으로 하면서 공을 참칭하였다. 부대(不對)는 옳은 지를 아직 알지 못하는 것이다."

使子路問津焉.[151]	자로에게 나루를 묻게 하였다.
長沮曰:	장저가 말하였다.
"彼執輿者爲誰?"	"저 수레 고삐를 잡고 있는 분이 누구인가?"
子路曰:	자로가 말하였다.
"爲孔丘."	"공구입니다."
曰:	말하였다.
"是魯孔丘與?"	"노의 공구인가?"
曰:	말하였다.
"然."	"그렇습니다."
曰:	말하였다.
"是知津矣."[152]	"이 분은 나루를 알 것이오."
桀溺謂子路曰:	걸닉이 자로에게 말하였다.
"子爲誰?"	"그대는 누구요?"
曰:	말하였다.
"爲仲由."	"중유입니다."
曰:	말하였다.
"子,	"그대는
孔丘之徒與?"	공구의 무리인가?"
曰:	말하였다.
"然."	"그렇습니다."

151 집해 정현은 말하였다. "보습은 너비가 다섯 치이며, 두 개의 보습이 짝이 된다. 진(津)은 나루를 건너는 곳이다." 정의 『괄지지』에서는 말하였다. "황성산(黃城山)은 속칭 채산(菜山)이라고 하며, 허주(許州) 섭현(葉縣) 서남쪽 25리 지점에 있다. 『성현총묘기(聖賢冢墓記)』에서는 말하기를 황성산은 곧 장저와 걸닉이 밭을 간 곳이다. 아래에는 동으로 흐르는 물이 있는데 곧 자로가 나루를 물은 곳이라고 하였다."

152 집해 마융은 말하였다. "자주 두루 돌아다니니 절로 나루가 있는 곳을 알 것이라는 말이다."

桀溺曰:	걸닉이 말하였다.
“悠悠者天下皆是也,	“도도한 것은 천하가 다 그러니
而誰以易之?[153]	누가 바꿀 도리가 있겠는가?
且與其從辟人之士,	또 그대는 사람을 피하는 선비를 따르는 것이
豈若從辟世之士哉!”[154]	세상을 피하는 선비를 따르는 것만 하겠는가?”
耰而不輟.[155]	씨앗 덮는 일을 그치지 않았다.
子路以告孔子,	자로가 돌아와서 아뢰니,
孔子憮然[156]	공자는 머쓱해져서
曰:	말하기를
“鳥獸不可與同羣.[157]	“조수와 더불어 무리 지어 살 수는 없으니
天下有道,	천하에 도가 있으면
丘不與易也.”[158]	내 더불어 변역시키려 하지 않을 것이다.”

他日,	훗날
子路行,	자로가 길을 가다가

153 **집해** 공안국은 말하였다. “유유(悠悠)라는 말은 두루 흘러 다니는 모양이다. 지금의 천하는 치란(治亂)이 마찬가지인데 부질없이 이곳을 버리고 저곳으로 가기 때문에 ‘누가 바꿀 도리가 있겠는가’라 한 것이다.”

154 **집해** 하안은 말하였다. “사(士)에게는 사람을 피하는 법이 있고 세상을 피하는 법이 있다. 장저와 걸닉은 공자는 사로 사람을 피하는 법을 따르는 사람이며, 자기는 사로 세상을 피하는 법을 따른다고 생각한 것이다.”

155 **집해** 정현은 말하였다. “우(耰)는 씨앗을 덮는 것이다. 철(輟)은 그치는 것이다. 씨앗 덮는 일을 그치지 않은 것은 나루를 알려주지 않은 것이다.”

156 **집해** 하안은 말하였다. “자기의 뜻에 이르지 못하고 자기를 그르다고 보았기 때문이다.”

157 **집해** 공안국은 말하였다. “산림에 숨는 것이 함께 무리를 짓는 것이다.”

158 **집해** 하안은 말하였다. “무릇 천하에 도가 있는 자는 내[丘]가 모두 더불어 변역시키지 않으니 자기는 크고 남은 작기 때문이다.”

遇荷蓧丈人,[159]	지팡이로 대바구니를 멘 어른을 만나
曰:	말하였다.
"子見夫子乎?"	"그대는 우리 선생님을 보았습니까?"
丈人曰:	어른이 말하였다.
"四體不勤,	"사지를 부지런히 놀리지 않고
五穀不分,	오곡을 분별하지 못하는데,
孰爲夫子!"[160]	누구를 선생이라 하는가?" 하고,
植其杖而芸.[161]	지팡이를 꽂아놓고 김을 매었다.
子路以告,	자로가 그대로 아뢰니,
孔子曰:	공자가 말씀하셨다.
"隱者也."	"은자구나."
復往,	다시 가보았더니
則亡.[162]	없었다.

孔子遷于蔡三歲,	공자가 채로 옮긴 지 3년 만에
吳伐陳.	오가 진을 쳤다.
楚救陳,[163]	초는 진을 구원하여
軍于城父.	성보에 주둔하였다.
聞孔子在陳蔡之閒,	공자가 진과 채 사이에 있다는 말을 듣고
楚使人聘孔子.	초는 사람을 보내서 공자를 부르게 했다.

---

159 집해 포씨는 말하였다. "장인(丈人)은 늙은이이다. 조(蓧)는 풀로 짠 기물이다."

160 집해 포씨는 말하였다. "장인이 말하기를 사지를 부지런히 하여 오곡을 나누어 심지도 않는데 누구를 부자라 하며 찾는가라 한 것이다."

161 집해 공안국은 말하였다. "식(植)은 기대는 것이다. 풀을 없애는 것을 운(芸)이라 한다."

162 집해 공안국은 말하였다. "자로가 그 집으로 돌아갔더니 어른이 출행하여 있지 않은 것이다."

163 집해 서광은 말하였다. "애공 4년이다."

孔子將往拜禮,	공자가 가서 예를 올리려고 하자
陳蔡大夫謀曰:	진과 채의 대부가 모의하여 말하였다.
"孔子賢者,	"공자는 현자로
所刺譏皆中諸侯之疾.	풍자하고 비난하는 것이 모두 제후의 잘못에 들어맞는다.
今者久留陳蔡之閒,	지금 진과 채 사이에 오래 머물고 있는데
諸大夫所設行皆非仲尼之意.	대부들이 행하는 것은 모두 중니의 뜻이 아니다.
今楚,	지금 초는
大國也,	대국으로
來聘孔子.	와서 공자를 부른다.
孔子用於楚,	공자가 초에서 등용되면
則陳蔡用事大夫危矣."	진과 초의 당권자들이 위태로워질 것이다."
於是乃相與發徒役圍孔子於野.	이에 곧 함께 일꾼들을 보내어 들판에서 공자를 포위했다.
不得行,	갈 수가 없게 되어
絕糧.	양식이 떨어졌다.
從者病,	따르는 자들이 병들어
莫能興.[164]	일어날 수가 없었다.
孔子講誦弦歌不衰.	공자는 강의와 낭송, 현악기에 맞추어 노래하기를 그치지 않았다.
子路慍見曰:	자로가 노기를 품고 뵙고 말하였다.
"君子亦有窮乎?"	"군자도 궁함이 있습니까?"
孔子曰:	공자가 말하였다.

164 **집해** 공안국은 말하였다. "흥(興)은 일어나는 것이다."

"君子固窮,	"군자는 실로 궁하니
小人窮斯濫矣."[165]	소인은 궁하면 넘치게 되느니라."
子貢色作.	자공이 화가 나서 안색에 드러났다.
孔子曰:	공자가 말하였다.
"賜,	"사야
爾以予爲多學而識之者與?"	너는 내가 많이 배우고 그것을 기억하는 자라고 생각하느냐?"
曰:	(자공이) 말하였다.
"然.[166]	"그렇습니다.
非與?"[167]	아닌지요?"
孔子曰:	공자가 말씀하셨다.
"非也.	"아니다.
予一以貫之."[168]	나는 하나의 이치로 모든 사물을 꿰뚫었다."
孔子知弟子有慍心,	공자는 제자들이 노기를 품은 것을 알고
乃召子路而問曰:	곧 자로를 불러서 물어보았다.
"詩云'匪兕匪虎,	"『시』에서 말하기를 '외뿔소가 아니며 범이 아니거늘,
率彼曠野'.[169]	저 광야를 따르게 한단 말인가'라 하였다.
吾道非邪?	나의 도가 틀렸느냐?

165 **집해** 하안은 말하였다. "남(濫)은 넘치는 것이다. 군자는 실로 또한 궁한 때가 있지만 소인이 궁하면 넘쳐서 비리를 저지르는 것과는 같지 않다."

166 **집해** 공안국은 말하였다. "연(然)은 많이 배우고 기억한다는 것을 이른다."

167 **집해** 공안국은 말하였다. "지금 그렇지 않습니까 라고 묻는 것이다."

168 **집해** 하안은 말하였다. "선(善)에는 근원이 있고 일에는 모이는 지점이 있다. 천하는 길이 다르지만 모든 생각이 일치한다. 이처럼 근원을 안다면 많은 선을 다 행할 수 있을 것이니 많이 배우지 않아도 한 가지로 알아갈 수 있는 것이다."

吾何爲於此?"	내가 여기서 무엇을 하고 있는 거냐?"
子路曰:	자로가 말하였다.
"意者吾未仁邪?	"우리가 인하지 못해서가 아닐까요?
人之不我信也.[170]	남들이 우리를 믿지 못하는 것이요.
意者吾未知邪?	우리가 지혜롭지 못해서가 아닐까요?
人之不我行也."[171]	남이 우리가 통행하지 못하게 하는 것이요."
孔子曰:	공자가 말하였다.
"有是乎!	"그럴 리가 있겠느냐!
由,	유야,
譬使仁者而必信,	인한 자가 반드시 신임을 받는다면
安有伯夷·叔齊?[172]	어찌 백이와 숙제가 있겠느냐?
使知者而必行,	지혜로운 자가 반드시 실행을 한다면
安有王子比干?"[173]	어찌 왕자 비간이 있겠느냐?
子路出,	자로가 나가고
子貢入見.	자공이 들어와 뵈었다.
孔子曰:	공자가 말하였다.
"賜,	"사야,

169 집해 왕숙은 말하였다. "솔(率)은 따르는 것이다. 외뿔소도 아니고 범도 아닌데 광야를 따르는 것이다."

170 집해 왕숙은 말하였다. "사람들이 우리를 믿지 않는다면 어찌 인하지 못해서가 아니겠습니까? 라는 말이다?"

171 집해 왕숙은 말하였다. "사람들이 통행을 하지 못하게 하는 것이 어찌 우리가 지혜롭지 못해서가 아니겠습니까? 라는 말이다."

172 정의 인자가 반드시 사방에서 신임을 받는다면 어찌 백이와 숙제가 굶어죽었겠느냐 라는 말이다.

173 정의 지혜로운 자가 반드시 일에 처하여 통행된다면 어찌 왕자 비간이 심장이 갈라지겠느냐? 라는 말이다.

詩云'匪兕匪虎,	『시』에서 말하기를 '외뿔소가 아니며 범이 아니거늘,
率彼曠野'.	저 광야를 따르게 한단 말인가'라 하였다.
吾道非邪?	나의 도가 틀렸느냐?
吾何爲於此?"	내가 여기서 무엇을 하고 있는 거냐?"
子貢曰:	자공이 말하였다.
"夫子之道至大也,	"선생님의 도가 지극히 크기 때문에
故天下莫能容夫子.	천하에서 선생님을 받아들일 수 없는 것입니다.
夫子蓋少貶焉?"	선생님께서는 조금 낮추심이 어떻습니까?"
孔子曰:	공자가 말하였다.
"賜,	"사야,
良農能稼而不能爲穡,[174]	훌륭한 농부가 농사를 잘 짓는다고 잘 거둘 수 없으며
良工能巧而不能爲順.[175]	훌륭한 공인이 솜씨가 뛰어나다고 따르게 할 수는 없다.
君子能脩其道,	군자는 그 도를 잘 닦고
綱而紀之,	기강을 세워서
統而理之,	통괄하여 다스릴 수는 있겠지만
而不能爲容.	받아들여질 수는 없다.
今爾不脩爾道而求爲容.	지금 너는 네 도를 닦지 않고 받아들여지기를 구하는구나.
賜,	사야,

174 **집해** 왕숙은 말하였다. "씨앗을 뿌리는 것이 가(稼)이고 거두는 것이 색(穡)이다. 훌륭한 농부가 씨앗을 잘 뿌린다고 해서 반드시 잘 거둘 수 있다는 것은 아니다 라는 말이다."

175 **집해** 왕숙은 말하였다. "훌륭한 공인은 솜씨가 좋을 뿐 사람의 뜻을 잘 따를 수는 없다 라는 말이다."

而志不遠矣!”	네 뜻이 원대하지 못하구나!”
子貢出,	자공이 나가고
顏回入見.	안회가 들어와 뵈었다.
孔子曰:	공자가 말하였다.
“回,	“회야,
詩云‘匪兕匪虎,	『시』에서 말하기를 ‘외뿔소가 아니며 범이 아니거늘,
率彼曠野’.	저 광야를 따르게 한단 말인가’라 하였다.
吾道非邪?	나의 도가 틀렸느냐?
吾何爲於此?”	내가 여기서 무엇을 하고 있는 거냐?”
顏回曰:	안회가 말하였다.
“夫子之道至大,	선생님의 도가 지극히 크기 때문에
故天下莫能容.	천하에서 받아들여질 수 없는 것입니다.
雖然,	비록 그렇지만
夫子推而行之,	선생님께서는 미루어 행하고 계십니다!
不容何病,	받아들여지지 않음이 무슨 걱정이십니까?
不容然後見君子!	받아들여지지 않은 후에야 군자가 드러나는 것입니다!
夫道之不脩也,	도를 닦지 않음이
是吾醜也.	우리의 부끄러움입니다.
夫道既已大脩而不用,	도가 이미 크게 닦여졌는데도 등용되지 않는 것은
是有國者之醜也.	나라를 다스리는 자의 수치입니다.
不容何病,	받아들여지지 않음이 무슨 걱정이겠습니까?
不容然後見君子!”	받아들여지지 않은 다음에야 군자임이 드러날 것입니다!”

孔子欣然而笑曰: 공자가 기쁘게 웃으며 말하였다.
"有是哉顏氏之子! "그렇던가! 안 씨의 아들이여.
使爾多財, 그대가 재물이 많다면
吾爲爾宰."[176] 내 그대의 재가 되겠다."
於是使子貢至楚. 이에 자공을 초에 가게 하였다.
楚昭王興師迎孔子, 초소왕이 군사를 일으켜 공자를 맞이한
然後得免. 다음에야 벗어나게 되었다.

昭王將以書社地七百里,[177] 소왕이 서사의 땅 7백 리로
封孔子. 공자를 봉하려 했다.
楚令尹子西曰: 초의 영윤 자서가 말하였다.
"王之使使諸侯有如子貢者乎?"
"왕께 제후에게 사행할 사람으로 자공 같은 사람이 있습니까?"
曰: 말하였다.
"無有." "없소."
"王之輔相有如顏回者乎?" "왕을 보좌할 재상으로 안회 같은 사람이 있습니까?"
曰: 말하였다.
"無有." "없소."

176 **집해** 왕숙은 말하였다. "재(宰)는 재물을 주관하는 사람이다. 너의 재물을 주관해준다는 것은 뜻이 같음을 말한다."

177 **집해** 복건은 말하였다. "서(書)는 적(籍)이다." **색은** 옛날에는 25가가 이(里)였고, 이에는 각자 사(社)를 세웠다. 서사(書社)는 그 사의 이름을 장부[籍]에 적는 것이다. 대체로 7백 리 서사의 사람을 공자에게 봉한 것이므로 아래에서 바로 염구(冉求)가 "비록 누천 사(社)라 해도 부자께서는 이롭게 여기지 않으신다."라 하였다.

"王之將率有如子路者乎?"	"왕의 장수로 자로 같은 사람이 있습니까?"
曰:	말하였다.
"無有."	"없소."
"王之官尹有如宰予者乎?"	"왕의 장관 가운데 재여 같은 사람이 있습니까?"
曰:	말하였다.
"無有."	"없소."
"且楚之祖封於周,	"또한 초는 조상이 주에서 봉해졌으며
號爲子男五十里.	자와 남(의 작)으로 불리었고 (봉지는) 50리였습니다.
今孔丘述三五之法,	지금 공구가 3황 5제의 법을 말하고
明周召之業,	주공 소공의 덕업을 밝히는데
王若用之,	왕께서 그를 등용하신다면
則楚安得世世堂堂方數千里乎?	초가 대대로 물려받은 당당한 수천 평방 리의 땅을 어떻게 하겠습니까?
夫文王在豐,	저 문왕은 풍에 있었고
武王在鎬,	무왕은 호에 있었지만
百里之君卒王天下.	백 리를 다스리던 임금이 끝내 천하를 다스렸습니다.
今孔丘得據土壤,	지금 공구가 근거할 땅을 얻고
賢弟子爲佐,	현명한 제자가 보좌하는 것은
非楚之福也."	초의 복이 아닙니다."
昭王乃止.	소왕은 곧 그만두었다.
其秋,	그해 가을에
楚昭王卒于城父.	초소왕은 성보에서 죽었다.

楚狂接輿歌而過孔子,[178]	초광 접여가 노래를 부르며 공자 곁을 지나가며
曰:	말하였다.
"鳳兮鳳兮,	"봉이여 봉이여,
何德之衰![179]	어찌 덕이 쇠하였는가!
往者不可諫兮,[180]	간 것은 간할 수 없고
來者猶可追也![181]	올 것은 그래도 좇을 만하다!
已而已而,	아서라 아서라,
今之從政者殆而!"[182]	지금의 정치에 종사하는 자는 위태로울 뿐!"
孔子下,	공자는 (수레에서) 내려
欲與之言.[183]	그와 말을 하려고 했다.
趨而去,	종종걸음으로 떠나
弗得與之言.	그와 말을 하지 못하게 되었다.
於是孔子自楚反乎衞.	이에 공자는 초에서 위로 돌아왔다.
是歲也,	이 해에
孔子年六十三,	공자는 63세였고

178 **집해** 공안국은 말하였다. "접여(接輿)는 초 사람이다. 미친 것을 가장하여 와서 노래하는 것은 공자를 감화시키려 한 것이다." **역주** 서진(西晉) 황보밀(皇甫謐)의 『고사전(高士傳)』에 의하면 이름은 육통(陸通)이고 자가 접여라고 하였다. 아마 접여는 공자가 탄 수레(輿)에 다가섰기(接) 때문에 가탁한 것일 것이다.

179 **집해** 공안국은 말하였다. "공자를 봉조(鳳鳥)에 비유하여 성군을 기다려서 나타난다고 하였다. 공자가 두루 다니며 합치되기를 구한 것을 비난하였으므로 '쇠하였다.'라 한 것이다."

180 **집해** 공안국은 말하였다. "이미 지나간 소행은 다시 간하여 멈출 수 없는 것이다."

181 **집해** 공안국은 말하였다. "지금부터 스스로 그만 두는 것을 좇아 난을 피하여 은거할 만하다는 것이다."

182 **집해** 공안국은 말하였다. "'아서라'라 한 것은 세상의 어지러움이 이미 심하여 더 이상 다스릴 수 없는 것이다. 다시 말한 것은, 아파함이 깊은 것이다."

183 **집해** 포씨는 말하였다. "하(下)는 수레에서 내리는 것이다."

而魯哀公六年也.	노애공 6년이었다.
其明年,	그 이듬해에
吳與魯會繒,	오는 노와 증에서 회맹하고
徵百牢.[184]	백뢰를 요구했다.
太宰嚭召季康子.	태재 비가 계강자를 불렀다.
康子使子貢往,	강자가 자공에게 가게 한
然後得已.	다음에야 그치게 되었다.
孔子曰:	공자가 말하였다.
“魯衞之政,	“노와 위의 정치는
兄弟也.”[185]	형제이다.”
是時,	이때
衞君輒父不得立,	위 임금 첩의 아비는 즉위하지 못하고
在外,	밖에 있어서
諸侯數以爲讓.	제후들은 자주 양위해야 한다고 하였다.
而孔子弟子多仕於衞,	그런데 공자의 제자들이 위에서 많이 벼슬하여
衞君欲得孔子爲政.	위군이 공자를 얻어 정사를 하려고 했다.
子路曰:	자로가 말하였다.

184 **색은** 이때는 애공 7년이다. 백뢰(百牢)는 뢰(牢) 1백을 갖추는 것이다. 주의 예법에 의하면 상공(上公)은 9뢰이고 후백(侯伯)은 7뢰이며, 자남(子男)은 5뢰이다. 지금 오에서 백뢰를 요구한 것은 오랑캐라 예를 알지 못해서이다. 자공이 주의 예법을 가지고 응대한 이후에야 오가 이 요구를 그만두었다. **정의** 『괄지지』에서는 말하였다. “옛 증(성鄫城)은 기주(沂州) 승현(承縣)에 있다. 지리지에서는 증현(繒縣)은 동해군(東海郡)에 속한다고 하였다.” **역주** 옛날 제사 때 바치는 희생 제물인 소와 양, 돼지 각 1마리를 갖춘 것을 뢰(牢)라 한다. 백뢰는 곧 소와 양, 돼지가 각 100마리 모두 300마리이며 과도한 요구이다.

185 **집해** 포씨는 말하였다. “(노) 주공(周公)과 (위) 강숙(康叔)은 형제인데다 강숙은 주공과 친하여 그 나라의 정치 또한 형제와 같았다.”

“衛君待子而爲政,	“위군이 선생님을 기다려 정사를 하려고 하십니다.
子將奚先?”[186]	선생께서는 무엇을 먼저 하시렵니까?”
孔子曰:	공자가 말하였다.
“必也正名乎!”[187]	“반드시 명분을 바로잡겠다.”
子路曰:	자로가 말하였다.
“有是哉,	“이렇군요.
子之迂也!	선생님의 우활하심이!
何其正也?”[188]	어떻게 바로잡겠습니까?”
孔子曰:	공자가 말하였다.
“野哉由也![189]	“비속하구나, 유는!
夫名不正則言不順,	대체로 명분이 바르지 못하면 말이 (이치에) 순하지 못하고,
言不順則事不成,	말이 (이치에) 순하지 못하면 일이 이루어지지 못하고,
事不成則禮樂不興,	일이 이루어지지 못하면 예악이 일어나지 못하고,
禮樂不興則刑罰不中,[190]	예악이 일어나지 못하면 형벌이 알맞지 못하고,
刑罰不中則民無所錯手足矣.	형벌이 알맞지 못하면 백성들이 손발을 둘 곳이 없어진다.
夫君子爲之必可名,	대체로 군자가 이름[명분]을 붙이면 반드시 말할 수 있으며,

186 **집해** 포씨는 말하였다. “가면 무엇을 먼저 행하려고 하는가를 물은 것이다.”

187 **집해** 마융은 말하였다. “모든 일의 명분을 바로잡는 것이다.”

188 **집해** 포씨는 말하였다. “우(迂)는 원(遠)과 같다. 공자의 말이 실정과 멀다는 것을 말하였다.”

189 **집해** 공안국은 말하였다. “야(野)는 이르지 못한 것이다.”

190 **집해** 공안국은 말하였다. “예로 윗사람을 편안하게 하고 음악으로 풍속을 바꾸는 것이다. 두 가지가 행하여지지 않으면 형벌이 넘치게 된다.”

言之必可行.[191]	말하면 반드시 행할 수 있는 것이니,
君子於其言,	군자는 그 말에 대하여
無所苟而已矣."	구차한 것이 없을 뿐이다."

其明年,	그 이듬해
冉有爲季氏將師,	염유가 계씨의 장사가 되어
與齊戰於郎,	낭에서 제와 싸워
克之.[192]	이겼다.
季康子曰:	계강자가 말하였다.
"子之於軍旅,	"그대는 군사(軍事)를
學之乎?	배운 것인가?
性之乎?"	타고난 것인가?"
冉有曰:	염유가 말하였다.
"學之於孔子."	"공자한테 배웠습니다."
季康子曰:	계강자가 말하였다.
"孔子何如人哉?"	"공자는 어떤 사람인가?"
對曰:	대답하였다.
"用之有名;	"쓰시면 명성이 있을 것이며,

191 집해 왕숙은 말하였다. "명분을 잡는 일에 반드시 말을 밝힐 수 있으며, 말한 일을 반드시 따라서 행할 수 있게 된다."

192 집해 서광은 말하였다. "이는 애공 11년이며, 오가 증에서 회맹한 때와는 이미 4년의 시차가 있다. 연표의 애공 10년은 공자가 진에서 위로 이른 때이다." 색은 서광이 회맹과 4년의 시차가 있다고 말한 것은 옳다. 『좌전』과 이 글에 의하면 공자는 이때 위에서 노로 돌아왔다고 하였으며, 진에 있었다는 글은 보이지 않는다. 진에 있었다는 것은 애공 초년일 것이며, 연표가 잘못되었을 따름이다. 정의 『괄지지』에서는 말하였다. "낭정(郎亭)은 서주(徐州) 등현(滕縣) 서쪽 53리 지점에 있다."

播之百姓, 백성들에게 시행하고
質諸鬼神而無憾. 귀신에게 질정함에 유감이 없을 것입니다.
求之至於此道, 제가 (공자를) 이 길에 이르게 하고자
雖累千社, 비록 누천 사를 준다하더라도
夫子不利也." 선생님께서는 이롭게 여기지 않을 것입니다."
康子曰: 강자가 말하였다.
"我欲召之, "내 부르려 하는데
可乎?" 되겠는가?"
對曰: 대답하였다.
"欲召之, "부르시려거든
則毋以小人固之, 소인들이 질시하지 않게 한다면
則可矣." 될 것입니다."
而衛孔文子[193] 그런데 위의 공문자가
將攻太叔,[194] 태숙을 공격하려고 하면서
問策於仲尼. 중니에게 대책을 물었다.
仲尼辭不知, 중니는 알지 못한다고 사양하면서
退而命載而行, 물러나 수레를 준비하라 명하고 떠나면서
曰: 말하였다.
"鳥能擇木, "새는 나무를 택할 수 있으나
木豈能擇鳥乎!"[195] 나무가 어찌 새를 택할 수 있겠는가!"
文子固止. 문자는 굳이 만류하였다.
會季康子逐公華·公賓·公林, 마침 계강자가 공화와 공빈, 공휴를 내쫓고

193 **집해** 복건은 말하였다. "문자(文子)는 위(衛)의 경이다."

194 **집해** 『좌전』에서 말하기를 태숙(太叔)의 이름은 질(疾)이라 하였다.

195 **집해** 복건은 말하였다. "새는 자기를 비유하고 나무는 가는 나라를 비유한다."

以幣迎孔子,	폐물로 공자를 맞으니
孔子歸魯.	공자는 노로 돌아왔다.

孔子之去魯凡十四歲而反乎魯.[196]

공자는 노를 떠난 지 모두 14년 만에 노로 돌아왔다.

魯哀公問政,	노애공이 정치를 묻자
對曰:	대답하였다.
"政在選臣."	"정치는 신하를 가려 뽑는데 있습니다."
季康子問政,	계강자가 정치를 묻자
曰:	말하였다.
"擧直錯諸枉,[197]	"정직한 사람을 들어 굽은 사람 위에 두면
則枉者直."	굽은 사람이 정직해집니다."
康子患盜,	강자가 도둑을 걱정하자
孔子曰:	공자가 말하였다.
"苟子之不欲,	만일 그대가 탐욕을 부리지 않는다면

196 **색은** 앞의 문장에서 공자는 정공 14년에 노를 떠났다고 하였는데 이 해까지 헤아리면 13년이다. 「노계가(魯系家)」에서는 정공 12년에 공자가 노를 떠났다고 하였으니 처음과 끝이 모두 15년이 된다.

197 **집해** 포씨는 말하였다. "조(錯)는 둔다는 뜻이다. 정직한 사람을 들어서 쓰고 간사하고 굽은 사람을 버려두는 것이다." **색은** 『논어』에서는 "계강자가 정치를 묻자 공자께서 말씀하시기를 '정치는 바르게 하는 것이다.(政者, 正也)'라 하였다."라 하였다. 또 "애공이 묻기를 '어떻게 하면 백성이 복종합니까?'라 하자 공자께서 말씀하시기를 '정직한 사람을 들어 쓰고, 모든 굽은 사람을 버려두면 백성들이 복종한다.'라 하였다."라 하였다. 지금 여기서 처음에는 강자가 정치를 묻는 것을 논한 것이 공자가 애공이 사람을 복종하게 하는 것을 답한 것과 부합하지 않는데 아마 태사공이 『논어』에서 취하여 문장을 만들면서 사실을 놓친 것 같다.

雖賞之不竊."[198]	상을 준다 하더라도 도둑질하지 않을 것이오."
然魯終不能用孔子,	그러나 노는 끝내 공자를 쓸 수 없었고
孔子亦不求仕.	공자 또한 벼슬을 구하지 않았다.

孔子之時,	공자 때에는
周室微而禮樂廢,	주 왕실이 쇠미해지고 예악이 폐하여졌으며
詩書缺.	시와 서가 흩어졌다.
追迹三代之禮,	삼대의 예(의 자취)를 쫓아
序書傳,	서전의 편차를 정하였는데
上紀唐虞之際,	위로는 당우의 즈음부터 기록하여
下至秦繆,	아래로 진목공까지
編次其事.	그 일을 편차하였다.
曰:	말하였다.
"夏禮吾能言之,	"하의 예를 내가 말할 수 있으나
杞不足徵也.	(그 후손의 나라인) 기에서 충분히 입증해주지 못한다.
殷禮吾能言之,	은의 예를 내가 말할 수 있으나
宋不足徵也.[199]	(그 후손의 나라인) 송에서 충분히 입증해주지 못한다.
足,	(文獻이) 충분하다면
則吾能徵之矣."	내가 (내 말을) 입증할 수 있을 것이다."

198 **집해** 공안국은 말하였다. "욕(欲)은 정욕(情慾)이다. 백성이 위에서 교화되면 그 영을 따르지 않고 좋아하는 것을 따른다는 것을 말한다."

199 **집해** 포씨는 말하였다. "징(徵)은 이루는 것이다. 기(杞)와 송(宋) 두 나라는 하(夏)와 은(殷)의 후예국이다. 하와 은의 예를 내가 말할 수 있는데, 기와 송의 임금은 이루기에 부족하다는 것이다."

觀殷夏所損益,	은과 하가 덜어내고 더한 것을 살펴보고
曰:	말하였다.
"後雖百世可知也,[200]	"백세 뒤라도 알 수 있을 것이니
以一文一質.	한 나라는 문채가 있었고 한 나라는 질박하였기 때문이다.
周監二代,	"주는 (夏·殷) 두 조대를 거울 삼았으니,
郁郁乎文哉.	찬란하다. 그 문이여!
吾從周."[201]	나는 주를 따르겠다."
故書傳·禮記自孔氏.	그러므로 서전과 예기는 공 씨에게서 비롯되었다.

孔子語魯大師:	공자가 노 태사에게 말하였다.
"樂其可知也.	"음악은 알 만한 것이다.
始作翕如,[202]	처음 시작할 적엔 (五音을) 합한 듯하여,
縱之純如,[203]	풀어놓을 때에는 조화를 이룬 듯
皦如,[204]	환한 듯,
繹如也,	이어진 듯이 하여
以成."[205]	(한 장을) 끝마쳐야 한다."

200 **집해** 하안은 말하였다. "사물이 비슷한 것끼리 서로 부르고 세와 수가 서로 나서 그 변화가 항성성이 있으므로 미리 알 수 있는 것이다."

201 **집해** 공안국은 말하였다. "감(監)은 보는 것이다. 주의 문장이 2대에 갖추어져 있어 그것을 따라야 한다는 것을 말한다."

202 **집해** 하안은 말하였다. "태사(太師)는 악관의 이름이다. 오음(五音)이 막 연주되면 조화를 이룬 듯 성하다."

203 **집해** 하안은 말하였다. "오음이 이미 발하여 다 풀어놓으면 그 소리가 조화를 이룬 듯 화해(和諧)롭다는 것을 말한다."

204 **집해** 하안은 말하였다. "그 음절이 맑음을 말한다."

205 **집해** 하안은 말하였다. "풀어놓을 때에는 조화를 이룬 듯 환한 듯 이어진 듯한다는 것은 음악이 처음 시작할 때는 합한 듯하다가 세 가지로 끝마쳐야 한다는 것이다."

“吾自衞反魯,	“내가 위에서 노로 돌아온
然後樂正,	다음부터 음악이 바르게 되었고
雅頌各得其所.”[206]	아와 송이 각기 자리를 잡게 되었다.”
古者詩三千餘篇,	옛날에 시는 3천여 편이었는데
及至孔子,	공자에 이르러
去其重,[207]	중복되는 것을 버리고
取可施於禮義,	예의에 베풀 만한 것을 취하여
上采契后稷,	위로는 설과 후직을 채택하고
中述殷周之盛,	중간에는 은주의 성함을 말하였으며
至幽厲之缺,	유왕과 여왕의 실정에 이르기까지
始於衽席,	침소(寢所)에서 시작하였다.
故曰“關雎之亂以爲風始,[208]	그러므로 말하기를 “「관저」의 끝장은 「국풍」의 시작이 되며
鹿鳴爲小雅始,[209]	「녹명」은 「소아」의 시작이고

206 집해 정현은 말하였다. “노로 돌아온 것은 노애공 11년 겨울이다. 이때 도가 쇠하고 음악이 폐하여져 공자가 돌아와서야 바르게 되었으므로 아송이 각기 제자리를 잡은 것이다.”

207 정의 “去”의 음은 “거(丘呂反)”이다. “重”의 음은 “중(逐龍反)”이다.

208 정의 난(亂)은 다스리는 것이다. 『시』「소서(小序)」에서는 말하였다. “「관저(關雎)」는 후비(后妃)의 덕을 읊은 것이요 풍화(風化)의 시초이니, 천하를 풍동(風動)하고 부부를 바로잡는 것이다.”라 하였다. 모장(毛萇)은 말하였다. “관관(關關)은 화성(和聲)이다. 저구(雎鳩)는 왕저(王雎)이니 새가 서로 정이 지극하되 분별이 있다. 후비가 군자의 덕을 좋아하고 기뻐하여 화해(和諧)롭지 않음이 없고 또한 음탕한 기색이 없어 삼가고 견고하고 그윽하고 깊어서 저구가 분별이 있는 것과 같은 다음에 천하를 풍화(風化)할 수 있다. 부부가 분별이 있게 되면 부자가 친해지고, 부자가 친해지면 군신이 공경하게 되며, 군신이 공경하게 되면 조정이 바르게 되고, 조정이 바르게 되면 왕의 교화가 이루어진다.” 왕저(王雎)는 금구악(金口鶚)이다. 역주 난(亂)은 ‘다스릴 치(亂)’ 자와 고대의 자형이 유사하여 전사(傳寫)과정에서 서로 섞이게 되었다. 『논어』 주희 주에서는 “음악의 마지막장(樂之卒章)”이라고 하였는데 여기서는 『논어』의 주를 따른다.

文王爲大雅始,[210]　「문왕」은 「대아」의 시작이며

清廟爲頌始".[211]　「청묘」는 「송」의 시작이다."라 하였다.

三百五篇孔子皆弦歌之,　305편에 공자는 모두 곡조를 붙여 노래하여

以求合韶武雅頌之音.　「소」와 「무」, 「아」와 「송」의 음에 맞기를 구하였다.

禮樂自此可得而述,　예악이 이때부터 전술되게 되어

以備王道,　왕도를 갖추었으며

成六藝.　육예를 이루었다.

孔子晩而喜易,　공자는 만년에 『역』을 좋아하여

序彖·繫·象·說卦·文言.[212]　「단」과 「계」, 「상」, 「설괘」, 「문언」을 정리했다.

---

209 정의 「소서」에서는 말하였다. "「녹명(鹿鳴)」은 신하들과 가빈(嘉賓)을 연향(燕饗)하는 시이다. 음식을 먹이고 또 폐백을 광주리에 담아서 그 후의를 받들어야 하니, 그러한 뒤에야 충신과 아름다운 손님이 그 마음을 다할 수 있는 것이다." 모장은 말하였다. "사슴은 쑥을 얻으면 유유(呦呦)히 울며 서로 부르는데 간절한 정성이 그 안에서 발하여 빈객에게 아름다움과 즐거움을 일으키니 마땅히 간절함과 정성으로 서로 불러 예를 이루어야 한다."

210 정의 「소서」에서는 말하였다. "「문왕」은 문왕이 천명을 받아 주를 일으킨 것(을 읊은 시)이다." 정현은 말하였다. "문왕은 처음에 서백(西伯)이 되어 백성들에게 공을 세워 그 덕이 하늘에 드러났으므로 천명으로 왕이 되게 하여 천하를 다스리게 하였다."

211 정의 「소서」에서는 말하였다. "「청묘」는 문왕을 제사하는 시이다. 주공은 낙읍(洛邑)을 완성하고 제후들에게 조회를 받은 다음 제후들을 거느리고 문왕에게 제사하였다." 모장은 말하였다. "청묘는 청명한 덕이 있는 사람을 제사지내는 집이다. 문왕을 제사지내는 것을 이르는데, 하늘의 덕이 청명하여 문왕이 그것을 본받았으므로 제사를 지내어 이 시를 노래하였다."

212 정의 서(序)는 『역』의 서괘(序卦)이다. 부자는 십익(十翼)을 지었는데 상단(上彖)과 하단(下彖), 상상(上象)과 하상(下象), 상계(上繫)와 하계(下繫), 문언(文言), 서괘(序卦), 설괘(說卦), 잡괘(雜卦)이다. 『역정의(易正義)』에서는 말하였다. "문왕이 이미 64괘를 상하 편으로 나누고, 선후의 차례는 그 이치가 바뀌지 않았다. 공자는 상하의 두 경을 취하여 각자 서로 차서를 이루는 뜻의 순서를 잡았다."

정의 (彖의) 음은 단[吐亂反]이다. 상단(上彖)은 괘 아래의 사(辭)이며, 하단(下彖)은 효괘(爻卦) 아래의 사이다. 『역정의(易正義)』에서는 말하였다. "부자가 지은 것은 한 괘의 뜻을 총론하여 어떤 것은 그 괘의 덕을 말하였고, 어떤 것은 그 괘의 뜻을 말하였으며, 어떤 것은

讀易,	『역』을 읽어
韋編三絕.	가죽 끈이 세 번 끊어졌다.
曰:	말하기를
“假我數年,	“나에게 몇 년 만 수명을 연장해 주어
若是,	이와 같이 하면
我於易則彬彬矣.”	내 『역』에 두루 통할 것이다.”
孔子以詩書禮樂教,	공자는 시와 서, 예, 악으로 가르쳤는데
弟子蓋三千焉,	제자는 거의 3천이었고
身通六藝者七十有二人.	몸이 육예에 통달한 자가 72명이었다.
如顏濁鄒之徒,[213]	안탁추의 무리 같이

그 괘의 이름을 말하였다. 장 씨(莊氏)가 말한 '단(彖)은 단(斷)이며, 한 괘의 뜻을 단정하는 것이다.'라는 것이다."

정의 글자의 뜻 그대로이며, 또한 음을 계(系)라고도 한다. 『역정의』에서는 말하였다. "계사(繫辭)는 성인이 이 말을 효괘의 아래에 이어붙인 것이다. 상하 편으로 나눈 것은 간편(簡編)이 중대하기 때문에 나눈 것이다." "계사는 강계(綱系)의 뜻을 취한 것이다."라는 말이다.

정의 상상(上象)은 괘사(卦辭)이고, 하상(下象)은 효사(爻辭)이다. 『역정의』에서는 말하였다. "만물이 자연을 본체로 삼음에 각자 형상이 있었는데, 성인이 괘를 설치하여 만물의 상을 썼으며, 지금 부자는 이 괘의 상을 해석하였다."

정의 『역정의』에서는 말하였다. "설괘(說卦)라는 것은 팔괘의 덕업의 변화와 법상이 하는 것을 펼쳐서 말한 것이다."

정의 『역정의』에서는 말하였다. "부자는 『역』의 도를 도와서 밝히고 의리를 거듭 말하였으며, 건곤 2괘의 경문의 말을 해석하였으므로 문언이라 하였다." 또 말하였다. "잡괘(雜卦)라는 것은 64괘를 뜻으로 삼아 서괘의 밖에서 별도로 성인이 흥기하고 때에 따라 일어나 그 일의 마땅함을 따라 서로 이을 필요가 없으므로 마땅히 덜하고 더한 것이 있다." 또 말하였다. "여러 괘를 섞어서 주물러 그 뜻을 뒤섞어 혹 같은 것으로 유추하기도 하고 혹 다른 것으로 서로 밝히기도 한다." 사(史)는 「잡괘」를 벗어나지 않으므로 부기하였다.

213 **정의** '濁'의 음은 탁(卓)이다. '鄒'의 음은 취(聚)이다. 안탁추(顏濁鄒)는 77[72]인의 수에 들지 않는다.

頗受業者甚衆.	자못 가르침을 받은 자가 매우 많았다.

孔子以四教:	공자는 네 가지로 가르쳤는데
文·行·忠·信.[214]	문·행·충·신이었다.
絕四:	네 가지의 마음이 전혀 없으셨으니
毋意,[215]	사사로운 뜻이 없으셨으며,
毋必,[216]	기필 하는 마음이 없으셨으며,
毋固,[217]	집착하는 마음이 없으셨으며,
毋我.[218]	이기심이 없으셨다.
所慎:	삼간 것은
齊,	재계와
戰,	전쟁,
疾.[219]	질병이었다.
子罕言利與命與仁.[220]	공자께서는 이와 명과 인을 거의 말씀하시지 않으셨다.

---

214 집해 하안은 말하였다. "네 가지는 형질(形質)이 있어서 들어서 가르칠 수 있다."

215 집해 하안은 말하였다. "도(道)를 법도로 삼으므로 임의로 하지 않는 것이다."

216 집해 하안은 말하였다. "써주면 (道를) 행하고 버리면 은둔하였으므로 오로지 기필하지 않았다."

217 집해 하안은 말하였다. "가한 것도 없고 불가한 것도 없었으므로 집착하는 것을 행하지 않은 것이다."

218 집해 하안은 말하였다. "옛것을 전하기만 하고 스스로 창작하지 않았으며 여럿이 모인 가운데 처하여 스스로 특이한 행동을 하지 않았으며, 오직 도만 따랐으므로 그 몸을 염두에 두지 않았다."

219 집해 하안은 말하였다. "이 세 가지는 사람들이 삼갈 수 없는 것인데 부자는 삼간 것이다."

220 집해 하안은 말하였다. "한(罕)은 드물다는 뜻이다. 이(利)는 의(義)의 화(和)한 것이다. 명(命)은 하늘의 명이다. 인(仁)은 행함이 성한 것이다. 미칠 수 있는 것이 드물기 때문에 드물게 말을 한 것이다."

不憤不啟,	마음속으로 통하려고 노력하지 않으면 열어주지 않으셨으며,
擧一隅不以三隅反,	한 귀퉁이를 들어주었는데 이것으로 남은 세 귀퉁이를 반증하지 못하면
則弗復也.[221]	다시 더 일러주지 않았다.

其於鄕黨,	향당에서는
恂恂似不能言者[222]	신실히 하여 말씀을 잘하지 못하는 것처럼 하였고,
其於宗廟朝廷,	종묘와 조정에서는
辯辯言,[223]	술술 말씀을 잘하였는데
唯謹爾.[224]	다만 삼갔을 따름이다.
朝,	조정에서
與上大夫言,	상대부와 말할 때에는
誾誾如也;[225]	은은하게 하였으며,
與下大夫言,	하대부와 말씀하실 때에는
侃侃如也.[226]	강직하게 하였다.
入公門,	공문[궁문]에 들어가실 적에는,

221 **집해** 정현은 말하였다. "공자는 남과 말할 때 반드시 그 사람이 마음으로 분분히 결을 내고 입으로 절실하게 표현하기를 기다린 후에야 계발시켜 말해주었는데 이렇게 하면 지식과 생각이 깊어진다. 말하는 것은 한쪽 끝을 들어서 말하는 것이고, 그 사람이 그 유사한 것을 생각지 않으면 다시 가르치지 않은 것이다."

222 **집해** 왕숙은 말하였다. "순순(恂恂)은 온화하고 공손한 모양이다." **색은** "준준(逡逡)"으로 된 판본도 있으며, 음은 준[七旬反]으로, 말을 할 수 없는 것 같은 것이다.

223 **색은** 『논어』에는 "변변(便便)"으로 되어 있다.

224 **집해** 정현은 말하였다. "말을 할 때는 삼가고 공경한 것이다."

225 **집해** 공안국은 말하였다. "알맞고 올바른 모양이다."

226 **집해** 공안국은 말하였다. "화락(和樂)한 모양이다."

鞠躬如也;	몸을 굽히시어 용납하지 못하는 듯이 하였다.
趨進,	빨리 걸으시되
翼如也.[227]	새가 나래를 편 듯이 하였다.
君召使儐,[228]	임금이 불러 국빈을 접대하게 하면
色勃如也.[229]	낯빛을 바꾸었다.
君命召,	임금이 명하여 부르면
不俟駕行矣.[230]	수레에 멍에를 지우기를 기다리지 않고, 도보로 걸어갔다.

魚餒,	생선이 상하고
肉敗,	고기가 부패하였거나
割不正,	자른 것이 바르지 않으면
不食.[231]	먹지 않았다.
席不正,	자리가 반듯하지 않으면
不坐.	앉지 않았다.
食於有喪者之側,	상을 당한 사람의 곁에서 음식을 먹을 때는
未嘗飽也.	배불리 먹은 적이 없었다.

是日哭,	곡을 한 날에는
則不歌.	노래를 부르지 않았다.

---

227 집해 공안국은 말하였다. "단정하고 좋은 것을 말하였다."

228 집해 정현은 말하였다. "빈객이 있으면 맞이하게 하는 것이다."

229 집해 공안국은 말하였다. "반드시 안색을 바꾼 것이다."

230 집해 정현은 말하였다. "임금의 명에 빨리 달려가느라 걸어가고 수레가 멍에를 매고 따른 것이다."

231 집해 공안국은 말하였다. "물고기가 부패한 것을 뇌(餒)라 한다."

見齊衰·瞽者,	상복을 입은 자와 봉사를 보면
雖童子必變.[232]	비록 어리더라도 반드시 (안색을) 바꾸었다.

"三人行,	"세 사람이 길을 가면
必得我師."[233]	반드시 나의 스승을 찾게 된다."
"德之不脩,	"덕이 닦여지지 못함과
學之不講,	학문이 강마되지 못함과
聞義不能徙,	의를 듣고 옮겨가지 못함과
不善不能改,	불선을 고치지 못하는 것이
是吾憂也."[234]	바로 나의 걱정거리이다."
使人歌,	남에게 노래를 부르게 하여
善,	잘하면
則使復之,	다시 부르게 하고
然后和之.[235]	그런 다음에 따라 불렀다.

子不語:	공자께서는
怪,	괴이함과
力,	용력,
亂,	패란의 일,
神.[236]	귀신의 일을 말씀하시지 않으셨다.

---

232 **집해** 포씨는 말하였다. "고(瞽)는 소경이다."

233 **집해** 하안은 말하였다. "우리 세 사람이 길을 가면 본래 현명하고 어리석음이 없어 훌륭한 자를 택하여 따르고 선하지 못한 자를 택하여 고치니 일정한 스승이 없다."

234 **집해** 공안국은 말하였다. "부자는 늘 이 네 가지를 근심하였다."

235 **집해** 하안은 말하였다. "그 잘 부르는 것을 즐거워하여 다시 부르게 하고 스스로 따라 부른 것이다."

子貢曰:	자공이 말하였다.
"夫子之文章,	"부자의 문장은
可得聞也.[237]	들을 수 있으나
夫子言天道與性命,	부자께서 천도와 성명을 말씀하시는 것은
弗可得聞也已."[238]	들을 수 없다."
顏淵喟然歎曰:	안연이 아아 하고 탄식하여 말하였다.
"仰之彌高,	"(夫子의 道는) 우러를수록 높아지고,
鑽之彌堅.[239]	뚫을수록 단단해지며,
瞻之在前,	바라보면 앞에 있는가 하더니
忽焉在後.[240]	홀연히 뒤에 있도다.
夫子循循然善誘人,[241]	부자께서 차근차근 사람을 잘 이끄시어
博我以文,	문으로 나의 지식을 넓혀주시고
約我以禮,	예로 나의 행동을 요약하게 해주셨다.
欲罷不能.	(공부를) 그만두고자 해도 그만둘 수 없어

236 **집해** 왕숙은 말하였다. "괴(怪)는 괴이한 것이다. 힘은 오(奡)가 (뭍에서) 배를 끌고, 오획(烏獲)이 천 균(鈞)을 들 수 있는 따위이다. 난(亂)은 신하가 임금을 죽이고 자식이 아비를 죽이는 것이다. 신(神)은 귀신의 일이다. 혹 교화에 도움이 되지 않거나 혹 차마 말하지 못하는 것이다." 이충(李充)은 말하였다. "힘이 이치에서 나오지 않는 것이 괴력(怪力)이다. 정신이 바른데서 말미암지 않는 것이 난신(亂神)이다. 괴력과 난신은 사악한데 들어가므로 가르침에 도움이 되지 않아서 말하지 않은 것이다."

237 **집해** 하안은 말하였다. "장(章)은 밝은 것이다. 문(文)은 무늬이다. 형질이 드러나면 이목이 따를 수 있다."

238 **집해** 하안은 말하였다. "성(性)은 사람이 받아서 태어나는 것이다. 천도(天道)는 원형(元亨)이 일신(日新)하는 도이다. 매우 미묘하기 때문에 들을 수 없는 것이다."

239 **집해** 하안은 말하였다. "다할 수 없다는 말이다."

240 **집해** 하안은 말하였다. "황홀하여 형상을 지을 수 없다는 말이다."

241 **집해** 하안은 말하였다. "순순(循循)은 차서(次序)가 있는 모양이다. 유(誘)는 나아가게 하는 것이다. 부자가 이 도로 사람들을 배움으로 이끌고 권함에 차서가 있는 것을 말한다."

既竭我才,	이미 나의 재주를 다하니,
如有所立,	서 있어
卓爾.	우뚝한 듯하다.
雖欲從之,	그를 따르고자 하나
蔑由也已."[242]	어디로부터 시작해야 할지 모르겠다."
達巷黨人(童子)曰:	달항당의 사람(동자)이 말하였다.
"大哉孔子,	"위대하구나, 공자여!
博學而無所成名."[243]	박학하긴 하나 이름을 이루지는 못하였구나."
子聞之曰:	공자가 듣고 말하였다.
"我何執?	"내 무엇을 (專門으로) 잡아야 하겠는가?
執御乎?	말 모는 일을 잡아야 하겠는가?
執射乎?	아니면 활 쏘는 일을 잡아야 하겠는가?
我執御矣."[244]	내 말 모는 일을 잡을 것이다."
牢曰:	뇌가 말하였다.
"子云'不試,	"선생께서 이르시기를 '내가 세상에 등용되지 못했기 때문에
故藝'."[245]	(여러 가지) 재주를 익혔다.'고 하셨다."

242 **집해** 공안국은 말하였다. "부자가 이미 문장으로 나를 열어 넓혀주었고 또 예절로 나를 절제하고 요약시켜서 내가 그만 두려고 하였지만 할 수가 없었다는 말이다. 이미 나의 재주를 다하여도 그 서 있는 곳이 우뚝하여 미칠 수 없는 것이다. 자기가 비록 부자의 훌륭한 이끎을 받기는 하였지만 아직까지 부자가 선 곳에는 미칠 수 없다는 말이다."

243 **집해** 정현은 말하였다. "달항(達巷)은 당(黨)의 이름이다. 5백 가구가 당이다. 이 당의 사람이 공자가 도와 예를 배웠으나 일가의 명성을 이루지는 못했을 따름이라고 찬미한 것이다."

244 **집해** 정현은 말하였다. "남이 찬미하는 말을 듣고 겸손하게 받은 것이다. 나는 말을 모는 일을 잡겠다라 한 것은 육예(六藝)가운데서 낮은 것을 밝히려 한다는 것이다."

245 **집해** 정현은 말하였다. "뇌(牢)는 제자 자뢰(子牢)이다. 시(試)는 등용되는 것이다. 공자가 스스로 이르기를 내가 등용되지 못하였기 때문에 기예가 많게 되었다라 하였다는 말이다."

魯哀公十四年春,	노애공 14년 봄에
狩大野.[246]	대야에서 사냥을 하였다.
叔孫氏車子鉏商獲獸,[247]	숙손씨의 거자인 서상이 짐승을 잡았는데
以爲不祥.	상서롭지 못하다고 생각하였다.
仲尼視之,	중니가 보고는
曰:	말하였다.
"麟也."	"기린이다."
取之.[248]	이에 취하였다.
曰:	말하기를
"河不出圖,	"하수에서 그림이 나오지 않고
雒不出書,	낙수에서 책이 나오지 않으니
吾已矣夫!"[249]	내 끝이 난 것 같구나!"라 하였다.
顏淵死,	안연이 죽자

246 **집해** 복건은 말하였다. "대야(大野)는 수택(藪澤)의 이름이며 노 전포(田圃)의 떳떳한 곳으로, 아마 바로 지금의 거야(鉅野)일 것이다." **정의** 『괄지지』에서는 말하였다. "획린퇴(獲麟堆)는 운주(鄆州) 거야현(鉅野縣) 동쪽 12리 지점에 있다. 『춘추』 애공 14년의 경에서는 말하기를 '서쪽에서 사냥하다가 기린을 잡았다'라 하였다. 『국도성기(國都城記)』에서는 말하였다. '거야의 옛 성 동쪽 10리 지점의 늪에 토대(土臺)가 있는데 전경의 넓이가 4~50보쯤 되며 세속에서 이른바 획린퇴로 노성(魯城)에서 3백 리쯤 떨어져 있다.'"

247 **집해** 복건은 말하였다. "거자(車子)는 미천한 자이다. 서상(鉏商)은 이름이다." **색은** 『춘추전(春秋傳)』 및 『가어』에서는 모두 "거자 서상(車子鉏商)"이라 하였으며, 복건(服虔)은 "자(子)"를 성이라고 하였는데 틀렸다. 지금은 거자를 주인의 수레를 관리하는 거사(車士)로 생각하는데 미천한 사람이다. 사람이 미천하므로 그 성을 생략하였으니 "자(子)"는 성이 아니다.

248 **집해** 복건은 말하였다. "기린은 때마다 늘 보이는 것이 아니므로 괴이하게 여겨 상서롭지 못하다고 생각한 것이다. 중니가 그 이름을 '기린[麟]'이라 한 다음에 노 사람이 취한 것이다. 기린이 중니를 위하여 왔음을 밝힌 것이다."

249 **집해** 공안국은 말하였다. "성인은 천명을 받으면 하수에서 그림이 나오는데 지금은 이런 상서로움이 없다. 내 끝이 난 것 같구나라는 것은 보지 못하게 된 것을 슬퍼한 것이다. 하도(河圖)는 바로 팔괘(八卦)이다."

孔子曰:	공자가 말하였다.
"天喪予!"[250]	"하늘이 나를 망하게 하였구나!"
及西狩見麟,	서쪽에서 사냥을 하면서 기린을 보게 되자
曰:	말하였다.
"吾道窮矣!"[251]	"나의 도가 다한 것 같구나!"
喟然歎曰:	아! 하고 탄식하여 말하였다.
"莫知我夫!"	"나를 알아주는 이가 없구나!"
子貢曰:	자공이 말하였다.
"何爲莫知子?"[252]	"어찌하여 선생님을 알아주는 이가 없다는 것입니까?"
子曰:	공자께서 말씀하셨다.
"不怨天,	"하늘을 원망하지 않으며
不尤人,[253]	사람을 탓하지 않고,
下學而上達,[254]	아래로 (인간의 일을) 배우면서 위로 (天理를) 통달하나니,
知我者其天乎!"[255]	나를 알아주는 것은 하늘일 것이다."

---

250 집해 하휴(何休)는 말하였다. "여(予)는 나이다. 하늘이 안연을 내어 부자의 보좌로 삼았는데 죽은 것은 하늘이 부자를 망하게 하려는 증거라는 것이다."

251 집해 하휴는 말하였다. "기린은 태평할 때의 짐승으로 성인의 유이다. 당시 잡혔는데 죽었으니 이는 하늘이 또한 부자가 곧 죽을 것이라는 증거를 일러준 것이므로 말했을 따름이다."

252 집해 하안은 말하였다. "자공이 부자가 어째서 나를 알아주는 사람이 없다고 말하는가 했으므로 물은 것이다."

253 집해 마융은 말하였다. "공자는 세상에 등용되지 않았지만 하늘을 원망하지 않았으며 자기를 알아주지 않아도 또한 남을 탓하지 않았다."

254 집해 공안국은 말하였다. "아래로 인사를 배우고 위로 하늘의 명에 통달한 것이다."

255 집해 하안은 말하였다. "성인은 천지와 그 덕이 부합하므로 오직 하늘만이 나를 알아준다고 말한 것이다."

"不降其志, "그 뜻을 굽히지 않고
不辱其身, 그 몸을 욕되게 하지 않는 자는
伯夷·叔齊乎!"[256] 백이와 숙제이다."

謂"柳下惠·少連降志辱身矣". 유하혜와 소련을 평하시기를 "뜻을 굽히고 몸을 욕되게 하였다."라 하고,

謂"虞仲·夷逸隱居放言,[257] 우중과 이일을 평하시기를 "숨어살면서 말을 함부로 하였으나
行中清, 몸은 깨끗함에 맞았고,
廢中權".[258] 폐함[벼슬하지 않음]은 권도에 맞았다."

"我則異於是, "나는 이와 달라서
無可無不可."[259] 가한 것도 없고 불가한 것도 없다."

子曰: 공자는 말하였다.
"弗乎弗乎, "그건 아니도다! 그건 아니도다!
君子病沒世而名不稱焉. 군자는 종신토록 이름이 일컬어지지 못함을 근심한다.
吾道不行矣, 나의 도가 행하여지지 않으면
吾何以自見於後世哉?" 내가 어찌 스스로 후세에 드러내겠는가?"
乃因史記作春秋, 이에 (노나라) 역사에 의거해 『춘추』를 지었는데

---

256 **집해** 정현은 말하였다. "그 자기를 곧게 하는 마음으로 범용한 임금의 조정에 들어가지 않은 것을 말한다."

257 **집해** 포씨는 말하였다. "방(放)은 두는 것이다. 세상의 일을 내버려두고 다시 말하지 않는 것이다."

258 **집해** 마융은 말하였다. "청(清)은 순결한 것이다. 난세를 만나 스스로 폐기하여 환란을 면하여 권도에 맞는 것이다."

259 **집해** 마융은 말하였다 "반드시 나아가지도 않고 또한 반드시 물러나지도 않는다. 다만 의가 있는 곳일 뿐이다."

上至隱公, 위로는 은공에까지 이르고

下訖哀公十四年, 아래로는 애공 14년에서 그치니

十二公. 12공이다.

據魯, 노에 의거하고

親周,[260] 주를 종주로 하고

故殷, 은을 참고하여

運之三代.[261] 삼대를 이었다.

約其文辭而指博. 그 문사는 간략하지만 가리키는 것은 넓다.

故吳楚之君自稱王, 그러므로 오와 초의 임금은 스스로 왕이라 일컬었지만

而春秋貶之曰"子"; 『춘추』에서는 그들을 낮추어 "자"라고 하였으며,

踐土之會實召周天子, 천토의 회맹에서 실은 주천자를 불렀지만

而春秋諱之曰"天王狩於河陽" 『춘추』에서는 꺼려 "천자가 하양에서 사냥하였다."라 하였다.

推此類以繩當世. 이런 것들을 미루어 당세의 법도로 삼았다.

貶損之義, 깎아내리고 덜어내는 뜻은

後有王者舉而開之. 후세의 통치자들이 들어 열게 하는 것이다.

春秋之義行, 『춘추』의 대의가 행하여지면

則天下亂臣賊子懼焉. 천하의 난신적자들이 두려워할 것이다.

孔子在位聽訟, 공자는 지위에 있을 때 소송을 심리하면서

---

260 색은 부자가 『춘추』를 지음에 노가 주가 되므로 노에 의거하였다고 하였다. 친주(親周)는 아마 공자 당시 주는 이미 쇠미해졌는데 주왕을 가까이 한 것은 천하에 종주가 있음을 나타낸 것이다.

261 정의 은(殷)은 중간에 처해 있다. 또한 중도에서 하, 은, 주의 일을 운용하는 것이다.

文辭有可與人共者,	문사가 다른 사람과 함께 의논할 것이 있으면
弗獨有也.	홀로 처리하지 않았다.
至於爲春秋,	『춘추』를 지을 때는
筆則筆,	기록할 것은 기록하고
削則削,	삭제할 것은 삭제하여
子夏之徒不能贊一辭.	자하의 무리가 한 글자도 거들 수가 없었다.
弟子受春秋,	제자들이 『춘추』를 배우게 되자
孔子曰:	공자는 말하였다.
"後世知丘者以春秋,	"후세에 나를 알아주는 것은 『춘추』 때문일 것이며
而罪丘者亦以春秋."[262]	나를 치죄하는 것도 또한 『춘추』 때문일 것이다."

明歲,	이듬해에
子路死於衞.	자로가 위에서 죽었다.
孔子病,	공자가 병들자
子貢請見.	자공이 뵙기를 청하였다.
孔子方負杖逍遙於門,	공자는 바야흐로 지팡이를 짚고 문 앞을 거닐다가
曰:	말하였다.
"賜,	"사야,
汝來何其晚也?"	네가 오는 것이 왜 이렇게 늦었느냐?"
孔子因歎,	공자는 이어서 탄식하면서
歌曰:	노래하였다.

262 **집해** 유희(劉熙)가 말하였다. "지(知)는 요순(堯舜)의 도를 행하는 것이다. 죄(罪)는 왕공(王公)의 지위에 있으면서 지극히 폄억(貶抑)을 당하는 것이다."

“太山壞乎![263]	“태산이 무너지도다!
梁柱摧乎!	들보가 꺾이는도다!
哲人萎乎!”[264]	철인이 사위어 가는도다!”
因以涕下.	이어서 눈물을 흘렸다.
謂子貢曰:	자공에게 말하였다.
“天下無道久矣,	“천하가 무도해진 지 오래되어
莫能宗予.[265]	아무도 나를 따르지 않는다.
夏人殯於東階,	하 사람은 섬돌의 동쪽에 빈을 하고
周人於西階,	주 사람은 섬돌의 서쪽에 빈을 하였으며
殷人兩柱閒.	은 사람은 두 기둥 사이에 하였다.
昨暮予夢坐奠兩柱之閒,	어제 저녁에 나는 두 기둥 사이에서 제사 받는 꿈을 꾸었다.
予始殷人也.”	나의 시조는 은 사람이다.”
後七日卒.[266]	이레 뒤에 죽었다.

263 집해 정현은 말하였다. “태산은 뭇 산이 우러르는 것이다.”

264 집해 왕숙은 말하였다. “위(萎)는 멈추는 것이다.”

265 집해 왕숙은 말하였다. “도가 행하여지지 않음을 슬퍼한 것이다.”

266 집해 정현은 말하였다. “성인이 명을 안 것을 밝힌 것이다.” 정의 『괄지지』에서는 말하였다. “한(漢)에서는 부자의 12세손 충(忠)을 포성후(褒成侯)에 봉하였다. 광(光)을 낳았는데 승상이 되었으며 후에 봉하여졌다. 평제(平帝)는 공패(孔霸)의 손자 망(莽)을 2천호에 봉하고 포성후로 삼았다. 후한에서는 17세손 지(志)를 포성후에 봉하였다. 위(魏)에서는 22세손 선(羨)을 숭성후(崇聖侯)에 봉하였다. 진(晉)에서는 23세손 진(震)을 봉성정후(奉聖亭侯)에 봉하였다. 후위(後魏)에서는 27세손을 숭성대부(崇聖大夫)에 봉하였다. 효문제(孝文帝)는 또한 31세손 진(珍)을 숭성후(崇聖侯)에 봉하였으며, 고제(高齊)는 공성후(恭聖侯)로 바꾸어 봉하였고, 주무제(周武帝)는 추국공(鄒國公)으로 바꾸어 봉하였다. 수문제(隋文帝)는 옛 직함 그대로 추국공에 봉하였고, 양제(煬帝)는 소성후(紹聖侯)로 바꾸어 봉하였다. 황당(皇唐)은 2천호의 부세를 면제해주었으며, 공자의 아득한 후손 공덕륜(孔德倫)을 포성후에 봉하였다.”

孔子年七十三,

공자는 향년이 73세로

以魯哀公十六年四月己丑卒.[267]

노애공 16년 4월 기축일에 죽었다.

哀公誄之曰:

애공이 제문을 지어 말하였다.

“旻天不弔,

“하늘이 나를 불쌍히 여기지 않아

不憖遺一老,[268]

나라의 원로를 조금 더 세상에 남겨두지 않고

俾屏余一人以在位,

나 한 사람을 도와 임금 자리에 있게 하지 않아

煢煢余在疚.[269]

외롭고 근심되어 내 병들었다네.

嗚呼哀哉!

아아, 슬프도다!

尼父,

이보는

毋自律!”[270]

스스로 법도에 얽매이지 않으리라!”

子貢曰:

자공이 말하였다.

“君其不沒於魯乎!

“임금은 노에서 제 명대로 살지 못할 것이다!

夫子之言曰:

선생님께서 말씀하셨다.

‘禮失則昏,

‘예를 잃으면 어두워지고

名失則愆.

명분을 잃으면 허물이 생긴다.

失志爲昏,

뜻을 잃은 것이 어두운 것이며

---

267 **색은** 공자가 노양공 21년에 태어났다면 애공 16년은 73세가 되며, 양공 22년에 태어났다면 공자의 나이는 72세가 된다. 경전(經傳)에서 태어난 해를 정하지 않아 공자의 향년이 명확하지 않게 되었다.

268 **집해** 왕숙은 말하였다. “조(弔)는 훌륭한 것이다. 은(憖)은 또한이다. 일로(一老)는 공자를 이른다.”

269 **집해** 왕숙은 말하였다. “구(疚)는 병이다.”

270 **집해** 왕숙은 말하였다. “보(父)는 장부(丈夫)를 기리는 칭호이다. 율(律)은 법이다. 자신을 법도로 삼지 않는 것을 말한다.”

失所爲愆.'[271]	타당함을 잃은 것이 허물이다.'
生不能用,	살아 있을 때는 등용을 할 수 없었는데
死而誄之,	죽어서 제문을 짓는 것은
非禮也.	예가 아니다.
稱'余一人',	'나 한 사람'이라 하였으니
非名也."[272]	명분이 바르지 않다."

孔子葬魯城北泗上,[273]	공자는 노성의 북쪽 사수 가에 묻혔는데
弟子皆服三年.	제자들은 모두 3년간 복상했다.
三年心喪畢,	3년의 심상을 끝내고
相訣而去,[274]	이별하여 떠났는데
則哭,	곡을 하여
各復盡哀;	각자 다시 애도의 뜻을 다하고

271 **색은** 예를 잃는 것이 혼(昏)이며, 있을 곳을 잃는 것이 건(愆)이다. 『좌전』 및 『가어』에서는 모두 "뜻을 잃는 것이 혼이고, 예를 잃는 것이 건이다.(失志爲昏, 失禮爲愆)"라 하여 이곳과 다르다.

272 **집해** 복건은 말하였다. "천자가 스스로 '일인(一人)'이라 일컫는데, 제후에 합당한 이름이 아니다."

273 **집해** 『황람(皇覽)』에서는 말하였다. "공자의 무덤은 성에서 1리 떨어져 있다. 무덤은 백 무(畝)이며, 무덤은 남북으로 너비가 10보, 동서로 13보, 높이는 1장 2척이다. 무덤 앞은 벽돌로 제단을 쌓았는데, 6평방 척으로 땅과 평평하다. 본래는 사당(祠堂)이 없었다. 무덤에는 나무 백 그루를 심었는데 품종이 모두 다르며 노 사람들은 대대로 그 나무의 이름을 붙일 수 없었다. 백성들이 전하여 말하기를 '공자의 제자들은 나라가 다른 사람들이라 각기 그 지방의 나무를 가지고 와서 심었다'라 하였다. 그 나무는 작(柞)과 분(枌), 각리(雒離), 안귀(安貴), 오미(五味), 참단(毚檀) 같은 나무이다. 공자의 무덤에는 가시 및 사람을 찌르는 풀은 나지 않았다." **색은** 雒離의 음은 각리(各離) 또는 낙려(落藜)이다. 여(藜)는 풀 이름이다. 안귀(安貴)는 향(香)의 이름으로, 서역에서 난다. 오미(五味)는 약초이다. 毚의 음은 참(讒)이다. 참단(毚檀)은 단수(檀樹)의 별종(別種)이다.

274 **색은** 訣의 음은 결(決)이다. 결(訣)은 헤어지는 것이다.

或復留.
혹자는 다시 머물렀다.

唯子贛廬於冢上,[275]
자공만이 무덤 가에 여막을 짓고

凡六年,
모두 6년을 머무른

然後去.
다음에 떠났다.

弟子及魯人往從冢而家者百有餘室,
제자 및 노의 사람들이 무덤을 따라 집을 지은 것이 백여 가구여서

因命曰孔里.
이에 공리라 명명하였다.

魯世世相傳以歲時奉祠孔子冢,
노는 대대로 전해가며 세시에 공자의 무덤에 제사를 올렸으며

而諸儒亦講禮鄉飮大射於孔子冢.
유생들 또한 공자의 무덤(가)에서 예를 강습하고 향음주례와 활쏘기를 하였다.

孔子冢大一頃.
공자의 무덤은 크기가 1경이었다.

故所居堂弟子內,
옛날 공자가 살던 집의 자제들이 쓰던 내실은

後世因廟藏孔子衣冠琴車書,[276]
훗날 그대로 사당이 되어 공자의 의관과 금, 수레, 책을 비치하였는데

至于漢二百餘年不絕.
한에 이르기까지 2백여 년 동안 끊이질 않았다.

高皇帝過魯,
고황제께서 노에 들러

以太牢祠焉.
태뢰로 제사를 지냈다.

---

275 **색은** 『가어』에는 "상(上)" 자가 없다. 또한 『예(禮)』에서 말하기를 "무덤에 갈 때는 언덕을 오르지 않는다"라 하였으니, 어찌 무덤 위에 여막을 지을 수 있겠는가? 아마 "상(上)"이라는 것은 또한 곁이라는 뜻일 것이다.

276 **색은** 공자가 거처하던 당을 말하며, 제자 가운데 누가 공자가 죽은 후 후대에 사당에 부자가 평소에 쓰던 옷과 관(冠), 금(琴)과 책을 수당(壽堂)에 갈무리하였다.

諸侯卿相至,	제후와 경상이 이르면
常先謁然後從政.	늘 먼저 알현을 한 후에 정사에 임하였다.
孔子生鯉,	공자는 이를 낳았는데
字伯魚.[277]	자가 백어이다.
伯魚年五十,	백어는 향년이 50세로
先孔子死.[278]	공자보다 먼저 죽었다.
伯魚生伋,	백어는 급을 낳았는데
字子思,	자가 자사이며
年六十二.	향년 62세였다.
嘗困於宋.	송에서 곤경을 겪은 적이 있다.
子思作中庸.[279]	자사는 『중용』을 지었다.
子思生白,	자사는 백을 낳았는데
字子上,	자가 자상이며
年四十七.	향년 47세이다.
子上生求,	자상은 구를 낳았는데

---

277 **색은** 『가어』공자는 19세 때 송 병관(幷官) 씨의 딸을 아내로 맞아 1년 만에 백어를 낳았다. 백어가 태어났을 때 노소공(魯昭公)이 사람을 시켜 잉어를 보내었다. 부자는 임금이 내린 것을 영광스럽게 여겨 이들의 이름으로 삼았다. **역주** 곳에 따라 공자의 아내가 기관(丌官 혹은 亓官) 씨의 딸이라고도 하는데 모두 자형이 비슷한 데서 말미암은 것이다.

278 **집해** 『황람』에서는 말하였다. "백어의 무덤은 공자의 무덤 동쪽에 있으며 공자와 나란하고 크고 작게 서로 바라보고 있다."

279 **집해** 『황람』에서는 말하였다. "자사의 무덤은 공자의 무덤 남쪽에 있으며 크고 작게 서로 바라보고 있다."

字子家,	자가 자가이며
年四十五.	향년 45세이다.
子家生箕,	자가는 기를 낳았는데
字子京,	자가 자경이며
年四十六.	향년 46세이다.
子京生穿,	자경은 천을 낳았는데
字子高,	자가 자고이며
年五十一.	향년 51세이다.
子高生子慎,	자고는 자신을 낳았는데
年五十七,	향년 57세로
嘗爲魏相.	위의 재상을 지낸 적이 있었다.
子慎生鮒,	자신은 부를 낳았는데
年五十七,	향년이 57세이며
爲陳王涉博士,	진왕 섭의 박사로
死於陳下.	진하에서 죽었다.
鮒弟子襄,	부의 아우는 자양인데
年五十七.	향년 57세이다.
嘗爲孝惠皇帝博士,	효혜황제의 박사가 되었었다가
遷爲長沙太守.	장사태수로 옮겼다.
長九尺六寸.	신장이 9척 6촌이었다.
子襄生忠,	자양은 충을 낳았는데
年五十七.	향년이 57세였다.

忠生武,	충은 무를 낳고
武生延年及安國.	무는 연년 및 안국을 낳았다.
安國爲今皇帝博士,	안국은 지금 황제의 박사로
至臨淮太守,	임회태수까지 이르렀으나
蚤卒.	일찍 죽었다.
安國生卬,	안국은 앙을 낳았고
卬生驩.	앙은 환을 낳았다.
太史公曰:	태사공은 말한다.
詩有之:	『시』에 이런 말이 있다.
"高山仰止,	"높은 산 우러르고,
景行行止."	큰 길 간다."
雖不能至,	비록 이를 수는 없지만
然心鄕往之.	마음은 향하여 간다.
余讀孔氏書,	내 공 씨의 책을 읽고
想見其爲人.	그 사람됨을 생각하였다.
適魯,	노에 가서
觀仲尼廟堂車服禮器,	중니 묘당의 수레와 의복, 예기며
諸生以時習禮其家,	유생들이 때맞춰 그 집에서 예를 익히는 것을 보고
余祗迴留之不能去云.[280]	나는 공경하여 서성거리며 머물러 떠날 수가 없었다.
天下君王至于賢人衆矣,	천하에는 군왕에서 현인까지 사람이 많은데

280 색은 지(祗)는 공경하는 것이다. 공경하여 서성거리며 떠날 수가 없는 것을 말한다. 어떤 판본에는 또한 "저회(低回)"로 되어 있는데 뜻이 또한 통한다.

當時則榮,	(살았을) 당시에는 영화를 누렸으나
沒則已焉.	죽고 나면 그뿐이었다.
孔子布衣,	공자는 평민이었으나
傳十餘世,	10여 세가 전하여지도록
學者宗之.	학자들이 종주로 삼는다.
自天子王侯,	천자와 왕후에서
中國言六藝者折中於夫子,[281]	중국의 육예를 말하는 자까지 부자를 판단의 기준으로 삼으니
可謂至聖矣!	지극히 성스럽다 하겠다.

색은술찬索隱述贊 공자의 세계(世系)는, 상국에서 나왔다. 불보하는 양위할 수 있었고, 정고보는 명문을 새겼다. 방숙이 도망쳐오자, 추의 사람들이 발길을 끌었다. 이구산에서 성인이 탄생하였고, 궐리에서는 덕을 낳았다. 70제자가 당에 오르니, 사방에서 법도로 삼았다. 소정묘를 양관에서 죽였고, 협곡에서 상의 임무를 섭행했다. 봉황 노래하니 갑자기 쇠하였던가! 기린 눈물 흘림 어찌 그리 재촉하는가! 구류가 거울로 우러르니, 만고에서 자취 흠모하는구나.

孔子之胄, 出于商國. 弗父能讓, 正考銘勒. 防叔來奔, 鄒人掎足. 尼丘誕聖, 闕里生德. 七十升堂, 四方取則. 卯誅兩觀, 攝相夾谷. 歌鳳遽衰, 泣麟何促! 九流仰鏡, 萬古欽躅.

---

281 **색은** 「이소(離騷)」에서는 말하기를 "오제를 밝혀 중도에 맞추었다(明五帝以折中)"라 하였다. 왕사숙(王師叔)은 말하였다. "절중(折中)은 바른 것이다." 송균(宋均)은 말하였다. "절(折)은 판단하는 것이다. 중(中)은, 합당한 것이다." 그 사물을 절단하여 쓰려는데 법도와 서로 맞으므로 그 말을 가지고 판단의 기준을 삼은 것이다. **역주** 지금의 「이소」에는 절중(節中)으로 되어 있다.

18 진섭 세가陳涉世家[1]

陳勝者,	진승은
陽城人也,[2]	양성 사람으로
字涉.	자가 섭이다.
吳廣者,	오광은
陽夏人也,[3]	양가 사람으로
字叔.	자가 숙이다.
陳涉少時,	진섭이 어렸을 때
嘗與人傭耕,[4]	남의 품을 팔아 농사를 지어준 적이 있는데

1 **색은索隱** 승(勝)은 즉위한 지 몇 달 만에 죽고 후사도 없는데 또한 "계가(系家)"로 일컬은 것은 그가 보낸 왕후장상(王侯將相)이 마침내 진(秦)을 멸하여 그 일을 처음으로 시작하였기 때문이다.

2 **색은** 위소(韋昭)는 영천(潁川)에 속한다고 하였고, 「지리지(地理志)」에서는 여남(汝南)에 속한다고 하였다. 같지 않은 것은 군현(郡縣)의 이름이 시대에 따라 분할되었기 때문이다. 대체로 양성(陽城)은 옛날에 여남에 속하였으며, (史遷은 말하기를) 지금은 여음(汝陰)이라 하였고, 나중에는 또한 영천에 나누어져 예속되었는데, 위소가 이를 근거로 말하였기 때문에 같지 않게 되었다. 다른 것도 모두 이와 같다. **정의正義** 곧 하남(河南) 양성현(陽城縣)이다.

3 **색은** '夏'의 음은 가(賈)이다. 위소는 말하였다. "회양현(淮陽縣)은 나중에 진(陳)에 속하였다." **정의** 괄지지(括地志)에서는 말하였다. "진주(陳州) 태강현(太康縣)은 본래 한양(漢陽) 가현(夏縣)이다."

4 **색은** 『광아(廣雅)』에서는 말하였다. "용(傭)은 역(役)이다." 힘쓰는 일을 해주고 삯을 받는 것이다.

輟耕之壟上,	밭이랑의 끝에서 농사를 잠시 멈추고
悵恨久之,	한참을 슬피 한탄하며
曰:	말하였다.
"苟富貴,	"부귀해지더라도
無相忘."	서로 잊지 말자."
庸者笑而應曰:	삯꾼들이 웃으면서 대꾸하였다.
"若爲庸耕,	"네 품 팔아 농사나 지어주면서
何富貴也?"	부귀가 무어야?"
陳涉太息曰:	진섭이 한숨을 쉬면서 말하였다.
"嗟乎,	"아아!
燕雀安知鴻鵠之志哉!"[5]	제비와 참새가 홍곡의 뜻을 어찌 알겠는가!"

二世元年七月,	2세 원년 7월에
發閭左[6]適漁陽,[7]	여좌의 사람들을 징발하여 어양으로 보내게 되었는데

5 **색은** 『시자(尸子)』에서는 말하기를 "홍곡(鴻鵠)의 곡(鷲)은 깃과 날개가 아직 합쳐지지 않아도 천하를 날 마음이 있다."라 하였다. 홍곡은 하나의 새로 봉황처럼 생겼으며, 홍안(鴻鴈)과 황곡(黃鵠)을 이르는 것이 아니다. '鵠'의 이름은 혹(戶酷反)이다.

6 **색은** 여좌(閭左)는 여리(閭里)의 왼쪽에 거주하는 것이다. 진(秦) 때 부역이 면제된 자들은 여리의 왼쪽에 거주하였다. 지금 노역자들 가운데 무릇 여리의 왼쪽에 거주하는 자들을 모두 징발한 것이다. 또한 말하기를 무릇 거주하는데 부강한 자들은 오른쪽에 빈약한 자들은 왼쪽에 있었다고 한다. 진은 요역과 수자리 서는 일이 많아 부자들을 모두 징발하고 아울러 빈약한 자들까지 함께 취한 것이다.

7 **색은** '適'의 음은 적(直革反)이고, 또한 책(磔)이라고도 한다. 『한서(漢書)』에는 일곱 가지 과적(科適: 곧 科謫)이 있다. 수(戍)는 군사를 주둔시켜 지키는 것이다. 「지리지」에 의하면 어양(漁陽)은 현의 이름이며, 어양군(漁陽郡)에 있다. **정의** 『괄지지』에서는 말하였다. "어양(漁陽)의 옛 성은 단주(檀州) 밀운현(密雲縣) 남쪽 18리 지점에 있으며, 어수(漁水)의 북쪽에 있다."

九百人屯大澤鄕.[8]	9백 명이 대택향에서 둔을 쳤다.
陳勝·吳廣皆次當行,	진승과 오광은 모두 차례대로 가야 했는데
爲屯長.	둔장이 되었다.
會天大雨,	마침 하늘에서 큰 비가 내려
道不通,	길이 통하지 않게 되어
度已失期.	헤아려보니 이미 기한을 놓쳤다.
失期,	기한을 놓치면
法皆斬.	법에 따라 모두 참수되었다.
陳勝·吳廣乃謀曰:	진승과 오광은 이에 모의하여 말하였다.
"今亡亦死,	"지금 도망을 쳐도 죽고
擧大計亦死,	큰 모략을 일으켜도 죽는다면
等死,	죽기는 마찬가지인데
死國可乎?"[9]	나라를 위해 죽는 것이 되겠는가?"
陳勝曰:	진승이 말하였다.
"天下苦秦久矣.	"천하가 진을 괴로워한 지 오래되었다.
吾聞二世少子也,[10]	내가 듣자 하니 2세는 작은 아들로
不當立,	즉위하지 않아야 했고
當立者乃公子扶蘇.	즉위해야 할 사람은 바로 공자 부소라고 하였다.
扶蘇以數諫故,	부소는 수차례 간언했기 때문에

8 집해集解 서광(徐廣)은 말하였다. "패군(沛郡) 기현(蘄縣)에 있다."

9 색은 나라를 경영하고 도모하고자 하여 이루지 못하고 패하더라도 오히려 수졸(戍卒)로 죽는 것보다는 낫다는 말이다.

10 색은 요 씨(姚氏)는 은사(隱士)가 장함(章邯)에게 보낸 편지에서 "이사(李斯)는 2세를 위해 17형을 폐하고 지금 왕으로 옹립했다."라 한 것에 의거하여 2세는 시황(始皇)의 열여덟 번째 아들이라고 하였다.

上使外將兵.	상이 외지로 보내어 군사를 거느리게 하였다.
今或聞無罪,	지금 혹 듣자니 죄가 없는데
二世殺之.	2세가 죽였다고 한다.
百姓多聞其賢,	백성들은 거의 그가 현명하다고 알고 있는데
未知其死也.[11]	죽었는지 아직 알지 못한다.
項燕爲楚將,	항연은 초의 장수로
數有功,	수차례 공을 세우고
愛士卒,	사졸을 사랑하여
楚人憐之.	초의 사람들이 그를 불쌍히 여겼다.
或以爲死,	어떤 사람은 죽었다고 생각하였고
或以爲亡.	어떤 사람은 도망쳤다고 생각하였다.
今誠以吾衆詐自稱公子扶蘇·項燕,	지금 실로 우리 무리를 가지고 공자 부소와 항연으로 사칭하여
爲天下唱,[12]	천하에서 먼저 의거를 일으키면
宜多應者."	향응하는 자들이 많을 것이다."
吳廣以爲然.	오광은 그렇다고 생각하여
乃行卜.[13]	이에 점을 쳐보았다.

11 색은 여순(如淳)은 말하기를 "부소(扶蘇)는 자살하였으므로 사람들은 그가 죽은 줄을 몰랐다."라 하였다. 혹자는 말하기를 어디서 죽었는지 알지 못하였으므로 천하에서는 2세가 죽였다고 원망한 것이라 하였는데 그 뜻 또한 제대로 봤다. 여기서는 문장에 의하여 해석을 해야 하는데 바로 부소가 2세에게 살해되었으며 백성이 아직 알지 못하였으므로 스스로 사칭하고자 한 것이다.

12 색은 『한서』에는 "창(倡)"으로 되어 있으며, 창(倡)은 먼저를 이른다. 『설문(說文)』에서는 말하였다. "창(倡)은 수(首)이다."

13 색은 행(行)은 선(先)이다. 어떤 사람은 행(行)은 가는 것이라 하였다.

卜者知其指意,	점쟁이가 그들의 의향을 알고
曰:	말하였다.
“足下事皆成,	“족하의 일은 모두 성공하고
有功.	공을 세울 것입니다.
然足下卜之鬼乎!”[14]	그러나 족하는 귀신에게 점을 보아야 할 것입니다!”
陳勝·吳廣喜,	진승과 오광은 기뻐하면서
念鬼,[15]	귀신을 생각하며
曰:	말하였다.
“此教我先威衆耳.”	“이는 나에게 먼저 대중에게 위엄을 보이라는 것일 따름이다.”
乃丹書帛曰“陳勝王”,	이에 비단에 붉은 글씨로 “진승왕”이라 써서
置人所罾魚腹中.[16]	사람이 그물로 잡은 물고기 뱃속에 넣어두게 했다.
卒買魚烹食,	수졸(戍卒)들이 물고기를 사서 삶아 먹다가
得魚腹中書,	물고기 뱃속의 글자를 얻고는
固以怪之矣.	실로 괴이히 여겼다.

14 **집해** 소림(蘇林)은 말하였다. “바로 여우가 사당에서 울었다는 말 같은 것이다.” 찬(瓚)은 말하였다. “귀신을 가탁하여 대중에게 위엄을 보이는 것이므로 진승과 오광이 말하기를 ‘이는 나더러 대중에게 위엄을 보이라는 것이다’.라 하였다.” **색은** 배인(裴駰)의 주에서는 소림과 신찬(臣瓚)의 뜻을 인용하였는데 또한 타당할 것이다. 그러나 이기(李奇)는 또한 “점쟁이가 타이르기를 ‘점친 일이 비록 이루어지긴 하겠지만 죽어서 귀신이 될 것이다.’라 하여, 가리키는 것을 꺼려 물리쳐 말한 것인데 진승이 그 뜻을 놓치고 도리어 귀신이 괴이한 것을 일으키는데 기대었다.”라 하였는데, 아마 또한 본뜻을 터득한 것일 것이다.

15 **색은** 염(念)은 생각하는 것이다. 귀신의 일을 빌리고자 생각할 따름이라는 것이다.

16 **집해** 『한서음의(漢書音義)』에서는 말하였다. “‘罾’의 음은 증(曾)이다.” 문영(文穎)은 “증(罾)은 어망(魚網)이다.”라 하였다.

又閒令[17]吳廣之次所旁叢祠中,[18]
또한 몰래 오광이 머무는 곁에 있는 숲의 사당에서

夜篝火,[19]
밤에 대바구니에 불을 붙이고

狐鳴呼曰"大楚興,
여우가 우는 소리를 내면서 "대초가 흥기하고

陳勝王".
진승이 왕이 된다."라 외치게 하였다.

卒皆夜驚恐.
수졸들이 모두 밤새도록 놀라 두려워하였다.

旦日,
이튿날 아침

卒中往往語,
수졸들이 왕왕 말하면서

皆指目陳勝.
모두 진승을 지목하였다.

吳廣素愛人,
오광은 평소에 사람을 사랑하였는데

士卒多爲用者.
사졸들이 (그에게) 많이 쓰였다.

將尉[20]醉,
장위가 취하자

廣故數言欲亡,
오광은 일부러 여러 차례 도망치려 한다고 말하여

忿恚尉,
장위의 부아를 질러

---

17 색은 복건(服虔)은 말하였다. "'閒'의 음은 '중간(中閒)'의 '간(閒)'이다." 정 씨(鄭氏)는 말하기를 "간(閒)은 몰래 사람에게 행하게 한 것이다."라 하였다. 공문상(孔文祥)은 또 말하기를 "가만히 틈을 엿보게 하여 대중들이 알게 하지 못하게 하려는 것이다."

18 집해 장안(張晏)은 말하였다. "수인(戍人)이 멈추는 곳이다. 총(叢)은 귀신이 기대는 곳이다." 색은 차(次)는 군사가 머무는 곳이다. 『묵자(墨子)』에서는 "나라를 세우라면 반드시 나무가 크고 우거진 곳을 가려서 나무 신위(叢位)를 만든다."라 하였다. 고유(高誘)의 『전국책(戰國策)』 주에서는 "총사(叢祠)는 신사(神祠)이다. 총(叢)은 나무이다."라 하였다.

19 집해 서광은 말하였다. "'대(帶)'로 된 곳도 있다. 구(篝)는 바구니로, 음은 구(溝)이다." 색은 '篝'의 음은 구(溝)이다. 『한서』에는 "구(搆)"로 되어 있다. 곽박(郭璞)은 말하였다. "구(篝)는 바구니이다."

20 색은 관직이다. 『한서의(漢舊儀)』에서는 "큰 현에는 두 사람을 두는데, 그 위는 둔병 9백 명을 거느린다."라 하였으므로 장위(將尉)라 하였다.

令辱之,	그를 욕보이게 하여
以激怒其衆.	대중을 격노케 하였다.
尉果笞廣.	장위는 과연 오광을 매질하였다.
尉劍挺,[21]	장위가 검을 뽑자
廣起,	오광이 일어나
奪而殺尉.	빼앗아 장위를 죽였다.
陳勝佐之,	진승이 도와
并殺兩尉.	두 장위를 다 죽였다.
召令徒屬曰:	부하들을 불러 말하였다.
"公等遇雨,	"너희들은 비를 만나
皆已失期,	모두 이미 기한을 놓쳤는데
失期當斬.	기한을 놓치면 사형을 당한다.
藉弟令毋斬,[22]	죽지 않는다 하더라도
而戍死者固十六七.	변방에서 수자리를 서다가 죽는 것이 실로 열 가운데 예닐곱은 된다.

21 **집해** 서광은 말하였다. "정(挺)은 탈(脫)과 같다." **색은** 서광은 "정(挺)은 탈(奪)이라고 하였다." 탈(奪)은 곧 탈(脫)이다. 『설문』에서는 말하기를 "탈(挺)은 발(拔)이다."라 하였다. 위(尉)가 검을 뽑자 광(廣)이 이에 빼앗았으므로 위를 죽이게 된 것이다.

22 **집해** 복건은 말하였다. "자(藉)는 빌리는 것이다. 제(弟)는 차제(次弟)이다." 응소(應劭)는 말하였다. "적(藉)은 이사(吏士)의 명적(名藉)이다. 지금 기한을 잃으면 참수를 당해야 하는데 잠시 다행히 참수되지 않는다 하더라고 수자리를 서다가 죽는 것이 열 가운데 예닐곱이라는 것이다. 이는 대중을 격노하게 한 것이다." 소림은 말하였다. "제(弟)는 또한(且)이라는 뜻이다." **색은** 소림은 말하기를 "자제(藉第)는 가차(假借)이다. 설사 기한을 놓쳐 죽지 않아도 수자리를 서다가 죽는 것이 실로 열 가운데 예닐곱이다."라는 것이다. 그러나 제(弟)는 "차제(次第)"의 "제(第)"로도 읽는다. 또 소안(小顔: 顔師古)은 말하기를 "제(弟)는 다만이라는 뜻이다"라 하였고, 유 씨(劉氏)는 "'藉'의 음은 자(子夜反)이다."라 하였으며, 응소는 원래 글자의 뜻으로 읽어야 하며, "적(藉)은 이사(吏士)의 명적(名藉)이다."라 하였다. 각자 뜻으로 말하였는데, 소림의 설이 근접한다.

且壯士不死即已,	또한 장사가 죽지 않으면 그만이지만
死即擧大名耳,[23]	죽는다면 큰 이름을 남겨야 할 따름이니
王侯將相寧有種乎!"	왕후장상이 어찌 씨가 있겠느냐?"
徒屬皆曰:	부하들이 모두 말했다.
"敬受命."	"삼가 명을 받들겠습니다."
乃詐稱公子扶蘇·項燕,	이에 공자 부소와 항연을 사칭하였는데
從民欲也.	백성의 바람을 따른 것이다.
袒右,	오른 소매를 걷어 올리고
稱大楚.	대초라 일컬었다.
爲壇而盟,	단을 만들고 맹세하면서
祭以尉首.	장위의 머리를 가지고 제사를 지냈다.
陳勝自立爲將軍,	진승은 스스로 장군이 되고
吳廣爲都尉.	오광은 도위가 되었다.
攻大澤鄕,	대택향을 공격하여
收而攻蘄.[24]	(대택향의 사람을) 거두어 기를 공격하였다.
蘄下,[25]	기가 항복하자
乃令符離[26]人葛嬰將兵徇蘄[27]以東.	이에 부리의 사람 갈영으로 하여금 군사를 거느리고 기의 이동을 빼앗게 하였다.
攻銍·酇·苦·柘·譙皆下之.[28]	질과 찬, 고, 자, 초를 공격하여 모두 함락시켰다.

23 색은 대명(大名)은 큰 명칭을 이른다.

24 색은 음은 기(機) 또는 기(祈)로, 현의 이름이며 패군(沛郡)에 속한다.

25 색은 하(下)는 항복하는 것이다. 군사를 가지고 임하여 항복하는 것이다.

26 색은 위소는 말하였다. "패군(沛郡)에 속한다."

27 색은 이기는 말하였다. "순(徇)은 략(略)이라는 뜻이다. 음은 순(辭峻反)이다."

28 집해 서광은 말하였다. "고(苦)와 자(柘)는 진(陳)에 속하며, 나머지는 모두 패(沛)에 있다."

行收兵. 행군하면서 군사를 모았다.

比至陳,[29] 진에 이르렀을 무렵에는

車六七百乘, 병거가 육칠 백 승에

騎千餘, 기병이 천여 기,

卒數萬人. 보졸은 수만 명이었다.

攻陳,[30] 진을 공격할 때

陳守令皆不在,[31] 진의 수령은 남아 있지 않았고

獨守丞與戰譙門中.[32] 수승만이 초문에서 교전하였으나

弗勝, 이겨내지 못하고

守丞死, 수승이 죽자

乃入據陳. 곧 진으로 들어가 근거지로 삼았다.

數日, 며칠 만에

號令召三老·豪傑與皆來會計事.

호령하여 삼로와 호걸들을 불러 모두 와서 계책을 내는 일에 참여하게 하였다.

三老·豪傑皆曰: 삼로와 호걸들이 모두 말하였다.

"將軍身被堅執銳, "장군께선 몸에는 단단한 갑옷을 입고 (손에는) 예리한 무기를 잡고

---

29 색은 「지리지」에서 진현(陳縣)은 회양(淮陽)에 속한다.

30 정의 지금의 진주성(陳州城)이다. 본래 초양왕(楚襄王)이 쌓았으며, 옛 진국(陳國)의 성이다.

31 색은 장안은 "군수(郡守) 및 영(令)이 모두 있지 않았다"라 하였는데, 틀렸다.「지리지」에서 말하기를 진(秦)의 36군에는 모두 진군(陳郡)이 없으니 진(陳)은 그냥 현(縣)이다. 수령(守令)이라고 한 것에서 수(守)는 관직이 아니며, 아래의 수승(守丞)과 마찬가지이니 "개(皆)" 자는 모두 연자(衍字)이다.

32 색은 아마 진현(陳縣)의 성문일 것이며, 일명 여초(麗譙)라고도 하기 때문에 추문중(譙門中)이라고 하였으며 상초현(上譙縣)의 문이 아니다. 초현(譙縣)의 수가 이미 항복하여 끝났기 때문이다.

伐無道, 무도한 자를 치고

誅暴秦, 포악한 진을 죽여

復立楚國之社稷, 초국의 사직을 다시 세웠으니

功宜爲王." 공은 왕이 되어야 합니다.

陳涉乃立爲王, 진섭은 이에 왕으로 즉위하고

號爲張楚.[33] 장초라 불렀다.

當此時, 이때

諸郡縣苦秦吏者, 여러 군현의 진의 관리를 괴롭게 여기는 자들이

皆刑其長吏, 모두 그 장리를 처형하고

殺之以應陳涉. 죽이어 진섭에 향응하였다.

乃以吳叔爲假王, 이에 오숙을 가왕으로 삼아

監諸將以西擊滎陽. 장수들을 감독하여 서쪽 형양을 쳤다.

令陳人武臣·張耳·陳餘徇趙地, 진 사람 무신과 장이, 진여에게 조의 땅을 빼앗게 하였고

令汝陰人鄧宗徇九江郡. 여음 사람 등종에게 구강군을 빼앗게 했다.

當此時, 이때

楚兵數千人爲聚者, 초의 군사 수천 명이 모여들었는데

不可勝數. 이루 다 헤아릴 수 없었다.

葛嬰至東城,[34] 갈영이 동성에 이르러

---

33 색은 이기는 "초국(楚國)을 장대(張大)하게 하려 하였으므로 장초(張楚)라 일컬은 것이다."

34 색은 「지리지」에서 구강(九江)에 속한다. 정의 『괄지지』에서는 말하였다. "동성(東城)의 옛 성은 호주(濠州) 정원현(定遠縣) 동남쪽 50리 지점에 있다."

立襄彊爲楚王.	양강을 초왕으로 세웠다.
嬰後聞陳王已立,	갈영이 나중에 진왕이 이미 즉위하였다는 말을 듣고
因殺襄彊,	양강을 죽이고
還報.	돌아와 알렸다.
至陳,	진에 이르자
陳王誅殺葛嬰.	진왕은 갈영을 죽여버렸다.
陳王令魏人周市北徇魏地.	진왕은 위 사람 주시에게 북으로 위의 영토를 빼앗게 했다.
吳廣圍滎陽.	오광은 형양을 에워쌌다.
李由爲三川守,[35]	이유는 삼천의 군수로
守滎陽,	형양을 지켰는데
吳叔弗能下.	오숙이 함락시킬 수 없었다.
陳王徵國之豪傑與計,	진왕은 나라의 호걸을 불러 함께 계책을 세워
以上蔡人房君蔡賜爲上柱國.[36]	상채 사람 방군 채사를 상주국으로 삼았다.

周文,	주문은
陳之賢人也,[37]	진의 현자로

35 **색은** 삼천(三川)은 지금의 낙양(洛陽)이다. 지명에 이(伊)와 낙(洛), 하(河)가 있기 때문에 삼천(三川)이라고 한다. 진(秦)은 삼천(三川)이라 하였고, 한(漢)은 하남군(河南郡)이라고 하였다. 이유(李由)는 이사(李斯)의 아들이다.

36 **집해** 『한서음의』에서는 말하였다. "방군(房君)은 관직의 호칭이며, 성은 채(蔡)이고 이름은 사(賜)이다." 찬은 말하였다. "방읍군(房邑君)이다." **색은** 방(房)은 읍(邑)이다. 방에 작위를 내렸으므로 방군(房君)이라고 하며, 채(蔡)에서 그 성명을 내렸다. 진작(晉灼)은 「장이전(張耳傳)」에 의하여 "상국(相國) 방군(房君)"이라 하였는데 아마 틀렸을 것일 따름이다. 섭(涉)은 처음에는 초(楚)라 불렀는데 초에 주국(柱國)이란 관직이 있기 때문에 채사(蔡賜)의 관직으로 삼았다. 그때 처음 창시한 것일 것이며 또한 아직 상국이란 관직을 설치하지 않았다. **정의** 예주(豫州) 오방현(吳房縣)이며, 본래 방자국(房子國)이 봉해진 곳이다.

嘗爲項燕軍視日,[38] 항연군의 해 점을 봐준 적이 있고
事春申君, 춘신군을 섬겼는데
自言習兵, 스스로 군사에 익숙하다고 말하여
陳王與之將軍印, 진왕은 그에게 장군의 인장을 주고
西擊秦. 서쪽 진을 치게 했다.
行收兵至關, 행군을 하면서 군사를 모아 관에 이르렀는데
車千乘, 병거가 천 승에
卒數十萬, 군졸이 수십만이었다.
至戲, 희에 이르러
軍焉.[39] 주둔하였다.
秦令少府章邯免酈山徒·人奴產子生,[40]
진은 소부 장함에게 역산의 죄수와 노비의 몸에서 난 사람을 방면하게 하고
悉發以擊楚大軍, 모두 징발하여 초의 대군을 쳐서
盡敗之. 모두 무찔렀다.
周文敗, 주문은 패하여
走出關, 달아나 (함곡) 관을 나와
止次曹陽[41]二三月. 조양에서 두세 달을 머물렀다.

---

37 집해 문영은 말하였다. "곧 주장(周章)이다."

38 집해 여순은 말하였다. "일시와 길흉, 거동의 점을 본다. 사마계주(司馬季主)가 일자(日者)이다."

39 정의 곧 서울 동쪽의 희정(戲亭)이다.

40 집해 복건은 말하였다. "가인(家人)이 낳은 노비이다." 색은 『한서』에는 "생(生)" 자가 없으며 소안은 "지금의 가산노(家產奴)라는 말과 같다."라 하였다.

41 색은 진작은 말하였다. "정(亭) 이름으로, 홍농(弘農) 동쪽 12리 지점에 있다." 소안은 "조수(曹水)의 북쪽이다. 그 물은 섬현(陝縣) 서남쪽 현두산(峴頭山)에서 나와 북으로 흘러 황하로 흘러든다. 위무제(魏武帝)는 호양(好陽)이라 일렀다. 정의 『괄지지』에서는 말하였다. "조양(曹陽)의 옛 정(亭)은 또한 호양정(好陽亭)이라고도 하며 섬주(陝州) 도림현(桃林縣) 동남쪽

章邯追敗之,	장함이 추격하여 무찌르자
復走次澠池[42]十餘日.	다시 달아나 민지에서 열흘 남짓 머물렀다.
章邯擊,	장함이 공격하여
大破之.	크게 깨뜨렸다.
周文自剄,[43]	주문은 스스로 목을 쳐서 죽고
軍遂不戰.	군대는 마침내 싸우지 못했다.

武臣到邯鄲,	무신은 한단에 이르러
自立爲趙王,	스스로 조왕에 즉위하였으며
陳餘爲大將軍,	진여는 대장군이 되었고
張耳·召騷爲左右丞相.	장이와 소소는 좌우 승상이 되었다.
陳王怒,	진왕은 노하여
捕繫武臣等家室,	무신 등의 가솔들을 체포하여
欲誅之.	죽이려고 하였다.
柱國曰:	주국이 말하였다.
"秦未亡而誅趙王將相家屬,"	진이 아직 망하지 않았는데 조왕 장상의 가솔을 죽이면
此生一秦也.	이는 한 진을 살려주는 것입니다.
不如因而立之."	그대로 세워줌만 못합니다."

14리 지점에 있다. 최호(崔浩)는 '조양(曹陽)은 갱(阬)의 이름으로, 남쪽에서 나와서 북으로 황하와 통한다.'라 하였다. 위무제(魏武帝)가 호양(好陽)으로 (이름을) 바꾸었다."

42 **정의** 민지(澠池)는 바로 하남부현(河南府縣)이다.

43 **집해** 서광은 말하였다. "11월이다." **색은** 「조계가(越系家)」에 "구천(句踐)은 죄인들을 3열로 세우고 검을 목에 대고 '감히 형벌에서 도망가지 않겠다.'라 말하고 이에 스스로 목을 쳤다."라 하였다. 곽박의 주에서는 삼창(三蒼)에 대하여 주를 달고 목을 스스로 찌른 것이라고 하였다.

陳王乃遣使者賀趙,	진왕은 이에 사자를 보내어 조를 축하하고
而徙繫武臣等家屬宮中,	무신 등의 가솔을 궁중으로 옮기어 구류하고
而封耳子張敖爲成都君,[44]	장이의 아들 장오를 성도군에 봉하고
趣趙兵[45]亟入關.[46]	조의 군사에게 급히 (함곡) 관으로 들어가라고 재촉했다.
趙王將相相與謀曰:	조왕의 장상들이 서로 더불어 모의하여 말하였다.
"王王趙,	"왕께서 조의 왕이 된 것은
非楚意也.	초의 뜻이 아닙니다.
楚已誅秦,	초가 진을 멸하고 나면
必加兵於趙.	반드시 조에 군사로 공격을 가할 것입니다.
計莫如毋西兵,	계책으로는 서로 군사를 내지 말고
使使北徇燕地以自廣也.	사신을 북으로 보내어 연 땅을 빼앗아 스스로 넓힘만 못합니다.
趙南據大河,	조는 남으로는 대하에 의지하고
北有燕·代,	북으로는 연과 대가 있으니
楚雖勝秦,	초가 진을 이긴다고 하더라도
不敢制趙.	감히 조를 통제하지는 못할 것입니다.
若楚不勝秦,	초가 진을 이기지 못한다면
必重趙.	반드시 조를 중시할 것입니다.
趙乘秦之獘,	조가 진이 피폐해진 틈을 타면
可以得志於天下."	천하에서 뜻을 얻을 수 있습니다."
趙王以爲然,	조왕은 그럴 듯하게 여기고

44 **정의** 성도(成都)는 촉(蜀)의 군현으로 섭(涉)이 아득하게 봉하였다.

45 **색은** 앞의 글자는 음이 촉(促)이다. 촉(促)은 최촉(催促)하는 것을 이른다.

46 **색은** '亟'의 음은 극(棘)이다. 극(亟)은 급하다는 뜻이다.

因不西兵,
이에 서로 군사를 내지 않고

而遣故上谷卒史韓廣將兵北徇燕地.
옛 상곡의 졸사 한광을 보내어 군사를 거느리고 북으로 연의 영토를 빼앗게 하였다.

燕故貴人豪傑謂韓廣曰:
연의 옛 귀인 호걸이 한광에게 말하였다.

"楚已立王,
"초가 이미 왕을 세웠고

趙又已立王.
조가 또 이미 왕을 세웠습니다.

燕雖小,
연이 비록 작긴 하지만

亦萬乘之國也,
또한 만승의 나라이니

願將軍立爲燕王."
원컨대 장군께서 연왕으로 즉위하십시오."

韓廣曰:
한광이 말하였다.

"廣母在趙,
"저의 모친이 조에 있어서

不可."
안 됩니다."

燕人曰:
연 사람이 말하였다.

"趙方西憂秦,
"조는 바야흐로 서로는 진을 근심하고

南憂楚,
남으로는 초를 근심하여

其力不能禁我.
그 힘이 우리를 막을 수 없습니다.

且以楚之彊,
또한 초의 강함으로도

不敢害趙王將相之家,
조왕과 장상의 집안을 해칠 수 없는데

趙獨安敢害將軍之家!"
조가 홀로 어찌 감히 장군의 집안을 해치겠습니까!"

韓廣以爲然,
한광은 그렇다고 여기고

乃自立爲燕王.
곧 스스로 연왕에 즉위하였다.

居數月,
수개월 만에

趙奉燕王母及家屬歸之燕.
조는 삼가 연왕의 모친 및 가솔을 연으로 돌려보냈다.

當此之時,	이때
諸將之徇地者,	장수들 가운데 땅을 빼앗은 자는
不可勝數.	이루 셀 수 없었다.
周市北徇地至狄,[47]	주시는 북으로 땅을 빼앗아 적에 이르렀고
狄人田儋殺狄令,	적 사람 전담은 적령을 죽이고
自立爲齊王,	스스로 제왕으로 즉위하여
以齊反擊周市.	제를 가지고 주시에게 반격하였다.
市軍散,	주시의 군사는 패하여
還至魏地,	위 땅으로 돌아와
欲立魏後故甯陵[48]君咎爲魏王.[49]	위의 후손인 옛 영릉군 구를 위왕으로 옹립하려 했다.
時咎在陳王所,	당시 구는 진왕이 있는 곳에 있어
不得之魏.	위로 가지 못하였다.
魏地已定,	위의 영토가 안정되자
欲相與立周市爲魏王,	서로 주시를 위왕으로 세우려 하였는데
周市不肯.	주시는 기꺼워하지 않았다.
使者五反,	사자가 다섯 번을 돌아가서야
陳王乃立甯陵君咎爲魏王,	진왕은 이에 영릉군 구를 위왕으로 세우고
遣之國.	나라로 보내 주었다.

47 **집해** 서광은 말하였다. "지금의 임제(臨濟)이다."

48 **색은** 진작은 "지금의 양국(梁國)에 있다."라 하였다. 지금의 양국에는 영릉현(寧陵縣)이 있는데 글자가 다르게 바뀌었을 뿐이다. **정의** 『괄지지』에서는 말하였다. "송주(宋州)의 영릉현성(寧陵縣城)은 옛 영릉성(甯陵城)이다."

49 **집해** 응소가 말하였다. "위(魏)의 제공자(諸公子)로 이름이 구(咎)이다. 육국의 후손을 세워서 당파를 수립하려는 것이다."

周市卒爲相.	주시는 마침내 상이 되었다.
將軍田臧等相與謀曰:	장군 전장 등이 서로 모의하여 말하였다.
“周章軍已破矣,	“주장의 군사는 이미 깨어졌으며
秦兵旦暮至,	진의 군사가 조만간 이를 것이고,
我圍滎陽城弗能下,	우리는 형양성을 에워쌌으나 함락을 시킬 수가 없으니
秦軍至,	진의 군사가 이르면
必大敗.	반드시 크게 패할 것이오.
不如少遺兵,[50]	군사를 조금만 남겨두어
足以守(熒)[滎]陽,	충분히 형양을 지키게 하면서
悉精兵迎秦軍.	정예병을 다하여 진의 군사를 맞이함만 못합니다.
今假王驕,	지금 가왕은 교만하고
不知兵權,	용병을 알지 못하니
不可與計,	함께 계책을 세울 수 없어
非誅之,	죽이지 않으면
事恐敗.”	일을 그르치게 될 것이오.”
因相與矯王令以誅吳叔,	이에 서로 왕명이라 속여서 오숙을 죽이고
獻其首於陳王.	그 머리를 진왕에게 바쳤다.
陳王使使賜田臧楚令尹印,	진왕은 사자를 보내어 전장에게 초의 영윤 인장을 내리고
使爲上將.	상장으로 삼았다.

50 **색은** 유(遺)는 남겨두는 것을 말한다.

田臧乃使諸將李歸等守滎陽城,	전장은 이에 이귀 등의 장수로 하여금 형양성을 지키게 하고
自以精兵西迎秦軍於敖倉.	스스로 정예병을 가지고 서로 오창에서 진의 군사를 맞았다.
與戰,	교전 중에
田臧死,	전장은 죽고
軍破.	군사는 격파되었다.
章邯進兵擊李歸等滎陽下,	장함은 군사를 몰아 형양의 아래에서 이귀 등을 쳐서
破之,	격파하였으며
李歸等死.	이귀 등은 죽었다.

陽城人鄧說[51]將兵居郯,[52]	양성 사람 등열이 군사를 거느리고 담에 있었는데
章邯別將擊破之,	장함의 별장이 격파하자
鄧說軍散走陳.	등열의 군사는 흩어져 진으로 달아났다.

---

51 색은 「지리지」에 의하면 양성현(陽城縣) 영천(潁川)에 속한다. '說'의 음은 열(悅)이며, 무릇 인명은 모두 음이 열(悅)이다.

52 색은 음은 담(談)이다. 소안은 "동해(東海)의 현 이름"이라 하였는데 틀렸다. 장함(章邯)의 군사는 이때 아직 동해에 이르지도 않았으니 이 담은 별도의 지명이다. 혹자는 "담(郯)"을 "겹(郟)"으로 보아야 한다고 했으며, 겹(郟)은 겹욕(郟鄏)의 땅이라 하였는데, 아래에 동해(東海)의 담(郯)이 보이므로 틀렸다. 정의 해주(海州)에 속하며, "담(郯)"은 "겹(郟)"이 되어야 할 것이며, 음은 겹(紀洽反)이다. 겹(郟)은 곧 춘추 때 겹(郟)의 땅으로 초(楚)의 겹오(郟敖)를 장사지냈으며, 바로 지금의 여주(汝州) 겹성현(郟城縣)이다. 등열(鄧悅)은 양성(陽城) 사람이며, 양성은 하남부(河南府)의 현으로 겹성현(郟城縣)과 서로 가까우며 또한 진(陳)으로 달아났으니 "겹(郟)" 자가 잘못 "담(郯)"이 되었을 따름이다.

銍人伍徐[53]將兵居許,[54]	질의 사람 오서는 군사를 거느리고 허에 있었는데
章邯擊破之,	장함이 격파하여
伍徐軍皆散走陳.	오서의 군사는 모두 흩어지고 진으로 달아났다.
陳王誅鄧說.	진왕은 등열을 죽였다.

陳王初立時,	진왕이 막 즉위했을 때
陵人秦嘉[55]·銍人董緤·符離人朱雞石·取慮[56]人鄭布·徐人丁疾等皆特起,	능 사람 진가와 질 사람 동설, 부리 사람 주계석, 취려 사람 정포, 서 사람 정질 등이 모두 막 기의하여
將兵圍東海[57]守慶於郯.	군사를 거느리고 담에서 동해 태수 경을 에워쌌다.
陳王聞,	진왕은 듣고
乃使武平君畔爲將軍,[58]	곧 평무군 반을 장군으로 삼아
監郯下軍.	담 휘하의 군을 감독하게 하였다.
秦嘉不受命,	진가는 명을 따르지 않고
嘉自立爲大司馬,	진가는 스스로 대사마가 되어
惡屬武平君.	무평군의 부하가 되는 것을 싫어하였다.

53 **집해** 서광은 말하였다. "'봉(逢)'으로 된 곳도 있다." **색은** 「지리지」에 의하면 질(銍)은 현 이름으로 패(沛)에 속한다. 오서(伍徐)는 『한서』에는 "오봉(伍逢)"으로 되어 있다.

54 **정의** 『괄지지』에서는 말하였다. "허주(許州) 허창현(許昌縣)은 본래 한(漢)의 허현(許縣)이었다. 「지리지」에서는 허현은 옛 나라로 강성(姜姓)인데 사악(四岳)의 후예이며 태숙(大叔)이 봉하여져 24임금을 이어오다가 초에게 멸망당하였으며 한이 현으로 삼았다고 하였다. 위문제(魏文帝)가 즉위하여 허(許)를 허창(許昌)으로 바꾸었다."

55 **집해** 「지리지」 사수국(泗水國)에 능현(陵縣)이 있다.

56 **색은** 「지리지」에 현 이름으로 임회(臨淮)에 속한다. 음은 추려(秋閭)이다. '取'는 또 음이 주(子臾)이다.

57 **정의** 지금의 해주(海州)이다.

58 **집해** 장안은 말하였다. "반(畔)은 이름이다."

告軍吏曰:	군리에게 일렀다.
“武平君年少,	“무평군은 나이가 어리고
不知兵事,	군사를 알지 못하니
勿聽!”	따르지 말라!”
因矯以王命殺武平君畔.	이어서 왕명이라 속여 무평군 반을 죽였다.
章邯已破伍徐,	장함은 이미 오서를 깨뜨리고
擊陳,	진을 쳤는데
柱國房君死.	주국 방군은 죽었다.
章邯又進兵擊陳西張賀軍.	장함은 또한 진 서쪽 장하의 군사에게로 군사를 진격시켰다.
陳王出監戰,	진왕이 출동하여 전투를 독려하였으나
軍破,	군사는 격파되고
張賀死.	장하는 죽었다.
臘月,[59]	섣달에
陳王之汝陰,	진왕은 여음으로 갔다가
還至下城父,[60]	돌아와 하성보에 이르렀는데

---

59 **집해** 장안은 말하였다. “진(秦)의 섣달은 하(夏)의 9월이다.” 찬은 말하였다. “건축(建丑)의 달이다.” **색은** 신찬은 말하였다. “건축의 달이다.” 안유주(顏游秦)는 말하였다. “『사기』 표(表)에 의하면 ‘2세 2년 10월에 갈영(葛嬰)을 죽였으며, 11월에 주문(周文)이 죽었고, 12월에 진섭(陳涉)이 죽었다’라 하였다.” 종름(宗懍)의 『형초기(荊楚記)』에서는 말하였다. “섣달의 절기는 12월에 있으므로 이 때문에 납월(臘月)이라고 한다.”

60 **색은** 옛날에 진왕(陳王)이 여음(汝陰)을 따라 다시 성보현(城父縣)에 이르러 이에 항복시켰으므로 “하성보(下城父)로 돌아왔다”라 하였다. 또한 고 씨(顧氏)는 『군국지(郡國志)』의 산승현(山乘縣)에 하성보취(下城父聚)가 있는 것에 의하여, 성보현(城父縣) 동쪽에 있다고 하였으며, 하(下) 자는 글자 그대로 읽어야 한다고 하였다. 그 설이 제대로 보았다.

其御莊賈殺以降秦.	어자인 장가가 (진왕을) 죽이고 진에 항복하였다.
陳勝葬碭,[61]	진승은 탕에 장사지냈고
謚曰隱王.	시호를 은왕이라 하였다.

陳王故涓人將軍呂臣[62]爲倉頭軍,[63]	진왕의 옛 연인 장군 여신은 창두군으로
起新陽,[64]	신양에서 일어나
攻陳下之,	진을 공격하여 함락시키고
殺莊賈,	장가를 죽이고
復以陳爲楚.[65]	다시 진을 초라 하였다.

初,	처음에
陳王至陳,	진왕은 진에 이르러
令銍人宋留將兵定南陽,	질 사람 송류에게 군사를 거느리고 남양을 안정시키고
入武關.	무관으로 들어가게 하였다.
留已徇南陽,	송류가 남양을 빼앗았는데

61 정의 음은 당(唐)이다. 바로 지금 송주(宋州) 탕산현(碭山縣)이다.

62 집해 응소는 말하였다. "연인(涓人)은 알자(謁者)와 같다. 장군의 성은 여(呂)이고 이름이 신(臣)이다." 진작은 말하였다. "『여씨춘추(呂氏春秋)』에서는 '형(荊)의 주국(柱國) 장백(莊伯)이 알자에게 수레를 몰게 하고 연인(涓人)에게 관(冠)을 빼앗게 했다.'라 하였다." 색은 '涓'의 음은 견(公玄反)이다. 복건은 말하였다. "급(給)과 연(涓)은 통하며, 지금의 알자(謁者)이다."

63 색은 위소는 말하였다. "군사가 모두 푸른 모자를 썼다."

64 집해 서광은 말하였다. "여남(汝南)에 있다." 정의 『괄지지』에서는 말하였다. "신양(新陽)의 옛 성은 예주(豫州) 진양현(真陽縣) 서남쪽 42리 지점에 있으며, 한(漢) 신양현(新陽縣)의 성이다. 응소는 신수(新水)의 북쪽에 있다고 하였다."

65 색은 위(爲)는 글자의 뜻대로 읽는다. 또한 진(陳)의 땅을 초국(楚國)으로 삼은 것을 이른다.

聞陳王死,	진왕이 죽었다는 소식이 알려지자
南陽復爲秦.	남양은 다시 진이 되었다.
宋留不能入武關,	송류는 무관으로 들어갈 수가 없어서
乃東至新蔡,	이에 동으로 신채에 이르렀는데
遇秦軍,	진의 군사를 만났고
宋留以軍降秦.	송류는 군사를 가지고 진에 항복했다.
秦傳留至咸陽,	진은 송류를 함양으로 보냈고
車裂留以徇.	송류를 거열형에 처하여 조리돌렸다.

秦嘉等聞陳王軍破出走,	진가 등은 진왕의 군사가 깨지고 달아났다는 말을 듣고
乃立景駒爲楚王,[66]	이에 경구를 초왕으로 세우고
引兵之方與,[67]	군사를 이끌고 방여로 가서
欲擊秦軍定陶下.[68]	정도의 아래에서 진의 군사를 치려했다.
使公孫慶使齊王,	공손경을 제왕에게 사행하게 하여
欲與并力俱進.	함께 힘을 합쳐 진격하기로 했다.
齊王曰:	제왕이 말하였다.
"聞陳王戰敗,	"진왕이 전투에서 패하였다 들었는데
不知其死生,	그 생사를 알지 못하겠고
楚安得不請而立王!"	초가 어찌 청하지 않았는데도 왕을 세우셨소!"
公孫慶曰:	공손경이 말하였다.
"齊不請楚而立王,	"제가 초에 청하지 않고 왕을 세웠으니

66 **집해** 서광은 말하였다. "정월에 가(嘉)는 상장군이 되었다."

67 **정의** 음은 방여(房預)이다. 방여(方與)는 연주(兗州)의 현이다.

68 **정의** 지금의 조주(曹州)이다.

楚何故請齊而立王!	초가 무슨 연유로 제에 청하여 왕을 세우겠소!
且楚首事,	또한 초가 처음으로 일을 벌였으니
當令於天下."	천하에 영을 내려야 하오."
田儋誅殺公孫慶.	전담은 공손경을 죽여버렸다.

秦左右校[69]復攻陳,	진의 좌우 교위가 다시 진을 공격하여
下之.	함락시켰다.
呂將軍走,	여장군은 달아났다가
收兵復聚.	군사를 거두어 다시 모았다.
鄱盜[70]當陽君黥布之兵相收,	파양의 도적 당양군 경포가 군사를 거두어
復擊秦左右校,	다시 진의 좌우 교위를 쳐서
破之青波,[71]	청파에서 깨뜨리고
復以陳爲楚.	다시 진을 초로 삼았다.
會項梁立懷王孫心爲楚王.	마침 항량이 회왕의 손자 심을 초왕으로 옹립하였다.

陳勝王凡六月.	진승이 왕이 된 것은 모두 6개월이었다.
已爲王,	이미 왕이 되어
王陳.	진을 다스렸다.
其故人嘗與庸耕者聞之,	친구로 함께 밭을 갈아 품팔이를 하던 자가 듣고
之陳,	진으로 가서

---

69 **색은** 곧 좌우 교위(校尉)의 군사이다.

70 **집해** '鄱'의 음은 파(婆)이다. 영포(英布)는 장강[江]에 거처하면서 군도(羣盜)가 되었는데, 진승(陳勝)이 기의했다는 말을 듣고 포(布)는 파군(番君)의 오예(吳芮)에 귀의하였으므로 "파도(鄱盜)"라 불렀다.

71 **집해** 『한서음의』에서는 말했다. "지명이다."

扣宮門曰:	궁문을 두드리며 말하였다.
"吾欲見涉."	"내 진섭을 만나고 싶소."
宮門令欲縛之.	궁문령이 포박하려했다.
自辯數,[72]	스스로 변명을 자주하여
乃置,	이에 풀려났지만
不肯爲通.	통보하려하지 않았다.
陳王出,	진왕이 나가자
遮道而呼涉.	길을 막고 진섭을 불렀다.
陳王聞之,	진왕이 듣고
乃召見,	이에 불러서 만나
載與俱歸.	수레에 태워 함께 돌아왔다.
入宮,	궁에 들어가
見殿屋帷帳,	전옥의 휘장을 보고
客曰:	객이 말하였다.
"夥頤!	"우와!
涉之爲王[73]沈沈者!"[74]	진섭이 왕이 된 것이 깊고 깊구나!"

72 집해 진작은 말하였다. "'數'는 '(『논어』의) 붕우 사이에 자주 충고하면 소원해지게 된다.(朋友數, 斯疏矣)'와 같은 뜻이다." 색은 음은 수(疏主反)이다. 스스로 변설하여 수차례나 섭에게 옛 일을 증명해보인 것이다. 또한 음을 삭(朔)이라고도 한다. 자주 스스로 지난날 섭과 일이 있었음을 말한 것이다. 이 '數'는 "붕우삭(朋友數)"의 "삭(數)"과 같다.

73 색은 복건은 말하였다. "초(楚)의 사람들은 다(多)를 과(夥)라고 한다." 또 말하기를 "이(頤)"는 소리를 돕는 말이다. 섭(涉)이 왕이 되어 궁전의 휘장이 사물을 가린 것이 많아 놀라서 크게 여긴 것이기 때문에 과이(夥頤)라 일컬은 것이다.

74 집해 응소는 말하였다. "침침(沈沈)은 궁실(宮室)이 깊숙한 모양이다. '沈'의 음은 잠(長含反)이다." 색은 응소는 침침(沈沈)은 궁실(宮室)이 깊숙한 모양이다. '沈'의 옛 음은 잠(長含反)이라고 하였다. 유장백(劉伯莊)은 "침침(沈沈)"은 "담담(談談)"과 같으며, 옛 친구를 "침침(沈沈)"이라 부른 것은 속칭 "담담한(談談漢)"이라는 것과 같다고 하였다.

楚人謂多爲夥, 초의 사람들은 다(多)를 과(夥)라 하기 때문에
故天下傳之, 천하에 그것이 전하여졌으니
夥涉爲王, 과섭위왕이라는 것은
由陳涉始. 진섭에게서 비롯되었다.
客出入愈益發舒, 객은 드나들수록 제멋대로 행동했고
言陳王故情. 진왕의 옛 사정을 말했다.
或說陳王曰: 누가 진왕에게 말하였다.
"客愚無知, "객이 어리석고 무지하여
顓妄言, 제멋대로 말을 함부로 해대니
輕威." 위엄이 깎입니다."
陳王斬之. 진왕이 그를 참수하였다.
諸陳王故人皆自引去, 진왕의 친구들이 모두 스스로 몸을 끌고 떠나
由是無親陳王者.[75] 이로 말미암아 진왕과 친한 자가 없었다.
陳王以朱房爲中正, 진왕은 주방을 중정으로 삼고
胡武爲司過, 호무를 사과로 삼아
主司羣臣. 신하들을 맡아 다스리게 하였다.
諸將徇地, 장수들이 땅을 빼앗고
至, 이르러
令之不是者, 명령을 따르지 않는 자는
繫而罪之, 포박하여 죄를 다스렸는데
以苛察爲忠. 가혹한 감찰을 충성으로 여겼다.

75 **색은** 고 씨(顧氏)는 『공총자(孔叢子)』를 인용하여 말하였다. "진승(陳勝)이 왕이 되자 처(妻)의 부형(父兄)이 그곳으로 갔다. 승(勝)은 빈객들의 예로 대우하였다. 처의 부친이 노하여 말하였다. '강함을 믿고 어른에게 오만하게 구는 자는 오래 갈 수 없다.' 말도 없이 떠났다." 이런 일 따위이다.

其所不善者,	사이가 좋지 못한 사람은
弗下吏,	하급 관리를 거치지 않고
輒自治之.[76]	문득 직접 다스렸다.
陳王信用之.	진왕은 그들을 믿고 기용하였다.
諸將以其故不親附,	장수들은 이 때문에 가까이 하지 않았으며
此其所以敗也.	이것이 그가 그르친 까닭이다.

陳勝雖已死,	진승은 비록 이미 죽었으나
其所置遣侯王將相竟亡秦,	그가 임명하고 파견한 왕후장상이 마침내 진을 멸망시켰으니
由涉首事也.	진섭이 가장 먼저 한 일에서 말미암았다.
高祖時爲陳涉置守冢三十家碭,	고조 때 진섭을 위해 탕에 30가구로 무덤을 지키게 하여
至今血食.	지금까지 제사를 받고 있다.

褚先生曰:[77]	저선생은 말한다.
地形險阻,	지형이 험하고 막힌 것은

---

76 **색은** 주방(朱房)과 호무(胡武) 등은 평소에 친하지 않은 자를 직접 심문하고 하리(下吏)에게 보내지 않은 것을 이른다.

77 **집해** 서광은 말하였다. "'태사공(太史公)'으로 된 곳도 있다." 반고(班固)가 일을 아뢰면서 "태사천(太史遷)은 가의(賈誼)의 「과진(過秦)」 상하편을 가져다가 「진시황본기(秦始皇本紀)」와 「진섭세가(陳涉世家)」의 찬문(贊文)으로 삼았다."라 하였는데, 그렇다면 "저선생(褚先生)"이라고 한 것은 틀렸다. **색은** 서광과 배인(裴駰)이 의거하여 본 별본 및 반표(班彪)가 아뢴 일에서는 모두 "태사공(太史公)"이라고 하였다. 지금 이에 의거하면 저선생이 『사기』를 말하면서 찬의 첫머리에 지형험조(地形險阻) 같은 몇 구절을 더한 다음에 비로소 가생(賈生)의 말을 일컫고 이에 곧 태사공이란 명목으로 고치고 직접 자기의 관위와 호를 적었다. 이하의 뜻은 모두 이미 시황(始皇)의 본기(本紀)에 보일 따름이다.

所以爲固也;	견고하게 하는 것이고,
兵革刑法,	각종 무기와 형법은
所以爲治也.	나라를 다스리려는 것이다.
猶未足恃也.	그래도 믿을 만하지 못하다.
夫先王以仁義爲本,	선왕은 인의를 근본으로 삼고
而以固塞文法爲枝葉,	견고한 요새와 법제는 지엽으로 삼았는데
豈不然哉!	어찌 그렇지 않겠는가!
吾聞賈生之稱曰:	나는 가선생이 말하는 것을 들었다.
"秦孝公據殽函之固,[78]	"진효공은 효산과 함곡관의 견고함을 끼고
擁雍州之地,	옹주의 땅을 안고서
君臣固守,	임금과 신하가 굳게 지키며
以窺周室.	주 왕실을 엿보았다.
有席卷天下,	천하를 석권하고
包擧宇內,	천하를 몽땅 차지하고
囊括四海之意,	사해를 싸잡을 뜻과
并呑八荒之心.	팔방을 병탄하려는 마음을 가졌다.
當是時也,	이때
商君佐之,	상군이 보좌하여
內立法度,	안으로 법도를 세우고
務耕織,	농경과 직조에 힘쓰고
修守戰之備;	지키고 싸울 준비를 가다듬었으며,
外連衡而鬪諸侯.	밖으로는 연횡책으로 제후들을 싸우게 하여
於是秦人拱手而取西河之外.	이에 진 사람들은 손을 모으고 서하의 바깥을 빼앗았다.

78 **집해** 위소는 말하였다. "효(殽)는 이효(二殽)이다. 함(函)은 함곡관(函谷關)이다."

"孝公既沒,	효공이 죽자
惠文王·武王·昭王蒙故業,	효문왕과 무왕, 소양왕이 옛 기업을 이어받았다.
因遺策,	남긴 책략을 따라
南取漢中,	남으로는 한중을 취하고
西擧巴蜀,	서로는 파촉을 점령하였으며
東割膏腴之地,	동으로는 기름진 땅을 떼어먹었고
收要害之郡.	험요한 고을을 거두었다.
諸侯恐懼,	제후들은 두려워하여
會盟而謀弱秦.	회맹하여 진을 약하게 할 방도를 모색하였다.
不愛珍器重寶肥饒之地,	진귀한 기물과 귀중한 보물이며 비옥한 땅을 아끼지 않고
以致天下之士.	천하의 사를 초치하여
合從締交,	합종으로 국교를 맺어
相與爲一.	서로 하나가 되었다.
當此之時,	이때
齊有孟嘗,	제에는 맹상이 있었고
趙有平原,	조에는 평원이 있었으며
楚有春申,	초에는 춘신이 있었고
魏有信陵:	위에는 신릉이 있었는데
此四君者,	이 네 군은
皆明知而忠信,	모두 현명하고 지혜로웠으며 충성스럽고 신의가 있었으며
寬厚而愛人,	너그럽고 도타웠고 남들을 사랑하였으며
尊賢而重士.	현자를 높이고 사를 중히 여겼다.
約從連衡,	합종을 약정하고 연횡을 흩었으며

兼韓·魏·燕·趙·宋·衞·中山之衆.

한과 위, 연, 조, 송, 위와 중산국의 무리를 아울렀다.

於是六國之士有甯越·徐尙·蘇秦·杜赫之屬爲之謀,

이때 육국의 현사들로는 영월과 서상, 소진, 두혁의 무리가 그들을 위해 계책을 세웠고,

齊明·周冣[79]·陳軫·邵滑[80]·樓緩·翟景·蘇厲·樂毅之徒通其意,

제명과 주최, 진진, 소활, 누완, 적경, 소려, 악의의 무리가 그 뜻을 통하였으며

吳起·孫臏·帶他·兒良·王廖·田忌·廉頗·趙奢之倫制其兵.

오기와 손빈, 대타, 예량, 왕요, 전기, 염파, 조사의 무리가 그 군사를 통제하였다.

嘗以什倍之地, 일찍이 10배의 땅과

百萬之師, 백만의 군사로

仰關而攻秦.[81] 함곡관을 우러러보며 진을 공격하였다.

秦人開關而延敵, 진 사람들이 관문을 열고 맞아들여 대적하니

九國之師[82]遁逃而不敢進. 아홉 나라의 군사들은 숨고 달아나 감히 나아가지 못하였다.

秦無亡矢遺鏃之費, 진은 화살 하나 화살촉 하나의 비용을 잃음도 없이

而天下固已困矣. 천하(의 제후들)는 이미 곤경에 처하게 되었다.

於是從散約敗, 이에 합종이 흩어지고 맹약은 와해되어

爭割地而賂秦. 다투어 땅을 떼어 진에 뇌물로 바쳤다.

秦有餘力而制其獘, 진은 충분한 힘을 가지고 피폐한 나라들을 제압하였다.

---

79 정의 음은 취(聚)이다.

80 정의 소(邵)는 "소(昭)"로 되어 있다.

81 색은 앙(仰)은 또한 "앙(卬)"이라고도 하며 모두 음은 앙(仰)이다. 진(秦)은 지형(地形)이 높아 모두 관문을 우러러 향하여 진을 공격한다는 것이다. "고(叩)" 자로 된 곳도 있는데 틀렸다.

82 색은 구국(九國)은 육국(六國) 외에 다시 송(宋)과 위(衞), 중산(中山)이 있음을 말한다.

追亡逐北, 패망하여 달아나는 적들을 추격하여

伏尸百萬, 엎어져 죽은 시체가 백만이었고

流血漂櫓,[83] 흐르는 피에 방패가 떠다녔다.

因利乘便, 유리한 형세를 틈타

宰割天下, 천하를 통제하고

分裂山河, (육국의) 산하를 분열시켰다.

彊國請服, 강국은 복속하기를 청하였고

弱國入朝. 약국은 입조하였다.

"施及孝文王·莊襄王, 효문왕과 장양왕에게까지 이어졌는데

享國之日淺, 나라를 누린 날은 짧았고

國家無事. 나라에는 일이 없었다.

"及至始皇, 시황에 이르러

奮六世之餘烈, 6세가 남긴 공업을 떨쳐

振長策而御宇內, 긴 채찍을 휘두르며 천하를 몰아

吞二周而亡諸侯, (동서) 두 주를 삼키고 제후국들을 멸망시켰으며

履至尊而制六合, 지존의 지위에 올라 천지사방을 통제하고

執敲朴[84]以鞭笞天下, 길고 짧은 채찍을 잡고 천하를 매질하여

威振四海. 위세를 사해에 떨쳤다.

南取百越之地, 남으로는 백월의 땅을 취하여

以爲桂林·象郡, 계림과 상군으로 삼았다.

百越之君俛首係頸, 백월의 임금은 머리를 숙이고 목에는 오라를 걸고

---

83 **색은** 『설문』에서는 말하였다. "노(櫓)는 큰 방패이다."

84 **색은** 신찬은 말하였다. "짧은 것을 고(敲)라 하고, 긴 것을 박(朴)이라 한다."

委命下吏.	목숨을 하급 관리에게 내맡겼다.
乃使蒙恬北築長城而守藩籬,	이에 몽염에게 북쪽에 장성을 쌓고 울타리를 지키게 하여
卻匈奴七百餘里,	흉노를 7백 여리나 물리치니
胡人不敢南下而牧馬,	오랑캐가 감히 남으로 내려와 말을 치지 못하고
士亦不敢貫弓[85]而報怨.	군사들이 감히 활을 당기며 원수를 갚지 못하였다.
於是廢先王之道,	이에 선왕의 도를 폐기하고
燔百家之言,	백가의 책을 불태워
以愚黔首.	백성들을 어리석게 하였고,
墮名城,	이름난 성을 허물고
殺豪俊,	영웅호걸을 죽였으며,
收天下之兵聚之咸陽,	천하의 병기를 거두어 함양에 모아
銷鋒鍉,[86]	창날과 살촉을 녹여
鑄以爲金人十二,[87]	동인 12개를 만들어
以弱天下之民.	천하의 백성을 약하게 하였다.
然後踐華爲城,	그런 다음에 화산에 올라 성으로 삼고
因河爲池,	황하를 따라 해자로 삼았으며
據億丈之城,	억 길의 성에 의지하고
臨不測之谿以爲固.	잴 수 없는 깊은 계곡을 굽어보며 견고하다고 생각하였다.
良將勁弩,	훌륭한 장수와 강한 쇠뇌로
守要害之處,	험요한 곳을 지켰으며,
信臣精卒,	신뢰하는 신하에 정예병이

85 색은 '貫'의 음은 완(烏還反), 또는 글자대로 보기도 한다. 관(貫)은 상현(上弦)을 이른다.

86 집해 서광은 말하였다. "'적(鏑)'으로 된 곳도 있다."

87 색은 각자 무게가 천 석(石)이며, 좌고(坐高)가 2장(丈)이며, "옹중(翁仲)이라 부른다."

陳利兵而誰何.[88]	날카로운 무기를 늘어놓고 누가 누구인지를 조사하였다.
天下已定,	천하가 안정되자
始皇之心,	시황의 마음은
自以爲關中之固,	스스로 관중의 견고함이
金城千里,	천리를 두른 쇠로 쌓은 성이니
子孫帝王萬世之業也.	자손이 만세토록 제왕이 될 기업이라 여겼다.

"始皇既沒,	시황이 죽었으나
餘威振於殊俗.	남은 위세가 풍속이 다른 먼 곳에 떨쳤다.
然而陳涉甕牖繩樞之子,	그러나 진섭은 깨진 옹기(주둥이)로 창을 만들고 새끼로 지도리를 한 집의 아들이자
甿隸之人,[89]	농사짓고 부역하던 사람이었으며
而遷徙之徒也.	먼 곳으로 쫓겨난 무리였다.
材能不及中人,	재능이 범용한 사람에게도 미치지 못하고
非有仲尼·墨翟之賢,	중니나 묵적의 현명함이나
陶朱·猗頓之富也.	도주공이나 의돈의 재부도 가지고 있지 않으면서
躡足行伍之閒,	항오에 참여하여
俛仰仟佰之中,[90]	천인 백인에서 몸을 떨쳐 일어나
率罷散之卒,	피로하고 산만한 군사를 거느리고
將數百之衆,	수백의 무리를 인솔하여

88 색은 음은 가(呵)이며, 또한 "하(何)" 자로, 지금의 순라군이 누구인가? 묻는 것과 같다.

89 집해 서광은 말하였다. "농민(田民)을 맹(甿)이라고 한다. 음은 맹(亡更反)이다."

90 색은 천백(仟佰)은 천인(千人) 백인(百人)의 우두머리이며, 음은 천백(千百)이다. 『한서』에는 "천맥(阡陌)"으로 되어 있으며, 여순은 "당시 모두 구석진 곳에 구부리고 천맥의 사이에 있었다."라 하였다. '陌'의 음은 맥(貊)이다.

轉而攻秦.	방향을 틀어 진을 공격하였다.
斬木爲兵,	나무를 베어 무기를 만들고
揭竿爲旗,	장대를 들어 깃발을 만드니
天下雲會響應,	천하에서 구름처럼 모였고 메아리처럼 응하였으며
贏糧而景從,	양식을 지고 그림자처럼 따라
山東豪俊遂並起而亡秦族矣	산동의 호걸들이 마침내 함께 일어나 진의 족속을 멸망시키게 되었다.

"且天下非小弱也;	또한 (진의) 천하는 작고 약하지 않았고
雍州之地,	옹주의 땅은
殽函之固自若也.	효산과 함곡관의 견고함이 여전하였다.
陳涉之位,	진섭의 지위는
非尊於齊·楚·燕·趙·韓·魏·宋·衞·中山之君也;	제와 초·연·조·한·위·송·위·중산의 임금보다 높지 않았으며
鉏櫌棘矜,[91]	호미 자루와 창 자루는
非銛於句戟長鎩也;	갈고리 창과 장창과는 상대도 되지 않았으며,
適戍之衆,	귀양 가서 수자리 서는 무리들은
非儔於九國之師也;	9국 나라의 군사들에 맞설 수 없었고,
深謀遠慮,	깊은 계책과 원대한 생각이며
行軍用兵之道,	행군과 용병의 도는
非及鄉時之士也.[92]	그때의 선비들에게 미칠 바가 아니었다.

91 **색은** 서우(鉏櫌)는 호미의 나무(자루)이다. 『논어(論語)』에서 "호미질을 하며 그치지 않았다(櫌而不輟)"는 것이다. 극(棘)은 갈래창이다. 긍(矜)은 갈래창의 자루이며, 음은 근(勤)이다.

92 **색은** '鄉'의 음은 향(香亮反)이다. 향시(鄉時)는 왕시(往時)와 같다. 아마 맹상(孟嘗)과 신릉(信陵), 소진(蘇秦), 진진(陳軫) 같은 무리일 것이다.

然而成敗異變,	그러나 성패에 이변이 일어나자
功業相反也.	공업이 상반되게 되었다.
嘗試使山東之國與陳涉度長絜大,[93]	
	효산 동쪽의 나라들로 진섭과 크기를 헤아리고 재며
比權量力,	권세와 역량을 비교해보더라도
則不可同年而語矣.	나란히 함께 논할 수가 없을 것이다.
然而秦以區區之地.	그러나 진은 보잘것없는 땅으로
致萬乘之權,	만승의 권력을 이루어
抑八州而朝同列,[94]	팔주(의 제후)를 누르고 같은 서열의 나라에게 조공을 받은 지가
百有餘年矣.	백여 년이 되었다.
然後以六合爲家,	그런 다음에야 천지사방을 한 집으로 삼고
殽函爲宮.	효산과 함곡관을 궁궐로 삼았다.
一夫作難而七廟墮,	한 필부가 난을 일으키니 제왕의 종묘가 허물어지고
身死人手,	몸이 남의 손에 죽어
爲天下笑者,	천하의 웃음거리가 된 것은
何也?	어째서인가?
仁義不施,[95]	인의를 시행하지 않아
而攻守之勢異也."	공수의 형세가 달라졌기 때문이다."

93 **색은** '絜'의 음은 혈(下結反)이다. 결속(結束)하듯이 그 크기를 아는 것이다.

94 **색은** 진(秦)이 강하여 팔주(八州)를 눌러 자기에게 조현하게 한 것이다. 『한서』에는 "팔주를 부르고(招八州)"로 되어 있는데 또한 뜻이 통한다.

95 **색은** 음은 시(式豉反)이다. 진(秦)은 호랑이와 늑대 같은 나라로 그 인의(仁義)가 천하에 베풀어 미치지 못하였기 때문에 망한 것이다.

색은술찬索隱述贊 천하가 흉흉하여, 천하에 주인이 없어, 사슴을 쫓고 승리를 다투어, 저 까마귀가 머문 곳을 본다. 진승이 처음 시작하였는데, 그 호칭을 장초라고 하였다. 귀신의 괴이함을 믿고, 홍곡으로 자처하였다. 갈영은 동으로 내려갔고, 주문은 서쪽에서 맞섰다. 처음에 주방과 친하더니, 또 호무에게 맡겼다. 과이가 살해되니, 심복들이 함께 하지 않았다. 장가는 어떤 사람인가? 도리어 성보 씹었구나!

天下匈匈, 海內乏主, 掎鹿爭捷, 瞻烏爰處. 陳勝首事, 厥號張楚. 鬼怪是憑, 鴻鵠自許. 葛嬰東下, 周文西拒. 始親朱房, 又任胡武. 夥頤見殺, 腹心不與. 莊賈何人, 反噬城父.

19 — 외척세가 外戚世家[1]

自古受命帝王及繼體守文之君,[2]

예로부터 천명을 받은 제왕 및 계승하여 법도를 지키는 임금은

非獨內德茂也,

다만 내적인 덕이 훌륭할 뿐만 아니라

蓋亦有外戚之助焉.[3]

대체로 또한 외척의 도움이 있었을 것이다.

夏之興也以塗山,[4]

하가 흥한 것은 도산 때문이었으며

而桀之放也以末喜.[5]

걸이 추방된 것은 말희 때문이었다.

殷之興也以有娀,[6]

은이 흥한 것은 유융 때문이었으며

---

1 색은索隱 외척(外戚)은 후비(后妃)의 기(紀)로, 후비의 족속 또한 대대로 봉작(封爵)이 있었기 때문이다. 『한서(漢書)』에서는 열전(列傳)에 엮었다. 왕은(王隱)은 그것을 기(紀)라 하였으며 열전의 첫머리에 있다.

2 색은 계체(繼體)는 창업 군주가 아님을 말하며, 적자(嫡子)가 선제(先帝)의 정체(正體)를 이어서 즉위한 것이다. 수문(守文)은 수법(守法)과 같으며, 천명을 받아 창제한 임금이 아니라 선제의 법도를 지키는 왕일 따름이라는 것이다.

3 색은 다만 임금이 안으로 덕이 무성할 뿐만 아니라 또한 현명한 후비와 외척의 친함으로 교화를 돕는다는 말이다.

4 색은 위소(韋昭)는 말하였다. "도산(塗山)은 나라 이름으로 우(禹)가 제사지낸 곳이며, 지금의 구강(九江)에 있다." 응소(應劭)는 말하였다. "구강(九江) 당도(當塗)에 우허(禹墟)가 있다. 『대대(大戴)』에서는 말하였다. '우는 도산의 여인을 아내로 맞았는데 교(僑)라고 하였으며, 교는 계(啓)를 낳았다.'"

5 색은 『국어(國語)』 "걸(桀)이 유시(有施)를 정벌하자 유시의 사람들이 말희(妺喜)를 그에게 시집보냈다." 위소는 "유시 씨의 딸은 성이 희(喜)이다."라 하였다.

紂之殺也嬖妲己.[7]	주가 피살된 것은 달기를 총애했기 때문이었다.
周之興也以姜原[8]及大任,[9]	주가 흥한 것은 강원 및 태임 때문이었으며
而幽王之禽也淫於褒姒.[10]	유왕이 사로잡힌 것은 포사와 황음무도했기 때문이었다.
故易基乾坤,	그러므로 『역』은 건·곤을 기초로 하고
詩始關雎,	『시』는 「관저」로 시작되며
書美釐降,	『서』는 요의 딸이 순에게 시집간 것을 찬미하였고
春秋譏不親迎.[11]	『춘추』는 친영을 하지 않은 것을 비난하였다.
夫婦之際,	부부의 관계는
人道之大倫也.	인도의 큰 윤리이고
禮之用,	예의 쓰임으로
唯婚姻爲兢兢.	오직 혼인에서 가장 삼가야 할 것이다.
夫樂調而四時和,	대체로 음률이 고르면 사철이 조화를 이루며

6 **색은** 위소는 말하였다. "설(契)의 모친은 간적(簡狄)으로 유융국(有娀國)의 여인이다. 음은 숭(嵩)이다."

7 **색은** 『국어』 "은신(殷辛)이 유소씨(有蘇氏)를 정벌하자 유소씨는 달기(妲己)를 그에게 시집보냈다." 유소(有蘇)는 나라이다. 기(己)는 성이다. 달(妲)은 자이다. 포개(包愷)는 말하였다. "'妲'의 음은 달(丁達反)이다."

8 **색은** 『계본(系本)』에서는 말하였다. "제곡(帝嚳)의 상비(上妃)에 태 씨(邰氏)의 딸이 있었는데, 강원(姜原)이라 하였다." 정현(鄭玄)은 『시』의 주석에서 말하였다. "강(姜)은 성이고 원(嫄)은 이름이며, 거인의 발자국을 밟고 (잉태하여) 후직(后稷)을 낳았다."

9 **색은** 태임(大任)은 문왕(文王)의 모친이기 때문에 『시』에서 "지의 둘째 따님 임(摯仲氏任)"이라 하였으며 『모전(毛傳)』에서는 "지국(摯國) 임성(任姓)의 둘째 딸"이라 하였다.

10 **색은** 『국어』에서는 말하였다. "유왕(幽王)이 유포(有褒)를 정벌하자 유포의 사람들은 포사(褒姒)를 그에게 시집보냈다." 포(褒)는 나라 이름이고, 사(姒)는 성으로 곧 용시(龍漦)의 아들이며, 포(褒)의 사람이 길러 유왕에게 시집보냈다. 그러나 이곳의 "하(夏)가 흥하여"부터 "포사(褒姒)"까지는 모두 위여이(魏如耳)의 모친이 한 말로, 『국어』 및 『열녀전(列女傳)』에 보인다.

11 **색은** 『공양(公羊)』에 의하면 "기(紀)의 열수(裂繻)가 와서 신부를 맞이한 것은 어째서 기록하였는가? 비난한 것인데, 친영하지 않은 것을 비난한 것이다."라 하였다.

陰陽之變,	음양의 변화는
萬物之統也.[12]	만물의 큰 체통이다.
可不愼與?	삼가지 않을 수 있겠는가?
人能弘道,	사람은 도는 넓힐 수 있으나
無如命何.	명은 어떻게 하지 못한다.
甚哉,	심하구나,
妃匹之愛,[13]	배필의 사랑은
君不能得之於臣,[14]	임금이라도 신하에게서 얻을 수 없고
父不能得之於子,	아비라도 자식에게서 얻을 수 없으니
況卑下乎!	하물며 낮은 자이겠는가!
既驩合矣,	이미 환합을 하였더라도
或不能成子姓;[15]	혹 자성을 이룰 수 없을 것이고,
能成子姓矣,	자성은 이룰 수 있어도
或不能要其終:[16]	혹 그 천수를 누리지는 못할 것이다.
豈非命也哉?	어찌 명이 아니겠는가?
孔子罕稱命,	공자께서 명을 드물게 일컬은 것은

12 색은 말이 음악의 성조(聲調)와 같다면 사시(四時)를 조화롭게 하고 음양이 변하게 할 수 있어서 만물을 낳을 수 있는데 음양은 곧 부부이다. 부부의 도가 조화롭게 되면 먼물을 변화 발생시킬 수 있다. 만물은 사람이 그 근본이므로 "만물의 큰 체통"이라 한 것이다.

13 색은 '妃'는 음이 배(配) 또는 글자대로 보기도 한다.

14 색은 부부가 가까이하고 사랑하는 정은 비록 임금과 아비의 존귀함이라도 신하가 좋아하고 사랑하는 것을 빼앗지 못하고, 그 본뜻을 옮긴다 하더라도 할 수 없다는 것을 말한다. 그러므로 말하기를 "필부의 뜻을 빼앗지 못한다"라 하였다.

15 색은 정현은 『예기(禮記)』의 주에서 "성(姓)은 낳는 것이다. 자성(子姓)은 중손(衆孫)을 이른다."라 하였다. 생각건대 바로 조비연(趙飛燕) 등이다.

16 색은 애초에 그 끝까지 갈 수 없다는 것이다. 비록 자성이 있다고 하더라도 뜻대로 끝낼 수 없다는 것을 말하며, 바로 율희(栗姬)와 위후(衞后) 등이 모두 이렇다.

蓋難言之也. 　말하기가 어려워서였을 것이다.

非通幽明之變, 　유명의 변화에 통달하지 않으면

惡能[17]識乎性命哉? 　어찌 성명을 알 수 있겠는가?

太史公曰: 　태사공은 말한다.

秦以前尙略矣, 　진 이전은 매우 간략하여

其詳靡得而記焉. 　상세하게 기록할 수가 없다.

漢興, 　한이 흥하자

呂娥姁[18]爲高祖正后, 　여아후가 고조의 정후가 되고

男爲太子. 　아들은 태자가 되었다.

及晩節色衰愛弛, 　만년이 되어 외모가 쇠하고 사랑이 시들해져

而戚夫人有寵,[19] 　척부인이 총애를 받았으며

其子如意幾代太子者數矣. 　그 아들인 여의가 태자를 대신할 뻔했던 것이 몇 차례였다.

及高祖崩, 　고조가 죽자

呂后夷戚氏, 　여후는 척씨를 멸족시키고

誅趙王, 　조왕을 죽여

而高祖後宮唯獨無寵疏遠者得無恙.[20]

고조의 후궁 중에 총애를 받지 못하여 소원한

---

17 색은 앞 자의 음은 오(烏)이다. 오(惡)는 하(何)와 같다.

18 집해集解 서광(徐廣)은 말하였다. "'姁'의 음은 후(況羽反)이다. 여후(呂后)의 언니의 자가 장후(長姁)이다." 색은 여후의 자로 음은 후(況羽反)이다. 『한서』에 의하면 여후의 이름은 치(雉)이다.

19 색은 『한서』에서는 정도(定陶)의 척희(戚姬)를 얻었다고 하였다.

20 색은 『이아(爾雅)』에서 "양(恙)은 근심하는 것이다."라 하였다. 일설에 의하면 옛날에는 들판에 살면서 노숙을 하였으며, 양(恙)은 사람을 무는 벌레이기 때문에 사람들이 서로 근심하여 말하기를 "무양(無恙)했습니까?"라 하였다 한다.

	자만이 탈이 없게 되었다.
呂后長女爲宣平侯張敖妻,	여후의 장녀는 선평후 장오의 아내이고
敖女爲孝惠皇后.[21]	장오의 딸은 효혜황후이다.
呂太后以重親故,	여태후는 겹 친척이기 때문에
欲其生子萬方,	아들을 낳도록 만방의 노력을 기울였으나
終無子,	끝내 자식을 얻지 못하여
詐取後宮人子爲子.	후궁의 아들을 속여 빼앗아 자식으로 삼았다.
及孝惠帝崩,	효혜제가 죽고
天下初定未久,	천하가 막 안정된 지 오래지 않아
繼嗣不明.	계승이 불명하였다.
於是貴外家,	이에 외가를 귀하게 만들어
王諸呂以爲輔,	여 씨들을 왕으로 삼아 보좌하게 하였고
而以呂祿女爲少帝后,	여록의 딸을 소제의 황후로 삼아
欲連固根本牢甚,	근본을 이어서 견고하게 하려 했지만
然無益也.	도움이 되지 않았다.
高后崩,	고후는 죽어서
合葬長陵.[22]	장릉에 합장되었다.
祿·產等懼誅,	여록과 여산 등은 죽임을 당할까 두려워하여
謀作亂.	난을 일으킬 모의를 하였다.
大臣征之,	대신들이 정벌하여

21 **색은** 황보밀(皇甫謐)이 말하기를 이름은 언(嫣)이라고 하였다.

22 **집해** 『관중기(關中記)』에서는 말하였다. "고조(高祖)의 능은 서쪽에 있고 여후(呂后)의 능은 동쪽에 있다. 한의 황제와 왕후는 무덤을 함께 하는 것이 합장(合葬)이고 능을 합치지 않는다. 여러 능이 모두 이러하다."

天誘其統,[23]	하늘이 정통을 인도하여
卒滅呂氏.	마침내 여 씨를 멸족시켰다.
唯獨置孝惠皇后居北宮.[24]	효혜황후만 북궁에 거처하게 하였다.
迎立代王,	대왕을 맞아 옹립하니
是爲孝文帝,	바로 효문제로
奉漢宗廟.	한의 종묘를 받들었다.
此豈非天邪?	이 어찌 하늘의 뜻이 아니겠는가?
非天命孰能當之?	천명이 아니면 누가 당할 수 있겠는가?

薄太后,	박태후는
父吳人,	부친이 오 사람이고
姓薄氏,	성이 박 씨로
秦時與故魏王宗家女魏媼通,[25]	진 때 옛 위왕의 종실 여인 위온과 사통하여
生薄姬,	박희를 낳았으며
而薄父死山陰,	박희의 부친은 산음에서 죽어
因葬焉.[26]	그곳에서 장사지냈다.

23 **집해** 서광은 말하였다. "'충(衷)'으로 된 곳도 있다."

24 **색은** 궁(宮)이 미앙(未央)의 북쪽에 있기 때문에 북궁(北宮)이라 하였다. **정의正義** 『괄지지(括地志)』에서는 말하였다. "북궁은 옹주(雍州) 장안현(長安縣) 서북쪽 13리 지점에 있으며, 계궁(桂宮)과 가깝고 장안(長安) 옛 성 안에 있다."

25 **색은** '媼'의 음은 오(烏老反)이다. 그러나 온(媼)은 늙은 부인의 통칭이기 때문에 조태후(趙太后)는 자칭 온(媼)이라고 하였는데 왕온(王媼)이니 유온(劉媼)이니 하는 것이 이런 따위이다.

26 **색은** 고 씨(顧氏)의 「총묘기(冢墓記)」에 의하면 회계현(會稽縣)에 있으며, 현 서북쪽 즙산(楫山) 위에 지금도 묘지가 있다. '楫'의 음은 즙(莊洽反)이다. **정의** 『괄지지』에서는 말하였다. "즙산(楫山)은 월주(越州) 회계현(會稽縣) 서북쪽 3리 지점에 있는데 일명 직산(稷山)이라고 한다." '楫'의 음은 즙(莊洽反)이다.

及諸侯畔秦,	제후들이 진에 반기를 들자
魏豹立爲魏王,	위표는 위왕으로 즉위하였으며
而魏媼內其女於魏宮.	위온은 그 녀를 위궁으로 들여보냈다.
媼之許負所相,	위온은 허부에게 가서 관상을 보게 했는데
相薄姬,	박희의 관상을 보다니
云當生天子.	천자를 낳을 것이라 하였다.
是時項羽方與漢王相距滎陽,	이때 항우는 바야흐로 한왕과 형양에서 대치하여
天下未有所定.	천하는 아직 안정되지 못하였다.
豹初與漢擊楚,	위표는 처음에 한과 초를 쳤는데
及聞許負言,	허부의 말을 듣고
心獨喜,	마음속으로 기뻐하여
因背漢而畔,	한을 등지고 배반하여
中立,	중립의 태도를 취하다가
更與楚連和.	다시 초와 연합하여 강화하였다.
漢使曹參等擊虜魏王豹,	한은 조참 등에게 위왕 표를 쳐서 사로잡게 하고
以其國爲郡,	그 나라를 군으로 삼고
而薄姬輸織室.	박희는 직조실로 보내졌다.
豹已死,	위표가 죽자
漢王入織室,	한왕이 직조실로 들어가
見薄姬有色,	박희가 미색이 있는 것을 보고
詔內後宮,	조칙으로 후궁에 들였으나
歲餘不得幸.	해를 넘기도록 총애를 받지 못했다.
始姬少時,	처음 박희가 어렸을 때
與管夫人·趙子兒相愛,	관부인, 조자아와 서로 사랑하여
約曰:	약속하여 말하였다.

“先貴無相忘.”	“먼저 귀해지더라도 서로 잊지 말자.”
已而管夫人·趙子兒先幸漢王.	얼마 후 관부인과 조자아가 먼저 한왕의 총애를 받았다.
漢王坐河南宮成皋臺,[27]	한왕이 하남궁의 성고대에 앉아 있는데
此兩美人相與笑薄姬初時約.	이 두 미인이 서로 박희와의 첫 언약에 대해 담소하였다.
漢王聞之,	한왕이 듣고
問其故,	그 까닭을 묻자
兩人具以實告漢王.	두 사람은 모두 사실대로 한왕에게 아뢰었다.
漢王心慘然,	한왕은 마음이 참담하고
憐薄姬,	박희를 불쌍히 여겨
是日召而幸之.	이날 불러서 총애하였다.
薄姬曰:	박희가 말하였다.
“昨暮夜妾夢蒼龍據吾腹.”	“어제 저녁 첩의 꿈에 푸른 용이 제 배에 기대었습니다.”
高帝曰:	고제가 말하였다.
“此貴徵也,	“이는 귀해질 징조이니
吾爲女遂成之.”	내 네 꿈을 이루어주겠다.”
一幸生男,	한 번의 총애로 아들을 낳았는데
是爲代王.	바로 대왕이다.
其後薄姬希見高祖.	그 후 박희는 고조를 보는 일이 드물어졌다.

27 **색은** 하남궁(河南宮)의 성고대(成皋臺)로 『한서』에는 “성고영대(成皋靈臺)”로 되어 있다. 「서정기(西征記)」에서는 “무뢰성(武牢城) 안에 고조(高祖)의 전각이 있는데 서남쪽에 무고(武庫)가 있다.”라 하였다. **정의** 『괄지지』에서는 말하였다. “낙주(洛州) 범수현(氾水縣)은 옛 동괵주(東虢州)이며 옛 정(鄭)의 제읍(制邑), 한(漢)의 성고현(成皋縣)이다.”

高祖崩,	고조가 죽자
諸御幸姬戚夫人之屬,	(고조를) 모시던 척부인 같은 총희들에게
呂太后怒,	여태후는 노하여
皆幽之,	모두 유폐시켜
不得出宮.	궁을 나가지 못하게 되었다.
而薄姬以希見故,	박희는 드물게 뵈었던 까닭에
得出,	나오게 되어
從子之代,	아들을 따라 대로 가서
爲代王太后.	대왕의 태후가 되었다.
太后弟薄昭從如代.	태후의 동생 박소도 따라서 대로 갔다.

代王立十七年,	대왕 즉위 17년에
高后崩.	고후가 죽었다.
大臣議立後,	대신들은 후사를 세울 것을 논의하였는데
疾外家呂氏彊,	외가인 여 씨가 강한 것을 미워하여
皆稱薄氏仁善,	모두 박 씨가 어질고 선하다 하였으므로
故迎代王,	대왕을 맞아들여
立爲孝文皇帝,	효문황제로 옹립하였으며
而太后改號曰皇太后,	태후는 황태후로 고쳐 불렀고
弟薄昭封爲軹侯.[28]	동생인 박소는 지후에 봉하여졌다.

薄太后母亦前死,	박태후의 모친 또한 전에 죽어
葬櫟陽北.	역양의 북쪽에 장사지냈다.

28 **색은** 「지리지(地理志)」에 의하면 지현(軹縣)은 하내(河內)에 있는데, 땅이 멀어 그 봉지가 아닐 것이다. 장안(長安) 동쪽에 지도정(軹道亭)이 있는데 아마 봉해진 곳일 것이다.

於是乃追尊薄父爲靈文侯,	이에 곧 박태후의 부친을 영문후로 추존하고
會稽郡置園邑三百家,	회계군에 원읍 3백 호를 설치하고
長丞已下吏奉守冢,	장과 승 이하의 관리가 삼가 무덤을 지키며
寢廟上食祠如法.	침묘에 음식을 올리는 것을 법대로 하였다.
而櫟陽北亦置靈文侯夫人園,	그리고 역양 북쪽에는 또한 영문후 부인의 원을 설치하여
如靈文侯園儀.	영문후 원의 의식대로 하였다.
薄太后以爲母家魏王後,	박태후는 친정이 위왕의 후손인데
早失父母,	일찍 부모를 여의어
其奉薄太后諸魏有力者,	박 태후를 받듦에 위 씨들이 힘을 썼다고 생각하여
於是召復魏氏,	이에 위 씨를 불러 부역을 면제해주었으며
(及尊)賞賜各以親疏受之.	상을 내림에 각자 친소에 따라 받았다.
薄氏侯者凡一人.	박 씨로 후가 된 사람은 모두 한 사람이었다.

薄太后後文帝二年,	박태후는 문제가 죽고 2년 뒤
以孝景帝前二年崩,	효경제가 죽기 2년 전에
葬南陵.[29]	남릉에 안장되었다.
以呂后會葬長陵,	여후를 장릉에 함께 안장했기 때문에
故特自起陵,	특별히 스스로 능을 수축하였는데
近孝文皇帝霸陵.[30]	효문황제의 패릉에 가깝다.

29 **색은** 「묘기(廟記)」에서는 "패릉(霸陵) 남쪽 10리 지점에 있기 때문에 남릉(南陵)이라고 한다."라 하였다. 지금 장안(長安) 동쪽 산수(滻水) 동쪽 언덕에 있는데 소음(少陰)이라고 한다. 패릉(霸陵)의 서남쪽이기 때문에 "동쪽으로 내 자식을 바라보고 서쪽으로 나의 남편을 바라본다."라 하였다. **정의** 『괄지지』에서는 말하였다. "남릉(南陵)의 옛 현은 옹주(雍州) 만년현(萬年縣) 동남쪽 24리 지점에 있다. 한(漢)의 남릉현(南陵縣)은 본래 박태후(薄太后)의 능읍(陵邑)이었다. 능은 동북쪽에 있고, 현과는 6리 떨어져 있다."

竇太后,[31]	두태후는
趙之清河觀津人也.[32]	조의 청하 관진 사람이다.
呂太后時,	여태후 때
竇姬以良家子入宮侍太后.	두희는 양가의 자식이라 하여 입궁하여 태후를 모셨다.
太后出宮人以賜諸王,	태후는 궁인을 내보내 왕들에게 내렸는데
各五人,	각자 5명씩이었고
竇姬與在行中.	두희는 행렬 가운데 함께 있었다.
竇姬家在清河,	두희의 집은 청하에 있어
欲如趙近家,	집과 가까운 조로 가고자 하여
請其主遣宦者吏:[33]	파견하는 환관 관리에게 청하였다.
"必置我籍趙之伍中."	"반드시 나를 조로 가는 대오의 문서에 두시오."
宦者忘之,	환관이 잊어먹고
誤置其籍代伍中.	잘못하여 대로 가는 대오의 문서에 두었다.
籍奏,	문서를 올리자
詔可,	조칙이 허가나
當行.	가야 했다.
竇姬涕泣,	두희는 눈물을 흘리고
怨其宦者,	그 환관을 원망하며
不欲往,	가고 싶어 하지 않았지만
相彊,	강압하여

30 **집해** 서광은 말하였다. "패릉현(霸陵縣)에 지도정(軹道亭)이 있다."

31 **색은** 황보밀은 이름이 의방(猗房)이라 하였다.

32 **정의** 기주(冀州) 조강현(棗強縣) 동북쪽 25리 지점에 있다.

33 **정의** 환관으로 관리가 된 자로 궁인을 파견하는 것을 주관하였다.

乃肯行.	이에 가는데 동의하였다.
至代,	대에 이르자
代王獨幸竇姬,	대왕이 유독 두희를 총애하여
生女嫖,[34]	딸 표를 낳았고
後生兩男.	나중에 두 아들을 낳았다.
而代王王后生四男.	대왕의 왕후는 4남을 낳았다.
先代王未入立爲帝而王后卒.	대왕이 아직 들어가 황제로 즉위하기 전에 왕후는 죽었다.
及代王立爲帝,	대왕이 황제가 되었을 때
而王后所生四男更病死.	왕후 소생의 네 아들은 번갈아 병사하였다.
孝文帝立數月,	효문제 즉위 몇 달 만에
公卿請立太子,	공경이 태자를 세울 것을 청하니
而竇姬長男最長,	두희의 장남이 가장 연장이어서
立爲太子.	태자로 세웠다.
立竇姬爲皇后,	두희를 황후로 세우고
女嫖爲長公主.	딸인 표는 장공주가 되었다.
其明年,	그 이듬해에
立少子武爲代王,	작은 아들 무를 대왕으로 세우고
已而又徙梁,	얼마 후 또 양으로 옮기니
是爲梁孝王.	바로 양효왕이다.

竇皇后親蚤卒,	두태후의 양친은 일찍 죽어
葬觀津.[35]	관진에 장사지냈다.

---

34 **색은** 음은 표(疋消反)이다.

於是薄太后乃詔有司,	이에 박태후는 곧 유사에게 조칙을 내려
追尊竇后父爲安成侯,	두태후의 부친을 안성후에 추존하고
母曰安成夫人.	모친을 안성부인이라 하였다.
令清河置園邑二百家,	청하에 원읍 2백 호를 설치하게 하고
長丞奉守,	장과 승에게 삼가 지키게 하였는데
比靈文園法.	영문원의 법에 비견되었다.

竇皇后兄竇長君,[36]	두황후의 오빠는 두장군이고
弟曰竇廣國,	동생은 두광국인데
字少君.[37]	자가 소군이었다.
少君年四五歲時,	소군은 나이 4~5세 때
家貧,	집이 가난하여
爲人所略賣,	남에게 유괴되어 팔려 갔는데
其家不知其處.	집에서 그가 어디에 있는지 알지 못하였다.
傳十餘家,	10여 가를 전전하며 팔려
至宜陽,	의양에 이르렀는데
爲其主入山作炭,	그 주인을 위해 산에 들어가 숯을 만들었다.
(寒)[暮]臥岸下百餘人,	저녁에 언덕 아래 백여 명이 누워 있었는데
岸崩,	언덕이 무너져

35 **색은** 지우(摯虞)의 『결록(決錄)』 주에서는 "두태후(竇太后)의 부친은 어려서 진(秦)의 난리를 만나 몸을 숨기고 물고기를 낚다가 샘에 떨어져서 죽었다. 경제(景帝)가 즉위하자 태후는 사자를 보내어 부친이 떨어진 못을 메우고 큰 봉분을 관진성(觀津城) 남쪽에 쌓았는데 사람들이 두씨청산(竇氏青山)이라 한다."라 하였다.

36 **색은** 『결록(決錄)』에서는 건(建)의 자가 장군(長君)이라 하였다.

37 **정의** 『괄지지』에서는 말하였다. "두소군(竇少君)의 무덤은 기주(冀州) 무읍현(武邑縣) 동남쪽 27리 지점에 있다."

盡壓殺臥者,	누운 자들은 모두 깔려죽고
少君獨得脫,	소군만이 벗어날 수 있어서
不死.	죽지 않았다.
自卜數日當爲侯,	스스로 점을 쳐보았더니 며칠 만에 후가 되어
從其家之長安.[38]	그 집을 따라 장안에 간다고 하였다.
聞竇皇后新立,	두황후가 막 섰는데
家在觀津,	집이 관진에 있고
姓竇氏.	성이 두 씨라는 말을 들었다.
廣國去時雖小,	광국은 떠날 때 비록 어렸으나
識其縣名及姓,	그 현 및 성을 알았고
又常與其姊採桑墮,	또한 늘 그 누나와 뽕잎을 따서
用爲符信,	부신으로 삼았는데
上書自陳.	글을 올려 스스로 진술하였다.
竇皇后言之於文帝,	두황후가 문제에게 말하여
召見,	불러서 보고
問之,	물으니
具言其故,	옛일을 다 말하는데
果是.	과연 그랬다.
又復問他何以爲驗?	또 다시 그에게 어떻게 증명하겠는가? 물었다.
對曰:	대답하였다.
"姊去我西時,	"누님이 나를 떠나 서쪽으로 갈 때
與我決於傳舍中,[39]	나와 전사에서 헤어지면서
丐沐沐我,[40]	쌀뜨물을 구하여 내 머리를 감겨주었으며

38 **색은** 의양(宜陽)의 주인집을 따라 모두 장안(長安)에 간 것을 이른다.

請食飯我,	먹을 것을 청하여 나를 먹여주고서야
乃去."	떠났습니다."
於是竇后持之而泣,	이에 두태후가 손을 잡고 우니
泣涕交橫下.	눈물이 마구 떨어졌다.
侍御左右皆伏地泣,	좌우에서 모시던 자들이 모두 땅에 엎드려 울면서
助皇后悲哀.	함께 황후를 슬퍼해주었다.
乃厚賜田宅金錢,	이에 전택과 금전을 두터이 내리고
封公昆弟,	형제들을 공에 봉하고
家於長安.[41]	장안에서 살게 하였다.

絳侯·灌將軍等曰:	강후와 관장군 등은 말하였다.
"吾屬不死,	"우리 무리가 (여후에게) 죽지 않아
命乃且縣此兩人.	명이 이에 또 이 두 사람에게 달렸다.
兩人所出微,	두 사람은 출신이 미천하여
不可不爲擇師傅賓客,	스승을 가리고 빈객의 보좌를 받도록 하지 않을 수 없으니
又復效呂氏大事也."	또 다시 여 씨의 대사를 본받을 것이다."

---

39 **색은** 결(決)은 헤어지는 것이다. '傳'은 음이 전(轉)이다. 전사(傳舍)는 우정(郵亭)에서 전해가며 설치한 집이다. 아마 두후(竇后)가 처음 입궁하였을 때 전사에서 동생과 헤어진 것을 말할 것이다.

40 **색은** '丐'의 음은 개(蓋)이다. 개(丐)는 구걸하는 것이다. 목(沐)은 쌀뜨물이다. 후(后)가 쌀뜨물을 구걸하여와 동생의 머리를 감겨준 것이다.

41 **색은** 공(公)은 또한 조(祖)로 황후(皇后)와 조부가 같은 형제로, 두영(竇嬰)이 곧 황후의 형의 아들인 것에 견줄 수 있으며, 또한 장안(長安)에서 집을 얻었다. 그래서 유 씨(劉氏)는 말하기를 "공곤제(公昆弟)는 광국(廣國) 등을 말한다."라 하였다.

於是乃選長者士之有節行者與居.	이에 곧 장자 가운데 절개 있고 행실이 있는 자를 뽑아 함께 거처하게 하였다.
竇長君·少君由此爲退讓君子,	두장군과 소군은 이로 말미암아 겸손한 군자가 되어
不敢以尊貴驕人.	감히 존귀함으로 남에게 교만하게 굴지 않았다.

竇皇后病,	두황후는 병이 들어
失明.	시력을 잃었다.
文帝幸邯鄲慎夫人·尹姬,	문제는 한단의 신부인과 윤희를 총애하였는데
皆毋子.	모두 자식이 없었다.
孝文帝崩,	효문제가 죽고
孝景帝立,	효경제가 즉위하여
乃封廣國爲章武侯.[42]	이에 광국을 장무후에 봉하였다.
長君前死,	두장군이 앞서 죽었기 때문에
封其子彭祖爲南皮侯.[43]	그 아들 팽조를 남피후에 봉하였다.
吳楚反時,	오·초가 반기를 들었을 때
竇太后從昆弟子竇嬰,	두태후 종형제의 아들 두영이
任俠自喜,	임협들을 좋아하여
將兵,	군사를 거느리고
以軍功爲魏其侯.[44]	군공으로 위기후가 되었다.

42 **색은** 「지리지」에 의하면 현의 이름으로 발해(勃海)에 속한다. **정의** 『괄지지』에서는 말하였다. "창주(滄州) 노성현(魯城縣)이다."

43 **색은** 「지리지」에 의하면 현의 이름으로 발해(勃海)에 속한다. **정의** 『괄지지』에서는 말하였다. "옛 남피성(南皮城)은 창주(滄州) 남피현(南皮縣) 북쪽 4리 지점에 있으며 한(漢)의 남피현이다."

竇氏凡三人爲侯. 두 씨는 모두 세 사람이 후가 되었다.

竇太后好黃帝·老子言, 두태후가 황제와 노자의 말을 좋아하여

帝及太子諸竇不得不讀黃帝·老子,
황제 및 태자, 두 씨들도 어쩔 수 없이 황제와 노자를 읽어

尊其術. 그 학술을 높였다.

竇太后後孝景帝六歲(建元六年)崩,[45]
두태후는 효경제보다 6년 뒤에 죽었으며

合葬霸陵. 패릉에 합장되었다.

遺詔盡以東宮金錢財物賜長公主嫖.
동궁의 금전과 재물을 모두 장공주 표에게 내린다는 유조를 남겼다.

王太后,[46] 왕태후는

槐里人,[47] 괴리 사람으로

母曰臧兒. 모친은 장아라 하였다.

臧兒者, 장아는

故燕王臧荼孫也. 옛 연왕 장도의 손녀이다.

---

44 색은 「지리지」에 의하면 현의 이름으로 낭야(琅邪)에 속한다.

45 색은 무제(武帝) 건원(建元) 6년의 일일 것이며 이것이 옳다. 『한서』에는 "천광(元光)"으로 되어 있는데 잘못되었다.

46 색은 황보밀은 이름이 요(繇)라고 하였다. 음은 지(志)이다.

47 색은 「지리지」에 우부풍(右扶風) 괴리(槐里)가 있는데, 본명은 폐구(廢丘)이다. 정의 『괄지지』에서는 말하였다. "견구(犬丘)의 옛 성은 일명 괴리(槐里)라고도 하고 또한 폐구(廢丘)라고도 하는데 성은 옹주(雍州) 시평현(始平縣) 동남쪽 10리 지점에 있다."

臧兒嫁爲槐里王仲妻,	장아는 시집가서 괴리의 왕중의 아내가 되어
生男曰信,	사내를 낳았는데 신이라 하였으며
與兩女.[48]	또한 딸도 둘 있었다.
而仲死,	왕중이 죽자
臧兒更嫁長陵田氏,	장아는 장릉의 전 씨에게 개가하여
生男蚡·勝.	아들 분과 승을 낳았다.
臧兒長女嫁爲金王孫婦,	장아의 장녀는 시집가서 금씨의 손부가 되었으며
生一女矣,	1녀를 낳았는데
而臧兒卜筮之,	장아가 점을 쳐보니
曰兩女皆當貴.	두 딸이 모두 귀하게 될 것이라 하였다.
因欲奇兩女,[49]	이에 두 딸을 기화(奇貨)로 삼고자 하여
乃奪金氏.	이에 금 씨(에게 시집간 딸)를 빼앗았다.
金氏怒,	금 씨가 노하여
不肯予決,	순순히 이혼하지 않으려 하자
乃內之太子宮.	이에 딸을 태자궁에 들여보냈다.
太子幸愛之,	태자가 총애하여
生三女一男.	3녀 1남을 낳았다.
男方在身時,	바야흐로 사내를 가졌을 때
王美人夢日入其懷.	왕미인은 해가 품에 드는 꿈을 꾸었다.
以告太子,	그대로 태자에게 알렸더니
太子曰:	태자가 말하였다.
"此貴徵也."	"이는 귀하게 될 징조이다."

48 **색은** 곧 후(后) 및 아구(兒姁)이다.

49 **색은** 기(奇)는 기이하게 여기는 것이다. 『한서』에는 "의(倚)"로 되어 있다. 의(倚)는 기대는 것이다.

未生而孝文帝崩,	채 태어나기 전에 효문제가 죽었다.
孝景帝即位,	(태자가) 효경제로 즉위하고
王夫人生男.[50]	왕부인은 사내를 낳았다.
先是臧兒又入其少女兒姁,[51]	이에 앞서 장아는 또 작은 딸 아후를 들여보냈는데
兒姁生四男.[52]	아후는 4남을 낳았다.
景帝爲太子時,	경제가 태자였을 때
薄太后以薄氏女爲妃.	박태후는 박 씨의 딸을 비로 삼게 했다.
及景帝立,	경제가 즉위하자
立妃曰薄皇后.	비로 세워 박황후라 하였다.
皇后毋子,	황후는 자식이 없어
毋寵.	총애를 받지 못하였다.
薄太后崩,	박태후가 죽자
廢薄皇后.	박황후는 폐하여졌다.
景帝長男榮,	경제의 장남 영은
其母栗姬.	모친이 율희이다.
栗姬,	율희는
齊人也.	제 사람이다.

50 색은 곧 무제(武帝)이다. 『한무고사(漢武故事)』에서는 "제(帝)는 을유년 7월 모일 의란전(猗蘭殿)에서 났다."라 하였다.

51 색은 음은 후(況羽反)이다.

52 색은 광천왕 월(廣川王越)과 교동왕 기(膠東王寄), 청하왕 승(清河王乘), 상산왕 순(常山王舜)을 이른다.

立榮爲太子.	영을 태자로 세웠다.
長公主嫖有女,	장공주 표에게는 딸이 있었는데
欲予爲妃.	주어서 비로 삼고자 하였다.
栗姬妒,	율희는 투기가 심하였으며
而景帝諸美人皆因長公主見景帝,	경제의 미인들이 모두 장공주를 통하여 경제를 뵙고
得貴幸,	귀하여져 총애를 받고
皆過栗姬,[53]	모두 율희보다 낫게 되자
栗姬日怨怒,	율희는 날로 원망하고 노하여
謝長公主,	장공주에게 사절을 표명하였으나
不許.	허락이 내려지지 않았다.
長公主欲予王夫人,	장공주는 (딸을) 왕부인(의 아들)에게 주려 하였으나
王夫人許之.	왕부인이 허락지 않았다.
長公主怒,	장공주는 노하여
而日讒栗姬短於景帝曰:	날마다 경제에게 율희의 단점을 참소하여 말하였다.
“栗姬與諸貴夫人幸姬會,	“율희는 귀부인 총희들과 만나
常使侍者祝唾其背,	늘 모시는 자로 하여금 그 등에 저주하고 침을 뱉게 하여
挾邪媚道.”	간사하고 아첨하는 도를 끼고 있습니다.”
景帝以故望之.[54]	경제는 이 때문에 그녀(율희)를 원망하게 되었다.

53 색은 ‘過’의 음은 과(戈)이다. 넘은 것을 이른다.

54 색은 망(望)은 책망(責望)과 같으며, 원한 하는 것을 이른다.

景帝嘗體不安,	경제가 일찍이 체후가 편안치 못하고
心不樂,	마음이 즐겁지 않아
屬諸子爲王者於栗姬,	율희에게 왕이 된 아들들을 부탁하며
曰:	말하였다.
“百歲後,	“내가 죽은 후
善視之.”	잘 돌봐주시오.”
栗姬怒,	율희는 노하여
不肯應,	대꾸를 하지 않으려 했고
言不遜.	말이 불손하였다.
景帝恚,	경제는 성이 났으나
心嗛之而未發也.[55]	마음속에 담아두고 발설하지 않았다.

長公主日譽王夫人男之美,	장공주는 날마다 왕부인의 아들이 훌륭하다고 칭찬하였고
景帝亦賢之,	경제도 훌륭하게 여겼으며
又有曩者所夢日符,	또한 지난번의 해 꿈과도 맞아떨어졌으나
計未有所定.	아직 결정을 내리려 하지는 않았다.
王夫人知帝望栗姬,	왕부인은 황제가 율희를 원망하여
因怒未解,	노여움이 아직 풀리지 않은 것을 알고
陰使人趣大臣立栗姬爲皇后.	몰래 사람을 보내어 대신들에게 율희를 황후로 세우도록 재촉하였다.
大行奏事[56]畢,	대행이 주청하는 일을 끝내고
曰:	말하였다.

55 색은 ‘嗛’의 음은 함(銜)이다. 함(銜)은 한을 머금는 것을 이른다.

56 색은 대행(大行)은 예관(禮官)이다. ‘行’의 음은 형(衡)이다.

"'子以母貴,	"'자식은 어머니 때문에 귀하여지고
母以子貴',[57]	어머니는 자식 때문에 귀하여진다.'라 하였는데
今太子母無號,	지금 태자의 모친은 호가 없으니
宜立爲皇后."	황후로 세워야 할 것입니다."
景帝怒曰:	경제가 노하여 말하였다.
"是而所宜言邪!"	"이것이 네가 할 말이냐!"
遂案誅大行,	마침내 대행의 죄를 밝혀 죽이고
而廢太子爲臨江王.	태자를 임강왕으로 폐하였다.
栗姬愈恚恨,	율희는 더욱 성이 나 원망하였으며
不得見,	만나지 못하게 되어
以憂死.	근심하다 죽었다.
卒立王夫人爲皇后,	마침내 왕부인을 황후로 세우고
其男爲太子,	그 아들을 태자로 삼고
封皇后兄信爲蓋侯.[58]	황후의 오빠 신을 개후에 봉하였다.

景帝崩,	경제가 죽고
太子襲號爲皇帝.	태자가 황제의 호칭을 이었다.
尊皇太后母臧兒爲平原君.[59]	황태후의 모친 장아를 평원군으로 높였다.
封田蚡爲武安侯,[60]	전분을 무안후에 봉하고
勝爲周陽侯.[61]	승은 주양후가 되었다.

57 **색은** 『공양전(公羊傳)』의 말이다.

58 **색은** 「지리지」에 의하면 개현(蓋縣)은 태산(太山)에 속한다.

59 **정의** 덕주현(德州縣)이다.

60 **색은** 「지리지」에 의하면 현 이름으로 위군(魏郡)에 속한다. **정의** 『괄지지』에서는 말하였다. "무안(武安)의 옛 성은 낙주(洛州) 무안현(武安縣) 서남쪽 7리 지점에 있으며, 육국 때는 조의 읍이었고 한(漢)의 무안현 성이다."

景帝十三男,	경제는 13남을 두었는데
一男爲帝,	하나는 황제가 되고
十二男皆爲王.	12남은 모두 왕이 되었다.
而兒姁早卒,	그리고 아후는 일찍 죽었지만
其四子皆爲王.	그 네 아들은 모두 왕이 되었다.
王太后長女號曰平陽公主,[62]	왕태후의 장녀는 평양공주라 하였고,
次爲南宮公主,[63]	다음은 남궁공주,
次爲林慮公主.[64]	다음은 임려공주이다.

蓋侯信好酒.	개후 신은 술을 좋아하였다.
田蚡·勝貪,	전분과 승은 탐욕스러웠으며
巧於文辭.	문사를 잘 지었다.
王仲蚤死,	왕중은 일찍 죽어
葬槐里,	괴리에 장사지내고
追尊爲共侯,	공후에 추존되었다.
置園邑二百家.	원읍 2백 호를 설치하였다.
及平原君卒,	평원군이 죽자
從田氏葬長陵,	전씨를 따라 장릉에 장사지내고
置園比共侯園.	공후원에 비견되는 원을 설치하였다.

---

61 **색은** 「지리지」에 의하면 현 이름으로 상군(上郡)에 속한다. **정의** 『괄지지』에서는 말하였다. "주양(周陽)의 옛 성은 강주(絳州) 문희현(聞喜縣) 동쪽 29리 지점에 있다."

62 **정의** 『괄지지』에서는 말하였다. "평양(平陽)의 옛 성은 곧 진주성(晉州城) 서쪽에 있고, 지금의 평양 옛 성은 동쪽이다. 「성기(城記)」에서는 요(堯)가 쌓았다고 하였다."

63 **정의** 남궁(南宮)은 기주현(冀州縣)이다.

64 **색은** 현 이름으로 하내(河內)에 속한다. 본명은 융려(隆慮)이며, 상제(殤帝)의 휘를 피하여 임려(林慮)로 고쳤다. '慮'의 음은 여(廬)이다. **정의** 임려는 상주현(相州縣)이다.

而王太后後孝景帝十六歲,	왕태후는 효경제보다 16년 뒤인
以元朔四年崩,	원삭 4년에 죽어
合葬陽陵.[65]	양릉에 합장되었다.
王太后家凡三人爲侯.	왕태후의 가문에서는 모두 3명이 후가 되었다.

衛皇后字子夫,	위황후의 자는 자부인데
生微矣.	출생 성분이 미천하였다.
蓋其家號曰衛氏,[66]	대체로 그 집안은 위씨라 불렸는데
出平陽侯邑.[67]	평양후의 읍 출신이다.
子夫爲平陽主謳者.	자부는 평양공주의 가수였다.
武帝初即位,	무제는 막 즉위하여
數歲無子.	수년간 자식이 없었다.
平陽主求諸良家子女十餘人,	평양공주는 양가의 자녀 10여 인을 구하여
飾置家.	꾸며서 집에 두었다.
武帝祓[68]霸上還,	무제는 패상에서 불제(祓除)를 지내고 돌아오다가
因過平陽主.	평양공주(의 집)에 들르게 되었다.

---

65 **정의** 『괄지지』에서는 말하였다. "양릉(陽陵)은 옹주(雍州) 함양현(咸陽縣) 동쪽 40리 지점에 있다."

66 **정의** 「위청전(衛青傳)」에서는 말하였다. "그 부친 정계는 소리(小吏)로 평양후(平陽侯)의 집에서 일을 하면서 평양후의 첩인 위온(衛媼)과 사통하여 위청을 낳았으므로 위 씨 성을 가탁하였다."

67 **집해** 서광은 말하였다. "평양후(平陽侯) 조수(曹壽)는 평양공주(平陽公主)의 배필이다."

68 **집해** 서광은 말하였다. "3월 상사(上巳)일에 물가에 가서 푸닥거리를 하는 것을 일러 계(禊)라고 한다. 「여씨본기(呂后本紀)」에서도 '3월에 불제를 지내고 돌아오면서 지도(軹道)에 들렀다.'라 하였다. 아마 '유(游)' 자와 비슷하기 때문에 혹 그렇게 정한 것일 것이다." **색은** 소림(蘇林)은 음이 폐(廢)라고 하였으며, 지금은 또한 음이 불(拂)이라고도 하는데, 불계(祓禊)하는 것을 이르며, 물에서 유영하면서 스스로 깨끗하게 하므로 불제(祓除)라고 한다.

主見所侍美人.	공주는 시중드는 미인을 보여주었다.
上弗說.	상은 좋아하지 않았다.
既飮,	술을 마시고
謳者進,	가수가 들어섰는데
上望見,	상은 바라보고
獨說衛子夫.	위자부만 좋아하였다.
是日,	이날
武帝起更衣,	무제가 일어나 옷을 갈아입을 때
子夫侍尚衣軒中,	위자부가 모셨는데 옷을 갈아입는 수레에서
得幸.[69]	총애를 받았다.
上還坐,	상은 자리로 돌아와
驩甚.	매우 기뻐하며
賜平陽主金千斤.	평양공주에게 금 천 근을 내렸다.
主因奏子夫奉送入宮.	공주는 이에 위자부를 삼가 보내어 입궁시키도록 아뢰었다.
子夫上車,	위자부가 수레에 오르자
平陽主拊其背曰:	평양공주는 그 등을 토닥거리며 말하였다.
"行矣,	"가거라,
彊飯,	억지로라도 먹고
勉之!	힘쓸지어다!
即貴,	귀하여지면
無相忘."	잊지 말도록 하자."
入宮歲餘,	입궁하여 한 해 남짓 되도록

69 **정의** 상(尚)은 주관하는 것이다 옷을 주관하는 수레 안에서 총애를 얻은 것이다.

竟不復幸. 결국 다시 총애를 받지 못하였다.

武帝擇宮人不中用者, 무제는 궁인 가운데 쓰이지 않는 궁인들을 가려

斥出歸之. 내보내어 돌려보냈다.

衛子夫得見, 위자부는 뵙게 되자

涕泣請出. 눈물을 흘리며 나가기를 청했다.

上憐之, 상이 불쌍히 여겨

復幸, 다시 총애하여

遂有身, 마침내 회임하니

尊寵日隆. 높이고 총애함이 날로 성해졌다.

召其兄衛長君弟靑爲侍中. 그의 오빠 위장군과 동생 청을 불러 시중으로 삼았다.

而子夫後大幸, 위자부는 나중에 큰 은총으로

有寵, 총애를 받아

凡生三女[70]一男. 모두 3녀 1남을 낳았다.

男名據.[71] 아들의 이름은 거이다.

初, 처음

上爲太子時, 상이 태자였을 때

娶長公主女爲妃. 장공주의 딸을 아내로 맞아 비로 삼았다.

立爲帝, 황제로 즉위하자

妃立爲皇后, 비는 황후로 섰는데

姓陳氏,[72] 성이 진 씨였고

70 색은 제읍(諸邑)과 석읍(石邑) 및 위장공주(衛長公主)는 나중에 당리공주(當利公主)로 봉해졌다.

71 색은 곧 여태자(戾太子)이다.

無子.	아들이 없었다.
上之得爲嗣,	상이 후사가 될 수 있었던 것은
大長公主有力焉,[73]	대장공주가 힘을 썼기 때문이었다.
以故陳皇后驕貴.	그런 까닭에 진황후는 교만하고 현귀하여졌다.
聞衛子夫大幸,	위자부가 크게 총애를 받는다는 말을 듣고
恚,	성이 나
幾死者數矣.	죽을 뻔한 것이 몇 차례나 되었다.
上愈怒.	상은 더욱 노하였다.
陳皇后挾婦人媚道,	진황후는 부인의 무고(巫蠱) 사술을 행하다
其事頗覺,	그 일이 발각되어
於是廢陳皇后,[74]	이에 진황후를 폐하고
而立衛子夫爲皇后.	위자후를 황후로 세웠다.

陳皇后母大長公主,	진황후의 모친 대장공주는
景帝姊也,	경제의 누나로
數讓武帝姊平陽公主曰:	무제의 누나 평양공주를 수차례나 책망하여 말하였다.

---

72 **색은** 『한무고사』에서는 "후(后)의 이름은 아교(阿嬌)"라 하였으니 곧 장공주(長公主) 표(嫖)의 딸이다. 증조부 영(嬰)은 당읍후(堂邑侯)이며, 부친인 오(午)까지 전하여 장공주의 배필이 되어 후를 낳았다.

73 **집해** 서광은 말하였다. "곧 경제(景帝)의 누나 표(嫖)이다."

74 **색은** 『한서』에서는 "여자 초복(楚服) 등이 앉아 황후에게 저주를 해댔는데 대역무도하여 연좌되어 죽은 자가 3백 명이나 되었다."라 하였으며, 이에 후를 폐하여 장문궁(長門宮)에 거처하게 하였다. 그러므로 사마상여(司馬相如)의 부(賦)에서 이르기를 "진황후(陳皇后)는 떨어져 장문궁에 있으면서 원한과 번민에 슬픈 생각에 잠겨 황금 백 근을 가지고 상여(相如)에게 술을 사주어 이에 송가(頌歌)를 지어 연주하였으며 황후를 다시 친히 가까이하여 총애하였다."라 하였다. 송(頌)을 지은 일은 사실이지만 다시 가까이하여 총애하였다는 말은 사실이 아닐 것이다.

"帝非我不得立,	"황제는 내가 아니면 즉위할 수 없었는데
已而棄捐吾女,	얼마 안 가 내 딸을 내쳤으니
壹何不自喜而倍本乎!"	이 얼마나 스스로 기뻐하지 않고 근본을 저버린 것인가!"
平陽公主曰:	평양공주가 말하였다.
"用無子故廢耳."	"아이가 없기 때문에 폐하여진 것일 따름입니다."
陳皇后求子,	진황후는 아들을 갖고자 하여
與醫錢凡九千萬,	의원에게 모두 9천만 전이나 되는 돈을 주었지만
然竟無子.	끝내 아들이 없었다.

衛子夫已立爲皇后,	위자부가 이윽고 황후로 섰을 때
先是衛長君死,	이에 앞서 위장군이 죽어
乃以衛靑爲將軍,	이에 위청이 장군이 되어
擊胡有功,	호를 쳐서 공을 세워
封爲長平侯.[75]	장평후에 봉하여졌다.
靑三子在襁褓中,	청의 세 아들은 포대기에 있을 때
皆封爲列侯.	모두 열후에 봉하여졌다.
及衛皇后所謂姊衛少兒,	위황후의 이른바 언니는 위소아로
少兒生子霍去病,	소아는 곽거병을 낳았는데
以軍功封冠軍侯,[76]	군공으로 관군후에 봉하여졌으며
號驃騎將軍.	표기장군으로 불렸다.
靑號大將軍.	위청은 대장군으로 불렸다.

75 색은 「지리지」에는 현 이름이며 여남에 속한다고 하였다.

76 색은 자부(子夫)의 언니 소아(少兒)의 아들 거병(去病)이 봉해진 것이다. 「지리지」에 의하면 관군(冠軍)은 하양(河陽)에 속한다.

立衛皇后子據爲太子.	위황후의 아들 거를 태자로 세웠다.
衛氏枝屬以軍功起家,	위씨 일파의 족속은 군공으로 집안을 일으켜
五人爲侯.	5명이 후가 되었다.

及衛后色衰,	위후의 외모가 시들자
趙之王夫人[77]幸,	조의 왕부인이 총애를 받아
有子,	아들을 낳았는데
爲齊王.	제왕이 되었다.

王夫人蚤卒.	왕부인은 일찍 죽었다.
而中山李夫人[78]有寵,	그리고 중산의 이부인이 총애를 받아
有男一人,	사내를 하나 낳았는데
爲昌邑王.[79]	창읍왕이 되었다.

李夫人蚤卒,[80]	이부인은 일찍 죽었으며
其兄李延年以音幸,	그 오빠인 이연년이 음률로 총애를 받아
號協律.	협률로 불렸다.
協律者,	협률은
故倡也.	옛날의 배우이다.
兄弟皆坐姦,	형제가 모두 간음죄에 연좌되어

---

77 **색은** 제왕(齊王) 굉(閎)을 낳았다.

78 **색은** 창읍(昌邑)의 애왕박(哀王髆)을 낳았다.

79 **정의** 이름은 하(賀)이다.

80 **색은** 이연년(李延年)의 여동생이다. 『한서』에서는 "황제가 애도하자 이소옹(李少翁)이 그 형상을 만들어 바쳤고 황제는 부(賦)를 지었다."라 하였다. 이 『사기』에서는 왕부인(王夫人)이 가장 총애를 받아 무제(武帝)가 애도하고 아꼈다고 생각하였다. 『신론(新論)』에서도 『사기』와 마찬가지로 왕부인이라고 생각하였다.

族. 멸족되었다.

是時其長兄廣利爲貳師將軍, 이때 그녀의 큰 오빠 광리는 이사장군이 되어

伐大宛, 대원을 정벌하느라

不及誅, 미처 죽임을 당하지 않았는데

還, 돌아왔을 때

而上既夷李氏, 상은 이미 이 씨들을 멸족시켰으며

後憐其家, 나중에 그 가문을 측은히 여겨

乃封爲海西侯.[81] 이에 해서후에 봉하였다.

他姬子二人爲燕王 · 廣陵王.[82]
다른 희첩의 두 아들은 연왕과 광릉왕이다.

其母無寵, 그 어미는 사랑을 받지 못하여

以憂死. 근심으로 죽었다.

及李夫人卒, 이부인이 죽고

則有尹婕妤之屬, 윤첩여의 무리들이

更有寵. 번갈아 총애를 받았다.

然皆以倡見, 그러나 모두 창우(倡優)로 뵈어

非王侯有土之士女, 왕후의 봉토를 가진 여인이 아니어서

不可以配人主也. 인주의 배필이 될 수가 없었다.

褚先生曰:[83] 저선생은 말한다.

---

81 정의 한무제(漢武帝)가 이광리(李廣利)에게 대원(大宛)을 정벌하게 하였으며, 나라가 서해(西海)에 가까우므로 해서후(海西侯)라고 불렀다.

82 색은 『한서』에서는 이희(李姬)가 광릉왕(廣陵王) 서(胥)와 연왕(燕王) 단(旦)을 낳았다고 하였다.

83 정의 이는 원성(元成) 연간에 저소손(褚少孫)이 이어서 쓴 것일 것이다.

臣爲郎時,	신이 낭이었을 때
問習漢家故事者鍾離生.	한 왕가의 고사에 익숙한 종리생에게 물었다.
曰:	말했다.
王太后在民閒時所生(子)[一]女者,[8]	왕태후는 민간에 있을 때 딸을 하나 낳았는데
父爲金王孫.	아버지는 금왕손이었다.
王孫已死,	금왕손은 이미 죽었고
景帝崩後,	경제가 죽은 후에
武帝已立,	무제가 이미 즉위하였을 때
王太后獨在.	왕태후 혼자 살아 있었다.
而韓王孫名嫣素得幸武帝,	한왕의 손자는 이름이 언으로 평소에 무제의 총애를 받아
承閒白言太后有女在長陵也	틈을 타 태후에게 딸이 있는데 장릉에 있다고 아뢰었다.
武帝曰:	무제가 말하였다.
"何不蚤言!"	"어찌하여 일찍 말하지 않았는가!"
乃使使往先視之,	이에 사람을 보내어 가서 먼저 보게 하였더니
在其家.	집에 있었다.
武帝乃自往迎取之.	무제는 이에 직접 가서 맞이하여 취하였다.
蹕道,	길을 깨끗이 치우고
先驅旄騎出橫城門,[85]	먼저 깃발을 든 기병을 몰아 횡성문을 나서게 하고

84 집해 서광은 말하였다. "이름은 속(俗)이다." 정의 나중에 수성군(修成君)에 봉하여졌다.

85 집해 여순(如淳)은 말하였다. "'橫'의 음은 광(光)이다. 『삼보황도(三輔黃圖)』에서는 북쪽을 보는 서쪽 어귀의 문이라고 하였다." 정의 『괄지지』에서는 말하였다. "위교(渭橋)의 본명은 횡교(橫橋)로, 위수(渭水)에 놓여 있으며 옹주(雍州) 위양현(咸陽縣) 동남쪽 22리 지점에 있다." 이 다리는 문을 마주하고 있다.

乘輿馳至長陵.	수레를 타고 달려 장릉에 이르렀다.
當小市西入里,	작은 저자의 서쪽에서 마을로 들어갔는데
里門閉,	마을의 문이 닫겨
暴開門,	급작스레 문을 열고
乘輿直入此里,	수레를 타고 곧장 이 마을로 들어가
通至金氏門外止,	길을 틔워 금 씨의 문 밖에 이르러 멈추었으며
使武騎圍其宅,	무장 기병에게 그 집을 에워싸게 하였는데
爲其亡走,	도망쳐 달아나
身自往取不得也.	몸소 직접 갔는데도 만나지 못할까 해서였다.
即使左右群臣入呼求之.	즉시 좌우의 신하들에게 들어가서 불러 찾게 하였다.
家人驚恐,	집의 사람들은 놀라 두려워하였고
女亡匿內中床下.	여인들은 도망쳐 내실의 침대 아래로 숨었다.
扶持出門,	부축하여 잡고 문을 나서
令拜謁.	배알하게 하였다.
武帝下車泣曰:	무제가 수레에서 내려 눈물을 흘리며 말하였다.
"嚄![86]	"아이고!
大姊,	큰누님,
何藏之深也!"	어찌 이리 깊이 숨었소!"
詔副車載之,	부거에 태우게 하고
迴車馳還,	수레를 돌려 달려 돌아와
而直入長樂宮.	곧장 장락궁으로 들어갔다.

86 **색은** 음은 획(烏百反)이다. 놀라서 괴이히 여기는 말일 것일 따름이다. **정의** 획(嚄)은 외침으로, 할 말을 잃어 놀라는 모양이다.

行詔門著引籍,[87]　문에 조칙으로 통행증을 써놓으라 하여

通到謁太后.　태후에게 이르러 뵙게 하였다.

太后曰:　태후가 말하였다.

"帝倦矣,　"황제에게 번거로움을 끼쳤소,

何從來?"　어디에서 왔소?"

帝曰:　황제가 말하였다.

"今者至長陵得臣姊,　"지금 장릉까지 이르러 신의 누나를 찾아

與俱來."　함께 왔습니다."

顧曰:　돌아보며 말하였다.

"謁太后!"　"태후께 인사를 올려라."

太后曰:　태후가 말하였다.

"女某邪?"　"네가 아무개냐?"

曰:　말하였다.

"是也."　"그렇습니다."

太后爲下泣,　태후는 눈물을 흘렸고

女亦伏地泣.　여인 또한 땅에 엎드려 눈물을 흘렸다.

武帝奉酒前爲壽,　무제가 술을 받들고 나아가 축수를 하고

奉錢千萬,　삼가 천만 전과

奴婢三百人,　노비 3백 명,

公田百頃,　공전 백 경,

甲第,　호화 주택을

以賜姊.　누나에게 내렸다.

---

87 **정의** 무제(武帝)가 노상에서 문을 시키는 사람에게 조령으로 통행증을 발급하게 하여 태후가 있는 곳으로 끌어들여 이르게 하는 것이다.

太后謝曰: 태후가 고마워하며 말하였다.

"爲帝費焉." "황제께 돈을 쓰게 했구려."

於是召平陽主·南宮主·林慮主三人俱來謁見姊, 이에 평양공주와 남궁공주, 임려공주 세 사람을 불러 함께 언니를 보게 하고

因號曰脩成君. 수성군으로 불렀다.

有子男一人, 자식은 아들 하나와

女一人. 딸 하나가 있었다.

男號爲脩成子仲,[88] 아들은 수성자중이라 불렀고

女爲諸侯王王后.[89] 딸은 제후왕의 왕후가 되었다.

此二子非劉氏, 이 두 사람은 유 씨가 아니어서

以故太后憐之. 그로 인해 태후가 불쌍하게 여겼다.

脩成子仲驕恣, 수성자중은 교만방자하여

陵折吏民, 관리와 백성을 능멸하고 속여

皆患苦之. 모두 근심하고 괴롭게 여겼다.

衛子夫立爲皇后, 위자부가 황후로 서자

后弟衛青字仲卿, 후의 동생 위청은 자가 중경인데

以大將軍封爲長平侯. 대장군으로 장평후에 봉하여졌다.

四子, 네 아들이 있었는데

長子伉爲侯世子, 장자 항은 장평후의 세자이다.

侯世子常侍中, 후의 세자는 늘 (무제의) 시중을 들어

---

88 **색은** 금 씨(金氏) 생질로 수성군(修成君)의 아들이다. 이름을 중(仲)이라 한 것은 또한 대외조(大外祖) 왕 씨(王氏)의 자와 같은데 아마 아닐 것이다.

89 **집해** 서광은 말하였다. "시집가서 회남왕(淮南王) 안(安)의 태자비(太子妃)가 되었다."

貴幸. 총애를 받았다.

其三弟皆封爲侯, 그의 세 아우는 모두 후에 봉하여져

各千三百戶, 각각 천 삼백 호의 채읍을 받았으며

一曰陰安侯,[90] 첫째(동생)는 음안후라 하였고.

二曰發干侯,[91] 둘째는 발간후,

三曰宜春侯,[92] 셋째는 의춘후라 하였는데

貴震天下. 부귀가 천하를 뒤흔들었다.

天下歌之曰: 천하에서 노래하였다.

"生男無喜, "아들 낳았다고 기뻐하지 말고

生女無怒, 딸 낳았다고 노하지 말지니

獨不見衛子夫霸天下!" 위자부가 천하의 패권을 잡은 것도 보지 못하였는가!"

是時平陽主寡居, 이때 평양공주는 남편을 잃고 홀로 거처하여

當用列侯尙主. 열후로 배필을 삼아야 했다.

主與左右議長安中列侯可爲夫者, 공주는 좌우와 장안의 열후 가운데 남편감으로 괜찮은 자를 논하였는데

---

90 **색은** 이름은 불의(不疑)다. 「지리지」에서는 현 이름이고 위군(魏郡)에 속한다고 하였다. **정의** 『괄지지』에서는 말하였다. "음안(陰安)의 옛 성은 위주(魏州) 돈구현(頓丘縣) 북쪽 60리 지점이다."

91 **색은** 이름은 등(登)이다. 「지리지」에서는 현 이름이고 동군(東郡)에 속한다고 하였다. **정의** 『괄지지』에서는 말하였다. "발간(發干)의 옛 성은 박주(博州) 당읍현(堂邑縣) 서남쪽 23리 지점에 있다."

92 **색은** 이름은 항(伉)이다. 「지리지」에서는 의춘(宜春)은 현 이름이고 여남(汝南)에 속한다고 하였다. **정의** 『괄지지』에서는 말하였다. "의춘의 옛 성은 예주(豫州) 여양현(汝陽縣) 서쪽 67리 지점에 있다."

皆言大將軍可.	모두 대장군이 괜찮다고 하였다.
主笑曰:	공주가 웃으며 말하였다.
"此出吾家,	"이 사람은 우리 가문 출신으로
常使令騎從我出入耳,	늘 말을 타고 내가 드나드는 것을 따르게 했을 따름이니
柰何用爲夫乎?"	어찌 남편으로 삼겠는가?"
左右侍御者曰:	좌우에서 모시는 자들이 말하였다.
"今大將軍姊爲皇后,	"지금 대장군은 누나가 황후이고
三子爲侯,	세 아들은 후로
富貴振動天下,	부귀가 천하를 뒤흔드는데
主何以易之乎?"	공주께서 어찌 그를 쉽게 보십니까?"
於是主乃許之.	이에 공주가 허락하였다.
言之皇后,	황후에게 말하고
令白之武帝,	무제에게 아뢰게 하여
乃詔衛將軍尚平陽公主焉.	이에 위장군이 평양공주의 배필이 되는 것을 허락하였다.

褚先生曰:	저선생은 말한다.
丈夫龍變.	대장부는 용으로 변한다.
傳曰:	『전』에서는 말하였다.
"蛇化爲龍,	"뱀이 용으로 변하면
不變其文;	그 무늬가 변하지 않으며,
家化爲國,	집이 나라가 되면
不變其姓."	그 성이 변하지 않는다."
丈夫當時富貴,	대장부가 때를 만나 부귀해지면

百惡滅除,	모든 악이 없어지고
光耀榮華,	영화가 빛을 발할 것이니
貧賤之時何足累之哉!	빈천하였을 때가 어찌 족히 누가 되겠는가!

武帝時,	무제 때
幸夫人尹婕妤.[93]	부인 윤첩여를 총애하였다.
邢夫人號娙娥,[94]	형부인은 형아로 불렸는데
衆人謂之"娙何".	사람들은 "형하"라 하였다.
娙何秩比中二千石,[95]	형하의 녹봉은 중이천석에 상당하고
容華秩比二千石,[96]	용화는 녹봉이 이천석에 상당하였으며

---

93 색은 위소는 "첩(婕)은 잇는다는 뜻이고, 여(妤)는 돕는다는 뜻이다."라 하였다. 어떤 사람은 "예쁘고 아름다운 것이다."라 하였다. 『성류(聲類)』에서는 총애 받는 것이며, 글자도 녀(女) 자를 따른다라 하였다. 『한구의(漢舊儀)』에서는 말하기를 "황후(皇后)와 첩여(婕妤)가 수레에서 내리면 예가 승상에 비견된다."

94 색은 복건(服虔)은 말하였다. "'娙'의 음은 연(妍)에 가깝다." 서광은 음이 영(五耕反)이라 하였다. 추탄생(鄒誕生)은 음이 경(莖)이라 하였다. 『자림(字林)』에서는 음이 영(五經反)이라 하였다. 『설문(說文)』에서는 말하였다. "형(娙)은 뛰어난 것이며 아름다운 것이다." 허신(許慎)은 말하였다. "진(秦)과 진(晉) 일대에서는 아름다운 것을 형(娙)이라 하였다." 또한 『방언(方言)』에서는 말하였다. "아름다운 모습을 아(娥)라 한다." 『한구의(漢舊儀)』에서는 "형아(娙娥)는 녹봉이 장군(將軍), 어사대부(御史大夫)에 상당한다."

95 색은 최호(崔浩)는 말하였다. "중(中)은 만(滿)과 같다. 한(漢)의 제도에 구경(九卿) 이상은 녹봉이 1년에 만(滿) 2천 곡(斛)이었다." 또한 『한관의(漢官儀)』에서는 말하였다. "중이천석(中二千石)의 녹봉은 월 180곡(斛)이다."

96 색은 이천석(二千石)은 군수(郡守)의 녹봉[秩]이다. 『한관의(漢官儀)』에서는 말했다. "그 녹봉이 월 120곡(斛)이다." 또 진이천석(真二千石)이란 것이 있는데, 여순은 말하기를 "제후왕의 상(相)으로 군수의 위에 있으면 녹봉이 진이천석이다."라 하였다. 『한률(漢律)』에 진이천석의 녹봉은 월 2만이다. 이에 의하면 2만 두(斗)이니 2만 두면 또한 이천석이다. 최호는 말하기를 "열경(列卿) 이상은 녹봉이 모두 정이천석(正二千石)이다."라 하였다. 이에 의하면 진이천석이다. 중이천석 또한 이천에 차지 않는데 아마 1천 8,9백일 것이다. 이 최 씨의 설을 지금 겸하여 인용하여 해석하였다.

婕妤秩比列侯.	첩여는 녹봉이 열후에 상당하였다.
常從婕妤遷爲皇后.	통상 첩여에서 황후로 옮겨간다.
尹夫人與邢夫人同時並幸,	윤부인과 형부인이 동시에 총애를 받자
有詔不得相見.	조칙으로 서로 만나지 못하게 되었다.
尹夫人自請武帝,	윤부인이 무제에게 자청하여
願望見邢夫人,	형부인을 만나기를 바라자
帝許之.	황제가 허락하였다.
即令他夫人飾,	즉시 다른 부인을 꾸미게 하여
從御者數十人,	시중드는 자 수십 명을 딸려
爲邢夫人來前.	형부인이라 하고 앞으로 오게 했다.
尹夫人前見之,	윤부인이 앞에서 보고
曰:	말하였다.
"此非邢夫人身也."	"이는 형부인의 몸이 아닙니다."
帝曰:	황제가 말하였다.
"何以言之?"	"어떻게 그런 말을 하오?"
對曰:	대답하였다.
"視其身貌形狀,	"몸의 모양과 형상을 보면
不足以當人主矣."	인주를 당하기에는 부족합니다."
於是帝乃詔使邢夫人衣故衣,	이에 황제는 곧 형부인에게 옛 옷을 입히게 하여
獨身來前.	단신으로 나오게 했다.
尹夫人望見之,	윤부인이 바라보고
曰:	말하였다.
"此真是也."	"이 사람이 진짜 형부인입니다."
於是乃低頭俛而泣,	이에 곧 고개를 떨구고 몸을 숙이며 울었는데

自痛其不如也. 스스로 그보다 못함을 통한하였다.

諺曰: 속담에 이런 말이 있다.

"美女入室, "미녀가 방에 들어오면

惡女之仇." 추녀의 원수가 된다."

褚先生曰: 저선생은 말한다.

浴不必江海, 몸을 씻는 것은 꼭 강과 바다일 필요가 없고

要之去垢; 요는 때를 없애는 것이다.

馬不必騏驥, 말은 꼭 기와 기 같은 천리마일 필요가 없고

要之善走; 요는 잘 달리는 것이며,

士不必賢世, 사는 꼭 세상에 현명하다는 평판을 받을 필요가 없고

要之知道; 요컨대 도를 알아야 하며,

女不必貴種, 여인은 꼭 출신이 귀할 필요가 없으니

要之貞好. 요컨대 정숙하고 아름다워야 한다.

傳曰: 『전』에서는 말하였다.

"女無美惡, "여인은 아름답고 추하고 할 것 없이

入室見妒; 방에 들어가면 시기를 받게 되고,

士無賢不肖, 사는 현명하고 불초하고 할 것 없이

入朝見嫉." 조정이 들어가면 질투를 받게 된다."

美女者, 미녀는

惡女之仇. 추녀의 원수이다.

豈不然哉! 어찌 그렇지 않겠는가!

鉤弋夫人[97]姓趙氏,[98] 구익부인은 성이 조 씨인데

河間人也. 하간 사람이다.

得幸武帝,	무제의 총애를 받아
生子一人,	아들을 하나 낳았는데
昭帝是也.	바로 소제이다.
武帝年七十,	무제는 나이 일흔에
乃生昭帝.	소제를 낳았다.
昭帝立時,	소제가 즉위하였을 때는
年五歲耳.[99]	나이가 고작 5세였다.

衛太子廢後,	위태자는 폐위된 후
未復立太子.	더 이상 태자로 서지 못하였다.
而燕王旦上書,	연왕 단이 글을 올려
願歸國入宿衛.	국도로 돌아와 숙위하길 바랐다.
武帝怒,	무제가 노하여
立斬其使者於北闕.	북궐에서 그 사자를 즉시 참수하였다.

---

97 색은 부인의 성은 조(趙)이고 하간(河閒) 사람이다. 『한서』에서는 말하였다. "무제가 하간을 지나다 구름 점을 치는 자가 이곳에 기이한 여인이 있다고 말하자 천자는 이에 사자를 보내어 부르게 하였다. 여인은 두 손 모두 주먹을 쥐고 있었는데 상이 직접 펴니 손이 펴졌다. 이로부터 총애를 받아 권부인(拳夫人)이라 불렸다. 나중에 구익궁(鉤弋宮)에 거처하였으므로 구익부인(鉤弋夫人)이라 불렸다." 『열선전(列仙傳)』에서는 말하였다. "손을 펴서 옥 갈고리를 하나 얻었으므로 그렇게 불렀다." 『한무고사』에서는 "궁(宮)은 직성문(直城門) 남쪽에 있다."라 하였다. 『묘기(廟記)』에서는 말하였다. "궁에는 수없이 많은 문호가 있기 때문에 이름을 적을 수 없다." 정의 『괄지지』에서는 말하였다. "구익궁은 장안성(長安城)에 있으며, 문 이름은 요모문(堯母門)이다."

98 색은 『한서』에 의하면 소제(昭帝)가 즉위하자 태후의 부친인 조부(趙父)를 순성후(順成侯)에 추존하였다.

99 집해 서광은 말하였다. "무제가 죽은 해는 꼭 70세였으며 소제(昭帝)의 나이는 겨우 8세였다." 색은 서광은 『한서』에 의하여 무제는 70세에 죽었으며 죽었을 때 소제의 나이는 8세였다고 하였다. 이는 저선생의 기록이다. 『한서』에서는 "원시(元始) 3년에 소제가 태어났다"라 하였는데 틀렸다. 원시는 태시(太始)가 되어야 한다.

上居甘泉宮,	상이 감천궁에 거처할 때
召畫工圖畫周公負成王也.	화공을 불러 주공이 성왕을 업고 있는 그림을 그리게 했다.
於是左右群臣知武帝意欲立少子也.	이에 좌우의 신하들은 무제가 작은 아들을 세울 뜻이 있음을 알았다.
後數日,	며칠 후
帝譴責鉤弋夫人.	황제는 구익부인을 견책하였다.
夫人脫簪珥叩頭.	부인은 비녀와 귀고리를 풀고 머리를 조아렸다.
帝曰:	황제가 말했다.
"引持去,	"데려가라,
送掖庭獄!"	궁정의 감옥에 보내라!"
夫人還顧,	부인이 돌아보자
帝曰:	황제가 말했다.
"趣行,	"빨리 가라,
女不得活!"	너는 살 수 없다."
夫人死雲陽宮.[100]	부인은 운양궁에서 죽었다.
時暴風揚塵,	그때 폭풍이 불고 먼지가 일어
百姓感傷.	백성은 비감을 느꼈다.

100 **색은** 『삼보고사(三輔故事)』에서는 말하였다. "감천궁(甘泉宮) 남쪽에 장사지냈다. 나중에 소제(昭帝)가 운릉(雲陵)을 조성하고 3천 호의 읍을 내렸다." 『한무고사』에서는 말하였다. "빈렴을 끝내자 향기가 십리에 풍겨 상이 보통 사람이 아니라고 의심하여 관을 열어 살펴보니 시신은 없고 옷과 신발만 남아 있었다." **정의** 『괄지지』에서는 말하였다. "운양궁(雲陽宮)은 진(秦)의 감천궁으로 옹주(雍州) 운양현(雲陽縣) 서북쪽 80리 지점에 있다. 진시황이 감천궁을 지었는데 장안(長安)에서 3백 리 떨어졌으며 황제(黃帝) 이래 하늘에 제사를 지내던 곳이다."

使者夜持棺往葬之,[101]	사자가 밤에 관을 가지고 가서 매장하고
封識其處.	봉분을 쌓아 그 곳을 표시해놓았다.
其後帝閑居,	그 후 황제가 한가로이 거처하면서
問左右曰:	좌우에 물었다.
“人言云何?”	“사람들이 뭐라고 하는가?”
左右對曰:	좌우에서 대답하였다.
“人言且立其子,	“사람들은 그 자식을 세우려 하면서
何去其母乎?”	어째서 그 어미를 없애느냐고 합니다.”
帝曰:	황제가 말했다.
“然.	“그렇다.
是非兒曹愚人所知也.	이는 아이들과 어리석은 자들이 알 것이 아니다.
往古國家所以亂也,	옛날에 국가가 어지러워진 것은
由主少母壯也.	임금이 어리고 어미가 장성해서이다.
女主獨居驕蹇,	여자 임금이 홀로 거처하면 교만하고 제멋대로 되어
淫亂自恣,	음란방자하게 되어
莫能禁也.	아무도 금할 수 없다.

101 **정의** 『괄지지』에서는 말하였다. “운양릉(雲陽陵)은 한(漢) 구익부인(鉤弋夫人)의 능으로 운양현(雲陽縣) 서북쪽 58리 지점에 있다. 효무제(孝武帝) 구익(鉤弋) 조첩여(趙婕妤)는 소제(昭帝)의 모친이며 제(齊) 사람으로 성은 조(趙)이다. 어려서 청정(清靜)함을 좋아하였으며 6년간 와병을 하여 오른손이 말렸으며 먹고 마시는 것이 적었다. 구름 점을 보는 자가 말하기를 ‘동북쪽에 귀인이 있다’라 하면서 추천하여 얻었다. 불러서 이르게 하였는데 자색이 매우 아름다웠다. 무제가 그 손을 잡아 펴보고 옥 갈고리를 얻었으며, 나중에 소제를 낳았다. 무제 말년에 부인을 죽여 빈렴을 하였는데 시신에서 하루 동안 향기가 났다. 소제가 다시 장사를 지냈는데 관에는 다만 실로 짠 신발만이 있을 뿐이었다. 『궁기(宮記)』에서는 ‘무제가 그리워하여 감천(甘泉)에 통령대(通靈臺)를 세웠는데 늘 파랑새 한 마리가 대 위에 모여 왕래하여 선제(宣帝) 때가 되어서야 그쳤다.’라 하였다.”

女不聞呂后邪?”	너희는 여후도 듣지 못하였느냐?”
故諸爲武帝生子者,	그래서 무제에게 아이를 낳아준 자들은
無男女,	남녀(를 낳아준 사람) 할 것 없이
其母無不譴死,	그 모친 가운데 견책되어 죽지 않은 사람이 없었으니
豈可謂非賢聖哉!	어찌 현성한 임금이 아니라 할 수 있겠는가!
昭然遠見,	환하게 멀리 보고
爲後世計慮,	후세를 위해 계책을 세워주었으니
固非淺聞愚儒之所及也.	실로 견문이 얕은 어리석은 유자가 미칠 것이 아니다.
謚爲“武”,	사호를 “무”라 하였으니
豈虛哉!	어찌 헛되겠는가!

색은술찬索隱述贊 『예』에서는 부부를 귀하게 여겼고, 『역』에서는 건곤괘를 말하였다. 양을 짝하여 교화를 이루고, 달에 비유하여 높이 거처하였다. 황하의 물가에 맑음이 내렸고, 하늘의 빛이 헌함에 드리웠다. 덕은 임과 사에서 드러났고, 경사는 융과 원에게 흘렀다. 우리 불의 덕을 숭상하는 왕조에 이르러, 사도가 남게 되었다. 여씨는 보위를 잡았고, 두 씨는 현언을 좋아하였다. 이 이래로, 은혜로 귀인을 세웠다. 안으로는 떳떳한 임금이 없고, 후사는 번거롭지 않았다.

禮貴夫婦, 易敘乾坤. 配陽成化, 比月居尊. 河洲降淑, 天曜垂軒. 德著任姒, 慶流娀嫄. 逮我炎曆, 斯道克存. 呂權大寶, 竇喜玄言. 自茲已降, 立嬖以恩. 內無常主, 後嗣不繁.

20 초원왕 세가楚元王世家

楚元王劉交者,[1]	초원왕 유교는
高祖之同母[2]少弟也,	고조의 동복 막내 아우로
字游.	자는 유이다.

高祖兄弟四人,	고조의 형제는 네 명으로
長兄伯,	맏형은 백인데
伯蚤卒.	백은 일찍 죽었다.
始高祖微時,	처음 고조가 미천했을 때
嘗辟事,	무슨 일로 피신한 적이 있는데
時時與賓客過巨嫂食.[3]	수시로 빈객과 함께 큰 형수에게 들러 밥을 먹었다.
嫂厭叔,	형수는 시동생을 싫어하여

1 정의正義 「연표(年表)」에서는 팽성(彭城)에 도읍하였다고 하였다.

2 집해集解 서광(徐廣)은 말하였다. "'부(父)'로 된 곳도 있다." 색은索隱 『한서(漢書)』에는 "동부(同父)"로 되어 있다. 동부(同父)라고 한 것은 어미가 다름을 밝힌 것이다.

3 집해 서광은 말하였다. "『한서』에서는 구수(丘嫂)라 하였다." 색은 『한서』에는 "구(丘)"로 되어 있다. 응소(應劭)는 말하기를 "구(丘)는 성이다."라 하였다. 맹강(孟康)은 말하기를 "구(丘)는 공(空)이다. 형이 죽어 형수만 남았다는 것이다." 여기는 "거(巨)"로 되어 있는데, 거(巨)는 크다는 뜻이고 큰 형수를 이른다. 유 씨(劉氏)는 이르기를 "거(巨)는 '구(丘)'로 된 곳도 있다."라 하였다.

叔與客來,	시동생이 손님과 함께 오면
嫂詳爲羹盡,	형수는 국이 다 떨어진 척하여
櫟釜,[4]	주걱으로 솥을 긁어
賓客以故去.	빈객들이 이 때문에 떠났다.
已而視釜中尚有羹,	얼마 후 보니 솥 안에는 아직 국이 있어
高祖由此怨其嫂.	고조는 이 때문에 형수를 원망하였다.
及高祖爲帝,	고조가 황제가 되자
封昆弟,	형제를 봉하였는데
而伯子獨不得封.	백의 아들만 분봉되지 못했다.
太上皇以爲言,	태상황이 이에 말을 하자
高祖曰:	고조가 말하였다.
"某非忘封之也,	"제가 봉하는 것을 잊은 것이 아니라
爲其母不長者耳."	그 어미가 장자가 아니기 때문일 따름입니다."
於是乃封其子信爲羹頡侯.[5]	이에 그 아들 신을 갱힐후에 봉하였다.
而王次兄仲於代.[6]	둘째 형 중은 대왕에 봉하였다.

高祖六年,	고조 6년에
已禽楚王韓信於陳,	초왕 한신을 진에서 사로잡자

---

4 **색은** '櫟'의 음은 역(歷)이다. 국자의 자루로 솥의 옆을 긁어 소리를 내게 한 것이다. 『한서』에는 "轑"로 되어 있는데, 음은 로(勞)이다.

5 **집해** 서광은 말하였다. "갱힐후(羹頡侯)는 고조 7년 봉하여졌고, 봉한 지 13년째인 고후(高后) 원년에 죄를 지어 관직이 한 등급 깎여 관내후(關內侯)가 되었다." **색은** 갱힐(羹頡)은 작호(爵號)일 뿐 현읍(縣邑)의 이름이 아니며, 솥을 긁었기 때문이었다. **정의** 『괄지지(括地志)』에서는 말하였다. "갱힐산(羹頡山)은 규주(嬀州) 회융현(懷戎縣) 동남쪽 15리 지점에 있다." 고조가 그 산 이름을 가져다가 후(侯)의 호를 삼은 것은 원망했기 때문이다.

6 **집해** 서광은 말하였다. "다음 형의 이름은 희(喜)이며, 자는 중(仲)으로, 6년에 대왕(代王)에 즉위하였는데 그 해에 그만두었다. 죽어서 시호가 경왕(頃王)이다. 아들이 있는데 비(濞)이다."

乃以弟交爲楚王,	곧 아우인 교를 초왕으로 삼고
都彭城.[7]	팽성에 도읍하게 하였다.
即位二十三年卒,	즉위 23년에 죽고
子夷王郢立.[8]	아들인 이왕 영이 즉위하였다.
夷王四年卒,	이왕은 4년에 죽고
子王戊立.	아들인 왕무가 즉위하였다.

王戊立二十年,	왕무 즉위 20년
冬,	겨울에
坐爲薄太后服私姦,[9]	박태후의 복상 중에 사사로이 간음한 죄에 연좌되어
削東海郡.	동해군이 삭탈되었다.
春,	봄에
戊與吳王合謀反,	무는 오왕과 함께 반란을 모의하였는데
其相張尚 · 太傅趙夷吾諫,	상인 장상과 태부 조이오가 간하였지만
不聽.	듣지 않았다.
戊則殺尚 · 夷吾,	무는 장상과 조이오를 죽이고
起兵與吳西攻梁,	군사를 일으켜 오와 함께 서쪽으로 양을 공격하여
破棘壁.[10]	극벽을 깨뜨렸다.

7 **색은** 『한서』에서는 초왕(楚王)은 설군(薛郡)과 동해(東海), 팽성(彭城)의 36개 현을 다스렸다.

8 **색은** 『한서』에서 이름은 영객(郢客)이라고 하였다.

9 **색은** 『한서』에서는 "복상하는 집에서 사사로이 간통하였다."라 하였다. 요찰(姚察)은 말하기를 "복상하는 집에서 간음하였다는 것은 반드시 궁중이 아닐 것이다."라 하였다. 또 생각건대 『집주(集注)』에서 복건(服虔)은 "사사로이 중인(中人)과 간통하였다."라 하였다. 대체로 중죄이기 때문에 군이 삭탈된 것이다.

至昌邑南,[11]	창읍의 남쪽에 이르러
與漢將周亞夫戰.	한의 장수 주아부와 싸웠다.
漢絕吳楚糧道,	한이 오·초의 양도를 끊자
士卒飢,	사졸들은 주렸고
吳王走,	오왕은 달아났으며
楚王戊自殺,	초왕 무는 자살하여
軍遂降漢.	군대가 마침내 한에 항복하였다.

漢已平吳楚,	한이 오·초를 평정함에
孝景帝欲以德侯子續吳,[12]	효경제는 덕후의 아들로 오를 이어
以元王子禮續楚.	원왕 아들의 예로 초를 이으려 하였다.
竇太后曰:	두태후가 말하였다.
"吳王,	"오왕은
老人也,	노인으로
宜爲宗室順善.	종실을 위해 솔선해야 했는데
今乃首率七國,	지금 곧 앞장서서 7국을 이끌고
紛亂天下,	천하를 어지럽혔으니
柰何續其後!"	어찌 그 뒤를 잇겠는가!"
不許吳,	오는 허락지 않고
許立楚後.	초의 뒤를 세우는 것은 허락하였다.

---

10 **정의** 『괄지지』에서는 말하였다. "대극(大棘)의 옛 성은 송주(宋州) 영릉현(寧陵縣) 서쪽 70리 지점에 있으며, 곧 양극벽(梁棘壁)이다."

11 **정의** 『괄지지』에서는 말하였다. "양구(梁丘)의 옛 성은 조주(曹州) 성무현(成武縣) 동북쪽 32리 지점에 있다."

12 **집해** 서광은 말하였다. "덕후(德侯)의 이름은 광(廣)이며, 오왕(吳王) 비(濞)의 아우이다. 그 부친은 중(仲)이다."

是時禮爲漢宗正.	이때 예가 한의 종정이었다.
乃拜禮爲楚王,	이에 예를 초왕에 봉하고
奉元王宗廟,	원왕의 종묘를 받들게 하니
是爲楚文王.	바로 초문왕이다.

文王立三年卒,	문왕은 즉위 3년에 죽고
子安王道立.	아들인 안왕 도가 즉위하였다.
安王二十二年卒,	안왕은 22년에 죽고
子襄王注立.	아들인 양왕 주가 즉위하였다.
襄王立十四年卒,	양왕은 즉위 14년에 죽고
子王純代立.	아들인 왕순이 이어 즉위하였다.
王純立,	왕순이 즉위하고
地節二年,	지절 2년에
中人上書告楚王謀反,	중인이 글을 올려 초왕이 모반하였다고 일러주자
王自殺,	왕은 스스로 목숨을 끊었으며
國除,	나라가 없어지고
入漢爲彭城郡.[13]	한에 편입하여 팽성군이 되었다.

13 집해 서광은 말하였다. "순(純)은 즉위 17년에 죽었고 시호는 절왕(節王)이다. 아들 연수(延壽)가 즉위하였으며 19년에 죽었다." 색은 태사공은 왕순이 국인(國人)이 모반하는 것을 고자질하여 나라가 없어진 것만 기록하였다. 대체로 연수가 나중에 다시 봉하여졌지만 19년에 또 모반하여 죽임을 당하였다고 하였으므로 같지 않다. 정의 『한서』에서는 왕순은 계위 16년에 아들인 연수가 이어 조하제(趙何齊)와 함께 모반하여, 연수는 자살하고 즉위 32년에 나라가 없어졌다고 하여 이와는 다르다. 지절(地節)은 선제(宣帝)의 연호이며, 천한(天漢) 4년과는 29년이 떨어져 소제(昭帝)의 세상과는 멀리 떨어져 있다. 지절 2년 이하까지 언급한 것은 아마 저선생의 잘못일 것이다.

趙王劉遂者,[14]	조왕 유수는
其父高祖中子,	부친이 고조의 가운데 아들로
名友,	이름은 우이며
謚曰"幽".	시호는 "유"이다.
幽王以憂死,	유왕은 우울증으로 죽었기 때문에
故爲"幽".	"유"라고 한 것이다.
高后王呂祿於趙,	고후는 여록을 조의 왕으로 봉하였는데
一歲而高后崩.	1년 만에 고후가 죽었다.
大臣誅諸呂呂祿等,	대신들은 여 씨들인 여록 등을 죽이고
乃立幽王子遂爲趙王.	이에 유왕의 아들 수를 조왕으로 세웠다.

孝文帝即位二年,	효문제 즉위 2년에
立遂弟辟彊,[15]	수의 아우 벽강을 세우고
取趙之河閒郡爲河閒王,[16]	조의 하간군을 빼앗아 하간왕으로 삼으니
(以)[是]爲文王.	바로 문왕이다.
立十三年卒,	즉위 13년에 죽고
子哀王福立.	아들인 애왕 복이 즉위하였다.
一年卒,	1년 만에 죽었으며
無子,	아들이 없어
絕後,	후대가 끊기고
國除,	나라가 없어져
入于漢.	한으로 편입되었다.

---

14 정의 「연표」에서는 한단(邯鄲)에 도읍을 하였다고 하였다.

15 색은 음은 벽강(壁強), 또는 벽강(闢疆)이다.

16 정의 하간(河閒)은 지금의 영주(瀛州)이다.

遂既王趙二十六年,	수가 조왕이 된 26년인
孝景帝時坐晁錯以適削趙王常山之郡.	
	효경제 때 조조의 일에 연좌되어 마침 조왕의 상산군이 삭감되었다.
吳楚反,	오·초가 반기를 들자
趙王遂與合謀起兵.	조왕 수는 마침내 함께 모의하여 군사를 일으켰다.
其相建德[17]·內史王悍諫,	그 상인 건덕과 내사 왕한이 간언하였으나
不聽.	듣지 않았다.
遂燒殺建德·王悍,	수는 건덕과 왕한을 태워죽이고
發兵屯其西界,	군사를 일으켜 그 서쪽 경계에 주둔하여
欲待吳與俱西.	오를 기다려 함께 서쪽으로 가려고 하였다.
北使匈奴,	북으로 흉노에 사신을 보내어
與連和攻漢.	연합하여 한을 공격하려고 하였다.
漢使曲周侯酈寄擊之.	한은 곡주후 역기에게 그들을 치게 하였다.
趙王遂還,	조왕 수는 돌아와
城守邯鄲,	한단에 성을 쌓아 지켰으며
相距七月.	서로 7개월을 맞섰다.
吳楚敗於梁,	오·초는 양에서 패하여
不能西.	서쪽으로 갈 수 없었다.
匈奴聞之,	흉노는 듣고
亦止,	또한 그만두고
不肯入漢邊.	한의 변경으로 들어가려 하지 않았다.

17 **색은** 건덕(建德)은 그 상의 이름이며 사관이 성을 잃어버렸다.

欒布自破齊還,	난포가 제를 격파하고 돌아와
乃并兵引水灌趙城.	이에 병력을 집중시켜 물을 끌어다 조성에 대었다.
趙城壞,	조성은 무너졌으며
趙王自殺,	조왕은 스스로 목숨을 끊었고
邯鄲遂降.[18]	한단은 마침내 항복하였다.
趙幽王絕後.	조유왕은 후사가 끊겼다.

太史公曰:	태사공은 말한다.
國之將興,	나라가 흥하려면
必有禎祥,	반드시 길상이 있게 마련이며
君子用而小人退.	군자는 등용되고 소인은 물린다.
國之將亡,	나라가 망하려면
賢人隱,	현인은 숨고
亂臣貴.	난신이 귀하여진다.
使楚王戊毋刑申公,[19]	초왕 무가 신공을 벌하지 않고
遵其言,	그 말을 따르고,
趙任防與先生,[20]	조가 방여선생을 임용하였더라면
豈有簒殺之謀,	어찌 찬탈하고 죽이는 모의를 하여
爲天下僇哉?	천하사람들에게 욕을 당하였겠는가?

---

18 **정의** 한단(邯鄲)은 명주현(洺州縣)이다.

19 **색은** 『한서』에서 신공(申公)은 이름이 배(培)로, 왕무(王戊)가 부형(腐刑)을 내렸다고 하였다.

20 **집해** 「조요전(趙堯傳)」에서는 말했다. "조(趙) 사람 방여공(防與公)이다." **색은** 이곳 및 『한서』는 비록 조가 방여공을 임용하지 않은 것이 보이지 않지만 아마 당시에 오히려 사적을 알았을 것이며 혹 달리 본 것이 있었을 것이므로 태사공이 분명히 인용하여 찬(贊)으로 맺었을 것이다.

賢人乎,	현인이여,
賢人乎!	현인이여!
非質有其內,	바탕이 안에 있지 않으면
惡能用之哉?	어떻게 그것을 쓸 수 있겠는가?
甚矣,	심하도다,
"安危在出令,	"안위는 명을 내는데 있고
存亡在所任",	존망은 임명하는데 있다"라 하였으니
誠哉是言也!	진실되다, 이 말이여!

색은술찬索隱述贊 한은 동성을 봉하였는데, 초에 아름다운 명성이 있었다. 한신을 멸하고, 팽성의 왕으로 삼았다. 목생이 단술을 차리고, 위맹이 법도를 세웠다. 왕무는 덕을 버리고, 오와 현합하여 군사를 일으켰다. 태후가 예에 명하니, 초 때문에 죄가 가벼웠다. 문양이 이어 즉위하였는데, 대대로 빼어나고 재주가 영명했다. 어찌하여 조수는, 번갈아 그 명성을 떨어뜨렸는가! 흥망의 징조는, 임명함이 밝아야 한다.

漢封同姓, 楚有令名. 既滅韓信, 王於彭城. 穆生置醴, 韋孟作程. 王戊棄德, 與吳連兵. 太后命禮, 爲楚罪輕. 文襄繼立, 世挺才英. 如何趙遂, 代殞厥聲! 興亡之兆, 所任宜明.

21 형연 세가 荊燕世家

荊王劉賈者,[1]	형왕 유가는
諸劉,	여러 유 씨의 일파인데
不知其何屬[2]初起時.	처음 기의하였을 때 어디에 속하였는지 알지 못한다.
漢王元年,	한왕 원년에
還定三秦,	회군하여 삼진을 안정시키자
劉賈爲將軍,	유가는 장수로
定塞地,[3]	새를 평정하고
從東擊項籍.	좇아 동으로 가서 항적을 격파하였다.
漢四年,	한 4년
漢王之敗成皋,	한왕은 성고에서 패하여
北渡河,	북으로 황하를 건너
得張耳·韓信軍,	장이와 한신의 군사를 얻어

1 **정의正義** 「연표(年表)」에서는 오(吳)에 도읍하였다고 하였다.

2 **집해集解** 『한서(漢書)』에서는 가(賈)는 고제(高帝)의 종부형(從父兄: 사촌)이라고 하였다. **색은索隱** 주(注)에서는 『한서』를 인용하여 가는 고조(高祖)의 종부형이라 하였으니 반고(班固)는 아마 달리 본 자료가 있을 것이다.

3 **색은** 가(賈)가 군사를 거느리고 새(塞)의 땅을 평정한 것이며, 새(塞)는 곧 도림지새(桃林之塞)이다.

軍脩武,	수무에 주둔하여
深溝高壘,	해자를 깊이 파고 누벽(壘壁)을 높이 쌓고
使劉賈將二萬人,	유가에게 2만 명과
騎數百,	기병 수백을 거느리고
渡白馬津入楚地,[4]	백마진을 건너 초 땅으로 들어가
燒其積聚,	쌓인 물자를 불태워
以破其業,	그들의 산업을 깨뜨려
無以給項王軍食.	항왕에게 군량을 대주지 못하게 하였다.
已而楚兵擊劉賈,	얼마 후 초의 군사가 유가를 치자
賈輒壁不肯與戰,	유가는 문득 누벽을 쌓고 싸우려하지 않아
而與彭越相保.	팽월과 함께 서로 지켰다.

漢五年,	한 5년에
漢王追項籍至固陵,[5]	한왕이 항적을 추격하여 고릉에 이르러
使劉賈南渡淮圍壽春.[6]	유가에게 남으로 회수를 건너 수춘을 에워싸게 하였다.
還至,	돌아와서는
使人閒招楚大司馬周殷.	사람을 시켜 가만히 초의 대사마 주은을 부르게 하였다.
周殷反楚,	주은은 초에 반기를 들고

4 정의 『괄지지(括地志)』에서는 말하였다. "여양(黎陽)은 일명 백마진(白馬津)이라고도 하며 활주(滑州) 백마현(白馬縣) 북쪽 30리 지점에 있다." 가(賈)가 이 진(津)에서 남쪽을 지나 초(楚) 땅으로 들어간 것이다.

5 집해 서광(徐廣)은 말하였다. "양하(陽夏)에 있다." 정의 『괄지지』에서는 말하였다. "고릉(固陵)은 능(陵) 이름이다. 진주(陳州) 완구현(宛丘縣) 서북쪽 42리 지점에 있다."

6 정의 바로 지금의 수주(壽州) 수춘현(壽春縣)이다.

佐劉賈舉九江,	유가를 보좌하여 구강을 점령하였으며
迎武王黥布兵,	무왕 경포의 군사를 맞아
皆會垓下,	모두 해하에서 모여
共擊項籍.	함께 항적을 공격하였다.
漢王因使劉賈將九江兵,	한왕은 내친김에 유가에게 구강의 군사를 거느리고
與太尉盧綰西南擊臨江王共尉.[7]	태위 노관과 함께 서남쪽을 향하여 임강왕 공울을 치게 하였다.
共尉已死,	공울이 죽자
以臨江爲南郡.[8]	임강을 남군으로 삼았다.

漢六年春,	한 6년 봄에
會諸侯於陳,[9]	진에서 제후들과 회합하여
廢楚王信,	초왕 신을 폐하고
囚之,	가두었으며
分其地爲二國.	그 땅을 두 나라로 나누었다.
當是時也,	이때
高祖子幼,	고조의 아들은 어리고
昆弟少,	형제는 적은데다가
又不賢,	또 현명하지 못하여
欲王同姓以鎭天下,	동성을 왕으로 삼아 천하를 진무하려 하여

7 색은 공오(共敖)의 아들이다.

8 정의 지금의 형주(荊州)이다.

9 정의 지금의 진주(陳州)이다.

乃詔曰:	조칙을 내렸다.
"將軍劉賈有功,	"장군 중에 유가가 공을 세웠으니
及擇子弟可以爲王者."	자제들 가운데서 가려서 왕으로 삼을 만하다."
群臣皆曰:	신하들이 모두 말하였다.
"立劉賈爲荊王,	"유가를 형왕으로 세워
王淮東五十二城;[10]	회동의 쉰두 성을 다스리게 하고,
高祖弟交爲楚王,	고조의 아우 교를 초왕으로 세워
王淮西三十六城."[11]	회서의 서른여섯 성을 다스리게 하소서."
因立子肥爲齊王.	이에 아들 비를 제왕으로 세웠다.
始王昆弟劉氏也.	비로소 유 씨의 형제를 왕으로 세웠다.

高祖十一年秋,	고조 11년 가을에
淮南王黥布反,	회남왕 경포가 반기를 들고
東擊荊.	동쪽으로 형을 쳤다.
荊王賈與戰,	형왕 가는 교전하였지만
不勝,	이기지 못하고
走富陵,[12]	부릉으로 달아났다가
爲布軍所殺.	경포의 군사에게 살해당하였다.
高祖自擊破布.	고조는 직접 경포를 쳐서 깨뜨렸다.

10 **색은** 「표(表)」에서 유가(劉賈)는 오(吳)에 도읍을 하였다고 하였다. 또한 『한서』에서는 동양군(東陽郡)으로 가(賈)를 봉하였다고 하였다. 동양(東陽)은 곧 임회(臨淮)이므로 회동(淮東)이라고 하였다. **정의** 『괄지지』에서는 서북쪽 40리 지점이라고 하였는데, 아마 이 현일 것이다.

11 **정의** 회(淮) 이서는 서(徐)와 사(泗), 호(濠) 등 주이다.

12 **색은** 「지리지(地理志)」에서는 현의 이름으로 임회(臨淮)에 속한다고 하였다. **정의** 『괄지지』에서는 말하였다. "부릉(富陵)의 옛 성은 초주(楚州) 우태현(盱眙縣) 동북쪽 60리 지점에 있다."

十二年,	12년에
立沛侯劉濞爲吳王,	패후 유비를 오왕으로 세우고
王故荊地.	옛 형 땅을 다스리게 하였다.

燕王劉澤者,	연왕 유택은
諸劉遠屬也.[13]	유씨의 먼 친속이다.
高帝三年,	고제 3년에
澤爲郎中.	유택은 낭중이 되었다.
高帝十一年,	고제 11년에
澤以將軍擊陳豨,	유택은 장군으로 진희를 쳐서
得王黃,	왕황을 사로잡아
爲營陵侯.[14]	(그 공으로) 영릉후가 되었다.

高后時,	고후 때
齊人田生[15]游乏資,	제 사람 전생이 출유하였다가 자금이 바닥나자
以畫干營陵侯澤.[16]	그림을 그려준다는 명목으로 영릉후 택을 찾았다.

---

13 집해 『한서』에서는 말하였다. "택(澤)은 고조(高祖)의 종조(從祖) 형제이다." 색은 주에서는 『한서』를 인용하여 고조의 종조 곤제라고 하였다. 또한 『초한춘추(楚漢春秋)』에서는 전자춘(田子春)이 장경(張卿)에게 말하기를 "유택(劉澤)은 종가(宗家)이다."라 하였다. "종가"라고 하였으니 소원한 것 같다. 그렇다면 반고가 "종조 형제"라고 한 것은 별도로 본 자료가 있을 것이다.

14 색은 「지리지」에서는 현 이름으로, 북해(北海)에 있다고 하였다. 정의 『괄지지』에서는 말하였다. "영릉(營陵)의 옛 성은 청주(青州) 북해현(北海縣) 남쪽 30리 지점에 있다고 하였다."

15 집해 진작(晉灼)은 말하였다. "『초한춘추』에서는 전자춘(田子春)이라고 하였다."

16 집해 복건(服虔)은 말하였다. "(어떤) 계획을 가지고 (만나기를) 구한 것이다." 문영(文穎)은 말하였다. "그림에 뛰어나 총애를 받은 것이다." 색은 '畫'은 "계획(計畫)"의 "획(畫)"이라는 음도 있고, 또한 "도화(圖畫)"의 "화(畫)"라는 음도 있는데, 두 사람이 말한 뜻이 모두 통한다.

澤大說之,	유택은 크게 기뻐하며
用金二百斤爲田生壽.	금 2백 근으로 전생을 축수해주었다.
田生已得金,	전생은 금을 얻자
即歸齊.	곧 제로 돌아가게 되었다.
二年,	2년 만에
澤使人謂田生曰:	유택이 사람을 시켜 전생에게 말하게 하였다.
"弗與矣."[17]	"함께 하지 않겠는가?"
田生如長安,	전생은 장안으로 가서
不見澤,	유택을 만나지 않고
而假大宅,	큰 저택을 빌려
令其子求事呂后所幸大謁者張子卿.[18]	그 아들로 하여금 여후가 총애하는 대알자 장자경을 섬기도록 청하게 하였다.
居數月,	수개월 만에
田生子請張卿臨,	전생의 아들이 장경이 광림하도록 청하며
親脩具.	친히 주육을 갖출 것이라 하였다.
張卿許往.	장경은 갈 것이라고 하였다.
田生盛帷帳共具,	전생은 휘장으로 성대히 꾸미고 집기를 갖추어
譬如列侯.	열후와 같았다.
張卿驚.	장경은 놀랐다.
酒酣,	주흥이 오르자

17 집해 맹강(孟康)은 말하였다. "여(與)는 같은 당파를 말한다. 다시 나와 같은 당파가 되지 않겠느냐는 말이다." 문영(文穎)은 말하였다. "너와 서로 알지 못하게 되었다는 것을 말한다."

18 집해 서광은 말하였다. "이름은 택(澤)이다." 내[駰]가 생각건대 여순(如淳)은 엄인(閹人: 환관)이라 하였다.

乃屛人說張卿曰:	곧 사람들을 물리치고 장경에게 말하였다.
"臣觀諸侯王邸弟百餘,	"신이 제후왕의 저택 백여 채를 보니
皆高祖一切功臣.[19]	모두 한결 같이 고조의 공신이었습니다.
今呂氏雅故本推轂高帝就天下,[20]	지금 여씨는 평소에 본래 고제를 도와 천하를 갖게 하여
功至大,	공이 지대하고
又親戚太后之重.	또한 태후의 친척이라는 중함도 있습니다.
太后春秋長,	태후께서는 춘추가 많으시고
諸呂弱,	여씨들은 약하여
太后欲立呂産爲(呂)王,	태후께서는 여산을 왕으로 세워
王代.	대의 왕이 되게 하려고 하였습니다.
太后又重發之,[21]	태후께서 또한 거듭 표명하였으나
恐大臣不聽.	대신들이 듣지 않을 것입니다.
今卿最幸,	지금 경은 가장 총애를 받아
大臣所敬,	대신들이 공경하니
何不風大臣以聞太后,	어찌 대신들에게 넌지시 알려 태후께 알리지 않으십니까?

---

19 **색은** 이 일체(一切)는 일례(一例)와 같으며, 동시에 라는 뜻으로, 모든 권세를 잡았을 때라는 훈과 같은 것이 아니다.

20 **집해** 여순은 말하였다. "여공(呂公)은 고조(高祖)의 관상이 귀함을 알고 딸을 아내로 주어 그를 도와 장자(長者)가 되게 하였다." 찬(瓚)은 말하였다. "여 씨들이 함께 고조가 정벌하는 것을 도와 제업(帝業)을 이루었다. 아(雅)는 정(正)의 뜻이다." **색은** 아(雅)의 훈은 소(素)이다. 여 씨들이 평소에 삼가 고조를 받들어 천하를 갖게 한 것이 사람들이 수레바퀴를 밀어 앞으로 나아가게 한 것이라는 것으로, 이는 대략 신찬(臣瓚)의 뜻과 같다. '推'의 음은 추(昌誰反)이다.

21 **집해** 문영은 말하였다. "말을 하려해도 대신들이 듣지 않을 것이라는 말이다." 등전(鄧展)은 말하였다. "일을 말하는 것을 매우 어려워하는 것이다."

太后必喜.	태후께서는 반드시 기뻐할 것입니다.
諸呂已王,	여 씨들이 왕이 되고나면
萬戶侯亦卿之有.[22]	만호후도 경의 손아귀에 있게 될 것입니다.
太后心欲之,	태후께서 내심 바라고
而卿爲內臣,	경은 내신이니
不急發,	급히 시행하지 않으면
恐禍及身矣."	화가 몸에 미칠 것입니다."
張卿大然之,	장경은 매우 그럴 듯하게 여겨
乃風大臣語太后.	이에 대신들의 말을 태후에게 흘렸다.
太后朝,	태후는 조회하여
因問大臣.	대신들에게 물었다.
大臣請立呂產爲呂王.	대신들은 여산을 여왕으로 세울 것을 청하였다.
太后賜張卿千斤金,	태후는 장경에게 금 천금을 내렸고
張卿以其半與田生.	장경은 그 반을 전생에게 주었다.
田生弗受,	전생은 받지 않고
因說之曰:	기회를 봐 유세하였다.
"呂產王也,	"여산이 왕이 되었으나
諸大臣未大服.	대신들이 아직 완전히 심복하지 않았습니다.
今營陵侯澤,	지금 영릉후 택은
諸劉,	유 씨 일파로
爲大將軍,	대장군으로
獨此尚觖望.[23]	홀로 이 처사를 아직 원망하고 있을 것입니다.
今卿言太后,	지금 경이 태후께 말씀드려

22 정의 「고후기(高后紀)」에서는 장경(張卿)을 건릉후(建陵侯)에 봉하였다고 하였다.

23 색은 '觖'의 음은 결(決), 또는 기(企)이다.

列十餘縣王之,	십여 개의 현을 주어 왕으로 삼아
彼得王,	저가 왕이 되면
喜去,	기뻐하며 떠날 것이고
諸呂王益固矣."	여 씨들의 왕위는 더욱 견고해질 것입니다."
張卿入言,	장경이 들어가 말하였더니
太后然之.	태후는 그럴듯하게 여겼다.
乃以營陵侯劉澤爲琅邪王.	이에 영릉후 유택을 낭야왕으로 삼았다.
琅邪王乃與田生之國.	낭야왕은 곧 전생과 함께 (봉해진) 나라로 갔다.
田生勸澤急行,	전생은 유택에게 급히 가서
毋留.	지체하지 말 것을 권하였다.
出關,	관을 나서자
太后果使人追止之,	태후는 과연 사람을 시켜 쫓아가 머물러두게 하였는데
已出,	이미 나서서
即還.	곧장 돌아왔다.

及太后崩,	태후가 죽자
琅邪王澤乃曰:	낭야왕 유택이 이에 말하였다.
"帝少,	"황제가 어리고
諸呂用事,	여 씨들이 정권을 장악하여
劉氏孤弱."	유 씨들은 고립되고 약하다."
乃引兵與齊王合謀西,[24]	이에 군사를 이끌고 제왕과 회합하여 서쪽을 도모하여

24 **집해** 『한서음의(漢書音義)』에서는 말하였다. "택(澤)은 제(齊)에 이르러 제왕(齊王)의 겁박을 받아 떠날 수가 없었다. 이에 왕에게 말하여 경사(京師)에 갈 것을 청하여 제에서는 수레

欲誅諸呂. 여 씨들을 주살하려 했다.

至梁, 양에 이르러

聞漢遣灌將軍屯滎陽, 한이 관 장군을 파견하여 형양에 주둔하고 있다는 말을 듣고

澤還兵備西界, 유택은 군사를 돌려 서쪽 경계에서 수비를 하다가

遂跳驅至長安.[25] 마침내 빠르게 말을 달려 장안에 이르렀다.

代王亦從代至. 대왕 또한 대에서 이르렀다.

諸將相與琅邪王共立代王爲天子. 장상들과 낭야왕은 함께 대왕을 천자로 옹립했다.

天子乃徙澤爲燕王, 천자는 곧 유택을 연왕으로 옮기고

乃復以琅邪予齊, 다시 낭야를 제에 주어

復故地.[26] 옛 땅을 회복시켰다.

澤王燕二年, 유택은 연왕이 된 지 2년 만에

薨, 죽었으며

謚爲敬王. 시호는 경왕이다.

를 갖추어 보내주었다. 본래 제와 함께 모의하지 않았다." **색은** 『한서』「제왕전(齊王傳)」에서는 축오(祝午)에게 낭야왕(琅邪王)을 겁박하여 제에 이르게 하였으며, 이에 낭야왕을 억류하여 나라로 돌아가지 못하게 하였다. 택이 이에 관으로 들어갈 것을 청하여 제가 이에 보내주었다. 이 문장과 같지 않은 것은 유 씨(劉氏)는 연(燕), 제(齊) 두 역사에서 각기 그가 공을 세운 것을 주도한 자취를 말하였는데, 태사공은 의심스런 것을 듣고 의심스런 것을 전하여 마침내 각각 기록하게 되었으니 이른바 실록(實錄)이다.

25 **집해** 『한서음의』에서는 말하였다. "도구(跳驅)는 치달려 장안(長安)에 이른 것이다." **색은** '跳'의 음은 도(他彫反)로 벗어나 홀로 떠난 것이다. 또한 음을 조(條)라고도 하며, 빨리 가는 것을 이른다.

26 **집해** 이기(李奇)는 말하였다. "본래 제(齊) 땅인데 왕택에게 나누어주었다가 지금 다시 제에게 준 것이다."

傳子嘉, 아들 가에게 전하니
爲康王. 강왕이다.

至孫定國, 손자인 정국에 이르러
與父康王姬姦, 부친인 강왕의 첩과 사통하여
生子男一人. 사내아들 하나를 낳았다.
奪弟妻爲姬. 아우의 아내를 빼앗아 첩으로 삼았다.
與子女三人姦. 자녀 세 사람과 간통하였다.
定國有所欲誅殺臣肥如令郢人,[27]
정국에게는 주살하고 싶은 신하 비여령 영인이 있었는데
郢人等告定國, 영인 등이 정국을 고발하여
定國使謁者以他法劾捕格殺郢人以滅口.
정국은 알자에게 다른 법으로 탄핵하여 체포하여 영인을 쳐 죽여 입을 막았다.
至元朔元年, 원삭 원년에
郢人昆弟復上書具言定國陰事,
영인 형제가 다시 글을 올려 정국의 은밀한 일을 갖추어 말하여
以此發覺. 이로 인해 발각되었다.
詔下公卿, 공경들에게 조칙을 내리자
皆議曰: 모두 논의하여 말하였다.

---

27 **집해** 여순은 말하였다. "정국(定國)은 스스로 남은 신하를 죽이려고 하였는데 비여령(肥如令) 영인(郢人)이 이 사실을 고발하였다." **색은** 여순은 비여 또한 신하의 이름이며 영인(郢人)에게 정국을 고발하게 한 것이라 생각하였다. 소안(小顏: 顏師古)은 정국이 남은 신하를 죽이라고 하여 비여령 영인이 이에 정국을 고발한 것이라고 생각하였다. 그러나 「지리지」에 의하면 비여는 요서(遼西)의 북쪽에 있다.

“定國禽獸行,	“정국은 금수 같은 행실로
亂人倫,	인륜을 어지럽히고
逆天,	하늘(의 이치)을 거슬렀으니
當誅.”	죽여야 합니다.”
上許之.	상이 허락하였다.
定國自殺,	정국은 스스로 목숨을 끊었고
國除爲郡.	나라가 없어지고 군이 되었다.

太史公曰:	태사공은 말한다.
荊王王也,	형왕이 왕이 된 것은
由漢初定,	한이 막 안정된 것으로 말미암았는데
天下未集,	천하가 아직 안정되지 않아서
故劉賈雖屬疏,	유가가 소원한 친속이긴 하였지만
然以策爲王,	왕으로 책봉되어
填江淮之閒.	강하의 사이를 진무하였다.
劉澤之王,	유택이 왕이 된 것은
權激呂氏,[28]	여 씨를 권모로 격려해서이지만
然劉澤卒南面稱孤者三世.	유택은 끝내 남면하여 고(왕)를 일컬은 것이 3세이다.
事發相重,[29]	일이 발하여져 서로 중시되었으니
豈不爲偉乎![30]	어찌 위대하지 않겠는가!

28 색은 전자춘(田子春)이 유택을 왕으로 만들고자 하여 먼저 장경(張卿)에게 여산(呂産)을 봉하게끔 말하였는데, 대신들이 원망할까봐 걱정하였다. 이에 택이 마침내 왕이 되자 임기응변으로 여 씨들을 격발시킨 것이다..

색은술찬索隱述贊 유가는 처음으로 좇아, 맨 처음 삼진을 평정하였다. 백마진을 건넜고, 마침내 수춘을 에워쌌다. 비로소 경포를 맞았고, 주은을 끊어서 이간질하였다. 공을 세워 상을 받았고 사에게 제육을 받았으며, 초와 이웃이 되었다. 영릉에 처음에 봉작되었고, 공훈은 진을 친데서 말미암았다. 전생이 유세하여, 금 천금을 받았다. 권모로 여 씨를 격려하여, 일이 시행되자 몸이 영예로워졌다. 봉지를 옮겨 전하여 이어, 영인에게서 망하였다.

劉賈初從, 首定三秦. 既渡白馬, 遂圍壽春. 始迎黥布, 絕間周殷. 賞功胙土, 與楚爲鄰. 營陵始爵, 勳由擊陳. 田生遊說, 受賜千斤. 權激諸呂, 事發榮身. 徙封傳嗣, 亡於郢人.

---

29 **집해** 진작은 말하였다. "유택이 전생(田生)에게 금을 주어 장경(張卿)을 섬기게 하여, 장경이 여후에게 말하였으므로 유택이 왕이 되었기 때문에 '일이 발하여져 서로 중시되었다(事發相重)'라 하였다. 혹자는 일이 서로 중시된 데서 기인하였다고 한다." **색은** 먼저 여후에게 중하게 하도록 발하여 나도 공을 세우게 되어 일이 발하여져 서로 중시되었다는 말이다.

30 **색은** 위(偉)는 성(盛)하다는 뜻이며, 그 격발시킬 수 있었음을 성하게 여긴 것일 것이다.

22 제도혜왕 세가 齊悼惠王世家

齊悼惠王[1]劉肥者,	제도혜왕 유비는
高祖長庶男也.	고조의 맏 서자이다.
其母外婦也,	그 모친은 혼외 부인으로
曰曹氏.	조 씨라고 하였다.
高祖六年,	고조 6년에
立肥爲齊王,	비를 제왕으로 세우고
食七十城,	70성을 식읍으로 주었으며
諸民能齊言者皆予齊王.[2]	제의 말을 할 수 있는 백성들을 모두 제왕에게 주었다.

齊王,	제왕은
孝惠帝兄也.	효혜제의 형이다.
孝惠帝二年,	효혜제 2년에
齊王入朝.	제왕이 입조했다.
惠帝與齊王燕飮,	혜제는 제왕과 함께 연회를 열고 술을 마셨는데

1 **정의正義** 「연표(年表)」에서는 임치(臨淄)에 도읍하였다고 하였다.

2 **색은索隱** 그 어음(語音) 및 명물(名物)이 초위(楚魏)와 다름을 말한다. 일설에는 이때 유리하는 사람이 많았으므로 제의 말을 하는 사람을 모두 제왕에게 돌아가게 한 것이라고도 한다.

亢禮如家人.[3] 예의가 대등하여 집안 식구와 같았다.

呂太后怒, 여태후가 노하여

且誅齊王. 제왕을 죽일 태세였다.

齊王懼不得脫, 제왕은 벗어나지 못하게 될까 두려워하여

乃用其內史勳計, 이에 내사훈의 계책을 써서

獻城陽郡,[4] 성양군을 바쳐

以爲魯元公主湯沐邑. 노원공주의 탕목읍으로 삼게 하였다.

呂太后喜, 여태후가 기뻐하여

乃得辭就國. 하직하고 나라로 갈 수 있게 되었다.

悼惠王即位十三年, 도혜왕은 즉위 13년인

以惠帝六年卒. 혜제 6년에 죽었다.

子襄立, 아들인 양이 즉위하니

是爲哀王. 바로 애왕이다.

哀王元年, 애왕 원년에

孝惠帝崩, 효혜제가 죽고

呂太后稱制, 여태후가 황제의 직권을 대행하여

天下事皆決於高后. 천하의 일이 모두 고후에게서 결정되었다.

二年, 2년에

---

3 **색은** 제왕(齊王)이 형이어서 군신(君臣)의 예를 행하지 않고 이에 집안의 형제 같이 대등한 예를 행하였으므로 태후가 노한 것이다.

4 **정의** 『괄지지(括地志)』에서는 말하였다. "복주(濮州) 뇌택현(雷澤縣)은 본래 한(漢) 성양현(城陽縣)이다." 나중에 군이 되었다.

高后立其兄子酈侯[5]呂台[6]爲呂王,
고후는 그 오빠의 아들 역후 여태를 여왕으로 세우고

割齊之濟南郡[7]爲呂王奉邑. 제의 제남군을 떼어 여왕의 봉읍으로 삼았다.

哀王三年, 애왕 3년

其弟章入宿衞於漢, 그 아우 유장이 한으로 들어와 숙위하였는데

呂太后封爲朱虛侯,[8] 여태후는 주허후에 봉하고

以呂祿女妻之. 여록의 딸을 시집보냈다.

後四年, 4년 뒤

封章弟興居爲東牟侯,[9] 유장의 아우 흥거를 동모후에 봉하였으며

皆宿衞長安中. 모두 장안에서 숙위하였다.

哀王八年, 애후 8년에

高后割齊琅邪郡[10]立營陵侯劉澤爲琅邪王.
고후는 제의 낭야군을 떼어 영릉후 유택을 낭야왕으로 세웠다.

---

5 **집해集解** 서광(徐廣)은 말하였다. "역(酈)은 '부(鄜)'로 된 곳도 있다." **색은** 두 자 모두 음이 부(孚)이다. 부(鄜)는 현 이름으로 풍익(馮翊)에 있다. 역현(酈縣)은 남양(南陽)에 있다. **정의** '酈'의 음은 직(呈益反)이다. 『괄지지』에서는 말하기를 "옛 역성(酈城)은 등주(鄧州) 신성현(新城縣) 서북쪽 40리 지점에 있다."라 하였는데, 아마 이 현일 것이다.

6 **색은** 음은 태(胎)이며. 여후(呂后) 오빠의 아들이다.

7 **정의** 『괄지지』에서는 말하였다. "제남(濟南)의 옛 성은 치주(淄州) 장산현(長山縣) 서북쪽 25리 지점에 있다."

8 **색은** 「지리지(地理志)」에서는 현 이름으로 낭야(琅邪)에 속한다고 하였다.

9 **색은** 「지리지」에서는 현 이름으로 동래(東萊)에 속한다고 하였다.

10 **정의** 지금의 기주(沂州)이다.

其明年,	그 이듬해
趙王友入朝,	조왕 우가 입조하였다가
幽死于邸.	저택에서 유폐되어 죽었다.
三趙王皆廢.	세 조왕이 모두 폐위되었다.
高后立諸呂爲三王,[11]	고후는 여 씨들을 세 왕으로 세워
擅權用事.	권력을 제멋대로 행사하였다.
朱虛侯年二十,	주허후는 20세 때
有氣力,	힘이 세었으며
忿劉氏不得職.	유씨가 직책을 얻지 못함을 분해했다.
嘗入侍高后燕飮,	고후가 주연을 베풂에 들어가 모신 적이 있었는데
高后令朱虛侯劉章爲酒吏.	고후는 주허후 유장을 주리로 삼았다.
章自請曰:	유장이 자청하여 말하였다.
"臣,	"신은
將種也,	장수의 후손이니
請得以軍法行酒."	군법으로 주령을 행하여보겠습니다."
高后曰:	고후가 말하였다.
"可."	"좋소."
酒酣,	주흥이 오르자
章進飮歌舞.	유장은 나아가 술을 마시고 노래하며 춤을 추었다.
已而曰:	조금 후 말하였다.
"請爲太后言耕田歌."	"청컨대 태후를 위하여 경전가를 불러보겠습니다."

11 **집해** 서광은 말하였다. "연(燕), 조(趙), 양(梁)이다."

高后兒子畜之,	고후는 그를 아이로 취급하여
笑曰:	웃으며 말하였다.
“顧而父知田耳.	“생각건대 네 아비는 경전을 알았을 따름이다.
若生[12]而爲王子,	너는 왕자로 태어났는데
安知田乎?”	경전을 어찌 알겠느냐?”
章曰:	유장이 말하였다.
“臣知之.”	“신은 알고 있습니다.”
太后曰:	태후가 말하였다.
“試爲我言田.”	“내게 경전가를 불러보렴.”
章曰:	유장이 말하였다.
“深耕穊種,	“깊이 갈아 빽빽이 심어도
立苗欲疏,	싹은 듬성듬성 나려 하니,
非其種者,	그 씨 아니면
鉏而去之.”	김매어 없애리라.”
呂后默然.	여후는 잠자코 있었다.
頃之,	얼마 후
諸呂有一人醉,	여 씨 중 한 사람이 술에 취하여
亡酒,	술자리서 달아나려 하자
章追,	유장이 쫓아가
拔劍斬之,	칼을 뽑아 목을 베고
而還報曰:	돌아와 보고하였다.
“有亡酒一人,	“술자리서 달아나려는 사람이 있어
臣謹行法斬之.”	신이 삼가 법을 행하여 그를 베었습니다.”

---

12 **색은** 고(顧)는 염(念)과 같다. 이(而) 및 약(若)은 모두 너[汝]라는 뜻이다.

太后左右皆大驚.	태후의 좌우에서 모두 크게 놀랐다.
業已許其軍法,	처음부터 이미 그 군법을 허락하여
無以罪也.	죄를 따질 길이 없었다.
因罷.	이렇게 주연이 끝났다.
自是之後,	이 이후로
諸呂憚朱虛侯,	여씨들은 주허후를 꺼리게 되었고
雖大臣皆依朱虛侯,	대신들마저 모두 주허후에게 의지하여
劉氏爲益彊.	유 씨는 더욱 강해졌다.

其明年,	그 이듬해에
高后崩.	고후가 죽었다.
趙王呂祿爲上將軍,	조왕 여록이 상장군이 되고
呂王產爲相國,	여왕 산이 상국이 되어
皆居長安中,	모두 장안에 있었으며
聚兵以威大臣,	군사를 모아 대신들에게 으름장을 놓았고
欲爲亂.	난을 일으키려 하였다.
朱虛侯章以呂祿女爲婦,	주허후 장은 여록의 딸을 부인으로 삼은 터라
知其謀,	그 계모를 알고
乃使人陰出告其兄齊王,	이에 사람을 시켜 몰래 빠져나가 그 형인 제왕에게 알리게 하여
欲令發兵西,	군사를 일으켜 서진하게 하고
朱虛侯·東牟侯爲內應,	주허후와 동모후는 내응하여
以誅諸呂,	여 씨들을 죽이고
因立齊王爲帝.	제왕을 황제로 세우려고 하였다.

齊王既聞此計, 제왕은 이 계책을 듣고

乃與其舅父駟鈞[13]·郎中令祝午·中尉魏勃陰謀發兵. 이에 외숙 사균, 낭중령 축오, 중위 위발과 함께 몰래 모의하여 군사를 일으켰다.

齊相召平[14]聞之, 제의 상 소평이 듣고

乃發卒衞王宮. 곧 군사를 일으켜 왕궁을 지켰다.

魏勃紿召平曰: 위발이 소평을 속여 말하였다.

"王欲發兵, "왕이 군사를 일으키려 하나

非有漢虎符驗也. 한의 호부의 증명이 없습니다.

而相君圍王, 상군께서 왕을 에워싼 것은

固善. 실로 잘한 것입니다.

勃請爲君將兵衞衞王." 저는 청컨대 그대를 위해 호위병들을 거느리고 왕을 지키겠소."

召平信之, 소평은 그 말을 듣고

乃使魏勃將兵圍王宮. 곧 위발에게 군사를 거느리고 왕궁을 에워싸게 하였다.

勃既將兵, 위발은 이미 군사를 거느리고

使圍相府. 상부를 에워싸게 하였다.

召平曰: 소평이 말하였다.

"嗟乎! "아뿔싸!

道家之言'當斷不斷, 도가에서 말하기를 '잘라야 하는데 자르지 않으면

---

13 색은 구(舅)는 구부(舅父)와 같으며, 이(姨)를 이모(姨母)라 하는 것과 같다.

14 색은 광릉(廣陵) 사람 소평(召平)은 동릉후(東陵侯) 소평(召平) 및 이곳의 소평과는 모두 다른 사람인 것 같다. 「공신표(功臣表)」에서는 평(平)의 아들 노(奴)가 부친의 공으로 여후(黎侯)에 봉하여졌다고 하였다.

反受其亂',	도리어 어려움에 봉착하게 된다.'라 하였는데
乃是也."	딱 맞는 말이다."
遂自殺.	마침내 스스로 목숨을 끊었다.
於是齊王以駟鈞爲相,	이에 제왕은 사균을 상으로 삼고
魏勃爲將軍,	위발을 장군으로 삼았으며
祝午爲內史,	축오를 내사로 삼아
悉發國中兵.	나라의 군사를 다 일으켰다.
使祝午東詐琅邪王曰:	축오를 동으로 보내 낭야왕을 속여 말하였다.
"呂氏作亂,	"여씨가 난을 일으켜
齊王發兵欲西誅之.	제왕이 군사를 일으켜 서진하여 주벌하려 합니다.
齊王自以兒子,	제왕은 스스로 아이로
年少,	나이가 어린데다
不習兵革之事,	군사의 일에 익숙하지 못하다고 생각하니
願擧國委大王.	온 나라를 대왕께 맡기기를 바랍니다.
大王自高帝將也,	대왕께서는 고제의 장수로
習戰事.	전쟁의 일에 익숙하십니다.
齊王不敢離兵,[15]	제왕은 감히 군대를 떠나지 못하여
使臣請大王幸之臨菑見齊王計事,	신에게 대왕께서 임치로 가셔서 제왕을 만나 일을 모의하고
并將齊兵以西平關中之亂."	아울러 제의 군사를 거느리고 서진하여 관중의 난을 평정하도록 청하게 하였습니다."
琅邪王信之,	낭야왕은 그 말을 믿고
以爲然,	그렇게 생각하여

15 **색은** 복건(服虔)은 "감히 군사를 떠나 낭야(琅邪)로 오지 못하는 것이다."라 하였다.

(西)[迺]馳見齊王. 이에 말을 달려 제왕을 만났다.

齊王與魏勃等因留琅邪王, 제왕은 위발 등과 함께 낭야왕을 붙들어두고

而使祝午盡發琅邪國而并將其兵.

축오로 하여금 낭야국을 모두 징발하고 아울러 그 군사를 모두 거느리게 하였다.

琅邪王劉澤既見欺, 낭야왕 유택은 속아서

不得反國, 나라로 돌아가지 못하게 되어

乃說齊王曰: 이에 제왕에게 말하였다.

"齊悼惠王高皇帝長子, "제도혜왕은 고황제의 장자로

推本言之, 근본을 미루어 말하면

而大王高皇帝適長孫也, 대왕 고황제의 적장손으로

當立. 즉위하여야 하오.

今諸大臣狐疑未有所定, 지금 대신들이 미적이며 아직도 결정을 내리지 못하고

而澤於劉氏最爲長年, 내가 유 씨 가운데 최연장이라

大臣固待澤決計. 대신들은 나의 계책 결정을 고대하고 있소.

今大王留臣無爲也, 지금 대왕께서 신을 억류시키는 것은 쓸모가 없으니

不如使我入關計事." 나더러 관으로 들어가 일을 도모하게 함만 못하오."

齊王以爲然, 제왕은 그렇다고 생각하여

乃益具車送琅邪王. 이에 수레를 더 갖추어 낭야왕을 호송하였다.

琅邪王既行, 낭야왕이 떠나자

齊遂舉兵西攻呂國之濟南. 제는 드디어 군사를 일으켜 서쪽 여 씨의 나라

	인 제남을 공격하였다.
於是齊哀王遺諸侯王書曰:	이에 제애왕은 제후왕에게 서신을 보내어 말하였다.
"高帝平定天下,	"고제가 천하를 평정하고
王諸子弟,	자제들을 왕으로 분봉할 때
悼惠王於齊.	도혜왕을 제에 분봉했소.
悼惠王薨,	도혜왕이 죽자
惠帝使留侯張良立臣爲齊王.	혜제가 유후 장량에게 신을 제왕으로 세우게 했소.
惠帝崩,	혜제가 돌아가시고
高后用事,	고후가 권력을 쥐었는데
春秋高,	춘추가 높아
聽諸呂擅廢高帝所立,	여 씨들의 말을 듣고 멋대로 고제가 세운 사람을 폐하고
又殺三趙王,[16]	또 세 조왕을 죽였으며
滅梁·燕·趙[17]以王諸呂,	양·연·조를 멸하여 여 씨들을 왕으로 봉하여
分齊國爲四.[18]	제국을 넷으로 나누었소.
忠臣進諫,	충신이 간언을 하였는데
上惑亂不聽.	상은 혹하고 혼란하여 듣지 않았소.
今高后崩,	지금 고후는 돌아가시고

16 **정의** 은왕 여의(隱王如意)와 유왕 우(幽王友), 양왕 회(梁王恢)가 조왕으로 옮겼는데 모두 고조(高祖)의 아들이다.

17 **정의** 양왕 회(梁王恢)와 연왕 건(燕王建)으로, 양왕 회는 조로 옮겼는데 나주어 멸하여 후사가 없다.

18 **색은** 제남(濟南)과 낭야(琅邪), 성양(城陽)이 제(齊)와 함께 넷이다. **정의** 낭야군(琅邪郡)으로 유택(劉澤)을 봉하였고, 제남군(濟南郡)을 여왕(呂王)의 봉읍으로 하였으며, 성양(城陽)을 노원공주(魯元公主)의 탕목읍으로 삼았다.

皇帝春秋富,[19]	황제는 춘추가 어려
未能治天下,	천하를 제대로 다스리지 못하여
固恃大臣諸(將)[侯].	실로 대신과 제후들을 믿고 있습니다.
今諸呂又擅自尊官,	지금 여 씨들이 또 제멋대로 관직을 높이고
聚兵嚴威,	군사를 모아 위엄을 떨쳐
劫列侯忠臣,	열후와 충신을 겁박하고
矯制以令天下,	성지를 속여 천하를 호령하니
宗廟所以危.	종묘가 위태롭습니다.
今寡人率兵入誅不當爲王者."	지금 과인은 군사를 거느리고 들어가 왕이 되어서는 안 될 자를 죽이겠소."
漢聞齊發兵而西,	한은 제가 군사를 일으켜 서진한다는 말을 듣자
相國呂產乃遣大將軍灌嬰東擊之.	상국 여산이 이에 대장군 관영을 보내 동쪽에서 치게 하였다.
灌嬰至滎陽,	관영은 형양에 이르러
乃謀曰:	모의하여 말하였다.
"諸呂將兵居關中,	"여 씨의 장병이 관중에 있으면서
欲危劉氏而自立.	유 씨들에게 위해를 가하여 스스로 즉위하려 한다.
我今破齊還報,	내 지금 제를 깨뜨리고 복명한다면
是益呂氏資也."	이는 여 씨들의 바탕을 더해주는 것이다."
乃留兵屯滎陽,	이에 군사를 머물러 형양에 주둔하고
使使喻齊王及諸侯,	사신을 보내어 제왕 및 제후들에게 알리고

19 **색은** 소안(小顏: 顏師古)은 말하였다. "나이가 어린 것을 재물에 비유하면 바야흐로 아직 다 쓰지 않은 것이라 하였으므로 부유하다고 한 것이다."

與連和,	함께 연합하여
以待呂氏之變而共誅之.	여 씨들이 변란을 일으키길 기다렸다가 함께 죽이기로 하였다.
齊王聞之,	제왕이 듣고
乃西取其故濟南郡,	이에 서진하여 옛 제남군을 빼앗고
亦屯兵於齊西界以待約.	또한 제서의 경계에 주둔하여 약정한 것을 기다렸다.
呂祿·呂產欲作亂關中,	여록과 여산이 관중에서 난을 일으키려 하자
朱虛侯與太尉勃·丞相平等誅之.	주허후는 태위 주발, 승상 진평 등과 그들을 죽였다.
朱虛侯首先斬呂產,	주허후가 먼저 여산을 참하고
於是太尉勃等乃得盡誅諸呂.	이에 태위 주발 등이 여 씨들을 모두 죽이게 되었다.
而琅邪王亦從齊至長安.	그리고 낭야왕 또한 제에서 장안에 이르렀다.
大臣議欲立齊王,	대신들이 제왕을 옹립할 논의를 하자
而琅邪王及大臣曰:	낭야왕 및 대신들이 말했다.
"齊王母家駟鈞,	"제왕의 외가 사균은
惡戾,	흉악하고 사나워
虎而冠者也.[20]	호랑이에게 모자를 씌워놓은 것입니다.
方以呂氏故幾亂天下,	바야흐로 여 씨 때문에 거의 천하가 어지러워질 뻔했는데
今又立齊王,	지금 또 제왕을 세우려 하니

20 **집해** 장안(張晏)은 말하였다. "균이 악하고 사나워 호랑이에 모자를 씌운 것과 같다는 말이다."

是欲復爲呂氏也.	이는 여 씨를 다시 세우려는 것입니다.
代王母家薄氏,	대왕의 외가 박씨는
君子長者;	군자요 장자이며,
且代王又親高帝子,	아울러 대왕은 또한 고제의 친자 가운데
於今見在,	지금까지 살아 있고
且最爲長.	또 가장 연장자입니다.
以子則順,	아들로 하면 순리가 될 것이고
以善人則大臣安."	훌륭한 사람으로 하면 대신들이 편안하게 됩니다."
於是大臣乃謀迎立代王,	이에 대신들은 곧 대왕을 맞아 옹립할 계책을 세우고
而遣朱虛侯以誅呂氏事告齊王,	주허후를 보내어 여 씨를 죽인 일을 제왕에게 알리고
令罷兵.	군사를 거두게 하였다.
灌嬰在滎陽,	관영은 형양에 있으면서
聞魏勃本教齊王反,	위발이 본래 제왕에게 반기를 들게 하여
旣誅呂氏,	(조정에서) 여 씨를 죽이고
罷齊兵,	제의 군사를 거두었다는 말을 듣고
使使召責問魏勃.	사자에게 위발을 불러 책망하여 묻게 하였다.
勃曰:	위발이 말하였다.
"失火之家,	"불이 난 집에
豈暇先言大人而後救火乎!"[21]	어느 겨를에 먼저 대인에게 말한 다음에 불을 끄겠습니까?"
因退立,	이어서 물러나 서서

股戰而栗, 다리를 덜덜 떨면서

恐不能言者, 말을 할 수 없는 자 같았으며

終無他語. 끝내 다른 말이 없었다.

灌將軍熟視笑曰: 관장군은 자세히 지켜보다가 웃으며 말하였다.

"人謂魏勃勇, "사람들이 위발이 용감하다고 하던데

妄庸人耳,[22] 망령되고 범용한 사람일 따름이니

何能爲乎!" 어찌 할 수 있겠는가!"

乃罷魏勃.[23] 이에 위발을 놓아주었다.

魏勃父以善鼓琴見秦皇帝. 위발의 부친은 금을 잘 타서 진황제를 뵈었다.

及魏勃少時, 위발이 어렸을 때

欲求見齊相曹參, 제의 상국 조참을 뵙기를 청하려 하였는데

家貧無以自通, 집이 가난하여 스스로 변통을 할 길이 없어

乃常獨早夜埽齊相舍人門外. 이에 늘 홀로 이른 아침부터 밤까지 제상 사인의 문 밖을 쓸었다.

相舍人怪之, 상의 사인이 괴이히 여겨

以爲物,[24] 괴물로 여기고

而伺之, 엿보다가

得勃. 위발을 보게 되었다.

勃曰: 위발이 말하였다.

---

21 색은 이는 아마 옛 속담일 것으로 불을 끄는 것이 급하여 먼저 가장에게 알릴 겨를이 없다는 것을 말할 것이다. 또한 국가에 어려움이 있으면 조령을 기다릴 겨를이 없다는 말과 같다.

22 색은 망용(妄庸)은 평범하고 망령되며 용렬한 사람이다.

23 색은 파(罷)는 죄를 묻지 않고 풀어주어 보내는 것을 말한다.

24 색은 요 씨(姚氏)는 말하였다. "물(物)은 괴물(怪物)이다."

"願見相君, "상군을 뵙기를 바라는데
無因, 닿는 연이 없어
故爲子埽, 그대의 문 앞을 쓸어주어
欲以求見." 뵙기를 청하고자 합니다."
於是舍人見勃曹參, 이에 사인은 위발을 조참에게 보여주고
因以爲舍人. 이어서 사인으로 삼았다.
一爲參御, 한번은 조참을 위하여 수레를 모는데
言事, 일에 대하여 말을 하자
參以爲賢, 조참은 현명하게 생각하여
言之齊悼惠王. 제도혜왕에게 말하였다.
悼惠王召見, 도혜왕이 불러서 만나보고
則拜爲內史. 내사에 임명했다.
始, 처음에
悼惠王得自置二千石. 도혜왕은 직접 이천석을 둘 수 있었다.
及悼惠王卒而哀王立, 도혜왕이 죽고 애왕이 즉위하자
勃用事, 위발이 정권을 장악하여
重於齊相. 제상보다 중하여졌다.

王既罷兵歸, 왕이 군사를 거두어 돌아가자
而代王來立, 대왕이 와서 즉위하였는데
是爲孝文帝. 바로 효문제이다.

孝文帝元年, 효문제 원년에
盡以高后時所割齊之城陽·琅邪·濟南郡復與齊,
고후 때 할양한 제의 성양과 낭야, 제남군을 모

두 다시 제에 주고

而徙琅邪王王燕, 낭야왕을 연왕으로 옮기고

益封朱虛侯·東牟侯各二千戶.

주허후와 동모후에게 각기 이천석을 더 봉하였다.

是歲, 이 해에

齊哀王卒, 제애왕이 죽고

太子(側)[則]立, 태자 칙이 즉위하니

是爲文王. 바로 문왕이다.

齊文王元年, 제문왕 원년

漢以齊之城陽郡立朱虛侯爲城陽王,

한은 제의 성양군을 가지고 주허후를 성양왕으로 세웠으며,

以齊濟北郡[25]立東牟侯爲濟北王.

제의 제북군을 가지고 동모후를 제북왕으로 세웠다.

二年, 2년에

濟北王反, 제북왕이 반기를 들어

漢誅殺之, 한이 주살하고

地入于漢. 땅은 한으로 편입되었다.

後二年, 2년 후

25 **정의** 지금의 제주(濟州)로, 제북왕(濟北王)이 도읍을 삼은 곳이다.

孝文帝盡封齊悼惠王子罷軍等七人[26]皆爲列侯.

효문제는 제도혜왕의 아들 파군 등 7인을 모두 열후에 봉하였다.

齊文王立十四年卒, 제문왕은 즉위14년에 죽었는데

無子, 아들이 없어

國除, 나라는 없어지고

地入于漢. 땅은 한에 편입되었다.

後一歲, 1년 후

孝文帝以所封悼惠王子分齊爲王,

효문제는 도혜왕의 아들들에게 봉하여준 제를 나누어 왕으로 삼고

齊孝王將閭以悼惠王子楊虛侯爲齊王.

제효왕 장려는 도혜왕의 아들 양허후를 제왕으로 삼았다.

故齊別郡盡以王悼惠王子: 옛 제의 별군은 모두 도혜왕의 아들을 왕으로 삼았다.

子志爲濟北王, 아들 지는 제북왕이 되었고

子辟光爲濟南王, 아들 벽광은 제남왕이 되었으며

子賢爲菑川王, 아들 현은 치천왕이 되었고

子卬爲膠西王, 아들 앙은 교서왕이 되었으며

子雄渠爲膠東王, 아들 웅거는 교동왕이 되어

與城陽·齊凡七王.[27] 성양·제와 함께 모두 일곱 왕이었다.

---

26 정의 '罷'의 음은 불(不)이다.

齊孝王十一年,	제효왕 11년
吳王濞·楚王戊反,	오왕 비와 초왕 무가 반기를 들고
興兵西,	군사를 일으켜 서진하면서
告諸侯曰“將誅漢賊臣鼂錯以安宗廟”.	제후들에게 “한의 적신 조조를 죽여서 종묘를 평안하게 할 것”이라 알렸다.
膠西·膠東·菑川·濟南皆擅發兵應吳楚.	교서와 교동·치천·제남에서 모두 제멋대로 군사를 일으켜 오·초에 향응했다.
欲與齊,	제와 동맹을 맺으려 했으나
齊孝王狐疑,	제효왕은 미온적인 태도로
城守不聽,	성을 지키며 듣지 않아
三國兵共圍齊.[28]	세 나라의 군사가 함께 제를 에워쌌다.
齊王使路中大夫[29]告於天子.	제왕은 노 중대부에게 천자에게 알리게 하였고
天子復令路中大夫還告齊王:	천자는 다시 노 중대부에게 도로 제왕에게 알리게 하였다.
“善堅守,	“굳게 잘 지키면
吾兵今破吳楚矣.”	내 군사가 지금 오·초를 깨뜨릴 것이다.”
路中大夫至,	노 중대부가 이르렀으나

27 색은 장려(將閭)는 제왕(齊王)이 되고, 지(志)는 제북왕(濟北王), 앙(卬)은 교서왕(膠西王), 벽광(辟光)은 제남왕(濟南王), 현(賢)은 치천왕(菑川王), 장(章)은 성양왕(城陽王), 웅거(雄渠)는 교동왕(膠東王)이 된 것을 말한다.

28 집해 장안은 말하였다. “교서(膠西)와 치천(菑川), 제남(濟南)이다.”

29 집해 장안은 말하였다. “성은 노(路)이고 중대부(中大夫)이다.” 색은 노(路)는 성이며, 관직은 중대부이며 사관이 이름은 실전하였으므로 성과 관직을 말하였다. 고 씨(顧氏)는 『노씨보(路氏譜)』에 의하여 중대부(中大夫)의 이름은 앙(卬)이라고 하였다. ‘卬’은 음이 앙(五剛反)이다.

三國兵圍臨菑數重,	세 나라의 군사가 임치를 여러 겹으로 에워싸
無從入.	들어갈 길이 없었다.
三國將劫與路中大夫盟,	세 나라가 노 중대부에게 맹약에 참여하게끔 겁박하여
曰:	말하였다.
"若反言漢已破矣,	"너는 돌아가 한이 이미 격파되었으며
齊趣下三國,	제가 빨리 세 나라에 항복하면
不且見屠."	도륙을 당하지 않게 될 것이라 하여라."
路中大夫既許之,	노 중대부는 허락을 하고
至城下,	성 아래에 이르러
望見齊王,	제왕을 바라보며
曰:	말하였다.
"漢已發兵百萬,	"한이 이미 백만의 군사를 일으켜
使太尉周亞夫擊破吳楚,	태위 주아부에게 오·초를 격파하게 하여
方引兵救齊,	바야흐로 군사를 이끌고 제를 구원할 것이니
齊必堅守無下!"	제는 반드시 굳게 지켜 항복하지 마시오!"
三國將誅路中大夫.	세 나라의 장수는 노 중대부를 죽였다.

齊初圍急,	제는 처음에 포위가 급박하여
陰與三國通謀,	몰래 세 나라와 통하여 모의하였지만
約未定,	약정이 아직 이루어지지 않았고
會聞路中大夫從漢來,	마침 노 중대부가 한에서 왔다는 말을 듣고
喜,	기뻐하였고
及其大臣乃復勸王毋下三國.	또한 그 대신들도 이에 다시 왕에게 세 나라에 항복하지 말 것을 권했다.

居無何, 얼마 안 있어

漢將欒布·平陽侯[30]等兵至齊, 한의 장수 난포와 평양후 등의 군사가 제에 이르러

擊破三國兵, 세 나라의 군사를 격파하고

解齊圍. 제의 포위를 풀었다.

已而復聞齊初與三國有謀, 얼마 후 다시 제가 처음에 세 나라와 모의하였다는 것을 듣고

將欲移兵伐齊. 군사를 옮겨 제를 치려고 하였다.

齊孝王懼, 제효왕은 두려워하여

乃飮藥自殺. 이에 음독자살했다.

景帝聞之, 경제는 듣고

以爲齊首善, 제가 처음에는 훌륭했는데

以迫劫有謀, 음모에 가담하도록 겁박을 받았으니

非其罪也, 그의 죄가 아니라고 생각하여

乃立孝王太子壽爲齊王, 이에 효왕의 태자 수를 제왕으로 세웠는데

是爲懿王, 바로 의왕으로

續齊後. 제의 후사를 이었다.

而膠西·膠東·濟南·菑川王咸誅滅, 그리고 교서와 교동·제남·치천왕은 모두 주멸되고

地入于漢. 땅은 한에 편입되었다.

徙濟北王王菑川. 제북왕을 치천왕으로 옮겼다.

齊懿王立二十二年卒, 제의왕은 즉위 22년에 죽고

子次景立, 아들인 차경이 즉위하였는데

---

30 **색은** 「표(表)」에 따르면 간후(簡侯)는 조기(曹奇)이다.

是爲厲王.	바로 여왕이다.

齊厲王,	제여왕의
其母曰紀太后.	모친은 기태후이다.
太后取其弟紀氏女爲厲王后.	태후는 동생 기 씨의 딸을 취하여 여왕의 후로 삼았다.
王不愛紀氏女.	왕은 기 씨의 딸을 사랑하지 않았다.
太后欲其家重寵,[31]	태후는 그 가문이 다시 총애를 받게 하려고
令其長女紀翁主[32]入王宮,	장녀 기옹주를 왕궁에 들여보내
正其後宮,	후궁을 바로잡아
毋令得近王,	왕에게 가까이 가지 못하게 하여
欲令愛紀氏女.	기 씨의 딸을 사랑하게끔 하려 했다.
王因與其姊翁主姦.	왕은 이에 그 언니인 옹주와 간통하였다.

齊有宦者徐甲,	제에 환자 서갑이 있었는데
入事漢皇太后.[33]	(서울에) 들어가 한의 황태후를 섬겼다.
皇太后有愛女曰脩成君,	황태후에게는 사랑하는 딸 수성군이 있었는데
脩成君非劉氏,[34]	수성군은 유 씨가 아니어서
太后憐之.	태후가 어여삐 여겼다.
脩成君有女名娥,	수성군에게는 딸 아가 있었는데
太后欲嫁之於諸侯,	태후가 제후에게 시집보내고자 하니

31 색은 '重'의 음은 중(直龍反)이다. 대대로 왕궁에서 총애와 귀함을 받게 하려는 것을 말한다.

32 색은 여순(如淳)은 말하였다. "왕녀(王女)들을 옹주(翁主)라고 한다. 그 모친의 성을 일컬었기 때문에 기 옹주(紀翁主)라 하였다."

33 색은 왕태후(王太后)를 말하며, 무제(武帝)의 모친이다.

34 집해 장안은 말하였다. "왕태후(王太后)는 앞서 시집간 금 씨(金氏) 소생이다."

宦者甲乃請使齊,	환자 갑이 이에 제에 사행할 것을 청하여
必令王上書請娥.	반드시 제왕이 글을 올려 아를 청하게 하겠다고 하였다.
皇太后喜,	황태후는 기뻐하여
使甲之齊.	갑을 제로 보냈다.
是時齊人主父偃知甲之使齊以取后事,	이때 제 사람 주보언은 갑이 제에 사행하는 것이 후를 취하는 일임을 알고
亦因謂甲:	또한 이에 갑에게 말하였다.
"即事成,	"일이 이루어지면
幸言偃女願得充王後宮."	제 딸을 왕의 후궁에 채워주기를 바란다고 말해주면 좋겠소."
甲既至齊,	갑은 제에 이르러
風以此事.	이 일을 흘렸다.
紀太后大怒,	기 태후가 크게 노하여
曰:	말하였다.
"王有后,	"왕에겐 후가 있고
後宮具備.	후궁도 갖추어져 있다.
且甲,	또한 갑은
齊貧人,	제의 가난한 사람으로
急[35]乃爲宦者,	다급해져서 이에 환관이 되어
入事漢,	한으로 들어와 섬겨
無補益,	보탬도 되지 않았는데
乃欲亂吾王家!	이에 우리 왕가를 어지럽히려 하는가!

35 집해 서광은 말하였다. "'급(及)'으로 된 곳도 있다."

且主父偃何爲者?	또한 주보언은 무얼 하는 자인가?
乃欲以女充後宮!”	딸을 후궁으로 충원하려 하다니!”
徐甲大窮,	서갑은 매우 궁색해져
還報皇太后曰:	돌아와 황태후에게 보고했다.
“王已願尚娥,	“왕은 이미 아를 배필로 삼기를 원하였지만
然有一害,	한 가지 해가 있으니
恐如燕王.”	연왕과 같은 것인 듯합니다.”
燕王者,	연왕은
與其子昆弟姦,	그 아들 형제와 간통하여
新坐以死,	막 연좌되어 죽어
亡國,	나라가 망하였으므로
故以燕感太后.	연으로 태후를 깨닫게 하였다.
太后曰:	태후가 말하였다.
“無復言嫁女齊事.”	“딸이 제에 시집보내는 일을 더 이상 말하지 말라.”
事浸潯(不得)聞於天子.	일이 차츰차츰 천자에게 알려졌다.
主父偃由此亦與齊有郤.	주보언은 이로 말미암아 또한 제와 틈이 생겼다.

主父偃方幸於天子,	주보언은 바야흐로 천자의 총애를 받아
用事,	권력을 잡아
因言:	이에 말하였다.
“齊臨菑十萬戶,	“제의 임치는 10만 호에
市租千金,[36]	시장의 조세가 천금이며

36 색은 시조(市租)는 파는 물건에 세금을 내는 것이 하루에 천금을 얻는다는 것으로, 제에 사람이 많고 또 부유한 것을 말한다.

人衆殷富,	백성이 많고 부유하기가
巨於長安,	장안보다 크니
此非天子親弟愛子不得王此.	이는 천자의 친 아우나 사랑하는 아들이 아니면 이 곳의 왕이 될 수 없습니다.
今齊王於親屬益疏."	지금 제왕은 친속 가운데 더욱 소원합니다."
乃從容言:	이에 조용히 말하였다.
"呂太后時齊欲反,	"여태후 때 제가 반기를 들려 하였고
吳楚時孝王幾爲亂.	오·초 때는 효왕이 거의 난을 일으킬 뻔했습니다.
今聞齊王與其姊亂."	지금 듣자하니 제왕이 그 누나와 음란한 관계라고 합니다."
於是天子乃拜主父偃爲齊相,	이에 천자는 곧 주보언을 제상에 임명하여
且正其事.	그 일을 바로잡게 하려고 했다.
主父偃既至齊,	주보언은 제에 이르자
乃急治王後宮宦者爲王通於姊翁主所者,	이에 급히 왕의 후궁과 환관으로 왕에게 누나인 옹주와 통하게 한 자를 다스려
令其辭證皆引王.	그 말을 증거로 삼아 왕까지 끌어내려 하였다.
王年少,	왕은 나이가 어려
懼大罪爲吏所執誅,	죄가 커서 관리에게 잡혀 죽을까 두려워하여
乃飮藥自殺.	이에 음독자살하였다.
絕無後.	후사가 끊겼다.

是時趙王懼主父偃一出廢齊,	이 때 조왕은 주보언이 한번 나서 제를 폐할까 두려워하였고
恐其漸疏骨肉,	골육이 점차 소원해질까 걱정하여

乃上書言偃受金及輕重之短.[37]

이에 글을 올려 주보언이 금품을 받았고 아울러 경중을 판단하지 못한다는 단점을 말하였고

天子亦既囚偃. 천자 또한 이미 주보언을 가두었다.

公孫弘言: 공손홍이 말하였다.

"齊王以憂死毋後, "제왕은 근심 때문에 죽어 후사가 없어졌고

國入漢, 나라는 한으로 편입되었으니

非誅偃無以塞天下之望." 주보언을 죽이지 않으면 천하의 바람을 채울 길이 없을 것입니다."

遂誅偃. 마침내 주보언을 죽였다.

齊厲王立五年死, 제여왕은 즉위 5년에 죽어

毋後, 후사가 없어

國入于漢. 나라는 한에 편입되었다.

齊悼惠王後尚有二國, 제도혜왕의 후대로는 아직 두 나라가 있었는데

城陽及菑川. 성양 및 치천이다.

菑川地比齊. 치천의 땅은 제와 이웃하였다.

天子憐齊, 천자는 제를 불쌍히 여겨

爲悼惠王冢園在郡, 도혜왕의 무덤이 군에 있으므로

割臨菑東環悼惠王冢園邑盡以予菑川,

임치 동쪽의 도혜왕의 무덤을 둘러싼 읍을 떼어 모두 치천에 주어

37 색은 주보언이 제가 딸을 아내로 맞지 않은 원한을 끼고 이에 제의 단점을 말하여 경중을 판단하지 못한다는 말을 한 것으로 임치가 부유하다 하였고 아울러 오(吳)와 초(楚), 효왕(孝王) 때의 일을 말한 것을 말한다.

以奉悼惠王祭祀. 도혜왕의 제사를 받들게 하였다.

城陽景王章,[38] 성양의 경왕 장은
齊悼惠王子, 제도혜왕의 아들이다.
以朱虛侯與大臣共誅諸呂, 주허후로 대신들과 함께 여씨들을 죽였는데
而章身首先斬相國呂王產於未央宮. 장이 몸소 먼저 미앙궁에서 상국인 여왕 산을 베었다.
孝文帝既立, 효문제가 즉위하자
益封章二千戶, 장에게 2천 호를 더 봉하고
賜金千斤. 금 천 근을 내렸다.
孝文二年, 효문 2년에
以齊之城陽郡立章爲城陽王. 제 성양군을 봉지로 하여 장을 성양왕으로 세웠다.
立二年卒, 즉위 2년에 죽고
子喜立, 아들인 희가 즉위하니
是爲共王. 바로 공왕이다.

共王八年, 공왕 8년에
徙王淮南.[39] 회남왕으로 옮겼다.
四年, 4년 만에
復還王城陽. 다시 성양왕으로 돌아왔다.
凡三十三年卒, 모두 33년 만에 죽었으며
子(建)延立, 아들인 연이 즉위하였는데

38 **정의** 「연표」에서는 거(莒)에 도읍하였다고 하였다.

39 **색은** 효문제(孝文帝) 12년일 것이다. **정의** 「연표」에서는 진(陳)에 도읍하였다고 하였다.

是爲頃王.	바로 경왕이다.

頃王二十(八)[六]年卒,	경왕은 26년 만에 죽고
子義立,	아들인 의가 즉위하니
是爲敬王.	바로 경왕이다.
敬王九年卒,	경왕은 9년에 죽고
子武立,	아들인 무가 즉위하였는데
是爲惠王.	바로 혜왕이다.
惠王十一年卒,	혜왕은 31년에 죽고
子順立,	아들인 순이 즉위하였는데
是爲荒王.	바로 황왕이다.
荒王四十六年卒,	황왕은 46년에 죽고
子恢立,[40]	아들인 회가 즉위하였는데
是爲戴王.	바로 대왕이다.
戴王八年卒,	대왕은 8년에 죽고
子景立,	아들인 경이 즉위하였는데
至建始三年,[41]	건시 3년에 이르러
十五歲,	15세로
卒.	죽었다.

濟北王興居,[42]	제북왕 흥거는

---

40 **집해** 서광은 말하였다. "감로(甘露) 2년이다."

41 **정의** 건시(建始)는 성제(成帝)의 연호이다. 건시 4년에서 위로 천한(天漢) 4년까지는 67년으로, 아마 저선생(褚先生)이 편차하였을 것이다.

42 **정의** 제주(濟州)에 도읍하였다.

齊悼惠王子,	제도혜왕의 아들이며
以東牟侯助大臣誅諸呂,	동모후로 대신들을 도와 여씨들을 죽였는데
功少.	공이 적었다.
及文帝從代來,	문제가 대에서 왔을 때
興居曰:	흥거가 말하였다.
"請與太僕嬰入清宮."	"태복 영과 궁정에 들어가 깨끗하게 정리할 것을 청합니다."
廢少帝,	소제를 폐하고
共與大臣尊立孝文帝.	대신들과 효문제를 높이어 옹립하였다.

孝文帝二年,	효문제 2년에
以齊之濟北郡立興居爲濟北王,	제의 제북군으로 흥거를 제북왕에 세워
與城陽王俱立.	성양왕과 함께 즉위하였다.
立二年,	즉위 2년에
反.	반란을 일으켰다.
始大臣誅呂氏時,	처음 대신들이 여 씨를 죽일 때
朱虛侯功尤大,	주허후의 공이 가장 커서
許盡以趙地王朱虛侯,	모든 조 땅으로 주허후를 왕에 책봉하고
盡以梁地王東牟侯.	모든 양의 땅으로 동모후를 왕에 책봉하게 하였다.
及孝文帝立,	효문제가 즉위하여
聞朱虛·東牟之初欲立齊王,	주허와 동모가 처음에 제왕을 옹립하려 했다는 말을 들었으므로
故絀其功.	그 공을 깎은 것이다.

及二年,	(효문) 2년에
王諸子,	아들들을 왕으로 책봉하였는데
乃割齊二郡以王章·興居.	이에 제의 두 군을 떼어서 장과 홍거를 왕으로 책봉했다.
章·興居自以失職奪功.	장과 홍거는 스스로 직책을 잃고 공을 빼앗겼다고 생각하였다.
章死,	장은 (화병으로) 죽었고
而興居聞匈奴大入漢,	홍거는 흉노가 대대적으로 한을 침입하자
漢多發兵,	한이 많은 군사를 일으켜
使丞相灌嬰擊之,	승상 관영에게 치게 하고
文帝親幸太原,	문제도 친히 태원으로 행차하여
以爲天子自擊胡,	천자가 몸소 호를 칠 것이라는 말을 듣고
遂發兵反於濟北.	마침내 제북에서 군사를 일으켜 반기를 들었다.
天子聞之,	천자가 듣고
罷丞相及行兵,	승상이 군사를 보내는 것을 그만두게 하고
皆歸長安.	모두 장안으로 돌아왔다.
使棘蒲侯柴將軍[43]擊破虜濟北王,	극포후 시장군에게 제북왕을 격파하여 사로잡게 하였는데
王自殺,	제북왕은 스스로 목숨을 끊었고
地入于漢,	땅은 한으로 편입되어
爲郡.	군이 되었다.
後十(二)[三]年,	13년 후

43 집해 장안은 말하였다. "시무(柴武)이다."

文帝十六年, 문제 16년에

復以齊悼惠王子安都侯[44]志爲濟北王.

다시 제도혜왕의 아들 안도후 지를 제북왕으로 삼았다.

十一年, 11년

吳楚反時, 오·초가 반기를 들었을 때

志堅守, 지는 굳게 지켜

不與諸侯合謀. 제후들과 함께 모의하지 않았다.

吳楚已平, 오·초가 평정되고

徙志王菑川. 지는 치천왕으로 옮겼다.

濟南王辟光,[45] 제남왕 벽광은

齊悼惠王子, 제도혜왕의 아들로

以勒侯[46]孝文十六年爲濟南王.

늑후로 효문왕 16년에 제남왕이 되었다.

十一年, 11년에

與吳楚反. 오·초와 함께 반기를 들었다.

漢擊破, 한이 격파하여

殺辟光, 벽광을 죽이고

以濟南爲郡, 제남을 군으로 삼아

地入于漢. 땅을 한으로 편입시켰다.

---

44 **색은** 「지리지」에는 안도(安都)가 빠져 있다. **정의** 안도(安都)의 옛 성은 영주(瀛州) 고양현(高陽縣) 서남쪽 39리 지점에 있다.

45 **정의** '辟'의 음은 벽(壁)이다. 제남군(濟南郡)에 도읍하였다.

46 **색은** 늑(勒)은 『한서』에는 "역(朸)"으로 되어 있는데, 모두 음은 역(力)이다. 「지리지」에서는 현 이름으로 평원(平原)에 속한다고 하였다.

菑川王賢,[47]	치천왕 현은
齊悼惠王子,	제도혜왕의 아들이며
以武城侯[48]文帝十六年爲菑川王.	무성후로 문제 16년에 치천왕이 되었다.
十一年,	11년에
與吳楚反,	오·초와 함께 반기를 들었는데
漢擊破,	한이 격파하여
殺賢.	현을 죽였다.

天子因徙濟北王志王菑川.	천자는 이에 제북왕 지를 치천왕으로 옮겨 봉했다.
志亦齊悼惠王子,	지 또한 제도혜왕의 아들이며
以安都侯王濟北.	안도후로 제북왕이 되었다.
菑川王反,	치천왕이 반기를 들어
毋後,	후사가 끊기자
乃徙濟北王王菑川.	이에 제북왕을 치천왕으로 옮겨 봉한 것이다.
凡立三十五年卒,	즉위 35년에 죽었으며
謚爲懿王.	시호는 의왕이다.
子建代立,	아들인 건이 대를 이어 즉위하니
是爲靖王.	바로 정왕이다.
二十年卒,	20년에 죽고
子遺代立,	아들인 유가 대를 이어 즉위하니
是爲頃王.	바로 경왕이다.

47 정의 「연표」에서는 치천왕(淄川王)은 극(劇)에 도읍하였다고 하였다. 옛 성은 청주(青州) 수광현(壽光縣) 서쪽 31리 지점에 있다.

48 색은 「지리지」에서는 현 이름으로 평원(平原)에 속한다고 하였다. 정의 패주현(貝州縣)이다.

三十六年卒,	36년에 죽고
子終古立,	아들인 종고가 즉위하였는데
是爲思王.	바로 사왕이다.
二十八年卒,	28년에
子尚立,	아들인 상이 즉위하였는데
是爲孝王.	바로 효왕이다.
五年卒,	5년에 죽고
子橫立,	아들인 횡이 즉위하였는데
至建始[49]三年,	건시 3년에
十一歲,	11세로
卒.	죽었다.

膠西王卬,[50]	교서왕 앙은
齊悼惠王子,	제도혜왕의 아들이며
以昌平侯[51]文帝十六年爲膠西王.	창평후로 문제 16년에 교서왕이 되었다.
十一年,	11년에
與吳楚反.	오·초와 함께 반기를 들었다.
漢擊破,	한이 격파하여
殺卬,	앙을 죽이고
地入于漢,	땅은 한으로 편입되고

49 정의 또한 저소손(褚少孫)이 편차하였다.

50 정의 '卬'의 음은 앙(五郎反)이다. 「연표」에서는 고원(高苑)에 도읍하였다고 하였다. 『괄지지』에서는 말하였다. "고원의 옛 성은 치주(淄州) 장산현(長山縣) 북쪽 4리 지점에 있다."

51 정의 『괄지지』에서는 말하였다. "창평(昌平)의 옛 성은 유주(幽州) 동남쪽 60리 지점에 있다."

爲膠西郡. 교서군이 되었다.

膠東王雄渠,[52] 교동왕 웅거는

齊悼惠王子, 제도혜왕의 아들이며

以白石侯[53]文帝十六年爲膠東王.
백석후로 문제 16년에 교동왕이 되었다.

十一年, 11년에

與吳楚反, 오·초와 함께 반기를 들었는데

漢擊破, 한이 격파하여

殺雄渠, 웅거를 죽이고

地入于漢, 땅은 한으로 편입되어

爲膠東郡. 교동군이 되었다.

太史公曰: 태사공은 말한다.

諸侯大國無過齊悼惠王. 제후의 큰 나라 가운데 제도혜왕을 능가하는 것은 없었다.

以海內初定, 해내가 막 안정되고

子弟少, 자제들이 적어

激秦之無尺土封, 진이 한 자의 땅도 봉하지 않은 것에 감개하여

故大封同姓, 동성을 크게 봉하여

以填萬民之心. 만민의 마음을 채웠다.

---

52 **정의** 연표에서 도(都)는 즉묵(卽墨)이라고 하였다. 즉묵의 옛 성은 내주(萊州) 교동현(膠東縣) 남쪽 60리 지점에 있다.

53 **색은** 지리지에서는 현(縣)의 이름으로 금성(金城)에 속한다고 하 였다. **정의** 백성(白石)의 옛 성은 덕주(德州) 안덕현(安德縣) 북쪽 20리 지점에 있다.

及後分裂,	나중에 분열된 것이
固其理也.	필연적인 이치였다.

색은술찬索隱述贊 한이 진의 압제를 바로잡아, 번병을 세워 스스로 강하게 하였다. 바닷가의 큰 나라를, 모두 제왕에 봉하였다. 여후가 극노하자, 이에 성양을 바쳤다. 애왕이 이어 즉위하였는데, 그 힘을 헤아리지 못하였다. 주허는 한에 벼슬하여, 공이 책에 길이 기록되었다. 동모는 상을 받고, 난을 칭하여 재앙을 끼쳤다. 교동과 제북은, 웅거와 벽광에 이어졌다. 제는 비록 일곱 나라나, 충효한 자가 창성하였다.

漢矯秦制, 樹屏自彊. 表海大國, 悉封齊王. 呂后肆怒, 乃獻城陽. 哀王嗣立, 其力不量. 朱虛仕漢, 功大策長. 東牟受賞, 稱亂貽殃. 膠東·濟北, 雄渠·辟光. 齊雖七國, 忠孝者昌.

23 —— 소상국 세가 蕭相國世家

蕭相國何者,	소상국 하는
沛豐人也.[1]	패풍 사람이다.
以文無害[2]爲沛主吏掾.[3]	문서로 해를 끼치지 않아 패현 주리의 아전이 되었다.

高祖爲布衣時,	고조가 포의의 평민이었을 때
何數以吏事護高祖.[4]	소하는 자주 관리의 일로 고조를 지켜주었다.
高祖爲亭長,	고조가 정장이 되자
常左右之.	늘 곁에서 도와주었다.

---

1 **색은索隱** 『춘추위(春秋緯)』에서는 "소하(蕭何)는 앙(昴)의 정기를 느껴 태어나 옥사와 법률을 맡아 다스렸다."라 하였다.

2 **집해集解** 『한서음의(漢書音義)』에서는 말하였다. "문무해(文無害)는 (법조)문이 있어 굽히어 해침이 없는 것이다. 법령이 도리(都吏)를 해침이 없는 것을 지금의 공평리(公平吏)라 하는 말과 같다. 어떤 사람은 말하기를 무해(無害)라는 것은 '무비(無比)'라는 말과 같으며, 진류(陳留)의 말이라고 하였다." **색은** 배주(裴注)에서 이미 여러 사람의 설을 열거하였는데, 이제 다시 두 가지 설을 인용한다. 응소(應劭)는 말하기를 "비록 문리(文吏)가 되었지만 각박하게 해를 끼치지 않았다는 것이다."라 하였다. 또한 위소(韋昭)는 말하기를 "문리(文理)가 있어서 상해를 입지 않은 것이다."라 하였다.

3 **색은** 『한서(漢書)』에서는 말하였다. "소하는 주리(主吏)가 되었다." 주리(主吏)는 공조(功曹)이다. 또 말하기를 "소하는 패연(沛掾)이 되었다"라 하였으니, 이것이 어찌 공조연(功曹掾)이겠는가?

4 **색은** 『설문(說文)』에서는 말하였다. "호(護)는 구원하고 보살피는 것이다."

高祖以吏繇咸陽,	고조가 관리로 함양에서 요역을 하게 되자
吏皆送奉錢三,	관리들은 모두 3백전의 노잣돈으로 전송하였는데
何獨以五.[5]	소하만 5백전으로 (전송)하였다.

秦御史監郡者與從事,	진의 어사로 군을 감찰하는 자가 함께 종사하였는데
常辨之.[6]	늘 분명하게 처리했다.
何乃給泗水卒史[7]事,	소하에게 사수 졸사의 일이 주어졌는데
第一.[8]	(고과가) 첫 번째였다.
秦御史欲入言徵何,	진의 어사는 입조하면 소하를 부르고자 한다고 하였지만
何固請,	소하는 굳이 청하여

---

5 **집해** 이기(李奇)는 말하였다. "혹은 3백이라 하고, 혹은 5백이라 하였다." **색은** '奉'의 음은 봉(扶用反)이다. 봉록으로 보태주는 것이다. 원래 글자의 의미대로 읽으면 봉송(奉送)하는 것을 이른다. 전삼백(錢三百)은 다른 사람은 삼백으로 한 것을 이르며, 하(何)만 오백으로 하였다는 것이다. 유 씨(劉氏)는 말하였다. "당시 무게는 1이 백에 해당하였으므로 송전삼(送錢三)이란 것이 있게 되었다."

6 **집해** 장안(張晏)은 말하였다. "소하가 함께 일을 하면서 일 처리가 매우 분명하였고, 하는 평소에 방략(方略)이 있었다는 말이다." 소림(蘇林)은 말하였다. "소하를 불러 함께 종사(從事)하였다는 것이다. 진(秦) 때는 자사(刺史)가 없었기 때문에 어사가 군을 감찰하였다." **색은** 소하가 어사와 함께 일에 종사하여 늘 일처리가 분명하여 직책에 잘 어울린다는 것을 말한다. 그래서 장안은 말하기를 "소하가 함께 일을 하면서 일 처리가 매우 분명하여 하는 평소에 방략이 있었다는 말이다."라 하였다.

7 **집해** 서광(徐廣)은 말하였다. "패현(沛縣)에 사수정(泗水亭)이 있다. 또한 진(秦)은 패(沛)를 사수군(泗水郡)으로 삼았다." 나[駰]는 이렇게 생각한다. 문영(文穎)은 "소하는 사수군의 졸사(卒史)가 되었다."라 하였다. **색은** 여순(如淳)은 율(律)에 군(郡)에는 졸사(卒史)와 서좌(書佐)가 각각 10인이다. '卒'의 음은 졸(祖忽反)이다.

8 **색은** 고과(考課)가 첫 번째를 차지하였다는 말이다.

得毋行. 가지 않게 되었다.

及高祖起爲沛公, 고조가 일어나 패공이 되자

何常爲丞督事.[9] 소하는 늘 현승으로 일을 감독하였다.

沛公至咸陽, 패공이 함양에 이르자

諸將皆爭走[10]金帛財物之府分之, 장수들은 모두 다투어 금과 비단의 재물 창고로 달려가 나누었는데

何獨先入收秦丞相御史律令圖書藏之. 소하만은 먼저 들어가 진 승상과 어사의 율령 도판 문서를 거두어 갈무리해두었다.

沛公爲漢王, 패공은 한왕이 되자

以何爲丞相. 소하를 승상으로 삼았다.

項王與諸侯屠燒咸陽而去. 항왕은 제후들과 함양을 도륙 방화하고 떠났다.

漢王所以具知天下阸塞, 한왕이 천하의 군사 요새와

戶口多少, 호구의 많고 적음,

彊弱之處, 강하고 약한 곳,

民所疾苦者, 백성의 질고를 모두 알게 된 것은

以何具得秦圖書也. 소하가 진의 도판과 문서를 모두 얻었기 때문이었다.

何進言韓信, 소하가 한신을 추천하는 말을 하자

漢王以信爲大將軍. 한왕은 한신을 대장군으로 삼았다.

語在淮陰侯事中. 이 일은 「회음후(열전)」에 사실이 있다.

---

9 색은 고조(高祖)가 패(沛)에서 일어났을 때 하(何)를 승(丞)으로 삼아 늘 여러 가지 일을 감독한 것이다.

10 색은 음은 주(奏)이다. 주(奏)는 향하여 나아가는 것이다.

漢王引兵東定三秦,	한왕이 군사를 끌고 동으로 삼진을 평정하자
何以丞相留收巴蜀,	소하는 승상으로 파촉에 남아 물자를 거두어
填撫諭告,	진정시키고 위무하여 깨우쳤으며
使給軍食.	군량을 대게 하였다.
漢二年,	한 2년에
漢王與諸侯擊楚,	한왕이 제후들과 초를 치자
何守關中,	소하는 관중을 지키며
侍太子,	태자를 모시고
治櫟陽.	역양을 다스렸다.
爲法令約束,[11]	법령과 규정을 만들었고
立宗廟社稷宮室縣邑,	종묘와 사직, 궁실과 현읍을 세워
輒奏上,	그때마다 상주하여
可,	가하다는
許以從事;	허락이 나면 일에 착수하였으며,
即不及奏上,	미처 상주를 하지 못하면
輒以便宜施行,	문득 편의대로 시행하고
上來以聞.[12]	상이 오면 아뢰었다.
關中事計戶口轉漕[13]給軍,	관중에서는 호구를 파악하고 식량을 징수하여 군대에 보급하는 일을 맡았는데
漢王數失軍遁去,	한왕이 수 차례 군사를 잃고 달아났지만
何常興關中卒,	소하는 늘 관중의 군사를 징발하여
輒補缺.	그때마다 결손을 채워주었다.

11 역주 약속(約束)은 여기서 규장(規章), 법령(法令)의 뜻으로 쓰였다.

12 집해 응소는 말하였다. "상이 돌아오면 곧 한 일을 보고한 것이다."

13 색은 전(轉)은 유 씨(劉氏)는 음이 전(張戀反)이라고 했다. 조(漕)는 수운(水運)이다.

上以此專屬任何關中事.	상은 이로 오로지 소하에게 관중의 일을 맡겼다.
漢三年,	한 3년에
漢王與項羽相距京索之閒,[14]	한왕과 항우는 경현과 삭정 사이에서 대치하였는데
上數使使勞苦丞相.	상은 수차례나 사자를 보내어 승상의 노고를 위로했다.
鮑生謂丞相曰:	포생이 승상에게 말하였다.
"王暴衣露蓋,	"왕이 옷이 햇빛이 노출되고 이슬이 수레의 덮개를 적시는데도
數使使勞苦君者,	수차례나 사자를 보내어 승상의 노고를 위로하는 것은
有疑君心也.	그대의 마음을 의심하는 것입니다.
爲君計,	그대를 위한 계책으로는
莫若遣君子孫昆弟能勝兵者悉詣軍所,	그대의 자손과 형제 가운데 무기를 들 수 있는 자를 모두 군대가 주둔한 곳에 보내는 것 만한 것이 없으니
上必益信君."	상은 반드시 그대를 더욱 신임할 것입니다."

14 역주 『항우본기(項羽本紀)』에 인용된 『집해』에서는 응소(應劭)의 말을 인용하여 말하였다. "경(京)은 현(縣) 이름으로 하남(河南)에 속하며 삭정(索亭)이 있다."라 하였다. 『정의』에서는 『괄지지(括地志)』를 인용하여 말하였다. "경현성(京縣城)은 정주(鄭州) 형양현(滎陽縣) 동남쪽 20리 지점에 있다. 정(鄭)의 경읍(京邑)이다. 『진태강지지(晉太康地志)』에서는 정(鄭)의 태숙단(太叔段)이 거처하던 읍이라고 하였다. 형양현은 곧 대삭성(大索城)이다. 두예(杜預)는 성고(成皋)의 동쪽에 대삭성(大索城)이 있고, 또 소삭고성(小索故城)이 있는데 형양현 북북 4리 지점에 있다고 하였다. 『경상번지명(京相璠地名)』에서는 말하기를 경현에 대삭정과 소삭정이 있는데 대소 씨(大小氏) 형제가 그곳에 살고 있었기 때문에 소대(小大)의 호칭이 있게 되었다고 하였다.

於是何從其計, 이에 소하가 그 계책을 따르니
漢王大說. 한왕이 크게 기뻐하였다.

漢五年, 한 5년에
旣殺項羽, 항우를 죽이고
定天下, 천하를 안정시키자
論功行封. 공을 논하여 책봉을 행하였다.
羣臣爭功, 신하들은 공을 다투어
歲餘功不決. 해가 넘도록 공이 결정되지 못하였다.
高祖以蕭何功最盛, 고조는 소하의 공이 가장 크다고 생각하여
封爲酇侯,[15] 찬후에 봉하였으며
所食邑多. 식읍이 많았다.
功臣皆曰: 공신들이 모두 말하였다.
"臣等身被堅執銳, "신 등은 몸소 단단한 갑옷을 입고 예리한 무기를 들고
多者百餘戰, 많게는 백여 차례 전쟁을 치르고

15 **집해** 문영이 말하였다. "음은 찬(贊)이다." 찬(瓚)은 말하였다. "지금의 남향(南鄕) 찬현(酇縣)이다. 손검(孫檢)은 말하기를 '두 현이 있는데 자(字)의 음이 많이 어지럽다. 패군(沛郡)에 속한 것은 음이 차(嵯)이고, 남양(南陽)에 속한 것은 음이 찬(讚)이다.'라 하였다. 『무릉서(茂陵書)』에 의하면 소하(蕭何)의 나라는 남양에 있으며 찬(讚)이라 하여야 한다. 지금 많이 차(嵯)라고 하는데, 차(嵯)의 옛 자는 '䣜'라 하였고, 지금은 모두 '酇'이라 하는데 어지러워진 까닭이다." **색은** 추 씨(鄒氏)는 말하였다. "패군(沛郡)에 속한 것은 음이 차(嵯)이고, 남양에 속한 것은 음이 찬(贊)이다." 또한 신찬(臣瓚)은 『무릉서』에 의하여 "소하의 나라는 남양에 있으며 찬(讚)으로 읽어야 한다. 지금 많이 차(嵯)라고 한다." 주(注)에서는 "찬(瓚)은 지금의 남향 찬현이다."라 하였다. 고 씨(顧氏)는 말하였다. "남향(南鄕)은 군 이름이다. 『태강지리지(太康地理志)』에서는 '위무제(魏武帝)는 간안(建安) 연간에 남양을 나누어 남향군(南鄕郡)을 만들었으며, 진무제(晉武帝)는 또한 순양군(順陽郡)이라 하였다.'라 하였다."

少者數十合,	적게는 수십 합을 겨루어
攻城略地,	성을 공격하고 땅을 빼앗은 것이
大小各有差.	크기에 각각 차이가 있습니다.
今蕭何未嘗有汗馬之勞,	지금 소하는 말을 땀 흘리게 한 공로를 세운 적이 없고
徒持文墨議論,	다만 문서와 먹만 쥐고 논의만하여
不戰,	싸우지 않았는데
顧反居臣等上,	도리어 신들이 위에 놓으니
何也?"	어째서입니까?"
高帝曰:	고제가 말하였다.
"諸君知獵乎?"	"그대들은 사냥을 아는가?"
曰:	말하였다.
"知之."	"압니다."
"知獵狗乎?"	"사냥개를 아는가?"
曰:	말하였다.
"知之."	"압니다."
高帝曰:	고제가 말하였다.
"夫獵,	"사냥에서
追殺獸兎者狗也,	짐승과 토끼를 쫓아가 죽이는 것은 개이며
而發蹤指示獸處者人也.	개 줄을 풀어 짐승이 있는 곳을 가리켜 보이는 것은 사람이다.
今諸君徒能得走獸耳,	지금 그대들은 짐승을 쫓아 달릴 수 있었을 뿐이니
功狗也.	사냥개의 공이다.
至如蕭何,	소하 같은 사람은

發蹤指示,	개 줄을 풀어 가리켜 보였으니
功人也.	사람의 공이다.
且諸君獨以身隨我,	또한 그대들은 다만 몸을 가지고 나를 따랐으며
多者兩三人.	(따른 일족이) 많아야 두세 사람이었다.
今蕭何擧宗數十人皆隨我,	지금 소하는 종실 수십 명이 모두 나를 따라
功不可忘也."	공을 잊을 수가 없다."
羣臣皆莫敢言.	신하들은 모두 아무도 감히 말을 하지 못했다.

列侯畢已受封,	열후들이 모두 다 봉하여지자
及奏位次,	위계의 차서를 아뢰면서
皆曰:	모두 말하였다.
"平陽侯曹參身被七十創,	"평양후 조참은 몸에 일흔 군데나 상처를 입어
攻城略地,	성을 공격하고 땅을 빼앗아
功最多,	공이 가장 많으니
宜第一."	첫째가 되어야 합니다."
上已橈[16]功臣,	상은 이미 공신들을 굽히고
多封蕭何,	소하를 많이 봉하여
至位次未有以復難之,	위계의 차서는 더 이상 어렵게 하지 않으려 했으나
然心欲何第一.	내심 소하를 첫 번째로 하고 싶었다.
關內侯鄂君[17]進曰:	관내후 악군이 나아가 말하였다.
"羣臣議皆誤.	"신하들의 논의는 다 틀렸습니다.

16 **집해** 응소는 말하였다. "요(橈)는 굽는 것이다." **색은** 음은 뇨(女教反)이다.

17 **색은** 「공신표(功臣表)」에 의하면 악군(鄂君)은 곧 악천후(鄂千秋)로 안평후(安平侯)에 봉하였다.

夫曹參雖有野戰略地之功,	조참이 들에서 싸우고 땅을 빼앗은 공이 있긴 하지만
此特一時之事.	이만 다만 한때의 일일 뿐입니다.
夫上與楚相距五歲,	상이 초와 5년간 대치하면서
常失軍亡衆,	늘 군사를 잃고 대중을 잃어
逃身遁者數矣.	도망쳐 숨은 것이 여러 차례였습니다.
然蕭何常從關中遣軍補其處,	그러나 소하는 늘 관중에서 군사를 보내어 적소에 보충하였는데
非上所詔令召,	상이 조령으로 부른 것이 아니었으며
而數萬衆會上之乏絕者數矣.	수만의 무리를 상이 결핍되고 끊긴 곳에 모이게 한 것이 여러 차례입니다.
夫漢與楚相守滎陽數年,	한과 초가 형양에서 서로 지킨 것이 수년이나 이어져
軍無見糧,	군량이 떨어지자
蕭何轉漕關中,	소하가 관중에서 물길로 운송하여
給食不乏.	먹을 것을 공급하여 부족하지 않게 했습니다.
陛下雖數亡山東,	폐하께서 비록 수차례나 산동을 잃었어도
蕭何常全關中以待陛下,	소하는 늘 관중을 온전히 하여 폐하(의 명)를 기다렸으니
此萬世之功也.	이는 만세의 공입니다.
今雖亡曹參等百數,	지금 비록 조참 같은 사람 백여 명이 없다 한들
何缺於漢?	한에 무슨 결손이 되겠습니까?
漢得之不必待以全.	한이 그들을 얻은들 반드시 온전히 하지 못하였을 것입니다.

柰何欲以一旦之功而加萬世之功哉!

어찌 하루아침의 공으로 만세의 공을 능가하겠

	습니까!
蕭何第一,	소하가 첫째이고
曹參次之."	조참은 그 다음입니다."
高祖曰:	고조가 말하였다.
"善."	"좋소."
於是乃令蕭何[第一],	이에 곧 소하를 첫째로 삼게 하고
賜帶劍履上殿,	검을 차고 전상을 걷고
入朝不趨.	입조를 하여도 종종걸음을 걷지 않게 하였다.

上曰:	상이 말하였다.
"吾聞進賢受上賞.	"내가 듣자하니 현자를 추천하면 상급의 상을 받는다고 하였다.
蕭何功雖高,	소하의 공이 비록 높긴 하나
得鄂君乃益明."	악군을 얻어서 이에 더욱 빛나게 되었다."

於是因鄂君故所食關內侯邑封爲安平侯.[18]

이에 악군의 옛 식읍인 관내후는 그대로 두고 안평후를 더 봉하였다.

是日,	이날
悉封何父子兄弟十餘人,	소하의 부자 형제 10여 인을 모두 봉하여
皆有食邑.	모두 식읍을 가졌다.
乃益封何二千戶,	곧 소하에게 2천호를 더 봉하였는데

---

18 **집해** 서광은 말하였다. "알자(謁者)로 제후의 공을 좇아 정하여 소하를 천거한 공이 있으므로 2천석의 후에 봉해진 것이다. 봉해진 지 9년 만에 죽었다. 현손(玄孫) 단(但)에 이르러 회남왕(淮南王) 안(安)과 사통한 것에 연좌되어 기시(弃市)되고 나라가 없어졌다." **정의正義** 『괄지지(括地志)』에서는 말하였다. "택주(澤州) 안평현(安平縣)은 본래 한(漢)의 안평현(安平縣)이다."

以帝嘗繇咸陽時何送我獨贏錢二也.[19]

황제가 일찍이 함양에 요역할 때 소하만 나를 2백전을 더하여 전송했기 때문이었다.

漢十一年,	한 11년에
陳豨反,	진희가 반기를 들자
高祖自將,	고조가 직접 군사를 거느리고
至邯鄲.	한단에 이르렀다.
未罷,	(진압을) 채 끝내지 못하였는데
淮陰侯謀反關中,	회음후가 관중에서 모반하였으며
呂后用蕭何計,	여후는 소하의 계책을 써서
誅淮陰侯,	회음후를 죽였는데
語在淮陰事中.	이 말은「회음후(열전)」에 사실이 있다.
上已聞淮陰侯誅,	상이 회음후가 주멸되었다는 말을 듣고 난 다음
使使拜丞相何爲相國,	사람을 보내어 승상 소하를 상국에 임명하고
益封五千戶,	5천호를 더 봉하고
令卒五百人一都尉爲相國衞.	사졸 5백 명에 도위 1인을 붙여 상국을 호위하게 하였다.
諸君皆賀,	사람들이 모두 축하하였는데
召平獨弔.	소평만 위로하였다.
召平者,	소평은
故秦東陵侯.	옛 진의 동릉후이다.
秦破,	진이 격파되자
爲布衣,	평민이 되었으며

19 **색은** 남들은 모두 3백 전으로 (전송)하였는데 소하만 5백으로 하였기 때문에 2(천)를 준 것이다. "(贏은) 음이 영(盈)이다.

貧,	가난하여
種瓜於長安城東,	장안성 동쪽에 외를 심었는데
瓜美,	외 맛이 좋았으므로
故世俗謂之"東陵瓜",	세속에서 "동릉과"라 불렀으며
從召平以爲名也.	(옛 봉지인) 소평을 따라서 이름을 붙인 것이다.
召平謂相國曰:	소평이 상국에게 말하였다.
"禍自此始矣.	"화가 여기서 비롯될 것입니다.
上暴露於外而君守於中,	상은 밖에서 햇볕에 노출되고 이슬을 맞았는데 그대는 안에서 지키어
非被矢石之事而益君封置衞者,	화살과 돌을 맞는 일이 아닌데 그대를 더 봉하고 호위병을 두는 것은
以今者淮陰侯新反於中,	지금 회음후가 내부에서 막 반란을 일으킨 것 때문에
疑君心矣.	그대를 의심하는 것일 것입니다.
夫置衞衞君,	호위병을 두어 그대를 호위하는 것은
非以寵君也.	그대를 총애해서가 아닙니다.
願君讓封勿受,	원컨대 그대는 봉해진 것을 사양하고 받지 않아
悉以家私財佐軍,	집의 사재를 모두 털어 군대를 돕는다면
則上心說."	상이 내심 기뻐할 것입니다."
相國從其計,	상국이 그 계책을 따르니
高帝乃大喜.	고제는 이에 크게 기뻐하였다.

漢十二年秋,	한 12년 가을에
黥布反,	경포가 반기를 들어
上自將擊之,	상이 직접 군사를 거느리고 쳤는데

數使使問相國何爲.	수차례나 사람을 보내어 상국이 무엇을 하는가 물어보았다.
相國爲上在軍,	상국은 상이 군에 있으므로
乃拊循勉力百姓,	이에 백성을 위무하고 면려하였으며
悉以所有佐軍,	가진 것을 모두 군에 보태어
如陳豨時.	진희 때처럼 하였다.
客有說相國曰:	객 가운데 누가 상국에게 말하였다.
"君滅族不久矣.	"그대는 머지않아 멸족될 것입니다.
夫君位爲相國,	그대는 지위가 상국이고
功第一,	공이 으뜸이니
可復加哉?	더 더해질 수 있겠습니까?
然君初入關中,	그러나 그대가 막 관중으로 들어가
得百姓心,	백성의 마음을 얻은 것이
十餘年矣,	10여 년째로
皆附君,	모두 그대를 가까이하고
常復孳孳得民和.	늘 다시 부지런히 백성의 신뢰를 얻고 있습니다.
上所爲數問君者,	상이 수차례나 그대(의 안부)를 묻는 것은
畏君傾動關中.	그대가 관중을 기울여 움직일까 두려워해서입니다.
今君胡不多買田地,	지금 그대는 어찌하여 전지를 많이 사들여
賤貰貸[20]以自汙?	싸게 세를 주어 스스로 더럽히지 않습니까?
上心乃安."	상은 내심 편안해 할 것입니다."
於是相國從其計,	이에 상국이 그 계책을 좇으니

20 정의 '貰'의 음은 세(世)이다. 또한 사(食夜反)라고도 하며 세를 내는 것이다. 아래 글자의 음은 측(天得反)이다.

上乃大說.	상이 이에 크게 기뻐하였다.
上罷布軍歸,	상이 경포의 군사를 물리치고 돌아오는데
民道遮行上書,	백성들이 길에서 행차를 막고 글을 올려
言相國賤彊買民田宅數千萬.	상국이 백성의 전택을 헐값에 강제로 수십만이나 사들였다고 하였다.
上至,	상이 이르자
相國謁.	상국이 찾아뵈었다.
上笑曰:	상이 웃으며 말하였다.
"夫相國乃利民!"[21]	"상국이 곧 이렇게 백성을 이용하였는가!"
民所上書皆以與相國,	백성이 올린 글을 모두 상국에게 주면서
曰:	말하였다.
"君自謝民."	"그대가 백성에게 직접 사죄하라."
相國因爲民請曰:	상국은 이에 백성들을 위해 청하였다.
"長安地狹,	"장안은 땅이 좁고
上林中多空地,	상림에는 공터가 많고
弃,	버려져 있으니
願令民得入田,	원컨대 백성들이 들어가 농사를 짓게 하고
毋收稾爲禽獸食."[22]	볏짚을 거두지 마시어 짐승들의 먹이가 되게 하소서."
上大怒曰:	상이 크게 노하여 말하였다.
"相國多受賈人財物,	"상국이 남의 재물을 많이 사들이더니

21 색은 상국이 남의 전택(田宅)을 취하여 이익으로 삼았으므로 "백성을 이용하였다"고 한 것이다. 그래서 상국에게 직접 사죄하게 하였다.

22 색은 싹은 농부에게 심도록 돌려주고 볏짚은 남기어 관가에 들이는 것이다.

乃爲請吾苑!" 　이에 나의 원유까지 청하는구려!"

乃下相國廷尉, 　이에 상국을 정위에게 내려 보내어

械繫之. 　차꼬를 채워 가두게 하였다.

數日, 　며칠 만에

王衞尉侍,[23] 　왕위위가 모시다가

前問曰: 　나아가 물어보았다.

"相國何大罪, 　"상국이 무슨 큰 죄를 지었기에

陛下繫之暴也?" 　폐하께선 그렇게 갑자기 가두셨습니까?"

上曰: 　상이 말하였다.

"吾聞李斯相秦皇帝, 　"내가 듣건대 이사는 진황제의 상으로 있으면서

有善歸主, 　좋은 점은 임금에게 돌리고

有惡自與. 　나쁜 점은 자기에게 돌렸다고 하였소.

今相國多受賈豎金而爲民請吾苑, 　지금 상국은 장사치들의 돈을 많이 받고 백성을 위하여 나의 원유를 청하여

以自媚於民, 　백성에게 잘 보이려 하므로

故繫治之." 　가두어서 다스리려는 것이오."

王衞尉曰: 　왕위위가 말하였다.

"夫職事苟有便於民而請之, 　"대체로 직무상 백성에게 편한 것이 있기만 하면 청하는 것이

真宰相事, 　실로 재상의 일인데

陛下柰何乃疑相國受賈人錢乎! 　폐하께서는 어찌 상국이 장사치의 돈을 받았다고 의심하십니까!

---

23 [집해] 여순은 말하였다. "「백관공경표(百官公卿表)」에 위위(衞尉) 왕 씨(王氏)는 명자(名字)가 없다."

且陛下距楚數歲,	또한 폐하께서 초와 수년간 대치하셨으며
陳豨·黥布反,	진희와 경포가 반기를 들자
陛下自將而往,	폐하께서 친히 군사를 거느리고 가셨는데
當是時,	이때
相國守關中,	상국은 관중을 지키면서
搖足則關以西非陛下有也.	발을 움직였다면 관의 서쪽은 폐하의 것이 아니었습니다.
相國不以此時爲利,	상국은 이 때를 이롭게 여기지 않았는데
今乃利賈人之金乎?	지금 곧 장사치들의 돈을 이롭게 여겼겠습니까?
且秦以不聞其過亡天下,	또한 진은 그 잘못을 듣지 않아 천하를 잃었는데
李斯之分過,[24]	이사가 잘못을 분담한 것이
又何足法哉.	또한 어찌 본받을 만하겠습니까?
陛下何疑宰相之淺也."[25]	폐하께서는 재상을 의심하는 것이 얼마나 얕습니까!"
高帝不懌.	고제는 기뻐하지 않았다.
是日,	이날
使使持節赦出相國.	부절을 지닌 사신을 보내어 상국을 방면해주었다.
相國年老,	상국은 연로한데다가
素恭謹,	평소에도 공경하고 삼가
入,	들어와서
徒跣謝.	맨발로 사죄하였다.
高帝曰:	고제가 말하였다.

24 색은 위의 이사(李斯)가 악행을 자신에게 돌린 것이 허물을 분담하는 것이다.

25 집해 위소는 말하였다. "뜻이 천박한 것이다."

“相國休矣!	“상국은 관두시오!
相國爲民請苑,	상국은 백성을 위하여 원림을 청하였는데
吾不許,	내 불허하였으니
我不過爲桀紂主,	나는 걸·주 같은 임금에 지나지 않고
而相國爲賢相.	상국은 현상이오.
吾故繫相國,	내 실로 상국을 구금한 것은
欲令百姓聞吾過也.”	백성에게 내 허물을 알게 하려 한 것이오.”
何素不與曹參相能,	소하는 평소에 조참을 어찌할 수 없었는데
及何病,	소하가 병이 들자
孝惠自臨視相國病,	효혜가 친히 상국을 병문안하고
因問曰:	내친 김에 물었다.
“君即百歲後,	“그대가 세상을 등진다면
誰可代君者?”	누가 그대를 대신할 만하오?”
對曰:	대답하였다.
“知臣莫如主.”	“신하를 아는 것은 임금만한 사람이 없습니다.”
孝惠曰:	효혜가 말하였다.
“曹參何如?”	“조참이 어떠한가?”
何頓首曰:	소하는 머리를 조아리며 말하였다.
“帝得之矣!	“황제께서 제대로 보셨습니다!
臣死不恨矣!”	신은 죽어도 여한이 없을 것입니다!”
何置田宅必居窮處,	소하는 전택을 사면서 반드시 궁한 곳에 두고
爲家不治垣屋.	집을 지을 때는 담을 두르지 않았다.
曰:	말하였다.

“後世賢,	“후세가 현명하면
師吾儉;	나의 검소함을 본받을 것이며,
不賢,	현명하지 못하면
毋爲勢家所奪.”	세도가에게 빼앗기지 않을 것이다.”

孝惠二年,	효혜 2년에
相國何卒,[26]	상국 소하는 죽었으며
謚爲文終侯.[27]	시호는 문종후이다.

後嗣以罪失侯者四世,	후사로 죄를 지어 후의 작위를 잃은 것이 4세였으며
絕,	끊어지면
天子輒復求何後,	천자가 그때마다 다시 소하의 뒤를 이어주어
封續酇侯,	이어서 찬후에 봉하여
功臣莫得比焉.	공신 가운데 비길 바가 없었다.

太史公曰:	태사공은 말한다.
蕭相國何於秦時爲刀筆吏,	소상국 하는 진 때의 도필리로
錄錄未有奇節.[28]	평용하여 기이한 절조라곤 없었다.
及漢興,	한이 흥하자

26 집해 『동관한기(東觀漢記)』에서는 말하였다. “소하의 무덤은 장릉(長陵) 동쪽 사마문(司馬門)의 길 북쪽 백 보 지점에 있다.” 정의 『괄지지』에서는 말하였다. “소하의 무덤은 옹주(雍州) 함양현(咸陽縣) 동북쪽 37리 지점에 있다.”

27 집해 서광은 말하였다. “「공신표(功臣表)」에서는 소하가 객으로 처음 일어선 곳을 따랐다고 하였다.”

28 색은 ‘錄’의 음은 록(祿)이다.

依日月之末光,	해와 달의 여광(餘光)에 의지하여
何謹守管籥,	소하는 자물쇠를 삼가 지켜
因民之疾(奉)[秦]法,	백성이 진의 법을 미워하는 것을 틈타
順流與之更始.	흐름을 따라 그들과 함께 새로 시작하였다.
淮陰·黥布等皆以誅滅,	회음과 경포 등은 모두 주멸되었지만
而何之勳爛焉.	소하의 공훈은 찬란하다.
位冠羣臣,	작위가 신하들 가운데 으뜸으로
聲施後世,	명성이 후세에까지 이어져
與閎夭·散宜生等爭烈矣.	굉요와 산의생과 함께 공렬을 다투었다.

색은술찬索隱述贊 소하는 아전으로, 문필이 있었는데 해를 끼치지 않았다. 왕을 도와 일으키고, 온 종실이 패를 좇았다. 관중에서 잘 지켰고, 물자의 운송은 그에 힘입었다. 한의 군사가 자주 피로하여, 진의 군사는 반드시 모였다. 약법이 오래 갈 수 있었고, 도적을 거두었으니 크다고 할 만하다. 짐승을 가리키며 개의 줄을 풀었으니, 그 공이 실로 가장 컸다. 정사는 한결같다고 일컬어졌으며, 거처함은 크지 않았다. 끊어진 것을 이어 총애가 부지런하여, 본받아 태산을 숫돌로 삼고 황하를 띠로 삼을 정도로 오래 날렸다.

蕭何爲吏, 文而無害. 及佐興王, 擧宗從沛. 關中旣守, 轉輸是賴. 漢軍屢疲, 秦兵必會. 約法可久, 收圖可大. 指獸發蹤, 其功實最. 政稱畫一, 居乃非泰. 繼絕寵勤, 式旌礪帶.

24 — 조상국 세가 曹相國世家

平陽侯[1]曹參者,	평양후 조참은
沛人也.[2]	패 사람이다.
秦時爲沛獄掾,	진 때 패의 옥리(獄吏)가 되었고
而蕭何爲主吏,	소하는 주리가 되었는데
居縣爲豪吏矣.	현에서 권세를 등에 업은 관리였다.

高祖爲沛公而初起也,	고조가 패공이 되어 막 기의하자
參以中涓從.[3]	조참은 중연으로 따랐다.
將擊胡陵·方與,[4]	(군사를) 거느리고 호릉과 방여를 쳤으며
攻秦監公軍,[5]	진 감공의 군사를 공격하여

1 정의正義 진주성(晉州城)은 곧 평양(平陽)의 옛 성이다.

2 집해集解 장화(張華)는 말하였다. "조참(曹參)의 자는 경백(敬伯)이다." 색은索隱 「지리지(地理志)」에서 평양현(平陽縣)은 하동(河東)에 속한다고 하였다. 또한 『춘추위(春秋緯)』 및 『박물지(博物志)』에 의하면 모두 참(參)의 자는 경백(敬伯)이라고 하였다. 정의 패(沛)는 지금의 서주현(徐州縣)이다.

3 집해 『한서음의(漢書音義)』에서는 말하였다. "중연(中涓)은 중알자(中謁者)와 같다." 색은 '涓'의 음은 견(古玄反)이다.

4 색은 「지리지」에서 두 현은 모두 산양군(山陽郡)에 속한다. 정의 호릉(胡陵)은 현 이름으로 방여(方與)의 남쪽에 있다. '方'의 음은 방(房)이고, '與'의 음은 여(預)로 연주현(兗州縣)이다.

5 집해 『한서음의』에서는 말하였다. "감(監)은 어사(御史)로 군을 감찰하는 자이며, 공(公)은 이름이다. 진(秦)은 한 군에 수(守), 위(尉), 감(監) 세 사람을 두었다." 색은 주에 의하면

大破之.　크게 깨뜨렸다.

東下薛,　동진하여 설을 함락시키고

擊泗水守軍薛郭西.　사수수의 군사를 설의 외성 서쪽에서 쳤다.

復攻胡陵,　다시 호릉을 공격하여

取之.　빼앗았다.

徙守方與.　옮겨서 방여를 지켰다.

方與反爲魏,　방여가 반기를 들고 위가 되자

擊之.[6]　쳤다.

豐反爲魏,[7]　풍이 반기를 들고 위가 되자

攻之.　공격하였다.

賜爵七大夫.　7대부의 작위를 내렸다.

擊秦司馬𡰥[8]軍碭東,　진의 사마 이의 군사를 탕 동쪽에서 쳐서

破之,　격파하여

取碭·狐父[9]·祁善置.[10]　탕과 호부, 기의 선치를 빼앗았다.

又攻下邑以西,　다시 읍의 서쪽을 공격하여 함락시키고

至虞,[11]　우에 이르러

擊章邯車騎.　장함의 거기를 쳤다.

공(公)은 감의 이름이지만 「본기(本紀)」에 의하면 사천감(泗川監)의 이름은 평(平)이니 평(平)은 이름이고, 공(公)은 높이는 칭호이다.

6 **정의** 조참(曹參)이 방여(方與)를 쳤다.

7 **색은** 당시 옹치(雍齒)가 풍(豐)을 지켰는데, 위(魏)를 위하여 패공(沛公)에게 반기를 들었다.

8 **정의** 음은 이(夷)이다.

9 **집해** 서광(徐廣)은 말하였다. "오피(伍被)는 '오비(吳濞)는 호부(狐父)에서 패하였다.'라 하였다." **색은** 「지리지」에 의하면 탕(碭)은 양국(梁國)에 속한다. 호부는 지명으로, 양(梁)과 탕(碭) 사이에 있다. 서 씨는 오피의 말을 인용하여 "오비는 호부(狐父)에서 패하였다."라 하였는데, 오(吳)와 양(梁)이 서로 대치하다가 패한 곳이다. **정의** 『괄지지(括地志)』에서는 말하였다. "호부정(狐父亭)은 송주(宋州) 탕산현(碭山縣) 동남쪽 30리 지점에 있다."

攻爰戚[12]及亢父,[13]	원척 및 항부를 공격하여
先登.	(성루에) 먼저 올랐다.
遷爲五大夫.	오대부로 옮겼다.
北救阿,[14]	북으로 아를 구원하여
擊章邯軍,	장함의 군사를 쳐서
陷陳,	진을 함락시키고
追至濮陽.	복양까지 추격하였다.
攻定陶,	정도를 공격하여
取臨濟.[15]	임제를 빼앗았다.

---

10 **집해** 문영(文穎)은 말하였다. "선치(善置)는 치(置)의 이름이다." 진작(晉灼)은 말하였다. "'祁'의 음은 지(坻)이다. 손검(孫檢)은 말하기를 '한(漢)은 역(驛)을 치(置)라고 하였다. 선(善)은 이름이다.'라 하였다." **색은** 사마표(司馬彪)의 『군국지(郡國志)』 곡숙(穀熟)에 기정(祁亭)이 있다. 유 씨(劉氏)는 음이 지(遲)라고 하였고, 또 글자대로 읽기도 한다. 선치(善置)는 치(置) 이름이며, 한(漢)에서는 역(驛)을 치(置)라고 하였다. **정의** 『괄지지』에서는 말하였다. "옛 기성(祁城)은 송주(宋州) 하읍현(下邑縣) 동북쪽 49리 지점에 있는데, 한의 기성현(祁城縣)이다." 탕(碭)과 호부(狐父) 및 기현(祁縣)의 선치(善置)를 빼앗았다는 말이다.

11 **색은** 「지리지」에 의하면 하읍(下邑)과 우(虞)는 모두 양(梁)에 속한다. **정의** 송주(宋州) 하읍현(下邑縣)은 주(州) 동쪽 10리 지점에 있다. 한(漢)의 하읍성(下邑城)은 지금의 탕산현(碭山縣)이다. 우성현(虞城縣)은 주 북쪽 50리 지점에 있으며, 옛 우국(虞國)으로, 상균(商均)이 봉하여졌다.

12 **집해** 서광은 말하였다. "선제(宣帝) 때 원척후(爰戚侯)가 있다." **색은** 소림(蘇林)은 말하기를 "현 이름으로 산양(山陽)에 속한다."라 하였다. 「공신표(功臣表)」에 의하면, 원척후(爰戚侯) 조성(趙成)이다. **정의** 음은 적(寂)이다. 유(劉)는 음이 적(七歷反)이라 하였다. 지금 연주(兗州) 남쪽에 있으며, 항보현(亢父縣)에 가깝다.

13 **색은** 「지리지」에서는 현 이름으로 동평(東平)에 속한다고 하였다. **정의** 『괄지지』에서는 말하였다. "항부(亢父)의 옛 성은 연주(兗州) 임성현(任城縣) 남쪽 51리 지점에 있다."

14 **색은** 아(阿)는 곧 동아(東阿)이다. 당시 장함(章邯)이 동아에서 전영(田榮)을 에워쌌다. **정의** 지금의 제주(濟州) 동아이다.

15 **정의** 치주(淄州) 고원현(高苑縣) 서북쪽 2리 지점에 적(狄)의 옛 성이 있는데, 안제(安帝)가 임제(臨濟)로 고쳤다.

南救雍丘.	남으로 옹구를 구원하였다.
擊李由軍,	이유의 군사를 쳐서
破之,	격파하고
殺李由,	이유를 죽였으며
虜秦候一人.	진의 척후병 한 사람을 사로잡았다.
秦將章邯破殺項梁也,	진의 장수 장함이 항량을 깨뜨려 죽이자
沛公與項羽引而東.	패공과 항우는 군사를 이끌고 동으로 향했다.
楚懷王以沛公爲碭郡長,	초회왕은 패공을 탕군의 장으로 삼아
將碭郡兵.	탕군의 군사를 거느리게 하였다.
於是乃封參爲執帛,[16]	이에 곧 조참을 집백에 봉하고
號曰建成君.[17]	건성군이라 불렀다.
遷爲戚公,[18]	척공으로 옮겼으며
屬碭郡.	탕군에 귀속시켰다.

其後從攻東郡尉軍,	그 후 (유방을) 따라 동군의 위군을 공격하여
破之成武南.[19]	성무 남쪽에서 깨뜨렸다.
擊王離軍成陽南,[20]	왕리의 군사를 성양의 남쪽에서 치고

16 집해 장안(張晏)은 말하였다. "고경(孤卿)이다. 혹은 초(楚)의 관명이라고 한다."

17 색은 「지리지」에 의하면 건성현(建成縣)은 패군(沛郡)에 속한다.

18 색은 참(參)을 척령(戚令)으로 옮긴 것을 말한다. 정의 곧 원척현(爰戚縣)으로 이때는 패군(沛郡)에 속하였다.

19 색은 「지리지」에서 성무현(成武縣)은 산양(山陽)에 속한다고 하였다.

20 색은 「지리지」에서는 현 이름으로 제음(濟陰)에 있다고 하였다. 성(成)은 지명이다. 주무왕(周武王)은 아우인 계재(季載)를 성에 봉하였으며, 그 후대가 성(成)의 양(陽)으로 옮겼기 때문에 성양(成陽)이라고 한다. 정의 성양의 옛 성은 바로 복주(濮州) 뇌택현(雷澤縣)이다. 『사기』에서는 무왕(武王)은 아우 계재를 성에 봉하였다고 하였다. 그 후 성의 양으로 옮겼기 때문에 성양이라고 하였다.

復攻之杠里, 다시 강리를 공격하여

大破之. 크게 깨뜨렸다.

追北, 추격하여 북으로 갔다가

西至開封, 서로는 개봉에 이르러

擊趙賁[21]軍, 조분의 군사를 쳐서

破之, 깨뜨리고

圍趙賁開封城中. 조분을 개봉 성에서 에워쌌다.

西擊秦將楊熊軍於曲遇,[22] 서로 구옹에서 진의 장수 양웅의 군사를 쳐서

破之, 깨뜨리고

虜秦司馬及御史各一人. 진의 사마 및 어사 각 1인을 사로잡았다.

遷爲執珪.[23] 집규로 옮겻다.

從攻陽武,[24] (한왕을) 따라서 양무를 공격하여

下轘轅·緱氏,[25] 환원과 구지를 함락시켰으며

絕河津,[26] 하진을 끊고

---

21 색은 음은 분(奔)이다.

22 집해 서광은 말하였다. "중모(中牟)에 있다." 색은 '曲'은 음이 구(丘禹反)이다. '遇'는 음이 옹(牛凶反)이다. 정의 '曲'의 음은 구(丘羽反)이다. '遇'의 음은 옹(牛恭反)이다. 사마표(司馬彪)의 『군국지(郡國志)』에서는 "중모에 구옹취(曲遇聚)가 있다."라 하였다. 중모는 정주현(鄭州縣)이다.

23 집해 장안(張晏)은 말하였다. "후백(侯伯)은 규홀을 잡고 조회를 하는데 위치는 그에 비례한다." 여순(如淳)은 말하였다. "『여씨춘추(呂氏春秋)』에서는 '오운(伍員)을 잡는 자에게는 집규(執珪)의 작위를 내린다.'라 하였다. 옛 작위 이름이다."

24 정의 『괄지지』에서는 말하였다. "양무(陽武)의 옛 성은 정주(鄭州) 양무현(陽武縣) 동북쪽 18리 지점에 있으며, 한(漢)의 양무현(陽武縣) 성이다."

25 색은 「지리지」에 의하면 양무(陽武)와 구지(緱氏) 2현은 하남(河南)에 속한다고 하였다. 환원(轘轅)은 길의 이름으로 구지(緱氏) 남쪽에 있다. 정의 구지는 낙주현(洛州縣)이다. 『괄지지』에서는 말하였다. "환원의 옛 관(關)은 낙주(洛州) 구지현(緱氏縣) 동남쪽 40리 지점에 있다. 『십삼주지(十三州志)』에서는 말하기를 환원도는 모두 12구비이며 험한 길이다."

還擊趙賁軍尸北,	돌아와 시의 북쪽에서 조분의 군사를 쳐서
破之.[27]	깨뜨렸다.
從南攻犨,	따라서 남으로 주를 공격하여
與南陽守齮戰陽城郭東,[28]	남양수 기와 양성의 외성 동쪽에서 쳐서
陷陳,[29]	진을 함락시켰고
取宛,	완을 빼앗았으며
虜齮,	기를 사로잡고
盡定南陽郡.	남양군을 모두 평정했다.
從西攻武關·嶢關,[30]	따라서 서로 무관과 요관을 공격하여
取之.	빼앗았다.
前攻秦軍藍田南,[31]	먼저 진의 군사를 남전 남쪽에서 공격하였으며
又夜擊其北,	또 밤에 그 북쪽을 쳐서
秦軍大破,	진의 군사가 크게 깨졌고
遂至咸陽,	마침내 함양에 이르러
滅秦.	진을 멸하였다.

---

26 **정의** 진(津)은 건너는 곳이다. 『괄지지』에서는 말하였다. "평음(平陰)의 옛 진은 낙주(洛州) 낙양현(洛陽縣) 동북쪽 50리 지점에 있다."

27 **집해** 서광은 말하였다. "시(尸)는 언사(偃師)에 있다." 맹강(孟康)은 말하였다. "시향(尸鄉)의 북쪽이다." **정의** 조분(趙賁)의 군사를 시향(尸鄉)의 북쪽에서 깨뜨린 것이다. 『괄지지』에서는 말하였다. "시항정(尸鄉亭)은 낙주(洛州) 언사현(偃師縣)에 있으며, 낙주(洛州) 동남쪽이다."

28 **집해** 응소(應劭)는 말하였다. "지금의 자양(赭陽)이다." **색은** 서광은 말하기를 "양송(陽城)은 남양(南陽)에 있다."라 하였고, 응소는 "지금의 자양이다."라 하였다. 자양은 남양(南陽)의 현이다.

29 **정의** 양성(陽城)의 외성 동쪽에서 남양 수(南陽守)를 함락시킨 것이다.

30 **정의** 『괄지지』에서는 말하였다. "옛 무관(武關)은 상주(商州) 상락현(商洛縣) 동쪽 90리 지점에 있다. 남전관(藍田關)은 옹주(雍州) 남전현 동남쪽 90리 지점에 있는데, 곧 진(秦)의 효관(嶢關)이다."

31 **정의** 옹주(雍州) 남전현(藍田縣)은 주(州) 동남쪽 80리 지점에 있으며, 남전산(藍田山)을 따라 이름으로 삼았다.

項羽至,	항우가 이르러
以沛公爲漢王.	패공을 한왕으로 삼았다.
漢王封參爲建成侯.	한왕은 조참을 건성후에 봉하였다.
從至漢中,[32]	(한왕을) 따라 한중에 이르렀으며
遷爲將軍.	장군으로 옮겼다.
從還定三秦,	따라서 돌아와 삼진을 평정하였으며
初攻下辯·故道[33]·雍·斄.[34]	처음 하변과 고도, 옹, 태를 공격하였다.
擊章平軍於好畤南,[35]	호치의 남쪽에서 장평의 군사를 격파하였다.
破之,	깨뜨리어
圍好畤,	호치를 에워싸고
取壤鄕.[36]	양향을 빼앗았다.
擊三秦軍壤東及高櫟,[37]	양동 및 고력에서 삼진의 군사를 쳐서
破之.	깨뜨렸다.

32 정의 양주(梁州)는 본래 한중군(漢中郡)이다.

33 색은 「지리지」에서는 두 현 이름으로, 모두 무도(武都)에 속한다고 하였다. '辯'의 음은 변(皮覓反)이다. 정의 『괄지지』에서는 말하였다. "성주(成州) 동곡현(同谷縣)은 본래 한(漢)의 하변도(下辯道)이다." 또 말하였다. "봉주(鳳州) 양당현(兩當縣)은 본래 한(漢) 고도현(故道縣)으로 주(州) 서쪽 50리 지점에 있다."

34 색은 「지리지」에서는 두 현의 이름으로, 우부풍(右扶風)에 속한다. '斄'의 음은 태(胎)이다. 정의 '斄'는 "邰"로 되어 있으며, 음은 이(貽)이다. 『괄지지』에서는 말하였다. "옛 옹현(雍縣) 남쪽 7리 지점에 있다. 옛 태성(斄城)은 일명 무공(武功)이라고도 하는데, 현 서남쪽 22리 지점으로, 옛 태국(邰國)이다."

35 정의 『괄지지』에서는 말하였다. "호치성(好畤城)은 옹주(雍州) 호치현(好畤縣) 동남쪽 13리 지점에 있다."

36 집해 문영은 말하였다. "지명이다."

37 색은 '櫟'의 음은 력(歷)이다. 문영은 말하였다. "양향(壤鄕)과 고력(高櫟)은 모두 지명이다." 그러나 모두 우부풍(右扶風)에 있으며, 지금 그 땅은 없어졌다. 정의 음은 력(歷)이다. 모두 촌읍(村邑)의 이름이다. 양향(壤鄕)은 지금 옹주(雍州) 무공현(武功縣) 동남쪽 14여 리 지점의 고양방(高壤坊)으로, 고력이 양향에 가깝다는 것이다.

復圍章平,	다시 장평을 에워쌌는데
章平出好畤走.	장평은 호치를 빠져나가 달아났다.
因擊趙賁·內史保軍,	이어서 조분과 내사 보의 군사를 쳐서
破之.	깨뜨렸다.
東取咸陽,	동으로 함양을 빼앗고
更名曰新城.[38]	이름을 신성으로 바꾸었다.
參將兵守景陵[39]二十日,	조참이 군사를 거느리고 경릉을 지킨 지 20일 만에
三秦使章平等攻參,	삼진이 장평 등으로 하여금 조참을 공격하게 하였는데
參出擊,	조참이 나가 공격하여
大破之.	크게 깨뜨렸다.
賜食邑於寧秦.[40]	영진의 식읍을 내렸다.
參以將軍引兵圍章邯於廢丘.[41]	조참은 장군으로 군사를 이끌고 폐구에서 장함을 에워쌌다.
以中尉從漢王出臨晉關.[42]	중위로 한왕을 따라 임진관을 나섰다.
至河內,	하내에 이르러
下脩武,[43]	수무를 함락시켰고,

38 색은 『한서(漢書)』에서는 고제(高帝) 원년에 함양(咸陽)의 이름을 신성(新城)이라 하였는데, 무제(武帝)는 이름을 위성(渭城)으로 바꾸었다.

39 집해 『한서음의』에서는 말하였다. "현 이름이다."

40 집해 소림(蘇林)은 말하였다. "지금의 화음(華陰)이다."

41 정의 주(周)에서는 견구(犬丘)라 하였으며, 진(秦)은 폐구(廢丘)로 이름을 바꾸었으며, 한은 괴리(槐里)로 이름을 바꾸었는데, 지금 옛 성은 옹주(雍州) 시평현(始平縣) 동남쪽 10리 지점에 있다.

42 정의 곧 포진관(蒲津關)으로, 임진현(臨晉縣)에 있다. 그래서 임진관(臨晉關)이라 하는데, 지금의 동주(同州)에 있다.

43 정의 지금의 회주(懷州) 획가현(獲嘉縣)이며, 옛 수무(脩武)이다.

渡圍津,[44]	위진을 건너
東擊龍且·項他定陶,	동으로 정도에서 용저와 항타를 쳐서
破之.	깨뜨렸다.
東取碭·蕭·彭城.[45]	동으로 탕과 소, 팽성을 빼앗았다.
擊項籍軍,	항적의 군사를 쳤으나
漢軍大敗走.	한군은 대패하여 달아났다.
參以中尉圍取雍丘.	조참은 중위로 옹구를 에워싸 빼앗았다.
王武反於[外]黃,[46]	왕무가 외황에서 반기를 들고
程處反於燕,[47]	정처가 연에서 반기를 들자
往擊,	가서 쳐
盡破之.	모두 깨뜨렸다.
柱天侯反於衍氏,[48]	주천후가 연지에서 반기를 들자
又進破取衍氏.	또 진격하여 깨뜨리고 연지를 빼앗았다.
擊羽嬰於昆陽,	곤양에서 우영을 치고
追至葉.	추격하여 섭에 이르렀다.

44 정의 서광은 말하였다. "동군(東郡) 백마(白馬)에 위진(圍津)이 있다." 색은 고 씨(顧氏)는 『수경주(水經注)』에 의하면 백마진(白馬津)에 위향(韋鄕)과 위진성(韋津城)이 있다고 하였다. "위(圍)"는 "위(韋)"와 같으며, 예와 지금의 글자가 바뀌었을 따름이다. 정의 『괄지지』에서는 말하였다. "여양진(黎陽津)은 일명 백마진이라고도 하며, 활주(滑州) 백마현 북쪽 30리 지점에 있다. 『제왕세기(帝王世紀)』에서는 '백마현 남쪽에 위성(韋城)이 있는데, 옛 시위국(豕韋國)이다.'라 하였다. 『속한서(續漢書)』「군현지(郡國志)」에서는 '백마현에 위성이 있다.'라 하였다."

45 정의 서주(徐州)의 두 현이다.

46 집해 서광은 말하였다. "내황현(內黃縣)에 황택(黃澤)이 있다."

47 집해 서광은 말하였다. "동군(東郡) 연현(燕縣)이다." 『한서음의』에서는 "모두 한(漢)의 장수이라."라 하였다.

48 색은 천주후(天柱侯)에는 누가 봉하여졌는지 알지 못한다. 연지(衍氏)는 위(魏)의 읍이다. 「지리지」에서 말하기를 천주(天柱)는 여강(廬江) 잠현(潛縣)에 있다. 역주 본문의 주천후(柱天侯)는 주석의 내용에 의하면 천주후(天柱侯)가 되어야 할 것이다.

還攻武彊,[49]	돌아와 무강을 공격하고
因至滎陽.	내친 김에 형양까지 이르렀다.
參自漢中爲將軍中尉,	조참은 한중에서 장군과 중위가 되어
從[50]擊諸侯,	따라서 제후를 쳤으며
及項羽敗,	항우에게 패하자
還至滎陽,	형양으로 돌아왔는데
凡二歲.	모두 2년이었다.

高祖(三)[二]年,	고조 2년에
拜爲假左丞相,	가좌승상에 임명되어
入屯兵關中.	관중으로 들어가 군사를 주둔시켰다.
月餘,	달포 만에
魏王豹反,	위왕 표가 반기를 들어

以假左丞相別與韓信東攻魏將軍孫遬[51]軍東張,[52]

가좌승상으로 따로 한신과 함께 동으로 동장에서 위의 장군 손속의 군사를 공격하여

大破之.	크게 깨뜨렸다.
因攻安邑,	계속 안읍을 공격하여
得魏將王襄.	위의 장수 왕양을 사로잡았다.

---

49 **집해** 찬(瓚)은 말하였다. "무강성(武彊城)은 양무(陽武)에 있다." **정의** 『괄지지』에서는 말하였다. "무강의 옛 성은 정주(鄭州) 관성현(管城縣) 동북쪽 31리 지점에 있다."

50 **색은** 음은 종(才用反)이다.

51 **색은** 음은 속(速)이다.

52 **집해** 서광은 말하였다. "장(張)은 지명이다. 「공신표(功臣表)」에 장후(張侯) 모택지(毛澤之)가 있다." 소림(蘇林)은 하동(河東)에 속한다고 하였다. **정의** 『괄지지』에서는 말하였다. "장양(張陽)의 옛 성은 일명 동장성(東張城)이라고 하며, 포주(蒲州) 우향현(虞鄉縣) 서북쪽 40리 지점에 있다."

擊魏王於曲陽,[53] 곡양에서 위왕을 쳐

追至武垣,[54] 추격하여 무원에 이르러

生得魏王豹. 위왕 표를 사로잡았다.

取平陽,[55] 평양을 빼앗고

得魏王母妻子, 위왕의 모친과 처자를 사로잡아

盡定魏地, 위의 영토를 완전히 평정하였는데

凡五十二城. 모두 52개 성이었다.

賜食邑平陽. 평양을 식읍으로 내렸다.

因從韓信擊趙相國夏說軍於鄔東,[56] 계속하여 한신을 따라 오동에서 조상국 하열의 군사를 쳐서

大破之, 크게 깨뜨리고

斬夏說. 하열을 참하였다.

韓信與故常山王張耳引兵下井陘, 한신은 옛 상산왕 장이와 함께 군사를 이끌고 정형으로 내려가

擊成安君, 성안군을 치고

而令參還圍趙別將戚將軍於鄔城中. 조참에게 돌아가 오성에서 조의 별장 척장군을 에워싸게 하였다.

---

53 정의 『괄지지』에서는 말하였다. "상곡양(上曲陽)은 정주(定州) 항양현(恆陽縣)이다. 하곡양(下曲陽)은 정주 고성현(鼓城縣) 서쪽 5리 지점에 있다."

54 집해 서광은 말하였다. "하동(河東)에 원현(垣縣)이 있다." 정의 『괄지지』에서는 말하였다. "무원현(武垣縣)은 바로 지금의 영주성(瀛州城)이다. 「지리지」에서 무원현은 탁군(涿郡)에 속한다고 하였다."

55 정의 진주성(晉州城)이다.

56 집해 서광은 말하였다. "오현(鄔縣)은 태원(太原)에 있다. 음은 오(烏古反)이다." 색은 「지리지」에서는 오(鄔)는 태원현의 이름이라고 하였다. 음은 오(烏古反)이다.

戚將軍出走,	척장군이 벗어나 달아나자
追斬之.	추격하여 참하였다.
乃引兵詣敖倉漢王之所.	이에 군사를 이끌고 오창의 한왕이 있는 곳을 찾았다.
韓信已破趙,	한신은 이미 조를 깨뜨리고
爲相國,	상국이 되어
東擊齊.	동으로 제를 쳤다.
參以右丞相屬韓信,	조참은 우승상으로 한신에 속하여
攻破齊歷下軍,	제 역하의 군사를 공격하여
遂取臨菑.	마침내 임치를 빼앗았다.
還定濟北郡,	돌아와 제북군을 평정하고
攻著·漯陰·平原·鬲·盧.[57]	저와 탑음, 평원, 격, 노를 공격하였다.
已而從韓信擊龍且軍於上假密,[58]	얼마 후에는 한신을 따라 상가밀에서 용저의 군사를 쳐서
大破之,	크게 깨뜨려
斬龍且,	용저를 참하고
虜其將軍周蘭.	그 장군 주란을 사로잡았다.
定齊,	제를 평정하고

57 색은 「지리지」에서 저현(著縣)은 제남(濟南)에 속하고, 노현(盧縣)은 태산(泰山)에 속하며, 탑음(漯陰)과 평원(平原), 격(鬲)의 세 현은 평원(平原)에 속한다고 하였다. '漯'의 음은 탑(吐答反)이다. 정의 『괄지지』에서는 말하였다. "평원의 옛 성은 덕주(德州) 평원현(平原縣) 동남쪽 10리 지점에 있다. 옛 격성(鬲城)은 덕주(德州) 안덕현(安德縣) 서북쪽 15리 지점에 있다." 노현은 바로 지금의 제주(濟州) 이현(理縣)이다.

58 집해 문영은 말하였다. "혹자는 고밀(高密)이라고 생각한다." 색은 『한서』에도 "가밀(假密)"로 되어 있다. 아래에서는 제(齊)의 70현을 평정하였다고 하였으니 위의 가밀(假密)은 고밀(高密)이 아니며 또한 제(齊) 땅인데, 지금은 없어졌다.

凡得七十餘縣.	모두 70여 현을 얻었다.
得故齊王田廣相田光,	옛 제왕 전광의 상 전광과
其守相許章,	그 수상 허장
及故齊膠東將軍田既.	및 옛 제 교동 장군 전기를 사로잡았다.
韓信爲齊王,	한신은 제왕이 되자
引兵詣陳,	군사를 이끌고 진으로 가서
與漢王共破項羽,	한왕과 함께 항우를 깨뜨렸는데
而參留平齊未服者.	조참은 남아서 제에서 아직 복종하지 않은 자를 평정하였다.

項籍已死,	항적이 죽고
天下定,	천하가 평정되어
漢王爲皇帝,	한왕은 황제가 되었고
韓信徙爲楚王,	한신은 초왕으로 옮겼으며
齊爲郡.	제는 군이 되었다.
參歸漢相印.	조참은 돌아와 한의 상 인장을 받았다.
高帝以長子肥爲齊王,	고제는 장자 비를 제왕으로 삼고
而以參爲齊相國.	조참을 제의 상국으로 삼았다.
以高祖六年賜爵列侯,	고조 6년 열후의 작위가 내려져
與諸侯剖符,	제후와 부절을 쪼개어
世世勿絕.	대대로 끊이지 않았다.
食邑平陽萬六百三十戶,	평양의 1만 6백 30호를 식읍으로 하여
號曰平陽侯,	평양후라 불렀고
除前所食邑.	앞서 내린 식읍은 거두었다.

以齊相國擊陳豨將張春軍, 제의 상국으로 진희의 장수 장춘의 군사를 쳐서

破之. 깨뜨렸다.

黥布反, 경포가 반기를 들자

參以齊相國從悼惠王將兵車騎十二萬人,

조참은 제의 상국으로 도혜왕을 따라 군사와 거기 12만 명을 거느리고

與高祖會擊黥布軍, 고조와 만나 경포의 군사를 쳐서

大破之. 크게 깨뜨렸다.

南至蘄, 남으로 기에 이르렀다가

還定竹邑·相·蕭·留.[59] 돌아와 죽읍과 상, 소, 유를 안정시켰다.

參功: 조참의 공은 다음과 같다.

凡下二國, 모두 두 나라와

縣一百二十二; 현 122개를 함락시켰고,

得王二人, 왕 2명과

相三人, 상 3명,

將軍六人, 장군 6명

大莫敖[60]·郡守·司馬·候·御史各一人.

대막오와 군수, 사마, 척후, 어사 각 1명을 사로잡았다.

---

59 색은 「지리지」에서 기(蘄)와 죽읍(竹邑), 상(相), 초(蕭) 4현은 패(沛)에 속한다고 하였다. 위소(韋昭)가 말하기를 "유(留)는 지금 팽성(彭城)에 속한다" 하였으니 한초에는 또한 패에 속하였다. 정의 『괄지지』에서는 말하였다. "서주(徐州) 부리현(符離縣) 성은 한의 죽읍성(竹邑城)이다. 이기(李奇)는 말하기를 '지금의 죽읍(竹邑)이다.'라 하였다. 옛 상성(相城)은 부리현 서북쪽 90리 지점에 있다. 『여지지(輿地志)』에서는 '송공공(宋共公)은 휴양(睢陽)에서 상자성(相子城)으로 옮겼다가 또 휴양으로 돌아왔다.' 소(蕭)는 서주현(徐州縣)으로 옛 소숙국(蕭叔國) 성이다. 옛 유성(留城)은 서주(徐州) 패현(沛縣) 동남쪽 50리 지점에 있으며 장량(張良)이 봉해진 곳이다."

孝惠帝元年,	효혜제 원년에
除諸侯相國法,	제후국에 상국의 법을 없애고
更以參爲齊丞相.	다시 조참을 제의 승상으로 삼았다.
參之相齊,	조참이 제의 승상일 때
齊七十城.	제는 70개의 성이 있었다.
天下初定,	천하가 막 안정되었고
悼惠王富於春秋,	도혜왕은 춘추가 젊어
參盡召長老諸生,	조참이 장로와 제생을 모두 불러
問所以安集百姓,	백성을 안정되고 화목시킬 방법을 물었는데
如齊故(俗)諸儒以百數,	제로 간 유자들은 백을 헤아렸으며
言人人殊,	말이 사람마다 달라
參未知所定.	조참은 정할 바를 몰랐다.
聞膠西有蓋公,	교서에 갑공이 있는데
善治黃老言,	황로의 말을 잘 연구하였다는 말을 듣고
使人厚幣請之.	사람을 시켜 폐백을 두터이 하여 청하게 했다.
既見蓋公,	갑공을 만나보니
蓋公爲言治道貴清靜而民自定,	갑공은 도를 다스림이 청정함을 귀하게 여기면 백성들이 저절로 안정된다고 말하였고
推此類具言之.	이를 유추하여 다 말하였다.
參於是避正堂,	조참은 이에 정당을 양보하여
舍蓋公焉.	갑공을 그곳에 머물게 했다.
其治要用黃老術,	그 다스림의 요점은 황로의 술책을 쓰는 것이므로
故相齊九年,	제의 상이 된 지 9년에

60 **집해** 『한서음의』에서는 말하였다. "초(楚)의 경(卿)의 호칭이다."

齊國安集, 제는 안정되었고
大稱賢相. 현상이라고 크게 칭송되었다.

惠帝二年, 혜제 2년에
蕭何卒. 소하가 죽었다.
參聞之, 조참은 듣고
告舍人趣治行, 사인에게 행장을 꾸릴 것일 재촉하며 이르기를
"吾將入相". "내 들어가서 상이 될 것이다"라 하였는데
居無何, 얼마 되지 않아
使者果召參. 사자가 과연 조참을 불렀다.
參去, 조참은 떠나면서
屬其後相曰: 후임 상에게 부탁하였다.
"以齊獄市爲寄, "제의 옥사와 시장의 교역을 기탁하니
慎勿擾也." 부디 어지럽히지 마시오."
後相曰: 후임 상이 말하였다.
"治無大於此者乎?" "다스림에 이보다 큰 것이 없습니까?"
參曰: 조참이 말하였다.
"不然. "그렇지 않소.
夫獄市者, 대체로 옥사와 시장의 교역은
所以并容也, 모든 것을 두루 받아들이는 곳인데
今君擾之, 지금 그대가 어지럽히면
姦人安所容也? 간사한 사람을 어찌 용납함이 있겠소?
吾是以先之."[61] 내 이에 그것을 먼저 언급한 것이오."

參始微時, 조참이 처음 한미했을 때는

與蕭何善;	소하와 친하였는데,
及爲將相,	장상이 되자
有卻.	틈이 생겼다.
至何且死,	소하가 죽으려 할 때
所推賢唯參.	현자로 추천한 사람은 조참 뿐이었다.
參代何爲漢相國,	조참은 소하를 대신하여 한의 상국이 되었는데
擧事無所變更,	일을 거행함에 바꾼 것이 없었으며
一遵蕭何約束.	한결같이 소하의 법령을 따랐다.

擇郡國吏木詘於文辭,	군국의 관리 가운데 문사가 질박하고 어눌하며
重厚長者,	중후한 장자를 가려
即召除爲丞相史.	즉시 불러 승상의 사로 임명했다.
吏之言文刻深,	관리 가운데 말과 문장이 오묘하고 깊어
欲務聲名者,	명성을 힘쓰려 하는 자는
輒斥去之.	문득 물리쳐 보냈다.
日夜飲醇酒.	밤낮으로 독한 술을 마셨다.
卿大夫已下吏及賓客見參不事事,[62]	경대부 이하 관리 및 빈객은 조참이 (승상의) 일을 하지 않는 것을 보고

61 집해 『한서음의』에서는 말하였다. "대체로 옥사와 시장의 교역은 선악(善惡)을 함께 받아들이는데 궁극으로 가면 간사한 사람들을 용납하고 몸을 숨길 곳이 없으며, 간사한 사람들을 용납하고 몸을 숨길 곳이 없게 되어 오래 가면 어지럽게 된다. 진(秦) 사람들은 형벌을 극도로 하여 천하가 반란을 일으켰으며, 효무(孝武)는 법을 준엄하게 하여 옥사가 번거로워졌으니 이것이 그 효과이다. 노자(老子)는 말하기를 '내가 하는 일이 없어도 백성이 절로 교화되고, 내가 고요한 것을 좋아하면 백성이 저절로 올바르게 된다.'라 하였다. 참은 도로 그 근본을 교화하려고 하였으며 그 말엽을 어지럽히려 하지 않았다."

62 집해 여순은 말하였다. "승상의 일을 하지 않는 것이다."

來者皆欲有言.	온 사람은 모두 말을 하려 했다.
至者,	이르면
參輒飮以醇酒,	조참은 그때마다 독한 술을 마시게 하고
閒之,	조금 있다가
欲有所言,	말을 하려고 하면
復飮之,	또 마시게 하여
醉而後去,	취한 후에 떠나
終莫得開說,[63]	끝내 말을 하지 못하게 되었으며
以爲常.	일상이 되었다.

相舍後園近吏舍,	재상의 관사 뒷동산은 관리의 관사와 가까워
吏舍日飮歌呼.	관리의 관사에서는 날마다 술을 마시고 노래하고 소리를 질렀다.
從吏惡之,	(조참의) 수행관리가 싫어하였으나
無如之何,	그것을 어쩌지 못하여
乃請參游園中,	이에 조참을 청하여 동산에서 놀았는데
聞吏醉歌呼,	관리들이 취하여 노래하고 소리 지르는 것을 듣고
從吏幸相國召按之.	수행관리들은 상국이 그들을 불러 제재할 것을 바랐다.
乃反取酒張坐飮,	이에 도리어 술을 가져다 자리를 펴고 앉아 마시며
亦歌呼與相應和.	또한 노래를 부르고 소리를 지르며 상에 화답하여 응했다.

63 **집해** 여순은 말하였다. "개(開)는 아룀이 잇는 것을 이른다."

參見人之有細過,	조참은 남의 자잘한 허물을 보면
專掩匿覆蓋之,	언제나 가리고 숨기고 덮어주어
府中無事.	부중에 아무 일이 없었다.

參子窋[64]爲中大夫.	조참의 아들 줄은 중대부가 되었다.
惠帝怪相國不治事,	혜제는 상국이 일을 다스리지 않는 것을 괴이히 여겨
以爲"豈少朕與"?[65]	"어찌 짐을 하찮게 보는가?"라 생각하였다.
乃謂窋曰:	이에 줄에게 말하였다.
"若歸,	"너는 돌아가
試私從容問而父曰:	몰래 조용히 네 아비에게 물어보도록 하라.
'高帝新弃羣臣,	'고제가 막 돌아가시고
帝富於春秋,	황제의 나이도 어린데
君爲相,	그대는 상으로
日飮,	날마다 술을 마시고
無所請事,	일을 청함이 없으니
何以憂天下乎?'	어찌 천하를 근심하겠는가?'
然無言吾告若也."[66]	그러나 내가 너에게 일렀다고는 말하지 말라."
窋旣洗沐歸,	줄이 휴가를 받아 돌아와
閒侍,	한가할 때 모시며

---

64 **색은** 음은 줄(張律反)이다.

65 **색은** 소(少)는 부족하다는 말이므로 호해(胡亥) 또한 "승상이 어찌 나를 모자라게 보는 것인가?"라 하였다. 대체로 황제가 승상이 어찌 나를 싫어하고 하찮게 보는 것이 아닌가 하는 것이다. 소안(小顔)은 "내가 나이가 어린 것이다"라 하였는데 틀렸다.

66 **색은** 혜제(惠帝)가 줄에게 말하기를 내가 너에게 일러 네 아비에게 간하였다고 말하지 말라는 말로 스스로 자기의 뜻이라고 말하게 하는 것이다.

自從其所諫參.	스스로 그곳에서 조참에게 간하였다.
參怒,	조참은 노하여
而笞窋二百,	줄에게 매 2백 대를 때리며
曰:	말하였다.
"趣入侍,	"빨리 조정에 들어가 모실 것이니
天下事非若所當言也."	천하의 일은 네가 말할 것이 아니다."
至朝時,	조정에 이르렀을 때
惠帝讓參曰:	혜제가 조참을 꾸짖어 말하였다.
"與窋胡治乎?[67]	"줄을 어찌하여 다스렸는가?
乃者我使諫君也."	저번에 내가 그대에게 간하게 한 것이다."
參免冠謝曰:	조참은 관모를 벗고 사죄하여 말하였다.
"陛下自察聖武孰與高帝?"	"폐하께서는 스스로 살피시기에 성스럽고 용감하기가 고제에 비하여 어떻다고 생각하십니까?"
上曰:	상이 말하였다.
"朕乃安敢望先帝乎!"	"짐이 어지 감히 선제를 바라겠는가!"
曰:	말하였다.
"陛下觀臣能孰與蕭何賢?"	"폐하께서 보시기에 신의 능력이 소하에 비하면 누가 현명하겠습니까?"
上曰:	상이 말하였다.
"君似不及也."	"그대가 미치지 못하는 것 같소."
參曰:	조참이 말하였다.
"陛下言之是也.	"폐하의 말이 옳습니다.
且高帝與蕭何定天下,	또한 고제와 소하가 천하를 평정하여

67 집해 여순은 말하였다. "줄(窋)을 다스렸다는 말과 같다." 색은 호(胡)는 어찌라는 말이며, 참이 "무엇 때문에 줄을 다스렸는가" 하는 것이다.

法令既明,	법령을 이미 밝혔으니
今陛下垂拱,	지금 폐하는 두 손을 맞잡고
參等守職,	저 등은 직무를 지키며
遵而勿失,	따라서 놓치지 않는 것이
不亦可乎?”	또한 옳지 않겠습니까?”
惠帝曰:	혜제가 말하였다.
“善.	“좋소.
君休矣!”	그대는 관둘지어다.”

參爲漢相國,	조참이 한의 상국이 된 지
出入三年.	3년 내외가 되었다.
卒,	죽어서
諡懿侯.	시호를 의후라고 하였다.
子窋代侯.	아들 줄이 후의 대를 이었다.
百姓歌之曰:	백성들이 노래하였다.
“蕭何爲法,	“소하가 법을 만드니
顜若畫一;[68]	바르기가 한 일(一) 자를 그어놓은 것 같네.
曹參代之,	조참이 대신하여
守而勿失.	지키어 잃지 않았네.
載其清淨,	청정함 시행하니
民以寧一.”	백성들이 안정되고 통일되었다네.”

68 **집해** 서광은 말하였다. “‘顜’의 음은 강(古項反)이고, 음을 교(較)라고도 한다.” **색은** ‘覯’은 『한서』에는 “강(講)”으로 되어 있으므로, 문영은 “강(講)은 ‘교(較)’로 된 곳도 있다.”라 하였다. 훈(訓)은 곧다는 뜻이고, 또한 훈이 밝다는 뜻도 있는데, 법이 밝고 곧기가 한 일(一) 자를 그어놓은 것 같다는 말이다. ‘覯’의 음은 강(講)이고 또한 “구(覯)”라고도 한다. 소강(小顔)은 말하기를 “강(講)은 화(和)이다. 획일(畫一)은 그 법도가 가지런하다는 것이다.”

平陽侯窋,	평양후 줄은
高后時爲御史大夫.	고후 때 어사대부가 되었다.
孝文帝立,	효문제가 즉위하자
免爲侯.	면직되어 후가 되었다.
立二十九年卒,	즉위 29년에 죽었으며
謚爲靜侯.	시호는 정후이다.
子奇代侯,	아들인 기가 후의 대를 이었는데
立七年卒,	즉위 7년에 죽었으며
謚爲簡侯.	시호를 간후라 하였다.
子時代侯.	아들인 시가 후의 대를 이었다.
時尚平陽公主,	시는 평양공주의 배필이다.
生子襄.	아들 양을 낳았다.
時病癘,	시는 창질에 걸려
歸國.	나라로 돌아갔다.
立二十三年卒,	즉위 23년에 죽었으며
謚夷侯.	시호는 이후이다.
子襄代侯.	아들인 양이 후의 대를 이었다.
襄尚衞長公主,	양은 위장공주의 배필로
生子宗.	아들 종을 낳았다.
立十六年卒,	즉위 16년에 죽었으며
謚爲共侯.	시호는 공후이다.
子宗代侯.	아들인 종이 후의 대를 이었다.
征和二年中,	정화 2년 중에
宗坐太子死,	종은 태자의 죽음에 연좌되어
國除.	나라가 없어졌다.

太史公曰:	태사공은 말한다.
曹相國參攻城野戰之功所以能多若此者,	조상국 참이 성을 공격하고 들에서 싸운 공이 이렇게 많을 수 있었던 것은
以與淮陰侯俱.	회음후와 함께 하였기 때문이다.
及信已滅,	한신이 멸족되고 나자
而列侯成功,	열후로 공을 이루어
唯獨參擅其名.	조참만이 명성을 제멋대로 했다.
參爲漢相國,	조참은 한의 상국이 되어
清靜極言合道.	청정함이 도에 부합된다고 극언하였다.
然百姓離秦之酷後,	그러나 백성이 진의 잔혹한 정치를 겪은 후라
參與休息無爲,	조참이 휴식하여 함이 없게 하였으므로
故天下俱稱其美矣.	천하에서 모두 그 아름다움을 일컬었다.

색은술찬索隱述贊 조참은 막 기의하였을 때, 패의 권세를 등에 업은 관리였다. 비로소 중연으로 따라, 먼저 선치를 에워쌌다. 집규와 집백으로, 성을 공격하고 땅을 빼앗았다. 연지가 이미 주멸되고, 곤양이 자리를 잃었다. 북쪽에서는 하열을 사로잡았고, 동쪽에서는 전개를 토벌하였다. 부절 갈라 봉하여지니, 공이 둘도 없었다. 시장의 교역과 옥사를 어지럽히지 않았고, 청정하여 일을 하지 않았다. 평양공주의 배필이 되어, 대대로 그 이로움을 누렸다.

曹參初起, 爲沛豪吏. 始從中涓, 先圍善置. 執珪執帛, 攻城略地. 衍氏既誅, 昆陽失位. 北禽夏說, 東討田溉. 剖符定封, 功無與二. 市獄勿擾, 清淨不事. 尚主平陽, 代享其利.

25 유후 세가 留侯世家[1]

留侯[1]張良者,[2]	유후 장량은
其先韓人也.[3]	선조가 한 사람이다.
大父開地,[4]	조부인 개지는
相韓昭侯·宣惠王·襄哀王.	한소후와 선혜왕, 양애왕의 상을 지냈다.
父平,	부친 평은
相釐王·悼惠王.[5]	희왕과 도혜왕의 상이었다.
悼惠王二十三年,	도혜왕 23년
平卒.	평이 죽었다.

---

1 **색은索隱** 위소(韋昭)는 말하기를 "유(留)는 지금의 팽성(彭城)에 속한다."라 하였다. 장량(張良)이 유를 봉지로 청한 것은 유에서 고조(高祖)를 처음 만났기 때문이다. **정의正義** 『괄지지(括地志)』에서는 말하였다. "옛 유성(留城)은 서주(徐州) 패현(沛縣) 동남쪽 55리 지점에 있다. 지금 성 안에는 장량묘(張良廟)가 있다."

2 **색은** 『한서(漢書)』에서는 자가 자방(子房)이라 하였다. 왕부(王符)와 황보밀(皇甫謐)은 모두 양(良)을 한(韓)의 공족(公族)이며, 희성(姬姓)이라 하였다. 진(秦)이 적도를 찾음이 긴급하였으므로 이에 성명을 바꾸었다. 그리고 한(韓)의 선조에 장거질(張去疾) 및 장견(張譴)이 있는데 아마 양(良)의 선대는 아닐 것이다.

3 **색은** 양(良)은 이미 대대로 한(韓)의 상을 지냈으므로 그 선조가 한의 사람임을 안다. 고씨(顧氏)는 『후한서(後漢書)』에서 "장량(張良)은 성보(城父) 출신이다."라 하였는데, 성보현(城父縣)은 영천(潁川)에 속한다. **정의** 『괄지지』에서는 말하였다. "성보(城父)는 여주(汝州) 겹성현(郟城縣) 동쪽 30리 지점에 있으며, 한(韓)의 영토이다."

4 **집해集解** 응소(應劭)는 말하였다. "대부(大父)는 조부(祖父)이다. 개지(開地)는 이름이다."

5 **집해** 「한계가(韓系家)」 및 『계본(系本)』에는 환혜왕(桓惠王)으로 되어 있다.

卒二十歲,	죽은 지 20년이 되어
秦滅韓.	진이 한을 멸하였다.
良年少,	장량은 나이가 어려서
未宦事韓.	아직 한에서 벼슬하며 섬기지 않았다.
韓破,	한이 망하였을 때
良家僮三百人,	장량의 집에는 종이 300명이었는데
弟死不葬,	아우가 죽어도 장사지내지 않고
悉以家財求客刺秦王,	집안의 재산을 다 기울여 자객을 구해 진왕을 저격하여
爲韓報仇,	한의 복수를 해주려 하였는데
以大父·父五世相韓故.[6]	조부와 부친이 다섯 조대(朝代)에 걸쳐 한에서 상을 지냈기 때문이다.

良嘗學禮淮陽.[7]	장량은 회양에서 예를 배웠었다.
東見倉海君.[8]	동쪽에서 창해군을 만났다.
得力士,	역사를 얻어서
爲鐵椎重百二十斤.	무게가 120근이 나가는 철추를 만들었다.
秦皇帝東游,	진황제가 동쪽을 순유할 때

6 **색은** 조부 및 부친이 한의 다섯 왕의 상을 지냈으므로 다섯 조대라 하였다.

7 **정의** 지금의 진주(陳州)이다.

8 **집해** 여순(如淳)은 말하였다. "진(秦)의 군현(郡縣)에는 창해(倉海)가 없다. 혹자는 말하기를 동이(東夷)의 군장(君長)이라고 한다." **색은** 요찰(姚察)은 무제(武帝) 때 동이의 예군(穢君)이 항복하여 창해군(倉海郡)이 되었으며 아마 이로 인하여 그렇게 이름을 지었을 것이라 하였는데, 사실에 가까울 것이다. **정의正義** 『한서』「무제기(武帝紀)」에서는 "원삭(元朔) 원년에 동이의 예군 남려(南閭) 등이 항복하여 창해군이 되었는데, 지금의 맥예국(貊穢國)이다."라 하였는데 제대로 파악하였다. 태사공이 역사를 수찬할 때 이미 군으로 강등되어 그렇게 기록하였다. 『괄지지』에서는 말하였다. "예맥(穢貊)은 고려(高麗) 남쪽, 신라(新羅) 북쪽에 있으며 동으로 대해(大海)의 서쪽에 이른다."

良與客狙[9]擊秦皇帝博浪沙中,[10]

장량은 객과 함께 박랑사에서 진황제를 엿보아 습격하였는데

誤中副車.[11] 잘못하여 부거를 맞추었다.

秦皇帝大怒, 진황제는 크게 노하여

大索天下, 대대적으로 천하를 수색하여

求賊甚急, 적도(賊徒)를 찾음이 매우 급박하였는데

爲張良故也. 장량 때문이었다.

良乃更名姓, 장량은 곧 성명을 바꾸고

亡匿下邳. 도망쳐 하비에 몸을 숨겼다.

良嘗閒從容[12]步游下邳[13]圯上,[14]

장량이 한가로이 하비의 흙다리를 걸어서 지난 적이 있는데,

---

9 **집해** 복건(服虔)은 말하였다. "저(狙)는 엿보아 살피는 것이다." 응소는 말하였다. "'狙'의 음은 저(七預反)이며, 엿보는 것이다." 서광(徐廣)은 말하였다. "엿보아 살피는 것으로, 음은 저(千恕反)이다." **색은** 응소는 "저(狙)는 엿보는 것이다."라 하였다. 혹자는 말하기를 저(狙)는 엎드려 엿보는 것이며 음은 저(七豫反)라고 하였다. 원숭이가 사물을 엿볼 때는 반드시 엎드려서 살피므로 지금 "저후(狙候)"라고 한 것이다.

10 **색은** 복건은 "(박랑사는) 양무(陽武) 남쪽에 있다"라 하였다. 지금의 준의(浚儀) 서북쪽 40리 지점에 박랑성(博浪城)이 있다. **정의** 『진지리(晉地理)』에서는 "정(鄭) 양무현(陽武縣)에 박랑사(博浪沙)가 있다."라 하였다. 지금의 관도(官道)에 해당한다.

11 **색은** 『한관의(漢官儀)』에 의하면 천자의 속거(屬車)는 36승(乘)이라 하였다. 속거(屬車)는 곧 부거(副車)이며, 봉거랑(奉車郎)이 몰고 뒤에서 따른다.

12 **색은** 상(嘗)은 지난다(經)는 뜻이다. 한(閒)은 한(閑) 자이다. 종용(從容)은 한가한 것이다. 종용(從容)은 그 용지(容止: 행동거지)에 따라 맡기는 것으로 엄숙하고 장엄하지 않은 것이다.

13 **색은** '邳'의 음은 비(被眉反)이다. 「지리지(地理志)」에 의하면 하비현(下邳縣)은 동해(東海)에 속한다. 또한 비(邳)는 설(薛)에 있었는데 나중에 이곳으로 옮겨왔다고 한다. 상비(上邳)가 있기 때문에 여기서는 하비(下邳)라 한 것이다.

有一老父,	어떤 늙은이가
衣褐,	베옷을 입고
至良所,	장량이 있는 곳에 이르더니,
直墮其履圯下,[15]	대뜸 자기 신발을 다리 아래로 떨어뜨리고는
顧謂良曰:	장량을 돌아보며 말했다.
“孺子,	“애야,
下取履!”	내려가서 신발 좀 주워오너라!”
良鄂然,	장량은 깜짝 놀라
欲毆之.[16]	그를 패주고 싶었다.
爲其老,	그가 늙어서
彊忍,	억지로 참고
下取履.	내려가서 신발을 주워왔다.
父曰:	늙은이가 말했다.
“履我!”	“신겨라!”
良業爲取履,	장량은 이왕 신을 주워온 터라
因長跪履之.[17]	무릎을 꿇고 신겨주었다.

---

14 **집해** 서광은 말하였다. “이(圯)는 다리이며, 동초(東楚)에서는 이(圯)라 하였다. 음은 이(怡)이다.” **색은** 이기(李奇)는 “하비(下邳)의 사람들은 다리를 이(圯)라 하며, 음은 이(怡)이다”라 하였다. 문영(文穎)은 “기수(沂水) 가의 다리이다”라 하였다. 응소는 “기수(沂水) 가의 다리이다”라 하였다. 요찰이 본『사기』의 판본에는 ‘흙 토(土)’ 방(旁)이 있는 것이 있어서, 이에 지금의 회계(會稽) 동호(東湖)의 대교를 영이(靈圯)라 하였다. ‘圯’ 또한 음이 이(夷)인데, 이치상 아마 그럴 것이다.

15 **색은** 최호(崔浩)는 “직(直)은 고(故: 일부러)와 같다”고 하였는데, 또한 그렇지는 않을 것이다. 직(直)은 바로[正]라는 뜻이며, 양(良)이 있는 곳에 이르러 바로 그 신발을 떨어뜨린 것이다.

16 **집해** 서광은 말하였다. “어떤 판본에는 ‘양은 노하여 그에게 욕설을 퍼붓고 싶었다.(良怒, 欲罵之)’로 되어 있다.” **색은** ‘毆’의 음은 우(烏后反)이다.

17 **색은** 업(業)은 본선(本先)과 같다. 양은 마음속으로 먼저 이미 신을 주워왔으므로 마침내 무릎을 꿇고 신긴 것이라는 말이다.

父以足受,	늙은이는 발로 받고
笑而去.	웃으며 떠났다.
良殊大驚,	장량은 특히 크게 놀라
隨目之.	눈길로 좇았다.
父去里所,	늙은이는 1리쯤 떠났다가
復還,[18]	다시 돌아와
曰:	말하였다.
"孺子可教矣.	"너는 가르칠 만하겠다.
後五日平明,	닷새 뒤 해 뜰 무렵
與我會此."	나와 이곳에서 만나자."
良因怪之,	장량은 괴이하게 여겼지만
跪曰:	무릎을 꿇고 말하였다.
"諾."	"알겠습니다."
五日平明,	닷새 뒤 해 뜰 무렵에
良往.	장량은 갔다.
父已先在,	늙은이가 이미 먼저 와 있었는데
怒曰:	노하여 말하였다.
"與老人期,	"늙은이와 약속을 하고
後,	늦다니
何也?"	어째서인가?"
去,	떠나면서

---

18 **집해** 서광은 말하였다. "어떤 판본에는 '그가 늙어서 억지로 참고 내려가 신발을 주워와 나아갔다. 늙은이는 발로 받고는 웃으면서 떠났다. 양은 특히 크게 놀랐다. 늙은이는 1리쯤 떠났다가 다시 돌아왔다.(爲其老, 強忍, 下取履, 因進之. 父以足受, 笑而去. 良殊大驚. 父去里所, 復還)'고 되어 있다."

曰:	말하였다.
“後五日早會.”	“닷새 뒤 새벽에 만나자.”
五日雞鳴,	닷새 뒤에 닭이 울자
良往.	장량은 갔다.
父又先在,	늙은이가 또한 먼저 와 있었으며
復怒曰:	다시 노하여 말하였다.
“後,	“늦다니
何也?”	어째서인가?”
去,	떠나면서
曰:	말하였다.
“後五日復早來.”	“닷새 뒤 다시 새벽에 오너라.”
五日,	닷새가 되자
良夜未半往.	장량은 밤이 절반도 지나지 않아 갔다.
有頃,	조금 있자니
父亦來,	노인도 와서
喜曰:	기뻐하며 말하였다.
“當如是.”	“이래야지.”
出一編書,[19]	책을 한 권 꺼내더니
曰:	말하였다.
“讀此則爲王者師矣.	“이 책을 읽으면 왕이 될 사람의 스승이 될 것이다.
後十年興.	10년 후면 흥기할 거야.
十三年孺子見我濟北,	(다시) 13년이(지나)면 젊은이는 제북에서 나를 만날 것인데

19 **집해** 서광은 말하였다. “편(編)은 ‘편(篇)’으로 된 곳도 있다.”

穀城山下黃石即我矣."[20]	곡성산 아래의 누런 돌이 바로 나일세."
遂去,	그러고는 마침내 떠났는데
無他言,	다른 말은 하지 않았으며
不復見.	다시는 보이지 않았다.
旦日視其書,	다음날 그 책을 보니
乃太公兵法也.[21]	바로『태공병법』이었다.
良因異之,	장량은 그 일을 이상하게 여겨
常習誦讀之.	늘 그 책을 익히며 외고 읽었다.

居下邳,	하비에 머무르며
爲任俠.	협객 활동을 했다.
項伯常殺人,	항백이 사람을 죽인 적이 있는데
從良匿.	장량이 있는 곳으로 와서 숨었다.

後十年,	10년이 지나
陳涉等起兵,	진섭 등이 군대를 일으키자
良亦聚少年百餘人.	장량 또한 젊은이 백여 명을 모았다.
景駒自立爲楚假王,	경구가 스스로 초의 가왕으로 즉위하여
在留.	유 땅에 있었다.
良欲往從之,	장량은 그곳으로 가서 그를 따르려 하다가

20 **정의** 『괄지지』에서는 말하였다. "곡성산(穀城山)은 일명 황산(黃山)이라고 하며, 제주(濟州) 동아현(東阿縣) 동쪽에 있다. 제주(濟州)는 옛 제북군(濟北郡)이다. 공문상(孔文祥)은 말하기를 '황석공(黃石公)의 외모는 수염과 눈썹이 모두 희었으며, 붉은 청려장을 짚었고 붉은 신발을 신었다.'라 하였다."

21 **정의** 『칠록(七錄)』에서는 말하였다. "『태공병법(太公兵法)』은 한 질(袠) 세 권이다. 태공(太公)은 강자아(姜子牙)로 주문왕(周文王)의 스승이며 제후(齊侯)에 봉하여졌다."

道遇沛公.
도중에 패공을 만나게 되었다.

沛公將數千人,
패공은 수천 명을 거느리고

略地下邳西,
하비의 서쪽 땅을 빼앗아

遂屬焉.
마침내 그곳에 귀속되었다.

沛公拜良爲廏將.[22]
패공은 장량을 구장에 임명하였다.

良數以太公兵法說沛公,
장량은 여러 차례 『태공병법』으로 패공을 유세하였는데,

沛公善之,
패공은 훌륭하다고 여겨

常用其策.
늘 그 계책을 썼다.

良爲他人者,
장량은 다른 사람에게도 그렇게 하였으나

皆不省.
모두 알아듣지 못하였다.

良曰:
장량이 말했다.

"沛公殆天授."[23]
"패공은 거의 하늘이 내려주셨구나!"

故遂從之,
그리하여 마침내 그를 따라

不去見景駒.
경구를 만나러 가지 않았다.

及沛公之薛,
패공은 설로 가서

見項梁.
항량을 만났다.

項梁立楚懷王.
항량은 초회왕을 세웠다.

良乃說項梁曰:
장량이 이에 항량에게 말했다.

"君已立楚後,
"그대는 이미 초의 후손을 옹립하였는데

而韓諸公子橫陽君成賢,
한의 공자들 중에서는 횡양군 성이 현명하여

可立爲王,
왕으로 세울 만합니다.

22 **집해** 『한서음의(漢書音義)』에서는 말하였다. "관직 이름이다."

23 **색은** '태(殆)'의 훈은 가깝다는 뜻이다.

益樹黨.”	무리를 더 세우십시오.”
項梁使良求韓成,	항량은 장량에게 한성을 찾아
立以爲韓王.	한왕으로 옹립하게 하였다.
以良爲韓申徒,[24]	장량을 한의 신도로 삼고
與韓王將千餘人西略韓地,	한왕과 함께 군사 1천여 명을 이끌고 서쪽으로 한의 영토를 공략하여
得數城,	여러 성을 얻었지만
秦輒復取之,	진이 곧장 다시 빼앗아갔다.
往來爲游兵潁川.	영천을 오가며 유격전을 벌였다.

沛公之從雒陽南出轘轅,	패공이 낙양에서 남쪽 환원으로 나오자
良引兵從沛公,	장량은 군사를 이끌고 패공을 따라
下韓十餘城,	한의 10여 성을 함락시키고
擊破楊熊軍.	양웅의 군사를 격파했다.
沛公乃令韓王成留守陽翟,	패공은 이에 한왕 성에게 남아 양적을 지키게 하고
與良俱南,	장량과 함께 남으로 가서
攻下宛,	완을 공격하여 함락시키고
西入武關.	서쪽 무관으로 들어갔다.
沛公欲以兵二萬人擊秦嶢下軍,[25]	패공이 2만 명의 군사로 진 요 아래의 군사를 치려고 하자
良說曰:	장량이 말하였다.

24 집해 서광은 말하였다. “곧 사도(司徒)일 따름이지만 어음(語音)이 와전되었으므로 글자 또한 따라서 고쳤다.”

25 집해 서광은 말하였다. “‘嶢’의 음은 요(堯)이다.”

“秦兵尙彊,	“진의 군사는 아직도 강하여
未可輕.	가벼이 여길 수 없습니다.
臣聞其將屠者子,	신이 듣건대 그 장수는 백정의 자식이라 하니
賈豎易動以利.	장사치는 이익으로 쉬 움직일 수 있습니다.
願沛公且留壁,	원컨대 패공께서는 잠시 진지를 쌓고 지키며
使人先行,	사람들을 먼저 보내어
爲五萬人具食,[26]	5만 명의 식량을 갖추게 하고
益爲張旗幟[27]諸山上,	산 위에 기치를 더욱 갖추어
爲疑兵,	가짜 병사를 설치하고
令酈食其持重寶啗秦將.”	역이기에게 귀중한 보물을 지니게 하여 진의 장수에게 먹이십시오.”
秦將果畔,	진의 장수는 과연 배반하고
欲連和俱西襲咸陽,	연합하여 함께 서쪽으로 함양을 습격하고자 하였다.
沛公欲聽之.	패공은 그 말을 들으려 했다.
良曰:	장량이 말했다.
“此獨其將欲叛耳,	“이는 다만 그 장수만 배반한 것일 뿐이니
恐士卒不從.	군사들은 따르지 않을 것입니다.
不從必危,	따르지 않으면 반드시 위태로워질 것이니
不如因其解.[28]	그들이 해이해질 때를 틈타
擊之.”	치는 것만 못합니다.”
沛公乃引兵擊秦軍,	패공이 이에 군사를 이끌고 진의 군사를 공격하여

26 집해 서광은 말하였다. “오(五)는 ‘백(百)’으로 된 곳도 있다.”

27 색은 두 글자의 음은 기시(其試)이다.

28 색은 장졸의 마음이 떠서 해이해지는 것을 이른다.

大破之.	크게 깨뜨렸다.
(遂)[逐]北至藍田,	추격하여 북으로 남전까지 이르러
再戰,	다시 싸워
秦兵竟敗.	진의 군사는 마침내 패하였다.
遂至咸陽,	드디어 함양에 이르니
秦王子嬰降沛公.	진왕 자영은 패공에게 항복했다.

沛公入秦宮,	패공이 진의 궁궐로 들어가니
宮室帷帳狗馬重寶婦女以千數,	궁실과 휘장, 개와 말, 보물, 여자가 천을 헤아려
意欲留居之.	그곳에 남아 머물고 싶어 했다.
樊噲諫沛公出舍,	번쾌가 패공에게 (궁궐 밖에) 나가서 주둔하자고 간언을 하였지만
沛公不聽.[29]	패공은 듣지 않았다.
良曰:	장량이 말했다.
"夫秦爲無道,	"저 진이 무도했기 때문에
故沛公得至此.	패공께서 여기까지 올 수 있게 되었습니다.
夫爲天下除殘賊,	대체로 천하의 잔적을 제거하려면
宜縞素爲資.[30]	검소함을 바탕으로 삼아야 합니다.
今始入秦,	지금 막 진에 입성하였는데

29 **집해** 서광은 말하였다. "어떤 판본에는 이렇게 되어 있다. '번쾌가 간하여 말하였다. "패공(沛公)께서는 천하를 차지하고 싶으십니까? 부자가 되고 싶으십니까?" 패공이 말하였다. "나는 천하를 차지하고 싶소." 번쾌가 말하였다. "지금 신이 따라서 진의 궁궐로 들어와 본 궁실의 휘장과 주옥 같은 중한 보물, 종고(鍾鼓)의 장식, 기이한 물건은 이루 다 셀 수가 없고 후궁으로 들어가 보니 미인과 여인이 천을 헤아리니 이는 모두 진이 천하를 망하게 한 까닭입니다. 원컨대 패공께서는 급히 패상(霸上)으로 회군하여 궁중에 머물지 마십시오." 패공은 따르지 않았다.'"

即安其樂,	쾌락에 안주한다면
此所謂'助桀爲虐'.	이를 일러 '걸을 도와 잔학한 짓을 한다'고 하는 것입니다.
且'忠言逆耳利於行,	또 '충성스러운 말은 귀에 거슬리나 행동에는 이롭고,
毒藥苦口利於病',[31]	독한 약은 입에 쓰지만 병에는 이롭다'고 합니다.
願沛公聽樊噲言."	바라건대 패공께서는 번쾌의 말을 들으십시오."
沛公乃還軍霸上.	패공은 이에 패상으로 돌아가 주둔했다
項羽至鴻門下,	항우가 홍문 아래에 이르러
欲擊沛公,	패공을 공격하려 하자
項伯乃夜馳入沛公軍,	항백은 곧 밤중에 말을 치달려 패공의 군대로 들어가
私見張良,	몰래 장량을 만나
欲與俱去.	함께 떠나고자 했다.
良曰:	장량이 말했다.
"臣爲韓王送沛公,	"저는 한왕을 위하여 패공을 전송하는 중인데
今事有急,	지금 일이 위급하다고
亡去不義."	도망치는 건 의롭지 못한 것이오."
乃具以語沛公.	이에 모든 사실을 패공에게 이야기하였다.
沛公大驚,	패공은 크게 놀라
曰:	말하였다.
"爲將柰何?"	"어찌하면 되겠소?"

30 집해 진작(晉灼)은 말하였다. "자(資)는 의지하는 것이다. 패공에게 진(秦)이 사치한 것과 반대로 하여 검소하게 하는 것을 바탕으로 삼게 하고자 한 것이다."

31 색은 이 말은 『공자가어(孔子家語)』에 보인다.

良曰:	장량이 말하였다.
“沛公誠欲倍項羽邪?”	“패공께선 실로 항우를 배신하려고 하십니까?”
沛公曰:	패공이 말하였다.
“鯫生[32]教我距關無內諸侯,	“애송이가 내게 관을 가지고 대치하며 제후를 들이지 않으면
秦地可盡王,	진의 땅을 모두 다스릴 수 있다고 하여
故聽之.”	그 말을 따르고 있소.”
良曰:	장량이 말하였다.
“沛公自度能卻項羽乎?”	“패공께서는 스스로 항우를 물리칠 수 있다고 생각하십니까?”
沛公默然良久,	패공은 잠자코 한참이나 있다가
曰:	말하였다.
“固不能也.	“어림도 없소.
今爲柰何?”	이제 어째야겠소?”
良乃固要項伯.	장량은 이에 굳이 항백을 청하게 했다.
項伯見沛公.	항백이 패공을 뵈었다.
沛公與飮爲壽,	패공은 함께 술을 마시며 축수를 해주고
結賓婚.	빈객으로 청하여 혼사를 맺었다.
令項伯具言沛公不敢倍項羽,	항백에게 패공이 감히 항우를 배반하지 않을 것이며
所以距關者,	관에서 대치한 것은
備他盜也.	다른 도적을 방비하고자 해서라고 다 말하게 했다.

32 **집해** 서광은 말하였다. “여정(呂靜)은 말하기를 추(鯫)는 물고기이며, 음은 추(此垢反)이다.” **색은** 여정은 말하였다. “추(鯫)는 물고기로, 작은 물고기를 이르며, 음은 추(此垢反)이다.” 신찬(臣瓚)은 『초한춘추(楚漢春秋)』에 의하여 추생(鯫生)은 본래 성이 추(鯫)라 하였다.

及見項羽後解,	항우를 만난 후에 해결되었으며
語在項羽事中.	이 말은「항우본기」의 기사에 있다.

漢元年正月,	한 원년 정월에
沛公爲漢王,	패공은 한왕이 되어
王巴蜀.	파촉을 다스렸다.
漢王賜良金百溢,	한왕은 장량에게 금 백 일과
珠二斗,	구슬 두 말을 하사하였는데
良具以獻項伯.	장량은 모두 그대로 항백에게 바쳤다.
漢王亦因令良厚遺項伯,	한왕은 또 장량으로 하여금 항백에게 후한 예물을 갖다 주게 하고
使請漢中地.[33]	한중 땅을 청하게 하였다.
項王乃許之,	항왕이 이를 허락하여
遂得漢中地.	마침내 한중 땅을 얻었다.
漢王之國,	한왕이 봉토로 가자,
良送至褒中,[34]	장량은 포중까지 전송했고,

---

33 **집해** 여순은 말하였다. "본래 다만 파촉(巴蜀)만 주었으므로 한중(漢中)의 땅을 청하였다."

34 **정의** 『괄지지』에서는 말하였다. "포곡(褒谷)은 양주(梁州) 포성현(褒城縣) 북쪽 50리 지점의 남중산(南中山)에 있다. 지난날 진(秦)은 촉(蜀)을 치려고 하였는데 들어갈 길이 없어 이에 돌을 깎아 소 50두를 만들고 소의 뒤에 금을 두어서 이 소는 금 똥을 눌 수 있다고 거짓말을 하여 촉으로 가져가게 하였다. 촉후(蜀侯)가 탐을 내어 믿고 이에 50명의 장정에게 소를 끌게 하여 산을 파고 골짜기를 메워 성도(成都)까지 이르게 하였다. 진은 마침내 길을 찾아 정벌하고 이에 석우도(石牛道)라고 하였다.「촉부(蜀賦)」에서는 석문(石門)이 한중(漢中)의 서쪽, 포중(褒中)의 북쪽에 있다고 생각하였다." 또 말하였다. "사수(斜水)는 포송현(褒城縣) 서북쪽의 아령산(衙嶺山)에서 발원하여 포수(褒水)와 근원을 함께하며 물결이 갈라진다.『한서』「구혁지(溝洫志)」에서는 포수(褒水)는 면(沔)과 통하고, 사수(斜水)는 위(渭)와 통하며 모두 배로 간다고 하였다."

遣良歸韓. 장량이 한으로 돌아가게 했다.
良因說漢王曰: 장량이 이에 한왕에게 말했다.
"王何不燒絶所過棧道, "왕께서는 어찌 지나온 잔도를 불태워 끊어서
示天下無還心, 천하에 돌아갈 마음이 없다는 걸 보여주고,
以固項王意." 항왕의 뜻을 굳게 하지 않습니까?"
乃使良還. 이에 장량을 돌려보냈다.
行, 행군하면서
燒絶棧道. 잔도를 불태워 끊었다.

良至韓, 장량이 한에 이르자,
韓王成以良從漢王故, 한왕 성은 장량이 한왕을 따랐기 때문에
項王不遣成之國, 항왕은 (한왕) 성을 나라로 보내지 않고
從與俱東. (자신을) 따라 함께 동쪽으로 가게 했다.
良說項王曰: 장량은 항왕을 설득하여 말했다.
"漢王燒絶棧道, "한왕이 잔도를 불태워 끊은 것은
無還心矣." 돌아올 마음이 없다는 것입니다."
乃以齊王田榮反, 또 제왕 전영이 모반하자
書告項王. 글을 올려 항왕에게 알렸다.
項王以此無西憂漢心, 항왕은 이 때문에 서쪽으로 한을 걱정하지 않았고,
而發兵北擊齊. 군사를 보내어 북으로 제를 공격했다.

項王竟不肯遣韓王, 항왕은 끝내 한왕을 보내려 하지 않고
乃以爲侯, 일단 후로 삼았다가
又殺之彭城. 팽성에서 죽였다.
良亡, 장량은 도망쳐서

間行歸漢王,	샛길로 한왕에게 돌아갔는데
漢王亦已還定三秦矣.	한왕 또한 이미 돌아와 삼진을 평정하였다.
復以良爲成信侯,	(한왕은) 다시 장량을 성신후로 삼고
從東擊楚.	동쪽에서 초를 쳤다.
至彭城,	팽성에 이르러
漢敗而還.	한은 패하고 돌아왔다.
至下邑,	하읍에 이르러
漢王下馬踞鞍而問曰:	한왕이 말에서 내려 말안장에 기댄 채 물었다.
"吾欲捐關以東等弃之,	"내가 함곡관 동쪽 땅을 버리려 한다면
誰可與共功者?"	누가 함께 공을 세울 만하겠소?"
良進曰:	장량이 앞으로 나서서 대답했다.
"九江王黥布,	"구강왕 경포는
楚梟將,	초의 맹장이지만
與項王有郄;	항왕과 틈이 벌어져 있습니다.
彭越與齊王田榮反梁地:	팽월은 제왕 전영과 양 땅에서 반란을 일으켰습니다.
此兩人可急使.	이 두 사람을 급히 쓸 만합니다.
而漢王之將獨韓信可屬大事,	그리고 한왕의 장수로는 한신 만이 큰일을 맡길 만하여
當一面.	한 지역을 맡을 수 있습니다.
即欲捐之,	(관동을) 버리려 하신다면
捐之此三人,	이 세 사람에게 버리십시오.
則楚可破也."	그러면 초를 깰 수 있습니다."
漢王乃遣隨何說九江王布,	한왕은 이에 수하를 보내어 구강왕 포를 유세하게 하고

而使人連彭越.	사람을 보내어 팽월과 연합하게 하였다.
及魏王豹反,	위왕 표가 반기를 들자
使韓信將兵擊之,	한신에게 군사를 거느리고 치게 하여
因擧燕·代·齊·趙.	이에 연·대·조·진을 평정하였다.
然卒破楚者,	그러나 끝내 초를 깨뜨린 것은
此三人力也.	이 세 사람의 힘이다.

張良多病,	장량은 병이 많아
未嘗特將也,	단독으로 군사를 거느린 적이 없었지만
常爲畫策臣,	늘 책략을 계획하는 신하가 되어
時時從漢王.	때때로 한왕을 따랐다.

漢三年,	한 3년에
項羽急圍漢王滎陽,	항우가 급하게 한왕을 형양에서 에워싸
漢王恐憂,	한왕은 두려워하고 근심하여
與酈食其謀橈楚權.	역이기와 함께 초의 권세를 꺾을 것을 모의했다.
食其曰:	역이기가 말하였다.
"昔湯伐桀,	"옛날에 탕은 걸을 정벌하고
封其後於杞.	그 후손을 기에 봉하였습니다.
武王伐紂,	무왕은 주를 정벌하고
封其後於宋.	그 후손을 송에 봉하였습니다.
今秦失德弃義,	지금 진이 덕을 잃고 의를 버려
侵伐諸侯社稷,	제후의 사직을 침벌하고
滅六國之後,	육국의 후손을 멸하여
使無立錐之地.	송곳을 세울 땅조차 없게 하였습니다.

陛下誠能復立六國後世, 폐하께서 실로 육국의 후손을 다시 세우고

畢已受印, 모두 이미 인장을 받을 수 있게 한다면

此其君臣百姓必皆戴陛下之德,

이는 군신과 백성이 반드시 폐하의 덕을 이고

莫不鄕風慕義, 풍화를 향하여 덕을 흠모하지 않음이 없어

願爲臣妾. 신첩이 되기를 바랄 것입니다.

德義已行, 덕의가 행하여지고 나면

陛下南鄕稱霸, 폐하는 남면하여 칭패할 것이고

楚必斂衽而朝." 초는 반드시 옷깃을 여미고 조현할 것입니다."

漢王曰: 한왕이 말하였다.

"善. "좋소.

趣刻印, 즉시 도장을 새겨

先生因行佩之矣." 선생께선 떠나서 그것을 차게 할 것이오."

食其未行, 역이기가 아직 떠나지 않았는데

張良從外來謁. 장량이 밖에서 돌아와 (한왕을) 뵈었다.

漢王方食, 한 왕은 바야흐로 식사를 하다가

曰: 말했다.

"子房前! "자방은 앞으로 오시오!

客有爲我計橈楚權者." "어떤 문객이 나에게 초의 권세를 꺾을 계책을 제시해주었소."

具以酈生語告, 역생의 말을 모두 알려주며

曰: 말했다.

"於子房何如?" "자방이 보기에는 어떻소?"

良曰: 장량이 말했다.

"誰爲陛下畫此計者? "누가 폐하께 이 계책을 냈습니까?

陛下事去矣."
폐하의 일은 끝이 날 것입니다."

漢王曰:
한왕이 말했다.

"何哉?"
"어째서요?"

張良對曰:
장량이 대답했다.

"臣請藉前箸爲大王籌之."[35]
"앞에 놓인 젓가락을 빌려 대왕께 하나하나 들어보겠습니다."

曰:
말하였다.

"昔者湯伐桀而封其後於杞者,
"옛날에 탕이 걸을 정벌하고 그 후손을 기에 봉한 것은

度能制桀之死命也.
걸의 생사를 제어할 수 있다고 생각해서였습니다.

今陛下能制項籍之死命乎?"
지금 폐하께서는 항적의 생사를 통제할 수 있습니까?"

曰:
말하였다.

"未能也."
"아직은 할 수 없소."

"其不可一也.
"그것이 불가한 첫째입니다.

武王伐紂封其後於宋者,
무왕이 주를 정벌하고 그 후손을 송에 봉한 것은

度能得紂之頭也.
주의 머리를 얻을 수 있다고 생각해서였습니다.

今陛下能得項籍之頭乎?"
지금 폐하께서는 항적의 머리를 얻을 수 있습니까?"

曰:
말하였다.

"未能也."
"아직은 할 수 없소."

"其不可二也.
"그것이 불가한 둘째입니다.

---

35 **집해** 장안(張晏)은 말하였다. "먹는 젓가락을 빌려서 계책을 가리키기를 구한 것이다. 혹자는 말하기를 전세(前世)에 탕·무(湯·武)의 젓가락으로 밝힌 일을 가지고 지금은 그와 같지 않음을 헤아린 것이라고 하였다."

武王入殷,	무왕은 은으로 들어가
表商容之閭,[36]	상용의 마을을 표창하고
釋箕子之拘,[37]	기자를 구금에서 석방하고
封比干之墓.	비간의 무덤에 봉분을 쌓아주었습니다.
今陛下能封聖人之墓,	지금 폐하께서 성인의 무덤에 봉분을 쌓고
表賢者之閭,	현자의 마을을 표창하고
式智者之門乎?"	지자의 문에 예를 표할 수 있습니까?"
曰:	말하였다.
"未能也."	"아직은 할 수 없소."
"其不可三也.	"그것이 불가한 셋째입니다.
發鉅橋之粟,	(주무왕은) 거교의 양식을 풀고
散鹿臺之錢,	녹대의 돈을 흩어
以賜貧窮.	빈궁한 자들에게 내렸습니다.
今陛下能散府庫以賜貧窮乎?"	지금 폐하는 부고를 흩어서 빈궁한 자들에게 내릴 수 있습니까?"
曰:	말하였다.
"未能也."	"아직은 할 수 없소."
"其不可四矣.	"그것이 불가한 넷째입니다.
殷事已畢,	은의 일이 끝나자

36 **색은** 최호는 말하기를 "표(表)는 그 마을 입구의 문에 표방(標榜)한 것이다." 상용(商容)은 주(紂) 때의 현자이다. 『한시외전(韓詩外傳)』에서는 말하기를 "상용은 우약(羽籥)을 잡고 마부에 기대어 주(紂)를 교화하려고 하였는데 할 수가 없어 마침내 떠나 태항산(太行山)에 숨었다. 무왕(武王)은 삼공(三公)으로 삼고자 하였는데 고사(固辭)하고 받지 않았다." 나머지 풀이는 「상기(商紀)」에 있다.

37 **집해** 서광은 말하였다. "석(釋)은 '식(式)'으로 된 곳도 있다. 구(拘)는 '수(囚)'로 된 곳도 있다.."

偃革爲軒,[38]	병거를 수레로 만들고
倒置干戈,	방패와 창(같은 무기)을 거꾸로 놓고
覆以虎皮,	호랑이 가죽으로 덮어서
以示天下不復用兵.	천하에 더 이상 무기를 쓰지 않을 것을 보여주었습니다.
今陛下能偃武行文,	지금 폐하는 무기를 눕혀두고 문교를 행하여
不復用兵乎?"	더 이상 무기를 쓰지 않을 수 있습니까?"
曰:	말하였다.
"未能也."	"아직은 할 수 없소."
"其不可五矣.	"그것이 불가한 다섯째입니다.
休馬華山之陽,	화산의 남쪽에서 말을 쉬게 하여
示以無所爲.	아무 것도 하지 않을 것임을 보여 주었습니다.
今陛下能休馬無所用乎?"	지금 폐하께서는 말을 쉬게 하고 쓰지 않을 수 있습니까?"
曰:	말하였다.
"未能也."	"아직은 할 수 없소."
"其不可六矣.	"그것이 불가한 여섯째입니다.
放牛桃林之陰,[39]	도림 북쪽에 소를 풀어놓고
以示不復輸積.	더 이상 짐을 나르고 쌓지 않을 것을 보여주었습니다.

38 [집해] 여순은 말하였다. "혁(革)은 혁거(革車)이며, 헌(軒)은 적불(赤黻)의 승헌(乘軒)이다. 무장을 내려놓고 예악을 다스리는 것이다." [색은] 소림(蘇林)은 말하였다. "혁(革)은 병거(兵車)이며, 헌(軒)은 주헌(朱軒), 피헌(皮軒)이다. 병거를 없애고 승거(乘車)를 쓰는 것이다." 『설문(說文)』에서는 말하였다. "헌(軒)은 곡주병거(曲周屛車)이다."

39 [색은] 진작은 말하기를 "홍농(弘農) 문향(閿鄕)의 남쪽 골짜기에 있다."라 하였다. 응소의 『십삼주기(十三州記)』 "홍농에 도구취(桃丘聚)가 있는데 옛 도림(桃林)이다." 『산해경(山海經)』에서는 "과보지산(夸父之山) 북쪽에 도림(桃林)이 있는데 너비가 3백 리이다."라 하였다.

今陛下能放牛不復輸積乎?”	지금 폐하께서는 소를 풀어 더 이상 짐을 나르고 쌓지 않을 수 있습니까?”
曰:	말하였다.
“未能也.”	“아직은 할 수 없소.”
“其不可七矣.	“그것이 불가한 일곱째입니다.
且天下游士離其親戚,	또한 천하의 유사들이 그 친척과 헤어지고
弃墳墓,	선영을 버리며
去故舊,	친구들을 떠나
從陛下游者,	폐하를 따라 다니는 것은
徒欲日夜望咫尺之地.	다만 밤낮으로 지척의 땅을 바라고자해서입니다.
今復六國,	지금 육국을 회복시켜
立韓·魏·燕·趙·齊·楚之後,	한과 위, 연, 조, 제, 초의 후손을 세워
天下游士各歸事其主,	천하의 유사가 각기 돌아가 그 임금을 섬기고
從其親戚,	그 친척을 따르며
反其故舊墳墓,	친구와 선영으로 돌아가니
陛下與誰取天下乎?	폐하께서는 누구와 천하를 가지겠습니까?
其不可八矣.	그것이 불가한 여덟 번째입니다.
且夫楚唯無彊,	또한 저 초만이 막강하여
六國立者復橈而從之,[40]	육국으로 세워준 자들이 다시 굽혀 따른다면
陛下焉得而臣之?	폐하께서 어떻게 그들을 신하로 삼겠습니까?
誠用客之謀,	실로 객의 계책을 쓴다면

40 **집해** 『한서음의』에서는 말하였다. “다만 초만 막강하게 하여 강하여지면 육국(六國)은 약하여져 따르는 것이다.” **색은** 순열(荀悅)의 『한기(漢紀)』에서는 이 일에 대하여 말하기를 “다만 초만 막강하게 하여 강하여진다면 육국이 꺾이어 따르게 된다.”라 하였다. 또한 위소는 “지금 초보다 강한 나라가 없다는 것으로 육국이 서면 반드시 꺾이어 초를 따르게 된다는 것을 말한다.”라 하였는데, 이 두 설은 같은 뜻이다.

陛下事去矣.”	폐하의 일은 끝날 것입니다.”
漢王輟食吐哺,	한왕은 식사를 그치고 먹던 것을 뱉어내며
罵曰:	욕하였다.
“豎儒,	“유생 놈이
幾敗而公事!”[41]	거의 나의 일을 그르칠 뻔했구나!”
令趣銷印.	도장들을 즉시 녹이게 했다.

漢四年,	한 4년에
韓信破齊而欲自立爲齊王,	한신이 제를 깨뜨리고 스스로 제왕에 즉위하려 하자
漢王怒.	한왕은 노하였다.
張良說漢王,	장량이 한왕에게 말하여
漢王使良授齊王信印,	한왕은 장량에게 제왕 신의 인장을 주게 하였는데
語在淮陰事中.	이 말은 「회음후열전」의 기사에 있다.

其秋,	그해 가을
漢王追楚至陽夏南,	한왕은 초를 추격하여 양하의 남쪽에까지 이르렀는데
戰不利而壁固陵,	전세가 불리하여 고릉에 누벽을 쌓았는데
諸侯期不至.	제후들이 기한에 맞춰 이르지 않았다.
良說漢王,	장량이 한왕에게 말하여
漢王用其計,	한왕이 그 계책을 쓰니

41 **색은** 고조(高祖)가 역생(酈生)을 꾸짖어 수유(豎儒)라 하였는데 이 유생 놈이라 하였을 따름이다. ‘幾’의 음은 기(祈)이다. 기(幾)는 거의라는 뜻이다. 이공(而公)은 고조가 스스로 이른 것이다. 『한서』에는 “내공(乃公)”으로 되어 있으며, 내(乃) 또한 너(汝)라는 뜻이다.

諸侯皆至. 제후가 모두 이르렀다.

語在項籍事中. 이 말은 「항적본기」의 기사에 있다.

漢六年正月, 한 6년 정월에

封功臣. 공신을 봉하였다.

良未嘗有戰鬪功, 장량은 전투에서 공을 세운 적이 없었는데

高帝曰: 고제가 말하였다.

“運籌策帷帳中, “장막 안에서 계책을 마련하여

決勝千里外, 천 리 밖에서 승리를 결정지은 일은

子房功也. 자방의 공이오.

自擇齊三萬戶.” 직접 제의 3만 호를 고르시오.”

良曰: 장량이 말했다.

“始臣起下邳, “처음에 신은 하비에서 일어나

與上會留, 상과 유에서 만났는데,

此天以臣授陛下. 이는 하늘이 신을 폐하에게 준 것입니다.

陛下用臣計, 폐하께서는 신의 계책을 쓰셨고,

幸而時中, 다행히 시의와 맞아떨어졌습니다.

臣願封留足矣, 신은 유현에 봉해지길 바라는 것으로 충분하며

不敢當三萬戶.” 3만 호는 감당할 수 없습니다.”

乃封張良爲留侯, 이에 장량을 유후에 봉하여

與蕭何等俱封. 소하 등과 함께 봉하였다.

(六年)上已封大功臣二十餘人, 상은 큰 공신 20여 명을 봉하고

其餘日夜爭功不決, 그 나머지는 밤낮으로 공을 다투어 결정이 나지 않아

未得行封.	여전히 책봉이 행하여지지 않았다.
上在雒陽南宮,	상이 낙양 남궁에서

從復道[42]望見諸將往往相與坐沙中語.

	복도로 여러 장수가 모래밭에 앉아 왕왕 이야기를 주고받는 모습을 바라보았다.
上曰:	상이 말했다.
"此何語?"	"이것이 무슨 말인가?"
留侯曰:	유후가 대답했다.
"陛下不知乎?	"폐하께서는 알지 못하십니까?
此謀反耳."	이들은 반란을 모의하고 있을 따름입니다."
上曰:	상이 말하였다.
"天下屬安定,	"천하가 안정되었는데
何故反乎?"	무슨 까닭으로 반기를 들겠는가?"
留侯曰:	유후가 말하였다.
"陛下起布衣,	"폐하께서 평민으로 기의하시어
以此屬取天下,	이들 때문에 천하를 가지셨는데
今陛下爲天子,	지금 폐하는 천자이시고
而所封皆蕭·曹故人所親愛,	봉해진 사람은 모두 소하·조참 등 친구로 친애하는 자들이고
而所誅者皆生平所仇怨.	주살된 사람은 모두 평소에 원한이 있는 자들입니다.
今軍吏計功,	지금 군리가 공을 따져보고
以天下不足徧封,	천하를 가지고도 두루 봉하기에 부족하다 하였으니

42 **집해** 여순은 말하였다. "'復'의 음은 복(複)이다. 아래위로 길이 있기 때문에 복도(復道)라고 한다." 위소는 말하였다. "각도(閣道)이다."

此屬畏陛下不能盡封,	이들은 폐하께서 다 봉할 수 없음을 두려워하고
恐又見疑平生[43]過失及誅,	또한 평소의 과실로 의심을 받아 주살될까 걱정하므로
故即相聚謀反耳."	서로 모여서 반란을 모의하는 것일 따름입니다."
上乃憂曰:	상이 이에 근심하여 말하였다.
"爲之柰何?"	"이를 어찌할꼬?"
留侯曰:	유후가 말하였다.
"上平生所憎,	"상께서 평상시에 미워하여
羣臣所共知,	신하들이 모두 아는 사람 가운데
誰最甚者?"	누가 가장 심합니까?"
上曰:	상이 말하였다.
"雍齒與我故,[44]	"옹치는 나와 옛 원한이 있어서
數嘗窘辱我.	수차례 나를 곤궁에 몰아넣고 욕보였소.
我欲殺之,	내 그를 죽이고 싶으나
爲其功多,	세운 공이 많아
故不忍."	차마 하지 못하고 있소."
留侯曰:	유후가 말하였다.
"今急先封雍齒以示羣臣,	"지금 급히 옹치를 먼저 봉하여 신하들에게 보이면
羣臣見雍齒封,	신하들은 옹치가 봉하여진 것을 보고
則人人自堅矣."	모든 사람들이 든든하게 여길 것입니다."
於是上乃置酒,	이에 상이 주연을 베풀어
封雍齒爲什方侯,[45]	옹치를 십방후에 봉하고

43 **집해** 서광은 말하였다. "거의 '생평(生平)'으로 되어 있다."

44 **집해** 『한서음의』에서는 말하였다. "아직 기의하지 않았을 때 묵은 원한이 있는 것이다."

而急趣丞相·御史定功行封.	승상과 어사를 급히 재촉하여 논공행상을 하게 했다.
羣臣罷酒,	신하들은 주연이 끝나자
皆喜曰:	모두 기뻐하며 말했다.
“雍齒尙爲侯,	“옹치까지 제후가 되었으니
我屬無患矣.”	우리는 걱정할 것이 없겠다.”

劉敬說高帝曰:	유경이 고제에게 말하였다.
“都關中.”	“관중을 도읍으로 하십시오.”
上疑之.	상이 의심하였다.
左右大臣皆山東人,	좌우의 대신들이 모두 산동 사람이어서
多勸上都雒陽:	거의가 상에게 낙양을 도읍으로 삼을 것을 권했다.
“雒陽東有成皐,	“낙양은 동쪽으로는 성고가 있고
西有殽黽,	서쪽으로는 효맹이 있으며
倍河,	황하를 등지고
向伊雒,	이락을 바라보고 있어
其固亦足恃.”	그 견고함이 또한 믿을 만합니다.”
留侯曰:	유후가 말하였다.
“雒陽雖有此固,	“낙양이 비록 이런 견고함이 있으나
其中小,	안이 좁아
不過數百里,	수백 리에 지나지 않으며

45 **색은** 「지리지(地理志)」에서는 현 이름으로 광한(廣漢)에 속한다고 하였다. ‘什’의 음은 십(十)이다. **정의** 『괄지지』에서는 말하였다. “옹치성(雍齒城)은 익주(益州) 십방현(什邡縣) 남쪽 40보 지점에 있다. 한(漢) 십방현은 한 초에 옹치를 봉한 후국(侯國)이다.”

田地薄,	농토가 척박하여
四面受敵,	사방에서 적(의 공격)을 받는 곳이라
此非用武之國也.	이는 군사력을 쓸 곳이 아닙니다.
夫關中左殽函,[46]	저 관중은 왼쪽에는 효산과 함곡관이 있고
右隴蜀,[47]	오른쪽에는 농·촉이 있으며
沃野千里,	비옥한 들판이 천 리에
南有巴蜀之饒,	남으로는 파·촉의 풍요로움이 있고
北有胡苑之利,[48]	북으로는 호의 목축지라는 이로움이 있으며
阻三面而守,	삼면은 험함에 의지하여 지키고
獨以一面東制諸侯.	동쪽 한쪽만 제후를 통제하면 됩니다.
諸侯安定,	제후가 안정되면
河渭漕輓天下,	황하와 위수로 천하에 물과 뭍으로 운반하여
西給京師;	서로 경사에 대줄 수 있으며,
諸侯有變,	제후에 변고가 있으면
順流而下,	흐름을 따라 내려가
足以委輸.	충분히 물자를 운반할 수 있습니다.
此所謂金城千里,	이것이 이른바 금성 천 리라는 것으로

46 정의 효(殽)는 이효산(二殽山)으로, 낙주(洛州) 영녕현(永寧縣) 서북쪽 28리 지점에 있다. 함곡관(函谷關)은 섬주(陝州) 도림현(桃林縣) 서남쪽 12리 지점에 있다.

47 정의 용산(隴山)이 남쪽으로 촉(蜀)의 민산(岷山)과 이어지므로 오른쪽에 농·촉(隴·蜀)이 있다고 하였다.

48 색은 최호는 말하였다. "원(苑)은 말의 목초지이고 밖으로 호(胡)의 땅과 닿아 있으며 말이 호에서 나므로 호원(胡苑)의 이로움이라고 하였다." 정의 『박물지(博物志)』에서는 "북에 호(胡) 원의 요새가 있다."고 하였다. 상군(上郡)과 북지(北地)의 북쪽은 호와 접하여 있어 금수(禽獸)를 목축하여 기를 수 있으며, 또한 호마를 많이 바쳤으므로 호(胡) 목축지의 이로움이라고 하였다.

天府之國也,[49]
劉敬說是也."
於是高帝即日駕,
西都關中.[50]

천부의 나라라는 것이니
유경의 설이 옳습니다."
이에 고제는 그날로 수레를 몰아
서쪽으로 가 관중에 도읍하였다.

留侯從入關.
留侯性多病,
即道引不食穀,[51]
杜門不出歲餘.

유후는 따라서 관중으로 들어갔다.
유후는 천성적으로 병이 많아
곧 도인을 하며 오곡을 먹지 않았으며
문을 닫아걸고 한 해 남짓 외출을 하지 않았다.

上欲廢太子,
立戚夫人子趙王如意.
大臣多諫爭,
未能得堅決者也.
呂后恐,
不知所爲.
人或謂呂后曰:

상은 태자를 폐하고
척부인의 아들 조왕 여의를 세우고 싶어 했다.
대신들이 많이 간언하여
결심을 굳히지 못하던 터였다.
여후는 두려워하여
어찌할 바를 몰랐다.
어떤 사람이 여후에게 말하였다.

---

49 **색은** 여기서 "위(謂)"라고 한 것은 모두 옛 말에 의거한 것일 것이다. 진은 사방 요새가 있는 나라로 금성(金城) 같다는 말이다. 그러므로 『회남자(淮南子)』에서는 "비록 금성(金城)이 있다 하더라도 양식이 떨어지면 지킬 수 없다."라 하였다. 또한 소진(蘇秦)은 진혜왕(秦惠王)을 유세하여 말하기를 "진(秦)의 지세(地勢)의 형편(形便)은 이른바 천부(天府)이다."라 하였는데, 이에 의거한 것이다.

50 **색은** 『주례(周禮)』에서 "두 번째는 국도를 옮기는 것을 묻는 것이다"라 하였는데, 곧 대사(大事)이다. 고조(高祖)가 그날로 서쪽으로 옮겼다는 것은 아마 그 날로 바로 계책을 정한 것일 뿐 그날 바로 갔다는 것이 아닐 것이다.

51 **집해** 『한서음의』에서는 말하였다. "벽곡(辟穀)의 약을 복용하고 조용히 거처하며 기(氣)를 행하였다."

“留侯善畫計筴,	“유후는 계책을 세우는데 뛰어나서
上信用之.”	상이 신임하고 있습니다.”
呂后乃使建成侯呂澤劫留侯,	여후는 이에 건성후 여택에게 유후를 겁박하게 하여
曰:	말하였다.
“君常爲上謀臣,	“그대는 늘 상의 모신으로
今上欲易太子,	지금 상이 태자를 바꾸려 하는데
君安得高枕而臥乎?”	그대는 어찌 베개를 높이 하고 잡니까?”
留侯曰:	유후가 말하였다.
“始上數在困急之中,	“처음에 상은 수차례 곤궁하고 급박한 상황에서
幸用臣筴.	다행히 신의 계책을 썼습니다.
今天下安定,	지금 천하는 안정되었고
以愛欲易太子,	사랑하는 자식으로 태자를 바꾸려 하시는데
骨肉之閒,	골육지간(의 일)이니
雖臣等百餘人何益.”	신 등이 백여 명인들 무슨 도움이 되겠소?”
呂澤彊要曰:	여택이 강요하여 말하였다.
“爲我畫計.”	“우리를 위해 계책을 내시오.”
留侯曰:	유후가 말하였다.
“此難以口舌爭也.	“이는 말로 간쟁하기 어렵습니다.
顧上有不能致者,	돌아보면 상께서는 초치할 수 없는 자가
天下有四人.[52]	천하에 네 명 있었습니다.

52 **색은** 네 사람은 사호(四晧)이며 동원공(東園公)과 기리계(綺里季), 하황공(夏黃公), 각리선생(角里先生)이다. 『진류지(陳留志)』에서는 말하였다. “원공(園公)의 성은 유(庾)이고 자는 선명(宣明)인데 동산 안에서 살았기 때문에 호로 삼았다. 하황공의 성은 최(崔)이고 이름은 광(廣)이며 자는 소통(少通)으로 제(齊) 사람인데, 하리(夏里)에 은거하면서 도를 닦았으므로 호를 하황공(夏黃公)이라고 하였다. 각리선생은 하내(河內) 지(軹) 사람으로 태백(太伯)의 후

四人者年老矣, 네 사람은 연로하여

皆以爲上慢侮人, 모두 상이 사람을 업신여긴다고 생각하여

故逃匿山中, 산속으로 도망쳐

義不爲漢臣. 의리상 한의 신하가 되지 않았습니다.

然上高此四人. 그러나 상은 이 네 사람을 높이 보고 있습니다.

今公誠能無愛金玉璧帛, 지금 공이 실로 금옥과 백벽을 아끼지 않고

令太子爲書, 태자에게 글을 쓰게 하여

卑辭安車, 말을 낮추고 편안한 수레를 준비하여

因使辯士固請, 변사로 하여금 굳이 청하게 할 수 있다면

宜來. 올 것입니다.

來, 오면

以爲客, 객의 대우를 해주어

時時從入朝, 때때로 따라서 입조하여

令上見之, 상께서 보시게 한다면

則必異而問之. 반드시 기이하게 여겨 물어볼 것입니다.

問之, 물어보면

上知此四人賢, 상께서 이 네 현자를 알 것이니

則一助也." 한 가지 도움이 될 것입니다."

於是呂后令呂澤使人奉太子書, 이에 여후는 여택에게 사람을 시켜 삼가 태자의 글을 받들고

卑辭厚禮, 말을 낮추고 예를 두터이 하여

손이며 성은 주(周)이고 이름은 술(術)이며, 자는 원도(元道)로, 경사(京師)에서는 패상선생(霸上先生)이라 하였고, 각리선생이라고도 하였다." 또한 공안국(孔安國)의 『비기(祕記)』에서는 "녹리(祿里)"라고 하였다. 이는 모두 왕소가 최 씨(崔氏)와 주 씨(周氏)의 계보(系譜) 및 도원량(陶元亮)의 『사팔목(四八目)』에 의거하여 이렇게 말하였다.

迎此四人.	이 네 사람을 맞게 하였다.
四人至,	네 사람이 이르자
客建成侯所.	건성후가 있는 곳에서 객으로 예우했다.

漢十一年,	한 11년에
黥布反,	경포가 반기를 들었는데
上病,	상이 병들어
欲使太子將,	태자를 장수로 삼아
往擊之.	가서 치게 하려고 했다.
四人相謂曰:	네 사람은 서로 일러 말하였다.
"凡來者,	"무릇 (우리가) 온 것은
將以存太子.	태자를 보호하고자 해서요.
太子將兵,	태자가 군사를 거느리면
事危矣."	일이 위태롭게 될 것이오."
乃說建成侯曰:	이에 건성후에게 말하였다.
"太子將兵,	"태자가 군사를 거느리고
有功則位不益太子;	공을 세워도 태자의 지위에 도움이 되지 않고,
無功還,	공을 세우지 못하고 돌아오면
則從此受禍矣.	이로부터 화를 입을 것입니다.
且太子所與俱諸將,	또한 태자가 함께 할 장수들은
皆嘗與上定天下梟將也,	모두 상과 천하를 평정했던 맹장들인데
今使太子將之,	이제 태자에게 거느리게 한다면
此無異使羊將狼也,	이는 양에게 이리를 거느리게 하는 것과 다름없으며
皆不肯爲盡力,	모두 힘을 다 쏟지 않으려 하여

其無功必矣. 아무런 공도 세우지 못할 것임이 확실할 것입니다.

臣聞'母愛者子抱',[53] 신은 듣건대 '어미가 사랑을 받으면 자식도 안긴다' 하였는데

今戚夫人日夜侍御, 지금 척부인은 밤낮으로 (상을) 모시고 있으며

趙王如意常抱居前, 조왕 여의는 늘 안겨 앞에 두고

上曰'終不使不肖子居愛子之上', 상이 말하기를 '끝내 불초자식이 사랑하는 자식의 위에 있게 하지 않을 것이다'라 하시니

明乎其代太子位必矣. 필시 태자의 지위를 바꾸려고 하는 것이 분명하오.

君何不急請呂后承閒爲上泣言: 그대는 어찌 급히 여후께 틈을 봐가며 상에게 이렇게 읍소하게 하지 않소.

'黥布, '경포는

天下猛將也, 천하의 맹장으로

善用兵, 용병에 뛰어나며

今諸將皆陛下故等夷,[54] 지금 장수들은 모두 폐하의 옛 동료들이니

乃令太子將此屬, 이에 태자에게 이들을 거느리게 하면

無異使羊將狼, 양에게 이리를 거느리게 하는 것과 다름없어

莫肯爲用, 아무도 쓰려고 하지 않을 것이며,

且使布聞之, 또한 경포가 이 사실을 듣게 되면

則鼓行而西耳.[55] 북을 울리며 행진하여 서로 향할 것일 따름입니다.

53 색은 이 말은 『한자(韓子: 韓非子)』에서 나왔다.

54 집해 서광은 말하였다. "이(夷)는 제(儕)와 같다." 색은 여순은 말하였다. "등이(等夷)는 등배(等輩)를 말한다."

55 집해 진작은 말하였다. "북을 치고 행군하며 서진한다는 것은 두려워할 것이 없다는 것이다."

上雖病,	상이 비록 병중이나
彊載輜車,	억지로 덮개가 있는 수레를 타고
臥而護之,	누워서라도 통괄을 하신다면
諸將不敢不盡力.	장수들은 감히 힘을 다하지 않을 수 없을 것입니다.
上雖苦,	상께서는 괴로우시더라도
爲妻子自彊.'"	처자를 위해 스스로 힘을 쓰십시오.'"
於是呂澤立夜見呂后,	이에 여택이 즉시 밤에 여후를 뵌 후에
呂后承閒爲上泣涕而言,	여후는 틈을 봐가며 상에게 눈물을 흘리며 말하였는데
如四人意.	네 사람의 뜻과 똑같았다.
上曰:	상이 말하였다.
"吾惟豎子固不足遣,	"내 그 아이를 실로 보낼 만하지 않다고 생각하였으니
而公自行耳."	이 몸이 직접 가야될 따름이오."
於是上自將兵而東,	이에 상이 직접 군사를 거느리고 동으로 가서
羣臣居守,	신하들과 유수(留守)들은
皆送至霸上.	모두 패상까지 전송하였다.
留侯病,	유후는 병중이었으나
自彊起,	억지로 일어나
至曲郵,[56]	곡우에 이르러

56 **집해** 사마표(司馬彪)는 말하였다. "장안현(長安縣) 동쪽에 곡우취(曲郵聚)가 있다." **색은** '郵'의 음은 우(尤)이다. 사마표의 『한서군국지(漢書郡國志)』 장안(長安)에 곡우취가 있다. 지금은 신풍(新豐)의 서쪽에 있는데 속칭 우두(郵頭)라고 한다. 『한서구의(漢書舊儀)』에서는 "5리(里)에 하나의 우(郵)가 있으며 우인(郵人)이 그 사이에 거처하는데 서로간의 거리는 2리 반이다."라 하였다. 우(郵)는 곧 지금의 후(候)이다.

見上曰:	상을 뵙고 말하였다.
"臣宜從,	"신이 시종해야 하나
病甚.	병이 심합니다.
楚人剽疾,	초의 사람들은 사납고 빠르므로
願上無與楚人爭鋒."	상께서는 초의 사람들과 예봉을 다투지 마시기 바랍니다."
因說上曰:	이어서 또 상에게 말했다.
"令太子爲將軍,	"태자를 장군으로 삼아
監關中兵."	관중의 군사를 감독하게 하십시오."
上曰:	상이 말했다.
"子房雖病,	"자방은 비록 병이 들었으나
彊臥而傅太子."	억지로 누워서라도 태자를 보좌해주시오."
是時叔孫通爲太傅,	이때 숙손통이 태자태부여서,
留侯行少傅事.	유후는 임시로 태자소부 직을 맡았다.
漢十二年,	한 12년에
上從擊破布軍歸,	상은 경포의 군사를 격파하고 돌아와
疾益甚,	병이 더 심하여져
愈欲易太子.	더욱 태자를 바꾸고 싶어졌다.
留侯諫,	유후가 간하였으나
不聽,	듣지 않았고
因疾不視事.	병으로 정사를 제대로 돌보지 못했다.
叔孫太傅稱說引古今,	숙손 태부는 예와 지금의 말을 인용하여
以死爭太子.	죽음을 무릅쓰고 태자(의 일)를 간쟁했다.
上詳許之,	상은 허락하는 척하면서

猶欲易之.	여전히 바꾸려고 하였다.
及燕,	연회를 열고
置酒,	주연을 베풀었는데
太子侍.	태자가 모셨다.
四人從太子,	네 사람이 태자를 따르는데
年皆八十有餘,	나이가 모두 여든 남짓에
鬚眉皓白,	수염과 눈썹이 새하얗고
衣冠甚偉.	의관이 매우 아름다웠다.
上怪之,	상이 이상하게 여겨
問曰:	물었다.
"彼何爲者?"	"저들은 어떤 자들인가?"
四人前對,	네 사람이 앞으로 나와
各言名姓,	각자 성명을 말하는데
曰東園公,	동원공
角里先生,	각리선생
綺里季,	기리계
夏黃公.	하황공이라 하였다.
上乃大驚,	상이 이에 크게 놀라
曰:	말하였다.
"吾求公數歲,	"내 공들을 수년간 찾았지만
公辟逃我,	공들은 나를 피하여 도망갔는데
今公何自從吾兒游乎?"	지금 공들은 어디서 와서 내 아이와 어울려 지내오?"
四人皆曰:	네 사람이 모두 말하였다.
"陛下輕士善罵,	"폐하께서 사를 경시하고 잘 꾸짖어

臣等義不受辱, 신 등은 의리상 욕을 당하지 않으려 하여

故恐而亡匿. 두려워하여 도망쳐 숨었습니다.

竊聞太子爲人仁孝, 가만히 듣자하니 태자는 사람됨이 인자하고 효성스러우며

恭敬愛士, 사를 삼가 공경하고 사랑하는데

天下莫不延頸欲爲太子死者, 천하에서 목을 늘이고 태자를 위하여 죽으려 하지 않는 자가 없다하므로

故臣等來耳." 신 등이 왔을 따름입니다."

上曰: 상이 말하였다.

"煩公幸卒調護太子."[57] "번거롭겠지만 공들은 끝까지 태자를 잘 보좌해주기를 바라오."

四人爲壽已畢, 네 사람은 축수를 마치고

趨去. 종종걸음으로 떠났다.

上目送之, 상은 눈으로 그들을 전송하고

召戚夫人指示四人者曰: 척부인을 불러 네 사람을 손가락으로 가리키며 말했다.

"我欲易之, "내 바꾸고 싶지만

彼四人輔之, 저 네 사람이 보좌하고 있으니

羽翼已成, 날개가 이미 형성되어

難動矣. 움직이기 어려울 것이오.

呂后真而主矣." 여후가 참으로 그대의 주인일 것이오."

戚夫人泣, 척부인이 눈물을 흘리자

---

57 **집해** 여순은 말하였다. "조호(調護)는 영호(營護)와 같다."

上曰:	상이 말하였다.
“爲我楚舞,	“내게 초의 춤을 춰주면
吾爲若楚歌.”	내 네게 초의 노래를 불러주겠다.”
歌曰:	노래하였다.
“鴻鵠高飛,	“홍곡 높이 날아
一擧千里.	한꺼번에 천리를 날도다.
羽翮已就,	깃촉 이미 이루어져
橫絶四海.	사해를 가로지르도다.
橫絶四海,	사해 가로지르니
當可柰何!	어찌해야 할까?
雖有矰繳,[58]	주살 있다 한들
尙安所施!”	오히려 어찌 할까!”
歌數闋,[59]	노래 몇 절이 끝나자
戚夫人噓唏流涕,	척부인은 탄식을 하며 눈물을 흘렸고
上起去,	상이 일어나 (자리를) 뜨자
罷酒.	주연은 끝났다.
竟不易太子者,	결국 태자를 바꾸지 않은 것은
留侯本招此四人之力也.	유후가 본래 이 네 사람을 부른 힘 때문이다.

留侯從上擊代,	유후는 상을 따라서 대를 치면서

58 **집해** 위소는 말하였다. “격(繳)은 주살이다. 그 화살을 증(矰)이라 한다.” **색은** 마융(馬融)은 『주례(周禮)』에 주를 달고 말하였다. “증(矰)은 생사를 짧은 화살에 매단 것을 증(矰)이라고 한다.” 일설에 의하면 증(矰)은 한번 시위를 당겨 우러러 높이 쏠 수 있으므로 증(矰)이라고 한다고 하였다.

59 **색은** 음은 결(曲穴反)이며, 곡이 끝난 것을 말한다. 『설문(說文)』에서는 말하였다. “결(闋)은 일이 끝나 문을 닫은 것이다.”

出奇計馬邑下,[60]	마읍의 아래에서 기이한 계책을 내었으며
及立蕭何相國,[61]	아울러 소하를 상국으로 세우고
所與上從容言天下事甚衆,	상과 조용히 천하의 일을 말한 것이 매우 많은데
非天下所以存亡,	천하의 존망에 관련된 일이 아니어서
故不著.	적지 않았다.
留侯乃稱曰:	유후는 이에 일컬어 말하였다.
“家世相韓,	“우리 집안은 대대로 한에서 재상을 지냈는데
及韓滅,	한이 멸망하자,
不愛萬金之資,	만금의 재물도 아끼지 않고
爲韓報讎彊秦,	한을 위해 강한 진에 복수하여
天下振動.	천하가 진동했다.
今以三寸舌[62]爲帝者師,	지금 세 치 혀로 황제의 스승이 되었고,
封萬戶,	만호에 봉해 졌으며
位列侯,	제후의 지위에 올랐으니
此布衣之極,	이는 포의로서는 정점에 오른 것으로
於良足矣.	나에게는 만족스러운 일이다.
願弃人閒事,	바라건대 인간사를 버리고
欲從赤松子[63]游耳.”	적송자를 따라 노닐고 싶을 따름이다.”

60 집해 서광은 말하였다. “어떤 판본에서는 ‘기이한 계책을 내어 마읍을 함락시켰다(出奇計下馬邑)’로 되어 있다.”

61 집해 『한서음의』에서는 말하였다. “하(何)는 당시 아직 상국(相國)이 아니었는데 양(良)이 고조(高祖)에게 세우도록 권하였다.”

62 색은 『춘추위(春秋緯)』에서는 말하였다. “혀는 입속에 있으면 길이가 세 치이며 두옥형(斗玉衡)을 닮았다.”

63 색은 『열선전(列仙傳)』에서는 말하였다. “(赤松子는) 신농(神農) 때의 우사(雨師)로 불로 들어가 스스로 태울 수 있었으며, 곤륜산(崑崙山)에서 비바람을 따라 오르내린다.”

乃學辟[64]穀,	이에 벽곡을 배워
道引輕身.[65]	도인으로 몸을 가볍게 하였다.
會高帝崩,	고제가 죽자
呂后德留侯,	여후는 유후의 덕을 느껴
乃彊食之,	이에 억지로 먹도록 하면서
曰:	말하였다.
"人生一世閒,	"사람이 한 세상을 살아가는 것은
如白駒過隙,	흰 망아지가 틈을 지나가는 것과 같은데
何至自苦如此乎!"	어찌하여 스스로 괴롭힘이 이 지경에 이르렀소?"
留侯不得已,	유후는 어쩔 수 없어
彊聽而食.	억지로 (태후의 말에) 따라 음식을 먹었다.

後八年卒,	8년 후에 죽었으며
謚爲文成侯.	시호는 문성후이다.
子不疑代侯.[66]	아들인 불의가 후의 지위를 이었다.

子房始所見下邳圯上老父與太公書者,

자방은 하비의 다리에서 『태공서』를 준 노인을 처음 만나고

後十三年從高帝過濟北,	13년이 지나 고제를 따라 제북을 지나다가
果見穀城山下黃石,	과연 곡성산 아래서 누런 돌을 보았는데

---

64 **색은** 음은 벽(賓亦反)이다.

65 **집해** 서광은 말하였다. "어떤 판본에는 '이에 도인을 배워 가벼이 뜨고자 하였다(乃學道引, 欲輕擧)'라 하였다."

66 **집해** 서광은 말하였다. "문성후(文成侯)는 즉위 26년에 죽어 아들인 불의(不疑)가 대를 이어 즉위하였다. 10년에 문하의 대부 길(吉)이 옛 초(楚)의 내사(內史)를 죽이는 모의에 연좌되어 사형에 해당하였으나 성단(城旦: 築城을 하는 노역형)으로 속량되고 나라는 없어졌다."

取而葆祠之.[67]	가져다가 보물로 여겨 제사를 지내주었다.
留侯死,	유후가 죽자
并葬黃石(冢).[68]	누런 돌을 함께 장사지냈다.
每上冢伏臘,	무덤을 청소하는 복일과 납일이 되면
祠黃石.	누런 돌을 제사지냈다.
留侯不疑,	유후 불의는
孝文帝五年坐不敬,	효문제 5년에 불경죄에 연좌되어
國除.	나라가 없어졌다.
太史公曰:	태사공은 말한다.
學者多言無鬼神,	학자들은 귀신이 없다고 많이들 말하지만
然言有物.[69]	그런 것이 있다고도 말한다.
至如留侯所見老父予書,	유후가 만난 노부가 책을 준 것 같은 것도
亦可怪矣.[70]	또한 괴이하다 하겠다.
高祖離困者數矣,	고조는 곤란한 처지를 만난 것이 여러 번이었는데
而留侯常有功力焉,	유후가 늘 공력을 발휘하였으니
豈可謂非天乎?	어찌 하늘(의 뜻)이 아니라고 할 수 있겠는가?
上曰:	고제는 말하였다.

67 집해 서광은 말하였다. "『사기』에는 진보(珍寶) 자가 모두 '보(葆)'로 되어 있다."

68 정의 『괄지지』에서는 말하였다. "한(漢) 장량(張良)의 무덤은 서주(徐州) 패현(沛縣) 동쪽 65리 지점에 있으며, 유성(留城)과 서로 가깝다."

69 색은 물(物)은 정괴(精怪) 및 약물(藥物)을 말한다.

70 색은 『시위(詩緯)』에서는 "풍후(風后)는 황제(黃帝)의 스승으로 또한 노자(老子)로 화하여 장량(張良)에게 책을 주었다."라 하였다. 또한 이설이다.

"夫運籌筴帷帳之中,	"장막 안에서 계책을 마련하여
決勝千里外,	천 리 밖에서 승리를 결정지은 일은
吾不如子房."	내가 자방만 못하오."
余以爲其人計魁梧奇偉,[71]	내 그 사람이 크고 기이할 것이라 생각하였는데
至見其圖,	그의 초상을 보니
狀貌如婦人好女.	외모가 잘 생긴 여인 같았다.
蓋孔子曰:	공자는 이렇게 말했다.
"以貌取人,	"외모로 사람을 취하다가
失之子羽."[72]	자우에게서 실수를 하였다."
留侯亦云.	유후도 그렇다.

색은술찬索隱述贊 유후는 뜻이 대범하여, 뜻에 한탄을 품었다. 5대에 걸쳐 한의 상을 지냈는데, 하루아침에 한으로 귀의하였다. 나아가 신발을 신겨주어 (병서를) 빌림이 마땅했고, 계책을 운용하고 헤아림이 신묘했다. 횡양이 이미 서자, 사도(司徒)가 되어 막았다. 파상에서 위태로움을 부지하였고, 고릉에서 어지러움을 고요히 하였다. 사람들이 (경포와 팽월, 한신) 세 호걸 일컬으니, 변설로 여덟 가지의 어려움을 미루었다. 적송자와 놀기를 원하였는데, 흰 망아지를 붙들어 매기가 어려웠다. 아 저 웅대한 지략, 일찍이 기이하고 크지 않았다.

留侯倜儻, 志懷憤惋. 五代相韓, 一朝歸漢. 進履宜假, 運籌神算. 橫陽既立, 申徒作扞. 灞上扶危, 固陵靜亂. 人稱三傑, 辯推八難. 赤松願游, 白駒難絆. 嗟彼雄略, 曾非魁岸.

---

71 **집해** 응소는 말하였다. "괴오(魁梧)는 언덕이 장대하다는 뜻이다." **색은** 소림은 "'梧'의 음은 오(忤)이다"라 하였다. 소해(蕭該)는 말하기를 "지금은 오(吾)로 읽는다 하였는데 틀렸다"라 하였다. 소안(小顏)은 말하기를 "놀랄 만한 것을 말한다."

72 **색은** 자우(子羽)는 담대멸명(澹臺滅明)의 자이다. 「중니제자전(仲尼弟子傳)」에서 "외모가 몹시 추악했다"라 하였다. 또한 『한자』에서는 "자우는 군자의 용모가 있었으나 행실은 그 외모와 어울리지 않았다"라 하여 『사기』의 내용과 상반된다.

26 진승상 세가 陳丞相世家

陳丞相平者,	진승상 평은
陽武戶牖鄉人也.[1]	양무 호유향 사람이다.
少時家貧,	어릴 때 집이 가난했지만
好讀書,	책 읽는 것을 좋아하였으며
有田三十畝,	밭 30무를 가지고
獨與兄伯居.	홀로 형 백과 함께 살았다.
伯常耕田,	백은 늘 농사를 지으며
縱平使游學.	진평이 마음대로 유학하게 하였다.
平爲人長[大]美色.	진평은 사람됨이 기골이 장대하고 용모가 아름다웠다.
人或謂陳平曰:	사람들이 혹 진평에게 말하기도 하였다.
"貧何食而肥若是?"	"가난한데 무엇을 먹고 이렇게 살이 쪘소?"

1 **집해集解** 서광(徐廣)은 말하였다. "양무(陽武)는 위(魏)의 영토에 속한다. 호유(戶牖)는 지금의 동혼현(東昏縣)인데 진류(陳留)에 속한다." **색은索隱** 서광은 "양무는 위에 속한다"라 하였는데 「지리지(地理志)」에서는 하남군(河南郡)에 속하니 아마 나중에 양무가 나뉘어져 양(梁)에 속하게 된 것일 따름일 것이다. 서 씨는 또 말하기를 "호유는 지금의 동혼현인데 진류에 속한다."라 하였는데 『한서(漢書)』「지리지」와 같다. 진(秦) 때 호유향(戶牖鄉)은 양무(陽武)에 속하였다가 한(漢)에 이르러 호유는 동혼현이 되어 진류군(陳留郡)에 예속된 것이다. **정의正義** 『진류풍속전(陳留風俗傳)』에서는 말하였다. "동혼현은 위(衛)의 영토이며 옛 양무의 호유향이다." 『괄지지(括地志)』에서는 말하였다. "동혼의 옛 성은 변주(汴州) 진류현 동북쪽 90리 지점에 있다."

其嫂嫉平之不視家生產, 형수는 진평이 집안의 생산 활동을 돌보지 않는 것을 미워하여

曰: 말하였다.

"亦食糠覈耳.[2] "(우리는) 또한 겨와 싸라기를 먹을 따름입니다.

有叔如此, 아주버님이 이와 같은 것은

不如無有." 없는 것만 못합니다."

伯聞之, 백이 그 말을 듣고

逐其婦而棄之. 그 아내를 내쫓아 버렸다.

及平長, 진평이 자라

可娶妻, 아내를 맞을 만했는데

富人莫肯與者, 부자들은 아무도 선뜻 시집보내려하지 않았고

貧者平亦恥之. 가난한 사람은 진평이 또 부끄럽게 여겼다.

久之, 한참 있다가

戶牖富人有張負,[3] 호유의 부자 장부가 있었는데

張負女孫五嫁而夫輒死, 장부의 손녀는 다섯 번 시집을 갔는데 남편이 그때마다 죽어

人莫敢娶. 아무도 감히 장가가지 않았다.

平欲得之. 진평은 얻고 싶었다.

邑中有喪, 읍에서 상을 당하였는데

平貧, 진평은 가난하여

---

2 **집해** 서광은 말하였다. "'覈'의 음은 핵(核)이다." 내[駰]가 생각건대 맹강(孟康)은 말하기를 "보리의 겨 가운데 부서지지 않은 것이다." 진작(晉灼)은 말하였다. "'覈'의 음은 흘(紇)이며, 경사(京師)에서는 거친 싸라기를 흘두(紇頭)라 한다."

3 **색은** 부(負)는 노회한 부인(婦人)을 일컫는 말로 "부무(武負)"와 같은 따위이다. 그러나 여기서 장부(張負)를 부인(富人)이라 하였으니 아마 장부(丈夫)일 따름일 것이다.

侍喪,	상을 모시며
以先往後罷爲助.	가장 먼저 가서 가장 늦게 마치면서 일을 도왔다.
張負既見之喪所,	장부는 상가에서 그를 보았는데
獨視偉平,	특히 진평이 장대한 것을 보았으며
平亦以故後去.	진평 또한 이 때문에 나중에 떠났다.
負隨平至其家,	장부가 진평을 따라서 그의 집으로 가 보았더니
家乃負郭[4]窮巷,	그의 집은 외성을 등진 후미진 골목에 있었고,
以獘席爲門,	해진 자리로 문을 만들어 놓긴 하였지만
然門外多有長者車轍.[5]	문밖에는 귀인들의 수레바퀴 자국이 많이 나 있었다.
張負歸,	장부는 돌아와
謂其子仲曰:	아들인 중에게 말하였다.
"吾欲以女孫予陳平."	"내 손녀를 진평에게 시집보내려 한다."
張仲曰:	장중이 말하였다.
"平貧不事事,	"진평은 가난한데 아무 일도 하지 않아
一縣中盡笑其所爲,	온 현에서 모두 그가 하는 일을 비웃고 있는데
獨柰何予女乎?"	유독 어찌하여 딸을 시집보내겠습니까?"
負曰:	장부가 말하였다.
"人固有好美如陳平而長貧賤者乎?"	"사람이 실로 진평 같이 훌륭한 외모를 가지고 있다면 언제까지 빈천하기만 하겠는가?"
卒與女.	마침내 딸을 주었다.
爲平貧,	진평은 가난해서

4 색은 고유(高誘)의 『전국책(戰國策)』 주에서는 "외곽(外郭: 외성)을 등지고 사는 것이다."

5 색은 "궤(軌)"로 된 곳도 있다. 장자(長者)가 탄 안거(安車)를 말하며 짐을 운반하는 수레바퀴와 혹 구별될 것이다.

乃假貸幣以聘,	이에 폐백을 빌려주어 빙례를 하게 했고
予酒肉之資以內婦.	술과 고기의 비용을 주어서 아내를 들이게 했다
負誡其孫曰:	장부는 그 손녀에게 타일러 말하였다.
“毋以貧故,	“가난하다 하여
事人不謹.	사람을 섬김에 삼가지 않는 일이 없도록 해라.
事兄伯如事父,	형인 백을 섬김을 부친 섬기듯 하고
事嫂如母.”[6]	형수 섬김을 모친 섬기듯 하라.”
平既娶張氏女,	진평은 장씨의 딸에게 장가를 가자
齎用益饒,	재물이 더욱 넉넉해져
游道日廣.	교유의 폭이 날로 넓어졌다.
里中社,	마을 안의 제사 모임에
平爲宰,[7]	진평이 주재자가 되었는데
分肉食甚均.	고기와 음식을 매우 고르게 나누었다.
父老曰:	마을의 어른들이 말하였다.
“善,	“잘하는구나.
陳孺子之爲宰!”	진 씨 집 아이가 주재함이!”
平曰:	진평이 말하였다.
“嗟乎,	“아아,
使平得宰天下,	나에게 천하를 주재하게 하면
亦如是肉矣!”	또한 이 고기처럼 할 텐데!”

---

6 **집해** 형 백(伯)이 이미 그 아내를 쫓아내었으니 이 형수는 후취일 것이다.

7 **색은** 마을 이름은 고상리(庫上里)이다. 그리 아는 것은 채옹(蔡邕)의 「진류 동혼 고상리 사비(陳留東昏庫上里社碑)」에 의하면 “이 고리(庫里)는 옛 양무(陽武)의 유향(牖鄉)”이라 했기 때문이다. 진평(陳平)은 이 마을의 제사를 주재한 것으로 말미암아 마침내 고조(高祖)의 상이 되었다.

陳涉起而王陳,	진섭이 기의하여 진의 왕이 되자
使周市略定魏地,	주시에게 위의 영토를 공략하여 평정하고
立魏咎爲魏王,	위구를 위왕으로 세워
與秦軍相攻於臨濟.	진의 군사와 함께 임제를 공격하였다.
陳平固已前謝其兄伯,[8]	진평은 실로 이미 전에 형인 백과 이별하여
從少年往事魏王咎於臨濟.	젊은이들을 따라 임제로 가서 위왕 구를 섬겼다.
魏王以爲太僕.	위왕은 태복으로 삼았다.
說魏王不聽,	위왕을 유세했으나 따르지 않았고
人或讒之,	어떤 사람이 참소하는 일이 일어나
陳平亡去.	진평은 도망쳐 떠났다.

久之,	한참 있다가
項羽略地至河上,	항우가 땅을 공략하여 하상에 이르자
陳平往歸之,	진평은 가서 귀의하여
從入破秦,	따라서 들어가 진을 깨뜨리자
賜平爵卿.[9]	진평에게 경의 작위를 내렸다.
項羽之東王彭城也,	항우는 동으로 가서 팽성의 왕이 되었고
漢王還定三秦而東,	한왕은 돌아와 삼진을 평정하고 동으로 갔으며
殷王反楚.	은왕이 초에 반기를 들었다.
項羽乃以平爲信武君,	항우는 이에 진평을 신무군으로 삼고
將魏王咎客在楚者以往,	위왕 구의 객장으로 초에 있는 자를 거느리고 가서

8 **집해** 『한서음의(漢書音義)』에서는 말하였다. "형에게 위(魏)를 섬기러 간다고 작별하여 말한 것이다."

9 **집해** 장안(張晏)은 말하였다. "예질(禮秩)이 경과 같은데 일을 다스리지 않는다.".

擊降殷王而還.	은왕을 쳐서 항복시키고 돌아왔다.
項王使項悍拜平爲都尉,	항왕은 항한에게 진평을 도위에 임명시키게 하고
賜金二十溢.	금 20일을 내렸다.
居無何,	얼마 있지 않아
漢王攻下殷(王).	한왕이 은왕을 공격하여 함락시켰다.
項王怒,	항왕은 노하여
將誅定殷者將吏.	은을 평정한 장리를 죽이려 하였다.
陳平懼誅,	진평은 죽임을 당할까 두려워하여
乃封其金與印,	이에 그 금과 인장을 봉하여
使使歸項王,	사신을 시켜 항왕에게 돌려주게 하고
而平身閒行杖劍亡.	진평은 몸만 샛길로 가면서 검만 차고 도망쳤다.
渡河,	강을 건너는데
船人見其美丈夫獨行,	사공이 멋진 사내가 홀로 가는 것을 보고
疑其亡將,	도망친 장수일 것으로 보아
要中當有金玉寶器,	허리에 금옥과 보기가 있을 것이라 하여
目之,	엿보아
欲殺平.	진평을 죽이려 하였다.
平恐,	진평은 두려워하여
乃解衣裸而佐刺船.	이에 옷을 발가벗고 배 젓는 일을 도왔다.
船人知其無有,	사공은 그가 아무것도 가지지 않은 것을 알고
乃止.	이에 그만두었다.

平遂至修武降漢,[10]	진평은 마침내 수무에 이르러 한에 투항하고

10 집해 서광은 말하였다. "한(漢) 2년이다."

因魏無知求見漢王,[11]	위무지를 통하여 한왕을 뵙기를 청하자
漢王召入.	한왕이 불러들였다.
是時萬石君奮爲漢王中涓,[12]	이때 만석군 분이 한왕의 중연으로
受平謁,	진평의 배알 신청을 받고
入見平.	들어가 진평을 만나보았다.
平等七人俱進,	진평 등 7인이 함께 들어가자
賜食.	음식을 내렸다.
王曰:	왕이 말하였다.
“罷,	“끝나면
就舍矣.”	객사로 가시오.”
平曰:	진평이 말하였다.
“臣爲事來,	“신은 일이 있어 왔는데
所言不可以過今日.”	할 말을 오늘을 넘길 수 없습니다.”
於是漢王與語而說之,	이에 한왕이 대화를 나누어보고 기뻐하여
問曰:	물었다.
“子之居楚何官?”	“그대는 초에서 무슨 관직을 했는가?”
曰:	말하였다.
“爲都尉.”	“도위였습니다.”
是日乃拜平爲都尉,	이 날로 진평을 도위에 임명하고
使爲參乘,	배승하게 하여
典護軍.	호군을 맡게 하였다.
諸將盡讙,[13]	장수들이 모두 떠들썩하게

11 **색은** 『한서』의 장창(張敞)이 주읍(朱邑)에게 보낸 편지에서는 말하기를 “진평(陳平)은 위천(魏倩)을 기다린 다음에 들어갔다.”라 하였는데, 맹강은 곧 무지(無知)라고 하였다.

12 **집해** 서광은 말하였다. “연인(涓人)이라고도 한다.”

曰:	말하였다.
“大王一日得楚之亡卒,	“대왕께서 하루아침에 초의 도망병을 얻어
未知其高下,	그 장단점도 아직 알지 못하고
而即與同載,	즉시 수레를 함께 타고
反使監護軍長者!”	오히려 군장을 감호하게 한다!”
漢王聞之,	한왕이 듣고
愈益幸平.	더욱더 진평을 총애하였다.
遂與東伐項王.	마침내 함께 동진하여 항왕을 쳤다.
至彭城,	팽성에 이르러
爲楚所敗.	초에 패하였다.
引而還,	이끌고 돌아오면서
收散兵至滎陽,	흩어진 군사를 거두어 형양에 이르러
以平爲亞將,	진평을 아장으로 삼고
屬於韓王信,	한왕 신에게 예속시켜
軍廣武.	광무에 주둔시켰다.
絳侯·灌嬰等咸讒陳平曰:	강후와 관영 등이 모두 진평을 참소하여 말하였다.
“平雖美丈夫,	“진평은 비록 미남자이나
如冠玉耳,	(외모는) 관모의 옥과 같을 따름으로
其中未必有也.[14]	속은 반드시 텅 비었을 것입니다.
臣聞平居家時,	신이 듣자하니 진평이 집에 있을 때

13 **색은** 환(讙)은 시끄러운 것이다. 음은 환(懽)이며, 또한 음이 훤(喧)이라고도 한다. 『한서』에는 “모두 원망하였다(皆怨)”로 되어 있다.

14 **집해** 『한서음의』에서는 말하였다. “관모는 옥으로 장식하는데 겉으로 보기에는 빛이 좋지만 안에는 있는 것이 없다.”

盜其嫂; 그 형수와 사통하였고,
事魏不容, 위를 섬기다가 받아들여지지 않아
亡歸楚; 도망쳐 초에 귀의하였으며,
歸楚不中, 초에 귀의하였으나 맞지 않자
又亡歸漢. 또 도망쳐 한으로 귀의하였다고 합니다.
今日大王尊官之, 오늘 대왕께서 관직을 높여주어
令護軍. 호군으로 삼았습니다.
臣聞平受諸將金, 신들이 듣자하니 진평은 장수들에게서 금을 받아
金多者得善處, 금이 많은 자는 잘 처우해주고
金少者得惡處. 금이 적은 자는 나쁘게 처우하였다고 합니다.
平, 진평은
反覆亂臣也, 이랬다저랬다 하는 어지러운 신하이오니
願王察之." 왕께서는 살피시기 바랍니다."
漢王疑之, 한왕은 의심하여
召讓魏無知. 위무지를 불러 책망하였다.
無知曰: 무지가 말하였다.
"臣所言者, "신이 말한 것은
能也; 능력이옵고,
陛下所問者, 폐하께서 물으신 것은
行也. 행실입니다.
今有尾生·孝己之行[15]而無益處於勝負之數,
지금 미생과 효기의 행실이 있다 하더라도 승부처에서 아무 도움이 되지 않는다면
陛下何暇用之乎? 폐하께서 어느 겨를에 그를 등용하겠습니까?

15 **집해** 여순(如淳) 말하였다. "효기(孝己)는 고종(高宗)의 아들로 효행(孝行)이 있었다."

楚漢相距,	초·한이 서로 대치 중이라
臣進奇謀之士,	신은 계모가 뛰어난 사를 추천 드린 것이니
顧其計誠足以利國家不耳.	그 계모가 실로 충분히 국가에 도움이 되는지의 여부를 돌아볼 따름입니다.
且盜嫂受金又何足疑乎?""	또한 형수와 사통하고 금을 받은 것이 어찌 족히 의심할 만하겠습니까?
漢王召讓平曰:	한왕이 진평을 불러 책망하였다.
"先生事魏不中,	"선생은 위를 섬기다가 맞지 않아
遂事楚而去,	마침내 초를 섬기다가 떠났으며,
今又從吾游,	지금 또 나를 따라 활동하니
信者固多心乎?"	신의 있는 자가 실로 마음 두는 곳이 많은가?"
平曰:	진평이 말하였다.
"臣事魏王,	"신은 위왕을 섬겼는데
魏王不能用臣說,	위왕이 신의 말을 쓸 수가 없어서
故去事項王.	떠나 항왕을 섬겼습니다.
項王不能信人,	항왕은 사람을 믿을 수가 없었으며
其所任愛,	신임하고 사랑하는 것이
非諸項即妻之昆弟,	항 씨들이 아니면 곧 처의 형제이니
雖有奇士不能用,	비록 비범한 사가 있어도 쓰지 못하여
平乃去楚.	저는 곧 초를 떠났습니다.
聞漢王之能用人,	한왕께서 사람을 잘 쓰신다고 들어
故歸大王.	대왕께 귀의한 것입니다.
臣躶身來,	신은 발가벗은 몸으로 와서
不受金無以爲資.	금을 받지 않으면 살아갈 바탕이 없었습니다.
誠臣計畫有可采者,	실로 신의 계획에 채택할 만한 것이 있으면

(顧)[願]大王用之;	대왕께서는 쓰시기를 바라며,
使無可用者,	쓸 만한 것이 없으면
金具在,	금은 고스란히 있으니
請封輸官,	봉하여 관가에 바치길 청하며
得請骸骨.”	은퇴하기를 청하겠습니다.”
漢王乃謝,	한왕은 이에 사과를 하고
厚賜,	후히 재물을 내려
拜爲護軍中尉,	호군중위에 임명하여
盡護諸將.	장수들을 모두 감독하게 하였다.
諸將乃不敢復言.	장수들은 이에 더 이상 감히 말을 하지 못했다.

其後,	그 후에
楚急攻,	초가 급히 공격하여
絕漢甬道,	한의 용도를 끊고
圍漢王於滎陽城.	형양성에서 한왕을 에워쌌다.
久之,	한참 있다가
漢王患之,	한왕은 근심하여
請割滎陽以西以和.	형양 서쪽을 떼어서 강화를 청하였다.
項王不聽.	항왕은 들어주지 않았다.
漢王謂陳平曰:	한왕이 진평에게 말하였다.
“天下紛紛,	“천하가 어지러우니
何時定乎?”	어느 때나 안정이 되겠소?”
陳平曰:	진평이 말하였다.
“項王爲人,	“항왕은 사람됨이
恭敬愛人,	사람을 공경하고 사랑하여

士之廉節好禮者多歸之. 청렴하고 절개 있고 예를 좋아하는 사가 많이 귀의합니다.

至於行功爵邑, 논공행상하여 작위와 봉읍을 내릴 때는

重之, 신중히 하여

士亦以此不附. 사들이 또한 이 때문에 붙지 않습니다.

今大王慢而少禮, 지금 대왕께서는 오만하고 예가 적어

士廉節者不來; 청렴하고 절개 있는 사가 오지 않지만

然大王能饒人以爵邑, 대왕께서는 작위와 봉읍으로 사람을 넉넉하게 해줄 수 있어

士之頑鈍[16]嗜利無恥者亦多歸漢. 우매하고 둔하며 이익을 좋아하여 염치가 없는 사들도 한에 많이 귀의합니다.

誠各去其兩短, 실로 양쪽의 단점을 각기 없애고

襲其兩長, 두 장점을 거두어

天下指麾則定矣. 천하를 지휘한다면 안정될 것입니다.

然大王恣侮人, 그러나 대왕께서는 사람에게 방자하고 오만하여

不能得廉節之士. 청렴하고 절개 있는 사는 얻을 수 없습니다.

顧楚有可亂者, 살피건대 초에 어지럽힐 수 있는 자들이 있는데

彼項王骨鯁之臣亞父[17]·鍾離眛·龍且·周殷之屬, 저 항왕의 골경의 신하인 아부와 종리매, 용저, 주은 따위로

不過數人耳. 몇 사람에 지나지 않을 따름입니다.

---

16 집해 여순은 말하였다. "염우(廉隅)가 없다는 말과 같다."

17 역주 아부(亞父)는 범증(范增)을 말한다. 『집해』에서는 여순의 말을 인용하여 "아(亞)는 다음이라는 뜻이다. 아버지 다음으로 존경한다는 말로 관중(管仲)을 중부(仲父)라고 하는 것과 같다."라 하였다.

大王誠能出捐數萬斤金,	대왕께서 실로 수만 근의 금을 출연하시어
行反閒,	반간계를 행하여
閒其君臣,	군신의 틈을 벌려
以疑其心,	그 마음에 의심의 불길을 지필 수만 있다면
項王爲人意忌信讒,	항왕은 사람됨이 의심과 시기심이 많고 참소를 믿어
必內相誅.	반드시 내부적으로 서로 죽일 것입니다.
漢因擧兵而攻之,	한이 이 틈을 타 군사를 동원하여 공격하면
破楚必矣."	초를 깨뜨리는 것은 필연적일 것입니다.
漢王以爲然,	한왕은 그렇게 생각하고
乃出黃金四萬斤,	이에 황금 4만 근을 꺼내어
與陳平,	진평에게 주고
恣所爲,	하는 대로 내버려두고
不問其出入.	출납에 대하여 묻지 않았다.

陳平既多以金縱反閒於楚軍,	진평이 많은 금으로 초군에 반간계를 풀어
宣言諸將鍾離眛等爲項王將,	종리매 등 항왕의 장수들이
功多矣,	공은 많지만
然而終不得裂地而王,	끝내 땅을 떼어 왕에 봉하지 않아
欲與漢爲一,	한과 하나가 되어
以滅項氏而分王其地.	항 씨를 멸하고 그 영토를 나누어 다스릴 것이라 널리 퍼뜨렸다.
項羽果意不信鍾離眛等.	항우는 과연 종리매 등을 믿지 못한다고 생각하였다.
項王既疑之,	항왕이 의심을 하고
使使至漢.	사신을 한에 이르게 하였다.

漢王爲太牢具, 한왕은 태뢰를 갖추어 주어
擧進. 있는 대로 들여보냈다.
見楚使, 초의 사자를 보자
即詳驚曰: 즉시 놀라는 척하며 말하였다.
"吾以爲亞父使, "우리는 아부의 사자인 줄 알았는데
乃項王使!" 항왕의 사자였구려!"
復持去, 다시 가져가 버리고
更以惡草具[18]進楚使. 조악한 푸성귀로 바꾸어 초의 사자에게 들였다.
楚使歸, 초의 사자는 돌아가
具以報項王. 고스란히 항왕에게 보고하였다.
項王果大疑亞父. 항왕은 과연 아부를 크게 의심하였다.
亞父欲急攻下滎陽城, 아부는 급히 형양성을 공격하여 함락시키려 하였으나
項王不信, 항왕이 믿지 않아
不肯聽. 들으려 하지 않았다.
亞父聞項王疑之, 아부는 항왕이 의심한다는 말을 듣고
乃怒曰: 이에 노하여 말하였다.
"天下事大定矣, "천하의 일은 거의 결정된 것 같으니
君王自爲之! 군왕께서 직접 알아서 해결하십시오!
願請骸骨歸!" 은퇴하고 귀향할 것을 청합니다."
歸未至彭城, 돌아가다가 팽성에 이르지도 못하고
疽發背而死. 등창이 터져 죽었다.

---

18 **집해** 『한서음의』에서는 말하였다. "초(草)는 조(粗: 거칢)이다." **색은** 『전국책(戰國策)』에서는 말하기를 "풍난(馮煖)에게 푸성귀를 차려서 먹게 했다."라 하였다. 여순은 말하기를 "푸성귀 같이 조악한 음식을 갖춘 것이다."라 하였다.

陳平乃夜出女子二千人滎陽城東門,	진평이 곧 밤에 여자 2천 명을 형양성 동문으로 내보내자
楚因擊之,	초가 이에 그들을 쳤으며
陳平乃與漢王從城西門夜出去.	진평은 이에 한왕과 성의 서문으로 밤에 나갔다.
遂入關,	마침내 관문으로 들어가
收散兵復東.	흩어진 군사를 거두어 다시 동진하였다.

其明年,	그 이듬해에
淮陰侯破齊,	회음후가 제를 깨뜨리고
自立爲齊王,	스스로 제왕으로 즉위하여
使使言之漢王.	사자를 보내 한왕에게 말하게 하였다.
漢王大怒而罵,	한왕이 크게 노하여 꾸짖자
陳平躡漢王.[19]	진평은 한왕의 발을 밟았다.
漢王亦悟,	한왕도 깨닫고
乃厚遇齊使,	이에 제의 사자를 후하게 대하고
使張子房卒立信爲齊王.	장자방에게 결국 한신을 제왕으로 세우게 했다.
封平以戶牖鄉.	진평을 호유향으로 봉하였다.
用其奇計策,	그 기이한 계책을 써서
卒滅楚.	마침내 초를 멸하였다.
常以護軍中尉從定燕王臧荼.	늘 호군중위로 (한왕을) 따라 연왕 장도를 평정하였다.

漢六年,	한 6년에

19 **집해** 『한서음의』에서는 말하였다. "섭(躡)은 한왕(漢王)의 발을 밟은 것을 말한다."

人有上書告楚王韓信反.	어떤 사람이 글을 올려 초왕 한신이 반기를 들었다고 알렸다.
高帝問諸將,	고제가 장수들에게 묻자
諸將曰:	장수들이 말하였다.
“亟發兵阬豎子耳.”	“즉시 군사를 보내 녀석을 갱형에 처해야 합니다.”
高帝默然.	고제는 잠자코 있었다.
問陳平,	진평에게 물었더니
平固辭謝,	진평은 굳이 마다하다가
曰:	말하였다.
“諸將云何?”	“장수들은 뭐라고 하던가요?”
上具告之.	상이 모두 일러주었다.
陳平曰:	진평이 말하였다.
“人之上書言信反,	“사람이 글을 올려 한신이 반기를 들었다고 말한 것을
有知之者乎?”	알고 있는 자가 있습니까?”
曰:	말하였다.
“未有.”	“아직 없소.”
曰:	말하였다.
“信知之乎?”	“한신은 알고 있습니까?”
曰:	말하였다.
“不知.”	“알지 못하오.”
陳平曰:	진평이 말하였다.
“陛下精兵孰與楚?”	“폐하의 정병은 초에 비해 어떻습니까?”
上曰:	상이 말하였다.
“不能過.”	“나을 수 없소.”

平曰:
진평이 말하였다.

"陛下將用兵有能過韓信者乎?"
"폐하께는 용병으로 한신을 능가할 자가 있습니까?"

上曰:
상이 말하였다.

"莫及也."
"아무도 미치지 못하오."

平曰:
진평이 말하였다.

"今兵不如楚精,
"지금 군사는 초의 정병만 못하고

而將不能及,
장수는 미칠 수 없으니

而舉兵攻之,
군사를 동원하여 공격하는 것은

是趣之戰也,
싸움을 재촉하는 것이니

竊爲陛下危之."
가만히 폐하가 위태롭다고 생각합니다."

上曰:
상이 말하였다.

"爲之柰何?"
"이를 어찌해야겠소?"

平曰:
평이 말하였다.

"古者天子巡狩,
"옛날에 천자는 순수하면서

會諸侯.
제후와 회견했습니다.

南方有雲夢,
남방에 운몽이 있는데

陛下弟出僞游雲夢,[20]
폐하께서는 짐짓 운몽으로 놀러가는 척하시면서

會諸侯於陳.
진에서 제후들과 회견하십시오.

陳,
진은

楚之西界,[21]
초의 서쪽 경계로

信聞天子以好出游,
한신은 천자께서 출유하는 것을 좋아한다는 것

20 색은 소림(蘇林)은 말하였다. "제(弟)는 잠시[且]이다." 소안(小顔)은 말하였다. "다만[但]이다."

	을 듣고
其勢必無事而郊迎謁.	형편상 반드시 아무 일이 없다 여겨 교외에서 맞아 뵐 것입니다.
謁,	뵐 때
而陛下因禽之,	폐하께서 틈을 타 사로잡으면
此特一力士之事耳."	이는 다만 한 역사가 할 수 있는 일일 따름입니다."
高帝以爲然,	고제는 그럴 것이라 생각하여
乃發使告諸侯會陳,	이에 사신을 보내어 제후들에게 진에서 회견하자고 알리고
"吾將南游雲夢".	"내 남쪽 운몽을 유람할 것이다."라 하고
上因隨以行.	상은 곧이어 떠났다.
行未至陳,	길을 가다가 진에 채 이르지도 못하여
楚王信果郊迎道中.	초왕 한신이 과연 도중의 교외에서 맞이했다.
高帝豫具武士,	고제는 미리 무사를 갖추어 놓고
見信至,	한신이 이르는 것을 보고
即執縛之,	바로 잡아서 포박하여
載後車.	뒤의 수레에 실었다.
信呼曰:	한신이 소리쳤다.
"天下已定,	"천하가 이미 안정되었으니
我固當烹!"	내 실로 삶길 것이다."
高帝顧謂信曰:	고제가 한신을 돌아보며 말하였다.
"若毋聲!	"너는 아무 소리도 말라!
而反,	네가 반기를 든 것은

21 정의 진(陳)은 지금의 진주(陳州)이다. 한신(韓信)은 팽성(彭城)에 도읍하고 초왕(楚王)이라 불렀으므로 진주는 초의 서쪽 경계이다.

明矣!" 명백하다!"
武士反接之.[22] 무사들이 손을 뒤로 묶었다.
遂會諸侯于陳, 마침내 진에서 제후를 만나
盡定楚地. 초 땅을 완전히 평정했다.
還至雒陽, 낙양으로 돌아와
赦信以爲淮陰侯, 한신을 사면하여 회음후로 삼고
而與功臣剖符定封. 공신들과 부절을 쪼개어 봉작을 정하였다.

於是與平剖符, 이에 진평에게 부절을 쪼개어주어
世世勿絕, 대대로 끊어지지 않게 하고
爲戶牖侯. 호유후로 삼았다.
平辭曰: 진평은 사양하여 말하였다.
"此非臣之功也." "이는 신의 공이 아닙니다."
上曰: 상이 말하였다.
"吾用先生謀計, "내 선생의 계모를 써서
戰勝剋敵, 전쟁에서 이기고 적을 이겼으니
非功而何?" 공이 아니고 무엇인가?"
平曰: 진평이 말하였다.
"非魏無知臣安得進?" "위무지가 아니었으면 신이 어찌 천거되었겠습니까?"
上曰; 상이 말하였다.
"若子可謂不背本矣." "그대는 근본을 저버리지 않는다고 할 수 있겠소."
乃復賞魏無知. 이에 다시 위무지에게 상을 내렸다.
其明年, 그 이듬해에

22 집해 『한서음의』에서는 말하였다. "두 손을 뒤로 묶은 것이다."

以護軍中尉從攻反者韓王信於代.

호군중위로 따라 대에서 반란자 한왕 신을 공격하였다.

卒至平城, 마침내 평성에 이르게 되었는데

爲匈奴所圍, 흉노에게 포위되어

七日不得食. 이레 동안 먹지도 못하게 되었다.

高帝用陳平奇計, 고제는 진평의 기이한 계책을 써서

使單于閼氏,[23] 선우의 연지에게 사신을 보내어

圍以得開. 에움이 열리게 되었다.

高帝既出, 고제는 나오자

其計祕, 그 계책을 비밀에 부쳐

世莫得聞.[24] 세상에서는 아무도 몰랐다.

---

23 집해 소림은 말하였다. "'閼氏'의 음은 연지(焉支)로, 한(漢)의 황후와 같다."

24 집해 환담(桓譚)의 『신론(新論)』에서는 말했다. "혹자가 말하였다. '진평(陳平)이 고제(高帝)를 위하여 평성(平城)의 포위를 푼 것은 그 일이 비밀이라 하여 세상에서 아무도 듣지 못하였다. 이는 공교롭기가 지극히 빼어나므로 숨겨져서 전하여지지 않는다. 그대는 이 일을 임의로 알 수 있겠는가?' 내가 대답하여 말하였다. '이 계책은 곧 도리어 비루하고 조악하였으므로 숨겨져 새나가지 않았다. 고제는 포위된 지 이레 만에 진평이 연지(閼氏)에게 가서 말하여 연지가 선우(單于)에게 말하여 나오게 되었는데 이를 가지고 그 말을 쓴 일을 알게 되었다. 저 진평은 반드시 한에 아름다운 미녀가 있음을 말하였고 그 용모가 천하에 없음을 말하여 지금 곤궁하고 다급하여 이미 돌아가 맞아오게 하여 선우에게 바치려 하니 선우가 이 사람을 보면 반드시 아주 사랑할 것이고 사랑하면 연지는 날로 소원해질 것이어서 그가 이르지 않음만 못하여 한이 떠날 수 있게 하였으며 떠나자 또한 여자를 데려오지 않았다. 연지의 부녀는 투기심이 강하여 반드시 미워하는 일로 떠나게 하였다. 이 설은 간단하면서도 중요하여 그것을 쓰게 되면 신괴(神怪)하게 될 것이므로 숨겨서 새지 않게 하였다.' 유자준(劉子駿)은 나의 말을 듣고 곧 즉시 칭찬하였다." 생각건대 『한서음의』에서 응소가 이 일의 대의를 말한 것이 환담의 논점과 대략 비슷한데, 온전히 환담의 의론을 취하였는지 따로 들은 것이 있는지 알지 못하겠다. 지금 환담의 의론을 살펴보면 본래 설이 없는 것 같다.

高帝南過曲逆,[25]	고조는 남쪽으로 곡역을 지나다가
上其城,	그 성에 올라
望見其屋室甚大,	집이 아주 큰 것을 바라보고
曰:	말하였다.
“壯哉縣!	“장하도다, 현이여!
吾行天下,	내 천하를 다녀도
獨見洛陽與是耳.”	낙양만이 이럴 뿐임을 보았도다.”
顧問御史曰:	어사를 돌아보며 물었다.
“曲逆戶口幾何?”	“곡역은 호구가 얼마나 되는가?”
對曰:	대답하였다.
“始秦時三萬餘戶,	“처음 진 때는 3만여 호였으며
閒者兵數起,	그 사이에 전화가 수차례 일어나
多亡匿,	많이 도망치고 숨어
今見五千戶.”	지금은 보건대 5천 호입니다.”
於是乃詔御史,	이에 곧 어사에게 명하여
更以陳平爲曲逆侯,	진평을 곡역후로 바꾸고
盡食之,	모두 식읍으로 주었으며
除前所食戶牖.	앞서의 식읍인 호유는 거두어들였다.

其後常以護軍中尉從攻陳豨及黥布.	그 후 늘 호군중위로 좇아서 진희 및 경포를 공격했다.
凡六出奇計,	모두 여섯 차례 기이한 계책을 내었는데

25 집해 「지리지」에서 현은 중산(中山)에 속한다고 하였다. 색은 장제(章帝)는 그 이름이 추하다고 하여 포음(蒲陰)으로 고쳤다.

輒益邑,	그때마다 봉읍이 더하여져
凡六益封.	모두 여섯 번 더 봉하여졌다.
奇計或頗祕,	기이한 계책은 혹 자못 비밀스러워
世莫能聞也.	세상에서 아무도 알 수 없었다.
高帝從破布軍還,	고제가 경포의 군사를 치고 돌아오면서
病創,	부상을 당하여
徐行至長安.	천천히 행군하여 장안에 이르렀다.
燕王盧綰反,	연왕 노관이 반기를 들자
上使樊噲以相國將兵攻之.	상은 번쾌에게 상국으로 군사를 거느리고 공격하게 하였다.
既行,	떠나자
人有短惡噲者.	어떤 사람이 번쾌를 헐뜯고 악담했다.
高帝怒曰:	고제가 노하여 말하였다.
"噲見吾病,	"번쾌는 내 병을 보고
乃冀我死也."	내가 죽기를 바란 것이다."
用陳平謀而召絳侯周勃受詔床下,	진평의 계책을 써서 강후 주발을 불러 침상 아래서 조령을 내려
曰:	말하였다.
"陳平亟馳傳載勃代噲將,	"진평은 급히 역마를 달려 주발을 태우고 번쾌를 대신하여 거느리게 하고
平至軍中即斬噲頭!"	진평은 군중에 이르는 즉시 번쾌의 목을 베라!"
二人既受詔,	두 사람이 조령을 받고
馳傳未至軍,	역마를 달려 아직 군중에 이르지 않았는데
行計之曰:	가면서 모의하여 말하였다.

"樊噲,	"번쾌는
帝之故人也,	황제의 친구로
功多,	공이 많으며
且又乃呂后弟呂嬃之夫,	또한 여후의 동생 여수의 남편이어서
有親且貴,	황친에다 귀한데
帝以忿怒故,	황제가 분노 때문에
欲斬之,	참하려는 것으로
則恐後悔.	나중에 뉘우칠까 걱정이 됩니다.
寧囚而致上,	차라리 가두어 올려
上自誅之."	상이 친히 죽이도록 합시다."
未至軍,	군중에 아직 이르지 않아
爲壇,	단을 쌓고
以節召樊噲.	부절로 번쾌를 불렀다.
噲受詔,	번쾌는 조령을 받고
即反接載檻車,	즉시 손이 뒤로 묶이고 함거에 실려
傳詣長安,	역마로 장안에 이르게 하고
而令絳侯勃代將,	강후 주발에게 대신 장수 직을 맡게 하여
將兵定燕反縣.	군사를 거느리고 연의 반기를 든 현을 평정하게 했다.

平行聞高帝崩,	진평은 가다가 고제가 죽었다는 말을 들었고
平恐呂太后及呂嬃讒怒,	진평은 여태후 및 여수가 참훼(讒毁)하고 노할까 두려워하여
乃馳傳先去.	이에 역마를 몰아 먼저 떠났다.
逢使者詔平與灌嬰屯於滎陽.	사자를 만났는데 진평과 관영에게 형양에서 주둔하라는 조령이 내렸다.

平受詔,	진평은 조령을 받고
立復馳至宮,	바로 다시 말을 달려 궁에 이르러
哭甚哀,	곡을 매우 슬프게 하여
因奏事喪前.	영구 앞에서 일을 아뢰었다.
呂太后哀之,	여태후가 불쌍히 여기어
曰:	말하였다.
"君勞,	"그대는 수고하였으니
出休矣."	나가서 쉬도록 하오."
平畏讒之就,	진평은 참소하는 자가 나아갈까 두려워하여
因固請得宿衛中.	굳이 숙위하는데 있을 것을 청하였다.
太后乃以爲郎中令,	태후는 이에 낭중령으로 삼고
曰:	말하였다.
"傅教孝惠."[26]	"효혜를 잘 가르치시오."
是後呂嬃讒乃不得行.	이 후로 여수의 참소가 곧 행하여지지 않게 되었다.
樊噲至,	번쾌는 이르러
則赦復爵邑.	사면되어 관작과 봉읍을 회복하였다.

孝惠帝六年,	효혜제 6년에
相國曹參卒,	상국 조참이 죽고
以安國侯王陵爲右丞相,[27]	안국후 왕릉을 우승상으로 삼고

26 **집해** 여순은 말하였다. "부상(傅相: 輔佐)의 부(傅)이다."

27 **집해** 서광은 말하였다. "왕릉(王陵)은 객으로 따라서 풍(豐)에서 일어났으며, 구장(廏將)으로 따로 풍을 지키다가 상이 동진하자 이에 따라서 싸우다가 전세가 불리해지자 효혜(孝惠)와 노원(魯元)을 모시고 휴수(睢水)를 나서 옹후(雍侯)에 봉하여졌다. 고제(高帝) 6년에 안국(安國)을 식읍으로 정하여주었다. 21년에 죽었으며 시호는 무후(武侯)이다. 현손에 이르러 주금(酎金: 제사비용)의 일에 연좌되어 나라가 없어졌다."

陳平爲左丞相. 진평을 좌승상으로 삼았다.

王陵者, 왕릉은
故沛人, 옛 패 사람으로
始爲縣豪, 처음에 현의 호협이었으며
高祖微時, 고조가 미천했을 때
兄事陵. 형처럼 능을 섬겼다.
陵少文, 왕릉은 예절은 별로 따지지 않았고
任氣, 의기를 중히 여겼으며
好直言. 직언하기를 좋아했다.
及高祖起沛, 고조가 패에서 기의하고
入至咸陽, 함양에 이르렀을 때
陵亦自聚黨數千人, 왕릉 또한 스스로 수천 명의 무리를 모아
居南陽, 남양에 거처하며
不肯從沛公. 패공을 따르려 하지 않았다.
及漢王之還攻項籍, 한왕이 돌아와 항적을 공격하자
陵乃以兵屬漢. 왕릉이 이에 군사를 가지고 한에 귀속하였다.
項羽取陵母置軍中, 항우는 능의 모친을 잡아서 군중에 두고
陵使至, 왕릉의 사자가 이르자
則東鄕坐陵母,[28] 동쪽을 향하여 왕릉의 모친을 앉혀서
欲以招陵. 왕릉을 부르려 하였다.
陵母既私送使者, 왕릉의 모친은 몰래 사자를 보내면서
泣曰: 눈물을 흘리며 말하였다.

28 역주 옛날에는 동쪽을 높은 자리로 생각하였기 때문에 이런 행동을 하였다.

“爲老妾語陵,	“이 노부를 위하여 능한테
謹事漢王.	삼가 한왕을 섬기라고 말해주오.
漢王,	한왕은
長者也,	장자이니
無以老妾故,	노부 때문에
持二心.	두 마음을 가져서는 안 되오.
妾以死送使者.”	첩은 죽음으로 사자를 보내오.”
遂伏劍而死.	마침내 검으로 목을 베어 죽었다.
項王怒,	항왕은 노하여
烹陵母.	왕릉의 모친을 (솥에) 삶았다.
陵卒從漢王定天下.	왕릉은 마침내 한왕을 따라 천하를 평정하였다.
以善雍齒,	옹치와 친하였는데
雍齒,	옹치가
高帝之仇,	고제의 원수여서
而陵本無意從高帝,	왕릉은 본래 고제를 따를 마음이 없어서
以故晚封,	그런 까닭에 늦게 봉하여져
爲安國侯.	안국후가 되었다.
安國侯既爲右丞相,	안국후가 우승상이 되고
二歲,	2년 만에
孝惠帝崩.	효혜제가 죽었다.
高后欲立諸呂爲王,	고후가 여 씨들을 왕으로 세우고자 하여
問王陵,	왕릉에게 물었더니
王陵曰:	왕릉이 말했다.
“不可.”	“아니 되옵니다.”

問陳平,	진평에게 물었더니
陳平曰:	진평이 말하였다.
"可."	"괜찮습니다."
呂太后怒,	여태후는 노하여
乃詳遷陵爲帝太傅,	이에 왕릉을 황제의 태부로 옮기는 척하고
實不用陵.	실제로는 왕릉을 기용하지 않았다.
陵怒,	왕릉은 노하여
謝疾免,	병을 핑계로 사직하고
杜門竟不朝請,[29]	문을 닫아걸어 끝내 조현하지 않고
七年而卒.	7년 만에 죽었다.

陵之免丞相,	왕릉이 승상에서 면직되자
呂太后乃徙平爲右丞相,	여태후는 곧 진평을 우승상으로 옮기고
以辟陽侯審食其爲左丞相.	벽양후 심이기를 좌승상으로 삼았다.
左丞相不治,	좌승상은 일을 다스리지 못해
常給事於中.[30]	늘 궁중에서 일을 처리했다.

食其亦沛人.	심이기도 패 사람이었다.
漢王之敗彭城西,	한왕이 팽성의 서쪽에서 패하고
楚取太上皇·呂后爲質,	초가 태상황과 여후를 인질로 잡았을 때
食其以舍人侍呂后.	심이기는 사인으로 여후를 모셨다.

---

29 **역주** 한(漢)의 법에 의하면 제후들이 봄에 황제를 조현하는 것을 조(朝)라 하고, 가을에 황제를 조현하는 것을 청(請)이라고 한다. 황제를 조현하는 것을 두루 칭하여 조청(朝請)이라고 한다.

30 **집해** 맹강은 말하였다. "다스릴 곳을 마련하지 못하여 궁중에 머물게 한 것이다."

其後從破項籍爲侯,	그 후 따라서 항적을 깨뜨려 후가 되어
幸於呂太后.	여태후의 총애를 받았다.
及爲相,	상이 되어
居中,	궁중에 있게 되자
百官皆因決事.	백관들이 모두 그를 통하여 일을 결정하였다.

呂嬃常以前陳平爲高帝謀執樊噲,	여수는 늘 이전에 진평이 고제에게 번쾌를 잡을 계책을 세워주었다고 생각하여
數讒曰:	수차례 참소하여 말하였다.
"陳平爲相非治事,	"진평은 상이 되어 일은 처리하지 않고
日飮醇酒,	날마다 도수가 높은 술을 마시면서
戱婦女."	아녀자를 희롱합니다."
陳平聞,	진평은 듣고
日益甚.	날로 더욱 심하게 하였다.
呂太后聞之,	여태후는 듣고
私獨喜.	가만히 홀로 좋아하였다.
面質呂嬃於陳平曰:	여수를 진평과 대질시켜서 말하였다.
"鄙語曰'兒婦人口不可用',	"속담에 말하기를 '아이와 여자의 입은 쓸모가 없다'라 하였는데
顧君與我何如耳.	그대가 나에게 어떻게 하는가를 볼 따름이오.
無畏呂嬃之讒也."	여수의 참소는 두려워하지 마시오."

呂太后立諸呂爲王,	여태후는 여 씨들을 왕으로 세웠고
陳平僞聽之.	진평은 따르는 척하였다.
及呂太后崩,	여태후가 죽자

平與太尉勃合謀,	진평은 태위 주발과 함께 모의하여
卒誅諸呂,	마침내 여 씨들을 주멸하고
立孝文皇帝,	효문황제를 옹립하였는데
陳平本謀也.	진평의 계책에 근본하였다.
審食其免相.[31]	심이기는 상에서 면직되었다.

孝文帝立,	효문제가 즉위하자
以爲太尉勃親以兵誅呂氏,	태위 주발이 친히 군사를 가지고 여 씨를 죽여
功多;	공이 많다고 여겼으며,
陳平欲讓勃尊位,	진평은 발에게 높은 자리를 내주고자 하여
乃謝病.	이에 병을 핑계로 사절하였다.
孝文帝初立,	효문제는 막 즉위하여
怪平病,	진평이 병들었다는 것을 이상하게 여겨
問之.	물어보았다.
平曰:	진평이 말하였다.
“高祖時,	“고조 때
勃功不如臣平.	주발은 공이 신 평보다 못했습니다.
及誅諸呂,	여 씨들을 주멸할 때
臣功亦不如勃.	신의 공 또한 주발보다 못하였습니다.
願以右丞相讓勃.”	우승상을 주발에게 양보하길 바랍니다.”

31 **집해** 서광은 말하였다. “심이기(審食其)는 처음에 사인(舍人)으로 일어나 패(沛)에서 여후(呂后)와 효혜제(孝惠帝)를 모셨고, 또한 따라서 초(楚)에 있었다. 봉해진 지 25년인 문제(文帝) 3년에 죽어 아들인 평(平)이 대를 이었다. 대는 22년인 경제(景帝) 3년에 모반죄에 연좌되어 나라가 없어졌다. 어떤 판본에서는 말하였다. ‘이기는 면직되고 3년 뒤에 회남왕(淮南王)에게 살해되었다. 문제는 그 아들 평에게 후의 작위를 잇게 하였다. 치천왕(菑川王)이 반기를 들자 벽양(辟陽)이 치천(菑川)과 가까워 평이 항복하여 나라가 없어졌다.’”

於是孝文帝乃以絳侯勃爲右丞相,	
	이에 효문제는 곧 강후 주발을 우승상으로 삼아
位次第一;	위차가 첫 번째였고
平徙爲左丞相,	진평을 좌승상으로 옮기어
位次第二.	위차가 두 번째였다.
賜平金千斤,	진평에게 금 천 근을 내리고
益封三千戶.	봉읍 3천 호를 더하여주었다.

居頃之,	얼마 후
孝文皇帝既益明習國家事,	효문황제가 국가의 일에 더욱 밝고 익숙해지자
朝而問右丞相勃曰:	조회에서 우승상 주발에게 물었다.
"天下一歲決獄幾何?"	"천하에서 한 해에 옥사의 판결이 얼마나 되오?"
勃謝曰:	주발이 사죄하여 말하였다.
"不知."	"알지 못하겠습니다."
問:	물었다.
"天下一歲錢穀出入幾何?"	"천하에서 한 해에 전곡의 출납이 얼마나 되오?"
勃又謝不知,	주발은 또 알지 못한다고 사죄하였는데
汗出沾背,	땀이 흘러 등을 적셨고
愧不能對.	부끄러워 대답을 할 수 없었다.
於是上亦問左丞相平.	이에 상이 또한 좌승상 진평에게 물어보았다.
平曰:	진평이 말하였다.
"有主者."	"주관자가 있습니다."
上曰:	상이 말하였다.
"主者謂誰?"	"주관자가 누구요?"
平曰:	진평이 말하였다.

"陛下即問決獄,	"폐하께서 옥사의 판결을 묻고자 하신다면
責廷尉;	정위에게 물으시고,
問錢穀,	전곡을 물으시려면
責治粟內史."	치속내사에게 물으소서."
上曰:	상이 말하였다.
"苟各有主者,	"각기 주관자가 있다면
而君所主者何事也?"	그대가 주관하는 것은 무슨 일인가?"
平謝曰:	진평이 사죄하여 말하였다.
"主臣![32]	"신하들을 주관합니다.
陛下不知其駑下,	폐하께서 (신이) 노둔하고 재능이 떨어짐을 알지 못하시어
使待罪宰相.	재상의 자리에 두셨습니다.
宰相者,	재상은
上佐天子理陰陽,	위로는 천자를 도와 음양을 다스리고
順四時,	사시에 순응하며,
下育萬物之宜,	아래로는 만물의 마땅함을 기르고
外鎮撫四夷諸侯,	밖으로는 사이와 제후를 진무하며
內親附百姓,	안으로는 백성을 가까이하게 하고
使卿大夫各得任其職焉."	경대부로 하여금 각기 그 직책을 맡게 하는 것입니다."

32 **집해** 장안은 말하였다. "지금 사람들이 사죄하면서 '황공(惶恐)하다'고 말하는 것과 같다. 마융(馬融)의 「용호부(龍虎賦)」에서는 말하기를 '용기와 겁으로 보면 두려워하지 않음이 없다(勇怯見之, 莫不主臣)'라 하였다." 맹강은 말하였다. "주신(主臣)은 신하들을 주관하는 것으로 지금 사람들이 인주(人主)라고 하는 것과 같다." 위소(韋昭)는 말하였다. "임금과 신하의 도를 말하여 감히 속이지 않는 것이다." **색은** 소림은 맹강과 같으며, 옛 사람들이 제대로 이해하지 못하였으므로 두 가지 풀이를 함께 보존하여둔다.

孝文帝乃稱善.	효문제는 이에 훌륭하다고 칭찬하였다.
右丞相大慚,	우승상은 크게 부끄러워하여
出而讓陳平曰:	나와서 진평을 책망하여 말하였다.
"君獨不素教我對!"	"그대는 평소에 내게 대답을 가르쳐주지 않았소!"
陳平笑曰:	진평이 웃으면서 말하였다.
"君居其位,	"그대는 그 자리에 있으면서
不知其任邪?	그 일을 알지 못하였소?
且陛下即問長安中盜賊數,[33]	또한 폐하께서 장안의 도적 수를 물으셨다면
君欲彊對邪?"	그대는 억지로 대답하려 하였소?"
於是絳侯自知其能不如平遠矣.	이에 강후는 그 능력이 진평보다 한참 못하다는 것을 확실히 알게 되었다.
居頃之,	얼마 후
絳侯謝病請免相,	강후는 병으로 사퇴하면서 상에서 면직되기를 청하여
陳平專爲一丞相.	진평은 유일한 승상이 되었다.

孝文帝二年,	효문제 2년에
丞相陳平卒,	승상 진평이 죽었는데
諡爲獻侯.	시호는 헌후이다.
子共侯買代侯.	아들 공후 매가 후의 대를 이었다.
二年卒,	2년에 죽고
子簡侯恢代侯.	아들 간후 회가 대를 이어 후가 되었다.
二十三年卒,	23년에 죽고

33 **집해** 『한서음의』에서는 말하였다. "머릿수이다."

子何代侯.	아들 하가 대를 이어 후가 되었다.
二十三年,	23년에
何坐略人妻,	하는 남의 아내를 훔친 죄에 걸려
棄市,	기시되고
國除.	나라가 없어졌다.

始陳平曰:	처음에 진평은 말하였다.
“我多陰謀,	“나는 음모를 많이 꾸몄는데
是道家之所禁.	도가에서 금기시하는 것이다.
吾世即廢,	내 세계(世系)가 폐하여지면
亦已矣,	또한 끝장날 것이며
終不能復起,	끝내 다시 일어나지 못할 것이니
以吾多陰禍也.”	내가 몰래 화를 많이 끼쳤기 때문이다.”
然其後曾孫陳掌以衛氏親貴戚,	그러나 그 후 증손 진장이 위 씨의 친척이 되어 현귀해져서
願得續封陳氏,	진 씨가 이어서 봉하여지기를 바랐지만
然終不得.[34]	끝내 그렇게 되지 못하였다.

太史公曰:	태사공은 말한다.
陳丞相平少時,	진승상 평은 어렸을 때
本好黃帝·老子之術.	본래 황제와 노자의 학술을 좋아하였다.
方其割肉俎上之時,	바야흐로 그가 제기에서 고기를 자를 때
其意固已遠矣.	그 뜻은 실로 이미 원대하였다.

34 **집해** 서광은 말하였다. “진장(陳掌)은 위청(衛青)의 사위이다.”

傾側擾攘楚魏之閒,	어렵게 초·위 사이에서 허겁지겁 헤매다가
卒歸高帝.	마침내 고제에게 귀의하였다.
常出奇計,	늘 기이한 계책을 내어
救紛糾之難,	복잡하게 얽힌 어려움을 구원하였고
振國家之患.	국가의 환난을 구제하였다.
及呂后時,	여후 때
事多故矣,	일에 어려운 연고가 많았지만
然平竟自脫,	진평은 결국 스스로 벗어나
定宗廟,	종묘를 안정시켰고
以榮名終,	영예로운 명예를 가지고 죽어
稱賢相,	현상으로 일컬어졌으니
豈不善始善終哉!	어찌 좋게 시작하여 좋게 끝난 것이 아니겠는가!
非知謀孰能當此者乎?	지모가 있는 자가 아니면 누가 이 일을 감당하겠는가?

색은술찬索隱述贊 곡역의 누추한 골목의, 문에 장자가 많이 찾았다. 제육 나눔을 먼저 고르게 하였고, 상을 도운 다음에 끝냈다. 위와 초에서 번갈아 쓰였는데, 속마음은 빌리기가 어려웠다. 도장을 버리고 금을 봉하였으며, 배를 저음에 맨몸을 드러내었다. 사이 길로 한에 귀의하여, 휘하에서 집지의 예를 올렸다. 형양에서 계책으로 온전히 하였고, 평성에서는 포위를 풀었다. 능을 추천하고 발에게 양보하여, 모은 것이 많았고 더한 것은 적었다. 변화에 적응하고 권모가 맞아, 종사를 안정시킬 수 있었다.

曲逆窮巷, 門多長者. 宰肉先均, 佐喪後罷. 魏楚更用, 腹心難假. 棄印封金, 刺船露裸. 閒行歸漢, 委質麾下. 滎陽計全, 平城圍解. 推陵讓勃, 裒多益寡. 應變合權, 克定宗社.

27 —— 강후 주발 세가 絳侯周勃世家

絳侯周勃者,	강후 주발은
沛人也.	패 사람이다.
其先卷人,[1]	그 선조는 권 사람인데
徙沛.	패로 이주했다.
勃以織薄曲爲生,[2]	주발은 잠박(蠶箔) 짜는 것을 생업으로 삼았고
常爲人吹簫給喪事,[3]	늘 남을 위하여 상사에 피리를 불어주었으며
材官引彊.[4]	재관 인강이 되었다.

1 **집해集解** 서광(徐廣)은 말하였다. "권현(卷縣)은 형양(滎陽)에 있다." **색은索隱** 위소(韋昭)는 하남(河南)에 속한다고 하였고, 「지리지(地理志)」도 그렇다. 그렇다면 나중에 형양군(滎陽郡)을 설치하였고 권(卷)을 그곳에 예속시킨 것일 것이다. 음은 권(丘玄反)이며, 『자림(字林)』에서는 권(丘權反)이라고 하였다. **정의正義** 『괄지지(括地志)』에서는 말하였다. "옛 권성(卷城)은 정주(鄭州) 원무현(原武縣) 서북쪽 7리 지점에 있다." 『석례(釋例)』「지명(地名)」에서는 말하였다. "권현이 다스리는 곳은 원옹성(垣雍城)이다."

2 **집해** 소림(蘇林)은 말하였다. "박(薄)은 일명 곡(曲)이라고도 한다. 「월령(月令)」에서는 말하기를 '곡박(曲薄)을 갖추는 것이다.'라 하였다." **색은** 발(勃)이 본래 잠박(蠶薄)을 짜는 것을 생업으로 삼았음을 말한다. 위소는 말하였다. "북방에서는 박(薄)을 곡(曲)"이라 한다. 허신(許愼)은 『회남(淮南)』의 주를 인용하여 "곡(曲)은 위박(葦薄)이다."라 하였다. 곽박(郭璞)은 『방언(方言)』의 주에서 "식(植)은 잠박의 기둥을 다는 것이다."라 하였다. 음은 지(直吏反)이다.

3 **집해** 여순(如淳)은 말하였다. "상가를 즐겁게 해주는 것으로 배우와 같다." 찬(瓚)은 말하였다. "피리를 불어서 상가의 빈객을 즐겁게 해주는 것으로 악인(樂人)과 같은 것이다." **색은** 『좌전(左傳)』에서는 "우빈(虞殯)을 노래했다"라 하였는데, 지금의 만가(挽歌) 같은 것과 같다. 노래에는 혹 소관(簫管 같은 관악기)이 있다.

高祖之爲沛公初起,	고조가 패공으로 막 기의하자
勃以中涓從攻胡陵,	주발은 중연으로 따라서 호릉을 공격하고
下方與.	방여를 함락시켰다.
方與反,	방여가 반기를 들자
與戰,	교전하여
卻適.	적을 물리쳤다.
攻豐.	풍을 공격하였다.
擊秦軍碭東.	탕의 동쪽에서 진의 군사를 쳤다.
還軍留及蕭.	유 및 소로 회군하였다.
復攻碭,	다시 탕을 공격하여
破之.	깨뜨렸다.
下下邑,	하읍을 함락시킬 때
先登.	먼저 (성루에) 올랐다.
賜爵五大夫.	오대부의 관작을 내렸다.
攻蒙·虞,[5]	몽과 우를 공격하여
取之.	빼앗았다.
擊章邯車騎,	장함의 거기를 쳐서
殿.[6]	하등의 공을 세웠다.

4 **집해** 『한서음의(漢書音義)』에서는 말하였다. "강궁을 당길 수 있는 관리로, 지금의 만강사마(挽彊司馬)이다." **색은** 진작(晉灼)은 말하기를 "신도가(申屠嘉)는 재관궐장(材官蹶張)이 되었다."라 하였다.

5 **색은** 두 현의 이름이다. 「지리지」에서는 양에 속한다고 하였다.

6 **집해** 복건(服虔)은 말하였다. "후위의 군사를 공략하여 얻는 것이다." 여순은 말하였다. "전(殿)은 나아가지 않는 것이다." 찬(瓚)은 말한다. "군의 후위를 전(殿)이라고 한다." 손검(孫檢)은 말하였다. "일설에 상공(上功)을 최(最)라 하고, 하공(下功)을 전(殿)이라 하며, 전공(戰功)을 다(多)라고 한다. 주발(周勃)의 일에는 이 세 품(品)이 있는데 장수들과 함께 공을 헤아리는 것을 전최(殿最)라고 하며, 홀로 이기는 것을 다(多)라고 한다. 다(多)의 뜻은 『주례(周禮)』

定魏地.	위의 영토를 평정했다.
攻爰戚·東緡,[7]	원척과 동민을 공격하여
以往至栗,[8]	율까지 가서 이르러
取之.	빼앗았다.
攻齧桑,[9]	설상을 공격할 때
先登.	먼저 올랐다.
擊秦軍阿下,[10]	아의 아래에서 진의 군사를 쳐서
破之.	깨뜨렸다.
追至濮陽,	복양까지 추격하여
下甄城.	견의 성을 함락시켰다.
攻都關[11]·定陶,	도관과 정도를 공격하였고
襲取宛朐,[12]	완구를 기습하여 빼앗았으며
得單父[13]令.	선보령을 사로잡았다.
夜襲取臨濟,	임제를 야습하여 빼앗았고

에 보인다. 그러므로 여기서 '장함의 거기를 쳐서 하공(殿)을 세웠다'라 하였고, 또 말하기를 '먼저 성 아래에 이르러 전공(多)을 세웠다'라 하였고, 또 말하기를 '괴리(槐里)와 호치(好畤)를 공격하여 상공(最)을 세웠다'라 하였다." **색은** 손검의 설이 옳다.

7 **집해** 서광은 말하였다. "산양(山陽)에 속한다." **색은** 소안(小顏: 顏師古)은 음이 혼(昏)이라 하였는데 틀렸다. 「지리지」에서 산양에 동민현(東緡縣)이 있다고 하였는데, 음은 민(旻)이다. 그렇다면 호유(戶牖)가 동혼(東緡)이 되었다고 한 것은 음이 혼이다. 진류(陳留)에 속한 것과 산양에 속한 것은 음이 민이다. **정의** '緡'의 음은 민(眉貧反)이다. 『괄지지』에서는 말하였다. "동민(東緡)의 옛 성은 한(漢)의 현이며, 연주(兗州) 금향현(金鄉縣)의 경계에 있다."

8 **정의** 『괄지지』에서는 패군(沛郡)에 속한다고 하였다.

9 **색은** 서 씨(徐氏)는 양(梁)과 팽성(彭城) 사이에 있다고 하였다.

10 **색은** 동아(東阿)의 아래를 이른다.

11 **색은** 「지리지」에서는 현(縣) 이름으로 산양(山陽)에 속한다고 하였다.

12 **정의** 음은 원구(冤昫)이며, 지금 조주(曹州)의 현으로 주(州) 서쪽 47리 지점에 있다.

13 **정의** 음은 선보(善甫)로, 송주(宋州)의 현(縣)이다.

攻張,[14]	장을 공격하여
以前至卷,	권까지 전진하여
破之.	깨뜨렸다.
擊李由軍雍丘下.	옹구의 아래에서 이유의 군사를 쳤다.
攻開封,	개봉을 공격하여
先至城下爲多.[15]	먼저 성 아래 이르러 전공을 세웠다.
後章邯破殺項梁,	나중에 장함이 항량을 깨뜨리고 죽이자
沛公與項羽引兵東如碭.	패공과 항우는 군사를 이끌고 동쪽을 향하여 탕으로 갔다.
自初起沛還至碭,	처음 패에서 기의한 데서부터 탕으로 돌아오기까지
一歲二月.[16]	1년 2개월이었다.
楚懷王封沛公號安武侯,	초회왕은 패공을 봉하여 안무후라 하고
爲碭郡長.	탕군의 장으로 삼았다.
沛公拜勃爲虎賁令,[17]	패공은 주발을 호비령에 임명하여
以令從沛公定魏地.	패공을 따라 위의 영토를 평정하게 하였다.
攻東郡尉於城武,	성무에서 동군위를 공격하여
破之.	깨뜨렸다.

14 집해 『한서음의』에서는 말하였다. "수장(壽張)을 공격하였다." 색은 「지리지」에서는 동군(東郡) 수량현(壽良縣)인데, 광무(光武)가 수장(壽張)으로 고쳤다고 하였다.

15 집해 문영(文穎)은 말하였다. "발(勃)의 사졸이 이른 자가 많았다." 여순은 말하였다. "『주례(周禮)에서는 '전공(戰功)을 다(多)라고 한다.'라 하였다."

16 색은 처음 패(沛)에서 일어나 탕(碭)으로 돌아오기까지 1년 하고도 또 두 달이 걸렸다.

17 집해 서광은 말하였다. "어떤 판본에서는 '구순령(句盾令)'이라고 하였다." 색은 『한서(漢書)』에서는 "양비령(襄賁令)"이라 하였다. '賁'의 음은 비(肥)로, 현 이름이며, 동해(東海)에 속한다. 서광은 또 말하기를 "구순령(句盾令)"이라고 하여, 본 판본이 각기 달랐다.

擊王離軍,	왕리의 군사를 쳐서
破之.	깨뜨렸다.
攻長社,	장사를 공격할 때
先登.	먼저 올랐다.
攻潁陽·緱氏,[18]	영양과 구지를 공격하여
絕河津.[19]	하진을 끊었다.
擊趙賁軍尸北.[20]	시의 북쪽에서 조비의 군사를 쳤다.
南攻南陽守齮,	남으로 남양을 공격하고 기를 지켰으며
破武關·嶢關.	무관과 요관을 깨뜨렸다.
破秦軍於藍田,	남전에서 진의 군사를 깨뜨렸으며
至咸陽,	함양에 이르러
滅秦.	진을 멸하였다.

項羽至,	항우가 이르러
以沛公爲漢王.	패공을 한왕으로 삼았다.
漢王賜勃爵爲威武侯.[21]	한왕은 주발에게 위무후의 작위를 내렸다.
從入漢中,	따라서 한중으로 들어가
拜爲將軍.	장군에 임명되었다.
還定三秦,	돌아와 삼진을 평정하고
至秦,	진에 이르러

18 정의 '緱'의 음은 구(勾)이다. 낙주현(洛州縣)이다.

19 정의 곧 옛 평음진(平陰津)으로, 낙주(洛州) 낙양현(洛陽縣) 동북쪽 50리 지점에 있다.

20 색은 '賁'의 음은 비(肥)이며, 사람의 성명이다. 시(尸)는 곧 시향(尸鄉)으로, 지금의 언사(偃師)이다. 북(北)은 시향(尸鄉)의 북쪽을 이른다.

21 색은 아마 봉호(封號)일 것이며, 반드시 현(縣)의 이름은 아닐 것이다.

賜食邑懷德.[22]	회덕을 식읍으로 내렸다.
攻槐里·好畤,[23]	괴리와 호치를 공격하여
最.[24]	상공을 세웠다.
擊趙賁·內史保於咸陽,	함양에서 조비와 내사 보를 쳤는데
最.	상공을 세웠다.
北攻漆.[25]	북으로 칠을 공격하였다.
擊章平·姚卬軍.[26]	장평과 요앙의 군사를 쳤다.
西定汧.[27]	서로 견을 평정하였다.
還下郿·頻陽.[28]	돌아와 미와 빈양을 쳤다.
圍章邯廢丘.[29]	폐구에서 장함을 에워쌌다.

22 정의 『괄지지』에서는 말하였다. "회덕(懷德)의 옛 성은 동주(同州) 조읍현(朝邑縣) 서남쪽 43리 지점에 있다."

23 색은 「지리지」에서 두 현은 우부풍(右扶風)에 속한다고 하였다.

24 집해 여순은 말하였다. "장솔(將率) 가운데 공이 으뜸이다."

25 색은 「지리지」에 의하면 칠현(漆縣)은 우부풍(右扶風)에 있다. 정의 지금의 빈주(豳州) 신평현(新平縣)으로 옛 칠현(漆縣)이다.

26 색은 '卬'의 음은 앙(五郎反)으로, 평(平) 아래의 장수이다.

27 정의 음은 견(口肩反)이다. 지금의 농주(隴州) 견원현(汧源縣)으로, 본래 한(漢) 견현(汧縣)의 땅이다.

28 색은 「지리지」에 의하면 미(郿)는 우부풍(右扶風)에 속하고, 빈양(頻陽)은 좌풍익(左馮翊)에 속한다고 하였다. 정의 '郿'의 음은 미(眉)이다. 『괄지지』에서는 말하였다. "미현(郿縣)의 옛 성은 기주(岐州) 미현(郿縣) 동북쪽 15리 지점에 있으며, 빈양의 옛 성은 의주(宜州) 토문현(土門縣) 남쪽 3리 지점에 있다." 지금의 토문현은 동관현(同官縣)으로 합병되어 들어갔으며 옹주(雍州)에 예속되었고 의주(宜州)는 폐하여졌다.

29 색은 「지리지」에서는 말하였다. "괴리(槐里)는 주(周)에서는 견구(犬丘)라 하였고 의왕(懿王)이 도읍으로 삼았으며, 진(秦)에서는 이름을 폐구(廢丘)로 바꾸었고, 고조(高祖) 3년에 괴리로 이름을 바꾸었다." 그런데 여기서 괴리라 한 것은 나중의 것에 의거하여 기록한 것이다. 또 말하기를 폐구(廢丘)라는 것은 장함(章邯)이 본래 폐구에 도읍을 정하였다가 망하여서 또한 옛 기록에 의거한 것이라고 하였다.

破西丞.[30] 서승을 깨뜨렸다.

擊盜巴軍, 도파의 군사를 쳐서

破之.[31] 깨뜨렸다.

攻上邽.[32] 상규를 공격하였다.

東守嶢關. 동으로 요관을 지켰다.

轉擊項籍. 방향을 틀어 항적을 공격하였다.

攻曲逆, 곡역을 공격하였는데

最. 상공을 세웠다.

還守敖倉, 돌아와 오창을 지키고

追項籍. 항적을 추격하였다.

籍已死, 적이 죽자

因東定楚地泗(川)[水]·東海郡, 계속 동쪽으로 초의 영토 사수와 동해군을 평정하여

凡得二十二縣. 모두 22개 현을 얻었다.

還守雒陽·櫟陽, 돌아와 낙양과 역양을 지켜

賜與潁(陽)[陰]侯共食鍾離.[33] 영음후와 함께 종리를 식읍으로 내려주었다.

以將軍從高帝擊反者燕王臧荼, 장군으로 고제를 따라 반란자 연왕 장도를 쳐서

---

30 **집해** 서광은 말하였다. "천수(天水)에 서현(西縣)이 있다." **정의** 『괄지지』에서는 말하였다. "서현의 옛 성은 진주(秦州) 상규현(上邽縣) 서남쪽 90리 지점에 있으며, 본래 한(漢) 서현(西縣)의 땅이다." 서현승(西縣丞)을 깨뜨렸다.

31 **집해** 여순은 말하였다. "장함(章邯)의 장수이다."

32 **정의** 음은 규(圭)이다. 진주현(秦州縣)이다.

33 **색은** 「지리지」에서는 현의 이름이며, 구강(九江)에 속하고 옛 종리자(鍾離子)의 나라라고 하였다. **정의** 『괄지지』에서는 말하였다. "영음(潁陰)의 옛 성은 진주(陳州) 남돈현(南頓縣) 서북쪽에 있다. 종리(鍾離)의 옛 성은 호주(濠州) 종리현 동북쪽 5리 지점에 있다."

破之易下.[34]	역하에서 깨뜨렸다.
所將卒當馳道[35]爲多.	거느린 군사가 치도를 맡아 전공을 세웠다.
賜爵列侯,	열후의 작위를 내리고
剖符世世勿絕.	부절을 쪼개어 대대로 끊어지지 않게 하였다.
食絳[36]八千一百八十戶,	강의 8,180호를 식읍으로 내리고
號絳侯.	강후라고 하였다.

以將軍從高帝擊反韓王信於代,

장군으로 고제를 따라 대에서 반기를 든 한왕 신을 쳐서

降下霍人.[37]	곽인을 함락시켰다.
以前至武泉,[38]	무천까지 전진하여

---

34 **색은** 도(荼)는 원래의 음대로 읽는다. 역(易)은 하천의 이름이며, 그대로 현으로 삼았으며 탁군(涿郡)에 있다. 역수(易水)의 아래에서 도(荼)의 군사를 친 것을 이르는데, 물에 가깝다는 말이다. **정의** 『괄지지』에서는 말하였다. "역현(易縣)의 옛 성은 유주(幽州) 귀의현(歸義縣) 동남쪽 15리 지점에 있으며, 연환후(燕桓侯)가 임역(臨易)으로 천도한 곳이다."

35 **색은** 소안(小顏)은 고조(高祖)가 간 길이라고 하였다. 혹자는 치도(馳道)를 진(秦)의 치도라고 생각하였기 때문에 「가산전(賈山傳)」에서는 "진(秦)이 치도를 만들어 동쪽으로 연(燕)과 제(齊)를 곤궁에 처하게 하였다."라 하였다.

36 **정의** 『괄지지』에서는 말하였다. "강읍성(絳邑城)은 한(漢)의 강현(絳縣)으로 강주(絳州) 곡옥현(曲沃縣) 남쪽 2리 지점에 있다. 혹자는 진(秦)의 옛 치도(馳道)라고 하였다."

37 **색은** 소해(蕭該)는 말하였다. "『좌전(左傳)』에 '핍양자귀(偪陽子歸)를 곽인(霍人)에 들였다'는 말이 있는데, 두예(杜預)는 진(晉)의 읍이라 하였다. 글자는 혹 '확(靃)'으로 쓰기도 한다." **정의** '霍'의 음은 쇄(瑣)이고, 또한 음을 솨(蘇寡反)라고도 한다. 안사고(顏師古)는 말하였다. "음은 솨(山寡反)이다." "霍"자는 "사(葰)"가 되어야 하며, 「지리지」에서는 사인(葰人)은 현으로 태원군(太原郡)에 속한다고 하였다. 『괄지지』에서는 말하였다. "사인(葰人)의 옛 성은 대주(代州) 번시현(繁畤縣) 경계에 있으며, 한(漢)의 사인현(葰人縣)이다." 「번쾌열전(樊噲列傳)」에는 "확인(靃人)"으로 되어 있는데, 음이 또한 같다.

38 **집해** 서광은 말하였다. "운중(雲中)에 속한다." **정의** 『괄지지』에서는 말하였다. "무천(武泉)의 옛 성은 삭주(朔州) 북쪽 220리 지점에 있다."

擊胡騎,	호의 기병을 쳐서
破之武泉北.	무천의 북쪽에서 깨뜨렸다.
轉攻韓信軍銅鞮,[39]	방향을 바꿔 동제에서 한신의 군사를 공격하여
破之.	깨뜨렸다.
還,	돌아와
降太原六城.[40]	태원의 여섯 성을 함락시켰다.
擊韓信胡騎晉陽下,	진양 아래에서 한신의 호의 기병을 쳐서
破之,	깨뜨리고
下晉陽.	진양을 함락시켰다.
後擊韓信軍於硰石,[41]	나중에 사석에서 한신의 군사를 쳐서
破之,	깨뜨리고
追北八十里.	북으로 80리를 추격하였다.
還攻樓煩[42]三城,	돌아와 누번의 세 성을 공격하였고
因擊胡騎平城下,[43]	계속 평성 아래서 호의 기병을 쳤으며
所將卒當馳道爲多.	거느린 군사가 치도를 맡아 전공을 세웠다.
勃遷爲太尉.	주발은 태위로 옮겨졌다.
擊陳豨,	진희를 쳐서

39 **정의** 『괄지지』에서는 말하였다. "동제(銅鞮)의 옛 성은 노주(潞州) 동제현(銅鞮縣) 동쪽 15리 지점, 주(州) 서쪽 65리 지점, 병주(幷州)의 동남쪽에 있다."

40 **정의** 병주(幷州)의 현이다. 동제(銅鞮)에서 병(幷)으로 돌아와 여섯 성을 항복시킨 것이다.

41 **집해** 응소(應劭)는 말하였다. "'硰'의 음은 사(沙)이다. 혹자는 지명이라고 한다." **색은** 진작은 음이 좌(赤座反)라고 하였다. **정의** 누번현(樓煩縣) 서북쪽에 있다.

42 **정의** 「지리지」에서는 안문군(鴈門郡)에 있다고 하였고, 『괄지지』에서는 병주(幷州) 곽현(崞縣)의 경계에 있다고 하였다.

43 **정의** 「지리지」에서는 안문군(鴈門郡)에 있다고 하였다. 『괄지지』에서는 말하였다. "삭주(朔州) 정양(定襄)은 본래 한(漢)의 평성현(平城縣)이다."

屠馬邑. 마읍을 도륙하였다.

所將卒斬豨將軍乘馬絺.[44] 거느리는 군사가 진희의 장군 승마치를 참하였다.

擊韓信·陳豨·趙利軍於樓煩, 한신과 진희, 조리의 군사를 누번에서 쳐서

破之. 깨뜨렸다.

得豨將宋最·鴈門守圂.[45] 진희의 장수 송최와 안문수 혼을 사로잡았다.

因轉攻得雲中守遬[46]·丞相箕肆·將勳.[47]
이어서 방향을 바꿔 운중수 속과 승상 기사, 장수 훈을 공격하여 사로잡았다.

定鴈門郡十七縣, 안문군의 17개 현과

雲中郡十二縣. 운중군의 12개 현을 평정했다.

因復擊豨靈丘,[48] 이어서 다시 영구에서 희를 쳐서

破之, 깨뜨려

斬豨, 진희를 참수하고

得豨丞相程縱·將軍陳武·都尉高肆.
진희의 승상 정종과 장군 진무, 도위 고사를 사로잡았다.

定代郡九縣. 대군의 9개 현을 평정했다.

---

44 집해 서광은 말하였다. "성은 승마(乘馬)이다." 색은 치(絺)는 이름이다. '乘'의 음은 승(始證反)이다.

45 색은 혼(圂)은 군수 이름이며, 음은 혼(胡困反)이다.

46 색은 음은 속(速)이다. 정의 『괄지지』에서는 말하였다. "운중(雲中)의 옛 성은 승주(勝州) 유림현(榆林縣) 동북쪽 40리 지점에 있으며, 진(秦)의 운중군(雲中郡)이다."

47 집해 서광은 말하였다. "기(箕)는 '먹(綦)'으로 된 곳도 있다. 훈(勳)은 '전(專)'으로 된 곳도 있고, '전(轉)'으로 된 곳도 있다." 색은 유 씨(劉氏)는 '肆'의 음은 글자 그대로라 하였으며, 포개(包愷)는 음이 아(以四反)라 하였다. 『한서』에는 "훈(勳)"이 또한 "박(博)" 자로 되어 있는데, 모두 오자일 따름이다.

48 색은 「지리지」에서는 현의 이름이고 대군(代郡)에 속한다고 하였다. 정의 『괄지지』에서는 말하였다. "영구(靈丘)의 옛 성은 울주(蔚州) 영구현(靈丘縣) 동쪽 10리 지점에 있으며 한(漢)의 현이다."

燕王盧綰反, 연왕 노관이 반기를 들자

勃以相國代樊噲將, 주발은 상국으로 번쾌 대신 군사를 거느리고

擊下薊, 계를 쳐서 함락시키고

得綰大將抵·丞相偃·守陘[49]·太尉弱·御史大夫施, 관의 대장 저와 승상 언, 군수 형, 태위 약, 어사대부 시를 사로잡고

屠渾都.[50] 혼도를 도륙하였다.

破綰軍上蘭,[51] 상란에서 노관의 군사를 깨뜨렸고

復擊破綰軍沮陽.[52] 다시 저양에서 노관의 군사를 쳐서 깨뜨렸다.

追至長城,[53] 장성까지 추격하여

定上谷十二縣, 상곡의 12개 현과

右北平十六縣, 우북평의 16개 현,

遼西·遼東二十九縣, 요서와 요동의 29개 현,

漁陽二十二縣. 어양의 22개 현을 평정하였다.

最從高帝[54]得相國一人, 총괄적으로 고제를 따라 상국 1명과

---

49 집해 장안(張晏)은 말하였다. "노관(盧綰)이 군수이고, 형(陘)은 그 이름이다."

50 집해 서광은 말하였다. "상곡(上谷)에 있다." 색은 시(施)는 이름이다. 도(屠)는 멸한 것이다. 「지리지」에서 혼도현(渾都縣)은 상곡(上谷)에 속한다고 하였다. 어떤 곳에서는 말하기를 어사대부의 성은 시도(施屠)이고 이름은 혼도(渾都)라 하였다. 정의 『괄지지』에서는 말하였다. "유주(幽州) 창평현(昌平縣)은 본래 한(漢)의 혼도현(渾都縣)이다."

51 정의 『괄지지』에서는 "규주(嬀州) 회융현(懷戎縣) 동북쪽에 마란계수(馬蘭谿水)가 있다"고 하였는데 아마 이곳인 것 같다.

52 집해 서광은 말하였다. "상곡(上谷)에 있다." 복건은 '沮'의 음은 조(阻)라고 하였다. 색은 「지리지」에 의하면 조양현(沮陽縣)은 상곡(上谷)에 속한다고 하였다. 정의 『괄지지』에서는 말하였다. "상곡군(上谷郡)의 옛 성은 규주(嬀州) 회융현(懷戎縣) 동북쪽 120리 지점에 있다. 연상곡(燕上谷)은 진(秦)이 그대로 따라 고치지 않았으며 한(漢) 때 조양현(沮陽縣)이 되었다."

53 정의 곧 마읍(馬邑)의 장성으로 또한 연장성(燕長城)이라고도 하며, 규주(嬀州) 북쪽에 있으며 지금도 그렇다.

丞相二人,	승상 2명,
將軍·二千石各三人;	장군과 이천석 각 3명을 사로잡았으며,
別破軍二,	별도로 군사 2부대를 깨뜨렸고
下城三,	성 3개를 함락시켰으며
定郡五,	군 5개와
縣七十九,	현 79개를 평정하고
得丞相·大將各一人.	승상과 대장 각 1명을 사로잡았다.

勃爲人木彊敦厚,	주발은 사람됨이 질박하고 강직하였으며 돈독하고 도타워
高帝以爲可屬大事.	고제가 큰일을 맡길 만하다고 생각했다.
勃不好文學,	주발은 문장과 학문을 좋아하지 않아
每召諸生說士,	매번 제생과 세사들을 불러
東鄉坐而責之:[55]	동쪽을 향하여 앉아 꾸짖었다.
"趣爲我語."	"빨리 내게 말하라."
其椎少文如此.[56]	그 졸박하고 문재가 적음이 이와 같았다.

勃既定燕而歸,	주발이 연을 평정하고 돌아오니

54 **색은** 최(最)는 도합이라는 뜻이다. 고조를 따라다니며 올린 전공과 노획한 숫자를 모두 드는 것을 말한다.

55 **집해** 여순은 말하였다. "발(勃)은 스스로 동쪽을 향하여 앉아 제생(諸生)과 세사(說士)를 꾸짖었으며 빈주(賓主)의 예로 하지 않았다."

56 **집해** 찬(瓚)은 말하였다. "바로 말하여 경서를 일컫지 않게 하였다." 위소는 말하였다. "몽치는 굽지 않아서, 곧기가 몽치와 같은 것이다." **색은** 대안(大顏: 顏遊秦)은 말하였다. "속세에서는 어리석은 것을 둔추(鈍椎)라고 하며, 음은 추(直追反)이다." 지금 생각건대 추(椎)는 글자의 뜻대로 읽는다. 발이 세사(說士)들을 불러 동쪽을 향하여 앉아 책망하기를 "빨리 내게 말하라."라 하였는데, 그 질박한 성품은 이로써 미루어보건대 그 그 문재가 적은 것이 모두 이러하였다.

高祖已崩矣, 고조는 이미 붕어하였고
以列侯事孝惠帝. 열후로 효혜제를 섬겼다.
孝惠帝六年, 효혜제 6년에
置太尉官,[57] 태위관을 설치하였는데
以勃爲太尉. 주발을 태위로 삼았다.
十歲, 10년에
高后崩. 고후가 죽었다.
呂祿以趙王爲漢上將軍, 여록은 조왕으로 한의 상장군이 되었고
呂產以呂王爲漢相國, 여산은 여왕으로 한의 상국이 되어
秉漢權, 한의 권력을 잡아
欲危劉氏. 유씨를 위험에 빠뜨리려 하였다.
勃爲太尉, 주발은 태위인데
不得入軍門. 군문에 들어가지 못하였다.
陳平爲丞相, 진평은 승상인데
不得任事. (나라의) 일을 맡지 못하였다.
於是勃與平謀, 이에 주발은 진평과 모의하여
卒誅諸呂而立孝文皇帝. 마침내 여 씨들을 죽이고 효문황제를 옹립했다.
其語在呂后·孝文事中. 이 말은 「여후본기」와 「효문본기」의 일에 보인다.

文帝既立, 문제가 즉위하자
以勃爲右丞相, 주발을 우승상으로 삼고

57 **집해** 서광은 말하였다. "「공신표(功臣表)」 및 「장상표(將相表)」에서는 모두 고후(高后) 4년에 비로소 태위(太尉)를 설치하였다고 하였다." **정의** 아래에서 "발을 태위로 삼았다. 19년 만에 고후가 죽었다"라 하였다. 효혜(孝惠) 6년에서 고후 8년에 이르러 죽었으니 10년이다. 「공신표」 및 「장상표」에서는 고후 4년에 태위의 관직을 설치하였다고 하였는데 확실치 않다.

賜金五千斤,	금 5천 근과
食邑萬戶.	만호의 식읍을 내렸다.
居月餘,	달포 만에
人或說勃曰:	어떤 사람이 주발에게 말하였다.
"君旣誅諸呂,	"그대가 여 씨들을 죽이고
立代王,	대왕을 옹립하여
威震天下,	위엄이 천하에 떨치고
而君受厚賞,	그대는 후한 상을 받았으며
處尊位,	높은 지위에 처하여
以寵,	총애하는데
久之卽禍及身矣."	오래면 화가 몸에 미칠 것입니다."
勃懼,	주발은 두려워하여
亦自危,	또한 스스로 위태롭게 여겨
乃謝請歸相印.	곧 사직하고 승상의 인장을 반납할 것을 청하였다.
上許之.	상이 허락하였다.
歲餘,	한 해 남짓에
丞相平卒,	승상 진평이 죽어
上復以勃爲丞相.	상은 다시 주발을 승상으로 삼았다.
十餘月,	열 달 남짓에
上曰:	상이 말하였다.
"前日吾詔列侯就國,	"전날 내 열후들에게 봉국으로 가게 하였는데
或未能行,	아직 가지 못한 사람도 있고
丞相吾所重,	승상은 내가 소중히 여기는 사람이니
其率先之."	솔선할 지어다."

乃免相就國.	이에 승상에서 면직되어 봉국으로 갔다.
歲餘,	한 해 남짓에
每河東守尉行縣至絳,	하동태수나 군위가 시찰하러 강에 이를 때마다
絳侯勃自畏恐誅,	강후 주발은 스스로 죽임을 당할까 두려워하여
常被甲,	늘 갑옷을 입고
令家人持兵以見之.	집의 사람에게 병기를 지니고 그들을 만나게 했다.
其後人有上書告勃欲反,[58]	그 후 어떤 사람이 글을 올려 주발이 모반을 꾀하고 있다고 고발하여
下廷尉.	정위에게 넘겨졌다.
廷尉下其事長安,	정위는 그 일을 장안(령)에 넘겨
逮捕勃治之.	주발을 체포하여 다스렸다.
勃恐,	주발은 두려워하여
不知置辭.	어떻게 말을 할지 몰랐다.
吏稍侵辱之.	옥리는 그를 욕보이는 수위를 높여갔다.
勃以千金與獄吏,	주발이 천금을 옥리에게 주자
獄吏乃書牘背示之,[59]	옥리는 이에 목간의 뒷면에 써서 보여주었는데
曰"以公主爲證".	"공주를 증인으로 삼으시오"라 하였다.
公主者,	공주는
孝文帝女也,	효문제의 딸로
勃太子勝之尚之,[60]	주발의 태자 승지의 배필이므로

58 **집해** 서광은 말하였다. "문제(文帝) 4년 때이다."

59 **집해** 이기(李奇)는 말하였다. "옥리가 들고 있는 문서이다." 위소는 말하였다. "죽간의 판이다." **색은** 부(簿)는 곧 독(牘)이다. 그래서 「위지(魏志)」에서는 "진복(秦宓)이 장부로 뺨을 때렸다"라 하였으니 또한 간독(簡牘) 같은 종류이다.

60 **집해** 위소는 말하였다. "상(尚)은 받드는 것이다. 감히 아내로 맞았다고 말하지 않은 것이다."

故獄吏教引爲證.	옥리가 끌어서 증인으로 삼게 한 것이다.
勃之益封受賜,	주발은 더 봉하여지고 하사 받은 것을
盡以予薄昭.	모두 박소에게 주었다.
及繫急,	구금이 급박하게 되자
薄昭爲言薄太后,	박소가 박태후에게 말해주어
太后亦以爲無反事.	태후 또한 모반한 일이 없다고 하였다.
文帝朝,	문제가 문안하였을 때
太后以冒絮提文帝,[61]	태후는 두건을 문제에게 건네며
曰:	말하였다.
"絳侯綰皇帝璽,[62]	"강후는 황제의 옥새를 장악하고
將兵於北軍,	북군에서 군사를 거느리고 있었는데
不以此時反,	그 당시에는 반기를 들지 않고
今居一小縣,	지금 한 작은 현에 있으면서
顧欲反邪!"	또한 모반하려고 하겠소!"
文帝既見絳侯獄辭,	문제는 강후를 심리한 글을 보았던 터라
乃謝曰:	이에 사죄하여 말하였다.
"吏(事)方驗而出之."	"관리들이 바야흐로 증명하여 내보내려 합니다."

61 **집해** 서광은 말하였다. "'提'의 음은 제(弟)이다." 응소는 "두건(陌額絮)이다."라 하였다. 여순은 말하였다. "태후가 성을 내어 곁에 있는 물건을 건넨 것이다." 진작은 말하였다. "『파촉이물지(巴蜀異物志)』에서는 머리의 건(巾)을 모서(冒絮)라고 한다라 하였다." **색은** 복건은 "윤(綸)은 서(絮)이다. '提'의 음은 제(弟)이고, 또한 제(啼)라고도 읽는다"라 하였는데 틀렸다. 소해(蕭該)는 음이 저(底)라고 하였다. 제(提)는 던지는 것이며, 소(蕭)의 음이 옳다. 에(恚)는 성내는 것이다. 조(遭)는 만나는 것이다. 태후가 화가 나서 두건이 잡히자 바로 황제에게 던진 것이다. 맥(陌)의 음은 "만맥(蠻貊)"의 "맥(貊)"이다. 『방언(方言)』에서는 말하기를 "두건[幪巾]은 남초(南楚) 일대에서는 '맥액(陌額)'이라고 한다"라 하였다.

62 **집해** 응소는 말하였다. "발(勃)이 여 씨들을 주멸하고 소제(少帝)를 폐하여 손에 옥새를 가지고 있을 때도 모반을 하지 않았는데 하물며 지금 다시 이변이 있겠느냐는 말이다."

於是使使持節赦絳侯,	이에 사자를 보내어 부절을 지니고 강후를 사면하고
復爵邑.	봉작과 봉읍을 회복시켰다.
絳侯既出,	강후는 나와서
曰:	말하였다.
"吾嘗將百萬軍,	"내 백만의 군사를 거느린 적이 있었건만
然安知獄吏之貴乎!"	옥리가 귀할 줄이야 어찌 알았겠는가!"

絳侯復就國.	강후는 다시 봉국으로 갔다.
孝文帝十一年卒,	효문제 11년에 죽었으며
諡爲武侯.	시호는 무후이다.
子勝之代侯.	아들인 승지가 대를 이어 후가 되었다.
六歲,	6년 만에
尚公主,	공주를 배필로 삼았는데
不相中,[63]	서로 (성격이) 맞지 않고
坐殺人,	사람을 죽인 일에 연좌되어
國除.	나라가 없어졌다.
絕一歲,	1년이 지나
文帝乃擇絳侯勃子賢者河內守亞夫,	문제는 곧 강후 주발의 아들 가운데 현자인 하내 태수 아부를 택하여
封爲條侯,[64]	조후에 봉하고
續絳侯後.	강후의 뒤를 잇게 하였다.

63 집해 여순은 말하였다. "서로 합당하지 않다는 말과 같다."

條侯亞夫自未侯爲河內守時, 조후 아부가 아직 후가 아니라 하내 태수였을 때

許負相之,[65] 허부가 관상을 보고는

曰: 말하였다.

"君後三歲而侯. "그대는 3년 뒤에 후가 될 것이오.

侯八歲爲將相, 후가 된 지 8년에 장상이 되어

持國秉,[66] 나라의 권력을 잡고

貴重矣, 귀중해질 것이며

於人臣無兩. 신하들 중에 둘도 없을 것입니다.

其後九歲而君餓死." 그 후 9년에 그대는 굶어죽을 것이오."

亞夫笑曰: 아부가 웃으며 말하였다.

"臣之兄已代父侯矣, "신의 형이 이미 부친의 대를 이어 후가 되었으니

有如卒, (형이) 죽는다 하더라도

子當代, 아들이 대를 이을 것이니

亞夫何說侯乎? 아부가 어찌 후를 말하겠소?

然既已貴如負言, 그러나 그대의 말대로 귀하여 진다면

又何說餓死? 또한 어찌 굶어죽는 것을 말하겠소?

指示我." 내게 가리켜 보여주오."

許負指其口曰: 허부가 입을 가리키며 말하였다.

---

64 **집해** 서광은 말하였다. "「표(表)」에는 모두 '수(脩)' 자로 되어 있다." 복건은 "'脩'의 음은 조(條)이다"라 하였다. **색은** 「지리지」에서 조현(條縣)은 발해군(渤海郡)에 속한다고 하였다. **정의** 『괄지지』에서는 말하였다. "옛 조성(蓨城)은 속칭 남조성(南條城)이라고 하였으며, 덕주(德州) 조현(蓨縣) 남쪽 12리 지점에 있으며, 한(漢)의 현이다."

65 **색은** 응소는 말하였다. "부(負)는 하내(河內) 온(溫)의 사람으로 노파이다." 요 씨(姚氏)는 이렇게 생각하였다. 『초한춘추(楚漢春秋)』에서 고조(高祖)가 부를 명자정후(鳴雌亭侯)에 봉하였는데 이로써 부인 또한 봉읍이 있음을 알겠다.

66 **색은** 병(柄)의 뜻으로 읽는다.

“有從理入口,[67]	“가로 무늬가 입에 있는데
此餓死法也.”	이는 굶어죽는 관상법이오.”
居三歲,	3년 만에
其兄絳侯勝之有罪,	그 형 강후 승지가 죄를 지어
孝文帝擇絳侯子賢者,	효문제가 강후의 아들 가운데 현명한 자를 택하려하자
皆推亞夫,	모두 아부를 추천하여
乃封亞夫爲條侯,	이에 아부를 조후에 봉하여
續絳侯後.	강후의 뒤를 이었다.

文帝之後六年,	문제 후원(後元) 6년에
匈奴大入邊.	흉노가 대대적으로 국경을 쳐들어왔다.
乃以宗正劉禮爲將軍,	이에 종정 유례를 장군으로 삼아
軍霸上;[68]	패상에 주둔시켰으며,
祝茲侯徐厲爲將軍,	축자후 서려를 장군으로 삼아
軍棘門;[69]	극문에 주둔 시켰고,
以河內守亞夫爲將軍,	하내 태수 아부를 장군으로 삼아
軍細柳:[70]	세류에 주둔시켜
以備胡.	호를 대비하게 하였다.

---

67 **색은** ‘從’의 음은 종(子容反)이다. 종리(從理)는 가로 무늬이다.

68 **정의** 『묘기(廟記)』에서는 말하였다. “패릉(霸陵)은 곧 패상(霸上)이다.” 패릉성(霸陵城)은 옹주(雍州) 만년현(萬年縣) 동북쪽 25리 지점에 있다.

69 **정의** 맹강(孟康)은 말하였다. “진(秦) 때의 궁(宮)이다.” 『괄지지』에서는 말하였다. “극문(棘門)은 위수(渭水)의 북쪽 10여 리 지점에 있으며 진왕(秦王)의 문 이름이다.”

70 **정의** 『괄지지』에서는 말하였다. “세류창(細柳倉)은 옹주(雍州) 함양현(咸陽縣) 서남쪽 20리 지점에 있다.”

上自勞軍.	상이 친히 군사를 위로하였다.
至霸上及棘門軍,	패상 및 극문의 군에 이르러
直馳入,	곧장 말을 치달려 들어가자
將以下騎送迎.	장수들이 말에서 내려 전송하고 맞았다.
已而之細柳軍,	얼마 후에 세류의 군사에게 갔는데
軍士吏被甲,	군의 사병과 관리가 갑옷을 입고
銳兵刃,	병기의 날을 예리하게 하고
彀弓弩,	쇠뇌를 당기어
持滿.[71]	한껏 당겼다.
天子先驅至,	천자의 선봉대가 이르렀지만
不得入.	들어갈 수 없었다.
先驅曰:	선봉대가 말하였다.
“天子且至!”	“천자께서 이르신다!”
軍門都尉曰:	군문의 도위가 말하였다.
“將軍令曰‘軍中聞將軍令,	“장군이 영을 내리기를 ‘군중에서는 장군의 영을 듣고
不聞天子之詔’.”[72]	천자의 명은 듣지 않는다’라 하였습니다.”
居無何,	얼마 안 있어
上至,	상이 이르렀는데
又不得入.	또한 들어갈 수 없었다.
於是上乃使使持節詔將軍:	이에 상이 곧 사자에게 부절을 지니고 장군에게 명하게 하였다.
“吾欲入勞軍.”	“내 들어가 군사를 위로하려 한다.”

---

71 색은 구(彀)는 (활을) 당기는 것이다.

72 색은 『육도(六韜)』에서는 말하였다. “군중(軍中)의 일은 임금의 명을 듣지 않는다.”

亞夫乃傳言開壁門.	아부는 이에 말을 전하여 누벽의 문을 열게 했다.
壁門士吏謂從屬車騎曰:	벽문의 군사와 관리는 따르는 거기에게 말하였다.
"將軍約,	"장군의 법에
軍中不得驅馳."	군중에서는 말을 달릴 수 없소."
於是天子乃按轡徐行.	이에 천자는 곧 고삐를 잡고 천천히 갔다.
至營,	군영에 이르자
將軍亞夫持兵揖曰:	장군 아부는 병기를 쥔 채 읍을 하며 말하였다.
"介冑之士不拜,	"갑옷을 입은 군사는 절을 하지 않으니
請以軍禮見."[73]	청컨대 군례로 뵙겠습니다."
天子爲動,	천자는 감동하여
改容式車.[74]	안색을 바꾸고 수레에서 예를 표하였다.
使人稱謝:	사람을 시켜 뜻을 전하여 말하였다.
"皇帝敬勞將軍."	"황제께서 삼가 장군을 위로하십니다."
成禮而去.	예를 이루고는 떠났다.
旣出軍門,	군문을 나서자
羣臣皆驚.	신하들은 모두 놀랐다.
文帝曰:	문제가 말하였다.
"嗟乎,	"아아,
此眞將軍矣!	이 사람이야 말로 참 장군이로다!

---

73 **집해** 응소는 말하였다. "『예(禮)』에 '갑옷을 입은 자는 절을 하지 않는다'라 하였다." **색은** 응소는 말하였다. "『좌전(左傳)』에 '진(晉)의 극극(郤克)은 사자에게 세 번 숙(肅)을 하고 물러났다'라는 말이 있는데, 두예의 주에서 '숙(肅)은 지금의 의(撎: 揖)이다'라 하였다. 정중(鄭衆)은 『주례(周禮)』의 주에서 '숙배(肅拜)'는 '다만 몸을 구부리고 손을 내리는 것으로 지금의 읍(揖: 撎)이다'라 하였다."

74 **색은** 식(軾)은 수레 앞의 횡목(橫木)이다. 위에서 공경할 일이 있으면 몸을 숙여 기댄다.

曩者霸上·棘門軍,	아까 패상과 극문의 군사는
若兒戲耳,	아이들 놀이 같았을 뿐이니
其將固可襲而虜也.	그 장수들은 실로 기습하여 포로로 잡을 수 있다.
至於亞夫,	아부 같은 사람은
可得而犯邪!"	범할 수 있겠는가!"
稱善者久之.	훌륭하다고 칭찬한 것이 오래되었다.
月餘,	달포 만에
三軍皆罷.	3군이 모두 물러났다.
乃拜亞夫爲中尉.[75]	곧 아부를 중위에 임명했다.
孝文且崩時,	효문제는 다 죽어갈 때
誡太子曰:	태자에게 타일렀다.
"即有緩急,	"위급한 일이 있으면
周亞夫真可任將兵."	주아부야 말로 진정코 군사 거느리는 일을 맡길 만하다."
文帝崩,	문제가 죽자
拜亞夫爲車騎將軍.	아부를 거기장군으로 임명했다.
孝景三年,	효경 3년에
吳楚反.	오·초가 반란을 일으켰다.

75 정의 『한서』「백관표(百官表)」에서는 말하였다. "중위(中尉)는 진(秦)의 관직으로 경사(京師)의 순행을 관장한다. 무제(武帝) 태초(太初) 원년에 집금오(執金吾)로 이름을 바꾸었다." 응소는 말하였다. "오(吾)는 막는 것(禦)이다. 집금오(執金吾)를 관장하여 비상시를 제어하는 것이다." 안사고는 말하였다. "금오(金吾)는 새 이름으로 주벽(主辟)인데 상서롭지 못하다. 천자가 출행하면 선도하는 일을 맡아 주관하며 비상시에 대비하므로 이 새의 형상을 잡는데 이에 관직의 이름으로 삼았다."

亞夫以中尉爲太尉,[76]	아부는 중위로 태위가 되어
東擊吳楚.	동으로 오·초를 쳤다.
因自請上曰:	이에 스스로 상에게 청하였다.
"楚兵剽輕,[77]	"초의 군사는 날래고 가벼워
難與爭鋒.	예봉을 다투기가 어렵습니다.
願以梁委之,[78]	원컨대 양을 그들에게 맡겨두고
絕其糧道,	그 식량 보급로를 끊어야
乃可制."	통제할 수 있습니다."
上許之.	상이 허락하였다.

太尉既會兵滎陽,	태위가 형양에서 군사를 모으자
吳方攻梁,	오가 바야흐로 양을 공격하여
梁急,	양이 다급해지자
請救.	구원을 청하였다.
太尉引兵東北走昌邑,	태위는 군사를 이끌고 동북쪽인 창읍에 달려가
深壁而守.	누벽을 깊이 하고 지켰다.
梁日使使請太尉,	양은 날로 사자를 보내 태위에게 청하게 하였는데
太尉守便宜,	태위는 편의상 지키며

---

76 **정의** 『한서』「백관표(百官表)」에서는 말하였다. "태위(太尉)는 진(秦)의 관직으로 무(武)와 관련한 일을 관장한다. 원수(元狩) 4년에 대장군 대사마(大將軍大司馬)를 설치하였다." 곧 지금의 12 위대장군(衞大將軍) 및 병부상서(兵部尚書)이다.

77 **색은** 『한서』에 의하면 아부(亞夫)가 회양(淮陽)에 이르러 등도위(鄧都尉)에게 묻자 이 계획을 일러주어 아부가 따른 것이다. 지금 여기서는 말하기를 "스스로 청했다"라 한 것은 아마 이 또한 의심스런 것을 듣고 의심나는 것을 전한 것으로, 한의 역사가 그 실상을 얻었을 것이다. '剽'의 음은 표(疋妙反)이다. 경(輕)은 거성(去聲)으로 읽는다.

78 **색은** 양(梁)을 오(吳)에게 맡겨 오의 군사로 하여금 지나가지 못하게 하는 것이다. 또한 위(餧)의 음으로 읽어야 한다는 곳도 있는데 또한 듯이 통한다.

不肯往. 가려고 하지 않았다.

梁上書言景帝, 양은 글을 올려 경제에게 말하였고

景帝使使詔救梁. 경제는 사자를 보내 양을 구하라고 명하였다.

太尉不奉詔, 태위는 조서를 받들지 않고

堅壁不出, 누벽을 굳건히 하고 나가지 않았으며

而使輕騎兵弓高侯等[79]絕吳楚兵後食道.

경기병 궁고후 등으로 하여금 오·초 군사 후방의 양도를 끊게 했다.

吳兵乏糧, 오의 군사는 식량이 부족지자

飢, 굶주려

數欲挑戰, 수차례나 싸움을 돋우려 하였으나

終不出. 끝내 나가지 않았다.

夜, 밤에

軍中驚, 군중에서 놀라

內相攻擊擾亂, 내부에서 서로 공격하여 요란해졌으며

至於太尉帳下. 태위의 장막에까지 이르렀다.

太尉終臥不起. 태위는 끝내 누워서 일어나지 않았다.

頃之, 얼마 후

復定. 다시 안정되었다.

後吳奔壁東南陬,[80] 나중에 오가 누벽 동남쪽 모퉁이로 달아나자

太尉使備西北. 태위가 서북쪽을 대비하게 하였다.

已而其精兵果奔西北, 얼마 후 그 정예병이 과연 서북쪽으로 달려갔으나

不得入. 들어가지 못했다.

---

79 **색은** 한퇴당(韓積當)이다. **정의** 궁고(弓高)는 창주현(滄州縣)이다.

80 **집해** 여순은 말하였다. "추(陬)는 모퉁이이다." **색은** 음은 추(子侯反)이다.

吳兵既餓, 오의 군사는 이미 굶주려

乃引而去. 곧 끌고 떠났다.

太尉出精兵追擊, 태위가 정예병을 내어 추격하여

大破之. 대파하였다.

吳王濞弃其軍, 오왕 비는 군사를 버리고

而與壯士數千人亡走, 장사 수천 명과 함께 달아나

保於江南丹徒.[81] 강남 단도에서 지켰다.

漢兵因乘勝, 한의 군사는 이에 승세를 타고

遂盡虜之, 마침내 모두 포로로 잡고

降其兵, 그 군사를 항복시키고

購吳王千金. 오왕에게 천금의 상금을 걸었다.

月餘, 달포 만에

越人斬吳王頭以告.[82] 월 사람이 오왕의 머리를 베어 알렸다.

凡相攻守三月, 무릇 서로 공격한 지 석 달 만에

而吳楚破平. 오·초는 화평이 깨어지고 평정되었다.

---

81 **색은** 「지리지」에서는 현으로 회계(會稽)에 속한다고 하였다. **정의** 『괄지지』에서는 말하였다. "단도(丹徒)의 옛 성은 윤주(潤州) 단도현(丹徒縣) 동남쪽 18리 지점에 있으며, 한의 단도현이다. 『진태강지지(晉太康地志)』에서는 말하기를 '오왕(吳王) 비(濞)가 모반하여 단도로 달아나자 월인(越人)이 이 성의 남쪽에서 죽였다.'라 하였다. 『서주기(徐州記)』에서는 '진(秦)이 붉은 옷을 입은 죄수들에게 그 땅을 파게 하여 이 때문에 단도(丹徒)라 불렀다. 판 곳은 지금 옛 현의 서북쪽 6리 지점에 있다. 단도는 고개가 동남쪽으로 길게 연결되어 있는데 구불구불 얽히어 용의 형상을 하고 있으므로 진(秦)이 꼭대기를 파서 백여 보를 넓히고 또 구덩이를 끼고 용머리를 하고 있어서 그 형상을 허물었다. 구덩이가 있는 곳은 곧 지금의 용(龍)과 월(月) 두 호수인데 모두 밭이 되었다.'라 하였다."

82 **정의** 월인(越人)은 곧 단도(丹徒) 사람이다. 월이 오(吳)를 멸하자 단도는 초(楚)에 귀속되었다. 진(秦)은 초를 멸한 후에 36군을 설치하였는데, 단도현이 회계군에 속하였으므로 단도를 월인이라 생각하였다.

於是諸將乃以太尉計謀爲是.	이에 장수들이 곧 태위의 계모를 옳게 여겼다.
由此梁孝王與太尉有郤.	이로 말미암아 양효왕과 태위 사이에는 틈이 생겼다.
歸,	돌아오자
復置太尉官.	태위의 관직을 다시 설치하였다.
五歲,	5년이 지나
遷爲丞相,	승상으로 옮겼으며
景帝甚重之.	경제가 매우 중시하였다.
景帝廢栗太子,	경제가 율태자를 폐하자
丞相固爭之,	승상이 힘껏 간쟁하였으나
不得.	이루어지지 않았다.
景帝由此疏之.	경제는 이로 말미암아 그를 멀리하였다.
而梁孝王每朝,	양효왕은 매일 조현하여
常與太后言條侯之短.	늘 태후와 함께 조후의 단점을 이야기하였다.
竇太后曰:	두태후는 말하였다.
"皇后兄王信可侯也."	"황후의 오빠 왕신을 후로 봉할 만하오."
景帝讓曰:	경제는 거절하면서 말하였다.
"始南皮·章武侯[83]先帝不侯,	"처음에 남피와 장무후는 선제가 후로 봉하지 않았고
及臣即位乃侯之.	신이 즉위하고서야 후로 봉하였습니다.
信未得封也."	왕신은 아직 봉할 수 없습니다."

83 집해 찬(瓚)은 말하였다. "남피(南皮)는 두팽조(竇彭祖)로 태후의 조카이다. 장무후(章武侯)는 태후의 아우 광국(廣國)이다."

竇太后曰:	두태후는 말하였다.
"人主各以時行耳.[84]	"인주는 각자 때에 맞춰 행할 따름이오.
自竇長君在時,	두 장군은 살아 있을 때는
竟不得侯,	결국 후의 지위를 얻지 못하였지만
死後乃(封)其子彭祖顧得侯.[85]	죽고 난 다음에는 그 아들 팽조가 오히려 제후에 봉해졌소.
吾甚恨之.	내 매우 유감스러워하오.
帝趣侯信也!"	황제께서는 서둘러 왕신을 후에 봉하시오!"
景帝曰:	경제가 말하였다.
"請得與丞相議之."	"승상과 상의해 볼 것을 청합니다."
丞相議之,	승상이 의논하였는데
亞夫曰:	아부가 말하였다.
"高皇帝約'非劉氏不得王,	"고황제가 규정하기를 '유 씨가 아니면 왕이 되지 못하고
非有功不得侯.	공을 세우지 못하면 후가 되지 못한다.
不如約,	규정대로 하지 않으면
天下共擊之'.	천하에서 함께 공격하라.'라 하였습니다.
今信雖皇后兄,	지금 왕신은 비록 황후의 오빠이긴 하나
無功,	공이 없으니
侯之,	후로 봉하면
非約也."	규정이 아닙니다."
景帝默然而止.	경제는 잠자코 있다가 그만두었다.

84 색은 인주(人主)는 각자 그 때에 당하여 일을 행하며 일일이 법을 살필 필요가 없다는 것이다. 정의 인주(人主)는 "인생(人生)"으로 되어 있다.

85 색은 허신(許愼)은 『화남자(淮南子)』의 주에서 말하였다. "고(顧)는 도리어(反)이다."

其後匈奴王[唯]徐盧等五人降,	그 후 흉노왕 유서로 등 5명이 항복하여
景帝欲侯之以勸後.	경제는 그들을 후에 봉하여 후의 사람들에게 (항복을) 권면하려고 하였다.
丞相亞夫曰:	승상 아부가 말하였다.
"彼背其主降陛下,	"저들은 그 임금을 배신하고 폐하께 항복하였사온데
陛下侯之,	폐하께서 그들을 제후에 봉하시면
則何以責人臣不守節者乎?"	어떻게 신하들에게 절조를 지키게 권하겠습니까?"
景帝曰:	경제가 말하였다.
"丞相議不可用."	"승상의 의견은 쓸 수 없소."
乃悉封[唯]徐盧等爲列侯.[86]	이에 유서로 등을 모두 열후에 봉하였다.
亞夫因謝病.	아부는 이에 병을 핑계로 물러났다.
景帝中三年,	경제 중원(中元) 3년에
病免相.	병으로 승상에서 면직되었다.

頃之,	얼마 후
景帝居禁中,	경제가 궁궐에서
召條侯,	조후를 불러
賜食.	음식을 내렸다.
獨置大胾,[87]	큰 고기 덩어리만 놓여 있었고
無切肉,	썬 고기는 없었으며

86 색은 「공신표(功臣表)」에서 유서로(唯徐盧)는 용성후(容城侯)에 봉하여졌다고 하였다.

87 집해 위소는 말하였다. "자(胾)는 크게 저민 고기이다. 음은 지(側吏反)이다." 색은 '臠'의 음은 련(李轉反)이다. 저민 고기를 말한다.

又不置櫡.	또한 젓가락도 놓여 있지 않았다.
條侯心不平,	조후는 내심 마음이 가라앉지 않아
顧謂尚席取櫡.[88]	상관을 돌아보며 젓가락을 갖다달라고 하였다.
景帝視而笑曰:	경제가 보고 웃으면서 말하였다.
"此不足君所乎?"[89]	"이것이 그대가 바라는 것에 부족하오?"
條侯免冠謝.	조후는 관모를 벗고 사죄하였다.
上起,	상이 일어나자
條侯因趨出.	조후는 따라서 종종걸음으로 나섰다.
景帝以目送之,	경제는 눈으로 전송하면서
曰:	말하였다.
"此怏怏者非少主臣也!"	"이 불만이 많은 사람은 어린 임금의 신하가 아니다!"

88 **집해** 응소는 말하였다. "상석(尚席)은 자리를 주관하는 자이다." **색은** 고 씨(顧氏)는 『여복잡사(輿服雜事)』에 의하여 말하기를 "육상(六尚)은 상석(尚席)으로, 무장(武帳)의 휘장을 관장한다."라 하였다. '櫡'의 음은 저(筯)이다. 『한서』에는 "저(箸)"로 되어 있다. 저(箸)는 먹을 때 쓰는 것이다. 유후(留侯)는 말하기를 "앞의 젓가락을 빌려서 헤아려보겠다(借前箸以籌之)"라 하였다. 『예(禮)』에서는 말하기를 "국 가운데 채소가 있는 것은 젓가락(梜)을 쓴다"라 하였다. 협(梜) 또한 젓가락의 종류이므로 정현(鄭玄)은 말하기를 "지금 사람은 저(箸)를 협(梜)이라 한다"라 하였다.

89 **집해** 맹강은 말하였다. "고기 덩어리를 차려내고 젓가락을 두지 않은 것은 그대의 바람에 만족스럽지 않은 것이 아닌가? 라는 것이다. 싫어하고 원망스러워하는 것이다." 여순은 말하였다. "실로 그대가 먹을 음식을 차린 것으로 부족하지 않은데 어쩌다 실수한 것이라는 것이다." **색은** 젓가락을 처려 놓지 않은 것은 이는 아마 나의 뜻이 아니니 그대에게 부족함이 있겠는가 하는 것일 것이다. 그래서 여순은 말하기를 "실로 그대가 먹을 음식을 차린 것으로 부족하지 않은데 어쩌다 실수한 것이라는 것이다."라 하였다. 마땅히 그럴 것이기 때문에 황제가 보고 웃은 것이다. 본래 충분하게 생각하지 않았다면 따로 말을 하였을 것이며 반드시 그것을 보고 웃지는 않았을 것이다. 맹강과 진작은 비록 고인의 마음을 탐색하였지만 또한 반드시 그 실상을 얻었다고는 할 수 없다. 고 시(顧氏) 또한 맹 씨의 설과 같아 또한 위무(魏武: 曹操)가 순욱(荀彧)에게 빈 그릇을 내린 것을 인용하였는데 각기 다른 설을 기록한 것이다.

居無何,	얼마 있지 않아
條侯子爲父買工官尙方[90]甲楯五百被[91]可以葬者.	
	조후의 아들이 부친을 위하여 공관과 상방의 장례에 쓸 수 있는 갑옷과 방패 5백 벌을 샀다.
取庸苦之,	나른 삯꾼들이 힘들어하였는데도
不予錢.	돈을 주지 않았다.
庸知其盜買縣官器,[92]	삯꾼들은 천자가 사용하는 장례용품을 몰래 산 것을 알고
怒而上變告子,	노하여 변란을 올려 아들을 고발하여
事連汙條侯.[93]	일이 조후까지 연루되었다.
書既聞上,	고발장이 상에게까지 알려지자
上下吏.	상은 옥리에게 넘겼다.
吏簿責條侯,[94]	옥리가 문서로 조후를 문책하자
條侯不對.	조후는 대답을 하지 못했다.
景帝罵之曰:	경제가 꾸짖어 말하였다.
"吾不用也."[95]	"내 쓰지 않을 것이다."

90 집해 서광은 말하였다. "'서(西)'로 된 판본도 있다." 색은 공관(工官)은 곧 상방(尙方)의 공인인데 만든 물건이 상방에 속하기 때문에 공관 상방이라 하였다.

91 집해 서광은 말하였다. "음은 피(披)이다." 여순은 "공관(工官)은 관직 이름이다"라 하였다. 장안은 말하기를 "피(被)는 구(具: 단위사)이다. 5백 구의 갑옷과 방패이다."

92 색은 현관(縣官)은 천자(天子)를 이른다. 국가(國家)를 현관(縣官)이라고 이르는 것은 하관(夏官)에서 왕기(王畿) 안의 현은 곧 국도(國都)라 하였다. 왕자(王者)는 천하를 다스리는 관리이므로 현관(縣官)이라고 하는 것이다.

93 색은 '汙'의 음은 오(烏故反)이다.

94 집해 여순은 말하였다. "문서를 가지고 그 사정을 문책한 것이다."

95 집해 맹강은 말하였다. "너의 대답을 쓰지 않고 죽이려 하는 것이다." 여순은 말하였다. "옥리가 그가 다시 권력을 잡을까 두려워하여 감히 욕을 보이지 않은 것이다." 색은 맹강과 여순은 이미 두 가지 해석을 갖추었고, 대안(大顔)은 맹 씨의 설이 타당하다고 하였다. 요찰(姚

召詣廷尉.[96]	정위를 이르게 하였다.
廷尉責曰:	정위가 따져 말하였다.
"君侯欲反邪?"	"군후는 모반하려 했소?"
亞夫曰:	아부가 말하였다.
"臣所買器,	"신이 산 기물은
乃葬器也,	곧 장례용품이니
何謂反邪?"	어찌 모반을 한다고 이르겠소?"
吏曰:	옥리가 말하였다.
"君侯縱不反地上,	"군후는 지상에서는 모반하지 않을지언정
即欲反地下耳."	지하에서라도 모반하려 한 것일 따름이오."
吏侵之益急.	관리의 다그침은 더욱 급박해졌다.
初,	처음에
吏捕條侯,	옥리가 조후를 체포할 때
條侯欲自殺,	조후는 스스로 목숨을 끊으려 했는데
夫人止之,	부인이 말려
以故不得死,	죽지 못하고
遂入廷尉.	마침내 정위에게 보내졌다.
因不食五日,	이에 닷새 동안 먹지를 못하여
嘔血而死.	피를 토하고 죽었으며
國除.	나라가 없어졌다.

察)은 또 다른 해석을 내놓았는데 "황제가 이 옥리가 아부가 바른 말을 하지 못하게 한 것을 책망하여 임용하기에 부족하다고 생각하였으므로 아부를 불러 따로 정위에게 이르게 하여 문책하게 한 것이다."라 하였다.

96 **정의** 경제(景帝)가 조후(條侯)가 문서에 대답하지 않은 것을 보고 이에 책망하여 꾸짖어 말하기를 "내 너를 임용하지 않겠다."라 한 것이다. 그래서 불러 정위에게 이르게 하여 엄중하게 탄핵하게 한 것일 따름이다. 나머지 설은 모두 틀렸다.

絕一歲, 1년이 지나

景帝乃更封絳侯勃他子堅爲平曲侯, 경제는 곧 강후 주발의 다른 아들 견을 평곡후로 고쳐 봉하여

續絳侯後. 강후의 뒤를 잇게 하였다.

十九年卒, 19년에 죽었는데

謚爲共侯. 시호는 공후이다.

子建德代侯, 아들 건덕이 후의 대를 이었으며

十三年, 13년에

爲太子太傅. 태자태부가 되었다.

坐酎金不善, 조정에 바치는 제사 공금이 훌륭하지 않은 것에 연좌되어

元鼎五年, 원정 5년에

有罪, 죄를 지어

國除.[97] 나라가 없어졌다.

條侯果餓死. 조후는 과연 굶어죽었다.

死後, 죽은 후에야

景帝乃封王信爲蓋侯. 경제는 왕신을 개후에 봉하였다.

---

97 **집해** 서광은 말하였다. "열후들이 주금(酎金)에 연좌되어 제후의 지위를 잃은 것은 모두 원정(元鼎) 5년의 일이지만 이 구절 또한 전도된 것 같다." **색은** 이미 "주금(酎金)이 좋지 못함에 연좌되었다"라 하고 또 말하기를 "원정 5년에 연좌되어 나라가 없어졌다"라 하였으니 거듭 죄를 지은 것 같기 때문에 전도되었다고 한 것이다. 그리고 『한서』에서는 "태자태부(太子太傅)로 주금(酎金)에 연좌되어 관직이 면직되었다. 나중에 죄를 지어 나라가 없어졌다"라 하였는데, 그 문장 또한 엇섞였다. 「표(表)」에서는 연좌되어 면직되었으며, 원정 5년에 이르러 주금(酎金)에 연좌되어 또 후의 작위를 잃었다고 하였기 때문에 두 『사기』가 각각 다름이 있다.

太史公曰:	태사공은 말한다.
絳侯周勃始爲布衣時,	강후 주발이 처음에 포의의 평민이었을 때는
鄙樸人也,	비루하고 소박한 사람으로
才能不過凡庸.	재능이 범용한데 지나지 않았다.
及從高祖定天下,	고조를 따라 천하를 평정하고
在將相位,	장상의 지위에 있을 때
諸呂欲作亂,	여 씨들이 난을 일으키려 하자
勃匡國家難,	주발은 국가의 어려움을 바로잡아
復之乎正.	바른 데로 되돌려놓았다.
雖伊尹·周公,	이윤과 주공이라고 한들
何以加哉!	어떻게 더하겠는가!
亞夫之用兵,	주아부의 용병술은
持威重,	위엄과 중함을 지니고
執堅刃,	굳고 끈질김을 잡았으니
穰苴曷有加焉!	양저인들 어찌 그보다 더함이 있겠는가!
足已而不學,[98]	자만하여 배우지 않고
守節不遜,[99]	절개를 지키며 겸손하지 않아
終以窮困.	마침내 곤궁해졌다.
悲夫!	슬프도다!

98 색은 아부(亞夫)는 스스로 자기의 지모를 만족스럽게 생각하여 스스로 겸허하게 고인(古人)을 배우지 않았기 때문에 몸소 임기응변을 펼치지 못하고 행동에 거스름이 있게 되었다.

99 색은 수절(守節)은 율태자(栗太子)를 간쟁하고 왕신(王信) 유서로(唯徐盧) 등을 봉하지 않은 것이며, 불손(不遜)은 상석(尚席)을 돌아보고 젓가락을 달라고 한 것이고, 부대(不對)는 황제의 명으로 옥사를 치른 것이다.

색은술찬索隱述贊 강후는 한을 도와, 질박하고 도탑고 돈독하였다. 처음에는 탕의 동쪽을 쳤고, 또한 시의 북쪽을 에워쌌다. 공격한 곳은 반드시 빼앗았고, 토벌한 곳은 모두 이겼다. 진희는 죽음을 당하였고, 장도는 나라가 깨졌다. 일이 가는 것을 전송하는 데 있었으나, 공을 미루어 덕에 복종하였다. 열후로 봉지로 돌아가니, 태위가 하옥시켰다. 조후가 상의 지위 잇고, 이어서 평곡에 봉하였다. 안타깝구나, 현명한 장수, 부자가 대를 이어 욕을 보았으니!

絳侯佐漢, 質厚敦篤. 始擊碭東, 亦圍尸北. 所攻必取, 所討咸克. 陳豨伏誅, 臧荼破國. 事居送往, 推功伏德. 列侯還第, 太尉下獄. 繼相條侯, 紹封平曲. 惜哉賢將, 父子代辱.

28 양효왕 세가 梁孝王世家

梁孝王武者,	양효왕 무는
孝文皇帝子也,	효문황제의 아들로
而與孝景帝同母.	효경제와 동복이다.
母,	모친은
竇太后也.	두태후이다.

孝文帝凡四男:	효문제는 모두 4남을 두었는데,
長子曰太子,	장자는 태자로
是爲孝景帝;	바로 효경제이며,
次子武;	차자는 무이고,
次子參;	차자는 참,
次子勝.[1]	차자는 승이다.
孝文帝即位二年,	효문제 즉위 2년에
以武爲代王,[2]	무를 대왕으로 삼았고
以參爲太原王,[3]	참은 태원왕,

1 정의正義 『한서(漢書)』에는 "승(勝)"이 "읍(揖)"으로 되어 있다. 또한 말하기를 "제희(諸姬)가 대(代)의 효왕(孝王) 참(參)과 양(梁) 회왕(懷王) 읍(揖)을 낳았다."라 하였다. 제희(諸姬)라고 말한 것은 여러 첩이 비천하여 사서에서 성을 기록하지 않았으므로 제희(諸姬)라고 하였다.

2 집해集解 서광(徐廣)은 말하였다. "중도(中都)를 도읍으로 삼았다." 정의 『괄지지(括地志)』에서는 말하였다. "중도의 옛 성은 분주(汾州) 평요현(平遙縣) 서쪽 12리 지점에 있다."

以勝爲梁王.[4]	승은 양왕으로 삼았다.
二歲,	2년 만에
徙代王爲淮陽王.[5]	대왕을 회양왕으로 옮겼다.
以代盡與太原王,	대를 모두 태원왕에게 주고
號曰代王.	대왕이라 하였다.
參立十七年,	참은 즉위 17년인
孝文後二年卒,	효문 후원(後元) 2년에 죽었으며
諡爲孝王.	시호는 효왕이다.
子登嗣立,	아들인 등이 이어서 즉위하였는데
是爲代共王.	바로 대공왕이다.
立二十九年,	즉위 29년인
元光二年卒.	원광 2년에 죽었다.
子義立,	아들인 의가 즉위하였는데
是爲代王.	바로 대왕이다.
十九年,	19년에
漢廣關,	한이 관을 넓혀
以常山爲限,	상산을 경계로 하였으며

3 집해 서광은 말하였다. "진양(晉陽)을 도읍으로 하였다." 정의 『괄지지』에서는 말하였다. "병주(并州) 태원(太原)의 지명으로 대명성(大明城)이며 곧 옛 진양성(晉陽城)이다. 지백(智伯)과 한·위(韓·魏)가 진양에서 조양자(趙襄子)를 공격하였는데 바로 이 성이다."

4 집해 서광은 말하였다. "휴양(睢陽)을 도읍으로 하였다." 색은索隱 『한서』에서 양왕(梁王)의 이름은 읍(揖)이라고 하였는데 아마 옳을 것이다. 경제(景帝)의 아들 중산(中山) 정왕(靖王)의 이름은 승(勝)으로, 『사기』가 잘못되었을 따름이다. 정의 『괄지지』에서는 말하였다. "송주(宋州) 송성현(宋城縣)은 주(州) 남쪽 2리 지점인 외성(外城)에 있는데, 본래 한(漢)의 휴양현(睢陽縣)이다. 한문제(漢文帝)는 대량(大梁)에 아들 무(武)를 봉하였는데, 그곳이 (지대가) 낮고 습하였기 때문에 휴양으로 옮겼으므로 양(梁)으로 고쳤다."

5 집해 서광은 말하였다. "진(陳)을 도읍으로 하였다." 정의 곧 옛 진국성(陳國城)이다.

而徙代王王清河.[6] 대왕을 청하왕으로 옮겼다.
清河王徙以元鼎三年也. 청하왕으로 옮겨진 것은 원정 3년이다.

初, 처음에
武爲淮陽王十年, 무가 회양왕이 된 지 10년에
而梁王勝卒, 양왕 승이 죽었는데
謚爲梁懷王. 시호는 양회왕이다.
懷王最少子, 회왕이 가장 어린 아들로
愛幸異於他子. 다른 아들에 비해 각별한 총애를 받았다.
其明年, 그 이듬해에
徙淮陽王武爲梁王. 회양왕 무를 양왕으로 옮겼다.
梁王之初王梁, 양왕이 처음으로 양왕이 된 것은
孝文帝之十二年也. 효문제 12년이다.
梁王自初王通歷已十一年矣.[7] 양왕이 처음 왕이 된 때로부터 모두 이미 11년이 되었다.

梁王十四年, 양왕은 14년에
入朝. 입조하였다.
十七年, 17년과
十八年, 18년에
比年入朝, 연이어 입조하여
留, 머물렀으며

---

6 **집해** 서광은 말하였다. "청양(清陽)에 도읍을 정하였다." **정의** 『괄지지』에서는 말하였다. "청양의 옛 성은 패주(貝州) 청양현 서북쪽 8리 지점에 있다."

7 **색은** 문제(文帝) 2년 처음 대(代)에 봉해진 후로부터 나중에 회양(淮陽)으로 옮겼고, 또 양(梁)으로 옮겼으며 통합하면 문제 2년에서 12년 양으로 옮기기까지 11년이다.

其明年,	그 이듬해에
乃之國.	곧 봉국으로 갔다.
二十一年,	21년에
入朝.	입조하였다.
二十二年,	22년에
孝文帝崩.	효문제가 죽었다.
二十四年,	24년에
入朝.	입조하였다.
二十五年,	25년에
復入朝.	다시 입조하였다.
是時上未置太子也.	이때 상은 아직 태자를 두지 않았다.
上與梁王燕飮,	상은 양왕과 술을 마시면서
嘗從容言曰:	조용히 말한 적이 있다.
"千秋萬歲後傳於王."	"내가 죽은 후에 왕위를 전하겠다."
王辭謝.	왕은 사절하였다.
雖知非至言,	(상은) 진실된 말이 아닌 줄은 알았지만
然心內喜.	내심 기뻐했다.
太后亦然.	태후 또한 그러하였다.

其春,	그해 봄
吳楚齊趙七國反.	오·초·제·조 7국이 반란을 일으켰다.
吳楚先擊梁棘壁,[8]	오·초는 먼저 양의 극벽을 쳐서

8 **집해** 문영(文穎)은 말하였다. "지명이다." **색은** 『좌전(左傳)』「선공(宣公) 2년」에 송(宋)의 화원(華元)이 대극(大棘)에서 싸웠다. 두예(杜預)는 양읍(襄邑) 동남쪽에 있다고 하였는데 아마 곧 바로 극벽(棘壁)일 것이다. **정의** 『괄지지』에서는 말하였다. "대극의 옛 성은 송주(宋州) 영릉현(寧陵縣) 서남쪽 70리 지점에 있다."

殺數萬人.	수만 명을 죽였다.
梁孝王城守睢陽,	양효왕은 성을 굳게 하고 휴양을 지키며
而使韓安國·張羽等爲大將軍,	한안국과 장우 등을 대장군으로 삼아
以距吳楚.	오·초에 맞섰다.
吳楚以梁爲限,	오·초는 양에게 막혀
不敢過而西,	감히 지나서 서진하지 못하고
與太尉亞夫等相距三月.	태위 아부 등과 서로 석 달을 대치했다.
吳楚破,	오·초가 깨졌을 때
而梁所破殺虜略與漢中分.[9]	양이 깨뜨리고 죽이고 노략질한 것이 한과 대등했다.
明年,	이듬해에
漢立太子.	한이 태자를 세웠다.
其後梁最親,	그 후 양이 가장 친하고
有功,	공을 세워
又爲大國,	또한 대국이 되었으며
居天下膏腴地.	천하의 기름진 땅을 차지하였다.
地北界泰山,	땅은 북으로는 태산과 경계를 이루고
西至高陽,[10]	서로는 고양에 이르며
四十餘城,	40여 성인데
皆多大縣.	모두 (인구가) 많은 큰 현이었다.

---

9 **집해** 『한서음의(漢書音義)』에서는 말하였다. "양(梁)이 오·초에서 노획한 것이 대략 한(漢)과 같다는 것이다."

10 **집해** 서광은 말하였다. "진류(陳留) 어현(圉縣)에 있다." 사마표(司馬彪)는 "어(圉)에 고양정(高陽亭)이 있다"라 하였다. **색은** 어현(圉縣)은 진류(陳留)에 속한다. 고양(高陽)은 향(鄕)의 이름이다. 주(注)에서 사마표를 인용한 것은 『속한서(續漢書)』「군국지(郡國志)」에서 나왔다.

孝王,	효왕은
竇太后少子也,	두태후의 작은 아들인데
愛之,	사랑하여
賞賜不可勝道.	상으로 내린 것을 이루 다 말할 수 없다.
於是孝王築東苑,[11]	이에 양효왕은 동원을 건축하였는데
方三百餘里.[12]	3백여 평방 리였다.
廣睢陽城七十里.[13]	휴양성을 70리로 넓혔다.
大治宮室,	궁실을 크게 수축하고
爲複道,[14]	복도를 만들었는데
自宮連屬於平臺三十餘里.[15]	궁에서 평대까지 30여 리나 이어졌다.

11 색은 축(築)은 세우는 것이다. 『백호통(白虎通)』에서는 말하였다. "원(苑의 이름)을 동(東)이라고 한 것은 어째서인가? 아마 동방에서 사물이 나기 때문일 것이다."

12 색은 그 사치함을 말한 것일 것으로 사실적인 말이 아니다. 혹자는 양국(梁國) 봉역의 평방 리라고 하였다. 정의 『괄지지』에서는 말하였다. "토원(兎園)은 송주(宋州) 송성현(宋城縣) 동남쪽 10리 지점에 있다. 갈홍(葛洪)의 『서경잡기(西京雜記)』에서는 '양효왕(梁孝王)의 원(苑)에는 낙원암(落猿巖)과 서용수(栖龍岫), 안지(鴈池), 학주(鶴洲), 부도(鳧島)가 있었다. 궁관(宮觀)들은 서로 이어져 있었고 기이한 과수와 아름다운 나무, 예쁜 새와 기이한 짐승이 다 갖추지 않음이 없었다.'라 하였다. 속인들은 양효왕(梁孝王)의 죽원(竹園)이라고 하였다."

13 색은 소림(蘇林)은 말하였다. "그 직경을 넓힌 것이다." 『태강지리기(太康地理記)』에서는 말하였다. "성은 13평방 리로 양효왕(梁孝王)이 지었으며, 북을 쳐서 창도를 고취하고 공이로 박자를 맞춘 후에 화답하는 것을 「휴양곡(睢陽曲)」이라고 한다. 지금 그것을 따랐으므로 악가(樂家)에 「휴양곡(睢陽曲)」이 있는데 아마 그 유음(遺音)을 택하였을 것이다."

14 역주 복도(複道)는 각도(閣道)라고도 하며 누각(樓閣)과 누각을 공중으로 이어주는 연결 통로이다. 요즘 개념의 복도와는 달리 2층 통로 같은 개념이다. 「진시황본기」에 보이는데 왕이나 비빈 등 신분이 높은 자들은 2층의 복도로 다녔고 신분이 낮은 자들은 1층의 통로로 다녔다.

15 집해 서광은 말하였다. "휴양(睢陽)에 평대리(平臺里)가 있다." 여순(如淳)은 말하기를 "양(梁)의 동북쪽에 있는데 이궁(離宮)이 있는 곳이다." 진작(晉灼)은 말하기를 "혹자는 성의 동북쪽 모서리에 있다고 하였다." 색은 여순은 말하였다. "양(梁)의 동북쪽에 있는데 이궁(離宮)이 있는 곳이다"라 한 것은 지금 성 동쪽 20리 지점의 신하(新河)에 임한 곳으로 옛 대

得賜天子旌旗,	천자의 깃발을 내려 받았으며
出從千乘萬騎.[16]	외출할 때 천 승과 만 기를 딸렸다.
東西馳獵,	동서로 치달리며 사냥을 하였는데
擬於天子.	천자에 비길 만하였다.
出言趩,	나설 때는 벽제를 하였고
入言警.[17]	들어올 때도 경계를 하였다.
招延四方豪桀,	사방의 호걸을 불러들여
自山以東游說之士.	산 동쪽의 유세하는 사 가운데
莫不畢至,	이르지 않은 사람이 없었으니
齊人羊勝·公孫詭·鄒陽之屬.	제 사람 양승과 공손궤, 추양 따위이다.
公孫詭多奇邪計,[18]	공손궤는 기이하고 사악한 계책을 많이 내었는데
初見王,	처음 왕을 뵙자
賜千金,	(왕은) 천금을 내려 주었다.
官至中尉,	관직은 중위에 이르렀으며
梁號之曰公孫將軍.	양에서는 공손장군이라 불렀다.
梁多作兵器弩弓矛數十萬,	양은 병기를 많이 만들어 강궁과 창이 수십 만

지(臺址)가 있는데 그다지 높지 않고 속칭 평대(平臺)라고도 하고 또한 일명 수죽원(脩竹苑)이라고도 한다. 『서경잡기(西京雜記)』에서는 말하기를 "낙원암(落猿巖)과 부주(鳧洲), 안저(鴈渚)가 있는데 70여 리에 걸쳐 이어져 있다."라 하였다.

16 색은 『한관의(漢官儀)』에서는 말하였다. "천자는 법가(法駕)가 36승(乘)이고 대가(大駕)가 81승으로 모두 천 승과 만 기를 갖추고 나서는 것이다."

17 색은 『한구의(漢舊儀)』에서는 말하였다. "황제의 연(輦)이 거동하는 것을 경(警)이라 하며, 전(殿)을 나서면 벽제를 하고 사람의 통행을 그치고 길을 청소한다." 출입(出入)이라는 것은 호문(互文)으로 입(入) 또한 벽제를 한다.

18 색은 『주례(周禮)』에 "기사(奇衺)한 사람이 있다"라 하였는데, 정현(鄭玄)은 말하기를 "기사(奇衺)는 매우 휼괴(譎怪)한 것이며, 기(奇)의 음은 기(紀宜反)이고, 사(邪)의 음은 사(斜)이다"라 하였다.

	이나 되었으며
而府庫金錢且百巨萬,[19]	부고의 금전은 거의 백 거만이나 되었고
珠玉寶器多於京師.	주옥과 보기가 경사보다 많았다.

二十九年十月,	29년 10월에
梁孝王入朝.	양효왕이 입조하였다.
景帝使使持節乘輿駟馬,	경제는 사자에게 부절을 지니고 사두마차를 타고
迎梁王於關下.[20]	관 아래에서 양왕을 맞게 하였다.
既朝,	입조하자
上疏因留,	상소하여 그대로 머물렀는데
以太后親故.	태후가 그를 가까이 하였기 때문이다.
王入則侍景帝同輦,	왕이 들어오면 경제를 모시고 연을 함께 탔으며
出則同車游獵,	나가면 같은 수레를 타고 사냥을 하면서
射禽獸上林中.	상림에서 짐승을 쏘았다.
梁之侍中·郎·謁者著籍引出入[21]天子殿門,	양의 시중과 낭, 알자는 통행증을 착용하고 천자의 전문을 출입하니
與漢宦官無異.	한의 환관과 다를 바가 없었다.

十一月,	11월에

---

19 **색은** 여순은 말하였다. "거(巨) 또한 크다는 뜻으로 대백만(大百萬)과 같은 뜻이다." 위소(韋昭)는 말하였다. "대백만(大百萬)은 지금의 만만(萬萬: 億)이다."

20 **집해** 등전(鄧展)은 말하였다. "다만 사두마차를 가지고 간 것이다." 찬(瓚)은 말하였다. "승여사마(乘輿駟馬)라고 일컬은 것은 거마(車馬)가 모두 가서 육두마차를 타지 않았다고 하였을 따름이다. 천자의 부거(副車)는 사두마차를 쓴다."

21 **정의** '著'의 음은 착(竹略反)이다. 적(籍)은 명부(名簿)이며, 지금의 통인(通引)으로 문을 출입하는 것이다.

上廢栗太子, 상은 율태자를 폐하였는데

竇太后心欲以孝王爲後嗣. 두태후는 내심 효왕을 후사로 삼았으면 하였다.

大臣及袁盎等有所關說於景帝,[22]
대신 및 원앙 등이 경제에게 막는 말을 하자

竇太后義格,[23] 두태후의 뜻은 그쳤고

亦遂不復言以梁王爲嗣事由此.
또한 결국 다시는 양효왕을 후사로 하자고 말하지 못함이 여기서 말미암았다.

以事秘, 일을 숨겨서

世莫知. 세상에서는 아무도 알지 못했다.

乃辭歸國. 이에 하직하고 봉국으로 돌아갔다.

其夏四月, 그해 여름 4월에

上立膠東王爲太子. 상은 교동왕을 태자로 세웠다.

梁王怨袁盎及議臣, 양왕은 원앙 및 논의한 신하를 원망하여

乃與羊勝·公孫詭之屬陰使人刺殺袁盎及他議臣十餘人.
이에 양승, 공손궤의 무리와 함께 몰래 사람을 시켜 원앙 및 다른 논의한 신하 10여 명을 찔러 죽였다.

---

22 색은 원앙(袁盎)은 말하기를 "한(漢) 왕가는 주(周)의 도를 본받아 아들을 세워야 한다"라 하였는데, 이것이 황제에게 반대하는 말을 한 것이다. 어떤 사람은 관(關)은 격(隔)이라고 하였다. 일을 끌어서 떼어놓는 것은 그 설이 행하여지지 않는 것이다.

23 집해 여순은 말하였다. "궤각(跂閣)에서 내려오지 못하는 것이다." 색은 장안(張晏)은 말하기를 "격(格)은 그치는 것이다"라 하였다. 복건(服虔)은 말하기를 "격(格)은 멈추어 그만두어 행하지 않는 것을 이른다"라 하였다. 소림(蘇林)은 음이 각(閣)이라고 하였다. 주성(周成)의 『잡자(雜字)』에서는 "궤각(跂閣)이다"라 하였다. 『통속문(通俗文)』에서 말하기를 "높이 시렁을 설치하여 세우는 것을 궤각(跂閣)이라고 한다"라 하였다. 『자림(字林)』에서 음은 기(紀)라 하였고, 또한 음이 궤(詭)라고도 하였다.

逐其賊, 그 적도를 쫓았으나

未得也. 잡지 못하였다.

於是天子意梁王,[24] 이에 천자는 양왕을 염두에 두고

逐賊, 적도를 쫓았는데

果梁使之. 과연 양에서 시킨 것이었다.

乃遣使冠蓋相望於道, 이에 사자를 보내어 길에서 관모와 수레 덮개가 서로 보일 정도였고

覆按梁, 양을 조사하여

捕公孫詭·羊勝. 공손궤와 양승을 체포했다.

公孫詭·羊勝匿王後宮. 공손궤와 양승은 왕의 후궁에 숨었다.

使者責二千石急, 사자가 이천석을 다급하게 문책하자

梁相軒丘豹[25]及內史韓安國進諫王, 양의 상 헌구표 및 내사 한안국이 왕에게 나아가 간하여

王乃令勝·詭皆自殺, 왕은 이에 승과 궤에게 자살을 명하고

出之. 내주었다.

上由此怨望於梁王. 상은 이로 말미암아 양왕을 원망하였다.

梁王恐, 양왕은 두려워하여

乃使韓安國因長公主謝罪太后, 이에 한안국에게 장공주를 통하여 태후께 사죄하게 하였으며

然后得釋. 그런 다음에야 풀려나게 되었다.

上怒稍解, 상의 분노가 조금 풀리자

24 **색은** 양(梁)에서 찔러 죽인 것으로 의심하였다는 것을 이른다.

25 **정의** 성은 헌구(軒丘)이고 이름은 표(豹)이다.

因上書請朝.	이에 글을 올려 입조할 것을 청하였다.
既至關,	관에 이르자
茅蘭[26]說王,	모란이 왕에게 말하여
使乘布車,[27]	포거에 태우고
從兩騎入,	두 기마를 딸리어 들어가
匿於長公主園.	장공주의 동산에 숨겼다.
漢使使迎王,	한이 사자를 보내 왕을 맞았는데
王已入關,	왕은 이미 관으로 들어가고
車騎盡居外,	거기는 모두 밖에 머물러
不知王處.	왕이 있는 곳을 몰랐다.
太后泣曰:	태후가 눈물을 흘리며 말하였다.
"帝殺吾子!"	"황제가 내 아들을 죽였다!"
景帝憂恐.	경제는 근심하며 두려워하였다.
於是梁王伏斧質於闕下,	이에 양왕이 궐 아래에서 부질에 엎드리어
謝罪,	사죄한
然後太后·景帝大喜,	다음에 태후와 경제가 크게 기뻐하여
相泣,	서로 눈물을 흘리며
復如故.	옛 관계를 회복하였다.
悉召王從官入關.	왕의 수행관원을 모두 불러 관으로 들였다.
然景帝益疏王,	그러나 경제는 왕을 더욱 멀리하여
不同車輦矣.	수레와 연을 함께 타지 않았다.
三十五年冬,	35년 겨울에

---

26 집해 『한서음의』에서는 말하였다. "모란(茅蘭)은 효왕(孝王)의 신하이다."

27 집해 장안은 말하였다. "포거(布車)는 복식(服飾)을 낮추어 스스로 상주(喪主)에 비긴 것이다."

復朝.	다시 입조하였다.
上疏欲留,	상소하여 머물고자 하였으나
上弗許.	상이 허락하지 않았다.
歸國,	봉국으로 돌아오자
意忽忽不樂.	실의하여 즐겁지가 않았다.
北獵良山,[28]	북쪽 양산에서 사냥을 할 때
有獻牛,	누가 소를 바쳤는데
足出背上,[29]	다리가 등 위로 나
孝王惡之.	효왕은 싫어하였다.
六月中,	6월 중에
病熱,	열병이 들어
六日卒,	엿새 만에 죽었으며
謚曰孝王.[30]	시호를 효왕이라 하였다.

孝王慈孝,	효왕은 인자하고 효성스러워
每聞太后病,	태후가 병들었다는 말을 듣기만 하면
口不能食,	입으로 음식을 먹을 수가 없었고
居不安寢,	거처하면 잠자리가 편치 못하여

28 **색은** 『한서』에는 "양산(梁山)"으로 되어 있다. 『술정기(述征記)』에서는 "양산(良山)은 청수(淸水)를 사이에 두고 있다."라 하였다. 지금 수장현(壽張縣) 남쪽에 양산(良山)이 있는데, 복건은 이 산이라고 하엿다. **정의** 『괄지지』에서는 말하기를 "양산(梁山)은 운주(鄆州) 수장현(壽張縣) 남쪽 35리 지점에 있다"라 하였는데, 곧 사냥을 한 곳이다.

29 **색은** 장안은 말하였다. "다리는 아래에 있어야 몸을 도와준다. 지금 등 위로 나왔으니 효왕(孝王)이 조정을 등지고 타오른 형상이다. 북(北)은 음(陰)이다. 또한 양산(梁山)에 있으니 분명히 양(梁)이다. 소(牛)는 축(丑)의 가축으로 6월에 없어진다. 북방의 수는 6이므로 6월 6일에 죽은 것이다."

30 **색은** 『술정기』에서는 말하였다. "탕(碭)에 양효왕(梁孝王)의 무덤이 있다."

常欲留長安侍太后.	늘 장안에 머물며 태후를 모시려고 했다.
太后亦愛之.	태후 또한 그를 아꼈다.
及聞梁王薨,	양왕이 죽었다는 말을 듣자
竇太后哭極哀,	두태후는 곡을 하며 매우 슬퍼하여
不食,	식사를 하지 않고
曰:	말하였다.
"帝果殺吾子!"	"황제가 결국 내 아들을 죽이고 말았다!"
景帝哀懼,	경제는 슬퍼하고 두려워하여
不知所爲.	어찌할 바를 몰랐다.
與長公主計之,	장공주와 의논하여
乃分梁爲五國,[31]	이에 양을 다섯 나라로 나누어
盡立孝王男五人爲王,	효왕의 아들 다섯을 다 왕으로 세웠으며
女五人皆食湯沐邑.	딸 다섯에게는 모두 탕목읍을 받아먹게 하였다.
於是奏之太后,	이에 태후에게 아뢰니
太后乃說,	태후가 곧 기뻐하여
爲帝加壹飡.	황제를 생각해서 (억지로) 식사를 더 들었다.

梁孝王長子買爲梁王,	양효왕의 장자 매는 양왕이 되었는데
是爲共王;	바로 공왕이며,
子明爲濟川王;	아들 명은 제천왕이 되었고,
子彭離爲濟東王;	아들 팽리는 제동왕이 되었으며,
子定爲山陽王;	아들 정은 산양왕이 되었고,

31 **색은** 장자인 매(買)는 양공왕(梁共王)이다. 아들 명(明)은 제천왕(濟川王)이다. 아들 팽리(彭離)는 제동왕(濟東王)이다. 아들 정(定)은 산양왕(山陽王)이다. 아들 불식(不識)은 제음왕(濟陰王)이다.

子不識爲濟陰王. 아들 불식은 제음왕이 되었다.

孝王未死時, 효왕이 아직 죽지 않았을 때는
財以巨萬計, 재산이 거만을 헤아려
不可勝數. 이루 셀 수가 없었다.
及死, 죽었을 때
藏府餘黃金尚四十餘萬斤, 창고에 남아 있는 황금이 여전히 40여 만 근이었으며
他財物稱是. 다른 재물도 이와 같았다.

梁共王三年, 양공왕 3년에
景帝崩. 경제가 죽었다.
共王立七年卒, 공왕은 즉위 7년에 죽고
子襄立, 아들 양이 즉위하였는데
是爲平王. 바로 평왕이다.

梁平王襄[32]十四年, 양평왕 양은 재위 기간이 14년이었으며
母曰陳太后. 모친은 진태후이다.
共王母曰李太后. 공왕의 모친은 이태후이다.
李太后, 이태후는
親平王之大母也. 평왕의 친조모이다.
而平王之后姓任, 평왕의 후의 성이 임이어서
曰任王后. 임왕후라 하였다.
任王后甚有寵於平王襄. 임왕후는 평왕 양으로부터 매우 총애를 받았다.

32 색은 『한서』에는 "양(讓)"으로 되어 있다.

初,	처음
孝王在時,	양효왕이 살아 있을 때
有罍樽,[33]	(구름 우레 문양) 술통이 있었는데
直千金.	천금의 값어치가 되었다.
孝王誡後世,	효왕은 후세에 타일러
善保罍樽,	술통을 잘 지켜
無得以與人.	남에게 주지 못하게 하였다.
任王后聞而欲得罍樽.	임왕후가 듣고 술통을 가지고 싶었다.
平王大母李太后曰:	평왕의 조모 이태후가 말하였다.
"先王有命,	"선왕의 명으로
無得以罍樽與人.	술통은 남에게 줄 수 없습니다.
他物雖百巨萬,	다른 것들은 백거만이라도
猶自恣也."	마음대로 하십시오."
任王后絕欲得之.	임왕후는 더욱 그것을 갖고 싶어졌다.
平王襄直使人開府取罍樽,	평왕 양은 곧장 사람을 보내 창고를 열고 술통을 가져오게 하여
賜任王后.	임왕후에게 내렸다.
李太后大怒,	이태후는 크게 노하여
漢使者來,	한의 사자가 오자
欲自言,	직접 말하려 하였는데
平王襄及任王后遮止,	평왕 양 및 임왕후가 차단하여
閉門,	문을 닫아

33 **집해** 정덕(鄭德)은 말했다. "뚜껑에 구름과 우레의 형상을 새겼다." **색은** 응소(應劭)는 말하였다. "『시(詩)』에서 말하기를 '저 금 술잔에 술 따른다(酌彼金罍)'라는 구절이 있다. 뇌(罍)는 구름과 우레의 형상을 그려서 금으로 장식한 것이다."

李太后與爭門, 이태후가 함께 문을 다투었는데

措指,[34] 손가락이 끼었고

遂不得見漢使者. 결국 한의 사자를 만나지 못했다.

李太后亦私與食官長及郎中尹霸等士通亂,[35]
이태후 또한 사사로이 식관장 및 낭중 윤패 등 사와 음란한 간통을 한 적이 있어서

而王與任王后以此使人風止李太后,
왕과 임왕후는 이를 가지고 사람을 시켜 이태후에게 그만두라고 풍간하였으며

李太后內有淫行, 이태후는 안으로 음란한 행실이 있어서

亦已. 또한 그만두었다.

後病薨. 나중에 병으로 죽었다.

病時, 병이 들었을 때

任后未嘗請病; 임후는 병문안을 한 적이 없었고

薨, 죽자

又不持喪. 또한 거상을 하지도 않았다.

元朔中, 원삭 연간에

34 **집해** 진작은 말하였다. "허신(許愼)은 '조(措)는 둔다(置)는 뜻이다'라 하였다. 글자는 착(笮) 자로 가차되었다." **색은** 조(措)는 책(迮)의 뜻으로 읽으며, 음은 책(側格反)이다. 『한서』「왕릉전(王陵傳)」에는 "전대를 다그쳤다(迫迮前隊)"라는 말이 있는데, 모두 이 자로 되어 있다. 『설문(說文)』에서는 말하기를 "착(笮)은 다그치는 것이다"라 하였다. 문틈에 끼이는 것을 이른다.

35 **정의** 장 선생(張先生)의 구본(舊本)에는 "사(士)" 자가 있는데, 선생은 연자(衍字)라 의심을 하면서도 또한 감히 없애지 않았으므로 글자의 복판에 큰 붉은 점을 찍었다. 지금 생각건대 식관장 및 낭중 윤패 등은 사인(士人)으로 태후와 함께 음란하게 간통하였는데 그 뜻이 또한 통하는 것 같다.

睢陽人類犴反者,[36]	휴양 사람 유안반은
人有辱其父,	어떤 사람이 그의 부친을 욕보이자
而與淮陽太守客出同車.	회양태수의 객과 같은 수레로 외출을 하였다.
太守客出下車,	태수의 객이 나가서 수레에서 내리자
類犴反殺其仇於車上而去.	유안반은 수레에서 그 원수를 죽이고 떠났다.
淮陽太守怒,	회양태수는 노하여
以讓梁二千石.	양의 이천석을 문책했다.
二千石以下求反甚急,	이천석 이하는 유안반을 매우 다급하게 찾았고
執反親戚.	유안반의 친척을 잡아들였다.
反知國陰事,	유안반은 나라의 은밀한 일을 알고
乃上變事,	곧 변고를 올리어
具告知王與大母爭樽狀.	왕과 조모가 준을 가지고 다툰 상황을 낱낱이 일러서 알렸다.
時丞相以下見知之,	당시 승상 이하가 이를 알고
欲以傷梁長吏,	양의 장리에게 타격을 주려고 하여
其書聞天子.	그 글을 천자에게 알렸다.
天子下吏驗問,	천자가 관리를 보내 심문하였더니
有之.	그런 일이 있었다.
公卿請廢襄爲庶人.	공경들은 양을 서인으로 폐하기를 청했다.
天子曰:	천자가 말하였다.
"李太后有淫行,	"이태후에게 음행이 있고
而梁王襄無良師傅,	양왕 양에게 훌륭한 스승이 없어서
故陷不義."	불의에 빠졌다."

36 **색은** 위소는 "'犴'의 음은 안(岸)이다"라 하였다. 유안반(類犴反)은 사람의 성명이다. 반(反) 자는 혹 "우(友)"로 된 곳이 있다.

乃削梁八城, 이에 양의 여덟 성을 삭탈하고
梟任王后首于市. 저자에서 임왕후를 효수하였다.
梁餘尚有十城. 양에는 아직 10개의 성이 남았다.
襄立三十九年卒, 양왕은 즉위 39년에 죽었으며
謚爲平王. 시호는 평왕이다.
子無傷立爲梁王也. 아들 무상이 양왕으로 즉위하였다.

濟川王明者, 제천왕 명은
梁孝王子, 양효왕의 아들이며
以桓邑侯[37]孝景中六年爲濟川王.
환읍후로 효경 중원 6년에 제천왕이 되었다.
七歲, 7세에
坐射殺其中尉, 중위를 쏘아죽인 일에 연좌되어
漢有司請誅, 한의 유사가 죽일 것을 청하였는데
天子弗忍誅, 천자가 차마 죽이지 못하여
廢明爲庶人. 명을 서인으로 폐하였다.
遷房陵, 방릉으로 옮기고
地入于漢爲郡. 땅은 한으로 편입되어 군이 되었다.

濟東王彭離者, 제동왕 팽리는
梁孝王子, 양효왕의 아들이며
以孝景中六年爲濟東王. 효경 중원 6년에 제동왕이 되었다.
二十九年, 29년에
彭離驕悍, 팽리는 교만하고 사나워

37 **색은** 「지리지」에 환읍(桓邑)은 빠져 있다.

無人君禮,	임금의 예를 잃어
昏暮私與其奴·亡命少年數十人行剽殺人,	
	저녁에 사사로이 종과 망명한 소년 수십 명과 함께 사람을 죽이고 약탈하여
取財物以爲好.[38]	재물을 빼앗는 것을 좋아하였다.
所殺發覺者百餘人,	죽여서 발각된 자가 백여 명이었는데
國皆知之,	나라에서 모두 알고
莫敢夜行.	아무도 감히 밤에 다니질 않았다.
所殺者子上書言.	죽은 자의 아들이 글을 올려 말하였다.
漢有司請誅,	한의 유사가 죽일 것을 청하였는데
上不忍,	상이 차마 하지 못하여
廢以爲庶人,	서인으로 폐하고
遷上庸,	상용으로 옮겼으며
地入于漢,	땅은 한으로 편입되어
爲大河郡.	대하군이 되었다.

山陽哀王定者,	산양 애왕 정은
梁孝王子,	양효왕의 아들이며
以孝景中六年爲山陽王.	효경 중원 6년에 산양왕이 되었다.
九年卒,	9년에 죽었는데
無子,	아들이 없어
國除,	나라가 없어지고
地入于漢,	땅은 한에 편입되어
爲山陽郡.	산양군이 되었다.

38 **집해** 여순은 말하였다. "이를 좋아하는 일로 삼은 것이다."

濟陰哀王不識者,	제음 애왕 불식은
梁孝王子,	양효왕의 아들이며
以孝景中六年爲濟陰王.	효경 중원(中元) 6년에 제음왕이 되었다.
一歲卒,	1년 만에 죽었는데
無子,	아들이 없어
國除,	나라가 없어지고
地入于漢,	땅은 한에 편입되어
爲濟陰郡.	제음군이 되었다.

太史公曰:	태사공은 말한다.
梁孝王雖以親愛之故,	양효왕은 비록 친애하였기 때문에
王膏腴之地,	기름진 땅의 왕이 되었지만
然會漢家隆盛,	마침 한 황가가 융성하여
百姓殷富,	백성이 풍부하였기 때문에
故能植其財貨,	그 재화를 불리고
廣宮室,	궁실을 넓혔으며
車服擬於天子.	거마와 복색이 천자에 비길 수가 있었으나
然亦僭矣.	또한 참람한 것이다.

褚先生曰:	저선생은 말한다.
臣爲郎時,	신이 낭이었을 때
聞之於宮殿中老郎吏好事者稱道之也.	궁전에서 늙은 낭리로 호사자가 말하는 것을 들었다.
竊以爲令梁孝王怨望,	나는 양효왕이 원망을 가지고

欲爲不善者,	좋지 못한 일을 하게 하고자 한 것은
事從中生.	내부에서 일어난 일이라고 생각한다.
今太后,	지금 태후는
女主也,	여주로
以愛少子故,	작은 아들을 사랑하여
欲令梁王爲太子.	양왕을 태자로 삼으려 했다.
大臣不時正言其不可狀,	대신이 그 불가한 상황을 때맞추어 바르게 말하지 않고
阿意治小,	뜻에 영합하여 작게 다스려
私說意以受賞賜,	사사로이 환심을 사서 상을 받으려 했으니
非忠臣也.	충신이 아니다.
齊如魏其侯竇嬰之正言也,[39]	엄숙하게 위기후 두영 같이 바른 말을 하였더라면
何以有後禍?	어떻게 후환이 있었겠는가?
景帝與王燕見,	경제는 왕과 함께 연석에서 만나
侍太后飮,	태후가 술 마시는 것을 모셨는데
景帝曰:	경제가 말하였다.
"千秋萬歲之後傳王."	"내가 죽은 후에 왕위를 전할 것이다."
太后喜說.	태후가 기뻐하였다.
竇嬰在前,	두영이 앞에 있다가
據地言曰:	땅에 엎드려 말하였다.
"漢法之約,	"한 법의 조항에
傳子適孫,	아들 중 적손에게 전하게 되어 있는데
今帝何以得傳弟,	지금 황제가 어떻게 아우에게 전하여

39 색은 두영(竇嬰)과 원앙(袁盎)은 모두 주(周)가 아들을 세우는 것처럼 해야 하며 아우를 세우는 것은 옳지 않다고 하였다.

擅亂高帝約乎!”	멋대로 고제의 법도를 어지럽히겠습니까!”
於是景帝默然無聲.	이에 경제는 잠자코 아무 말이 없었다.
太后意不說.	태후는 내심 기뻐하지 않았다.

故成王與小弱弟立樹下,	옛날에 성왕이 어린 아우와 나무 아래에 서서
取一桐葉以與之,	오동나무 잎 하나를 따가지고 주면서
曰:	말하였다.
“吾用封汝.”	“내 이걸로 너를 봉한다.”
周公聞之,	주공이 듣고
進見曰:	나아가 뵙고 말하였다.
“天王封弟,	“천왕이 아우를 봉한 것은
甚善.”	아주 좋은 일입니다.”
成王曰:	성왕이 말하였다.
“吾直與戲耳.”	“내 다만 농담했을 따름이오.”
周公曰:	주공이 말하였다.
“人主無過擧,	“임금은 잘못된 행실이 없어야 하고
不當有戲言,	농담을 해서는 안 되니
言之必行之.”	말한 것을 반드시 실행하여야 합니다.”
於是乃封小弟以應縣.[40]	이에 어린 동생을 응현에 봉했다.

40 **색은** 이 설은「진계가(晉系家)」와 같지 않고 일이 숙우(叔虞)를 봉한 것과 같으며, 거기서는 당(唐)에 봉하였다고 하였고 여기서는 응(應)에 봉하였다고 하였는데 응 또한 성왕의 아우이며, 혹 달리 본 것이 있을 것이므로 같지 않다. **정의** 『괄지지』에서는 말하였다. “옛 응성(應城)은 옛 응현(應鄕)으로, 여주(汝州) 노산현(魯山縣) 동쪽 40리 지점에 있다.” 『여씨춘추(呂氏春秋)』에서는 “성왕(成王)이 장난으로 오동잎을 깎아 규홀을 만들어 숙우(叔虞)를 봉하였다”라 하였으며 응후가 아니다. 또한 『급총고문(汲冢古文)』에서는 은(殷) 때 이미 응국(應國)이 있었는데 성왕(成王)이 만든 것이 아니다.

是後成王沒齒不敢有戲言,	이후로 성왕은 죽을 때까지 감히 농담을 하지 않았다.
言必行之.	말은 반드시 행해야 한다.
孝經曰:	『효경』에서는 말하였다.
“非法不言,	“예법에 맞지 않으면 말하지 않고
非道不行.”	도가 아니면 행하지 않는다.”
此聖人之法言也.	이는 성인의 격언이다.
今主上不宜出好言於梁王.	지금 주상은 양왕에게 좋은 말을 하지 않았어야 했다.
梁王上有太后之重,	양왕은 위로는 태후의 중시를 받아
驕蹇日久,	오만해진 지가 오래되었고
數聞景帝好言,	수차례나 경제의 좋은 말을 들어
千秋萬世之後傳王,	죽은 후에 왕위를 전한다고 하였는데
而實不行.	실제로 행하여지지 않았다.

又諸侯王朝見天子,	또한 제후왕이 천자를 조현하는 것은
漢法凡當四見耳.	한의 제도상 모두 4차례일 따름이었다.
始到,	처음 이르러
入小見;	들어가 소견을 하고,
到正月朔旦,	정월 초하루 아침에
奉皮薦璧玉賀正月,	가죽과 벽옥을 바치고 정월을 하례하여
法見;	법견하고,
後三日,	사흘 뒤에
爲王置酒,	왕을 위하여 주연을 마련하고
賜金錢財物;	금전과 재물을 내리며
後二日,	이틀 뒤

復入小見,	다시 들어가 소견하고
辭去.	떠난다.
凡留長安不過二十日.	장안에 머무는 기간은 모두 20일을 지나지 않는다.
小見者,	소견이라는 것은
燕見於禁門內,	금문의 안에서 (천자가) 한가할 때 뵙고
飮於省中,	궁 안에서 술을 마시는 것으로
非士人所得入也.	사인이 들어갈 수 있는 것이 아니다.
今梁王西朝,	지금 양왕은 서쪽으로 조현하여
因留,	그대로 눌러앉아
且半歲.	거의 반년을 보냈다.
入與人主同輦,	입궁하여서는 인주와 연을 함께 탔고
出與同車.	(궁을) 나설 때는 수레를 함께 탔다.
示風以大言而實不與,	풍자의 뜻을 보이며 큰 소리를 하였으나 실제로는 주지 않아
令出怨言,	원한의 말이 나오고
謀畔逆,	반역을 꾀하게 하여
乃隨而憂之,	이에 따라서 근심을 하게 되었으니
不亦遠乎!	또한 멀지 않겠는가!
非大賢人,	큰 현자가 아니면
不知退讓.	물러나 사양할 줄을 알지 못한다.
今漢之儀法,	지금 한의 의법에
朝見賀正月者,	조현하여 정월을 하례하는 것은
常一王與四侯俱朝見,	늘 왕 한 사람이 후 넷과 함께 조현하여
十餘歲一至.	10여 년에 한번 이르도록 되어 있다.
今梁王常比年入朝見,	지금 양왕은 일상적으로 매년 들어가 조현하여

久留.	오래 머물렀다.
鄙語曰"驕子不孝",	속담에 "교만한 자식은 효도를 하지 않는다" 하였는데
非惡言也.	나쁘게 비방하는 말이 아니다.
故諸侯王當爲置良師傅,	그래서 제후왕은 훌륭한 스승을 두고
相忠言之士,	충언하는 사를 상으로 삼아야 하니
如汲黯·韓長孺等,	급암과 한장유 등과 같은 사람이
敢直言極諫,	감히 직언하고 극간하였으니
安得有患害!	어찌 근심과 해가 있을 수 있겠는가!

蓋聞梁王西入朝,	대체로 듣자하니 양왕은 서로 입조하여
謁竇太后,	두 태후를 알현하여
燕見,	한가로이 뵐 때
與景帝俱侍坐於太后前,	경제와 함께 태후의 앞에서 모시고 앉아
語言私說.	사담을 주고받았다고 한다.
太后謂帝曰:	태후가 황제에게 말하였다.
"吾聞殷道親親,	"내가 듣자하니 은의 도는 어버이를 가까이 하였고
周道尊尊,[41]	주의 도는 높은 이를 높였다 하니
其義一也.	그 뜻은 마찬가지요.
安車大駕,	내가 죽은 후에
用梁孝王爲寄."	양효왕을 왕으로 부탁하오."
景帝跪席擧身曰:	경제가 자리에서 무릎을 꿇고 몸을 일으키어 말하였다.

41 **색은** 은(殷) 사람은 바탕을 숭상하여 가까운 사람을 가까이 하였는데 그 아우를 가까이 하여 왕위를 주는 것을 이른다. 주(周) 사람은 꾸미는 것을 숭상하여 높은 이를 높였는데 조상의 정체(正體)를 높이는 것을 이른다. 그러므로 그 아들을 세워 그 조상을 높인 것이다.

"諾."

"좋습니다."

罷酒出,

주연이 끝나고 나가면서

帝召袁盎諸大臣通經術者曰:

황제가 원앙과 경술에 통달한 대신들을 불러 말하였다.

"太后言如是,

"태후의 말이 이러하니

何謂也?"

무엇을 이름인가?"

皆對曰:

모두 대답하였다.

"太后意欲立梁王爲帝太子."

"태후께서는 양왕을 황제의 태자로 세우실 의향이십니다."

帝問其狀,

황제가 그 정황을 물으니

袁盎等曰:

원앙 등이 말하였다.

"殷道親親者,

"은의 도가 친한 이를 가까이 한다는 것은

立弟.

아우를 세우는 것입니다.

周道尊尊者,

주의 도가 높은 일을 높인다는 것은

立子.

아들을 세우는 것입니다.

殷道質,

은의 도는 질박한데

質者法天,

질박한 것은 하늘을 본받는 것이며

親其所親,

그 가까운 이를 가까이 하므로

故立弟.

아우를 세우는 것입니다.

周道文,

주의 도는 예의를 중시하는데

文者法地,

예의는 땅을 본받는 것이며

尊者敬也,

높이는 것은 공경하는 것이므로

敬其本始,

그 근본이 말미암음을 공경하기 때문에

故立長子.

장자를 세우는 것입니다.

周道,

주의 도는

太子死,	태자가 죽으면
立適孫.	적손을 세웁니다.
殷道.	은의 도는
太子死,	태자가 죽으면
立其弟."	그 아우를 세웁니다."
帝曰:	황제가 말하였다.
"於公何如?"	"공들의 생각은 어떻소?"
皆對曰:	모두 대답하였다.
"方今漢家法周,	"바야흐로 지금 한 황가는 주를 본받으며
周道不得立弟,	주의 도는 아우를 세울 수 없으니
當立子.	아들을 세워야 합니다.
故春秋所以非宋宣公.	그래서 『춘추』에서 송선공을 비난하는 것입니다.
宋宣公死,	송선공이 죽어
不立子而與弟.	아들을 세우지 않고 아우에게 주었습니다.
弟受國死,	아우가 나라를 받고 죽어
復反之與兄之子.	다시 형의 아들에게 돌려주었습니다.
弟之子爭之,	아우의 아들이 다투어
以爲我當代父後,	내가 아버지의 대를 이어야 한다고 생각하여
即刺殺兄子.	형의 아들을 찔러 죽였습니다.
以故國亂,	이 때문에 나라가 어지러워져
禍不絕.	화가 끊이지 않았습니다.
故春秋曰'君子大居正,	그래서 『춘추』에서 말하기를 '군자는 올바른 데 크게 거처하니
宋之禍宣公爲之'.	송의 화는 선공이 저지른 것이다.'라 하였습니다.
臣請見太后白之."	신은 청컨대 태후를 뵙고 아뢰겠습니다."
袁盎等入見太后:	원앙 등이 들어가 태후를 뵙고 말하였다.

"太后言欲立梁王,	"태후께서 양왕을 세우려 하신다고 말씀하셨는데
梁王即終,	양왕이 죽으면
欲誰立?"	누구를 세우려하십니까?"
太后曰:	태후가 말하였다.
"吾復立帝子."	"나는 다시 황제의 아들을 세우겠소."
袁盎等以宋宣公不立正,	원앙 등이 송선공이 적장자를 세우지 않아
生禍,	화가 생겼고
禍亂後五世不絕,	화란이 5세 후까지도 끊이지 않았으며
小不忍害大義狀報太后.	작은 것을 참지 않아 대의를 해친 상황을 태후께 아뢰었다.
太后乃解說,	태후가 곧 말을 알아듣고
即使梁王歸就國.	양왕을 봉국으로 돌아가게 하였다.
而梁王聞其義出於袁盎諸大臣所,	양왕은 그 뜻이 원앙과 대신들이 있는 곳에서 나왔음을 듣고
怨望,	절망하여
使人來殺袁盎.	사람을 시켜 원앙을 죽이려 했다.
袁盎顧之曰:	원앙은 그들을 돌아보며 말하였다.
"我所謂袁將軍者也,	"나는 이른바 원 장군인데
公得毋誤乎?"	그대들이 오인한 것 아닌가?"
刺者曰:	자객이 말하였다.
"是矣!"	"옳소!"
刺之,	찌르고
置其劍,	그 검을 두었는데
劍著身.	검이 몸에 박혀 있었다.
視其劍,	그 검을 보니

新治.	새로 만든 것이었다.
問長安中削厲工,	장안의 칼을 만드는 공인에게 물어보았더니
工曰:	공인이 말하였다.
"梁郎某子[42]來治此劍."	"양랑 아무개가 와서 이 검을 만들었습니다."
以此知而發覺之,	이 때문에 알아 발각되어
發使者捕逐之.	사자를 보내어 추격하여 체포하게 하였다.
獨梁王所欲殺大臣十餘人,	양왕이 죽이고 싶어 했던 대신은 10여 명으로
文吏窮本之,	법관들이 끝까지 파헤쳐보니
謀反端頗見.	모반의 단서가 자못 드러났다.
太后不食,	태후는 식사도 하지 않고
日夜泣不止.	밤낮으로 눈물을 그치지 않았다.
景帝甚憂之,	경제가 매우 걱정하여
問公卿大臣,	공경대신들에게 물어보니
大臣以爲遣經術吏往治之,	대신들은 경술을 닦은 관리를 보내어 다스리게 하면
乃可解.	해결할 수 있을 것이라 하였다.
於是遣田叔·呂季主往治之.	이에 전숙과 여계주를 보내어 다스리게 하였다.
此二人皆通經術,	이 두 사람은 모두 경술에 통달하여
知大禮.	대례를 알았다.
來還,	돌아와
至霸昌廏,[43]	패창구에 이르러
取火悉燒梁之反辭,	양이 모반하였다는 기록을 불로 몽땅 태우고

42 색은 양국(梁國)의 낭(郎)으로 효왕(孝王)의 관속(官屬)이다. 모자(某子)는 사관이 그 성명을 실전한 것이다.

43 정의 『괄지지』에서는 말하였다. "한(漢) 패창구(霸昌廏)는 옹주(雍州) 만년현(萬年縣) 동북쪽 38리 지점에 있다."

但空手來對景帝.	빈손으로 와서 경제를 대하였다.
景帝曰:	경제가 말하였다.
"何如?"	"어떠한가?"
對曰:	대답하였다.
"言梁王不知也.	"양왕은 알지 못한다고 하였습니다.
造爲之者,	모반을 일으킨 자는
獨其幸臣羊勝·公孫詭之屬爲之耳.	총신 양승과 공손궤 따위 만이 그렇게 하였을 따름입니다.
謹以伏誅死,	삼가 승복하여 죽임을 당하였고
梁王無恙也."	양왕은 무양합니다."
景帝喜說,	경제는 기뻐하며
曰:	말하였다.
"急趨謁太后."	"급히 태후를 뵙겠다."
太后聞之,	태후는 듣고
立起坐湌,	일어나 앉아 식사를 하여
氣平復.	평시의 기운을 회복하였다.
故曰,	그래서 말하기를
不通經術知古今之大禮,	경술에 통하여 고금의 대례를 알지 못하면
不可以爲三公及左右近臣.	삼공 및 좌우의 근신이 될 수 없는 것이다.
少見之人,	식견이 적은 사람은
如從管中闚天也.	대롱으로 하늘을 엿보는 것과 같다.

색은술찬索隱述贊 문제의 작은 아들이, 양으로 옮겨서 봉하여졌다. 태후의 총애가 모이니, 휴양의 궁전을 넓혀서 지었다. 깃발로 벽제를 하니, 위세가 천왕에 비길만

하였다. 공이 오·초를 막았는데, 계책은 손과 양에게서 나빠졌다. 두영은 의론이 올발랐고, 원앙은 협박 당하여 상해를 입었다. 한이 양의 옥사를 끝까지 파헤치니, 관모와 수레 덮개가 서로 이어졌다. 화가 교만한 자식을 만들어, 이 미친 지경에 이르렀다. 비록 다섯 나라로 나누어졌으나, 끝내 또한 창성하지 못했다.

文帝少子, 徙封於梁. 太后鍾愛, 廣築睢陽. 旌旂警蹕, 勢擬天王. 功扞吳楚, 計醜孫羊. 竇嬰正議, 袁盎劫傷. 漢窮梁獄, 冠蓋相望. 禍成驕子, 致此猖狂. 雖分五國, 卒亦不昌.

29 오종 세가 五宗世家[1]

孝景皇帝子凡十三人爲王,	효경황제의 아들은 모두 13명이 왕이 되었는데
而母五人,	모친은 다섯이며
同母者爲宗親.	동복은 모두 종친이다.
栗姬子曰榮·德·閼于.[2]	율희의 아들은 영과 덕, 알우이다.
程姬子曰餘·非·端.	정희의 아들은 여와 비, 단이다.
賈夫人子曰彭祖·勝.	가부인의 아들은 팽조와 승이다.
唐姬子曰發.	당희의 아들은 발이다.
王夫人兒姁[3]子曰越·寄·乘·舜.	왕부인 아후의 아들은 월과 기, 승, 순이다.

河閒獻王德,[4]	하간 헌왕 덕은
以孝景帝前二年用皇子爲河閒王.	효경제 전원 2년에 황자로 하간왕이 되었다.
好儒學,	유학을 좋아하여

1 색은索隱 경제(景帝)의 아들은 14명으로, 한 사람은 무제(武帝)이고 나머지 13명은 왕이 되었는데 『한서(漢書)』에서는 "경십삼왕(景十三王)"이라고 하였다. 여기서 "오종(五宗)"이라 한 것은 13명이 왕이 되었고 그 모친이 5명이기 때문인데, 모친이 같은 것이 종(宗)이다.

2 색은 '閼'의 음은 알(遏)이다. 『한서』에는 "우(于)" 자가 없다.

3 색은 음은 후(況羽反)이다. 아후(兒姁)는 부인의 이름이다. 왕황후(王皇后)의 누이이다.

4 색은 『한서』에서는 "대행령(大行令)이 아뢰기를 시법(謚法)에서 총명하고 예지가 있음(聰明睿智)을 헌(獻)이라 합니다라 하였다."

被服造次必於儒者. 복장과 행동거지를 반드시 유자의 법도로 하였다.

山東諸儒多從之游. 산동의 유자들이 많이 그와 종유하였다.

二十六年卒,[5] 26년에 죽고

子共王不害立. 아들 공왕 불해가 즉위하였다.

四年卒, 4년에 죽고

子剛王基代立. 아들 강왕 기가 대를 이어 즉위하였다.

十二年卒, 12년에 죽고

子頃王授代立.[6] 아들 경왕 수가 대를 이어 즉위하였다.

臨江哀王閼于, 임강 애왕 알우는

以孝景帝前二年用皇子爲臨江王.

효경제 전원 2년 황자로 임강왕이 되었다.

三年卒, 3년에 죽었으며

無後, 후사가 없어

國除爲郡. 나라가 없어지고 군이 되었다.

---

5 집해集解 『한명신주(漢名臣奏)』 "두업(杜業)이 아뢰었다. '하간헌왕(河間獻王)은 경술(經術)에 통달하여 밝았고 덕행을 쌓아 천하의 준걸과 유자들이 모두 귀의하였다. 효무제(孝武帝) 때 헌왕이 조현하였는데 복장과 행동거지가 반드시 인의에 의거하였다. 오책(五策)으로 물었더니 헌왕은 그때마다 대답에 막힘이 없었다. 효무제가 발끈하여 어려워하면서 헌왕에게 말하였다. "탕(湯)은 70리, 문왕(文王)은 백 리로 하였으니 왕은 힘쓸지어다." 왕은 그 뜻을 알고 돌아가는 즉시 맘껏 술을 마시고 음악을 들으며 이렇게 마쳤다.'" 색은 주(注)에서는 "오책으로 물었다"라 하였다. 『한서』에서는 조령으로 30여 가지 일을 책문(策問)하였다고 하였다. "피복조차(被服造次)"는, 소안(小顏)은 말하기를 "피복(被服)은 늘 거기에서 거처하였다는 말이고, 조차(造次)는 향하고 행하는 것이 모두 유자의 법도에 맞는다는 것을 이른다."

6 색은 『한서』에서는 경(頃)이란 시호를 주었다고 하엿는데, 음은 경(傾)이다.

臨江閔王榮,	임강 민왕 영은
以孝景前四年爲皇太子,	효경제 전원(前元) 4년에 황태자가 되었는데
四歲廢,	4세 때 폐하여지고
用故太子爲臨江王.	옛 태자로 임강왕이 되었다.

四年,	4년에
坐侵廟壖垣[7]爲宮,	종묘의 바깥 짧은 담을 침범하여 궁을 지은 데 연좌되어
上徵榮.	상이 영을 불렀다.
榮行,	영은 가면서
祖於江陵北門.[8]	강릉의 북문에서 노제를 지냈다.

---

7 색은 복건(服虔)은 말하기를 "궁 밖의 자투리 땅이다."라 하였다. 고야왕(顧野王)은 말하기를 "담 밖의 말이 다니는 내전(內田)이다."라 하였다. 음은 연(人椽反)이며 또한 연(軟), 또한 난(奴亂反)이라고도 한다. 연원(壖垣)은 담 밖의 짧은 담이다.

8 색은 조(祖)는 길의 신(行神)으로 길을 갈 때 제사를 지내기 때문에 조(祖)라고 한다. 『풍속통(風俗通)』에서는 말하기를 "공공씨(共工氏)의 아들은 수(修)인데, 멀리 놀러가는 것을 좋아하여 제사를 지내어 조신(祖神)이 되었다."라 하였다. 또한 최호(崔浩)는 말하기를 "황제(黃帝)의 아들 누조(累祖)는 멀리 나가 노는 것을 좋아하여 길에서 죽었으므로 이에 행신(行神)이 되었다."라 하였는데 또한 무슨 근거인지 알지 못하겠다. 대체로 그가 조(祖)로 일컬어졌기 때문에 누조(累祖)가 되었다고 하였는데 아니다. 「제계(帝系)」 및 본기(本紀)에서 모두 누조를 황제(黃帝)의 비라고 하였는데 행신이 될 까닭이 없다. 또한 「빙례(聘禮)」에서는 말하기를 "노제를 지내고 발제(軷祭)를 지내는데 주포(酒脯)로 제사를 지낸다"라 하였을 따름이다. 지금의 제례(祭禮)에서는 길에서 단을 쌓고 땅에 제사를 지내는데 누런 숫양을 쓰거나 개를 써서 그 피를 수레의 왼쪽 바퀴에 바른다. 정의正義 『형주도부(荊州圖副)』에서는 말하였다. "한(漢) 임강(臨江) 민왕(閔王) 영(榮)은 처음 강릉성(江陵城)에 도읍을 정하였으며, 사당의 공터를 침범하여 궁전을 지은 일에 연좌되어 부름을 받아 성의 북문을 나섰는데 수레의 굴대가 부러졌다. 부로들이 모두 눈물을 흘리며 말하였다. '우리 왕은 돌아오지 못할 것이다!' 얼마 후 질도(郅都)의 심문을 받자 두려워하여 목을 매어 죽었다. 이 이후 북문을 남겨두고 열지 않았는데 아마 영이 길에서 죽었기 때문이 아닐 것이다."

既已上車,	수레에 올랐는데
軸折車廢.	굴대가 부러지고 수레가 부서졌다.
江陵父老流涕竊言曰:	강릉의 부로들이 눈물을 흘리며 가만히 말하였다.
“吾王不反矣!”	“우리 왕은 돌아오지 못할 것이다.”
榮至,	영은 이르러
詣中尉府簿.	중위부로 가서 심문을 받았다.
中尉郅都責訊王,	중위 질도가 왕을 추궁하여 신문하니
王恐,	왕은 두려워하여
自殺.	스스로 목숨을 끊었다.
葬藍田.	남전에 장사지냈다.
燕數萬銜土置冢上,	제비 수만 마리가 흙을 물어다 무덤에 갖다놓으니
百姓憐之.	백성이 불쌍해하였다.
榮最長,[9]	영은 최연장자로
死無後,	죽어서 후사가 없어
國除,	나라가 없어지고
地入于漢,	땅은 한으로 편입되어
爲南郡.	남군이 되었다.
右三國本王皆栗姬之子也.	위 세 나라의 본 왕은 모두 율희의 아들이다.

9 정의 안사고(顔師古)는 말했다. “영(榮)이 실은 최연장자로 옮겨가며 두 군데의 왕이 된 것은 그가 태자에서 폐하여진 후 왕이 되었기 때문이다.”

魯共王餘, 노공왕 여는

以孝景前二年用皇子爲淮陽王.

효경 전원 2년 황자로 회양왕이 되었다.

二年, 2년에

吳楚反破後, 오·초의 반란이 평정된 후

以孝景前三年徙爲魯王. 효경 전원 3년에 노왕으로 옮겼다.

好治宮室苑囿狗馬. 궁실과 원유를 꾸미고 개와 말을 키우는 것을 좋아하였다.

季年好音, 만년에는 음악을 좋아하고

不喜辭辯. 말하기를 좋아하지 않았다.

爲人吃. 사람됨이 말을 더듬었다.

二十六年卒, 26년에 죽어

子光代爲王. 아들 광이 대를 이어 왕이 되었다.

初好音輿馬; 처음에는 음악과 거마를 좋아하였는데

晩節嗇,[10] 만년에는 인색해져

惟恐不足於財. 오직 재물이 부족해질까 걱정하였다.

江都易王非,[11] 강도 역왕 비는

以孝景前二年用皇子爲汝南王.

효경 전원 2년에 황자로 여남왕이 되었다.

吳楚反時, 오·초가 반기를 들었을 때

10 정의 만절(晩節)은 말년 때와 같은 말이다. 색(嗇)은 탐욕스럽고 인색한 것이다.

11 색은 시법(諡法)에서는 "옛날의 오랜 것을 바꾸기를 좋아하는 것을 역(易)이라 한다."라 하였다.

非年十五,	비는 15세였는데
有材力,	용력(勇力)이 있어
上書願擊吳.	글을 올려 오를 치기를 원했다.
景帝賜非將軍印,	경제는 비에게 장군의 인장을 내려
擊吳.	오를 쳤다.
吳已破,	오가 격파되고
二歲,	2년 만에
徙爲江都王,	강도왕으로 옮겨
治吳故國,	오의 옛 나라를 다스렸는데
以軍功賜天子旌旗.	군공으로 천자의 정기를 내렸다.
元光五年,	원광 5년에
匈奴大入漢爲賊,	흉노가 대대적으로 한으로 쳐들어와 살육을 하자
非上書願擊匈奴,	비는 글을 올려 흉노를 치기를 바랐으나
上不許.	상이 허락지 않았다.
非好氣力,	비는 무력을 좋아했고
治宮觀,	궁관을 꾸며
招四方豪桀,	사방의 호걸을 불러
驕奢甚.	교만과 사치가 심했다.
立二十六年卒,	즉위 26년에 죽고
子建立爲王.	아들 건이 왕으로 즉위했다.
七年自殺.	7년에 스스로 목숨을 끊었다.
淮南·衡山謀反時,	회남과 형산이 모반했을 때
建頗聞其謀.	건은 그 음모를 잘 알았다.
自以爲國近淮南,	스스로 나라가 회남에 가까워

恐一日發, 하루아침에 군사를 보내면

爲所幷, 합병될 것이라 생각하여

即陰作兵器, 곧 몰래 병기를 만들고

而時佩其父所賜將軍印, 늘 그 부친이 받은 장군의 인장을 차고

載天子旗以出. 천자가 내린 깃발을 싣고 나섰다.

易王死未葬, 역왕이 죽고 아직 장례도 치르지 않았는데

建有所說易王寵美人淖姬,[12] 건은 역왕이 총애한 미인 요희를 좋아하여

夜使人迎與姦服舍中. 밤에 사람을 시켜 빈소로 맞아 간음을 했다.

及淮南事發, 회남의 일이 발각되어

治黨與頗及江都王建. 도당을 다스렸는데 강도왕 건과도 자못 연관이 있었다.

建恐, 건은 두려워하여

因使人多持金錢, 사람을 시켜 많은 금전을 지니게 하여

事絕其獄. 옥사를 중단시켰다.

而又信巫祝, 또한 무축을 믿어

使人禱祠妄言. 사람을 시켜 제사를 지내고 요망한 말을 하게 했다.

建又盡與其姊弟姦.[13] 건은 또한 자매들과도 모두 간음을 하였다.

事既聞, 일이 알려지자

---

12 **집해** 소림(蘇林)은 말하였다. "'淖'의 음은 이뇨(泥淖의 뇨)이다." **색은** 정 씨(鄭氏)는 음이 탁(卓)이라 하였고, 소림은 "이뇨(泥淖)"의 "淖"라고 하였는데 뇨(女教反)이다. 요(淖)는 성이며, 제(齊)에 요치(淖齒)가 있다. 또한 『한서』에서는 "건(建)은 역왕(易王)이 총애하던 요희(淖姬) 등 10명을 불러 빈소에서 간음을 하였다."라 하였다. **정의** '淖'의 음은 뇨(女孝反)이다.

13 **색은** 『한서』에서는 건(建)의 여동생 징신(徵臣)은 개후(蓋侯)의 며느리인데 역왕(易王)의 상을 당하여 돌아오자 건이 다시 함께 간음을 하였다고 하였다.

漢公卿請捕治建.	한의 공경은 건을 체포하여 다스릴 것을 청하였다.
天子不忍,	천자는 참지 못하고
使大臣即訊王.	대신을 보내 왕을 신문하게 했다.
王服所犯,	왕은 범한 일을 승복하고
遂自殺.	마침내 스스로 목숨을 끊었다.
國除,	나라가 없어지고
地入于漢,	땅은 한으로 편입되어
爲廣陵郡.	광릉군이 되었다.

膠西于王端,[14]	교서 우왕 단은
以孝景前三年吳楚七國反破後,	효경 전원 3년 오·초칠국의 반란이 평정된 후
端用皇子爲膠西王.	단은 황자로 교서왕이 되었다.
端爲人賊戾,	단은 사람됨이 잔인하고 포학하였으며
又陰痿,[15]	또한 발기부전증을 앓아
一近婦人,	한번 여인을 가까이 하면
病之數月.	몇 개월을 앓았다.
而有愛幸少年爲郎.	총애하는 소년을 낭으로 삼았다.
爲郎者頃之與後宮亂,	낭이 된 자가 얼마 있다가 후궁과 음란한 짓을 하자
端禽滅之,	단은 그를 잡아 죽이고
及殺其子母.	아울러 그 아들과 어미도 죽였다.

14 색은 『광주서익법(廣周書謚法)』에서 말하기를 "그 덕을 넉넉히 할 수 있는 것이 우(于)이다"라 하였다.

15 정의 음은 위(委危反)이다. 부인과 교합(交合)할 수 없는 것이다.

數犯上法,	수 차례나 상의 법을 범하자
漢公卿數請誅端,	한의 공경이 수 차례나 단을 죽일 것을 청하였으나
天子爲兄弟之故不忍,	천자는 형제라는 이유로 차마 하지 못했고
而端所爲滋甚.	단이 하는 짓은 더 심해졌다.
有司再請削其國,	유사가 그 나라를 삭감할 것을 거듭 청하여
去太半.	태반을 없앴다.
端心慍,	단은 마음속에 노기를 품고
遂爲無訾省.[16]	마침내 재물을 살필 여지가 없게 되었다.
府庫壞漏盡,	부고가 부서져 모두 새어나가
腐財物以巨萬計,	상한 재물이 거만을 헤아렸으며
終不得收徙.	끝내 수습하거나 옮기지 못하였다.
令吏毋得收租賦.	관리에게 세금을 거두거나 바치지 못하게 했다.
端皆去衛,[17]	단은 호위하는 사람을 모두 버리고
封其宮門,	그 궁문을 잠그고
從一門出游.	한 문으로 출유하였다.
數變名姓,	수차례나 성명을 바꾸어
爲布衣,	평민 베옷을 입고
之他郡國.	다른 군국으로 갔다.

相·二千石往者,	상과 이천석으로 간 자들이
奉漢法以治,	한의 법을 받들어 다스리면

16 **집해** 소림은 말하였다. "재물을 살피지 못하게 되어 살피지 못하는 것이다." **정의** 안사고(顔師古)는 말하였다. "자(訾)는 재물이다. 성(省)은 보는 것이다. 재물을 돌볼 수가 없다는 것을 말한다."

17 **색은** 숙위(宿衛)하는 사람을 두지 않은 것을 말한다.

端輒求其罪告之,	단은 문득 그 죄를 찾아 고발하였고
無罪者詐藥殺之.	죄가 없는 자들은 속여서 독살하였다.
所以設詐究變,[18]	속임수를 쓰는 것이 끝이 없었고
彊足以距諫,	강하기는 간언을 맞설만했고
智足以飾非.	지혜는 비리를 감출 정도였다.
相·二千石從王治,	상과 이천석이 왕의 방식으로 다스리면
則漢繩以法.	한에서 법으로 구속했다.
故膠西小國,	따라서 교서는 작은 나라인데도
而所殺傷二千石甚衆.	죽거나 다친 이천석이 매우 많았다.

立四十七年,	즉위 47년에
卒,	죽었으나
竟無男代後,	끝내 대를 이을 아들이 없어
國除,	나라가 없어지고
地入于漢,	땅이 한으로 편입되어
爲膠西郡.	교서군이 되었다.

右三國本王皆程姬之子也.	위 세 나라의 본 왕은 모두 정희의 아들이다.

趙王彭祖,	조왕 팽조는
以孝景前二年用皇子爲廣川王.	효경 전원 2년 황자로 광천왕이 되었다.
趙王遂反破後,	조왕 유수의 반란이 평정된 후

18 색은 구(究)는 끝[窮]이다. 그래서 곽박(郭璞)은 "구(究)는 다하여 없어지는 것을 말한다"라 하였다.

彭祖王廣川.	팽조는 광천왕이 되었다.
四年,	4년에
徙爲趙王.	조왕으로 옮겼다.
十五年,	15년에
孝景帝崩.	효경제가 죽었다.
彭祖爲人巧佞卑諂,	팽조는 사람됨이 말솜씨가 좋고 낮추어 아첨을 잘했으며
足恭而心刻深.[19]	(겉은) 과도하게 공경하였으나 마음은 혹독하였다.
彭祖多內寵姬及子孫.	팽조는 총희와 자손이 많았다.
相·二千石欲奉漢法以治,	상과 이천석이 한의 법을 준수하여 다스리고자 하면
則害於王家.	조왕의 가문에 해가 되었다.
是以每相·二千石至,	그래서 상과 이천석이 이를 때마다
彭祖衣皁布衣,	팽조는 검은 베옷을 입고
自行迎,	직접 가서 맞아
除二千石舍,[20]	이천석의 집을 청소하며
多設疑事以作動之,	의심스런 일을 많이 제기하여 반응을 보이게 하여
得二千石失言,	이천석이 실언을 하여
中忌諱,	꺼리는 일에 걸리면
輒書之.	바로 기록해두었다.
二千石欲治者,	이천석이 다스리려고 하면

19 색은 혹독함이 심하여 인과 은(仁恩)이 없었다. 법률을 좋아하여 궤변을 가지고 사람을 중상하였다. 색은 궤변과 기만적인 말로 남을 중상한 것을 말한다.

20 색은 팽조(彭祖)가 직접 이천석을 위하여 그 사옥을 소제하고 맞은 것을 말한다.

則以此迫劫; 이를 가지고 겁박을 하였으며,

不聽, 듣지 않으면

乃上書告, 글을 올려 고발하였고

及汙以姦利事. 아울러 부당이익의 일로 누명을 씌웠다.

彭祖立五十餘年, 팽조가 즉위한 50여 년간

相·二千石無能滿二歲, 상과 이천석은 2년을 채울 수 없었고

輒以罪去, 그때마다 죄를 씌워 없앴는데

大者死, 크게는 사형을 당하였고

小者刑, 작게는 형벌을 받아

以故二千石莫敢治. 이 때문에 이천석이 감히 다스리지 못하였다.

而趙王擅權, 조왕은 권력을 천단하여

使使即縣爲賈人榷會,[21] 사자를 현에 장사치로 보내어 전매를 하게 하여

入多於國經租稅.[22] 수입이 나라가 거두어들이는 조세보다 많았다.

以是趙王家多金錢, 이 때문에 조왕의 집에는 금전이 많았지만

然所賜姬諸子, 애첩과 아들들에게 내려서

亦盡之矣. 또한 탕진해버렸다.

彭祖取故江都易王寵姬王建所盜與姦淖姬者爲姬,

팽조는 옛 강도 역왕의 총희로 왕건이 몰래 간음한 요희를 빼앗아 첩으로 삼아

21 집해 위소(韋昭)는 말하였다. "두 사람이 매매하는 것을 중개하는 상인이다. 각(榷)은 다른 사람을 금하여 왕가(王家) 만이 하도록 하는 것이다." 색은 '榷'의 음은 각(角)이다. 각(榷)으로만 읽으면 전매하는 것을 이른다. '會'는 쾌(儈)의 뜻으로 읽는데 음은 쾌(古外反)이다. 상인이 매매하는 장사를 오로지하는 것을 이르며 중개인이 이익을 취하는 것으로 지금의 화시(和市)이다. 위소는 각(榷)을 평(平)으로 풀었는데, 그 주해(注解)가 제대로 파악하였다.

22 색은 경(經)은 상(常)이다. 왕가(王家)의 수입이 국가에서 늘 바치는 조세보다 많은 것을 말한다.

甚愛之. 매우 아꼈다.

彭祖不好治宮室·禨祥,[23] 팽조는 궁실을 꾸미거나 복을 비는 일은 좋아하지 않고

好爲吏事. 관리의 일을 하기를 좋아했다.

上書願督國中盜賊. 글을 올려 나라 안의 도적을 감독하기를 바랐다.

常夜從走卒行徼[24]邯鄲中. 늘 밤에 보졸들을 딸려 한단을 순찰했다.

諸使過客以彭祖險陂, 사신으로 지나는 객들은 팽조의 음모 때문에

莫敢留邯鄲. 아무도 한단에 머물지 못했다.

其太子丹與其女及同產姊姦, 그 태자 단은 딸 및 동복 누나와 간음하여

與其客江充有郤. 그 객 강충과 틈이 생겼다.

充告丹, 강충이 단을 고발하자

丹以故廢. 단은 이 때문에 폐출되었다.

趙更立太子. 조는 다시 태자를 세웠다.

中山靖王勝, 중산 정왕 승은

以孝景前三年用皇子爲中山王.
효경 전원 3년 황자로 중산왕이 되었다.

十四年, 14년에

孝景帝崩. 효경왕이 죽었다.

---

23 집해 복건은 말하였다. "복을 비는 것이다." 색은 『비창(埤蒼)』에서는 말하였다. "기(禨)는 길상[祆祥]이다." 『열자(列子)』에서는 말하였다 "형(荊)사람의 귀(鬼)와 월(越) 사람의 기(禨)이다." 초(楚)는 귀신을 믿고 월은 기상(禨祥)을 믿은 것이다.

24 색은 앞 자는 행(下孟反), 아랫 자는 교(工弔反)이다. 교(徼)는 교외의 길로 교외를 순시하여 경계를 사찰하는 것이다.

勝爲人樂酒[25]好內, 승은 사람됨이 술을 즐기고 여자를 좋아하여
有子枝屬百二十餘人. 아들과 방계의 친속이 120여 명이나 되었다.
常與兄趙王相非, 늘 형 조왕과 서로 비난하여
曰: 말하였다.
"兄爲王, "형은 왕으로
專代吏治事. 관리가 다스리는 일만 대신한다.
王者當日聽音樂聲色." 왕자라면 날마다 음악을 듣고 성색을 즐겨야지."
趙王亦非之, 조왕 또한 비난하여
曰: 말하였다.
"中山王徒日淫, "중산왕은 허구한 날 음일한데 빠져
不佐天子拊循百姓, 천자를 보좌하고 백성을 어루만져주지 않으니
何以稱爲藩臣!" 어떻게 번신이라 일컫겠는가?"

立四十二年卒,[26] 즉위 42년에 죽어
子哀王昌立. 아들인 애왕 창이 즉위하였다.
一年卒, 1년 만에 죽어
子昆侈代爲中山王.[27] 아들 곤치가 대를 이어 중산왕이 되었다.

---

25 정의 '樂'의 음은 요(五教反)이다.

26 색은 『한서』에 의하면 건원(建元) 3년에 제천(濟川)과 중산왕(中山王) 등이 내조하였는데 음악을 듣고 눈물을 흘렸다. 천자가 그 까닭을 묻자 왕은 대신들이 안으로 참소하여 폐부(肺腑)처럼 가까운 사람이 날로 멀어진다고 대답하였는데, 그 말이 매우 웅장하였고 말이 절실하여 이치에 맞았다. 천자는 친한 이를 가까이 하는 우호를 더 표했다. 한의 영번(英藩)이라 할 만하다.

27 색은 『한서』에 의하면 곤치(昆侈)는 시호가 강왕(康王)이며, 아들 경왕(頃王) 보(輔)가 후사를 이었고 손자에 이르러 나라가 없어졌다.

右二國本王皆賈夫人之子也. 위 두 나라의 본 왕은 모두 가부인의 아들이다.

長沙定王發,	장사 정왕은 발로
發之母唐姬,	발의 모친은 당희인데
故程姬侍者.	옛 정희의 시녀였다.
景帝召程姬,	경제가 정희를 불렀는데
程姬有所辟,	정희는 생리가 있어
不願進,[28]	나아가기를 원치 않아
而飾侍者唐兒使夜進.	시녀 당아를 꾸며서 밤에 들여보냈다.
上醉不知,	상은 취하여 알지 못하고
以爲程姬而幸之,	정희인 줄 알고 사랑하여
遂有身.	마침내 아이를 가졌다.
已乃覺非程姬也.	얼마 후에 정희가 아님이 밝혀졌다.
及生子,	아들을 낳자
因命曰發.	이에 이름을 발이라 하였다.
以孝景前二年用皇子爲長沙王.	효경 전원 2년에 황자로 장사왕이 되었다.
以其母微,	어미가 미천하여
無寵,	총애를 받지 못하여

28 **색은** 요 씨(姚氏)는 『석명(釋名)』을 인용하여 말하였다. "천자와 제후의 첩들은 차례대로 들어가 모시는데 월경이 있는 자는 그만 두고 모시지 못하며 더 입에 올리지 못하기 때문에 얼굴에 붉고 분명하게 표식을 하여 여사(女史)가 보게 한다." 왕찰(王察)의 「신녀부(神女賦)」에서는 말하였다. "책상(篚裳)을 벗고 비녀를 빼며, 검은 장식을 하고(施玄旳) 깃 비녀를 맨다." 적(旳)은 곧 『석명』에서 말한 것이다. 『설문(說文)』에서는 말하기를 "반(姅)은 여자가 (생리로 몸이) 더러워진 것이다." 『한률(漢津)』에서는 말하였다. "생리의 변화가 보이면 제사를 모시지 못한다." '姅'의 음은 반(半)이다.

故王卑溼貧國.[29] 낮고 습하며 가난한 나라의 왕이 되었다.

立二十七年卒, 즉위 27년에 죽어
子康王庸立. 아들 강왕 용이 즉위했다.
二十八年, 28년에
卒, 죽어
子鮒鮈立[30]爲長沙王. 아들 부구가 장사왕으로 즉위하였다.

右一國本王唐姬之子也. 위 한 나라의 본 왕은 당희의 아들이다.

廣川惠王越, 광천 혜왕 월은
以孝景中二年用皇子爲廣川王.
효경 중원 2년 황자로 광천왕이 되었다.

十二年卒, 12년에 죽고
子齊立爲王.[31] 아들 제가 왕으로 즉위하였다.
齊有幸臣桑距. 제에는 총애하는 신하 상거가 있었다.
已而有罪, 얼마 후 죄를 짓자
欲誅距, 상거를 죽이려 하였는데

---

29 **집해** 응소(應劭)는 말하였다. "경제(景帝) 후원 2년에 왕들이 내조하여 차례로 앞으로 나와 축수의 가무를 추게 하였다. 정왕(定王)은 소매를 펼치고 손만 들었다. 좌우에서 모두 그 서툶을 웃자 상이 이상하게 여겨 물었더니 대답하였다. '신의 나라는 작고 좁아 돌기에 부족합니다.' 황제는 무릉(武陵)과 영릉(零陵), 계양(桂陽)을 더해주었다."

30 **집해** 복건은 말하였다. "'鮈'의 음은 구이다."

31 **색은** 『한서』에서는 제(齊)에서 시호를 목왕(繆王)이라 하였다고 하였다. 「시법(謚法)」에 "남을 다치게 하고 현자를 가리는 것을 목(繆)이라 한다."라 하였다.

距亡, 상거가 도망치자

王因禽其宗族. 왕은 이에 그 종족을 사로잡았다.

距怨王, 상거는 왕을 원망하여

乃上書告王齊與同產姦. 이에 글을 올려 왕 제가 동복누이와 간음하였다고 고발했다.

自是之後, 이 이후로

王齊數上書告言漢公卿及幸臣所忠等.[32]

왕 제는 수차례나 글을 올려 한의 공경 및 총신 소충 등을 고발하였다.

膠東康王寄, 교동 강왕 기는

以孝景中二年用皇子爲膠東王.

효경 중원 2년 황자로 교동왕이 되었다.

二十八年卒. 28년에 죽었다.

淮南王謀反時, 회남왕이 모반했을 때

寄微聞其事, 기는 그 일에 대하여 어렴풋이 듣고

私作樓車鏃矢[33]戰守備, 몰래 누거와 화살촉을 만들어 싸우고 지킬 준비를 하고

候淮南之起. 회남왕이 거병하기를 기다렸다.

---

32 색은 『한서』에 의하면 "또한 중위(中尉) 채팽조(蔡彭祖)를 고발하였다"라 하였다. 아들 거(去)가 이었는데, 포학하게 난을 일으킨 일에 연좌되어 나라가 없어졌다. 정의 소충(所忠)은 성명(姓名)이다.

33 집해 응소는 말하였다. "누거(樓車)는 적국 영루(營壘)의 허실(虛實)을 엿보는 것이다." 색은 『좌전(左傳)』에서는 "누거(樓車)에 올라 송인(宋人)을 엿보았다"라 하였는데 적국 영루의 허실을 보는 것을 이른다. 이순(李巡)은 『이아(爾雅)』의 주석에서 "금촉(金鏃)은 쇠로 화살촉을 만든 것이다"라 하였다. 촉(鏃)은 『자림(字林)』에서 음이 촉(子木反)이라고 하였다.

及吏治淮南之事,	관리가 회남의 일을 다스릴 때
辭出之.[34]	말이 거기까지 나왔다.
寄於上最親,[35]	기는 상과 가장 가까워
意傷之,	속으로 마음 아파하다가
發病而死,	병이 나서 죽자
不敢置後,	감히 후사를 두지 않았고
於是上(問)[聞].	이에 상에게 알려졌다.
寄有長子者名賢,	기에게는 현이라는 장자가 있었는데
母無寵;	어머니가 총애를 받지 못하였고,
少子名慶,	작은 아들은 이름이 경이었는데
母愛幸,	어머니가 총애를 받아
寄常欲立之,	기는 늘 그를 세우고 싶어 했는데
爲不次,	차서가 아니었고
因有過,	과오도 저질러
遂無言.	끝내 말하지 못했다.
上憐之,	상이 가련히 여겨
乃以賢爲膠東王奉康王嗣,	이에 현을 교동왕으로 삼아 강왕의 후사를 받들게 하고
而封慶於故衡山地,	경을 옛 형산 땅에 봉하였는데
爲六安王.	육안왕이다.

34 집해 여순은 말하였다. "그 말을 끝까지 다스리다 이 일이 나온 것이다."

35 집해 서광은 말하였다. "그 어머니는 무제(武帝) 모친의 누이이다." 정의 기(寄)의 모친 왕부인(王夫人)은 곧 왕황후(王皇后)의 누이로 상(上: 임금)에게는 종모(從母)가 되므로 여러 형제에 맡기어 가장 친애하였다.

膠東王賢立十四年卒, 교동왕 현은 즉위 14년에 죽었으며

謚爲哀王. 시호는 애왕이었다.

子慶爲王.[36] 아들 경이 왕이 되었다.

六安王慶, 육안왕 경은

以元狩二年用膠東康王子爲六安王.

원수 2년 교동 강왕의 아들로 육안왕이 되었다.

清河哀王乘, 청하 애왕 승은

以孝景中三年用皇子爲清河王.

효경 중원 3년에 황자로 청하왕이 되었다.

十二年卒, 12년에 죽었는데

無後, 후사가 없어

國除, 나라가 없어졌으며

地入于漢, 땅은 한에 편입되어

爲清河郡. 청하군이 되었다.

常山憲王舜, 상산 헌왕 순은

以孝景中五年用皇子爲常山王.

효경 중원 5년에 황자로 상산왕이 되었다.

舜最親, 순은 (황제와) 가장 가까웠고

景帝少子, 경제의 작은 아들이어서

驕怠多淫, 교만하고 태만하였으며 많이 음란하여

36 **집해** 서광은 말하였다. "다른 판본에는 또한 '경(慶)' 자로 되어 있고, 한 판본에만 '건(建)'으로 되어 있다. 숙부와 이름이 같아서는 안 되는데 서로 이어진 잘못이다."

數犯禁,	수차례 금기를 범하였는데도
上常寬釋之.	상은 늘 너그럽게 풀어주었다.
立三十二年卒,	즉위 32년에 죽어
太子勃代立爲王.	태자 발이 대를 이어 왕으로 즉위했다.

初,	처음에
憲王舜有所不愛姬生長男梲.[37]	헌왕 순에게는 사랑하지 않는 첩이 낳은 장남 탈이 있었다.
梲以母無寵故,	탈은 어머니가 총애를 받지 못했던 까닭에
亦不得幸於王.	또한 왕의 총애를 받지 못했다.
王后脩生太子勃.	왕후 수는 태자 발을 낳았다.
王內多,	왕은 첩이 많았고
所幸姬生子平·子商,	총애하는 첩이 아들 평과 아들 상을 낳았으며
王后希得幸.	왕후는 거의 총애를 받지 못했다.
及憲王病甚,	헌왕의 병이 심하여지자
諸幸姬常侍病,	총희들이 늘 병시중을 들었으며
故王后亦以妒媢[38]不常侍病,	이 때문에 왕후 또한 질투를 하여 늘 병시중을 들지는 않고
輒歸舍.	문득 숙소로 돌아갔다.
醫進藥,	의원이 약을 바치면

37 **집해** 소림은 말하였다. "음은 탈(奪)이다." **색은** 유 씨(鄒氏)는 음을 절(之悅反)이라고도 하였다. 소림은 음이 탈(奪)이라 하였다. 허신(許愼)의 『설해자림(說解字林)』에서는 "음은 탈(他活反)이고, 글자는 목(木)을 따른다"라 하엿다.

38 **색은** '媢'의 음은 모(亡報反)이다. 추 씨본(鄒氏本)에는 "미(媚)"로 되어 있다. 곽박(郭璞)은 『삼창(三蒼)』에 주를 달고 말하기를 "모(媢)는 장부(丈夫)가 투기하는 것이다"라 하였다. 또 말하기를 투기하는 여인이 모(媢)라고 하였다.

太子勃不自嘗藥,	태자 발은 스스로 약을 맛보지도 않았고
又不宿留侍病.	유숙하며 병시중을 들지도 않았다.
及王薨,	왕이 죽자
王后·太子乃至.	왕후와 태자가 곧 이르렀다.
憲王雅不以長子棁爲人數,	헌왕은 평상시에 장자 탈을 아들의 수에 넣지도 않았고
及薨,	죽어서도
又不分與財物.	재물을 나누어주지 않았다.
郎或說太子·王后,	낭 중에 누가 태자와 왕후에게 말하여
令諸子與長子棁共分財物,	다른 아들들과 장자 탈에게도 재물을 나누어주게 하였지만
太子·王后不聽.	태자와 왕후는 듣지 않았다.
太子代立,	태자가 대를 이어 즉위하여서도
又不收恤棁.	탈을 챙겨 구휼하지 않았다.
棁怨王后·太子.	탈은 왕후와 태자를 원망하였다.
漢使者視憲王喪,	한의 사자가 헌왕을 문상하자
棁自言憲王病時,	탈이 스스로 말하기를 헌왕이 병들었을 때
王后·太子不侍,	왕후와 태자는 시중을 들지 않았고
及薨,	죽어서는
六日出舍,[39]	엿새 만에 빈소를 나와
太子勃私姦,	태자 발이 가만히 간음을 하고
飮酒,	술을 마셨으며
博戲,	도박을 하고
擊筑,	축을 탔으며

39 **집해** 여순은 말하였다. "빈소[服舍]이다."

與女子載馳,	여인과 수레를 타고 달리어
環城過市,	성을 돌고 저자를 지나
入牢視囚.	감옥으로 들어가 죄수들을 시찰하였다고 하였다.
天子遣大行騫[40]驗王后及問王勃,	천자는 대행 건을 보내어 왕후를 조사하고 아울러 왕 발에게 물어보게 하여
請逮勃所與姦諸證左,	발이 간음한 증좌들에 미치게끔 청하였는데
王又匿之.	왕이 또 숨겼다.
吏求捕勃大急,	관리가 발을 체포할 것을 청함이 다급해지자
使人致擊笞掠,	사람을 시켜 (관리를) 매질하게 하였으며
擅出漢所疑囚者.	멋대로 한이 의심하는 죄수를 내보냈다.
有司請誅憲王后脩及王勃.	유사가 헌왕후 수 및 왕 발을 죽일 것을 청하였다.
上以脩素無行,	상은 (왕후) 수가 평소에 행실이 좋지 못하여
使梲陷之罪,	탈이 (고발하는) 죄를 짓게 하였고
勃無良師傅,	발은 훌륭한 스승이 없어서라고 생각하여
不忍誅.	차마 죽이지 못했다.
有司請廢王后脩,	유사가 왕후 수를 폐하고
徙王勃以家屬處房陵,	왕 발은 가솔들을 옮겨 방릉에 처할 것을 청하니
上許之.	상이 허락하였다.
勃王數月,	발은 왕이 된 지 몇 달 만에
遷于房陵,	방릉으로 옮겨졌고
國絕.	나라는 끊어졌다.
月餘,	달포 만에

---

40 **색은** 장건(張騫)을 이른다.

天子爲最親,	천자는 가장 가깝다 하여
乃詔有司曰:	이에 유사에게 명하였다.
“常山憲王蚤夭,	“상산 헌왕이 일찍 죽고
后妾不和,	왕후와 첩이 화목하지 못하여
適孽誣爭,	적서가 무고하고 다투어
陷于不義以滅國,	불의에 빠뜨려 나라를 망하게 하였으니
朕甚閔焉.	짐이 매우 마음이 아프다.
其封憲王子平三萬戶,	헌왕의 아들 평을 3만 호에 봉하여
爲真定王;	진정왕으로 삼고,
封子商三萬戶,	아들 상을 3만 호에 봉하여
爲泗水王.”[41]	사수왕으로 삼을 지어다.”

真定王平,	진정왕 평은
元鼎四年用常山憲王子爲真定王.	원정 4년에 상산 헌왕의 아들로 진정왕이 되었다.

泗水思王商,	사수 사왕 상은
以元鼎四年用常山憲王子爲泗水王.	원정 4년에 상산 헌왕의 아들로 사수왕이 되었다.
十一年卒,	11년에 죽었으며
子哀王安世立.	아들 애왕 안세가 즉위하였다.
十一年卒,	11년에 죽었는데
無子.	아들이 없었다.
於是上憐泗水王絕,	이에 상이 사수왕이 (대가) 끊긴 것을 불쌍히 여겨

41 정의 사수(泗水)는 해주(海州)이다.

乃立安世弟賀爲泗水王. 안세의 아우 하를 사수왕으로 세웠다.

右四國本王皆王夫人兒姁子也.
위 네 나라의 본 왕은 모두 왕부인 아후의 아들이다.

其後漢益封其支子爲六安王·泗水王二國.
그 후 한은 그 지자를 육안왕과 사수왕의 두 나라에 더 봉하였다.

凡兒姁子孫, 아후의 자손들은 모두

於今爲六王. 지금까지 여섯이 왕이 되었다.

太史公曰: 태사공은 말한다.

高祖時諸侯皆賦,[42] 고조 때 제후들은 모두 세금을 걷었고

得自除內史以下, 스스로 내사 이하를 임명하였으며

漢獨爲置丞相, 한은 다만 승상만 설치해주었고

黃金印. 황금인장을 찼다.

諸侯自除御史·廷尉正·博士, 제후는 어사와 정위정, 박사를 직접 임명하여

擬於天子. 천자에 비겼다.

自吳楚反後, 오·초가 반란을 일으킨 후로

五宗王世, 오종이 왕으로 봉해진 시대에

漢爲置二千石, 한은 이천석을 설치해주어

去"丞相"曰"相", "승상"을 없애고 "상"이라 하였으며

銀印. 은 인장을 찼다.

諸侯獨得食租稅, 제후는 다만 세금을 거두어 먹게 되었고

---

42 **집해** 서광은 말하였다. "나라에서 나온 것을 모두 왕에게 들인 것이다."

奪之權.	권력을 빼앗았다.
其後諸侯貧者或乘牛車也.	그 후 제후들 가운데 가난한 자는 우차를 타기도 하였다.

색은술찬索隱述贊 경제의 열세 아들, 5종은 친목하였다. 율희는 폐하여졌고, 임강왕은 수레의 굴대가 꺾였다. 알우는 일찍 죽었고, 하간은 유복을 입었다. 여는 궁원 가꾸기를 좋아했고, 단은 말을 타고 사냥하여 쫓는 것을 일삼았다. 강도왕은 재주가 있었고, 중산왕은 복을 빌었다. 장사왕은 땅이 작았고, 교동왕은 화살촉을 만들었다. 인하고 현명한 자가 대를 이었고, 난을 일으킨 자는 멸족되었다. 아후의 아들은 넷이 왕이 되었고, 여섯으로 나누어 봉하여졌다.

景十三子, 五宗親睦. 栗姬既廢, 臨江折軸. 閼于早薨, 河間儒服. 餘好宮苑, 端事馳逐. 江都有才, 中山禔福. 長沙地小, 膠東造鏃. 仁賢者代, 浡亂者族. 兒姁四王, 分封爲六.

30 삼왕 세가 三王世家

“大司馬臣去病[1]昧死再拜上疏皇帝陛下:	“대사마 신 거병은 죽음을 무릅쓰고 두 번 절하고 황제폐하께 상소문을 올립니다.
陛下過聽,	폐하께서 잘못 들으시고
使臣去病待罪行閒.[2]	신 거병을 군중에서 임직하게 하였습니다.
宜專邊塞之思慮,	오로지 변새의 생각만 하여
暴骸中野無以報,	들판에서 해골을 드러내고 죽는다 하더라도 갚을 길이 없으며
乃敢惟他議以干用事者,	이에 감히 다른 생각을 가지고 집정자의 일에 끼어드는 것은
誠見陛下憂勞天下,	실로 폐하께서 천하를 근심하느라 수고하시고
哀憐百姓以自忘,	백성을 불쌍히 여기시느라 자신을 잊고
虧膳貶樂,	음식도 제대로 못 드시고 음악도 줄이시며
損郎員.	낭의 인원까지 더는 것을 보아서입니다.
皇子賴天,	황자들은 하늘에 힘입어
能勝衣趨拜,	성인의 옷을 입고 종종걸음으로 배알을 할 수 있는데

1 색은索隱 곽거병(霍去病)이다.

2 역주 대죄(待罪)는 관직을 맡는다는 뜻의 겸양적인 표현. 대죄는 원래 처분을 기다린다는 뜻인데, 관리가 자신에게 주어진 직책을 이기지 못해 죄를 지을까 두려워한다는 뜻에서 나온 말이다.

至今無號位師傅官.	지금까지 칭호와 직위, 보좌관이 없습니다.
陛下恭讓不恤,	폐하께서 공손하고 겸양하시어 돌보지 않아
群臣私望,	신하들이 가만히 바라
不敢越職而言.	역량을 헤아리지 못하고 직무를 넘어 말씀드립니다.
臣竊不勝犬馬心,	신은 가만히 개와 말 같은 마음을 이기지 못하고
昧死願陛下詔有司,	죽음을 무릅쓰고 폐하께서 유사에게 하명하시어
因盛夏吉時定皇子位.[3]	성하의 길한 때에 황자의 지위를 정하시기를 바랍니다.
唯陛下幸察.	폐하께서는 양찰하여주십시오.
臣去病昧死再拜以聞皇帝陛下."	신 거병은 죽음을 무릅쓰고 두 번 절하고 황제 폐하께 아룁니다."
三月乙亥,	3월 을해일에
御史臣光守尚書令奏未央宮.	어사 신 광이 대리 상서령으로 미앙궁에 아뢰었다.
制曰:	조령을 내렸다.
"下御史."	"어사에게 내려 보내라."

六年三月戊申朔,	6년 3월 무신초하루
乙亥,	을해일에
御史臣光,	어사 신 광과
守尚書令·丞非,[4]	대리 상서령, 승 비는

3 색은 『명당월령(明堂月令)』에서 말한 "6월[季夏月]에는 제후를 봉하고 대관을 세울 수 있다"는 것이다.

4 색은 주장(奏狀)에 상서령(尚書令)의 관위(官位)가 있는데 사관이 앞에서는 그 이름을 빠뜨렸을 따름이다. 승비(丞非)라는 것은 아마 상서좌우승(尚書左右丞)일 것이며, 비(非)는 그 이름이다.

下御史書到,	어사에게 글을 내려 보내어
言:	말하였다.

"丞相臣青翟[5]·御史大夫臣湯[6]·太常臣充[7]·大行令臣息[8]·太子少傅臣安[9]行宗正事昧死上言:

	승상 신 청적과 어사대부 신 탕, 태상 신 충, 대행령 신 식, 태자소부 신 안이 대리 종정사로 죽음을 무릅쓰고 말씀드립니다.
大司馬去病上疏曰:	대사마 거병이 글을 올려 아룁니다.
'陛下過聽,	'폐하께서 잘못 들으시어
使臣去病待罪行閒.	신 거병을 군중에서 임직하게 하였습니다.
宜專邊塞之思慮,	오로지 변새의 생각만 하여
暴骸中野無以報,	들판에서 해골을 드러내고 죽는다 하더라도 갚을 길이 없으며
乃敢惟他議以干用事者,	이에 감히 다른 생각을 가지고 집정자의 일에 끼어드는 것은
誠見陛下憂勞天下,	실로 폐하께서 천하를 근심하느라 수고하시고
哀憐百姓以自忘,	백성을 불쌍히 여기시느라 자신을 잊고
虧膳貶樂,	음식도 제대로 못 드시고 음악도 줄이시며
損郎員.	낭의 인원까지 더는 것을 보아서입니다.
皇子賴天,	황자들은 하늘에 힘입어
能勝衣趨拜,	성인의 옷을 입고 종종걸음으로 배알을 할 수 있는데
至今無號位師傅官.	지금까지 칭호와 직위, 보좌관이 없습니다.

5 색은 장청적(莊青翟)이다.
6 색은 장탕(張湯)이다.
7 색은 조충(趙充)일 것이다.
8 색은 이식(李息)이다.
9 색은 임안(任安)이다.

陛下恭讓不恤,	폐하께서 공손하고 겸양하시어 돌보지 않아
群臣私望,	신하들이 가만히 바라
不敢越職而言.	역량을 헤아리지 못하고 직무를 넘어 말씀드립니다.
臣竊不勝犬馬心,	신은 가만히 개와 말 같은 마음을 이기지 못하고
昧死願陛下詔有司,	죽음을 무릅쓰고 폐하께서 유사에게 하명하시어
因盛夏吉時定皇子位.	성하의 길한 때에 황자의 지위를 정하시기를 바랍니다.
唯願陛下幸察.'	폐하께서는 양찰하여주십시오.'
制曰'下御史'.	조령을 내려 말하기를 '어사에게 내려 보내라.' 하셨습니다.

臣謹與中二千石·二千石臣賀等[10]議:

신은 삼가 중이천석, 이천석의 신 하 등과 상의하였습니다.

古者裂地立國,	옛날에 땅을 갈라 나라를 세우고
並建諸侯以承天子,	아울러 제후를 세워 천자를 받들게 한 것은
所以尊宗廟重社稷也.	종묘를 높이고 사직을 존중하게 하고자 함입니다.
今臣去病上疏,	지금 신하 거병이 상소하여
不忘其職,	그 직책을 잊지 않았으며
因以宣恩,	이로써 은덕을 선양하여
乃道天子卑讓自貶以勞天下,	이에 천자께서 겸양하여 스스로 낮추어 천하를 위로한다고 한 것은
慮皇子未有號位.	황제가 아직 봉호와 작위가 없음을 염려해서입니다.

10 정의正義 공손하(公孫賀)이다.

臣青翟·臣湯等宜奉義遵職,	신 청적과 신 탕 등은 의를 받들고 직위를 준수하여야 하나
愚憧而不逮事.	어리석어 일에 미치지 못하였습니다.
方今盛夏吉時,	바야흐로 지금 성하의 길한 때에
臣青翟·臣湯等昧死請立皇子臣閎[11]·臣旦·臣胥爲諸侯王.	신 청적과 신 탕 등은 죽음을 무릅쓰고 황자 신 굉과 신 단, 신 서를 제후왕으로 세울 것을 청합니다.
昧死請所立國名."	죽음을 무릅쓰고 나라의 이름을 세울 것을 청합니다."

制曰:	조령을 내렸다.
"蓋聞周封八百,	"대체로 듣자하니 주는 8백 나라를 봉할 때
姬姓並列,	희성을 나란히 배열하여
或子·男·附庸.	혹은 자작과 남작, 부용이 되었다고 한다.
禮'支子不祭'.	『예』에 '지자는 제사를 지내지 않는다.'라 하였다.
云並建諸侯所以重社稷,	말하기를 함께 제후를 세우는 것은 사직을 존중하기 때문이라 하였는데
朕無聞焉.	짐은 듣지 못하였다.
且天非爲君生民也.[12]	또한 하늘은 임금 때문에 백성을 내지 않는다.
朕之不德,	짐이 부덕하여
海內未洽,	해내가 미흡한데

11 **집해集解** 서광(徐廣)은 말하였다. "'변(閞)'으로 된 곳도 있다."

12 **색은** 『좌전(左傳)』에서는 "하늘이 백성을 낳았으니 임금을 세워서 기르게 하였다"라 하였는데, 이는 사람을 낳아 군장(君長)을 세워 그들을 사목하는 것일 따름이지, 하늘이 임금을 위해 백성을 낳았다는 것이 아니다.

乃以未教成者彊君連城,	이에 아직 교화가 이루어지지 못한 자에게 억지로 여러 성을 다스리게 하면
即股肱何勸?[13]	고굉의 신하들이 무엇을 권하겠는가?
其更議以列侯家之."	열후와 가로 봉하는 것을 다시 논의해볼지어다."

三月丙子,	3월 병자일에
奏未央宮.	미앙궁에 아뢰었다.

"丞相臣青翟·御史大夫臣湯昧死言:

"승상 신 청적과 어사대부 신 탕은 죽음을 무릅쓰고 아룁니다.

臣謹與列侯臣嬰齊·中二千石二千石臣賀·諫大夫博士臣安等議曰:

신은 삼가 열후의 신 영제, 중이천석 및 이천석의 신 하, 간대부박사 신 안 등과 논의하였습니다.

伏聞周封八百,	삼가 듣자하니 주는 8백 나라를 봉할 때
姬姓並列,	희성을 나란히 배열하여
奉承天子.	삼가 천자를 받들게 하였습니다.
康叔以祖考顯,	강숙은 선조와 부친 때문에 드러났고
而伯禽以周公立,	백금은 주공 때문에 즉위하게 되어
咸爲建國諸侯,	모두 건국의 제후가 되어
以相傳爲輔.	서로 전하여 보좌하였습니다.
百官奉憲,	백관이 법률을 봉행하여
各遵其職,	각자 직분을 지키니
而國統備矣.	나라의 체계가 갖추어지게 되었습니다.

13 **집해** 서광은 말하였다. "'돈(敦)'으로 된 곳도 있고, '욱(勖)'으로 된 곳도 있으며, '관(觀)'으로 된 곳도 있다." **색은** 황자(皇子) 등이 모두 아직 교의(教義)를 익히지 못했다는 것을 말한다. 황자가 아직 교의를 익히지 못하였는데 억지로 그들을 제후왕으로 삼아 여러 성의 사람을 다스리게 한다면 대신들에게 무슨 권할 것이 있겠는가? 라는 말이다.

竊以爲並建諸侯所以重社稷者,

삼가 생각건대 두루 제후를 세워 사직을 존중하는 까닭은

四海諸侯各以其職奉貢祭. 천하의 제후가 각기 그 직책으로 공물과 제후를 받들기 때문입니다.

支子不得奉祭宗祖, 지자는 조종의 제사를 받들지 못하는 것이

禮也. 예입니다.

封建使守藩國, 봉국을 세워 번국을 지키게 하는 것은

帝王所以扶德施化. 제왕이 덕을 부지하고 교화를 베풀기 때문입니다.

陛下奉承天統, 폐하께서는 하늘의 법통을 삼가 이으시어

明開聖緒, 성스러운 실마리를 밝게 여시고

尊賢顯功, 현자를 높이고 공이 있는 자를 드러내시어

興滅繼絕. 멸절된 나라를 일으키고 이으셨습니다.

續蕭文終之後于酇,[14] 소문종의 후손을 찬에서 잇고

褒厲群臣平津侯等.[15] 평진후 등의 신하들을 기리고 격려하였습니다.

昭六親之序, 여섯 친족의 순서를 밝히셨고

明天施之屬, 하늘이 베푼 친속을 밝히시어

使諸侯王封君得推私恩分子弟戶邑,

제후와 왕, 봉군으로 하여금 사적인 은혜를 미루어 자제들에게 호구와 읍을 나누어주게 하여

---

14 **색은** 소하(蕭何)의 시호가 문종(文終)이다. 소하는 처음에 패(沛)의 찬(酇)에 봉하여졌다. 음은 찬(贊)이다. 나중에 그 아들이 계속 남양(南陽)의 찬(酇)에 봉하여졌다. 음은 차(嵯)이다.

15 **색은** 공손홍(公孫弘)은 평진후(平津侯)이다. 평진(平津)은 고성(高成)의 고을 이름이다. **정의** 공손홍이 봉하여진 평진향은 창주(滄州) 염산(鹽山) 남쪽 42리 지점에 있다.

16 **색은** 무제(武帝)가 은혜를 널리 미루는 조칙을 내려 제후와 왕의 자제를 나누어 왕으로 봉하였으므로 백여 국이 되었다는 것이다.

錫號尊建百有餘國.[16]	봉호를 내리고 높이어 세운 것이 백여 나라였습니다.
而家皇子爲列侯,	황자들에게 가를 내리어 열후로 삼으니
則尊卑相踰,[17]	존비가 서로 타넘어
列位失序,	열위의 순서를 잃어
不可以垂統於萬世.	만세에 법통을 드리울 수 없습니다.
臣請立臣閎[18]·臣旦[19]·臣胥[20]爲諸侯王."	
	신들은 신 굉과 신 단, 신 서를 제후왕으로 세울 것을 청합니다."
三月丙子,	3월 병자일에
奏未央宮.	미앙궁에 아뢰었다.

制曰:	조령을 내렸다.
"康叔親屬有十而獨尊者,	"강숙의 친속은 열인데 그만 존귀해진 것은
褒有德也.	유덕자를 포상해서이다.
周公祭天命郊,	주공은 하늘에 제사를 지내고 교제(郊祭)를 지냈기 때문에
故魯有白牡·騂剛之牲.[21]	노에 흰 소와 붉은 소 같은 희생을 바치게 되었다.

---

17 색은 제후의 왕자가 이미 열후가 되었고 지금은 또한 가(家)의 황자(皇子)를 열후로 하였는데 이것이 존비(尊卑)가 서로 타넘은 것이라는 것이다.

18 색은 제왕(齊王)으로 왕부인(王夫人)의 아들이다.

19 색은 연왕(燕王)이다. 『한서(漢書)』에는 이희(李姬)의 아들이라고 하였다.

20 색은 광릉왕(廣陵王)이다.

21 집해 『공양전(公羊傳)』에서는 말하였다. "노(魯)는 주공(周公)을 제사지낼 때 희생으로 흰 소를 썼으며 노공(魯公)은 붉은 소를 썼다." 하휴(何休)는 말하였다. "백모(白牡)는 은(殷)의 희생이다. 성강(騂剛)은 척추가 붉으며 주(周)의 희생이다." 역주 강(剛)은 강(犅)을 말하며 희생으로 쓰는 붉은색의 수소이다.

群公不毛,[22] (다른) 공들(의 희생)은 불순하고
賢不肖差也. 현불초에 차가 있다.
'高山仰之, '높은 산 우러르고
景行嚮之',[23] 큰 길 향한다' 하였으니
朕甚慕焉. 짐은 그들을 흠모한다.
所以抑未成, 그래서 성숙하지 못함을 누르는 것이니
家以列侯可." 가를 열후로 함이 괜찮을 것이다."

四月戊寅, 4월 무인일에
奏未央宮. 미앙궁에 아뢰었다.
"丞相臣青翟·御史大夫臣湯昧死言:
"승상 신 청적과 어사대부 신 탕은 죽음을 무릅쓰고 아룁니다.
臣青翟等與列侯·吏二千石·諫大夫·博士臣慶等議:
신 청적 등은 열후, 이천석의 관리, 간대부, 박사 신 경 등과 논의하였습니다.
昧死奏請立皇子爲諸侯王. 죽음을 무릅쓰고 황자를 제후왕으로 세울 것을 청하였습니다.
制曰: 조령을 내렸습니다.
'康叔親屬有十而獨尊者, '강숙의 친속은 열인데 그만 존귀해진 것은
褒有德也. 유덕자를 포상해서이다.
周公祭天命郊, 주공은 하늘에 제사를 지내고 교제를 지냈기 때문에

---

22 집해 하휴(何休)는 말하였다. "불모(不毛)는 순색(純色)이 아닌 것이다."

23 역주 인용된 시는 『시경』「소아·거할(車舝)」의 구절인데 현재 통용되는 판본의 원문은 "高山仰止, 景行行止"로 되어 있다. 여기서 '止'는 별 의미가 없는 어조사로 쓰였다.

故魯有白牡·騂剛之牲.	노에 흰 소와 붉은 소 같은 희생을 바치게 되었다.
群公不毛,	공들(의 희생)은 불순하고
賢不肖差也.	현불초에 차가 있다.
"高山仰之,	"높은 산 우러르고
景行嚮之",	큰 길 향한다" 하였으니
朕甚慕焉.	짐은 그것을 매우 흠모한다.
所以抑未成,	그래서 성숙하지 못함을 누르는 것이니
家以列侯可.'	가를 열후로 함이 괜찮을 것이다.'
臣青翟·臣湯·博士臣將行等伏聞康叔親屬有十,	신 청적과 신 탕, 박사 신 장행 등은 삼가 듣자오니 강숙의 친속은 열인데
武王繼體,	무왕은 제위를 이었고
周公輔成王,	주공은 성왕을 보좌하였으며
其八人皆以祖考之尊建爲大國.	나머지 8명은 모두 선조와 부친의 존귀함으로 대국을 세웠다고 합니다.
康叔之年幼,	강숙이 어렸을 때
周公在三公之位,	주공은 삼공의 지위에 있었으며
而伯禽據國於魯,	백금은 노에서 나라를 가져
蓋爵命之時,	작위를 받았을 때
未至成人.	성인에 이르지 않았을 것입니다.
康叔後扞祿父之難,	강숙은 나중에 녹보의 난을 막아내었고
伯禽殄淮夷之亂.	백금은 회이의 반란을 멸하였습니다.
昔五帝異制,	옛날에 오제는 제도를 달리하여
周爵五等,	주의 작위는 다섯 등급이었고

春秋三等,[24]	춘추는 세 등급이었는데
皆因時而序尊卑.	모두 때에 따라 존비의 서열을 두었습니다.
高皇帝撥亂世反諸正,[25]	고황제께서는 어지러운 세상을 다스리어 올바른 데로 돌리시어
昭至德,	지극한 덕을 밝히고
定海內,	해내를 안정시켜
封建諸侯,	봉건제후는
爵位二等.[26]	작위가 두 등급이었습니다.
皇子或在繈褓而立爲諸侯王,	황자가 혹은 포대기에 있으면서 제후왕으로 세워져
奉承天子,	삼가 천자를 받들어
爲萬世法則,	만세의 법칙이 되어
不可易.	바꿀 수 없었습니다.
陛下躬親仁義,	폐하께서는 몸소 인의를 실천하셨고
體行聖德,	성스러운 덕을 직접 행하시어
表裏文武.	문무를 표리로 삼으셨습니다.
顯慈孝之行,	인자하고 효성스런 행실을 드러내셨고
廣賢能之路.	현능한 자의 길을 넓히셨습니다.
內褒有德,	안으로는 덕이 있는 자를 기리셨고
外討彊暴.	밖으로는 강포한 자를 토벌하였습니다.
極臨北海,[27]	멀리 북해까지 임하셨고

24 **집해** 정현(鄭玄)은 말하였다. "춘추(春秋) 때는 주(周)의 제도를 바꾸어 은(殷)의 바탕을 따라 백(伯)과 자(子), 남(男)을 하나로 합쳤으니, 은의 작위가 세 등급이라는 것은 공(公)과 후(侯) 그리고 백(伯)이다."

25 **색은** 『춘추공양전(春秋公羊傳)』의 말이다.

26 **색은** 왕(王)과 열후(列侯)를 말한다.

西(湊)[溱]月氏,[28]	서로는 월지까지 미치시어
匈奴·西域,	흉노와 서역이
擧國奉師.	온 나라를 가지고 (폐하의) 군사를 받들었습니다.
輿械之費,	수레 무기 같은 장비의 비용을
不賦於民.	백성들에게 거두지 않았습니다.
虛御府之藏以賞元戎,[29]	천자의 부고에 갈무리한 것을 비워 대군에게 상을 내리고
開禁倉以振貧窮,	궁궐의 창고를 열어 가난하고 곤궁한 자를 진휼하셨으며
減戍卒之半.	수졸(의 수를)을 반으로 줄이셨습니다.
百蠻之君,	모든 오랑캐의 임금이
靡不鄉風,	바람 부는 쪽을 향하지 않음이 없었고
承流稱意.	뜻에 맞아 그 흐름을 계승하였습니다.
遠方殊俗,	먼 곳의 풍속이 다른 나라가
重譯而朝,	거듭 말을 바꾸어가며 조현하여
澤及方外.	은택이 나라의 밖까지 미쳤습니다.

27 **정의** 「흉노전(匈奴傳)」에서는 이르기를 곽거병(霍去病)이 흉노(匈奴)를 정벌하여 북으로 한해(翰海)까지 임하였다고 하였다.

28 **정의** '溱'의 음은 진(臻)이다. '氏'의 음은 지(支)이다. 월지(月氏)에 이른 것이다. 월지는 서융(西戎)의 나라 이름으로 총령(蔥嶺: 파미르) 서쪽에 있다.

29 **집해** 『시』(「六月」)에서 이르기를 "원융 10대가 앞장서 길을 연다.(元戎十乘, 以先啟行)"라 하였다. 한영(韓嬰)의 『장구(章句)』에서는 말하였다. "원융(元戎)은 대융(大戎)으로 병거(兵車)를 이른다. 수레에 대융(大戎) 10승(乘)이 있는데, 수레에는 바퀴를 명주로 싸고 말은 갑옷을 입히며 멍에 위에는 모두 검(劍)과 극(戟)이 있는 것을 일러 함군(陷軍)의 수레라고 하는데, 충돌하여 앞장서서 적군의 항오를 여는 것이다." 「모전(毛傳)」에서는 말하였다. "하후씨(夏后氏)는 구거(鉤車)라 하였는데 먼저 가는 것이다. 은(殷)에서는 인거(寅車)라 하였는데 먼저 달리는 것이다. 주(周)에서는 원융(元戎)이라 하였는데 앞장서서 훌륭하게 하는 것이다."

故珍獸至, 그러므로 진귀한 짐승이 이르고

嘉穀興, 아름다운 곡식이 나타나

天應甚彰. 하늘이 감응함이 매우 빛났습니다.

今諸侯支子封至諸侯王,[30] 지금 제후의 지자는 봉하여 제후왕에 이르는데

而家皇子爲列侯,[31] 황자를 가로 하여 제후로 삼는 것은

臣青翟·臣湯等竊伏孰計之, 신 청적과 신 탕 등이 가만히 숙고해보건대

皆以爲尊卑失序, 모두 존비가 질서를 잃은 것으로

使天下失望, 천하의 명망을 잃게 하는 것이니

不可. 아니 되옵니다.

臣請立臣閎·臣旦·臣胥爲諸侯王." 신들은 신 굉과 신 단, 신서를 제후왕으로 세울 것을 청합니다."

四月癸未, 4월 계미일에

奏未央宮, 미앙궁에 아뢰었는데

留中不下. 궁중에 계류시켜 조령을 내리지 않았다.

"丞相臣青翟·太僕臣賀·行御史大夫事太常臣充·太子少傅臣安行宗正事昧死言: "승상 신 청적과 태복 신 하, 어사대부 겸 태상 신 충, 태자소부 신 안은 종정의 일을 겸하여 죽음을 무릅쓰고 말씀드립니다.

臣青翟等前奏大司馬臣去病上疏言, 신 청적 등은 전에 대사마 신 거병이 상소한

30 색은 교동왕(膠東王) 자경(子慶)을 육안왕(六安王)으로 삼고, 상산왕(常山王)의 아들 평(平)을 진정왕(真定王)으로 삼았으며, 아들 상(商)을 사수왕(泗水王)으로 삼은 것이다.

31 색은 당시는 제왕(諸王)을 "국(國)"이라 일컬었고, 열후(列侯)를 "가(家)"라 일컬었으므로, "황자를 열후로 삼았다(家皇子)" 한 것을 존비(尊卑)의 질서를 잃었다고 한 것이다.

皇子未有號位, 황자에게 아직 봉호와 작위가 없다고 한 것을 아뢰었고,

臣謹與御史大夫臣湯·中二千石·二千石·諫大夫·博士臣慶等昧死請立皇子臣閎等爲諸侯王. 신은 삼가 어사대부 신 탕과 중이천석, 이천석, 간대부, 박사 신 경 등과 함께 죽음을 무릅쓰고 황자 신 굉 등을 제후왕으로 새울 것을 청합니다.

陛下讓文武, 폐하께서는 문과 무를 겸양하시고

躬自切, 몸소 스스로 절실하게

及皇子未教. 황자가 아직 가르침을 받지 못했다고 하셨습니다.

群臣之議, 신하들의 의론은

儒者稱其術, 유자는 그 학술을 일컬을 때

或誖其心. 혹 그 마음과 어그러지기도 합니다.

陛下固辭弗許, 폐하께서는 거듭 사양하시며 허락지 않고

家皇子爲列侯. 황자를 열후로 삼았습니다.

臣青翟等竊與列侯臣壽成[32]等二十七人議, 신 청적 등은 가만히 열후 신 수성 등 27인과 논의하니

皆曰以爲尊卑失序. 모두 존비가 질서를 잃었다고 하였습니다.

高皇帝建天下, 고황제께서는 천하를 창건하시어

爲漢太祖, 한 태조가 되셨으며

王子孫, 자손들을 왕으로 책봉하여

廣支輔. 지자의 도움을 넓혔습니다.

先帝法則弗改, 선제가 법칙을 고치지 않은 것은

32 집해 서광은 말하였다. "소하(蕭何)의 현손 찬후(酇侯) 수성(壽成)은 나중에 태상(太常)이 되었다."

所以宣至尊也. 지존을 선양하기 위함이었습니다.

臣請令史官擇吉日, 신은 청컨대 사관에게 길일을 택하게 하여

具禮儀上, 전례의식을 갖추어

御史奏輿地圖,[33] 어사에게 여지도를 바치게 하고

他皆如前故事." 다른 것은 모두 옛 일대로 하소서.

制曰: 조령을 내렸다.

"可." "괜찮다."

四月丙申, 4월 병신일에

奏未央宮. 미앙궁에 아뢰었다.

"太僕臣賀行御史大夫事昧死言: "태복 신 하는 대리 어사대부로 죽음을 무릅쓰고 말합니다.

太常臣充言卜入四月二十八日乙巳, 태상 신 충이 말하기를 점괘가 4월 28일 을사일에

可立諸侯王. 제후왕을 세울 만하다고 합니다.

臣昧死奏輿地圖, 신은 죽음을 무릅쓰고 여지도를 올리며

請所立國名. 세울 나라의 이름을 청합니다.

禮儀別奏. 예의 의식은 별도로 아뢰겠습니다.

臣昧死請." 신은 죽음을 무릅쓰고 청합니다."

制曰: 조령을 내렸다.

33 색은 땅을 "여(輿)"라고 하는 것은, 천지(天地)는 덮어주고 실어주는 덕이 있으므로 하늘을 "개(蓋)"라 하고, 땅을 "여(輿)"라고 하기 때문에 지도(地圖)를 "여지도(輿地圖)"라고 한다. 예로부터 이 명칭이 있었을 것이며 한(漢) 때 비롯된 것이 아니다.

"立皇子閎爲齊王, "황자 굉을 제왕으로,
旦爲燕王, 단을 연왕으로,
胥爲廣陵王." 서를 광릉왕으로 세우노라."

四月丁酉, 4월 정유일에
奏未央宮. 미앙궁에 아뢰었다.
六年[34]四月戊寅朔, 6년 4월 무인 초하룻날
癸卯, 계묘일에
御史大夫湯下丞相, 어사대부 탕이 승상에게 하달하였고
丞相下中二千石, 승상은 중이천석에게 하달하였으며
二千石下郡太守·諸侯相, 이천석은 군의 태수와 제후의 상에게 하달하였으며
丞書從事下當用者. 승서종사는 당권자에게 하달하였다.
如律令. 율령대로 하였다.

"維六年四月乙巳, "6년 4월 을사일에
皇帝使御史大夫湯廟立子閎爲齊王. 황제가 어사대부 탕을 보내어 태묘(太廟)에서 아들 굉을 제왕으로 세우게 했습니다.
曰: (황제께서) 말씀하셨습니다.
於戲, 아아,
小子閎,[35] 아들 굉이여

34 집해 서광은 말하였다. "원수(元狩)라고도 한다."

35 색은 이는 제왕(齊王)을 책봉한 글이다. 또한 『무제집(武帝集)』에 의하면, 이 세 왕의 책봉문은 모두 무제가 손수 지었다. '於戲'은 음이 오호(嗚呼)이다. '戲'는 혹 희(羲)로도 읽는다.

受茲青社![36]　이 푸른 흙을 받거라!
朕承祖考,　짐은 선조와 부친을 이어
維稽古建爾國家,　옛 것을 참고하여 네 국가를 세우고
封于東土,　동쪽 땅에 봉하여
世爲漢藩輔.　대대로 한의 보좌로 삼노라.
於戲念哉!　아아, 생각할 지어다!
恭朕之詔,　짐의 가르침을 받들지어니
惟命不于常.　천명은 항상성이 없다.
人之好德,　사람이 덕을 좋아하면
克明顯光.　드러난 빛을 밝힐 수 있다.
義之不圖,　의를 도모하지 않으면
俾君子怠.[37]　군자를 태만하게 한다.
悉爾心,　내 마음을 다하여
允執其中,　실로 그 중도를 잡으면
天祿永終.　하늘의 복이 영원히 이어지리라.
厥有愆不臧,　잘못하여 선하지 않게 되면
乃凶于而國,　네 나라에 재앙을 내리고
害于爾躬.　네 몸에 해를 끼칠 것이다.

---

36 **집해** 장안(張晏)은 말하였다. "왕자(王者)는 다섯 색의 흙으로 태사(太社)를 지으며, 사방의 제후를 봉하는데 각자 그 방위의 색에 해당하는 흙을 주며 백모(白茅)를 깔고 돌아와 사(社)를 세운다." **색은** 채옹(蔡邕)의 「독단(獨斷)」에서는 말하였다. "황자(皇子)를 왕으로 봉하면 천자(天子)에게서 태사(太社)의 흙을 받는데, 동방의 제후를 봉하면 푸른 흙을 떼어서 백모(白茅)를 깔고 사(社)를 세워주며 이를 일러 '모토(茅土)'라고 한다." 제(齊)는 동방에 있기 때문에 청사(青社)라고 하였다.

37 **색은** 의(義)를 도모하지 않으면 군자는 게을러져 귀부할 마음이 없어지는 것이다.

於戲, 아아,

保國艾民, 나라를 지키고 백성을 다스리려면

可不敬與! 공경하지 않을 수 있겠느냐!

王其戒之."[38] 왕은 경계할 지어다!"

右齊王策. 위는 제왕의 책문이다.

"維六年四月乙巳, "6년 4월 을사일에

皇帝使御史大夫湯廟立子旦爲燕王. 황제가 어사대부 탕에게 태묘에서 아들 단을 연왕으로 세우게 하였습니다.

曰: 말하였습니다.

於戲, 아아,

小子旦, 아들 단아

受茲玄社! 이 검은 흙을 받을 지어다.

朕承祖考, 짐은 선조와 부친을 이어

維稽古,[39] 옛 것을 참고하여

建爾國家, 네 국가를 세우고

封于北土, 북쪽 땅에 봉하여

世爲漢藩輔. 대대로 한의 보좌로 삼노라.

於戲! 아아,

---

38 집해 서광은 말하였다. "즉위 8년에 후사가 없어 끊어졌다."

39 색은 저선생(褚先生)이 해석하여 말하였다. "유(維)는 헤아리는 것이다. 계(稽)는 당(當)이다. 마땅히 옛 도를 따라야 한다는 말이다." 위(魏) 고귀향공(高貴鄕公)은 말하였다. "계(稽)는 같은 것이다. 고(古)는 하늘이다. 요(堯)는 하늘과 같을 수 있음을 말한다."

葷粥氏虐老獸心,[40]	훈육씨는 노인을 학대하는 짐승 같은 마음으로
侵犯寇盜,	침범하여 노략질을 일삼고
加以姦巧邊萌.[41]	게다가 변방의 백성들에게 간교하게 굴고 있다.
於戲!	아아!
朕命將率徂征厥罪,	짐은 장수들에게 명하여 가서 그 죄를 원정하게 하니
萬夫長,	만부장과
千夫長,	천부장 등
三十有二君皆來,[42]	32명의 장수가 모두 와서
降期奔師.[43]	기를 내리고 군사는 달아났다.
葷粥徙域,[44]	훈육이 지역을 옮기자
北州以綏.[45]	북쪽 고을은 편안해졌다.
悉爾心,	네 마음을 다하여
毋作怨,	원한을 사지 말도록 하고
毋俷德,[46]	덕을 저버리지 말 것이며

40 색은 「흉노전(匈奴傳)」에서는 "그 나라는 건장한 자를 귀하게 여기고 노인을 천대하며 건장한 자들은 살지고 맛있는 것을 먹으며 늙은이들은 그들이 먹다 남긴 것을 먹는다."라 하였는데, 이것이 노인을 학대하는 것이다.

41 색은 변맹(邊甿)이다. 위소(韋昭)는 말하였다. "맹(甿)은 백성이다." 『삼창(三倉)』에서는 말하였다. "변인(邊人)을 맹(甿)이라고 한다."

42 집해 장안은 말하였다. "당시 포획한 장수가 32명이다."

43 집해 여순(如淳)은 말하였다. "그 깃발과 북을 내려놓고 와서 항복한 것이다." 색은 『한서』에는 "군(君)"이 "수(帥)"로, "기(期)"가 "기(旗)"로 되어 있다. 그런데 복건(服虔)은 32군 중의 장수가 깃발을 내려놓고 떠난 것이라 하였다. 여순은 곧 혼야왕(昆邪王)이 깃발과 북을 내려놓고 항복한 때라고 하였다. 이 뜻과 같다면 32군(君)은 장수가 아니라 아마 융적(戎狄)의 추장 장수로 이때 32군(君)이 와서 항복을 한 것일 것이다.

44 집해 장안은 말하였다. "흉노(匈奴)는 동으로 옮겼다."

45 집해 신찬(臣瓚)은 말하였다. "수(綏)는 평안한 것이다."

毋乃廢備.[47] 무비(武備)를 폐하지 말도록 하라.

非教士不得從徵.[48] 훈련을 받은 군사가 아니면 징발하지 말라.

於戲, 아아,

保國艾民, 나라를 지키고 백성을 다스리려면

可不敬與! 공경하지 않을 수 있겠느냐!

王其戒之."[49] 왕은 경계할 지어다!"

右燕王策. 위는 연왕의 책문이다.

"維六年四月乙巳, "6년 4월 을사일에

皇帝使御史大夫湯廟立子胥爲廣陵王.

황제가 어사대부 탕에게 태묘에서 아들 서를 광릉왕에 세우게 하였다.

曰: 말했다.

於戲, 아아,

---

46 집해 서광은 말하였다. "비(俷)는 '비(非)'로 된 곳도 있다." 색은 덕을 버리지 말라는 것이다. 소림(蘇林)은 말하였다. "비(非)는 폐(廢)하는 것이다. 본래 또한 '비(俷)'로 된 곳도 있는데, 비(俷)는 패(敗)하는 것이다." 공문상(孔文祥)은 말하였다. "비(非)는 박(薄)이다." 『한서』에는 "비(棐)"로 되어 있다. 정의 '俷'의 음은 비(符味反)이다.

47 색은 저선생은 풀이하여 말하였다. "무비(武備)를 부족하게 하지 말고 늘 흉노(匈奴)를 대비하라는 것이다."

48 집해 장안은 말하였다. "군사가 평소에 훈련을 하지 않았으면 징발하지 않아야 한다는 것이다." 색은 위소는 말하였다. "군사가 평소에 훈련을 한 것이 아니면 종군하도록 징발하지 않아야 한다는 것이다. 그러므로 공자(孔子)는 말하기를 '가르치지 않은 사람을 가지고 전쟁을 하는 것은 백성을 버리는 것이다(不教人戰, 是謂棄之)'라 하였다." 저선생은 풀이하여 말하였다. "예의를 익히지 않으면 곁에 있어서는 안 되는 것이다." 역주 공자의 말은 『논어』「자로(子路)」에 보이며 "以不教民戰, 是謂棄之"로 되어 있다.

49 집해 서광은 말하였다. "즉위한 지 30년에 스스로 목숨을 끊어 나라가 없어졌다."

小子胥,	아들 서야,
受茲赤社!	이 붉은 흙을 받을 지어다.
朕承祖考,	짐은 선조와 부친을 이어
維稽古建爾國家,	옛 것을 참고하여 네 국가를 세우고
封于南土,	남쪽 땅에 봉하여
世爲漢藩輔.	대대로 한의 보좌로 삼노라.
古人有言曰:	옛 사람이 말하였다.
'大江之南,[50]	'대강의 남쪽
五湖之閒,[51]	오호의 사이는
其人輕心.	그 사람이 마음이 가볍다.
楊州保疆,[52]	양주는 보위하는 강토이자
三代要服,[53]	삼대의 요복으로
不及以政.'	정교가 미치지 못하였다.'
於戲!	아아!
悉爾心,	네 마음을 다하여
戰戰兢兢,	벌벌 떨고 조심조심하여
乃惠乃順,	은혜를 베풀고 순종하여
毋侗好軼,	어리석게 안일함을 좋아하지 말고

50 정의 경구(京口) 남쪽에서 형주(荊州) 이남까지이다.

51 색은 오호(五湖)는 바로 구구(具區)와 조격(洮滆), 팽려(彭蠡), 청초(青草), 동정(洞庭)이다. 혹자는 말하기를 태호(太湖)가 5백 리이므로 오호(五湖)라고 한다라 하였다.

52 집해 서광은 말하였다. "'강(壃)'으로 된 판본도 있다." 이기(李奇)가 말하기를 "보(保)는 믿는 것이다"라 하였다.

53 역주 요복(要服)은 옛 오복(五服)의 하나이다. 옛날에는 왕기(王畿) 이외의 지역을 5백리 씩 끊어 오복으로 나누었는데, 요복은 네 번째에 해당하며 왕기에서 1500리에서 2000리에 이르는 지역이다.

毋邇宵人,[54]	소인을 가까이 하지 말고
維法維則.	법과 규범대로 할지어다.
書云:	『서』에서는 말하였다.
'臣不作威,	'신하는 위엄을 부리지 않고
不作福,	(함부로) 복을 내리지 않아야
靡有後羞.'	나중에 부끄러움이 없다.
於戲,	아아,
保國艾民,	나라를 지키고 백성을 다스리려면
可不敬與!	공경하지 않을 수 있겠느냐!
王其戒之."[55]	왕은 경계할 지어다!"
右廣陵王策.	위는 광릉왕의 책문이다.
太史公曰:	태사공은 말한다.
古人有言曰"愛之欲其富,	옛 사람이 말하기를 "사랑하면 부유하게 되기를 바라고
親之欲其貴".[56]	가까이 하면 존귀하게 되기를 바란다."라 하였다.
故王者壃土建國,	그러므로 왕자는 강역을 정하고 나라를 세워

54 **집해** 응소(應劭)는 말하였다. "마음껏 노는 것을 좋아하고 소인을 가까이 함이 없는 것이다." 장안은 말하였다. "'侗'의 음은 동(同)이다." **색은** '侗'의 음은 동(同)이다. 저선생은 풀이하여 말하였다. "마음껏 즐기고 말을 다니며 사냥하는 일이 없는 것이다. 이(邇)는 가깝다는 뜻이다. 소인(宵人)은 소인(小人)이다." 추 씨(鄒氏)는 '宵'의 음은 속(謖)이라고 하였으며, 속(謖) 또한 소인(小人)이다. "영인(佞人)"으로 된 곳도 있다.

55 **집해** 서광은 말하였다. "즉위 64년에 스스로 목숨을 끊었다."

56 **역주** 이 말은 『맹자』「만장(萬章) 상」에 나오는 말로, 원문은 앞뒤의 구절이 바뀌어 "親之欲其貴也, 愛之欲其富也"로 되어 있다.

封立子弟,	자제들을 봉하여 세우는데
所以褒親親,	가까운 친척을 포상하고
序骨肉,	골육의 질서를 잡으며
尊先祖,	선조를 높이고
貴支體,	지체를 귀하게 하여
廣同姓於天下也.	천하에 동성을 넓혔다.
是以形勢彊而王室安.	그런 까닭에 형세가 강해지면 왕실이 안정된다.
自古至今,	예로부터 지금까지
所由來久矣.	그렇게 해온 것이 오래되었다.
非有異也,	특이한 것이 있는 것이 아니어서
故弗論箸也.	그것을 논하여 드러내지 않는다.
燕齊之事,	연과 제의 일은
無足采者.	채록할 만한 것이 없다.
然封立三王,	그러나 세 왕을 봉하여 세우면서
天子恭讓,	천자는 공경하고 겸양하였으며
群臣守義,	신하들은 의를 지켜
文辭爛然,	문사가 찬란하여
甚可觀也,	매우 볼 만하므로
是以附之世家.	이에 「세가」에 덧붙여둔다.

褚先生曰:	저선생은 말한다.
臣幸得以文學爲侍郎,	나는 다행히 문학으로 시랑이 되어
好覽觀太史公之列傳.	태사공의 열전을 잘 관람하였다.
傳中稱三王世家文辭可觀,	전 가운데 「삼왕세가」의 문사가 볼만하다고 일컬어
求其世家終不能得.	세가에서 찾아보았으나 끝내 얻을 수가 없었다.

竊從長老好故事者取其封策書,

	가만히 장로로 옛 일을 좋아하는 자에게서 그 책봉한 글을 취하여
編列其事而傳之,	그 일을 엮어서 열거하여 전하여
令後世得觀賢主之指意.	후세인들이 현명한 임금이 가리킨 의도를 살필 수 있게 하고자 한다.

蓋聞孝武帝之時,	대체로 듣자하니 효무제 때
同日而俱拜三子爲王:	같은 날 세 아들을 함께 왕에 임명하였다고 하는데
封一子於齊,	한 아들은 제에,
一子於廣陵,	한 아들은 광릉에,
一子於燕.	한 아들은 연에 봉하였다.
各因子才力智能,	각기 아들의 재주와 지능
及土地之剛柔,	및 토지의 강약,
人民之輕重,	인민의 경중에 따라
爲作策以申戒之.	책문을 지어서 거듭 경계하였다.
謂王:	왕에게 일렀다.
"世爲漢藩輔,	"대대로 한의 보좌로 삼노라.
保國治民,	나라를 지키고 백성을 다스리려면
可不敬與!	공경하지 않을 수 있겠느냐!
王其戒之."	왕은 경계할 지어다!"
夫賢主所作,	대체로 현명한 군주가 지은 것은
固非淺聞者所能知,	실로 견문이 얕은 자가 알 수 있는 것이 아니며

非博聞彊記君子者所不能究竟其意.

	널리 듣고 기억력이 강한 자가 아니면 그 뜻을 궁구할 수 없다.

至其次序分絕,	그 차서의 분별과
文字之上下,	문자의 오르내림,
簡之參差長短,	간독의 들쭉날쭉한 길이는
皆有意,	모두 의미가 있어
人莫之能知.	아무도 그것을 알 수가 없다.
謹論次其真草詔書,	삼가 진서[楷書]와 초서로 된 조서를 논차하여
編于左方.	아래에 엮는다.
令覽者自通其意而解說之.	보는 사람이 절로 그 뜻을 통하게 하도록 해설해보겠다.
王夫人者,	왕부인은
趙人也,	조 사람으로
與衛夫人並幸武帝,	위부인과 함께 무제의 사랑을 받아
而生子閎.	아들 굉을 낳았다.
閎且立爲王時,	굉이 왕으로 세워질 무렵에
其母病,	그 어미가 병들어
武帝自臨問之.	무제가 친히 임하여 병문안을 했다.
曰:	말하였다.
"子當爲王,	"아들이 왕이 될 것인데
欲安所置之?"	어디다 두고 싶소?"
王夫人曰:	왕부인이 말하였다.
"陛下在,	"폐하께서 계시는데
妾又何等可言者."	첩이 또한 무슨 할 말이 있겠습니까?"
帝曰:	황제가 말하였다.
"雖然,	"비록 그러하나
意所欲,	하고 싶은 뜻이 있으면
欲於何所王之?"	어느 곳의 왕으로 삼고 싶소?"

王夫人曰:	왕부인이 말하였다.
"願置之雒陽."	"낙양에 두기를 바랍니다."
武帝曰:	무제가 말하였다.
"雒陽有武庫敖倉,	"낙양에는 무기고와 양곡창이 있으며
天下衝阨,	천하의 요충지이자
漢國之大都也.	한나라의 큰 도읍이오.
先帝以來,	선제 이래로
無子王於雒陽者.	낙양의 왕이 된 아들이 없었소.
去雒陽,	낙양을 빼면
餘盡可."	나머지는 모두 가능하오."
王夫人不應.	왕부인은 응답하지 않았다.
武帝曰:	무제가 말하였다.
"關東之國無大於齊者.	"관동의 나라 가운데 제보다 큰 나라가 없는데
齊東負海而城郭大,	제는 동으로는 바다를 지고 성곽은 크며
古時獨臨菑中十萬戶,	옛날에 임치만 해도 10만 호였으니
天下膏腴地莫盛於齊者矣."	천하의 기름진 땅으로 제보다 성한 곳이 없을 것이오."
王夫人以手擊頭,	왕부인은 손으로 머리를 치며
謝曰:	사죄하여 말하였다.
"幸甚."	"매우 다행입니다."
王夫人死而帝痛之,	왕부인이 죽자 황제는 애통해하며
使使者拜之曰:	사자를 보내어 절하게 하며 말하게 하였다.
"皇帝謹使使太中大夫明奉璧一,	"황제가 삼가 사신 태중대부 명에게 벽옥 하나를 받들게 하여
賜夫人爲齊王太后."	부인에게 제의 왕태후를 내리노라."

子閎王齊,	아들 굉은 제의 왕이 되었는데
年少,	나이가 어리고
無有子,	아들이 없어
立,	즉위하여
不幸早死,	불행히 일찍 죽어
國絶,	나라가 끊어지고
爲郡.	군이 되었다.
天下稱齊不宜王云.	천하에서 제는 왕으로 봉하지 않아야 한다고 하였다.
所謂"受此土"者,	이른바 "이 흙을 받으라"는 것은
諸侯王始封者必受土於天子之社,	제후왕으로 처음 봉해지는 자는 반드시 천자의 사단에서 흙을 받아
歸立之以爲國社,	(봉지로) 돌아가 나라의 사단을 세워
以歲時祠之.	세시에 제사를 지내는 것이다.
春秋大傳曰:	『춘추대전』에서는 말하였다.
"天子之國有泰社.	"천자의 나라에는 태사가 있다.
東方青,	동방은 푸른색이고
南方赤,	남방은 붉은색이며
西方白,	서방은 흰색,
北方黑,	북방은 검은색,
上方黃."	(동서남북의) 위(곧 중앙)는 황색이다."
故將封於東方者取青土,	그러므로 동방에 봉해질 자는 푸른 흙을 취하고
封於南方者取赤土,	남방에 봉해질 자는 붉은 흙을 취하며
封於西方者取白土,	서방에 봉해질 자는 흰 흙을 취하고
封於北方者取黑土,	북방에 봉해질 자는 검은 흙을 취하고
封於上方者取黃土.	위에 봉해질 자는 누런 흙을 취한다.

各取其色物,	각자 그 색에 상응하는 물건을 취하여
裹以白茅,	흰 띠풀로 싸서
封以爲社.	봉지로 가져가 사단을 세운다.
此始受封於天子者也.	이것이 처음으로 천자에게 봉하여지는 것이다.
此之爲主土.	이것을 주토라 한다.
主土者,	주토라는 것은
立社而奉之也.	사단을 세워 받드는 것이다.
"朕承祖考",	"짐은 조고를 이어"에서
祖者先也,	조(祖)는 선조이고
考者父也.	고(考)는 부친이다.
"維稽古",	"옛 것을 참고하여"에서
維者度也,	유(維)는 헤아리는 것이고
念也,	생각하는 것이며
稽者當也,	계(稽)는 마땅히라는 뜻인데
當順古之道也.	마땅히 옛 도를 따라야 한다는 것이다.
齊地多變詐,	제 땅에는 변수와 사술이 많고
不習於禮義,	예의에 익숙하지 않기 때문에
故戒之曰"恭朕之詔,	타이르기를 "짐의 가르침을 받들지어니
唯命不可爲常.	천명은 항상성이 없다.
人之好德,	사람이 덕을 좋아하면
能明顯光.	드러난 빛을 밝힐 수 있다.
不圖於義,	의를 도모하지 않으면
使君子怠慢.	군자를 태만하게 한다.
悉若心,	네 마음을 다하여

信執其中, 실로 그 중을 잡으면

天祿長終. 하늘의 복록이 영원할 것이다.

有過不善, 잘못을 저지르고 선을 행하지 않으면

乃凶于而國, 곧 네 나라에 재앙을 내리고

而害于若身". 네 몸에는 해를 끼칠 것이다."라 하였다.

齊王之國, 제왕은 나라에 가서

左右維持以禮義, 좌우의 측근이 예의를 가지고 유지하였으나

不幸中年早夭. 불행히 중년에 일찍 요절하였다.

然全身無過, 그러나 온 몸에는 허물이 없어

如其策意. 책봉한 뜻대로 되었다.

傳曰"青采出於藍, 전하는 말에 "청색은 쪽에서 추출해내지만

而質青於藍"[57]者, 바탕이 쪽보다 푸르다"라는 것은

教使然也. 가르쳐서 그렇게 되도록 한 것이다.

遠哉賢主, 멀도다, 현명한 군주가

昭然獨見: 환히 홀로 봄이.

誡齊王以慎內; 제왕은 내적으로 삼갈 것을 타일렀으며,

誡燕王以無作怨, 연왕은 원한을 사지 말도록 하고

無俷德;[58] 덕을 저버리지 말라고 타일렀으며,

誡廣陵王以慎外, 광릉왕은 밖을 삼가

57 역주 인용된 말은 『순자(荀子)』「권학(勸學)」편에 보이는데 원문은 "青取之於藍而青於藍"으로 조금 다르다. 저소손의 보충 부분에서는 『순자』의 말을 많이 인용하여 아래에도 두 번 더 보인다.

58 색은 본래 또한 "비(肥)"로 된 곳도 있다. 위의 책문에서는 "박덕한 짓을 한다(作非德)"라 하였는데 아래에서는 "왕이 덕을 저버리지 않게 하라(勿使王背德也)"라 하였으니, 비(肥)는 비(扶味反)로 읽어야 하며, 또한 비(匪)로 읽기도 한다.

無作威與福.	위엄을 부리고 (함부로) 복을 내리지 말라고 타일렀다.
夫廣陵在吳越之地,	저 광릉은 오·월의 땅에 있으며
其民精而輕,	그 백성들은 예리하지만 가볍기 때문에
故誡之曰"江湖之閒,	타이르기를 "강과 호수 사이에는
其人輕心.	그 사람이 마음이 가볍다.
楊州葆疆,	양주는 보위하는 강토이자
三代之時,	삼대 때의
迫要使從中國俗服,	중국의 풍속과 복장을 따르도록 강요하였지만
不大及以政教,	정교가 그다지 미치지 못하였으며
以意御之而已.	뜻대로 다스렸을 따름이다.
無侗好佚,	어리석게 안일함을 좋아하지 말고
無邇宵人,	소인을 가까이 하지 말고
維法是則.	법과 규범대로 할지어다.
無長好佚樂馳騁弋獵淫康,	항상 일락이나 말 달리며 사냥함 성색에 빠지지 말고
而近小人.	소인을 가까이 하지 않고
常念法度,	늘 법도를 생각하면
則無羞辱矣".	부끄러움과 욕됨이 없을 것이다."라 하였다.
三江·五湖有魚鹽之利,	삼강과 오호에는 어업과 소금의 이익,
銅山之富,	구리 광산의 부유함이 있어서
天下所仰.	천하가 우러르는 바이다.
故誡之曰"臣不作福"者,	그러므로 타이르기를 "신하가 함부로 복을 일으키게 하지 말라" 하여
勿使行財幣,	재화를 행하여

厚賞賜,	후히 상을 내려서
以立聲譽,	명성과 영예를 세워
爲四方所歸也.	사방에서 귀의함을 없게 하려는 것이다.
又曰"臣不作威"者,	또한 말하기를 "신하가 위엄을 세우지 말라"고 한 것은
勿使因輕以倍義也.	가벼운 것으로 의를 저버리지 못하게 한 것이다.

會孝武帝崩,	마침 효무제가 죽고
孝昭帝初立,	효소제가 막 즉위하여
先朝廣陵王胥,	먼저 광릉왕 서를 조회하게 하여
厚賞賜金錢財幣,	상을 두터이 하여 금전과 재화를
直三千餘萬,	3천여 만 어치를 내리고
益地百里,	땅 백 리와
邑萬戶.	만호의 읍을 더해주었다.

會昭帝崩,	마침 소제가 죽고
宣帝初立,	선제가 막 즉위하여
緣恩行義,	은애에 따라 의를 행하여
以本始元年中,	본시 원년 중에
裂漢地,	한의 땅을 떼어서
盡以封廣陵王胥四子:	모두 광릉왕 서의 네 아들에게 봉하여
一子爲朝陽侯;[59]	한 아들은 조양후가 되고
一子爲平曲侯;[60]	한 아들은 평곡후가 되었으며

59 정의 『괄지지(括地志)』에서는 말하였다. "조양(朝陽)의 옛 성은 등주(鄧州) 양현(穰縣) 남쪽 80리 지점에 있다. 응소는 조수(朝水)의 북쪽에 있다고 하였다."

一子爲南利侯;[61]	한 아들은 남리후가 되었고,
最愛少子弘,	가장 사랑하는 막내아들 홍은
立以爲高密王.[62]	즉위하여 고밀왕이 되었다.

其後胥果作威福,	그 후 서는 과연 위세를 믿고 권력을 농단하여
通楚王使者.	초왕의 사자와 통하였다.
楚王宣言曰:	초왕은 선언하였다.
"我先元王,	"나의 선조 원왕은
高帝少弟也,	고제의 막내 동생으로
封三十二城.	32개 성에 봉하여졌다.
今地邑益少,	지금은 땅이 더욱 적어져서
我欲與廣陵王共發兵云.	내 광릉왕과 함께 군사를 일으키려 한다.
[立]廣陵王爲上,	광릉왕을 상으로 옹립하고
我復王楚三十二城,	나는 초왕의 32개 성을 회복하여
如元王時."	원왕 때처럼 할 것이다."
事發覺,	일이 발각되어
公卿有司請行罰誅.	공경과 유사가 벌을 내려 죽일 것을 청하였다.
天子以骨肉之故,	천자는 골육이라는 이유로
不忍致法於胥,	차마 서를 법으로 다스리지 못하고
下詔書無治廣陵王,	조서를 내려 광릉왕은 치죄하지 않았으며

60 정의 「지리지(地理志)」에서는 말하기를 평곡현(平曲縣)은 동해군(東海郡)에 속한다고 하였다. 또한 말하기를 영주(瀛州) 문안현(文安縣) 북쪽 70리 지점에 있다고 하였다.

61 정의 『괄지지』에서는 말하였다. "남리(南利)의 옛 성은 예주(豫州) 상채현(上蔡縣) 동쪽 85리 지점에 있다."

62 정의 『괄지지』에서는 말하였다. "고밀(高密)의 옛 성은 밀주(密州) 고밀현(高密縣) 서남쪽 40리 지점에 있다."

獨誅首惡楚王.	원흉인 초왕만 죽였다.
傳曰"蓬生麻中,	전하는 말에 "쑥이 삼 가운데서 자라면
不扶自直;[63]	붙잡아주지 않아도 절로 곧아지고,
白沙在泥中,	흰 모래가 진흙 안에 있으면
與之皆黑"者,	그와 함께 검어진다"라 한 것은
土地教化使之然也.	토지의 교화가 그렇게 되도록 한 것이다.
其後胥復祝詛謀反,	그 후에 서는 다시 저주로 모반하여
自殺,	스스로 목숨을 끊고
國除.	나라는 없어졌다.

燕土墝埆,	연은 토지가 척박하고
北迫匈奴,	북으로는 흉노와 바짝 붙어 있어
其人民勇而少慮,	그 백성들은 용감하고 생각이 적으므로
故誡之曰"葷粥氏無有孝行而禽獸心,	타일러 말하기를 "훈육씨는 효행이 없는 짐승 같은 마음으로
以竊盜侵犯邊民.	변방의 백성을 절도하고 침범하였다.
朕詔將軍往征其罪,	짐은 장수들에게 명하여 가서 그 죄를 토벌하게 하니
萬夫長,	만부장과
千夫長,	천부장 등
三十有二君皆來,	32명의 장수가 모두 와서
降旗奔師.	기를 내리고 군사는 달아났다.
葷粥徙域遠處,	훈육이 먼 곳으로 지역을 옮기자

63 색은 아래와 함께 「순경자(荀卿子)」에 보인다.

北州以安矣".	북쪽 고을은 편안해졌다."
"悉若心,	"네 마음을 다하여
無作怨"者,	원한을 사지 말도록 하라" 한 것은
勿使從俗以怨望也.	풍속을 좇아 원망을 사지 말게 한 것이다.
"無俷德"者,	"덕을 저버리지 말라" 한 것은
勿使(上)[王]背德也.	왕이 덕을 저버리지 말게 한 것이다.
"無廢備"者,	"무비(武備)를 폐하지 말도록 하라"는 것은
無乏武備,	무비를 부족하지 않게 하여
常備匈奴也.	늘 흉노를 대비하게 한 것이다.
"非教士不得從徵"者,	"훈련을 받은 군사가 아니면 징발하지 말라" 한 것은
言非習禮義不得在於側也.	예의에 익숙하지 않으면 곁에 있지 못하게 한 것을 말한다.

會武帝年老長,	무제는 연로한데다
而太子不幸薨,	태자가 불행히 일찍 죽어
未有所立,	아직 (새 태자를) 세우지 않았는데
而旦使來上書,	단의 사자가 와서 글을 올리며
請身入宿衛於長安.	장안으로 들어와 숙위할 것을 청하였다.
孝武見其書,	효무는 그 글을 보고
擊地,	땅을 치면서
怒曰:	노하여 말하였다.
"生子當置之齊魯禮義之鄉,	"아들을 낳으면 제와 노 같은 예의가 있는 고을에 두어야 하는데
乃置之燕趙,	연·조에 두었더니
果有爭心,	과연 다투는 마음이 생겨
不讓之端見矣."	겸양하지 않는 단서가 보이는구나."

於是使使即斬其使者於闕下.
이에 사자를 보내어 궐 아래에서 즉시 그 사자를 참수하였다.

會武帝崩,	무제가 죽고
昭帝初立,	소제가 막 즉위하자
旦果作怨而望大臣.	단은 과연 원한이 일어나 대신들을 원망하였다.
自以長子當立,	스스로 연장자가 즉위하여야 한다고 생각하여
與齊王子劉澤等謀爲叛逆,	제의 왕자 유택 등과 반역을 꾀하여
出言曰:	말을 꺼냈다.
"我安得弟在者![64]	"내게 어찌 아우가 있겠는가!
今立者乃大將軍子也."	지금 즉위한 자는 곧 대장군의 아들이다."
欲發兵.	군사를 일으키려 하였다.
事發覺,	일이 발각되어
當誅.	사형의 판결을 받았다.
昭帝緣恩寬忍,	소제는 은혜로 관대히 용인하여
抑案不揚.	사안을 덮어두고 확대시키지 않았다.
公卿使大臣請,	공경이 대신들에게 청하게 하여

遣宗正與太中大夫公戶滿意·御史二人,
종정과 태중대부 공호만의, 어사 두 사람을 보내어

---

64 **색은** 소제(昭帝)는 구익부인(鉤弋夫人) 소생인데 무제(武帝)가 죽을 때 나이가 고작 7~8세였다. 서(胥)와 단(旦)은 일찍 외지에 봉하여져 실로 함께 의심하였다. 그러나 무제의 춘추가 높고 내총(內寵)에 의해 혹해서 태자를 죽이고 어린 아이를 세웠으니 서와 단으로 하여금 의심하고 원망하게 하지 않을 수 있겠는가? 또한 권신(權臣)과 보좌관이 어린 임금을 세우는 이로움을 탐함으로 말미암아 마침내 구익의 아들이 보위에 오르게 되었다. 이는 실로 부덕(父德)이 넓지 못한 것이어서 마침내 아들들로 하여금 도를 따르지 않게 하였다. 그러나 개는 각기 그 주인이 아니면 짖게 되며 태중(太中)과 종정(宗正)은 신하의 직분으로 또한 이러하여야 한다.

偕往使燕,	함께 연으로 가서
風喻之.[65]	완곡하게 권하도록 하였다.
到燕,	연에 이르러
各異日,	각기 다른 날
更見責王.	번갈아 왕을 뵙고 왕을 문책하였다.
宗正者,	종정은
主宗室諸劉屬籍,	종실인 유 씨들의 호적을 주관하는데
先見王,	먼저 왕을 만나
爲列陳道昭帝實武帝子狀.	소제가 실은 무제의 아들인 상황을 열거하여 말해 주었다.
侍御史乃復見王,	시어사는 곧 다시 왕을 뵙고
責之以正法,	정법으로 왕을 문책하여
問:	물었다.
"王欲發兵罪名明白,	"왕은 군사를 일으키려 한 죄명이 명백하여
當坐之.	판결을 받아야 합니다.
漢家有正法,	한 왕가에는 정법이 있으니
王犯纖介小罪過,	왕이 아주 작은 죄를 범하여도
即行法直斷耳,	법을 행하여 곧게 판결할 뿐
安能寬王."	어찌 왕에게 관용을 베풀 수 있겠습니까."
驚動以文法.	법규를 들먹이며 놀라 떨게 하였다.
王意益下,	왕은 의기가 더욱 꺾여
心恐.	마음으로 두려워하였다.

65 **색은** 종정(宗正)은 관직의 이름으로, 반드시 종실(宗室) 가운데 덕이 있는 자가 되며 당시 어떤 사람인지는 알지 못한다. 공호(公戶)는 성이고 만의(滿意)는 이름으로, 태중대부(太中大夫)이다. 이 사자 두 사람에 또한 시어사(侍御史) 두 사람으로 하여금 모두 가서 연왕(燕王)을 다스리게 한 것이다.

公戶滿意習於經術,	공호만의는 경술에 익숙하여
最後見王,	마지막으로 왕을 뵙고
稱引古今通義,	예와 지금의 두루 통하는 뜻과
國家大禮,	국가의 대례를 끌어다 말하였는데
文章爾雅.[66]	문장이 올바름에 가까웠다.
謂王曰:	왕에게 말하였다.
"古者天子必內有異姓大夫,	"옛날 천자는 반드시 안으로 이성대부가 있었는데,
所以正骨肉也;	골육을 바로잡기 위함이었으며,
外有同姓大夫,	밖으로는 동성의 대부가 있었는데
所以正異族也.[67]	이성을 바로잡기 위함이었습니다.
周公輔成王,	주공은 성왕을 보필하면서
誅其兩弟,	그 두 아우를 죽였으므로
故治.	다스려졌습니다.
武帝在時,	무제가 살아계실 때에는
尚能寬王.	그래도 왕에게 관용을 베풀 수 있었습니다.
今昭帝始立,	지금 소제가 막 즉위하시어
年幼,	나이가 어려
富於春秋,	춘추가 많이 남아 있어
未臨政,	아직 정치에 임하지 않으시고
委任大臣.	대신에게 위임하였습니다.

66 색은 이(爾)는 가깝다는 뜻이다. 아(雅)는 바르다는 뜻이다. "정(正)" 자의 뜻과 훈에 가깝다고 기록하였으므로 이아(爾雅)라고 하였다. 이어서 주공(周公)이 지어 성왕(成王)을 가르쳤으며 또한 이르기를 자하(子夏)가 지어서 『시』와 『서』를 풀이한 것이다.

67 색은 안으로 이성대부가 있어서 골육을 바르게 한다는 것은 틀렸을 것이다. "내(內)"는 "동성(同姓)"이라는 말에 부합하는데, 바로 종정(宗正)이다. "외(外)"는 "이성(異姓)"이라는 말과 부합하는데, 바로 태중대부(太中大夫)이다.

古者誅罰不阿親戚, 옛날에는 주살의 형벌을 행함에 친척을 가리지 않았기에

故天下治. 천하는 다스려졌습니다.

方今大臣輔政, 지금 대신이 정사를 보필하는데

奉法直行, 법을 받들어 곧장 행하여

無敢所阿, 감히 가림이 없으니

恐不能寬王. 왕에게 관용을 베풀 수 없을 것입니다.

王可自謹, 왕께서는 스스로 삼가

無自令身死國滅, 몸은 죽고 나라는 멸망당하여

爲天下笑." 스스로 천하의 웃음거리가 되게 하지 마십시오."

於是燕王旦乃恐懼服罪, 이에 연왕 단은 곧 두려워하며 죄를 인정하고

叩頭謝過. 머리를 조아리며 사과하였다.

大臣欲和合骨肉, 대신들은 골육을 화합시키고자 하여

難傷之以法. 법으로 다치게 하는 것을 어려워하였다.

其後旦復與左將軍上官桀等謀反,

그 후에 단은 다시 좌장군 상관걸 등과 모반하여

宣言曰"我次太子, 선언하기를 "나는 태자의 다음으로

太子不在, 태자가 없으면

我當立, 내가 즉위해야 하는데

大臣共抑我"云云. 대신들이 함께 나를 억압한다." ……라 하였다.

大將軍光輔政, 대장군 광이 정치를 보좌하면서

與公卿大臣議曰: 공경대신과 논의하여 말하였다.

"燕王旦不改過悔正, "연왕 단은 잘못을 고쳐 바른 길을 걷지 않고

行惡不變." 나쁜 짓하는 것을 고치지 않았다."

於是脩法直斷, 이에 법대로 하여 곧바로 결단을 내려

行罰誅. 형벌을 시행하여 죽이기로 하였다.

旦自殺, 단은 스스로 목숨을 끊고

國除, 나라는 없어져

如其策指. 책문에서 가리킨 것과 같았다.

有司請誅旦妻子. 유사가 단의 처자식을 죽일 것을 청하였다.

孝昭以骨肉之親, 효제는 골육의 친함 때문에

不忍致法, 차마 법대로 다스리지 못하고

寬赦旦妻子, 단의 처자에게 관용을 베풀어 사면하고

免爲庶人. 면직시켜 서인으로 삼았다.

傳曰"蘭根與白芷, 전하는 말에 "난초 뿌리와 백지도

漸之滫中,[68] 뜨물 속에 담가두면

君子不近, 군자는 가까이 하지 않고

庶人不服"者, 서인은 차지 않는다."라 하였는데

所以漸然也. 점차 물들게 되기 때문이다.

宣帝初立, 선제는 막 즉위하여

推恩宣德, 은혜를 미루고 덕을 펴서

以本始元年中盡復封燕王旦兩子: 본시 원년 중에 연왕 단의 두 아들을 모두 다시 봉하여

---

68 **집해** 서광은 말하였다. "수(滫)는 쌀을 인 물이다. 음은 수(先糾反)이다." **색은** 백지(白芷)는 향초(香草)이며, 음은 지(止)이며, 또한 음이 채(昌改反)이다. '漸'의 음은 잠(子潛反)이다. 점(漸)은 담그는 것이다. '滫'는 『예(禮)』의 "수수(滫瀡)"의 "수(滫)"와 같이 읽는데, 씻는 것을 이르며, 음은 수(思酒反)이다. **정의** 비록 향초이기는 하지만 쌀뜨물에 담가놓으면 더 이상 향기가 나지 않는 것을 말한다. 군자는 가까이 하려 하지 않고 서인은 차려 하지 않는다는 것은 쌀뜨물에 담가놓았기 때문이다. 단이 모반을 하여 군자와 서인이 모두 가까이 하지 않는 것을 이른다.

一子爲安定侯;[69]	한 아들은 안정후가 되었으며,
立燕故太子建爲廣陽王,[70]	연의 옛 태자 건을 광양왕으로 세워
以奉燕王祭祀.	연왕의 제사를 받들게 하였다.

색은술찬索隱述贊 삼왕이 봉하여진 계보는, 옛 역사에 찬연하다. 저 씨는 나중에 보태면서, 책서를 보존하였다. 거병은 건의하였고, 청적은 상소하였다. 천자가 겸양하여 물린 것은, 뜻이 현자를 급히 구하는데 있었다. 태상은 예를 갖추어, 제·연에 세울 것을 청하였는데, 굉의 나라는 바다를 등졌고, 단의 흙은 검었다. 소인을 가까이 하지 않아, 훈육은 경계를 멀리 옮겼다. 밝도다, 거울삼아 경계함이, 이로써 그 허물을 방비하였다.

三王封系, 舊史爛然. 褚氏後補, 冊書存焉. 去病建議, 青翟上言. 天子沖挹, 志在急賢. 太常具禮, 請立齊燕, 閎國負海, 旦社惟玄. 宵人不邇, 葷粥遠邊. 明哉監戒, 式防厥愆.

69 **정의** 「한표(漢表)」에는 거록군(鉅鹿郡)에 있다.

70 **정의** 『괄지지』에서는 말하였다. "광양(廣陽)의 옛 성은 지금 유주(幽州) 양향현(良鄉縣) 동북쪽 37리 지점에 있다."

옮긴이 장세후

경북 상주에서 태어나 영남대학교 중어중문학과를 졸업하고, 같은 대학 대학원에서 석사학위와 박사학위(『주희 시 연구』)를 취득하였다. 영남대학교 겸임교수와 경북대학교 연구초빙교수를 거쳐 지금은 경북대학교 퇴계연구소의 전임연구원으로 재직하고 있다. 2003년 대구매일신문에서 선정한 대구·경북지역 인문사회분야의 뉴리더 10인에 포함된 바 있으며, 2022년『퇴계 시 풀이』로 제5회 롯데출판문화대상 번역출판 부문 본상을 수상하였다.

저서로는『이미지로 읽는 한자 1·2』(연암서가, 2015·2016)가 있고, 주요 역서로는『한학 연구의 길잡이(古籍導讀)』(이회문화사, 1998),『초당시(初唐詩, *The Poetry of the Early T'ang*)』(Stephen Owen, 中文出版社, 2000),『퇴계 시 풀이·1~9』(이장우 공역, 영남대학교 출판부, 2006~2019),『고문진보·전집』(황견 편, 공역, 을유문화사, 2001),『퇴계잡영』(공역, 연암서가, 2009),『唐宋八大家文抄-蘇洵』(공역, 전통문화연구회, 2012),『춘추좌전(상·중·하)』(을유문화사, 2012~2013),『도산잡영』(공역, 연암서가, 2013),『주자시 100선』(연암서가, 2014),『사마천과 사기』(연암서가, 2015),『사기열전·1~3』(연암서가, 2017),『주희 시 역주·1~5』(영남대학교 출판부, 2018),『국역 조천기지도·홍만조 연사록』(공역, 세종대왕기념사업회, 2019),『도잠 평전』(연암서가, 2020),『공자 평전』(연암서가, 2022),『사마천 평전』(연암서가, 2023) 등이 있다.

사기세가 2

2023년 11월 20일 초판 1쇄 인쇄
2023년 11월 25일 초판 1쇄 발행

지은이 | 사마천
옮긴이 | 장세후
펴낸이 | 권오상
펴낸곳 | 연암서가

등록 | 2007년 10월 8일(제396-2007-00107호)
주소 | 경기도 고양시 일산서구 호수로 896, 402-1101
전화 | 031-907-3010
팩스 | 031-912-3012
이메일 | yeonamseoga@naver.com

ISBN 979-11-6087-120-3 04910
ISBN 979-11-6087-118-0 (세트)
값 35,000원